李宗侗（一八九五—一九七四）

字文伯，河北省高陽縣人。自幼聰明過人。十七歲時到法國留學，畢業於法國巴黎大學。一九二四年返國，受聘於國立北京大學，兼法文系主任，曾出任故宮博物院秘書長等職。一九四八年，受聘為國立台灣大學歷史系教授。後歷兼國史館史料審查委員、編譯館編審委員、台灣省文獻委員會顧問、中華文化復興運動推行委員會委員等職。對中國古代史頗有研究，在學術上時有獨特見解。

夏德儀（一九〇一—一九九八）

號卓如，為臺灣大學歷史系文史淵博精深知名教授。一九〇一年出生於江蘇，北大歷史系畢業，一九四六年來台任教，先後開授中國通史、中國近代史、中國外交史等課程。教學之餘並擔任中學歷史教科書編委，以及參與台灣文獻叢刊的史料編纂工作。一九九四年完成《百吉老人自訂年譜》一書。退休後定居美國，一九九八年去世於美國。

國立編譯館中華叢書編審委員會 主編

資治通鑑今註

第二冊

漢紀

李宗侗 夏德儀等 校註

臺灣商務印書館

目次

【第二冊】

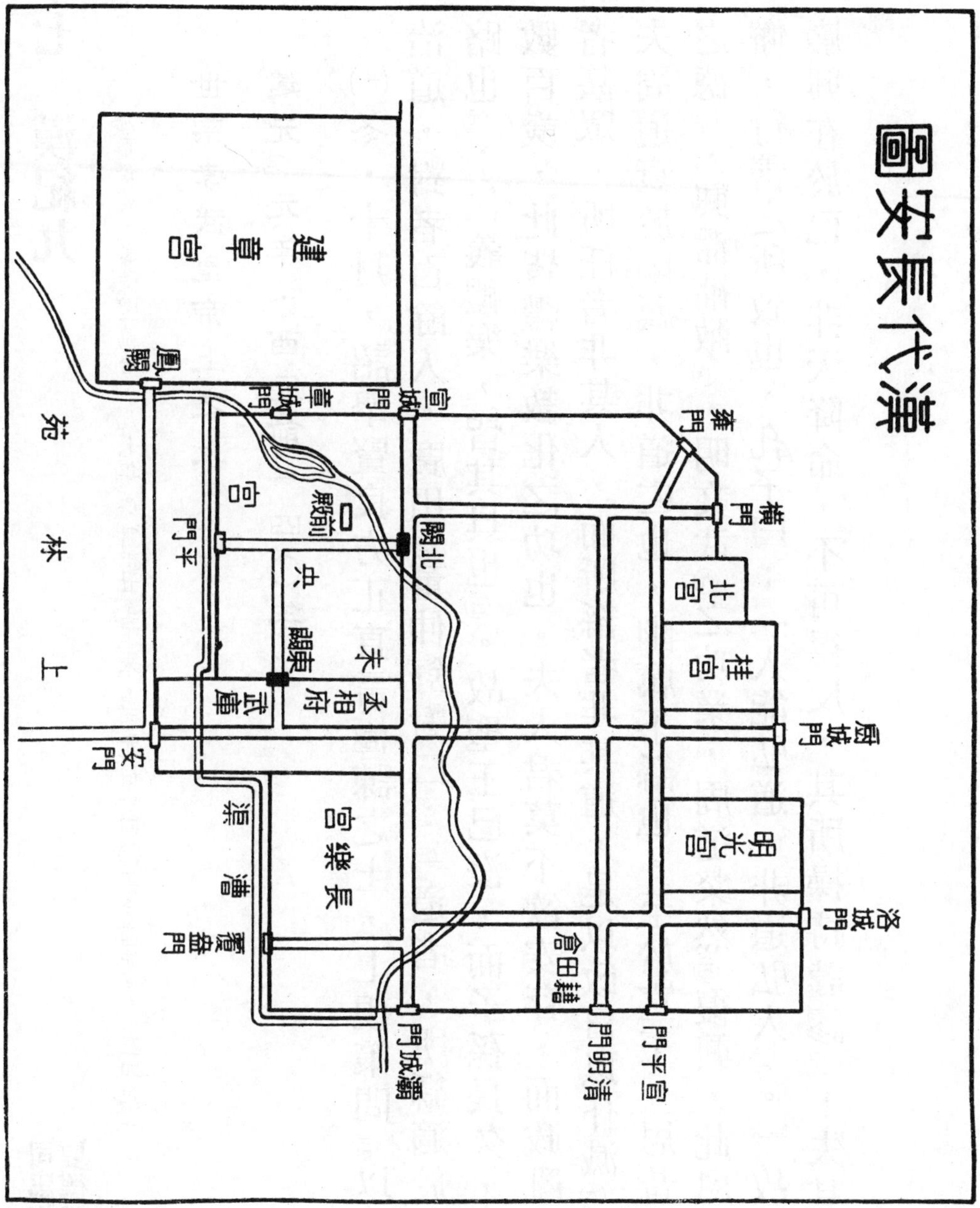
漢代長安圖
建章宮
鳳闕
上林苑
章城門
直城門
雍門
橫門
北闕
前殿
未央宮
東闕
北宮
桂宮
廚城門
丞相府
武庫
安門
平門
長樂宮
明光宮
洛城門
覆盎門
漕渠
藉田倉
宣平門
清明門
霸城門

卷十七 漢紀九

光赤奮若，盡強圉協洽，凡七年。（辛丑至丁未，西元前一四〇年至西元前一三四年）

司馬光編集
夏德儀註

世宗孝武皇帝上之上 諱徹，景帝中子。

建元㈠元年（西元前一四〇年）

㈠冬，十月，詔舉賢良方正直言極諫之士，上親策問㈡以古今治道，對者百餘人。廣川㈢董仲舒對曰：「道者，所繇適於治之路也㈣；仁義禮樂，皆其具也㈤。故聖王已沒，而子孫長久，安寧數百歲，此皆禮樂教化之功也。夫人君莫不欲安存，而政亂國危者甚眾，所任者非其人，而所繇者非其道，是以政日以仆滅㈥也。夫周道衰於幽厲，非道亡也，幽厲不繇也。至於宣王，思昔先王之德㈦，興滯補敝㈧，明文武㈨之功業，周道粲然㈩復興，此夙夜不懈，行善之所致也。孔子曰：『人能弘道，非道弘人⑪。』故治亂廢興在於己，非天降命，不可得反，其所操持誖謬⑫，失其統⑬

也。為人君者，正心以正朝廷，正朝廷以正百官，正百官以正萬民，正萬民以正四方。四方正，遠近莫敢不壹於正，而亡(一四)有邪氣奸(一五)其間者。是以陰陽調(一六)而風雨時(一七)，羣生和(一八)而萬民殖(一九)；諸福之物，可致之祥，莫不畢至，而王道終矣(二〇)。孔子曰：『鳳鳥不至，河不出圖，吾已矣夫(二一)！』自悲可致此物，而身卑賤，不得致也(二二)。今陛下貴為天子，富有四海，居得致之位，操(二三)可致之勢，又有能致之資(二四)，行(二五)高而恩厚，知(二六)明而意美，愛民而好士，可謂誼(二七)主矣！然而天地未應，而美祥莫致者，何也？凡(二八)以教化不立，而萬民不正也。夫萬民之從利也，如水之走(二九)下，不以教化隄防之，不能止也。古之王者明於此，故南面而治天下，莫不以教化為大務。立太學以教於國，設庠序(三〇)以化(三一)於邑，漸(三二)民以仁，摩(三三)民以誼，節(三四)民以禮，故其刑罰甚輕而禁不犯者，教化行而習俗美也。聖王之繼亂世也，掃除其迹而悉去之，復修教化而崇起之。教化已明，習俗已成，子孫循之(三五)，行五六百歲，尚未敗(三六)也。秦滅先聖之道，為苟且(三七)之治，故立十四年(三八)而亡，其遺毒餘烈（三九），至今未滅。使習俗薄惡，人民嚚頑（四〇），抵冒（四一）殊扞（四二），孰爛（四三）如此之甚者也。竊譬之琴瑟不調（四四），甚者必解而更張之（四五）乃可鼓（四六）也。為政而不行，甚者必變而更化之（四七）乃可理（四八）也。故漢得天下以來，常欲治而至今不可善治者，失之於當更化而不更化也（四九）。

臣聞聖王之治天下也，少則習之學（五〇），長則材諸位（五一），爵祿以養其德，刑罰以威其惡，故民曉於禮誼而恥犯其上（五二）。武王行大誼，平殘賊，周公作禮樂以文之；至於成康之隆，囹圄（五三）空虛四十餘年。此亦教化之漸，而仁誼之流，非獨傷肌膚之効也（五四）。至秦則不然，師申商（五五）之法，行韓非之說，憎帝王之道，以貪狼（五六）為俗，誅名而不察實（五七），為善者不必免（五八），而犯惡者未必刑也。是以百官皆飾虛辭而不顧實，外有事君之禮，內有背上之心，造偽飾詐，趨利無恥。是以刑者甚眾，死者相望，而姦不息，俗化使然也。今陛下并有天下，莫不率服（五九），而功不加於百姓者，殆王心未加焉（六〇）！曾子（六一）曰：『尊（六二）其所聞，則高明矣；行其所知，則光大矣。高明光大，不在於他，在乎加之意而已（六三）。』願陛下因用所聞，設誠於內，而致行之，則三王何異哉？夫不素養士而欲求賢，譬猶不琢玉而求文采也。故養士之大者，莫大虖太學。太學者，賢士之所關[六四]也，教化之本原也。今以一郡一國之眾對，亡應書者[六五]，是王道往往而絕也。臣願陛下興太學，置明師，以養天下之士，數[六六]考問以盡其材，則英俊宜可得矣。今之郡守、縣令，民之師帥[六七]，所使承流[六八]而宣化[六九]也。故師帥不賢，則主德不宣，恩澤不流。今吏既亡教訓於下，或不承用主上之灋，暴虐百姓，與姦為市[七〇]，貧窮孤弱，冤苦失職[七一]，甚不稱陛下之意。是以陰陽錯繆[七二]，氛氣[七三]充塞，羣生寡遂[七四]，黎民未濟[七五]，皆長吏不明，使至於此也。夫長吏多出於郎中、中郎、吏二千石子弟，選郎吏又以富訾，未必賢也[七六]。且古所謂功者，以任官稱職為差[七七]，非謂積日累久也。故小材雖累日，不離於小官；賢材雖未久，不害[七八]為輔佐。是以有司竭力盡知[七九]，務治其業[八〇]而以赴功。今則不然，累日以取貴，積久以致官，是以廉恥貿亂[八一]，賢不肖渾殽[八二]，未得其真。臣愚，以為使諸列侯、郡守、二千石，各擇其吏民之賢者，歲貢各二人，以給宿衛，且以觀大臣之能。所貢賢者有賞，所貢不肖者有罰。夫如是，諸吏二千石皆盡心於求賢，天下之士，可得而官使(八三)也。徧得天下之賢人，則三王之盛易為，而堯舜之名可及也。毋以日月為功，實試賢能為上，量材而授官，錄德而定位，則廉恥殊路，賢不肖異處矣(八四)。

臣聞眾少成多，積小致鉅，故聖人莫不以晻(八五)致明，以微致顯。是以堯發於諸侯(八六)，舜興乎深山(八七)，非一日而顯也，蓋有漸以致之矣。言出於己，不可塞也；行發於身，不可掩也。言行，治之大者，君子所以動天地也。故盡小者大(八八)，慎微者著(八九)。積善在身，猶長日加益(九〇)，而人不知也；積惡在身，猶火銷膏(九一)，而人不見也。此唐虞(九二)之所以得令名，而桀紂之可為悼懼者也。夫樂而不亂，復而不厭者(九三)，謂之道。道者，萬世亡敝，敝者，道之失也(九四)。先王之道，必有偏而不起之處，故政有眊(九五)而不行；舉其偏者以補其敝而已矣。三王之道，所祖不同，非其相反，將以捄(九六)溢扶衰，所遭之變然也。故孔子曰：『無為而治者，其舜乎(九七)！』改正朔，易服色，以順天命而已，其餘盡循堯道，何更為哉？故王者有改制之名，亡變道之實。然夏尚忠，殷尚敬，周尚文者，所繼之捄(九八)當用此也。孔子曰：『殷因於夏禮，所損益可知也；周因於殷禮，所損益可知也；其或繼周者，雖百世可知也(九九)。』此言百王之用(一〇〇)，以此三者矣！夏因於虞，而獨不言所損益者，其道一而所上(一〇一)同也。道之大原出於天，天不變，道亦不變。是以禹繼舜，舜繼堯，三聖相受而守一道，亡捄敝之政也，故不言其所損益也。繇是觀之，繼治世者，其道同；繼亂世者，其道變。今漢繼大亂之後，若宜少損周之文致(一〇二)，用夏之忠(一〇三)者。夫古之天下，亦今之天下，共是天下，以古準今，壹何不相逮之遠也？安(一〇四)所繆盭(一〇五)而陵夷(一〇六)若是？意者有所失於古之道與(一〇七)？有所詭(一〇八)於天之理與？夫天亦有所分予(一〇九)，予之齒者去其角，傅其翼者兩其足(一一〇)，是所受大者，不得取小也。古之所予祿者，不食於力，不動於末(一一一)，是亦受大者，不得取小，與天同意者也。夫已受大，又取小，天不能足，而況人虖(一一二)？此民之所以囂囂(一一三)苦不足也。身寵而載(一一四)高位，家溫而食厚祿，因乘富貴之資力，以與民爭利於下，民安能如㉕之哉？民日削月朘㉖，寖㉗以大窮。富者奢侈羨㉘溢，貧者窮急愁苦，民不樂生，安能避罪！此刑罰之所以蕃㉙，而姦邪不可勝㉚者也。天子、大夫者，下民之所視効，遠方之所四面㉛而內望也。近者視而放㉜之，遠者望而効之，豈可以居賢人之位，而為庶人行哉？夫皇皇㉝求財利，常恐乏匱者，庶人之意也；皇皇求仁義，常恐不能化民者，大夫之意也。易曰：『負且乘，致寇至㉞。』乘車者，君子之位也；負擔者，小人之事也。此言居君子之位，而為庶人之行者，患禍必至也。若居君子之位，當君子之行，則舍公儀休之相魯，無可為者矣㉟。春秋大一統㊱者，天地之常經，古今之通誼也。今師異道，人異論，百家殊方。指㊲意不同，是以上無以持一統，法制數變，下不知所守㊳。臣愚，以為諸不在六藝㊴之科，孔子之術者，皆絕其道，勿使幷進。邪辟㊵之說滅息，然後統紀㊶可一，而法度可明，民知所從矣㊷。」天子善其對，以仲舒為江都相。

會稽莊助㊸亦以賢良對策，天子擢為中大夫。**【考異】**漢書武紀：「元光元年，五月，詔舉賢良，董仲舒、公孫弘出焉。」仲舒傳曰：「仲舒對冊，推明孔氏，抑黜百家。立學校之官，州縣舉茂材、孝廉，皆自仲舒發之。」今舉孝廉在元光元年十一月，若對策在下五月，則不得云自仲舒發之，蓋武紀誤也。然仲舒對策，不知果在何時。元光元年以前，唯今年舉賢良，見於紀。三年，閩越、東甌相攻，莊助已為中大夫，故皆著之於此。仲舒傳又云：「遼東高廟、長陵高園災，仲舒推說其意，主父偃竊其書奏之，仲舒由是得辠。」按二災在建元六年；主父偃傳，上書召見，在元光元年。蓋仲舒追述二災而作書，或作書不上，而偃後來方見其草槀也。

丞相衞綰奏：「所舉賢良，或治申、韓、蘇、張㉞之言亂國政者，請皆罷。」奏可㉟。董仲舒少治春秋，孝景時，為博士。進退容止㊱，非禮不行，學者皆師尊之。及為江都相，事易王㊲。易王，帝兄，素驕，好勇。仲舒以禮匡正，王敬重焉。

㈡春，二月，赦。

㈢行三銖錢㊳。

㈣夏，六月，丞相衞綰免。丙寅（初七日），以魏其侯竇嬰為丞相，武安侯田蚡為太尉。上雅㊴嚮㊵儒術，嬰、蚡俱好儒，推轂㊶代㊷趙綰為御史大夫，蘭陵㊸王臧為郎中令。綰請立明堂㊹以朝諸侯，且薦其師申公。秋，天子使使束帛加璧，安車駟馬㊺以迎申公。既至，見天子，天子問治亂之事。申公年八十餘，對曰：「為治者，不至多言，顧力行何如耳。」是時天子方好文詞，見申公對，默然，然已招致，則㊻以為太中大夫，舍魯邸㊼，議明堂、巡狩、改曆、服色事。

㈤是歲，內史寧成抵罪，髡鉗㊽。

【今註】㊀建元：胡三省曰：「自古帝王，未有年號，始起於此。」劉攽曰：「封禪書云：『其後三年，有司言，元宜以天瑞命，不宜以一二數推。』所謂其後三年者，蓋盡元狩六年至元鼎三年也。然元鼎四年，方得寶鼎，又無緣先三年稱之。以此而言，自元鼎以前之年，皆有司所追命，其實年號之起在元鼎。故元封改元，則始有詔書也。」㊁策問：發策試士，命應試者因問而陳其所見。㊂廣川：今河北省棗強縣東北。㊃道者，所繇適於治之路也：繇同由；適，往。言欲使國家達到治平所必經之路，則謂之道。㊄仁義禮樂，皆其具也：具，工具。謂仁義禮樂，為使國家達到治平所必用之工具。㊅仆滅：敗亡。㊆先王之德：先世聖王之德教。㊇興滯補敝：滯，廢。敝，壞。廢者使興復，壞者加以補救。㊈文武：文王，武王。⑩粲然：鮮明貌。⑪人能弘道，非道弘人：見《論語・衞靈公篇》。弘，廓而大之。顏師古曰：「言明智之人，則能行道；內無其質，非道所化。」⑫誖謬：乖誤。⑬統：理，指治理國家之道。⑭亡：無。⑮奸：犯。音干。⑯調：勻和。⑰時：按時而至。⑱和：和合無忤。⑲殖：孳衍。⑳王道終矣：終，盡。謂王道之致治，至此而止，無以復加。㉑鳳鳥不至，河不出圖，吾已矣夫：見《論語・子罕篇》。朱註：「鳳，靈鳥，舜時來儀，文王時鳴於岐山。河圖，河中龍馬負圖，伏羲時出。皆聖王之瑞也。已，止也。」㉒自悲可致此物，而身卑賤，不得致也：古人深信王者有德，則鳳鳥至，河圖出；孔子自嘆有德無位，故不能致。「吾已矣夫，」即見慨歎之意。㉓操：執持。㉔資：材質。㉕行：德行。㉖知：知智古同字。㉗誼：同義。㉘凡：皆。㉙走：趨向。㉚庠序：古鄉學之名，後轉為學校通稱。㉛化：設教以化民。㉜漸：浸潤而加以感化。㉝摩：砥厲。㉞節：約束。㉟循之：順而行之。循，同順。㊱敗：毀壞。㊲苟且：不守先聖之道，不務實際之謂。㊳十四年：按自始皇初併天下，至子嬰出降，應為十五年。㊴烈：害。烈本訓猛火，此取為害酷烈之義。㊵嚚頑：顏師古曰：「口不道忠信之言為嚚，心不則德義之經為頑。」嚚音銀。㊶抵冒：抵，觸；冒，犯：謂觸犯法紀。㊷殊扞：殊，絕；扞，拒；謂拒絕教化。㊸孰爛：孰，古熟字。孰爛即成熟，謂夙習而成風尚。㊹不調：音節不協。㊺解而更張之：謂解其弦而更張之，使其協調。㊻鼓：彈奏。㊼變而更化之：謂變其俗而加以感化，使其致治。㊽理：治理。㊾以上為第一策。㊿習之學：令就學使受教習。(51)材諸位：授之職位，以試其材能。(52)恥犯其上：以犯上為恥。(53)囹圄：監獄。《禮・月令》：「省囹圄。」疏：「囹，牢也；圄，止也，所以止出入，皆罪人所舍也。」(54)此亦教化之漸，而仁誼先流，非獨傷肌膚之效也：言周道之隆，亦教化仁義之功，非獨刑法之效。(55)中商：中不害，商鞅。(56)貪狼：狼性貪，故謂貪者為貪狼。(57)誅名而不察實：誅，責。謂責求其名而不考其實質。(58)免：免於刑罰。(59)率服：順服。(六〇)殆王心未加焉：謂大抵因未留意於此，故使功德不顯。(六一)曾子：曾參。(六二)尊：同遵。(六三)自「尊其所聞」，至「在乎加之意而已」：見《大戴禮・曾子疾病篇》。董生引此以應上「殆王心未加焉」一語，勸武帝於教化德義，宜稍留意。(六四)繇：由。(六五)今以一郡一國之眾對，亡應書者：對指應詔對策，書指經義。謂今以一郡一國之眾，拔其賢士，應詔以對策問，竟無有應經義者。此董生泛論平日郡國之士，皆非素養，故不明經義。(六六)數：常。(六七)師帥：為之師表以帥導之。(六八)承流：承主上之流澤。(六九)宣化：宣揚教化。(七〇)與姦為市：謂小吏有為姦詐之事者，守令不舉，反與勾結以求利。(七一)冤苦失職：職，生業。言百姓貧窮孤弱，冤苦無告，而失其生業。(七二)錯謬：乖誤不順。(七三)氛氣：陰戾不祥之氣。(七四)遂：成長。(七五)黎民未濟：濟，利。謂小民困敝而未蒙其利。(七六)夫長吏多出於郎中、中郎、吏二千石子弟，選郎吏又以富訾，未必賢也：長吏指縣令長，見《漢書・百官志》。郎中、中郎，皆郎官。吏二千石指郡國守相，「二千石」上加「吏」字，以別於在朝之二千石。訾，同貲，謂以筭貲為吏，見〈景帝紀〉。董生謂其時令長多出於郎，而選郎非任子即筭貲，故未必賢。(七七)差：等次。(七八)害：妨礙。(七九)知：知與智古字同。(八〇)業：指濟世之學。(八一)貿亂：紊亂。貿音茂（ㄇㄠˋ）。(八二)渾殽：與混淆同，謂相雜而不分。(八三)官使：謂授以官。而加以任使。(八四)以上為第二策。(八五)晻：古暗字。(八六)堯發於諸侯：顏師古曰：「堯從唐侯升天子之位。」(八七)舜興乎深山：孟康曰：「舜耕於歷山。」(八八)盡小者大：能盡眾小之材，則致高大之功。(八九)慎微者著：能慎於微行，則其善著明。(九〇)積善在身，猶長日加益：冬至以後，日漸加長，然所加至微，而人不能覺。此謂人之積善，亦如日之加長，而不自知。(九二)積惡在身，猶火銷膏：膏，油脂，用以燃火。以脂燃火，則脂漸耗竭，然所耗甚微，人不能覺，喻人之積惡，亦復如是。(九三)夫樂而不亂，復而不厭者：厭，滿足。謂為樂有節，不及於亂；為善反復，如有不足。(九四)道者，萬世亡敝，敝者，道之失也：敝，《漢書・董仲舒傳》作弊。顏師古曰：「言有弊非道，由失道故有弊。」(九五)眊：音冒，不明。(九六)捄：同救。(九七)無為而治者，其舜乎：見《論語・衛靈公篇》。朱註：「無為而治者，聖人德盛而民化，不待其有所作為也。獨稱舜者，紹堯之後，而又得人以任眾職，故尤不見其有為之迹也。」(九八)所繼之捄：謂承先代之次，以救其弊。(九九)「殷因於夏禮」至「雖百世可知也」：見《論語・為政篇》。顏師古曰：「謂忠、敬與文，因循為教，立政垂則，不遠此也。」(〇〇)用：立政施教以治天下。(〇一)上：同尚。(〇二)文致：文弊之極。(〇三)用夏之忠：採用夏尚忠之道以治天下。(〇四)安：何。(〇五)繆盭：謂誤錯乖戾。盭，古戾字。(〇六)陵夷：夷，平。言政教日以頹替，如丘陵之漸平。(〇七)與：同歟。(〇八)詭：違異。(〇九)予：讀曰與。(一〇)予之齒者去其角，傅其翼者兩其足：顏師古曰：「謂牛無上齒則有角，其餘無角者則有上齒。傅讀曰附，附著也，言鳥不四足。」王念孫曰：「治要引作『予上齒者去其角』，無之字，與下句相對，句法較為整齊。春秋繁露度制篇亦云『有角不得有上齒。』」沈欽韓曰：「有角者無上齒，亦見呂覽博志篇。」(一一)末：謂工商之業。(一二)天不能足，而況人虖：謂天之於物，尚不能使滿足，何況小民，更不能滿足富貴者之需求？(一三)囂囂：愁怨之聲。囂音敖（ㄠˊ）。(一四)載：居。(一五)如：王念孫曰：「如猶當也。」(一六)民日削月朘：朘，蹙縮。謂小民生活本甚安舒，今為富貴者所削奪，遂至蹙縮不振。朘音宣（ㄒㄩㄢ）。⑰寖：漸。⑱羨：饒，音衍（ㄧㄠˊ）。⑲蕃：多。⑳不可勝：謂其多而不可盡。勝音升。㉑面：向。㉒放：放與倣古同字，倣效。㉓皇皇：急速之貌，㉔負且乘，致冠至：此《易》解卦之爻辭。㉕當君子之行，則舍公儀休之相魯，無可為者矣：舍：捨與舍古同字。謂為君子者，當如公儀休，若捨此不遵，言無可為者矣。公儀休相魯，之其家，見織布，怒而出其妻，食於舍而茹葵，慍而拔其葵，曰：「吾已食祿，而奪園夫紅女利乎？」㉖大一統：謂萬物之統，皆歸於一。《春秋》：「隱公元年，春，王正月，」《公羊傳》：「何言乎王正月？大一統也。」此言諸侯皆系統於天子，不得自專。按董生治春秋公羊學，故每引用公羊家說。㉗指：通旨。㉘守：遵循。㉙六藝：易、禮、樂、詩、書、春秋。㉚辟：辟與僻古同字。㉛統紀：道統綱紀。㉜以上為第三策。㉝莊助：《漢書》避明帝諱作嚴助。㉞申、韓、蘇、張：申不害，韓非，蘇秦，張儀。㉟可：謂詔可其奏。㊱容止：動靜。㊲易王：江都易王非，景帝之子，武帝之兄。㊳三銖錢：《漢書‧食貨志》曰：「三銖錢，重如其文。」㊴雅：平素。㊵鄉：慕。㊶推轂：升薦之若為推車轂然。㊷代：在今察哈爾省蔚縣東。㊸蘭陵：在今山東省嶧縣東。㊹明堂：胡三省曰：「王者之堂，所以正四時，出教化。自秦滅先王之禮，其制不存。」㊺安車駟馬：《漢書‧儒林傳》云：「安車以蒲裹輪，駕駟迎申公。」《曲禮》疏引庾蔚云：「漢世駕一馬而坐乘也。」按古制，高車立乘，駕駟馬，安車坐乘，駕一馬，今加禮申公，故駕以駟馬。㊻則：同即。㊼舍魯邸：舍，安置。漢制，郡國皆立邸於京師。申公，魯人，故使舍於魯邸。㊽內史甯成抵罪，髡鉗：《漢書．甯成傳》：「武帝即位，徙為內史，外戚多毀成之短，抵罪髡鉗。」髡，剃髮之刑；鉗，以鐵束頸。

二年（西元前一三九年）

㈠冬，十月，淮南王安來朝。上以安屬為諸父㊀，而材高，甚尊重之。每宴見談語，昏暮㊁然後罷。安雅善武安侯田蚡，其入朝，武安侯迎之霸上，與語曰：「上無太子，王親高皇帝孫，行仁義，天下莫不聞，宮車一日晏駕，非王尚誰立者？」安大喜，厚遺㊂蚡金錢財物。

㈡太皇竇太后好黃老言，不悅儒術，趙綰請毋奏事東宮㊃，竇太后大怒，曰：「此欲復為新垣平㊄邪？」陰求得趙綰、王臧姦利事，以讓㊅上，上因廢明堂事，諸所興為皆廢㊆，下綰、臧吏，皆自殺，丞相嬰、太尉蚡免，申公亦以疾免歸。

初，景帝以太子太傅石奮及四子皆二千石，乃集其門，號奮為「萬石君」㊇。萬石君無文學，而恭謹無與比。子孫為小吏，來歸謁，萬石君必朝服見之，不名⑨。子孫有過失，不責讓，為便坐⑩，對案不食，然後諸子相責，因長老肉袒謝罪，改之，乃許。子孫勝冠⑪者在側，雖燕居⑫必冠。其執喪，哀戚甚悼。子孫遵教，皆以孝謹聞乎郡國。及趙綰、王臧以文學獲罪，竇太后以為儒者文多質少，今萬石君家不言而躬行，乃以其長子建為郎中令，少子慶為內史。建在上側，事有可言⑬，屏人⑭恣言⑮極切；至廷見⑯，如不能言者。上以是親之。慶嘗為太僕，御出⑰，【考異】按百官公卿表：慶不為太僕，蓋嘗攝職也。上問車中幾馬？慶以策數馬畢，舉手，曰：「六馬。」慶於諸子中最為簡易矣。

竇嬰、田蚡既免，以侯家居。蚡雖不任職，以王太后故，親幸，數言事，多効⑱。士、吏趨勢利者，皆去嬰而歸蚡，蚡日益橫⑲。

㈢春，二月，丙戌，朔，日有食之。

㈣三月，乙未（三月丙辰朔無乙未），以太常栢至侯許昌⑳為丞相。

㈤初，堂邑侯陳午㉑，尚帝姑館陶㉒公主嫖。帝之為太子，公主有力焉㉓，以其女為太子妃。及即位，妃為皇后，竇太主㉔恃功，求請無厭，上患之。皇后驕妬擅寵而無子，與醫錢凡九千萬，欲以求子，然卒無之，后寵浸㉕衰。皇太后謂上曰：「汝新即位，大臣未服，先為明堂，太皇太后已怒，今又忤長主㉖，必重得罪。婦人性易悅耳，宜深慎之。」上乃於長主、皇后，復稍加恩禮。

上祓㉗霸上，還，過上姊平陽公主㉘，悅謳者㉙衛子夫。子夫母衛媼㉚，平陽公主家僮㉛也。主因奉送子夫入宮，恩寵日隆。陳皇后聞之，恚㉜，幾死者數矣。上愈怒。

子夫同母弟衛青。其父鄭季，本平陽縣吏，給事侯家㉝，與衛媼私通而生青，冒姓㉞衛氏。青長，為侯家騎奴。大長公主執囚青㉟，欲殺之。其友騎郎㊱公孫敖，與壯士篡㊲取之。上聞，乃召青為建章監侍中㊳，賞賜數日間累千金。既而以子夫為夫人，青為太中大夫。

㈥夏，四月，有星如日，夜出。

㈦初置茂陵邑㊴。

(八)時大臣議者多冤鼂錯之策㊵，務摧抑諸侯王，數奏暴㊶其過惡，吹毛求疵㊷，笞服其臣，使證其君，諸侯王莫不悲怨。

【今註】㊀上以安屬為諸父：淮南王安，淮南厲王長之子。長於文帝為弟，安於景帝為從弟，於武帝為諸父行。㊁昏暮：日落天黑時。㊂遺：賂贈。㊃東宮：漢長樂宮，太后所居，在未央宮之東，故謂之東宮，亦稱東朝。㊄此欲復為新垣平邪：新垣平以詐術事文帝而得尊顯，故竇太后以之比趙綰。新垣平事見十五卷〈文帝紀〉。㊅讓：責備。㊆諸所興為皆廢：謂諸所興舉，如明堂、巡狩、改服色、易正朔等事，皆為之罷廢。㊇乃集其門，號奮為「萬石君」：奮及四子凡一門五人為二千石，故景帝號奮為萬石君。㊈不名：謂不呼其名，但稱其官職。㊉便坐：不處正室，而坐於便側之處。⑪勝冠：謂屆加冠之齡，猶曰弱冠。⑫燕居：平居。⑬事有可言：謂事有當諫正者。⑭屏人：屏，除。謂於無人時私諫，令過失不外聞。⑮恣言：暢所欲言。⑯廷見：百官朝謁。⑰御出：為上御車而出。⑱多效：謂言事多見聽用。⑲橫：驕恣。⑳栢至侯許昌：高祖功臣許盎之孫。栢至，侯國，《漢書・地理志》不載。㉑堂邑侯陳午：高祖功臣陳嬰之孫。堂邑縣故城在今江蘇省六合縣北。㉒館陶：公主嫖封邑，故城在今山東省館陶縣西南。㉓帝之為太子，公主有力焉：館陶公主援立武帝為太子事，見上卷景帝前六年。㉔竇太主：館陶公主為竇太后女，於武帝為姑，故稱竇太主。㉕浸：漸。㉖長主：謂館陶公主。㉗祓：除惡消災之祭。祓音拂（ㄈㄨˊ）。㉘平陽公主：景帝之女，降平陽侯曹壽。㉙謳者：歌女。謳音歐（ㄡ）。㉚媼：老婦尊稱。媼音澳（ㄠˋ）。㉛僮：婢妾之總稱。㉜恚：音畏，惱怒。㉝侯家：平陽侯家。㉞冒姓：以他人姓為己姓。青本鄭氏子，而冒衞姓。㉟大長公主執囚青：大長公主即館陶公主。《漢書・衞青傳》云：「大長公主聞衞子夫幸，有身，妒之，乃使人捕青。」㊱騎郎：漢制，郎有車郎、戶郎、騎郎，分屬郎中車戶騎三將。車郎亦曰輦郎，主車，戶郎主戶衞，騎郎亦曰郎中騎，主騎。㊲篡：逆取。㊳為建章監侍中：為建章宮監而兼侍中。胡三省曰：「據史：太初元年，起建章宮。蓋因舊宮而大起也。」㊴茂陵邑：武帝陵邑，故址在今陝西省興平縣東北。㊵時大臣議者多冤鼂錯之策：鼂錯建策削弱諸侯，為袁盎所譖而死，故議者冤之；事見上卷景帝前三年。㊶暴：顯露。㊷吹毛求疵：謂力索人之過失。

三年（西元前一三八年）

(一)冬，十月，代王登、長沙王發、中山王勝、濟川王明①來朝。上置酒，勝聞樂聲而泣，上問其故，對曰：「悲者不可為累欷，思者不可為嘆息②。今臣心結③日久，每聞幼眇④之聲，不知涕泣之橫集⑤也。臣得蒙肺附⑥為東藩⑦，屬又稱兄⑧。今羣臣非有葭莩之親⑨，鴻毛之重，羣居黨議⑩，朋友相為⑪，使夫宗室擯郤⑫，骨肉冰釋（一三），臣竊傷之。」具以吏所侵聞（一四）。於是上乃厚諸侯之禮，省（一五）有司所奏諸侯事，加親親之恩焉。

㈡河水溢于平原（一六）。

㈢大饑，人相食。

㈣秋，七月，有星孛于西北（一七）。

㈤濟川王明坐殺中傅（一八），廢遷房陵（一九）。

㈥七國之敗也（二〇），吳王子駒亡走閩越，怨東甌殺其父，常勸閩越擊東甌，閩粵從之，發兵圍東甌。東甌使人告急天子。天子問田蚡。蚡對曰：「越人相攻擊，固其常（二一），又數反覆（二二），自秦時棄不屬（二三），不足以煩中國往救也。」莊助曰：「特（二四）患力不能救，德不能覆（二五），誠能，何故棄之？且秦舉咸陽而棄之（二六），何但越也？今小國以窮困來告急，天子不救，尚安所愬（二七）？又何以子萬國（二八）乎？」上曰：「太尉不足與計。」【考異】史記東越、漢書嚴助傳，皆云：建元三年，閩越圍東甌，天子問太尉田蚡，按是時，蚡不為太尉，云太尉，誤也。下云：太尉不足與計，蓋追呼其官，或亦誤耳！」（二九）吾新即位，不欲出虎符（三〇）發兵郡國。」乃遣助以節，發兵會稽（三一），會稽守欲距灋不為發（三二），助乃斬一司馬，諭意指(33)，遂發兵浮海救東甌。未至，閩越引兵罷，東甌請舉國(34)內徙，乃悉舉(35)其眾來，處於江淮之間。

㈦九月，丙子，晦（三十日），日有食之。

㈧上自初即位，招選天下文學材智之士，待以不次之位(36)，四方士多上書言得失，自衒鬻(37)者以千數。上簡拔其俊異者寵用之，莊助最先進，後又得吳人朱買臣、趙人吾丘壽王(38)、蜀人司馬相如、平原東方朔(39)、吳人枚皐、濟南終軍(40)等，幷在左右。每令與大臣辨(41)論，中外(42)相應以義理之文，大臣數屈(43)焉。然相如特以辭賦得幸，朔、皐不根(44)持論，好詼諧(45)，上以俳優(46)畜(47)之，雖數賞賜，終不任以事也。朔亦觀上顏色，時時直諫，有所補益。

是歲上始為微行，北至池陽(48)，西至黃山(49)，南獵長楊(50)，東遊宜春(51)，與左右能騎射者，期諸殿門(52)。常以夜出，自稱平陽侯(53)，旦明(54)，入南山(55)下，射鹿豕狐兔，馳騖(56)禾稼之地，民皆號呼罵詈，鄠(57)、杜(58)令欲執之，示以乘輿物，乃得免。又嘗夜至柏谷(59)，投逆旅(60)宿，就逆旅主人求漿(61)，主人翁曰：「無漿，正有溺耳！」

且疑上為姦盜，聚少年欲攻之。主人嫗（六二）睹上狀貌而異之，止其翁曰：「客非常人也，且又有備，不可圖也。」翁不聽，嫗飲翁以酒，醉而縛之，少年皆散走，嫗乃殺雞為食以謝客。明日，上歸，召嫗，賜金千斤，拜其夫為羽林郎（六三）。後乃私置更衣（六四），從宣曲以南十二所（六五），夜投宿長楊、五柞等諸宮（六六）。

上以道遠勞苦，又為百姓所患，乃使太中大夫吾丘壽王舉籍（六七）阿城（六八）以南，盩厔以東，宜春以西，提封（六九）頃畮（七〇）及其賈直（七一），欲除以為上林苑，屬（七二）之南山。又詔中尉、左右內史（七三），表（七四）屬縣草田（七五），欲以償鄠、杜之民。壽王奏事，上大說稱善。時東方朔在傍，進諫曰：「夫南山，天下之阻也（七六）。漢興，去三河之地（七七），止（七八）霸、滻（七九）以西，都涇、渭之南，此所謂天下陸海（八〇）之地，秦之所以虜西戎，兼山東者也（八一）。其山出玉、石、金、銀、銅、鐵、良材，百工所取給，萬民所卬（八二）足也，又有秔（八三）、稻、梨、栗、桑、麻、竹箭之饒，土宜薑芋，水多鼃（八四）魚，貧者得以人給家足，無飢寒之憂，故鄷（八五）鎬（八六）之間，號為土膏（八七），其賈畮一金（八八）。今規（八九）以為苑，絕陂池（九〇）水澤之利，而取民膏腴之地，上乏國家之用，下奪農桑之業，是其不可一也。盛荊棘之林，廣狐菟（九一）之苑，大虎狼之虛（九二），壞人塚墓，發人室廬，令幼弱懷土而思，耆老涕泣而悲，是其不可二也。斥而營之（九三），垣而囿之，騎馳東西，車騖南北，有深溝大渠。夫一日之樂，不足以危無隄之輿（九四），是其不可三也。夫殷作九市之宮（九五）而諸侯畔（九六），靈王起章華之臺（九七）而楚民散（九八），秦興阿房之殿而天下亂。糞土愚臣，逆盛意，罪當萬死。」上乃拜朔為太中大夫給事中（九九），賜黃金百斤。然遂（一〇〇）起上林苑，如壽王所奏。

上又好自擊熊豕（一〇一），馳逐野獸。司馬相如上疏諫曰：「臣聞物有同類而殊（一〇二）能者，故力稱烏獲（一〇三），捷言慶忌（一〇四），勇期賁育（一〇五）。臣之愚，竊以為人誠有之，獸亦宜然。今陛下好陵（一〇六）阻險，射猛獸，卒然（一〇七）遇逸材（一〇八）之獸，駭不存之地（一〇九），犯屬車（一一〇）之清塵（一一一），輿不及還轅，人不暇施巧，雖有烏獲、逢蒙（一一二）之技不得用，枯木朽株，盡為難矣（一一三）！是胡越起於轂下，而羌夷接軫（一一四）也，豈不殆哉（一一五）！雖萬全而無患，然本非天子之所宜近也。且夫清道而後行，中路而馳（一一六），猶時有銜橛之變㉗，況乎涉豐草㉘，騁丘虛㉙，前有利獸之樂㉚，而內無存變㉛之意，其為害也不難矣。夫輕萬乘之重，不以為安樂，出萬有一危之塗以為娛，臣竊為陛下不取。蓋明者遠見於未萌㉜，而知者避危於無形，既㉝固多藏於隱微，而發於人所忽者也。故鄙諺㉞曰：『家累㉟千金，坐不垂堂㊱。』此言雖小，可以諭㊲大。」上善之。【考異】此多非今年事，因莊助救東甌，及微行始出，終言之。

【今註】㊀代王登、長沙王發、中山王勝，濟川王明：代王登，代王參之子，文帝之孫。長沙王發、中山王勝，皆景帝子。濟川王明，梁孝王之子。㊁悲者不可為累欷，思者不可為嘆息：累，重；欷，欷歔，嘆息貌。此言悲思素積於胸懷，聞欷歔歎息之聲，則悲思益甚，而不覺泣下。欷，音希。㊂心結：心中鬱積。㊃幼眇：微細。眇，音妙（ㄇㄧㄠˋ）。㊄橫集：交集。㊅肺附：王念孫曰：「肺附皆謂木皮，肺為柿之假借字。」《史記索隱》曰：「肺音柿，腑音附。柿，木札也，附，木皮也。以喻人主疏末之親，如木札出於木，樹皮附於樹也。《史記》今本附作腑，乃因肺字而誤。（亦王念孫說。）舊謂肺附如肝肺之相附著，誤。㊆東藩：勝王中山，在關東，故自稱東藩。㊇屬又稱兄：以親屬言，勝於武帝為兄。㊈非有葭莩之親：張晏曰：「葭，蘆葉也；莩，葉裏白皮。皆取喻於經薄也。」此謂葭莩雖有相著之親，然甚微薄，而疏遠小臣，即此微薄之親亦無之。此與下文「鴻毛之重」同一意義。⑩羣居黨議：謂羣聚結黨，恣為評議。⑪朋友相為：謂朋友相援，互為表裏。⑫擯卻：斥退。⑬冰釋：如冰之銷解溶散。⑭具以吏所侵聞：具，盡。謂盡以吏所侵辱之狀上聞。⑮省：減少。⑯平原：本為齊地，高祖置郡。⑰有星孛於西北：孛，彗星之屬而光芒較短。此言天之西北方，有星出現如孛星狀。⑱中傅：應劭曰：「中傅，宦者也。」按《漢書・梁王傳》作中尉，〈武帝紀〉作太傅、中傅，此從帝紀而略去太傅。胡三省曰：「漢諸王國有太傅，秩二千石，掌傅王以德義；中傅出入王宮，在王左右，亦主傅教導王。」⑲房陵：今湖北省房縣。⑳七國之敗也：景帝前三年，吳楚等七國反，為周亞夫所敗。㉑固其常：謂本其常事，不足為異。㉒反覆：不守信義。㉓棄不屬：謂摒棄之，不令臣屬於中國。㉔特：但。㉕覆：翼護。㉖且秦舉咸陽而棄之：咸陽，秦之京師。此謂秦為無道，乃至棄京師，失天下，何能以秦為比？㉗尚安所愬：尚何所訴？愬，同訴。㉘子萬國：蓄萬國為臣子。萬國，泛指天下諸侯。㉙郭嵩燾云：「百官表：太尉官，建元二年省。是田蚡免，並罷太尉，故可仍其舊稱，非誤也。」㉚虎符：鑄銅為符如虎狀，剖為兩半，以其半頒郡國，以其半藏禁中。如欲發兵則遣使持其半符至郡國合符以為勘驗。㉛發兵會稽：會稽東南與越接壤，故就近發兵。㉜會稽守欲距濞不為發：距，同拒。漢制，發兵必需虎符，今助無虎符，故會稽守以法拒之，不為發兵。㉝諭意指：諭，曉告。指同旨。謂諭以天子欲發兵，與所以不欲出虎符之意。㉞舉國：全國。㉟舉：率領。㊱不次之位：超擢不拘常次。㊲眩鬻：眩，通衒。眩鬻，《漢書・東方朔傳》作衒鬻。衒，行賣；鬻，亦售賣之意。㊳吾丘壽王：複姓吾丘，名壽王。吾音虞。㊴東方朔：複姓東方，名朔。㊵終軍：姓終名軍。㊶辨：通辯。㊷中外：中謂天子賓客，如莊助之輩；外謂諸公卿大臣。㊸大臣數屈：屈，服。謂大臣議論，每不如助等。㊹不根：言其議論，隨心而發，無所根據。㊺詼諧：嘲謔。㊻俳優：倡伶。㊼畜：讀曰蓄。㊽池陽：在今陝西省涇陽縣西北。㊾黃山：宮名。《漢書・地理志》，右扶風槐里縣有黃山宮，孝惠二年起。槐里故城在今陝西省興平縣東南。㊿長楊：胡三省曰：「長楊，宮名。水經注云：『槐里縣東有漏水，出南山赤谷，東北逕長楊宮。宮有長楊，因名。其地在盩厔界。』」(51)宜春：顏師古曰：「宜春，宮也，在長安城東南。」(52)期諸殿門：期，約會。諸，「之於」二字之急讀，謂約在殿門相會。《漢書・東方傳》云，「期門之號自此始。」按《漢書・百官表》，期門屬郎中令，掌執兵送從。(53)自稱平陽侯：平陽侯曹壽，尚武帝姊平陽公主，為帝所尊寵，故冒稱之。(54)旦明：次日清晨。(55)南山：即終南山。(56)騖：馬亂馳。(57)鄠：故城在今陝西省鄠縣北。(58)杜：宣帝更名杜陵，故城在今陝西省咸寧縣東南。(59)栢谷：《水經》云：「河水逕湖縣故城北，又東合栢谷。」《水經注》云：「水出弘農縣西石隄山，北逕栢谷亭下，即帝微行處。」以此推之，栢谷故址當在今河南省靈寶縣境。(60)逆旅：客舍。(61)漿：飲料。(62)嫗：婦人通稱，此指老婦。嫗音遇。(63)羽林郎：屬郎中令。顏師古曰：「羽林，宿衞之官，言如羽之疾，如林之多也。一說曰：『羽，所以為王者羽翼。』」王先謙引續志云：「羽林郎，比三百石，無員掌宿衞待從。常選漢陽、隴西、安定、北地、上郡、西河凡六郡良家子補。本武帝以便馬從獵，還，宿殿陛巖下室中，故號巖郎。」按武帝微行宿逆旅事，史、漢皆不載，《通鑑》採漢武故事補之，其事亦見潘岳〈西征賦〉。(六四)更衣：休息易衣之處。(六五)自宣曲以南十二所：顏師古曰：「宣曲，宮名，在昆明池西。」謂自宣曲宮以南，為休息之所十二處。(六六)五柞：宮名。按〈水經注〉，五柞宮在盩厔縣長楊宮東北。盩厔縣故城在今陝西省厔縣東。(六七)舉籍：舉計其數而錄之於簿籍。(六八)阿城：即秦之阿房宮。按〈長安志〉，秦阿房宮，一名阿城，在長安縣西二十里。(六九)提封：提舉四封之內，而總計其大數。封，疆域。(七〇)頃畮：田疇之泛稱。畮，古畝字。(七一)賈直：賈，讀曰價；直，讀曰值。(七二)屬：連接，音祝（ㄓㄨ）。(七三)左右內史：按《漢書・百官表》，武帝後改右內史為京兆尹，左內史為左馮翊，主爵中尉為右扶風，是為三輔。時尚未改，故云中尉及左右內史。(七四)表：奏請。(七五)草田：未經墾闢之荒田。(七六)南山，天下之阻也：阻，險阻。謂南山為天下之險塞，所以屏障關中，分別內外。(七七)去三河之地：漢以河南、河內、河東為三河。高祖初都洛陽，後捨洛陽而西都關中，是為去三河之地。(七八)止：留居。(七九)霸滻：關中二水名，皆渭水之支流。(八〇)陸海：顏師古曰：「海者，萬物所出。言關中陸產饒富，是以謂之陸海。」(八一)秦之所以處西戎，兼山東者也：言秦以此為根據，而征服西戎，兼併山東。(八二)印：古仰字。(八三)杭：或作粳，音庚，稻之不黏者。(八四)⿰扌黽：古蛙字。(八五)酆：周文王所都，故城在今陝西省鄠縣東。(八六)鎬：周武王所都，故城在今陝西省長安縣西南。(八七)十膏：膏腴肥沃之地。(八八)其賈畮一金：漢以金一斤為一金，見《漢書・食貨志》。地一畝值金一斤，喻其昂貴。(八九)規：劃。(九〇)陂池：池外土障曰陂，蓄水之處曰池。(九一)菟：古兔字。(九二)虛：讀曰墟。(九三)斥而營之：斥，量度。謂量度其地而經營之。(九四)不足以危無隄之輿：劉攽曰：「不足以危，不字當作亦。隄亦防也。言乘輿馳騁，不為防慮，必有顛蹶之變。」(九五)九市之宮：紂王於宮中設九市。(九六)畔：古叛字。(九七)章華臺：楚靈王所建，故址在今湖北省監利縣西北。(九八)散：離叛。(九九)給事中：《漢書‧百官表》云：「給事中，亦加官，所加或大夫、博士、議郎，掌顧問應對。」錢大昕曰：「武帝時終軍以謁者給事中，宣帝時田延年以大司農給事中，杜延軍以太僕給事中，魏相以御史大夫給事中，元帝時蕭望之以關內侯給事中，劉更生以宗正給事中，成帝時辛慶忌以右將軍給事中，哀帝時董賢為大司馬給事中。是三公、列將軍、九卿皆得加之，不止大夫、博士、議郎也。」顏師古引《漢官解詁》云：「掌侍從左右，無員，常侍中。」胡注引《續漢志》：「給事中，關通內外，蓋以給事禁中名官也。」(一〇〇)遂：竟。(一〇一)豕：野豬。(一〇二)殊：異。(一〇三)烏獲，秦武王力士。(一〇四)慶忌，春秋時代吳王僚之子，以勇捷聞。(一〇五)賁育：孟賁、夏育，皆古時勇士。(一〇六)陵：逾越。(一〇七)卒然：卒讀猝。急不及防之意。(一〇八)逸材：俊逸超羣之材。(一〇九)不存之地：王先謙引《釋詁》：「存，察也。」不存之地，謂不及察之地。(一一〇)屬車：屬謂聯屬不絕。屬車解詳卷十三高后八年注。(一一一)清塵：塵謂車行而起塵，清示尊貴之意，故謂天子車行之塵為清塵。(一一二)逢蒙，古之善射者，學射於羿。見《孟子‧離婁篇》。(一一三)枯木朽株，盡為難矣：此言急欲奔避，則枯木朽株，盡為障礙，如專欲與天子為難者。(一一四)軫：車後橫木。(一一五)殆：危險。(一一六)中路而馳：謂馳行必於廣道之中，以防傾仄。(一一七)銜橛之變：銜、橛，皆御馬之具，以鐵為之，置馬口中。《史記索隱》引《周遷輿服志》云：「鉤逆上者為橛，橛在銜中，以鐵為之，大如雞子。」此言車馬驅馳，銜橛或斷，則致傾敗而傷人。㉖豐草：茂草。㉙虛：同墟。㉚利獸之樂：貪獲野獸之利而引以為樂。㉛存變：察變。㉜萌：謂事之起始，如草木之初生者。㉝毗：古禍字。㉞鄙諺：俗語。㉟累：蓄積。㊱坐不垂堂：《史記索隱》引樂彥云：「垂，邊也，近堂邊恐其墮墜也。」《論衡・四諱篇》云：「毋承屋簷而坐，恐瓦墜擊人首也。」似以《論衡》之言較得漢諺本意。㊲諭：同喻。

四年（西元前一三七年）

㈠夏，有風赤如血。

㈡六月，旱。

㈢秋，九月，有星孛于東北。

㈣是歲，南越王佗死，其孫文王胡立。

五年（西元前一三六年）

㈠春，罷三銖錢，行半兩錢㊀。

㈡置五經博士㊁。

㈢夏，五月，大蝗。

㈣秋，八月，廣川惠王越，清河哀王乘㊂皆薨，無後，國除。

【今註】㊀罷三銖錢，行半兩錢：建元元年，行三銖錢，至是而罷，又新鑄半兩錢。按《漢書‧食貨志》，文為半兩，其重四銖。㊁置五經博士：按漢舊儀，文帝時博士七十餘人。《漢書‧楚元王傳》，文帝時，申公為詩精，以為博士。〈儒林傳〉，韓嬰文帝時為博士，轅固景帝時為博士，皆以治詩著稱於世，則是文景之世，已立詩經博士。又〈儒林傳〉贊云，武帝立五經博士，書唯有歐陽，禮后，易楊，春秋公羊而已。歐陽謂歐陽生，后謂后蒼，楊謂楊何。是武帝但立四經博士，合文景所立詩經博士，故稱五經博士。㊂廣川惠王越，清河哀王乘：二王皆景帝子。

六年（西元前一三五年）

㈠春，二月，乙未（初三日），遼東高廟㊀災。

㈡夏，四月，壬子（二十一日），高園便殿㊁火，上素服五日。

㈢五月，丁亥（二十六日），太皇太后㊂崩。

㈣六月，癸巳（初三日），丞相昌㊃免，武昌侯田蚡為丞相。蚡驕侈：治宅甲諸第㊄，田園極膏腴㊅；市買郡縣物，相屬於道；多受四方賂遺；其家金玉、婦女、狗馬、聲樂、玩好，不可勝數。

每入奏事，坐語移日㊆，所言皆聽。薦人或起家至二千石，權移主上。上乃曰：「君除吏㊇已盡未？吾亦欲除吏。」嘗請考工地益宅㊈，上怒曰：「君何不遂取武庫㊉！」是後乃稍退。

㈤秋，八月，有星孛于東方，長竟天。

㈥閩越王郢興兵擊南越邊邑，南越王守天子約，不敢擅興兵，使人上書告天子，於是天子多⑪南越義，大為發兵。遣大行王恢⑫出豫章，大農令⑬韓安國出會稽，擊閩越。淮南王安上書諫曰：「陛下臨天下，布德施惠，天下攝然⑭，人安其生，自以沒身⑮不見兵革。今聞有司舉兵將以誅越，臣安竊為陛下重⑯之。越，方外⑰之地，剪髮文身⑱之民也，不可以冠帶之國法度理也。自三代之盛，胡、越不與⑲受正朔，非彊弗能服，威弗能制也，以為不居之地，不牧之民⑳，不足以煩中國也。自漢初定以來七十二年，越人相攻擊者不可勝數，然天子未嘗舉兵而入其地也。臣聞越非有城郭邑里也，處谿谷之間，篁㉑竹之中，習於水鬭，便於用舟，地深昧㉒而多水險，中國之人，不知其勢阻而入其地，雖百不當其一。得其地，不可郡縣也㉓，攻之不可暴取㉔也。以地圖察其山川要塞，相去不過寸數，而間獨數百千里㉕，險阻林叢，弗能盡著㉖，視之若易，行之甚難。天下賴宗廟之靈，方內㉗大寧，戴白之㉘老，不見兵革，民得夫婦相守，父子相保，陛下之德也。越人名為藩臣，貢酎之奉不輸大內㉙，一卒之用不給㉚上事，自相攻擊，而陛下發兵救之，是反以中國而勞蠻夷也㉛。且越人愚戇㉜輕薄，負約反覆，其不用天子之法度，非一日之積也。壹不奉詔，舉兵誅之，臣恐後兵革無時息也。間者㉝數年，歲比不登㉞，民待賣爵贅子㉟以接衣食，賴陛下德澤振救之，得毋轉死溝壑㊱。四年不登，五年復蝗，民生未復。今發兵行數千里，資衣糧㊲，入越地，輿轎而隃領㊳，拕㊴舟而入水，行數百千里，夾以深林叢竹，水道上下擊石㊵，林中多蝮㊶蛇、猛獸，夏月暑時，歐泄㊷霍亂之病相隨屬㊸也。曾未施兵接刃，死傷者必眾矣。前時南海王反，陛下先臣㊹使將軍間忌㊺將兵擊之，以其軍降，處之上淦㊻，後復反，會天暑多雨，樓船卒水居擊棹㊼，未戰而疾死者過半：親老涕泣，孤子啼號，破家散業，迎尸千里之外，裹骸骨而歸。悲哀之氣，數年不息，長老至今以為記，曾未入其地而禍已至此矣。陛下德配天地，明象日月，恩至禽獸，澤及草木，一人有飢寒不終其天年而死者，為之悽愴於心。今方內無狗吠之警，而使陛下甲卒死亡，暴露中原，霑漬山谷，邊境之民為之早閉晏開(四八)，朝不及夕(四九)，臣安竊為陛下重之。不習南方地形者，多以越為人眾兵彊，能難邊城(五〇)。淮南全國(五一)之時，多為邊吏(五二)，臣竊聞之，與中國異(五三)。限以高山，人迹絕，車道不通，天地所以隔外內也。其入中國，必下領水(五四)，領水之山峭峻，漂石破舟，不可以大船載食糧下也。越人欲為變，必先田餘干(五五)界中，積食糧，乃入，伐材治船。邊城守候誠謹，越人有入伐材者，輒收捕，焚其積聚，雖百越，奈邊城何？且越人緜力薄材(五六)，不能陸戰，又無車騎、弓弩之用；然而不可入者，以保地險而中國之人不耐其水土也。臣聞越甲卒不下數十萬，所以入之，五倍乃足(五七)，輓(五八)車奉餉者不在其中。南方暑濕，近夏癉熱(五九)，暴露水居，蝮蛇蠚(六〇)生，疾疢(六一)多作，兵未血刃(六二)，而病死者什二三，雖舉越國而虜之，不足以償所亡。臣聞道路言，閩越王弟甲弒而殺之，甲以誅死㊂，其民未有所屬。陛下若欲來內㊃，處之中國，使重臣臨存㊄，施德垂賞以招致之，此必攜幼、扶老以歸聖德。若陛下無所用之，則繼其絕世，存其亡國，建其王侯，以為畜越㊅，此必委質㊆為藩臣，世共㊇貢職。陛下以方寸之印，丈二之組㊈，填撫㊉方外，不勞一卒，不頓㊀一戟，而威德幷行。今以兵入其地，此必震恐，以有司為欲屠滅之也，必雉免逃入山林險阻㊁。背而去之，則復相羣聚；留而守之，歷歲經年，則士卒罷勌㊂，食糧乏絕，民苦兵事，盜賊必起。臣聞長老言：秦之時，嘗使尉屠睢㊃繫越，又使監祿㊄鑿渠通道，越人逃入深山林叢，不可得攻，留軍屯守空地，曠日引久㊅，士卒勞勌，越出繫之，秦兵大敗，乃發適戍㊆以備之。當此之時，外內騷動，皆不聊生，亡逃相從，羣為盜賊，於是山東之難㊇始興。兵者凶事，一方有急，四面皆聳㊈。臣恐變故之生，姦邪之作，由此始也。臣聞天子之兵，有征而無戰，言莫敢校㊉也。如使越人蒙徼幸㊀以逆執事之顏行（八二），廝輿（八三）之卒，有一不備（八四）而歸者，雖得越王之首，臣猶竊為大漢羞之。陛下以四海為境，生民之屬，皆為臣妾，垂德惠以覆露之（八五），使安生樂業，則澤被萬世，傳之子孫，施之無窮，天下之安，猶泰山而四維（八六）之也。夷狄之地，何足以為一日之閒，而煩汗馬之勞（八七）乎？詩云：『王猶允塞，徐方既來（八八），』言王道甚大，而遠方懷之也。臣安竊恐將吏之以十萬之師，為一使之任（八九）也。」

是時，漢兵遂（九〇）出，未踰領，閩越王郢發兵距險（九一）。其弟餘善乃與相（九二）、宗族謀曰：「王以擅發兵擊南越，不請（九三），故天子兵來誅。漢兵眾彊，即幸勝之，後來益多，終滅國而止。今殺王以謝天子，天子聽，罷兵，固國完；不聽，乃力戰，不勝，即亡入海。」皆曰：「善。」即鏦殺（九四）郢王，使使奉其頭致大行（九五）。大行曰：「所為來者誅王，今王頭至，謝罪，不戰而殞，利莫大焉。」乃以便宜案兵，告大農（九六）軍，而使使奉王頭馳報天子。詔罷兩將兵，曰：「郢等首惡，獨無諸孫繇君丑（九七）不與（九八）謀焉。」乃使中郎將立丑為越繇王，奉閩越先（九九）祭祀。

餘善已殺郢，威行於國，國民多屬，竊自立為王，繇王不能制。上聞之，為餘善不足復興師，曰：「餘善數與郢謀亂，而後首誅郢，師得不勞。」因立餘善為東越王，與繇王并處。上使莊助諭意南越，南越王胡頓首曰：「天子乃為臣興兵討閩越，死無以報德！」遣太子嬰齊入宿衞，謂助曰：「國新被寇，使者行矣，胡方日夜裝，入見天子。」助還，過淮南，上又使助諭淮南王安以討越事，嘉答其意，安謝不及〔二〇〕。助既去南越，南越大臣皆諫其王曰：「漢興兵誅郢，亦行〔二一〕以驚動南越。且先王昔言，事天子，期無失禮。要之〔二二〕，不可以說好語入見〔二三〕，則不得復歸，亡國之勢也。」於是胡稱病，竟不入見。

㈦是歲，韓安國為御史大夫。

㈧東海太守濮陽汲黯為主爵都尉〔二四〕。始，黯為謁者，以嚴見憚。東越相攻，上使黯往視之，不至，至吳而還，報曰：「越人相攻，固其俗然〔二五〕，不足以辱天子之使。」河內失火，延燒千餘家，上使黯往視之，還，報曰：「家人〔二六〕失火，屋比延燒〔二七〕，不足憂也。臣過河南，河南貧，人傷水旱萬餘家，或父子相食。臣謹以便宜，持節發河南倉粟以振貧民，臣請歸節伏矯制⑱之罪。」上賢而釋之。其在東海，治官理民，好清靜，擇丞、史任之⑲，責大指⑳而已，不苛小㉑。黯多病，臥閨閤內，不出。歲餘，東海大治，稱之㉒。上聞，召為主爵都尉，列於九卿㉓。其治務在無為，引大體，不拘文法。黯為人性倨㉔少禮，面折㉕不能容人之過。時天子方招文學儒者，上曰：「吾欲云云㉖。」黯對曰：「陛下內多欲㉗而外施仁義，奈何欲効唐虞之治乎？」上默然，怒，變色而罷朝，公卿皆為黯懼。上退，謂左右曰：「甚矣汲黯之戇也。」羣臣或數㉘黯，黯曰：「天子置公卿、輔弼之臣，寧令從諛承意，陷主於不義乎？且已在其位，縱愛身，奈辱朝廷何？」黯多病，病且滿三月，上常賜告者數㉙，終不愈。最後病，莊助為請告，上曰：「汲黯何如人哉？」助曰：「使黯任職居官，無以踰人。然至其輔少主，守城深堅，招之不來，麾之不去，雖自謂賁、育，亦不能奪之矣㉚。」上曰：「然。古有社稷之臣，至如黯，近之矣！」

(九)匈奴來請和親，天子下其議。大行王恢，燕人也，習胡事，議曰：「漢與匈奴和親，率(二一)不過數歲，即復倍(二二)約，不如勿許，興兵擊之。」韓安國曰：「匈奴遷徙鳥舉(二三)，難得而制，自上古不屬為人(二四)。今漢行數千里，與之爭利，則人馬罷乏，虜以全制其敝，此危道也，不如和親。」羣臣議者多附安國，於是上許和親。

【今註】㈠遼東高廟：景帝令郡國各立高祖廟，故遼東有高廟。㈡高園便殿：高園，謂高帝陵園。顏師古曰：「凡言便殿、便室、便坐者，皆非正大之處，所以就便安也。園者，於陵上作之。既有正寢以象平生，又立便殿為休息閑宴之處耳！」胡注引沈約曰：「漢氏諸陵，皆有園寢，承秦所為也。說者以為古前廟後寢，以象人主前有朝，後有寢也。廟以藏主，四時祭祀；寢有衣冠象生之具以薦新。秦始出寢，起於墓側，漢因不改。」㈢太皇太后：即文帝竇皇后。㈣丞相昌：丞相許昌。昌以建元二年二月為相，至是免。㈤甲諸第：甲為天干諸數之首，甲諸第，謂為諸第之最。㈥膏腴：肥沃之地。㈦移日：日影移動，言歷時甚久。㈧除吏：任命官吏曰除。謂除其故官而任以新職。㈨嘗請考工地益宅：考工，少府屬官，工作器械。此言田蚡嘗請求考工官府之地以廣大其私宅。㈩君何不遂取武庫：武庫，藏兵器之所。武帝怒田蚡不知厭足，故怒作此語，謂何不竟取武庫之地以自益宅？(十一)多：稱美之意。(十二)大行王恢：王恢時為大行令。(十三)大農令：本秦之治粟內史，漢初因之。景帝中六年，更名大農令，武帝太初元年，更名大司農。⑭攝然：安泰。攝，音聶（ㄋㄧㄝˋ）。⑮沒身：終其身。⑯重：難。⑰方外：猶言化外。方本謂方域，此指接受中國教化之區域而言。⑱剪髮文身：南越時未開發，其地多茂林野獸，故其民剪髮以利奔避，文飾其身以便掩藏。⑲與：讀曰預。⑳不牧之民：牧，教養。言其地不可居，而其民不可教養。㉑篁：竹林。㉒地深昧：昧，幽暗。言其山谷深邃，草木茂盛，蔽翳天日，地多幽暗。㉓得其地不可郡縣也：言其地荒遠不毛，雖得之，不可以為郡縣。㉔不可暴取：暴，急速。言必曠廢時日，不可急取。㉕間獨數百千里：間，間隙。言地圖所載山川要塞之間，隙地曠遠，或數百里，或千里。㉖險阻林叢，弗能盡著：著，記載。言其險阻林叢，不能盡載於地圖。㉗方內：方域之內。㉘戴白之老：頭戴白髮之老人。㉙貢酎之奉，不輸大內：酎音冑，三重釀醇酒。漢制，以正月旦作酒，八月成，名酎酒；天子以之薦於宗廟，諸侯王各出金助祭，謂之酎金。大內，京師府藏。此言越地僻遠，土貢、酎金，皆不輸於中國，雖得其地而無益。㉚給：供。㉛以中國而勞蠻夷也：謂疲勞中國之人而為蠻夷服役。㉜戇：音壯（ㄓㄨㄤˋ），愚戇之意。㉝間者：近來。㉞歲比不登：比，頻數之意。新穀登場曰登，故以歲歉為不登。此謂屢遭荒年。㉟賣爵贅子：賣爵，謂出售其爵級。贅子，謂以子質錢。㊱轉死溝壑：流亡轉徙而死於溪穀。㊲資衣糧：資同齎，謂以衣食自隨。㊳輿轎而隃領：輿轎，即俗所謂肩輿。南嶺險峻，車行困難，故用肩輿。隃，同踰。領，古嶺字。㊴拕：曳引。音它（ㄊㄨㄛˊ）。㊵水道上下擊石：謂水道多巨石，舟行上下，輒與石相撞擊。㊶蝮：毒蛇。㊷歐泄：嘔吐腹瀉。㊸屬：連接不斷。音祝。

㊹先臣：謂淮南厲王長。㊺閒忌：人名。漢書淮南王傳作簡忌。嚴助傳作閒忌，顏師古謂為傳寫之誤。㊻上淦：應劭曰：「上淦，淦水之上流也。」按淦水在今江西省清江縣境，源出縣東南之離山，北流經紫淦山入贛江。㊼水居擊棹：言常居舟中水上，又有擊棹禦舟之役。㊽早閉晏開：言有兵難，故邊城早閉而晚開。㊾朝不及夕：言心憂危亡，朝不保夕。㊿能難邊域：謂能作難於邊城。(51)全國：未分為三國之時。(52)多為邊吏：言淮南人於邊疆為吏者甚多。(53)與中國異：言其風俗水土，與中國不同。(54)領水：胡三省曰：「領水即贛水也。班志所謂彭水，出豫章南壄縣，東入湖漢水，庾仲初所謂大庾嶠水，北入豫章，注入江者是也。」(55)餘干：漢書地理志作餘汗，屬豫章郡。應劭曰：「汗，音干。」即今江西省餘干縣。(56)緜力薄材：緜力，謂其力弱如緜。薄材，謂其人資質淺薄。(57)所以入之，五倍乃足：此言越人得地險之利，而中國之人，不服其水土，故必五倍之兵，然後可入其地。(58)輓：音晚，引車。(59)癉熱：癉，音亶（ㄊㄢˋ）。王念孫曰：「癉者，盛也。周語『陽癉憤盈』，言陽盛憤盈也。癉熱即盛熱，言南方暑濕之地，近夏則熱盛也。」(60)蠚：毒。音壑（ㄏㄨㄛˋ）。(61)疢：疾病。音沉（ㄔㄣˊ）。(62)兵未血刃：凡短兵相接，則殺人濡血於兵刃，故曰血刃。兵未血刃，謂尚未交鋒。(63)甲以誅死：甲指閩越王弟餘善。淮南王安上書時，風聞餘善已殺其兄，然尚不知其名，故謂之甲，猶今言某甲。至云甲以誅死，則非確訊。顏注謂甲為閩越王弟之名，誤。(64)來內：來，招徠；內，讀曰納。來內，謂招納之。(65)臨存：臨其國而慰問之。(66)畜越：謂存越國而畜養之，使為外藩。(67)委質：謂輸送質子於漢朝，以表其忠誠。(68)共：讀曰供。(69)組：

印綬。(七〇)填：同鎮。(七一)頓：讀曰鈍。殺人多則兵刃銼鈍。(七二)必雉兔逃入山林險阻：言如雉兔之逃竄，而入山林險阻之中。(七三)罷勌：罷，讀曰疲；勌，同倦。(七四)尉屠睢：郡尉，姓屠名睢。睢，音雖（ㄙㄨㄟ）。(七五)監祿：監郡御史名祿者。(七六)引久：長久。荀紀作彌久，彌亦長之義。(七七)適戍：適，讀曰謫。謫戍，罪囚之遣往戍邊者。(七八)山東之難：指秦末六國後裔羣起亡秦之事。(七九)聳：聳動之意。(八〇)校：較量。(八一)蒙徼幸：當依漢書作蒙死徼幸。顏師古曰：「蒙，犯也。」蒙死即冒死。徼，動詞，徼幸，求非分之福。蒙死徼幸，謂冒生命之險，與漢作戰，以求一逞。(八二)顏行：戰士之在前行者。管子輕重甲篇：「士爭前戰為顏行。」(八三)廝輿：操賤役之人。顏師古曰：「廝，析薪者；輿，主駕車者。」(八四)不備：有所損傷。(八五)覆露：覆，謂蓋幬使避風寒；露，謂使霑潤澤。覆露，猶言養育。(八六)維：聯繫。(八七)夷狄之地，何足以為一日之閒而煩汗馬之勞乎：如淳曰：「得其地不足為一日閒暇之娛也。」按此閒字，或可作嫌隙解。全句之意，謂對此夷狄之地，不必因一日之嫌隙而遂用兵。(八八)王猶允塞，徐方既來：此大雅常武之詩。顏師古曰：「允，信也；塞，滿也。言王道信充滿於天下，則徐方淮夷，盡來服也。」按此謂夷狄之人，但須懷之以德，不必威之以兵。(八九)一使之任：言漢但遣一使者，即足鎮撫越人，不必興師動眾。(九〇)遂：竟。(九一)距險：據險以阻漢兵。(九二)相：閩越國相。(九三)不請：不請命於漢朝。(九四)鏦殺：以短矛刺殺之。(九五)大行：大行令王恢。(九六)大農：大農令韓安國。(九七)繇君丑：繇，音搖（ㄧㄠˊ），張晏曰：「繇，邑號也。」丑，繇君之名。(九八)與：讀曰預。(九九)先：先祖。(一〇〇)安謝不及：謝，謂謝過；不及，謂謀略不如。淮南王安上書以為不宜興兵，今漢軍出而閩越服，故安自陳謝以為不如。㉑行：且。㉒要之：猶今謂總之。㉓不可以說好語入見：說，讀曰悅。言不可悅於漢使之好語，而入朝於漢。說，漢書南越傳作怵。怵，誘也，言被誘以好語而入朝。㉔主爵都尉：漢書百官表：「主爵中尉，秦官，掌列侯。景帝中六年，更名都尉。武帝太初元年，更名右扶風，治內史右地。」㉕因其俗然：言其風俗使然，不足為異。㉖家人：庶人之家。㉗屋比延燒：比，隣近。言屋相隣近，故連延而燒。㉘矯制：托言奉制詔而擅行之。㉙擇丞、史任之：胡三省曰：「漢制，郡守之屬，有丞，有諸曹椽吏。」此言選擇良丞、史，任之以職，而不親自省視。㉚大指：大要。㉛不苛小：謂不苛察細微之事。㉜稱之：稱其職守。㉝九卿：胡三省曰：「漢太當、郎中令、中大夫令、太僕、大理、大行令、宗正、大司農、少府為正九卿；中尉、主爵都尉、內史列於九卿。」㉞倨：簡傲。㉟面折：當而屈辱之。㊱云云：猶今日如此如此，史略其辭。㊲欲：同慾。㊳數：責備。㊴數：言非一次。沈欽韓曰：「病滿三月則當免，故優假之，復賜告也。」㊵然至其輔少主，守城深堅，招之不來，麾之不去，雖自謂賁、育，亦不能奪之矣：此據史記。漢書作「然至其輔少主，守成，雖自謂賁育，弗能奪也。」麾，同揮。㊶率：大抵。㊷倍：讀曰背。㊸遷徙鳥舉：言其行動輕疾，且遷徙無常，若鳥之騰舉。㊹不屬為人：謂不以人類待之。

元光元年（西元前一三四年）

㈠冬，十一月，初令郡國舉孝廉各一人㊀，從董仲舒之言也。

㈡衛尉李廣為驍騎將軍㊁，屯雲中；中尉程不識㊂為車騎將軍，屯鴈門。六月，罷。廣與程不識俱以邊太守㊃將兵，有名當時。廣行無部伍行陳㊄，就善水草舍㊅止，人人自便。不擊刁斗㊆以自衛，莫府㊇省約文書，然亦遠斥候㊈，未嘗遇害。程不識正部曲、行伍、營陳，擊刁斗，士吏治軍簿㊉，至明，軍不得休息，然亦未嘗遇害。不識曰：「李廣軍極簡易，然虜卒⑪犯之，無以禁也；而其士卒亦佚樂⑫，咸樂為之死。我軍雖煩擾，然虜亦不得犯我。」然匈奴畏李廣之略⑬，士卒亦多樂從李廣，而苦⑭程不識。

臣光曰：「易曰：『師出以律，否臧凶⑮。』言治眾而不用法，無不凶也。李廣之將，使人人自便，以廣之材，如此焉可也，然不可以為法。何則？其繼者難也，況與之并時而為將乎？夫小人之情，樂於安肆⑯，而昧⑰於近禍，彼既以程不識為煩擾，而樂於從廣，且將仇其上而不服，然則簡易之害，非徒廣軍無以禁虜之倉卒而已也。故曰：『兵事以嚴終。』為將者，亦嚴而已矣。然則傚程不識，雖無功，猶不敗；傚李廣，鮮㈥不覆亡哉！」

㈢夏，四月，赦天下。

㈣五月，詔舉賢良文學，上親策之。

㈤秋，七月，癸未（二十九日），日有食之。

【今註】㈠初令郡國舉孝廉各一人：善事父母曰孝，清潔有廉隅曰廉。俞樾曰：「謂孝與廉各一人，非郡國各一人也。漢制，有以孝舉者，有以廉舉者，故元朔元年，有司議曰：『不舉孝，當以不敬論；不察廉，當免。』是孝重於廉也。」㈡驍騎將軍：胡三省曰：「周末，置左右前後將軍，秦漢因之，位上卿。至武帝，置驍騎、車騎等將軍，後來名號浸多，不可勝紀，謂之雜號將軍。盤洲洪氏曰：『西漢雜號將軍，掌征伐背叛，事訖則罷，不常置也。』」㈢中尉程不識：齊召南曰：「案公卿表，中尉無程不識。是時中尉為張歐。又案李廣傳，廣為未央衞尉，不識為長樂衞尉，即灌夫傳田蚡所云程李俱為東西宮衞尉者也。此文當云長樂衞尉，譌作中尉。」㈣邊太守：邊郡太守。㈤廣行無部伍行陳：部伍，《漢書．李廣傳》作部曲。《續漢書》百官志云：「將軍，領軍，皆有部曲。大將軍營五部，部校尉一人；部下有曲，曲有軍侯一人。」五人為伍，伍有伍長。陳讀曰陣。此言廣尚簡易，故出行不立部伍行陣。㈥舍：止息。㈦刁斗：孟康曰：「刁斗，以銅作鐎，受一斗。晝炊飲食，夜擊持行，故名曰刁斗。」蘇林曰：「形如銷，無緣。」《史記索隱》曰：「銷即銚也。」顏師古曰：「鐎音譙，溫器也。銷即銚也，今俗或呼銅銚。」㈧莫府：莫通幕。莫府即幕府。軍旅無常處，開府帳幕之中，故稱幕府。㈨斥候：亦作斥堠。伺望敵情。㈩軍簿：軍中文書。⑪卒：讀曰猝。⑫佚樂：閑豫。佚，同逸。⑬略：才略。⑭苦：厭苦。⑮師出以律，否臧凶：此易師卦初六爻辭。否，惡，音鄙（ㄅㄧˇ）。臧，善。此言師出以律，失律則眾散。失律而臧，何異於否？故師出不以律，則否臧皆凶。⑯安肆：安逸恣肆。⑰昧：不明。⑱鮮：罕有。

卷十八　漢紀十

起著雍涒灘，盡宋兆執徐。凡九年。（戊申至丙辰，西元前一三三年至西元前一二五年）

司馬光編集
夏德儀　註

世宗孝武皇帝上之下

元光二年（西元前一三三年）

㈠冬十月，上行幸雍㈠，祠五畤㈡。

㈡李少君以祠竈卻老㈢方見上，上尊之。少君者，故深澤侯舍人㈣，匿其年及其生長㈤，其游以方徧諸侯㈥，無妻子，人聞其能使物及不死㈦，更饋遺㈧之，常餘金錢衣食，人皆以為不治生業而饒給㈨，又不知其何所人，愈信，爭事之。少君善為巧發奇中㈩，嘗從武安侯⑪飲，坐中有九十餘老人，少君乃言與其大父⑫游射處，老人為兒時從其大父識⑬其處，一坐盡驚。少君言上曰：「祠竈則致物⑭，致物而丹砂可化為黃金，壽可益，蓬萊仙者可見，見之以封禪⑮，則不死，黃帝是也。臣嘗游海上，見安期生⑯，食臣棗，大如瓜；安期生，僊者，通蓬萊中，合則見人，不合則隱。」於是天子始親祠竈，遣方士入海，求蓬萊、安期生之屬，而事化丹砂諸藥齊(一七)為黃金矣。居久之，李少君病死；天子以為化去不死。而海上燕齊怪迂之方士，多更來言神事矣。

(三)亳(一八)人謬忌奏祠太一方(一九)曰：「天神貴者太一，太一佐(二〇)曰五帝(二一)。」於是天子立其祠長安東南郊。

(四)鴈門馬邑(二二)豪(二三)聶壹，因大行(二四)王恢言：「匈奴初和親，親信邊可誘以利致之，伏兵襲擊，必破之道也。」上召問公卿。王恢曰：「臣聞全代(二五)之時，北有強胡之敵，內連中國之兵，然尚得養老長幼(二六)，種樹以時，倉廩常實，匈奴不輕侵也。今以陛下之威，海內為一，然匈奴侵盜不已者，無它，以不恐(二七)之故耳。臣竊以為擊之便。」韓安國曰：「臣聞高皇帝嘗圍於平城(二八)，七日不食，及解圍反位，而無忿怒之心。夫聖人以天下為度(二九)者也，不以己私怒傷天下之公(三〇)，故遣劉敬(三一)結和親，至今為五世(三二)利。臣竊以為勿擊便。」恢曰：「不然。高帝身被堅執銳行幾十年，所以不報平城之怨者，非力不能，所以休天下之心也。今邊境數驚，士卒傷死，中國槥車相望㉝，此仁人之所隱㉞也。故曰擊之便。」安國曰：「不然。臣聞用兵者以飽待飢，正治以待其亂，定舍以待其勞；故接兵覆眾㉟，伐國墮城㊱，常坐而役敵國㊲，此聖人之兵也。今將卷甲輕舉，深入長敺㊳，難以為功：從行則迫脅㊴，衡行則中絕㊵，疾則糧乏，徐則後利㊶，不至千里，人馬乏食；兵法曰：『遺人獲㊷也。』臣故曰，勿擊便。」恢曰：「不然。臣今言擊之者，固非發而深入也，將順因單于之欲，誘而致之邊，吾選梟騎壯士，陰而處，以為之備，審遮險阻，以為其戒，吾勢已定，或營其左，或營其右，或當其前，或絕其後，單于可禽，百全必取。」上從恢議。【考異】史記韓長孺傳，元光元年，聶壹畫馬邑事，而漢書武紀在二年，蓋元年壹始言之，二年議乃決也。夏六月，以御史大夫韓安國為護軍將軍，衛尉李廣為驍騎將軍，太僕公孫賀為輕車將軍，大行王恢為將屯將軍，太中大夫李息為材官將軍，將車騎材官三十餘萬，匿馬邑旁谷中，約單于入馬邑縱兵㊸。陰使聶壹為間，亡入匈奴，謂單于曰：「吾能斬馬邑令丞㊹，以城降，財物可盡得。」單于愛信以為然而許之。聶壹乃詐斬死罪囚，縣[45]其頭馬邑城下，示單于使者為信，曰：「馬邑長吏已死，可急來。」於是單于穿塞[46]，將十萬騎入武州塞[47]。未至馬邑百餘里，見畜布野，而無人牧者，怪之。乃攻亭，得鴈門尉史[48]，欲殺之。尉史乃告單于漢兵所居。單于大驚曰：「吾固疑之！」乃引兵還，出曰：「吾得尉史，天也！」以尉史為天王。塞下傳言單于已去，漢兵追至塞，度弗及，乃皆罷兵。王恢主別從代出擊胡輜重[49]，聞單于還，兵多，亦不敢出。上怒恢。恢曰：「始約為入馬邑城，兵與單于接，而臣擊其輜重，可得利；今單于不至而還，臣以三萬人，眾不敵，祗取辱，固知還而斬，然完陛下士三萬人。」於是下恢廷尉。廷尉當恢逗橈[50]當斬。恢行千金[51]丞相蚡。蚡不敢言上，而言於太后曰：「王恢首為馬邑事，今不成而誅恢，是為匈奴報仇也。」上朝太后，太后以蚡言告上。上曰：「首為馬邑事者恢，故發天下兵數十萬從其言為此，且縱單于不可得，恢所部擊其輜重，猶頗可得以尉[52]士大夫心，今不誅恢無以謝天下[53]。」

於是恢聞乃自殺。自是之後，匈奴絕和親，攻當路塞㉔，往往入盜於漢邊，不可勝數。然尚貪樂關市㉕，嗜漢財物。漢亦關市不絕，以中其意。

【今註】㊀雍：縣名，故城在今陝西省鳳翔縣南。㊁祠五時：祠，祭祀。時音止，神靈之所止。五時：鄜時，秦文公作，祭白帝；密時，秦宣公作，祭青帝；吳陽上時，秦靈公作，祭黃帝；吳陽下時，亦秦靈公作，祭赤帝；北時，漢高祖作，祭黑帝。祠五時，祭祀此五帝之神。㊂祠竈卻老：祠竈，祭竈神，可以致福。卻老，延年益壽，長生不老。㊃故深澤侯舍人：漢高祖封趙將夕為深澤侯，景帝三年，其孫脩嗣侯，七年有罪，罰為司寇。少君當為脩之舍人。㊄匿其年及其生長：少君隱瞞其歲數及其長大時所居之處。㊅其游以方徧諸侯：少君以卻老之方，徧游諸侯。㊆使物及不死：使物，役使鬼物；不死，長生。㊇餽遺：餽，以物與人；遺，音位，與餽同義。㊈不治生業而饒給：少君不營生產，而享受富足。㊉巧發奇中：少君巧於發言，而有所中，令人驚奇。⑪武安侯：田蚡，孝景后同母弟。⑫大父：祖父。⑬識：音志，記。⑭致物：使物，役使鬼物。⑮封禪：封，封土為壇於泰山之上，以祭天神；禪，讀為墠，除地為墠於梁甫，以祭地神。⑯安期生：〈列仙傳〉：「琅邪人，賣藥東海邊，時人皆言千歲。」⑰藥齊：齊同劑，藥之分劑。⑱亳：縣名，今河南省商邱縣。⑲奏祠太一方：太一，北極神之別名；謂奏請祭祀太一神之方策。⑳太一佐：太一之配祭者。㉑五帝：東方青帝靈威仰，南方赤帝赤熛怒，西方白帝白招矩，北方黑帝叶光紀，中央黃帝含樞紐。一說：蒼帝名靈符，赤帝名文祖，白帝名顯記，黑帝名玄矩，黃帝名神斗。㉒雁門馬邑：雁門郡之馬邑縣，在今山西省朔縣。㉓豪：以貲財、武力稱雄於鄉里之人。㉔大行：秦稱典客，漢因之，為九卿之一，掌賓客朝覲之事，景帝中六年更名大行令，武帝太初元年更名大鴻臚。㉕全代：戰國之初，代自為一國，故曰全代。㉖長幼：長音掌，作動詞用，養育；謂養育年幼之人。㉗不恐：言漢不示匈奴以威，故匈奴不知恐懼。㉘高皇帝嘗圍於平城：漢高祖七年，匈奴圍高祖於白登七日：事見十一卷高祖七年。白登在平城東南十餘里。平城，在今山西省大同縣東。㉙以天下為度：言當隨天下之人心，而寬大自己之度量。㉚不以己私怒傷天下之公：王念孫曰：「公下奪一義字，公義與私怒相對為文；報讎雪恥，一己之私怒也，案兵恤民，天下之公義也。」㉛劉敬：即婁敬，以首建都關中之功，賜姓劉氏。㉜五世：指高祖、惠帝、文帝，景帝，武帝。㉝櫝車相望：櫝音犢，小棺。櫝車，載櫝之車。漢代從軍死者，以櫝車送致其喪。櫝車相望於道，喻從軍死者之多。㉞隱：惻隱之隱，悲痛。㉟接兵覆眾：己之兵力與敵交接，而敗敵眾。㊱伐國墮城：伐敵人之國，而毀其城。墮音隳。㊲常坐而役敵國：常按兵不動，而使敵國疲敝。㊳敺：同驅。㊴從行則迫脅：從音縱，從行即縱行；言軍如魚貫而行，則慮敵人迎擊，前而受迫脅。㊵衡行則中絕：衡行即橫行；言軍如併進，則防敵人截擊，而中路斷絕。㊶後利：後於利，言錯過機緣，不能獲利。㊷遺人獲：言以己之士兵與敵人，聽其擒獲。㊸縱兵：放兵以擊單于。㊹令丞：令，縣令；丞，縣丞。㊺縣：

同懸。㊻穿塞：塞指長城，穿塞謂越過長城。㊼武州塞：在今山西省左雲縣南。㊽尉史：漢於近塞郡皆置尉，百里一人，士史、尉史各二人。此云「乃攻亭，得鴈門尉史」者，蓋是時雁門尉史巡行邊塞，見寇敵已至，因保此亭，而單于攻擒之。㊾輜重：輜，衣車；重，載重物之車。合言之，凡軍中之器械、糧秣及其他物資，概曰輜重。㊿逗橈：逗，留止；橈，屈弱。逗留觀望，不敢向前。(51)行千金：行千金之賄賂。(52)尉：同慰。(53)謝天下：向天下人民謝罪。(54)當路塞：塞之當行道處者。(55)關市：匈奴與漢人，於邊界關隘設市互易，是謂關市。

三年（西元前一三二年）

㈠春，河水徙，從頓丘㊀東南流。【考異】漢書武紀云：「東南流入勃海。」按頓丘屬東郡，勃海乃在頓丘東北，恐誤，今不取。夏五月丙子（初三日），復決濮陽瓠子㊁，【考異】史記河渠書：「元光中，河決瓠子，東注鉅野。」服虔註漢書武紀曰：「瓠子，隄名，在東郡白馬。」蘇林曰：「在甄城以南，濮陽以北。」將相名臣表曰：「五月丙子，河決瓠子。」然則瓠子即濮陽縣境隄名也。注鉅野㊂，通淮泗，汎郡十六。天子使汲黯、鄭當時發卒十萬塞之，輒復壞。是時田蚡奉邑食鄃㊃，鄃居河北，河決而南，則鄃無水災，邑收多。蚡言於上曰：「江河之決皆天事，未易以人力彊塞，塞之未必應天。」而望氣用數者亦以為然。於是天子久之不復事塞也。

（二）初，孝景時，魏其侯竇嬰㈤為大將軍，武安侯田蚡乃為諸郎㈥，侍酒，跪起如子姪。已而蚡日益貴幸，為丞相。魏其失埶㈦，賓客益衰㈧。獨故燕相潁陰灌夫㈨不去，嬰乃厚遇夫，相為引重㈩，其游如父子然。夫為人剛直使酒，諸有埶在己之右⑪者，必陵之⑫。數因酒忤丞相⑬，丞相乃奏案灌夫家屬橫潁川⑭，民苦之。收繫⑮夫及支屬，皆得棄市⑯罪。魏其上書，論救灌夫。上令與武安東朝廷辨之⑰。魏其、武安因互相詆訐⑱。上問朝臣兩人孰是。唯汲黯是魏其。韓安國兩以為是。鄭當時是魏其，後不敢堅。上怒當時曰：「吾幷斬若屬矣⑲。」即罷起入，上食太后⑳，太后怒，不食，曰：「今我在也，而人皆藉㉑吾弟，令我百歲㉒後，皆魚肉㉓之乎！」上不得已，遂族灌夫，使有司案治魏其，得棄市罪。

【今註】㈠頓丘：本丘名，因以為縣，在今河北省清豐縣西南。㈡濮陽瓠子：濮陽，縣名，在今河北省濮陽縣南；瓠子，隄名，在濮陽縣境內。㈢鉅野：縣名，在今山東省鉅野縣南。㈣鄃：音輸，縣名，在今山東省平原縣西南。㈤竇嬰：孝文后從兄子。㈥諸郎：諸曹郎。㈦埶：同勢。㈧賓客益衰：言原為竇嬰之賓客，因其失勢，漸漸捨之而他去，不復往。㈨故燕相潁陰灌夫：燕王定國，為燕王澤之孫，灌夫自太僕出相之。潁陰，縣名，今河南許昌縣。⑩相為引重：言竇嬰與灌夫二人互相援引借重。⑪右：上。漢時以右為尊，以左為卑。⑫陵：辱。⑬數因酒忤丞相：言灌夫屢次因酒醉，冒犯丞相田蚡。⑭灌夫家屬橫潁川：灌夫之宗族賓客，橫行於潁川。潁川郡在今河南省中部，治陽翟，今河南省禹縣。⑮收繫：收捕囚禁。⑯棄市：殺之於市。⑰東朝廷辨之：東朝，太后朝；太后居長樂宮，在未央宮之東，故曰東朝。武帝令魏其，武安於長樂宮見太后廷辨是非曲直。⑱詆訐：詆音抵，毀辱；訐音羯，攻人陰私。⑲若屬：汝輩，爾等。⑳上食太后：王先謙曰：「帝於太后，循孝道，有上食之禮也。」上音賞。㉑藉：踐踏，引申為「欺侮」之意。㉒百歲：為「死」之另一說法。㉓魚肉：作動詞用，視為魚肉而食之，意謂陵辱陷害。

四年（西元前一三一年）

㈠冬十二月晦，論殺魏其於渭城㊀。【考異】班固漢武故事曰：「上召大臣議之，羣臣多是竇嬰，上亦不復窮問，兩罷之。田蚡大恨，欲自殺，先與太后訣，兄弟共號哭訴太后，太后亦哭，弗食。上不得已，遂乃殺嬰。」按漢武故事，語多誕妄，非班固書，蓋後人為之，託固名耳。春三月乙卯（十七日），武安侯蚡亦薨。【考異】武安侯傳云：「元光四年春，丞相按灌夫事，其夏，取夫人。五年十月，論灌夫及家屬。十二月晦，魏其棄市。」徐廣引武帝本紀侯表，以為蚡薨在嬰死後，分明四年，當是三年，五年當是四年。今從之。廣又疑十二月為二月。按漢制，常以立春下寬大詔書，蚡恐魏其得釋，故以十二月晦殺之，何必改為二月也。及淮南王安敗㊁，上聞蚡受安金，有不順語㊂，曰：「使㊃武安侯在者，族矣。」

㈡夏，四月，隕霜殺草。

㈢御史大夫安國行丞相事，引墮車蹇㊄。五月丁巳（二十日），以平棘侯薛澤㊅為丞相，安國病免。

㈣地震，赦天下。

㈤九月，以中尉張歐為御史大夫。韓安國疾愈，復為中尉。

㈥河間王德㊆，脩學好古，實事求是㊇，以金帛招求四方善書，得書多與漢朝等。是時，淮南王安亦好書，所招致率多浮辯㊈。獻王所得書，皆古文先秦舊書㊉，采禮樂古事，稍稍增輯至五百餘篇，被服造次，必於儒者㊁，山東諸儒多從之遊。

【今註】㊀冬十二月晦，論殺魏其於渭城：渭城，今陝西省咸陽縣。按漢法以冬月行重刑，遇春則赦或贖，田蚡恐魏其得釋，故以十二月晦殺之。㊁及淮南王安敗：事見下卷元狩元年。㊂上聞蚡受安金，有不順語：事見上卷建元二年。㊃使：假若，假使。㊄引墮車蹇：言韓安國為孝武帝車駕導引，不慎而墮於車下，因而足跛。㊅平棘侯薛澤：薛澤，高祖功臣廣平侯薛歐之孫。廣平侯國，景帝中二年罪絕。中五年復封澤為平棘侯。平棘縣故城在今河北省趙縣南。㊆河間王德：景帝子，武帝兄，景帝前二年受封。河間國有今河北省獻縣、武強、阜城、東光等縣地。㈧實事求是：顏師古曰：「務得其實，每求真是也。」今於作事切實，輒曰「實事求是。」㈨所招致率多浮辯：言淮南王安所招致者，大率為浮辯之作，不切實用。㈩先秦舊書：指《周官》、《尚書》、《禮記》、《孟子》、《老子》等書。㈡被服造次，必於儒者：胡三省曰：「被服，言以儒術衣被其身也。」王先謙曰：「造當訓行，次當訓止。造次必於儒者，言其行止皆有矩度。」

五年（西元前一三〇年）

㈠冬十月，河間王來朝，獻雅樂，對三雍宮㈠及詔策所問三十餘事。其對推道術而言，得事之中，文約指明㈡。天子下太樂官㈢，常存肄㈣河間王所獻雅聲，歲時以備數，然不常御也。春正月，河間王薨。中尉常麗以聞，曰：「王身端行治㈤，溫仁恭儉，篤敬愛下，明知深察，惠于鰥寡。」大行令奏：「謚法，聰明睿知曰獻，謚曰獻王。」班固贊曰：「昔魯哀公有言：『寡人生於深宮之中，長於婦人之手，未嘗知憂，未嘗知懼㈥。』信哉斯言也！雖欲不危亡，不可得已。是故古人以宴安為鴆毒㈦，無德而富貴，謂之不幸。漢興至於孝平，諸侯王以百數，率多驕淫失道。何則？沈溺放恣之中，居勢使然也。自凡人猶繫于習俗，而況哀公之倫乎？夫唯大雅，卓爾不羣，河間獻王近之矣。

㈡初，王恢之討東越也(八)，使番陽(九)令唐蒙風(一〇)曉南越。南越食蒙以蜀枸醬(一一)，蒙問所從來。曰：「道(一二)西北牂柯江(一三)。牂柯江廣數里，出番禺(一四)城下。」蒙歸至長安，問蜀賈人。賈人曰：「獨蜀出枸醬，多持竊出市夜郎(一五)。夜郎者，臨牂柯江，江廣百餘步，足以行船。南越以財物役屬夜郎，西至桐師(一六)，然亦不能臣使也。」蒙乃上書說上曰：「南越王黃屋左纛(一七)，地東西萬餘里，名為外臣，實一州主也。今以長沙、豫章(一八)往，水道多絕難行。竊聞夜郎所有精兵，可得十餘萬，浮船牂柯江，出其不意，此制越一奇也。誠以漢之彊，巴蜀之饒，通夜郎道，為置吏甚易。」上許之。乃拜蒙為中郎將，將千人，食重(一九)萬餘人，從巴蜀筰關入(二〇)。遂見夜郎侯多同(二一)。蒙厚賜，喻以威德，約為置吏，使其子為令。夜郎旁小邑，皆貪漢繒帛，以為漢道險，終不能有也，乃且聽蒙約。還報，上以為犍為郡㉒。發巴蜀卒治道，自僰道指牂柯江，作者數萬人，士卒多物故，有逃亡者用軍興法誅其渠率㉓。巴蜀民大驚恐。上聞之，使司馬相如責唐蒙等，因論告巴蜀民以非上意。相如還報。是時邛、筰㉔之君長，聞南夷與漢通，得賞賜多，多欲願為內臣妾，請吏比南夷。天子問相如。相如曰：「邛、筰、冉駹㉕者近蜀，道亦易通，秦時嘗通為郡縣，至漢興而罷。今誠復通，為置郡縣，愈㉖於南夷。」天子以為然。乃拜相如為中郎將，建節㉗往使，及副使王然于等乘傳㉘，因巴蜀吏幣物以賂西夷。邛、筰、冉駹、斯榆㉙之君，皆請為內臣。除邊關，關益斥㉚，西至沫若水㉛，南至牂柯為徼㉜，通零關道㉝，橋孫水㉞以通邛都，為置一都尉十餘縣屬蜀。天子大說。

㈢詔發卒萬人治鴈門阻險㉟。

㈣秋七月，大風拔木。

㈤女巫楚服等教陳皇后㊱祠祭厭勝㊲，挾婦人媚道㊳，事覺㊴。上使御史張湯窮治㊵之。湯深競黨與㊶，相連及誅者三百餘人，楚服梟首㊷於市。乙巳（初九日），賜皇后冊，收其璽綬，罷退，居長門宮㊸。竇太主㊹慙懼，稽顙謝上。上曰：「皇后所為，不軌於大義，不得不廢。主當信道以自慰，勿受妄言，以生嫌懼。后雖廢，供奉如法㊺，長門無異上宮也。」

㈥初，上嘗置酒竇太主家，主見所幸賣珠兒董偃㊻。上賜之衣冠，尊而不名，稱為主人翁，使之侍飲。由是董君貴寵，天下莫不聞。

【考異】漢武故事曰：「陳皇后廢處長門宮，竇太主以宿恩，猶自親近。後置酒主家，主見所幸董偃。」按東方朔傳，爰叔為偃畫計，令主獻長門園，更名曰長門宮。則偃見上，在陳后廢前明矣。

常從遊戲北宮，馳逐平樂㊼，觀㊽雞鞠㊾之會，角㊿狗馬之足。上大歡樂之。上為竇太主置酒宣室[51]，使謁者引內董君。是時中郎東方朔陛戟[52]殿下，辟戟[53]而前曰：「董偃有斬罪三，安得入乎？」上曰：「何謂也？」朔曰：「偃以人臣私侍公主，其罪一也。敗男女之化，而亂婚姻之禮，傷王制，其罪二也。陛下富於春秋，方積思於六經；偃不遵經勸學，反以靡麗為右，奢侈為務，盡狗馬之樂，極耳目之欲，是乃國家之大賊，人主之大蜮[54]，其罪三也。」上默然不應。良久曰：「吾業已設飲，後而自改。」朔曰：「不可。夫宣室者，先帝之正處也，非法度之政，不得入焉。故淫亂之漸(五五)，其變為篡，是以豎貂為淫而易牙作患(五六)，慶父死而魯國全(五七)。」上曰：「善。」有詔止，更置酒北宮，引董君從東司馬門(五八)入。賜朔黃金三十斤。董君之寵，由是日衰。是後公主貴人，多踰禮制矣。

(七)上以張湯為太中大夫，與趙禹共定諸律令，務在深文拘守職之吏(五九)，作見知法(六〇)，吏傳相監司(六一)。用法益刻自此始。

(八)八月，螟。

(九)是歲，徵吏民有明當世之務，習先聖之術者，縣次續食，令與計偕(六二)。菑川(六三)人公孫弘對策，曰：「臣聞上古堯舜之時，不貴爵賞，而民勸善，不重刑罰，而民不犯，躬率以正而遇民信(六四)也。末世貴爵厚賞，而民不勸，深刑重罰，而姦不止，其上不正，遇民不信也。夫厚賞重罰，未足以勸善而禁非，必信而已矣。是故因能任官，則分職治(六五)；去無用之言，則事情得(六六)；不作無用之器，則賦歛省；不奪民時，不妨民力，則百姓富；有德者進，無德者退，則朝廷尊；有功者上，無功者下，則羣臣逡(六七)；罰當罪，則姦邪止；賞當賢，則臣下勸。凡此八者，治之本也。故民者，業之則不爭(六八)，理得則不怨(六九)，有禮則不暴(七〇)，愛之則親上(七一)，此有天下之急者也(七二)。禮義者，民之所服也。而賞罰順之，則民不犯禁矣。臣聞之，氣同則從，聲比(七三)則應。今人主和德於上，百姓和合於下(七四)，故心和則氣和，氣和則形和，形和則聲和，聲和則天地之和應矣。故陰陽和，風雨時，甘露降，五穀登，六畜蕃，嘉禾興，朱草生，山不童(七五)，澤不涸；此和之至也。」時對者百餘人，太常(七六)奏弘第居下。策奏，天子擢弘對為第一，拜為博士(七七)，待詔金馬門(七八)。

齊人轅固，年九十餘，亦以賢良徵。公孫弘仄目而事固(七九)。固曰：「公孫子務正學以言(八〇)，無曲學以阿世(八一)。」諸儒多疾毀固者，固遂以老罷歸。

是時巴蜀四郡(八二)，鑿山通西南夷，千餘里戍轉相餉(八三)，數歲道不通，士罷(八四)餓、離(八五)暑濕死者甚眾。西南夷又數反，發兵興擊，費以巨萬計而無功。上患之，詔使公孫弘視焉。還奏事，盛毀西南夷無所用。上不聽。弘每朝會，開陳其端，使人主自擇，不肯面折廷爭(八六)。於是上察其行慎厚(八七)，辯論有餘(八八)，習文法吏事(八九)，緣飾以儒術(九〇)，大說(九一)之，一歲中遷至左內史。【考異】漢書武紀云：「元光元年五月，詔策賢良。於是董仲舒、公孫弘等出焉。」按弘傳：「元光五年，復徵賢良文學，菑川國推上弘。」其策文頗與武紀元年策文相類。又云：「一歲中至左內史。」百官表：「元光五年，弘為左內史。」然則弘之再舉賢良，不在元光元年明矣。荀紀著於此年徵吏民明當世之務下。葛洪西京雜記亦云：「弘以元光五年為國士所推上為賢良。」若此續食之詔在八月，則弘不容於今年已為左內史。蓋此詔在今年，不知何月，故班氏繫之於年末耳。其策文相類，蓋出偶然。或者此策乃弘先舉賢良時所對，班氏誤以為此年之策。疑未能明，今從漢紀。弘奏事，有不可，不廷辨。常與汲黯請間(九二)，黯先發之，弘推其後。天子常說，所言皆聽，以此日益親貴。弘嘗與公卿約議，至上前，皆倍(九三)其約，以順上旨。汲黯廷詰弘曰：「齊人多詐，而無情實！始與臣等建此議，今皆倍之，不忠！」上問弘。弘謝曰：「夫知臣者，以臣為忠；不知臣者，以臣為不忠。」上然弘言。左右幸臣每毀弘，上益厚遇之。

【今註】㊀對三雍宮：胡三省曰：「對三雍宮者，對三雍之制度，非召對於三雍宮。」三雍：應劭曰：「辟雍、明堂、靈臺也。」㊁文約指明：指同恉，訓「意」；言文辭簡略，而意思明顯。㊂太樂官：屬太常。㊃肄：習。㊄身端行治：端，正直；治，合乎規則禮法。㊅昔魯哀公有言……未嘗知懼：顏師古曰：「哀公與孔子言也，事見孫卿子。」㊆古人以宴安為鴆毒：顏師古曰：「左氏傳管敬仲曰，宴安鴆毒，不可懷也。」謂宴安自逸，若鴆毒之藥，不可懷戀。鴆亦作酖。㈧王恢討東越：見上卷建元六年。㈨番陽：縣名，故城在今江西省鄱陽縣東。番音鄱。㈩風：同諷。⑪蜀枸醬：枸同蒟。李心傳曰：「蒟醬，廣、蜀皆有之，實草類也。蜀中者緣木而生，如桑椹。熟時正青，長二三寸，以密藏而食之。」錢大昭曰：「南方艸木狀云：蒟醬，蓽茇也。生於蕃國者，大而紫，謂之蓽茇。生於番禺者，小而青，謂之蒟焉。可以為食，故謂之醬焉。交趾、九真人家多種，蔓生。」⑫道：由。⑬牂柯江：今名濛江，一名都泥江，源出貴州省定番縣西北，東南流稱北盤江，在廣西省境會南盤江後稱黔江，為西江上源，西江更合北江、東江為粵江，由廣州附近入海；故云「牂柯江廣數里，出番禺城下。」牂音臧，柯音歌。⑭番禺：今廣州。番音潘，禺音遇。⑮夜郎：漢南夷國名，有今貴州省西境地。⑯桐師：亦西南夷種，其地在今雲南省霑益縣北。⑰黃屋左纛：黃屋，古時天子所乘之車，以黃繒為車蓋之裏，曰黃屋車。左纛，古時天子乘輿，車衡之左有纛，謂之左纛。纛音到，毛羽幢，以犛牛尾為之，大如斗。⑱長沙、豫章：長沙，高帝五年為國，王吳芮。文帝後七年為郡。景帝元年，王子發，復為國。有今湖南省東半部並略及江西省地。豫章，郡名，有今江西省境；治南昌，故城在今南昌縣東。⑲食重：食，糧食。重，衣重，亦即衣服與輜重。⑳巴蜀筰關：王念孫曰：「蜀字為衍文，巴筰關為巴符關之誤。」按巴郡之符關在今四川省合江縣南。㉑多同：夜郎侯之名。㉒犍為郡：有今四川省南部一帶，並略及雲貴兩省地；初治鱉，今貴州省遵義縣；後徙治僰道，今四川省宜賓縣。㉓有逃亡者，用軍興法誅其渠率：言治道之巴蜀士卒，如有逃亡者，以違抗徵軍之罪，殺其為首者。率同帥，渠率即渠帥或渠魁。㉔邛、筰：邛亦作卬，音蛩。筰，亦作笮，又作莋，音昨。漢時西南夷之二國名，又稱邛都、筰都。邛故地在今西康省西昌縣，筰故地在今西康省漢源縣。㉕冉駹：漢時西南夷國名，當今四川省茂縣境。㉖愈：勝。㉗建節：持皇帝所與之符節。㉘傳：傳車。㉙斯榆：司馬康曰：「本葉榆澤，其君長因以立號，後隨畜移於徙。」顏師古曰：「徙音斯，故父號為徙榆。」案葉榆故地在今雲南省大理縣東北。㉚斥：開廣。㉛沫若水：沫水及若水。沫水即青衣江，源出西康省蘆山縣西北，東南流，經四川省洪雅、夾江二縣，至樂山縣會大渡河入岷江。若水即雅礱江，源出青海省巴顏喀喇山，東南流入西康省境，再南流入金沙江。㉜徼：音叫，立木柵為蠻夷界。㉝通零關道：開鑿零關山之山路。靈關山在今西康省蘆山縣北二十里。零靈通用。㉞橋孫水：橋作動詞用，即在孫水上建橋。孫水為若水之支流，大約即今西康省東南境之安寧河，源出冕寧縣之北，南流經西昌縣，又南流入雅礱江。㉟治雁門阻險：謂在雁門沿邊擇險要之處，加以修繕，以止匈奴之入寇。雁門郡在今山西省西北部並略及綏遠省境；治善無，在今山西省右玉縣南。㊱陳皇后：景帝姊長公主嫖之女。㊲厭勝：以呪詛使人厭伏。㊳媚道：媚惑人之法術。㊴事覺：事被發覺。㊵窮治：徹底追究。㊶黨與：同黨之人。㊷梟首：斬首懸於木上示眾。㊸長門宮：在長安城東南，本係竇太主之長門園，獻於武帝，更名長門宮。㊹竇太主：陳皇后母長公主嫖。㊺供奉如法：言陳皇后雖廢，而一切供應悉如前為后時。㊻主見所幸賣珠兒董偃：言竇太主以其所幸賣珠兒董偃謁武帝。㊼平樂：觀名，在未央宮北，上林苑中。㊽觀：王先謙曰：「案平樂固是觀名，此觀字當屬下為句，不則於文不協。」㊾雞鞠：鬥雞及蹴踘。蹴踘猶今之踢毬。踘與鞠通。㊿角：比賽。(五一)宣室：未央宮前殿正室，乃布正教之室。(五二)陛戟：持戟立於陛側。(五三)辟戟：辟音避，除。辟戟即棄戟。(五四)蜮：音或。昔人謂為淫女惑亂之氣所生，其形如鱉，三足，生於南越；以今之生物學言之，必無此種動物。此處「蜮」字，東方朔用以指董偃，言其如蜮之淫亂。(五五)漸：音尖，浸潤。(五六)豎貂為淫而易牙作患：豎貂、易牙皆齊桓公之臣，桓公不聽管仲臨終遺言，仍親信之。及桓公病，豎貂、易牙作亂，塞門築牆，使不通人，桓公竟不得飲食而卒，以三月不得下葬，尸腐，蟲流出於戶。(五七)慶父死而魯國全：慶父，魯桓公庶子，莊公之兄，通於哀姜。莊公薨，慶父弒其子般及閔公，欲為亂而不克，奔莒，莒人歸之，縊於密，魯乃定。(五八)東司馬門：未央宮有東闕、北闕。東闕曰蒼龍。東司馬門為蒼龍闕內之司馬門。(五九)務在深文拘守職之吏：王闓運曰：「言以文法律令拘制守職之吏，使不得出入。」李楨曰：「按刑法志，湯、禹條定律令，作見知故縱監臨部主之法，緩深故之罪，急縱出之誅，所以深文拘吏者如此。」(六〇)見知法：見知人犯法，而不舉告，謂之故縱，則當與之同罪。(六一)吏傳相監司：所有官吏應互相監督，有罪即行舉劾。(六二)縣次續食，令與計偕：續食為給食之誤，此據王念孫說。顏師古曰：「計者，上計簿使也。郡國每歲遣詣京師上之。偕者，俱也，令所徵之人與上計者俱來而縣次給之食。」縣次給之食，謂縣依次給以廩食。(六三)菑川：漢王國名，治劇，故城在今山東省壽光縣。(六四)躬率以正而遇民信：言律己以正而待民以信。(六五)分職治：言人各盡其職分。分音忿，與職同義。(六六)事情得：言得實情，明真相。(六七)羣臣逡：言羣臣明退讓之義。逡音竣，退。(六八)業之則不爭：言民各得其業，則無爭心。業之之業，作動詞用。(六九)理得則不怨：言民各申其理，則無所怨。(七〇)有禮則不暴：言使民由禮，則無暴慢。(七一)愛之則親上：言愛民如子，則民知親上。(七二)此有天下之急者也：言此乃有天下者所急於把握而實行者。(七三)比：同。(七四)百姓和合於下：言百姓與上合德於下。(七五)童：山無草木。(七六)太常：官名，為九卿之一，掌宗廟禮儀。(七七)博士：為太常之屬官。武帝初立五經博士，以通古今、明經義者任之。(七八)待詔金馬門：官名。漢代徵士咸待詔公車，其尤優異者令待詔金馬門，備顧問。金馬門，宦者署；武帝得大宛馬，以銅鑄像，立於署門，因名金馬門。(七九)仄目而事固：仄目，側目。言公孫弘畏憚轅固，其事固也，不敢正視之。(八〇)務正學以言：謂公孫弘應學正道以言事。(八一)無曲學以阿世：勿學邪道以媚世求榮。(八二)四郡：蜀郡，廣漢郡，犍為郡，巴郡。(八三)戍轉相餉：言通西南夷道之士卒，其糧餉須運往與之。(八四)罷：同疲。(八五)離：遭遇。(八六)面折廷爭：面折，當面指斥；廷爭，當廷爭辯。(八七)行慎厚：行為謹慎厚重。(八八)辯論有餘：口齒伶俐，有辯才。(八九)習文法吏事：熟諳法律及政事。(九〇)緣飾以儒術：言公孫弘以儒術飾其身，猶衣加純緣以為美。(九一)說：同悅。(九二)請間：求空隙之暇，向帝申述。(九三)倍：同背。

六年（西元前一二九年）

㈠冬，初筭商車㊀。

㈡大司農㊁鄭當時言，穿渭為渠，下至河㊂，漕關東粟徑易，又可以溉渠下民田萬餘頃。春，詔發卒數萬人穿渠，如當時策，三歲而通，人以為便。

㈢匈奴入上㊃谷，殺略吏民。遣車騎將軍衞青出上谷，騎將軍公孫敖出代㊄，輕車將軍公孫賀出雲中㊅，驍騎將軍李廣出鴈門；各萬騎，擊胡關市下。衞青至龍城㊆，得胡首虜七百人。公孫賀無所得。公孫敖為胡所敗，亡七千騎。李廣亦為胡所敗，胡生得廣，置兩馬間，絡而盛臥㊇，行十餘里，廣佯死，暫騰㊈而上胡兒馬上，奪其弓，鞭馬南馳，遂得脫歸漢。下敖、廣吏，當斬，贖為庶人。唯青賜爵關內侯。青雖出於奴虜㊉，然善騎射，材力絕人，遇士大夫以禮，與士卒有恩，眾樂為用，有將帥材，故每出，輒有功。天下由此服上之知人。

㈣夏，大旱，蝗。

㈤六月，上行幸雍。

㈥秋，匈奴數盜邊，漁陽㊁尤甚。以衛尉韓安國為材官將軍，屯漁陽。

【今註】㊀初筭商車：始稅商賈車船。㊁大司農：初名治粟內史，景帝後元年更名大農令，武帝太初元年更名大司農；為九卿之一，掌穀貨。㊂穿渭為渠，下至河：胡三省曰：「渠起長安，旁南山，下至河，三百餘里。」㊃上谷：郡名，在今察哈爾省南部及河北省昌平縣地；治沮陽，在今察哈爾省懷來縣南。㊄代：郡名，有今山西省東北部並略及察哈爾省地；治桑乾，在今察哈爾省蔚縣東北。㊅雲中：郡名，有今綏遠省東部沿河一帶；治雲中，即今綏遠省托克托縣。㊆龍城：匈奴諸部大會祭天之處，地在今漠北塔米爾河岸。㊇絡而盛臥：時李廣受傷，不能起坐，故以網盛之，使臥其中。㊈暫騰：暫，猝；騰，跳躍。⑩青雖出於奴虜：衛青本平陽公主家騎奴。㊁漁陽：郡名，有今河北省北部及熱河省承德以西地；治漁陽，故城在今河北省密雲縣西南。

元朔元年（西元前一二八年）

㈠冬十一月，詔曰：「朕深詔執事興廉舉孝，庶幾成風，紹休聖緒㊀。夫十室之邑，必有忠信㊁，三人并行，厥有我師㊂；今或至闔郡㊃而不薦一人，是化不下究㊄，而積行之君子壅於上聞㊅也。

且進賢受上賞，蔽賢蒙顯戮，古之道也。其議二千石不舉者罪。」有司奏：「不舉孝，不奉詔，當以不敬論㊆。不察廉，不勝任也，當免㊇。」奏可。

㈡十二月，江都易王非㊈薨。

㈢皇子據㊉生，衛夫人之子也。【考異】漢書武五子傳贊曰：「建元六年春，戾太子生。」外戚傳：「衛皇后元朔元年生男據。」按枚皐傳云：「武帝春秋二十九，乃有皇子。」與外戚傳合。蓋贊語因蚩尤之旗致此誤。亦猶五星聚在秦二世末年，誤為漢元年也。三月甲子（十三日），立衛夫人為皇后，赦天下。

㈣秋，匈奴二萬騎入漢，殺遼西⑪太守，略二千餘人，圍韓安國壁。又入漁陽、鴈門，各殺略千餘人。安國益東徙，屯北平，數月病死。【考異】安國死在明年，於此終言之。天子乃復召李廣，拜為右北平⑫太守。匈奴號曰漢之飛將軍，避之，數歲，不敢入右北平。

㈤車騎將軍衛青將三萬騎出鴈門，將軍李息出代。青斬首虜數千人。

㈥東夷薉君南閭⑬等共二十八萬人降，為蒼海郡，【考異】史記平準書曰，彭吳賈滅朝鮮，置滄海之郡。按滅朝鮮，置滄海，兩事也；不知何者出賈之謀。人徒之費，擬於南夷，燕、齊之間，靡然騷動。

㈦是歲，魯共王餘，長沙定王發㉔皆薨。

㈧臨菑㉕人主父偃、嚴安，無終㉖人徐樂，皆上書言事。始偃遊齊、趙，皆莫能厚遇，諸生㉗相與排擯不容，家貧，假貸無所得，乃西入關，上書闕下。朝奏暮召入。所言九事，其八事為律令，一事諫伐匈奴。其辭曰：「司馬灋㉘曰：『國雖大，好戰必亡；天下雖平，忘戰必危。』夫怒者，逆德也；兵者，兇器也；爭者，末節也。夫務戰勝，窮武事者，未有不悔者也。昔秦皇帝并吞戰國，務勝不休，欲攻匈奴，李斯諫曰：『不可。夫匈奴無城郭之居，委積㉙之守，遷徙鳥舉㉚，難得而制也。輕兵深入，糧食必絕；踵糧㉛以行，重不及事。得其地，不足以為利也；得其民，不可調而守㉜也；勝必殺之，非民父母也㉝。靡㉞敝中國，快心匈奴，非長策也。』秦皇帝不聽，遂使蒙恬將兵攻胡，辟地千里，以河為境。地固沮澤鹹鹵㉟，不生五穀。然後發天下丁男，以守北河㊱。暴兵露師，十有餘年，死者不可勝數，終不能踰河而北。是豈人衆不足，兵革不備哉？其勢不可也。又使天下蜚芻輓粟㉗，起於東腄琅邪負海之郡，轉輸北河㉘，率三十鍾而致一石㉙。男子疾耕㉚，不足於糧餉；女子紡績，不足於帷幕。百姓靡敝，孤寡老弱不能相養，道路死者相望。蓋天下始畔㉛秦也。及至高皇帝定天下，略地於邊，聞匈奴聚於代谷之外，而欲擊之。御史成進諫曰：『不可。夫匈奴之性，獸聚而鳥散，從之如搏影㉜。今以陛下盛德攻匈奴，臣竊危之。』高帝不聽，遂北至於代谷，果有平城之圍。高皇帝蓋悔之甚，乃使劉敬往結和親之約，然後天下忘干戈之事。夫匈奴難得而制，非一世也。行盜侵驅㉝，所以為業㉞也，天性固然。上及虞、夏、殷、周，固弗程督㉟，禽獸畜之㊱，不屬為人。夫上不觀虞、夏、殷、周之統，而下循近世之失，此臣之所大憂，百姓之所疾苦也。」

嚴安上書曰：「今天下人民，用財侈靡，車馬衣裘宮室，皆競修飾。調五聲使有節族㊲，雜五色使有文章，重五味方丈於前，以觀欲天下。彼民之情見美則願之，是教民以侈也。侈而無節，則不可贍[三八]，民離本而徼[三九]末矣。末不可徒得，故搢紳[四〇]者不憚為詐，帶劍者夸[四一]殺人以矯[四二]奪，而世不知愧，是以犯法者眾。臣願為民制度以防其淫，使貧富不相燿以和其心。心志定，則盜賊消，刑罰少，陰陽和，萬物蕃[四三]也。昔秦王意廣心逸，欲威海外，使蒙恬將兵以北攻胡，又使尉屠睢將樓船之士以攻越。當是時，秦禍北構於胡，南挂於越[四四]，宿[四五]兵於無用之地，進而不得退，行十餘年，丁男被甲，丁女轉輸，苦不聊生，自經[四六]於道樹，死者相望。及秦皇帝崩，天下大畔，滅世絕祀，窮兵之禍也。故周失之弱，秦失之彊，不變之患也。今徇西夷，朝夜郎，降羌僰，略薉州，建城邑，深入匈奴，燔[四七]其龍城，議者美之。此人臣之利，非天下之長策也。」

徐樂上書曰：「臣聞天下之患，在於土崩，不在瓦解，古今一也。何謂土崩？秦之末世是也。陳涉無千乘之尊，尺土之地，身非王公大人名族之後，鄉曲之譽[四八]，非有孔曾墨子之賢，陶朱猗頓之富[四九]也，然起窮巷，奮棘矜[五〇]，偏袒[五一]大呼，天下從風。此其故何也？由民困而主不恤，下怨而上不知，俗已亂而政不修，此三者陳涉之所以為資也。此之謂土崩。故曰天下之患在乎土崩。何謂瓦解？吳、楚、齊、趙之兵是也。七國謀為大逆，號皆稱萬乘之君，帶甲數十萬，威足以嚴其境內，財足以勸其士民，然不能西攘尺寸之地，而身為禽[52]於中原者，此其故何也？非權輕於匹夫，而兵弱於陳涉也。當是之時，先帝之德未衰，而安土樂俗之民眾，故諸侯無竟[53]外之助。此之謂瓦解。故曰天下之患，不在瓦解。此二體者，安危之明要，賢主之所宜留意而深察也。間者[54]，關東五穀數不登[55]，年歲未復，民多窮困，重之以邊境之事，推數循理而觀之，民宜有不安其處者矣。不安故易動，易動者，土崩之埶也。故賢主獨觀萬化之原，明於安危之機，修之廟堂之上，而銷未形之患也。其要期使天下無土崩之埶而已矣。」書奏，天子召見三人，謂曰：「公等皆安在，何相見之晚也。」皆拜為郎中。

【考異】漢書主父偃傳云：「元光元年，三人上書。」按嚴安書云：「徇南夷，朝夜即，降羌僰，略薉州。」此等事皆在元光元年後，蓋誤以朔字為光字耳。

主父偃尤親幸，一歲中凡四遷為中大夫。大臣畏其口，賂遺累千金。或謂偃曰：

「太横矣。」偃曰：「吾生不五鼎食㊁，死即五鼎烹㊂耳。」

【今註】㊀紹休聖緒：紹，繼；休，美；緒，業。謂繼續使先聖之業美善光大。㊁十室之邑，必有忠信：《論語‧公冶長篇》：「子曰：十室之邑，必有忠信如丘者焉，不如丘之好學也。」㊂三人並行，厥有我師：《論語‧述而篇》：「子曰：三人行，必有我師焉，擇其善者而從之，其不善者而改之。」㊃闔郡：合郡，言總一郡之中。㊄化不下究：究，竟。謂王者之教化不能盡量下達於民。㊅積行之君子壅於上聞：言積德累行之君子為人壅遏，不得聞達於天子。㊆當以不敬論：言當以不敬上之罪處刑。㊇當免：當罷免其官職。㊈江都易王非：景帝子劉非。㊉皇子據：即戾太子。⑪遼西：郡名，有今河北省東北部、遼寧省錦縣以南及熱河省東南沿邊一帶；治且慮，在今河北省盧龍縣東。⑫右北平：郡名，有今河北省豐潤、遵化薊及熱河省承德、凌源、平泉諸縣地；治平剛，即今平泉縣。⑬東夷薉君南閭：服虔曰：「薉貊在辰韓之北，高麗沃沮之南，東窮大海。」顏師古曰：「南閭，薉君名。」⑭魯共王餘、長沙定王發：皆景帝之子。⑮臨菑：今山東省臨淄縣。⑯無終：今河北省薊縣。⑰諸生：儒生。⑱司馬灋：灋，古法字。胡三省曰：「齊威王使大夫追論古者司馬兵法，而附司馬穰苴於其中，因號司馬穰苴兵法。」⑲委積：倉廩之藏，少曰委，多曰積。⑳遷徙鳥舉：言其遷徙如鳥飛之易。㉑踵糧：糧食隨軍而行。㉒得其民，不可調而守：言得其民，不能與已民和調而共居。㉓勝必殺之，非民父母也：王先謙曰：「史記作殺，漢書作棄，疑史記誤。」

李慈銘曰：「謂勝其國而棄其民，非為民父母之道。」就上下文觀之，似以作棄為是。㉔靡：散。㉕地固沮澤鹹鹵：《漢書》主父偃傳作「地固澤鹵。」王念孫曰：「澤鹵，即斥鹵。」凡地可煑鹽而不能耕種者曰斥鹵。通鑑此句當有衍文。㉖北河：胡三省曰：「河水逕安定、北地、朔方界皆北流，至高闕始屈而東流，過雲中楨陵縣又屈而南流；故朔方、雲中之北，謂之北河。」㉗蜚芻輓粟：蜚芻，《漢書》主父偃傳作飛芻。顏師古曰：「運載芻藁，令其疾至，故曰飛芻。輓謂引車船也。」輓粟亦即引車船以運粟。㉘起於東腄琅邪負海之郡，轉輸北河：東腄，《漢書》主父偃傳作黃腄。顏師古曰：「黃、腄，二縣名也，並在東萊。言自東萊及琅邪緣海諸郡，皆令轉輸至北河也。」黃，故城在今山東省黃縣東南。腄，故城在今山東省文登縣西。東萊郡在今山東省東部半島上；治掖，即今掖縣。琅邪郡有今山東省南部及江蘇省北部之贛榆縣地；治東武，今山東省諸城縣。㉙率三十鍾而致一石：顏師古曰：「六斛四斗為鍾。言計其道路所費，凡用一百九十二斛，乃得一石至。」㉚疾耕：速耕，急耕。㉛畔：同叛。㉜搏影：胡三省曰：「影，隨物而生者也，存滅不常，難得而搏之。」㉝行盜侵驅：行盜竊之行為，侵犯邊境，驅掠人畜。㉞所以為業：謂以行盜侵驅為業。㉟程督：程，課；督，責。㊱禽獸畜之：以畜養禽獸之道畜養之。㊲節族：節，止；族音奏，進。㊳贍：足。㊴徼：要求。㊵搢紳：亦作縉紳。紳，大帶。古之仕者搢（插）笏於紳曰搢紳，後遂謂仕宦曰搢紳。㊶夸：大，競。㊷矯：偽。㊸蕃：多。㊹南挂於越：王念孫曰：「挂讀為絓，結也，言禍結於越也。」㊺宿：留。㊻自經：縊。㊼燔：燒。㊽鄉曲之譽：王念孫曰：「史記主父傳作無鄉曲之譬是也，此脫無字，則文義不明。」㊾陶朱猗頓之富：范蠡居陶，自號陶朱公，治產至鉅萬。猗頓，魯人，以煮鹽起家，比富王者。㊿棘矜：棘同戟。段玉裁曰：「矜當從令作矜。」矜，矛戟之柄。(51)偏袒：露一臂。(52)為禽：被擒。(53)竟：同境。(54)間者：近者。(55)數不登：屢次不豐收。(56)五鼎食：孔穎達曰：「少牢陳五鼎，羊一，豕二，膚三，魚四，臘五。」(57)五鼎烹：言受鼎鑊之烹。

二年（西元前一二七年）

㈠冬，賜淮南王㊀几杖㊁，毋朝。【考異】漢書武紀曰：「賜淮南菑川王几杖，毋朝。」顏師古曰：「淮南王安，菑川王志，皆武帝諸父列也，故賜几杖。」按諸侯表，菑川王志在位三十五年，以元光五年薨。齊悼惠王世家，高五王傳，皆同。此云菑川王志，誤也。

㈡主父偃說上曰：「古者諸侯不過百里，彊弱之形易制。今諸侯或連城數十，地方千里，緩則驕奢，易為淫亂，急則阻其彊而合從以逆京師。以法割削之，則逆節萌起㊂，前日鼂錯是也㊃。今諸侯子弟或十數，而適㊄嗣代立，餘雖骨肉，無尺地之封，則仁孝之道不宣。願陛下令諸侯得推恩，分子弟以地侯之。彼人人喜得所願，上以德施，實分其國，不削而稍弱矣。」上從之。春正月，詔曰：「諸侯王或欲推私恩分子弟邑者，令各條上，朕且臨定其號名㈥。」於是藩國始分，而子弟畢侯矣。

㈢匈奴入上谷、漁陽，殺略吏民千餘人。遣衞青、李息出雲中以西，至隴西㈦，擊胡之樓煩、白羊㈧王於河南，得胡首虜數千，牛羊百餘萬，走白羊、樓煩王，遂取河南地㈨。詔封青為長平侯。青校尉蘇建、張次公皆有功，封建為平陵侯，次公為岸頭侯。主父偃言：「河南地肥饒，外阻河，蒙恬城之(一〇)以逐匈奴，內省轉輸戍漕，廣中國、滅胡之本也。」上下公卿議，皆言不便。上竟用偃計，立朔方郡(一一)，使蘇建興十餘萬人築朔方城。復繕故秦時蒙恬所為塞，因河為固，轉漕甚遠，自山東咸被其勞，費數十百鉅萬，府庫并虛。漢亦棄上谷之斗辟縣造陽地(一二)以予胡。

㈣三月乙亥（三十日）晦，日有食之。

㈤夏，募民徙朔方十萬口。

㈥主父偃說上曰：「茂陵初立(一三)，天下豪傑，并兼之家，亂眾之民，皆可徙茂陵，內實京師，外銷姦滑，此所謂不誅而害除。」上從之。徙郡國豪傑及訾(一四)三百萬以上于茂陵。軹(一五)人郭解，關東大俠也，亦在徙中。衛將軍〔一六〕為言，郭解家貧，不中徙〔一七〕。上曰：「解布衣，權至使將軍為言〔一八〕，此其家不貧！」卒徙解家。解平生睚眦殺人〔一九〕甚眾。上聞之，下吏捕治解，所殺皆在赦前。軹有儒生侍使者坐，客譽郭解，生曰：「解專以姦犯公灋，何謂賢？」解客聞，殺此生，斷其舌。吏以此責解，解實不知殺者，殺者亦絕莫知為誰。吏奏解無罪。公孫弘議曰：「解布衣，為任俠行權，以睚眦殺人，解雖不知，此罪甚於解殺之；當大逆無道〔二〇〕。」遂族郭解。【考異】荀紀以郭解事著於建元二年。按武紀，建元二年初置茂陵邑，三年賜徙茂陵者錢。當是時，衛青、公孫弘皆未貴。又元朔二年徙郡國豪傑於茂陵。此乃徙解之時也。

班固曰：「古者天子建國，諸侯立家，自卿大夫以至于庶人，各有等差。是以民服事其上，而下無覬覦〔二一〕。周室既微，禮樂征伐，自諸侯出。桓文〔二二〕之後，大夫世權〔二三〕，陪臣執命〔二四〕，陵夷〔二五〕至於戰國，合從連衡，繇〔二六〕是列國公子，魏有信陵，趙有平原，齊有孟嘗，楚有春申，皆藉〔二七〕王公之埶，競為游俠，雞鳴狗盜〔二八〕，無不賓禮〔二九〕。而趙相虞卿，棄國捐君，以周窮交魏齊之厄〔三〇〕；信陵無忌，竊符矯命，戮將專師，以赴平原之急〔三一〕；皆以取重諸侯〔三二〕，顯名天下。搤㉝腕而游談者，以四豪㉞為稱首。於是背公死黨㉟之議成，守職奉上之義廢矣。及至漢興，禁網疏闊㊱，未知匡改㊲也。是故代相陳豨，從車千乘，而吳濞、淮南㊳，皆招賓客以千數；外戚大臣魏其、武安之屬競逐於京師，布衣游俠劇孟、郭解之徒馳騖於閭閻㊴，權行州域，力折公侯，眾庶榮其名迹，覬而慕之。雖其陷於刑辟㊵，自與殺身成名㊶，若季路、仇牧㊷，死而不悔。故曾子曰：「上失其道，民散久矣㊸。」非明主在上，示之以好惡，齊之以禮灋，民曷由知禁而反正乎？古之正灋，五伯㊹，三王之罪人也，而六國，五伯之罪人也。夫四豪者，又六國之罪人也。況於郭解之倫，以匹夫之細，竊殺生之權，其罪已不容於誅矣。觀其溫良泛愛，振㊺窮周急，謙退不伐㊻，亦皆有絕異之姿；惜乎不入於道德，苟放縱於末流，殺身亡宗，非不幸也。」

荀悅論曰：「世有三遊，德之賊也：一曰遊俠，二曰遊說，三曰遊行。立氣勢，作威福，結私交，以立強於世者，謂之遊俠。飾辯辭，設詐謀，馳逐於天下，以要時勢者，謂之遊說。色取仁，以合時好，連黨類，立虛譽，以為權利者，謂之遊行。此三者，亂之所由生也；傷道害德，敗法惑世，先王之所慎也。國有四民㊼，各修其業。不由四民之業者，謂之姦民。姦民不生，王道乃成。凡此三遊之作，生於季世，周秦之末尤甚焉。上不明，下不正，制度不立，綱紀弛廢；以毀譽為榮辱，不核㊽其真；以愛憎為利害，不論其實；以喜怒為賞罰，不察其理。上下相冒㊾，萬事乖錯。是以言論者計薄厚而吐辭，選舉者度親疏而舉筆，善惡謬於眾聲，功罪亂於王法。然則利不可以義求，害不可以道避也。是以君子犯禮，小人犯法，犇走馳騁，越職僭度，飾華廢實，競趨時利。簡父兄之尊而崇賓客之禮，薄骨肉之恩而篤朋友之愛，忘修身之道而求眾人之譽，割衣食之業以供饗宴之好，苞苴㊿盈於門庭，聘問交於道路，書記繁於公文，私務眾於官事，於是流俗成而正道壞矣。是以聖王在上，經國序民，正其制度，善惡要於功罪，而不淫於毀譽，聽其言而責其事，舉其名而指其實。故實不應其聲者謂之虛，情不覆其貌者謂之偽，毀譽失其真者謂之誣，言事失其類者謂之罔。虛偽之行不得設，誣罔之辭不得行，有罪惡者無僥倖，無罪過者不憂懼，請謁無所行，貨賂無所用，息華文，去浮辭，禁偽辯，絕淫智，放百家之紛亂，壹聖人之至道，養之以仁惠，文之以禮樂，則風俗定而大化成矣。」

㈦燕王定國與父康王姬姦，奪弟妻為姬，殺肥如(五二)令郢人(五三)。郢人兄弟上書告之。主父偃從中發其事。公卿請誅定國，上許之。定國自殺，國除。

齊厲王次昌(五三)亦與其姊紀翁主通。主父偃欲納其女於齊王，齊紀太后不許。偃因言於上曰：「齊臨菑十萬戶，市租千金，人眾殷富，鉅於長安，非天子親弟愛子，不得王此。今齊王於親屬益疏，又聞與其姊亂，請治之。」於是帝拜偃為齊相，且正其事。偃至齊，急治王後宮宦者，辭及王。王懼，飲藥自殺。偃少時游齊及燕、趙，及貴，連敗燕、齊。趙王彭祖(五四)懼，上書告主父偃受諸侯金，以故諸侯子弟多以得封者。及齊王自殺，上聞大怒，以為偃劫其王令自殺，乃徵下吏。偃服受諸侯金，實不劫王令自殺。上欲勿誅。公孫弘曰：「齊王自殺，無後，國除為郡入漢。主父偃本首惡，陛下不誅偃，無以謝天下。」乃遂族主父偃。

㈧張歐免。上欲以蓼侯孔臧⑮為御史大夫。臧辭曰：「臣世以經學為業，乞為太常，典臣家業，與從弟侍中安國⑯紀綱⑰古訓，使永垂來嗣。」上乃以臧為太常，其禮賜如三公。

【今註】㊀淮南王：劉安，淮南厲王長之子；長，高祖少子。㊁几杖：几可以扶，杖可以策，皆養尊者之物。㊂逆節萌起：言反叛之事如草木之萌芽而興起。㊃前日鼂錯是也：事見十六卷景帝前三年。㊄適：同嫡。㊅且臨定其號名：言將觀覽而定其名號。㊆隴西：郡名，有今甘肅省東南部之地；治狄道，在今甘肅省臨洮縣東北。㊇樓煩白羊：匈奴二王之名。㊈河南地：河指河套之河，河南地即今之河套。沈欽韓曰：「水道提綱：黃河正派東北流六十里，又分二支：一南支東流，一北支北流八十里；又分為二：一北與庫庫池東北流會，一東南流，南北地百餘里間，三渠並東流二百六十里，經鄂爾多斯後旗北境，即古朔方河南地也。」⑩蒙恬城之：城作動詞用，言蒙恬於此築城。⑪朔方郡：有今寧夏綏遠二省境內套外西北沿河之地；治朔方，故城在今鄂爾多斯右翼後旗境。⑫斗辟縣造陽地：顏師古曰：「斗，絕也，縣之斗曲入匈奴界者，其中造陽地也。」造陽在今察哈爾省宣化縣東北。⑬茂陵初立：茂陵在今陝西省興平縣東北。武帝建元二年，於此建陵，置茂陵邑。⑭訾：

同貲，財貨。⑮軹：縣名，故城在今河南省濟源縣南。⑯衞將軍：即衞青。⑰不中徙：言郭解家貧，不合在見徙之數中。⑱權至使將軍為言：言郭解權勢甚大，竟使將軍為之言。⑲睚眦殺人：睚音厓，舉眼；眦同眥，目眶，謂郭解對於舉眼相忤之人，即加殺戮。⑳當大逆無道：當以大逆無道之罪坐郭解。㉑覬覦：覬音冀，幸；覦音俞，欲。覬覦，幸得其所欲。㉒桓文，齊桓公，晉文公。㉓大夫世權：指晉六卿、魯三桓、齊田氏等。㉔陪臣執命：指陽貨等。陪臣，重臣。諸侯之臣，於天子為陪臣；大夫之家臣，於諸侯為陪臣。㉕陵夷：猶陵替，逐漸衰微。㉖繇：同由。㉗藉：借。㉘雞鳴狗盜：事見三卷周赧王十七年。㉙無不賓禮：無不以賓客之禮待之。㉚趙相虞卿……魏齊之厄：事見五卷周赧王五十六年。㉛信陵無忌……以赴平原之急：事見五卷周赧王五十七年。㉜取重諸侯：自諸侯處取得尊重。㉝搤：捉持。㉞四豪：魏信陵君無忌，趙平原君勝，齊孟嘗君文，楚春申君黃歇。㉟背公死黨：背棄公義，而為同黨之人效死。㊱疏闊：寬弛。㊲匡改：改正。㊳吳濞、淮南：吳王濞，淮南厲王長及其子安。㊴閭閻：閭，里中門；閻，里門。閭閻亦作閻閭，以代鄉里或民間。㊵刑辟：刑法。㊶自與殺身成名：自以為同於殺身成名。㊷季路、仇牧：季路死於衞侯輒之難，仇牧死於宋閔公之難，事並見《左傳》魯哀公十五年及莊公十二年。㊸上失其道，民散久矣：語見《論語・子張篇》。㊹五伯：五霸。㊺振：同賑。㊻伐：誇功。㊼四民：士農工商。㊽核：考覈。㊾冒：犯。㊿苞苴：苞，包裹；苴，以物襯墊。詩箋：「以果實相遺者苞苴之。」因以苞苴為餽贈之通稱。(51)肥如：縣名，故城在今河北省盧龍縣北。(52)郢人：肥如令之名。

㉝齊厲王次昌：齊孝王將閭，文帝十六年受封，傳子懿王壽，壽傳次昌。㉞趙王彭祖：景帝子，景帝前二年封廣川，五年徙趙。趙國在今河北省境內。㉟蓼侯孔臧：高祖功臣蓼侯孔聚之子。蓼縣在今河南省固始縣東北。㊱從弟侍中安國：從弟，堂弟。孔安國，孔子十三世孫，武帝時為侍中，以其為儒者，特聽掌御座唾壺，朝廷榮之。㊲紀綱：作動詞用，整理之而使其有條理法則。

三年（西元前一二六年）

㈠冬，匈奴軍臣單于死，其弟左谷蠡王㊀伊稚斜自立為單于，攻破軍臣單于太子於單。於單亡降漢。

㈡以公孫弘為御史大夫。是時，方通西南夷，東置蒼海，北築朔方之郡。公孫弘數諫，以為罷敝中國，以奉無用之地，願罷之。天子使朱買臣等難以置朔方之便，發十策，弘不得一㊁。弘乃謝曰：「山東鄙人，不知其便若是，願罷西南夷、蒼海，而專奉朔方。」上乃許之。春，罷蒼海郡。

弘為布被，食不重肉㊂。汲黯曰：「弘位在三公，奉祿甚多，然為布被，此詐也。」上問弘。弘謝曰：「有之。夫九卿與臣善者無過黯，然今日廷詰弘，誠中弘之病。夫以三公為布被，與小吏無差，誠飾詐欲以釣名㊃，如汲黯言。且無汲黯忠，陛下安得聞此言？」天子以為謙讓，愈益尊之。

㈢三月，赦天下。

㈣夏四月，丙子（初七日），封匈奴太子於單為涉安侯，數月而卒。

㈤初，匈奴降者言：「月氏故居敦煌㊄、祁連㊅間，為彊國。匈奴冒頓攻破之。老上單于殺月氏王，以其頭為飲器㊆。餘眾遁逃遠去，怨匈奴，無與共擊之。」上募能通使月氏者。漢中㊇張騫以郎應募，出隴西，徑匈奴中，單于得之，留騫十餘歲，騫得間㊈亡鄉⑩月氏。西走數十日，至大宛⑪。大宛聞漢之饒財，欲通不得，見騫，喜，為發導譯⑫抵康居⑬，傳致大月氏⑭。大月氏太子為王，既擊大夏⑮，分其地而居之，地肥饒少寇，殊無報胡之心。騫留歲餘，竟不能得月氏要領⑯，乃還。幷南山⑰，欲從羌中⑱歸，復為匈奴所得，留歲餘。會伊稚斜逐於單，匈奴國內亂，騫乃與堂邑氏奴甘父⑲逃歸。上拜騫為太中大夫，甘父為奉使君。騫初行時百餘人，去十三歲⑳，唯二人得還。【考異】史記西南夷傳曰，元狩元年，張騫使大夏來，言通身毒國之利。按年表，騫以元朔六年，二月，甲辰，封博望侯，必非元狩元年始歸也。或者元狩元年，天子始令騫通身毒國，疑不能明，故因是歲伊稚斜立，終言之。

(六)匈奴數萬騎入塞，殺代郡太守恭，及略千餘人。

(七)六月，庚午（初二日），皇太后㉑崩。

(八)秋，罷西夷，獨置南夷、夜郎兩縣、一都尉，稍令犍為自葆就㉒，專力城朔方。

(九)匈奴又入鴈門，殺略千餘人。

(十)是歲，中大夫張湯為廷尉㉓。湯為人多詐，舞智以御人㉔。時上方鄉㉕文學，湯陽浮㉖慕事董仲舒、公孫弘等，以千乘㉗兒寬為奏讞掾㉘，以古灋義決疑獄。所治：即㉙上意所欲罪，與監史㉚深禍㉜者；即上意所欲釋，與監史輕平㉛者。上由是悅之。湯於故人子弟調護㉝之尤厚；其造請㉞諸公，不避寒暑。是以湯雖文深意忌不專平㉟，然得此聲譽。汲黯數質責㊱湯於上前，曰：「公為正卿㊲，上不能褒㊳先帝之功業，下不能抑天下之邪心，安國富民，使囹圄㊴空虛，何空取高皇帝約束紛更之為㊵！而公以此無種㊶矣。」黯時與湯論議，湯辯常在文深小苛㊷，黯伉厲守高㊸，不能屈，忿發㊹罵曰：「天下謂刀筆吏㊺不可以為公卿，果然！必湯也，令天下重足而立㊻，側目而視矣！」

【今註】㊀左谷蠡王：匈奴左右谷蠡王在左右賢王之下。谷蠡音鹿黎。㊁發十策，弘不得一：言發置朔方之利十條，而公孫弘無一條能駁例倒之。㊂弘為布被，食不重肉：言公孫弘蓋布面之被，而所食僅一葷菜。㊃釣名：獲取虛名。㊄敦煌：今甘肅省敦煌縣。㊅祁連：山名，有南祁連與北祁連之分。南祁連山在今甘肅省張掖縣西南，東西延袤千餘里。北祁連山即今新疆省境之天山。此處所云祁連指北祁連山而言。㊆飲器：飲酒之器。㊇漢中：郡名，有今陝西省南部及湖北省西北部之地；治南鄭，在今陝西省南鄭縣東。㊈間：空隙。㊉鄉：同嚮。⑪大宛：西域國名，在今俄屬中亞細亞東部；西北隣康居，南與大月氏接。⑫導譯：導，引路之人；譯，傳言之人。⑬康居：西域國名，在今俄屬中亞細亞北部。⑭大月氏：月氏西遷後，奪大夏之地，建大月氏國；在今俄屬中亞細亞東南部，東起葱嶺，西至阿母河，又跨河而南，兼有阿富汗北境。氏音支。⑮大夏：西域國名，原在大宛西南，其地為大月氏所奪。⑯不能得月氏要領：要，衣腰；領，衣領。凡持衣者，執腰與領。此言張騫不能得月支意趣，無以持歸於漢，故以要領為喻。⑰並南山：並同傍，謂張騫傍南山而行。南山乃泛指今葱嶺以東迄於甘肅青海二省界上之山而言，以其時河西走廊尚為匈奴所據，騫循南山而行，或可免為匈奴所獲。⑱羌中：羌人所據區域，指今青海省一帶。⑲堂邑氏奴甘父：堂邑氏之奴，名甘父。堂邑，姓。⑳去十三歲：張騫於武帝建元二年（西元前一三九年）出使大月氏，元朔三年（西元前一二六年）歸，先後共十三年。㉑皇太后：武帝母王太后。㉒令犍為自葆就：葆與保同。言令犍為自保守，且成其郡縣。㉓廷尉：漢九卿之一，掌刑獄。景帝中六年更名大理，武帝建元四年復為廷尉。㉔舞智以御人：言張湯賣弄智術以駕馭人。㉕鄉：音嚮，愛好。㉖陽浮：陽，偽裝；浮，表面。㉗千乘：郡名，有今山東省黃河下游南岸數縣地；治千乘，故城在今山東省高苑縣北。㉘奏讞掾：為廷尉掾，專主奏讞。奏讞，將判決之疑案上奏。㉙即：如，若。㉚監史：監，廷尉下有右左監，秩千石。史，獄史。㉛深禍：言持文深刻，欲致人於禍。㉜輕平：言判決罪刑輕而持平。㉝調護：調，和適之令得其所；護，保護。㉞造請：造，詣至；請，謁問。㉟文深意忌不專平：文深，持文深刻；意忌，心意疑忌；不專平，不專於持平。㊱質責：當面斥責，或曰以正義責之。㊲正卿：九卿為正卿。㊳褒：揚。㊴囹圄：監獄。㊵何空取高皇帝約束紛更之為：言何為空取高皇帝之約束而加以紛亂更改。㊶以此無種：言將因此而誅及子孫，亦即滅族之謂。㊷文深小苛：言持文深刻，而瑣碎苛求。㊸伉厲守高：言剛直嚴厲，守高尚之節義。㊹忿發：發怒。㊺刀筆吏：掌案牘之書吏，以其筆如刀能殺人，故以刀筆指之。㊻重足而立：累足而立，不敢前進，以喻恐懼之甚。

四年（西元前一二五年）

㈠冬，上行幸甘泉㈠。

㈡夏，匈奴入代郡、定襄㈡、上郡㈢，各三萬騎，殺略數千人。

【今註】㈠甘泉：宮名，在今陝西省淳化縣甘泉山上。㈡定襄：郡名，有今綏遠省東境歸綏一帶地，治成樂，今綏遠省和林格爾縣。㈢上郡：有今陝西省北部、綏遠省之鄂爾多斯及甘肅省東部寧縣以東地帶；治膚施，今陝西省綏德縣東南。

卷十九　漢紀十一

司馬光編集
夏德儀註

起強圉大荒落，盡玄黓閹茂，凡六年。（丁巳至壬戌，西元前一二四年至西元前一一九年）

世宗孝武皇帝中之上

元朔五年（西元前一二四年）

(一)冬，十一月，乙丑（五日），薛澤免，以公孫弘為丞相，封平津㈠侯；【考異】史記將相名臣表，漢書公卿百官表，弘為相皆在今年。建元以來侯者表，恩澤侯表，皆云元朔三年封侯。按三年弘始為御史大夫。蓋誤書五為三，因置於三年耳。丞相封侯自弘始㈡。時上方興功業，弘於是開東閤㈢以延賢人，與參謀議。每朝覲奏事，因言國家便宜。上亦使左右文學之臣與之論難㈣。

弘嘗奏言：「十賊彍弩㈤，百吏不敢前；請禁民毋得挾弓弩，便。」上下其議。侍中吾丘壽王㈥對曰：「臣聞古者作五兵㈦，非以相害，以禁暴討邪也。秦兼㈧天下，銷甲兵，折鋒刃，其後民以耰鉏箠梃㈨相撻擊，犯灋滋眾㈩，盜賊不勝⑪，卒以亂亡。故聖王務教化而省禁防，知其不足恃也。禮曰：男子生，桑弧蓬矢以舉之，明示有事也(一二)。大射之禮，自天子降及庶人(一三)，三代之道也。愚聞聖王合射以明教矣，未聞弓矢之為禁也。且所為禁者，為盜賊之以攻奪也。攻奪之罪死，然而不止者，大姦之於重誅，固不避也。臣恐邪人挾之而吏不能止，良民以自備而抵法禁(一四)，是擅(一五)賊威而奪民救也。竊以為大不便。」書奏，上以難弘，弘詘(一六)服焉。弘性意忌(一七)，外寬內深(一八)。諸嘗與弘有隙，無近遠，雖陽與善，後竟報其過。董仲舒為人廉直(一九)，以弘為從諛(二〇)，弘嫉(二一)之。膠西王端(二二)驕恣(二三)數犯灋，所殺傷二千石(二四)甚眾。弘乃薦仲舒為膠西相。仲舒以病免。汲黯常毀儒(二五)，面觸(二六)弘；弘欲誅之以事(二七)，乃言上曰：「右內史界部(二八)中多貴臣宗室，難治，非素重臣(二九)不能任；請徙黯為右內史。」上從之。

(二)春，大旱。

(三)匈奴右賢王數侵擾朔方。天子令車騎將軍青將三萬騎出高闕(三〇)，衛尉(三一)蘇建為游擊將軍，左內史李沮為彊弩將軍，太僕(三二)公孫賀為騎將軍，代相(三三)李蔡為輕車將軍，皆領屬車騎將軍，俱出朔方。大行李息、岸頭(三四)侯張次公為將軍，俱出右北平。凡十餘萬人擊匈奴。右賢王以為漢兵遠不能至，飲酒醉。衛青等兵出塞六七百里，夜至，圍右賢王。右賢王驚，夜逃，獨與壯騎數百馳，潰圍(三五)北去。得右賢裨王(三六)十餘人，眾男女萬五千餘人，畜數十百萬(三七)。於是引兵而還。至塞，天子使使者持大將軍印，即軍中拜衛青為大將軍，諸將皆屬焉。夏，四月乙未（八日），復益封青八千七百戶，封青三子伉、不疑、登皆為列侯(三八)。青固謝(三九)曰：「臣幸得待罪行間(四〇)，賴陛下神靈，軍大捷，皆諸校尉力戰之功也。陛下幸已益封臣青，臣青子在襁褓中，未有勤勞，上列(四一)地封為三侯，非臣待罪行間所以勸士力戰之意也。」天子曰：「我非忘諸校尉功也。」乃封護軍都尉公孫敖為合騎侯(四二)，都尉(四三)韓說為龍頟侯(四四)，公孫賀為南窌侯(四五)，李蔡為樂安侯(四六)，校尉李朔為涉軹侯(四七)，趙不虞為隨成侯(四八)，公孫戎奴為從平侯(四九)，李沮、李息及校尉豆如意(五〇)皆賜爵關內侯(五一)。

於是青尊寵，於羣臣無二，公卿以下皆卑奉之。獨汲黯與亢禮(五二)。人或說黯曰：「自天子欲羣臣下大將軍(五三)，大將軍尊重(五四)，君不可以不拜。」黯曰：「夫以大將軍有揖客，反不重邪(五五)？」大將軍聞，愈賢黯，數請問國家朝廷所疑，遇黯加於平日。大將軍青雖貴，有時侍中(五六)，上踞廁(五七)而視之。丞相弘燕見(五八)，上或時不冠。至如(五九)汲黯見(五九)，上不冠不見也。上嘗坐武帳中(六〇)，黯前奏事，上不冠，望見黯，避帳中，使人可其奏：其見敬禮如此。

(四)夏六月，詔曰：「蓋聞導民以禮，風(六一)之以樂；今禮壞樂崩，朕甚閔焉！其令禮官勸學興禮，以為天下先。」於是丞相弘等奏請為博士官置弟子五十人，復(六二)其身，第(六三)其高下，以補郎中(六四)、文學(六五)、掌故(六六)。即(六七)有秀才異等(六八)，輒以名聞。其不事學若(六九)下材，輒罷之。又吏通一蓺以上者，請皆選擇，以補右職(七〇)。上從之。自此公卿大夫士吏，彬彬多文學之士矣。

(五)秋，匈奴萬騎入代，殺都尉朱英，略千餘人。

(六)初，淮南王安好讀書屬文(七一)，喜立名譽，招致賓客方術之士數千人。其羣臣賓客，多江淮間輕薄士，常以厲王遷死感激安〔七二〕。建元六年，彗星見，或說王曰：「先吳軍時〔七三〕，彗星出，長數尺，然尚流血千里；今彗星竟〔七四〕天，天下兵當大起。」王心以為然，乃益治攻戰具，積金錢。郎中雷被獲罪於太子遷〔七五〕。時有詔，欲從軍者輒詣長安，被即願奮擊匈奴。太子惡被於王〔七六〕，斥免之〔七七〕，欲以禁後〔七八〕。是歲，被亡之長安，上書自明。事下廷尉治，蹤迹連王〔七九〕，公卿請逮捕治王。太子遷謀令人衣〔八〇〕衞士衣，持戟居王旁，漢使有非是者即刺殺之〔八一〕，因發兵反。天子使中尉宏即訊王〔八二〕，王視中尉顏色和，遂不發。公卿奏安壅閼〔八三〕奮擊匈奴者，格明詔〔八四〕，當棄市。詔削二縣。既而安自傷曰：「吾行仁義，反見削地！」恥之，於是為反謀益甚。

安與衡山王賜〔八五〕相責望，禮節間不相能〔八六〕。衡山王聞淮南王有反謀，恐為所并，亦結賓客為反具，以為淮南已西，欲發兵定江淮之間而有之。衡山王后徐來譖太子爽於王，欲廢之而立其弟孝。王囚太子而佩孝以王印，令招致賓客。賓客來者微知淮南、衡山有逆計，日夜從容(八七)勸之。王乃使孝客江都(八八)人枚赫、陳喜作輣車(八九)鍛矢(九〇)，刻天子璽、將相軍吏印。秋，衡山王當入朝，過淮南，淮南王乃昆弟語(九一)，除前隙(九二)，約束反具(九三)。衡山王即上書謝病，上賜書不朝。

【今註】(一)平津：鄉名。胡三省曰：「勃海郡高成縣有平津鄉。」漢高成縣在今河北省鹽山縣東南。(二)丞相封侯自弘始：漢初慣例，非封侯不拜相，故多以列侯為丞相。公孫弘以布衣儒術進，則既相而後封侯，故謂丞相封侯自弘始。(三)東閣：閤，小門，東向開之，避當庭門，故曰東閣。引賓客自此門入，蓋不以賢者為吏屬，而別開此門以延之。(四)論難：論辯詰責。(五)彍弩：彍音郭，拉滿弓曰彍；字亦作彉。弩，有臂之弓。(六)吾丘壽王：吾音虞，古吾、虞同音通用。吾丘，姓；壽王，名。(七)五兵：矛、戟、弓、劍、戈。(八)兼：兼併。(九)耰鉏箠梃：耰音憂，摩田器。鉏同鋤。箠，馬鞭。梃，大杖。(一〇)滋：益。(一一)不勝：不可勝。(一二)禮曰：「男子生，桑弧蓬矢以舉之，明示有事也。」《小戴禮記・內則篇》：「國君世子：生三日，射人以桑弧蓬矢六，射天地四方。」注曰：「天地四方，男子之所有事也。」按桑弧蓬矢，乃以桑為弓，以蓬為矢。(一三)大射之禮，自天子降及庶人：古者天子射豹侯，諸侯射熊侯，卿大夫射麋侯，士射鹿侯、豕侯。按侯猶今言箭靶，以布為之，張以受矢。其側以豹、熊、麋、鹿、豕之皮為飾。中心為射的，矢著於的，方為得勝；的亦以豹、熊、麋、鹿、豕之皮為之。大射，古射禮之一，《儀禮》中有〈大射儀篇〉，可以參看。⑭抵法禁：觸犯法律禁令。⑮擅：專。⑯詘：同屈。⑰意忌：心存疑忌。⑱外寬內深：表面寬厚，而心機甚深。⑲廉直：清廉正直。⑳從諛：附和諂諛。㉑嫉：害賢曰嫉。㉒膠西王端：景帝子，景帝前三年受封。膠西王國有今山東省膠、高密等縣地。㉓驕恣：驕傲放縱。㉔二千石：漢制，凡郡守國相並為二千石官。此處二千石，蓋指膠西國相。㉕毀儒：毀謗儒者。㉖面觸：當面抵觸。㉗欲誅之以事：言欲藉一事使其得罪而誅之。㉘右內史界部：內史，本周官，秦漢因之，掌治京師。景帝二年分置左右內史。武帝太初元年，右內史更名京兆尹，左內史更名左馮翊。界部，區域。此言右內史所管轄之區域。㉙素重臣：素來即有重望之大臣。㉚高闕：地名，在今綏遠省鄂爾多斯右翼後旗境內。㉛衞尉：漢九卿之一，掌門衞屯兵，景帝初，更名中大夫令，後元年復為衞尉。㉜太僕：漢九卿之一，掌輿服車馬。㉝代相：代王義之相。㉞岸頭：地名，在今山西省河津縣西。㉟潰圍：衝出重圍。㊱右賢裨王：裨王，小王；此謂右賢王部下之裨將。㊲數十百萬：數十萬以至百萬。㊳封青三子伉、不疑、登皆為列侯：伉為宜春侯，不疑為陰安侯，登為發干侯。漢制，凡王子封為侯者，謂之諸侯；羣臣異姓以功封者，謂之列侯，亦曰徹侯，以避武帝諱，又改為通侯。㊴固謝：再三辭讓。㊵待罪行間：古人仕宦於朝，多謙稱曰待罪；此云待罪行間，即為將於行伍中之意。㊶列：《漢書》作裂。㊷合騎侯：食邑於勃海郡之高成縣。王先謙曰：「恩澤平津侯公孫宏，功臣合騎侯公孫敖，表並注高城，成城通用字，蓋曾析置平津、合騎二縣。」㊸都尉：秦置郡尉佐郡守典武職甲卒，漢因之。景帝中二年，更名都尉。秦有主爵中尉，掌治列侯，景帝中六年亦更名都尉。武帝太初元年，更名右扶風，與京兆尹、左馮翊合稱三輔，皆治長安城中。武帝元鼎四年，更置三輔都尉。據《後漢書・百官志》，武帝於邊郡置農都尉，主屯田殖穀，又置屬國都尉，主蠻夷降者。㊹龍頟侯：龍頟侯國屬平原郡，故城在今河北省景縣東。頟音洛。㊺南窌侯：窌亦作奅，顏師古以為二字相同，音礮（ㄆㄠˋ）。南窌侯食邑不知在何地。㊻樂安侯：《史記・建元以來侯者年表》作樂安侯，《漢書・武帝功臣表》作安樂侯；班表誤。胡三省據班表謂樂安侯食邑於琅邪郡之昌縣。按此昌縣在今山東省諸城縣東南，實非樂安侯李蔡之封邑。王先謙以為「昌上有奪文。」又引濟水注濟水自高昌逕樂安而至博昌，謂高昌、博昌並為樂安鄰境，樂安殆分二縣地置；惟昌字上之為高為博，疑莫能定。按漢千乘郡有樂安縣，在今山東省博興縣北，又有博昌縣，在今博興縣南。㊼涉軹侯：《漢書・衞青傳》作涉軹侯，〈武帝功臣表〉作軹侯。涉軹侯食邑於齊郡之西安縣，故城在今山東省臨菑縣西。㊽隨成侯：食邑於千乘郡之千乘縣，故城在今山東省高苑縣北。㊾從平侯：食邑於東郡之樂昌縣，故城在今河北省南樂縣西北。㊿豆如意：胡三省所見《漢書》本，豆作竇。(51)關內侯：秦漢時封爵，列第十九級，位次徹侯，雖有侯號，而居京畿，無國邑。(52)亢禮：亢音抗，即抗禮，行平等之禮。(53)欲羣臣下大將軍：言欲使羣臣居大將軍下，而向其禮拜。(54)尊重：位尊望重。(55)大將軍有揖客，反不重邪：言大將軍能有向其行揖禮之客，何以反不望重？亦即謂大將軍能降貴以禮士，使其名望反更加重。(56)侍中：侍帝於宮中。(57)踞厠：踞，臨高蹲踞。厠，牀邊側。古時帝王見大臣，御座為起，今武帝踞厠以見衞青，輕之之意。(五八)燕見：同宴見，以閒樂時往見。(五九)至如：王先謙曰：「疑本作至於，涉上文至如而誤也。」按王氏所云，係就《漢書》言，通鑑則因襲《漢書》而誤。(六〇)武帳中：帳中置五兵（矛、戟、弓、劍、戈）者曰武帳。(六一)風：教化。(六二)復：音福，免除賦役。(六三)第：攷覈。(六四)郎中：官名，主更直宿衞。(六五)文學：官名，漢時，州郡及王國皆置此官。(六六)掌故：官名，掌故府之典籍者。(六七)即：如果。(六八)秀才異等：有俊秀之才，異於常等者。(六九)若：同、與。(七〇)右職：高職。(七一)屬文：屬音燭，連綴。屬文，謂連綴文辭，即善為文之意。(七二)常以厲王遷死感激安：厲王長廢徙道死事見十四卷文帝前六年。淮南王安之羣臣賓客常以此事感動之，使為叛逆。(七三)先吳軍時：指景帝時吳王濞起兵事。(七四)竟：滿。(七五)郎中雷被獲罪於太子遷：雷被善用劍，太子遷與作比劍之戲，誤中太子，以是得罪。(七六)太子惡被於王：太子遷潛毀雷被於其父安前。(七七)斥免之：斥責罷免，不准其赴長安投效。(七八)欲以禁後：令後人不敢效之。(七九)蹤迹連王：謂追究此案件，而牽連淮南王安。(八〇)衣：音意，作動詞用，穿、著。(八一)漢使有非是者即刺殺之：謂漢派來使臣，言辭如有不遜者，即刺死之。(八二)天子使中尉宏即訊王：謂武帝使中尉段宏前來訊問淮南王安。中尉，官名，在中央者掌徼循京師，在諸侯王國者掌武職如郡都尉。(八三)壅閼：阻塞、阻止。閼音遏。(八四)格明詔：王先謙曰：「史記格上有廢字，索隱引崔浩云，詔書募擊匈奴，而王壅遏應募者，漢律所謂廢格，則廢字不可少。」是廢格明詔者，即廢棄擱置，不奉行天子之明詔。(八五)衡山王賜：淮南王安之弟，文帝十六年與安同受封。(八六)相責望，禮節間不相能：言兄弟相責，遂生怨望，禮節疏而不相容。(八七)從容：王念孫曰：「從容即慫慂。」(八八)江都：即今江蘇省江都縣。(八九)輣車：兵車。(九〇)鍛矢：王念孫曰：「鍛為鏃之誤。」鏃矢，以金為箭鏑者。(九一)淮南王乃昆弟語：言淮南王對衡山王作兄弟間相親愛之語。(九二)除前隙：除去以前之嫌隙。(九三)約束反具：言共結盟約，作造反之準備。

六年（西元前一二三年）

㈠春，二月，大將軍青出定襄擊匈奴。以合騎侯公孫敖為中將軍，太僕公孫賀為左將軍，翕侯㊀趙信為前將軍，衛尉蘇建為右將軍，郎中令李廣為後將軍，左內史李沮為彊弩將軍，咸屬大將軍；斬首數千級㊁而還，休士馬于定襄、雲中、鴈門㊂。

㈡赦天下。

㈢夏四月，衛青復將六將軍出定襄，擊匈奴，斬首虜萬餘人。右將軍建、前將軍信幷軍三千餘騎，獨逢單于兵，與戰一日餘，漢兵且㊃盡。信，故胡小王，降漢，漢封為翕侯。及敗，匈奴誘之，遂將其餘騎可㊄八百降匈奴。建盡亡其軍，脫身亡㊅，自歸大將軍。議郎㊆周霸曰：「自大將軍出，未嘗斬裨將，今建棄軍，可斬，以明將軍之威。」軍正(八)閎、長史(九)安曰：「不然。兵法：『小敵之堅，大敵之禽也(一〇)。』今建以數千當單于數萬，力戰一日餘，士盡，不敢有二心，自歸，而斬之，是示後無反意也(一一)；不當斬。」大將軍曰：「青幸得以肺腑(一二)待罪行間，不患無威，而霸說我以明威，甚失臣意(一三)！且使臣職雖當斬將，以臣之尊寵，而不敢擅誅於境外，而具歸天子，天子自裁之，於以見為人臣不敢專權，不亦可乎？」軍吏皆曰：「善。」遂囚建詣行在所(一四)。

初，平陽縣(一五)吏霍仲孺給事平陽侯家(一六)，與青姊衛少兒私通，生霍去病。去病年十八，為侍中，善騎射；再從大將軍擊匈奴，為票姚校尉(一七)，與輕勇騎(一八)八百，直棄大軍數百里赴利(一九)，斬捕首虜過當(二〇)。於是天子曰：「票姚校尉去病，斬首虜二千餘級，得相國、當戶(二一)，斬單于大父行藉若侯產(二二)，生捕季父羅姑比(二三)，再冠軍。」封去病為冠軍侯(二四)。上谷(二五)太守郝賢，四從大將軍，捕斬首虜二千餘級，封賢為眾利侯(二六)。是歲失兩將軍，亡翕侯，軍功不多，故大將軍不益封，止賜千金。右將軍建至，天子不誅，贖為庶人。

單于既得翕侯，以為自次王㉗，用㉘其姊妻之，與謀漢。信教單于益北絕幕㉙，以誘罷漢兵，徼極而取之㉚，無近塞。單于從其計。

是時，漢比歲㉛發十餘萬眾擊胡，斬捕首虜之士，受賜黃金二十餘萬斤，而漢軍士馬死者十餘萬，兵甲轉漕之費不與焉㉜。於是大司農經用竭㉝，不足以奉戰士㉞。六月，詔令民得買爵，及贖禁錮，免臧罪㉟。置賞官，名曰武功爵㊱，級十七萬，凡直三十餘萬金㊲。諸買武功爵至千夫者，得先除為㊳吏。吏道雜而多端，官職耗廢矣㊴。

【今註】㊀翕侯：翕侯趙信原為匈奴之小王（裨將），降漢，於武帝元光四年十月受封，國在魏郡內黃界，即今河南省內黃縣。㊁斬首數千級：秦法，斬敵首一，賜爵一級，因謂所斬敵首為首級。㊂定襄、雲中、雁門：皆郡名，注見上卷。㊃且：將。㊄可：約。㊅亡：上句亡字作亡失解，此句亡字作逃亡解。㊆議郎：屬於郎中令，秩比六百名。㊇軍正：胡三省曰：「凡軍行，置軍正，掌舉軍法，以正軍中。」㊈長史：劉昭曰：「大將軍長史，秩千石。」㊉小敵之堅，大敵之禽也：此《孫子兵法》中語，謂大小不敵，小雖堅於戰，終必為大所擒。禽同擒。⑪後無反意：後無歸返之意。㉒肺腑：當作柿附，注見第十七卷。此處衞青自言其為外戚，與武帝關係親密，因青姊子夫為帝之衞皇后。㉓甚失臣意：言頗失為臣之意。㉔行在所：《後漢書・光武帝紀》注引蔡邕獨斷曰：「天子以四海為家，故謂所居為行在所。」㉕平陽縣：故城在今山西省臨汾縣南。㉖給事平陽侯家：言在平陽侯曹壽家中任事。㉗票姚校尉：票姚，勁疾之貌，冠於校尉上以為稱號。㉘輕勇騎：輕便勇敢之騎士。㉙赴利：趨求勝利之果。㉚斬捕首虜過當：顏師古曰：「計其所將人數，則斬捕首虜為多，過於所當。」一說：「漢軍失亡者少，而殺獲匈奴數多，故曰過當也。」按以後說為長。㉛得相國、當戶：言捕得匈奴之相國與當戶。匈奴左右大當戶在左右大都尉之下，左右骨都侯之上。㉜單于大父行藉若侯產：為單于祖父輩之藉若侯，名產。行音杭。㉝羅姑比：司馬貞曰：「案顧氏云，羅姑比，單于季父名。小顏（即師古）云，比，頻也。案下既云再，無容更言頻也。」㉞冠軍侯：武帝以霍去病功冠諸軍，以南陽郡穰縣盧陽鄉、宛縣臨駣聚為冠軍侯國。駣音桃。按穰縣在今河南省鄧縣東南，宛縣即今河南省南陽縣。㉟上谷：郡名，注見上卷。㊱眾利侯：食邑於琅邪郡之姑幕縣，故城在今山東省諸城縣西南。㊲自次王：顏師古曰：「自次者，尊重次於單于。」㊳用：以。㊴信教單于益北絕幕：言趙信教單于更向北渡過沙漠。絕，直渡；幕同漠。㊵以誘罷漢兵，徼極而取之：言誘使漢兵疲敝，待其困極，而後取之。罷通疲，徼通要（邀）。㊶比歲：每年。㊷轉漕之費不與焉：轉，陸運；漕，水運。言水陸運輸之費尚不計算在內。與音預。㊸大司農經用竭：大司農，注見上卷。經用竭，言經常所用之錢已盡。㊹不足以奉戰士：言不能供應戰士犒賞之資。

㉟贖禁錮，免臧罪：王先謙曰：「臧當為減字之誤也。免罪不應獨言臧罪。平準書作免減罪，謂免罪及減罪也。臧與減形近而誤。武紀云，得免減罪，尤其明證。通鑑作臧，誤與漢書食貨志同。」此言凡本當禁錮者，可以錢贖。又欲免罪、減罪，亦可以錢求減免。禁錮，重繫。㊱武功爵：武帝所制，以寵軍功，共十一級。臣瓚曰：「茂陵中書有武功爵，一級曰造士，二級曰閑輿衛，三級曰良士，四級曰元戎士，五級曰官首，六級曰秉鐸，七級曰千夫，八級曰樂卿，九級曰執戎，十級曰政戾庶長（王先謙以為此乃左庶長之誤。）十一級曰軍衛。㊲級十七萬，凡直三十餘萬金：胡三省曰：「級十七萬者，賣爵一級，為錢十七萬，至二級，則三十四萬矣。自此以上，烏得不每級而增乎？王莽時，黃金一斤，直錢萬，以此推之，則三十萬金為錢三十餘萬萬矣。此當時鬻武功爵所值之數也。」㊳諸買武功爵至千夫者，得先除為吏：謂凡買爵至第七級千夫者，得優先授官。㊴吏道雜而多端，官職耗廢矣：言為吏之道既多，則官職廢亂。耗，亂。

元狩元年（西元前一二二年）

㈠冬十月，上行幸雍，祠五畤，獲獸，一角，而足有五蹄。有司言：「陛下肅祗郊祀，上帝報享，錫㈠一角獸，蓋麟云㈡。」於是以薦五畤，時加一牛以燎㈢。久之，有司又言：「元宜以天瑞命㈣，不宜以二二數㈤，一元曰『建』㈥，二二元以長星曰『光』㈦，今元以郊得一角獸曰『狩』云㈧。」於是濟北王㈨以為天子且封禪，上書獻泰山及其旁邑，天子以他縣償之。

㈡淮南王安與賓客左吳等日夜為反謀，案輿地圖部署兵所從入㈩。諸使者道長安來㈡，為妄言㈢，言上無男，漢不治，即喜；即言㈢漢廷治，有男，王怒，以為妄言，非也。王召中郎伍被與謀反事。被曰：「王安得此亡國之言乎？臣見宮中生荊棘，露霑衣也㈣！」王怒，繫伍被父母，囚之。三月，復召問之。被曰：「昔秦為無道，窮奢極虐，百姓思亂者，十家而六七。高皇帝起於行陳㈤之中，立為天子，此所謂蹈瑕候間㈥，因秦之亡而動者也。今大王見高皇帝得天下之易也，獨不觀近世之吳楚乎？夫吳王王四郡㈦，國富民眾，計定謀成，舉兵而西，然破於大梁㈧，犇走而東，身死祀絕者何？誠逆天道而不知時也。方今大王之兵，眾不能十分吳、楚之一㈨；天下安寧，萬倍吳、楚之時。大王不從臣之計，今見大王棄千乘之君，賜絕命之書，為羣臣先死於東宮㈩也！」

王涕泣而起。王有孽子㉑不害最長，王弗愛。王后、太子皆不以為子兄數㉒。不害有子建，材高有氣㉓，常怨望太子，陰使人告太子謀殺漢中尉事㉔。下廷尉治。王患之，欲發，復問伍被曰：「公以為吳興兵，是邪？非邪？」被曰：「非也。臣聞吳王悔之甚，願王無為吳王之所悔！」王曰：「吳何知反？漢將一日過成皋者四十餘人㉕。今我絕㉖成皋之口，據三川㉗之險，招山東之兵，舉事如此，左吳、趙賢、朱驕如皆以為什事九成㉘，公獨以為有禍無福，何也？必如公言，不可徼幸㉙邪？」被曰：「必不得已，被有愚計。當今諸侯無異心，百姓無怨氣。可偽為丞相、御史請書㉚，徙郡國豪傑高貲㉛於朔方，益發甲卒，急其會日㉜。又偽為詔獄書㉝，逮諸侯太子幸臣㉞。如此，則民怨，諸侯懼，即使辯士隨而說之。儻可徼幸什得一乎㉟。」王曰：「此可也。雖然，吾以為不至若此㊱。」於是王乃作皇帝璽，丞相、御史大夫、將軍、軍吏、中二千石及旁近郡太守、都尉印，漢使節；欲使人偽得罪而西㊲，事大將軍，一日發兵㊳，即刺殺大將軍㊴。且曰：「漢廷大臣，獨汲黯好直諫，守節死義[40]，難惑以非[41]；至如說丞相弘等，如發蒙振落[42]耳。」王欲發國中兵，恐其相二千石不聽，王乃與伍被謀，先殺相二千石。又欲令人衣求盜衣[43]，持羽檄[44]從東方來，呼曰：「南越兵入界！」欲因以發兵。會廷尉逮捕淮南太子，淮南王聞之，與太子謀，召相二千石，欲殺而發兵。召相，相至，內史、中尉皆不至。王念獨殺相，無益也，即罷相[45]。王猶豫計未決，太子即自剄，不殊[46]。伍被自詣吏，告與淮南王謀反蹤迹如此[47]。吏因捕太子、王后，圍王宮，盡求捕王所與謀反賓客在國中者[48]，索[49]得反具以聞。上下公卿治其黨與，使宗正[50]以符節治王，未至，淮南王安自剄。殺王后荼、太子遷，諸所與謀反者皆族。天子以伍被雅辭多引漢之美，欲勿誅[51]。廷尉湯曰：「被首為王畫反計，罪不可赦。」乃誅被。侍中莊助素與淮南王相結交，私論議[52]，王厚賂遺助[53]。上薄其罪，欲勿誅。張湯爭，以為助出入禁門，腹心之臣，而外與諸侯交私[54]如此，不誅，後不可治。助竟棄市。

衡山王上書，請廢太子爽，立其弟孝為太子。爽聞，即遣所善白嬴之長安上書，言孝作輣車鍛矢，與王御者姦，欲以敗孝(55)。會有司捕所與淮南王謀反者，得陳喜於衡山王子孝家，吏劾孝首匿喜(56)。孝聞「律：先自告，除其罪，」即先自告所與謀反者枚赫、陳喜等。公卿請逮捕衡山王治之，王自剄死。王后徐來、太子爽及孝皆棄市。所與謀反者皆族。凡淮南、衡山二獄所連引列侯、二千石、豪傑等死者數萬人。

㈢夏四月，赦天下。

㈣丁卯（九日），立皇子據為太子(57)，年七歲。

㈤五月，乙巳，晦，日有食之。

㈥匈奴萬人入上谷，殺數百人。

㈦初，張騫自月氏還(58)，具為天子言西城諸國風俗，「大宛(59)在漢正西可萬里，其俗土著(60)耕田。多善馬，馬汗血(61)。有城郭室屋，如中國。其東北則烏孫(62)，東則于窴(63)。于窴之西，則水皆西流注西海(64)。其東，水東流注鹽澤(65)，鹽澤潛行地下。其南則河源出焉。鹽澤去長安可五千里。匈奴右方居鹽澤以東，至隴西長城(六六)，南接羌，鬲(六七)漢道焉。烏孫、康居、奄蔡、大月氏(六八)皆行國(六九)，隨畜牧，與匈奴同俗。大夏(七〇)在大宛西南，與大宛同俗。臣在大夏時，見邛竹杖(七一)、蜀布(七二)，問曰：『安得此？』大夏國人曰：『吾賈人往市之身毒(七三)。』身毒在大夏東南可數千里，其俗土著，與大夏同。以騫度之，大夏去漢萬二千里，居漢西南；今身毒國又居大夏東南數千里，有蜀物，此其去蜀不遠矣。今使大夏，從羌中險(七四)，羌人惡之；少北，則為匈奴所得；從蜀宜徑(七五)，又無寇。」天子既聞大宛及大夏、安息(七六)之屬，皆大國，多奇物，土著，頗與中國同業，而兵弱，貴漢財物，其北有大月氏、康居之屬，兵強，可以賂遺設利朝也(七七)，誠得而以義屬之，則廣地萬里，重九譯(七八)，致殊俗，威德徧於四海，欣然以騫言為然。乃令騫因蜀、犍為發間使(七九)王然于等四道幷出，出駹、出冉、出徙、出邛、僰(八〇)，指求身毒國，各行一二千里。其北方閉(八一)氐、莋，南方閉巂、昆明(八二)。昆明之屬無君長，善寇盜，輒殺略漢使，終莫得通。於是漢以求身毒道，始通滇國㉓。滇王當羌㉔謂漢使者曰：「漢孰與我大？」及夜郎㉕侯亦然。以道不通，故各自以為一州主，不知漢廣大。使者還，因盛言滇大國，足事親附㉖，天子注意焉，乃復事西南夷㉗。

【今註】㊀錫：通賜。㊁蓋麟云：胡三省曰：「意其為麟，而未知其果為麟也。」㊂燎：炙。㊃元宜以天瑞命：言帝王之年號，應以上天所降之祥瑞為名。㊄不宜以一二數：言不應以一、二、三、四……計年。㊅一元曰「建」：言武帝即位，第一個年號用「建」，故曰建元。㊆二元以長星曰「光」：言武帝第二個年號，以長星出現，故改元曰元光。㊇今元以郊得一角獸曰「狩」云：言此次以郊祀得一角獸，於是改元為元狩。㊈濟北王：淮南厲王之子勃，於文帝十六年封衡山王，又於景帝四年徙封濟北；此處所言，係勃子成王胡。㊉案《輿地圖》部署兵所從入：言察看地圖，佈置軍隊入攻京師所由之路線。⑪道長安來：言從長安來。⑫為妄言：說假話。⑬即言：若言。⑭臣見宮中生荊棘，露霑衣也：伍被認為淮南王安謀反，必致敗亡，故以將見其亡國後宮中滿生荊棘，朝露霑衣之淒涼景象，勸阻其謀反。⑮行陳：行音杭，陳同陣。⑯蹈瑕候間：言利用對方之缺點，伺機而動。⑰吳王王四郡：言吳王濞統治四郡之地。四郡：東陽郡、鄣郡、吳郡、豫章郡。⑱破於大梁：言為梁孝王所破。梁國在今江蘇、河南、山東三省交界處，治睢陽，今河南省商邱縣南。⑲不能十分吳、楚之一：言淮南王安之兵，不能有昔吳楚兵十分之一。⑳東宮：淮南王安所居之宮。

㉑孽子：庶子。㉒王后、太子皆不以為子兄數：言因淮南王安不愛其庶子不害，故王后不以為子，太子不以為兄，亦即不以不害列於子、兄之秩數。數，秩數。㉓材高有氣：言才具高，而有英武之氣。㉔太子謀殺漢中尉事：見上元朔五年。㉕吳何知反，漢將一日過成皋者四十餘人：言吳王不知塞成皋之口，而讓漢將於一日之間得出成皋者四十餘人，是不知反計。成皋故城在今河南省成皋縣西北。㉖絕：阻塞。㉗三川：秦郡，莊襄王元年置，其地當河、洛、伊三川之會，故名。漢為河南郡，有今河南省北部黃河兩岸地。㉘什事九成：言做十件事，有九件可以成功。㉙徼幸：亦作徼倖、儌倖、僥倖。於分外冀有所獲曰徼幸。徼，求；幸，不當得而得者。㉚偽為丞相、御史請書：言偽造丞相、御史奏請於天子之書。㉛高貲：貲財富厚者。㉜急其會日：促其期日。㉝又偽為詔獄書：又偽造詔獄之文書。詔獄，奉詔繫治罪犯之所。㉞逮諸侯太子幸臣：逮捕諸侯太子及幸臣，前往對獄。幸臣，親近用事之臣。㉟儻可徼幸什得一乎：言其成功或可徼幸十分中得一分。儻，或。㊱不至若此：言不至於如伍被所云只有十分之一成功之希望。㊲欲使人偽得罪而西：言欲使人詐為得罪而逃去，西往京師。㊳一日發兵：一日猶言一旦。發兵，言淮南王發兵反漢。㊴大將軍：衞青。㊵守節死義：言守氣節，能為正義而死。㊶難惑以非：言難以非義誘惑。㊷發蒙振落：以喻其易。發蒙，謂物所蒙覆，發而取之。振落，謂木葉將落，振而墜之。㊸衣求盜衣：上衣字作動詞用，言穿求盜之衣。求盜，掌逐捕盜賊，所穿之官衣曰求盜衣。㊹羽檄：亦曰羽書，徵兵之書。檄，以竹簡為書，長尺二寸，用以徵召。有急事，則加插鳥羽，以示疾速。㊺即罷相：即令相出宮。

㊻不殊：不死。㊼告與淮南王謀反蹤跡如此：言伍被自首與淮南王謀反經過，如此如此。㊽盡求捕王所與謀反賓客在國中者：言悉數逮捕國中之賓客與王共謀造反者。㊾索：求，搜。㊿宗正：官名，秦置，掌親屬；漢因之，為九卿之一，後於平帝元始四年更名宗伯。(51)天子以伍被雅辭多引漢之美，欲勿誅：言武帝以伍被平素所言，多稱述漢廷之美，欲勿誅伍被。(52)私論議：言莊助與淮南王私下討論商議。(53)厚賂遺助：言淮南王贈送莊助甚厚。(54)交私：私相接交。(55)欲以敗孝：言爽欲以此破壞其父立孝之計畫。(56)吏劾孝首匿喜：言吏彈劾孝為首藏匿陳喜。(57)立皇子據為太子：即戾太子。(58)初，張騫自月氏還：事見上卷元朔四年。(59)大宛：西域諸國之一，注見上卷。(60)土著：言有城郭常居，不隨水草移徙。(61)馬汗血：沈欽韓曰：「伊犁馬之強健者，前髆及脊，往往有小瘡出血，名曰傷氣；必在前肩髆者，以用力多也。」是前人不審，以為其出汗如血，而名之曰汗血馬。(62)烏孫：西域諸國之一，在今新疆省伊犁河南特克斯河濱。(63)于寘：亦作于闐，西域諸國之一，在今新疆省和闐縣。(64)西海：諸家注解，俱難確指西海之為何海。按今和闐縣在塔里木盆地之西南邊，南傍崑崙，西接葱嶺，則《漢書・西域傳》所謂「于闐之西，水皆西流」者，必指嶺外之水而言。至於西流所注之西海，殆亦泛言西方之海耳。(65)鹽澤：一名蒲昌海，即今新疆省婼羌縣北之羅布泊。(66)隴西長城：秦所築長城，西起臨洮（今甘肅省岷縣）；臨洮縣漢屬隴西郡，故云隴西長城。(67)鬲：同隔。(68)康居、奄蔡、大月氏：皆西域國名。奄蔡在今俄屬高加索地。康居、大月氏，注見上卷。(69)行國：隨畜牧逐水草而居，無城邛常處，故曰行國。(70)大夏：西域國名，有今阿富汗北部之地。

(七一)邛竹杖：邛都邛山所產之竹稱邛竹，節高實中，可以為杖。邛都在今西康省西昌縣東南。(七二)蜀布：蜀地所出細布。(七三)身毒：音捐篤，印度之古譯名。(七四)從羌中險：言從羌中險阻經過。(七五)從蜀宜徑：言從蜀地西往大夏，其道當直。宜，當；徑，直。(七六)安息：古波斯國名，即今伊朗。(七七)可以賂遺設利朝也：謂可施之以利，誘令入朝。(七八)重九譯：遠方之人，言語不同，更歷九譯，乃能通於中國。譯，傳言之人。(七九)閒使：求閒隙而行之使者。(八〇)駹、冉、徙、邛、僰：皆西南夷種名。駹音尨。徙音斯，即斯榆。僰音蒱。(八一)閉：言漢使見閉於夷。(八二)氐、莋、嶲、昆明：亦皆西南夷種名。莋音昨。嶲音綏。(八三)滇國：地有滇池，因以名國。滇池在今雲南省昆明縣南，昆陽縣北。(八四)當羌：滇王名。(八五)夜郎：南夷國名，注見上卷。(八六)足事親附：言可專事招來之，令其親附。(八七)乃復事西南夷：武帝元朔四年曾罷西夷，至是又從事於西南夷之經略。

二年（西元前一二一年）

(一)冬十月，上幸雍，祠五畤。

(二)三月戊寅（初八日），平津獻侯公孫弘薨。壬辰（二十二日），以御史大夫樂安侯李蔡為丞相，廷尉張湯為御史大夫。【考異】漢書百官公卿表：「元狩三年三月壬辰，廷尉張湯為御史大夫；六年，有罪自殺。」史記將相名臣表：「元狩二年，御史大夫湯。」按李蔡既遷，湯即應補其缺，豈可留之朞年，復與李蔡為丞相月日正同乎？又按長曆，三年三月無壬辰。又以得罪之年進之，在今年明矣。今從史記表。

(三)霍去病為票騎將軍，將萬騎出隴西，擊匈奴。歷五王國(一)，轉戰六日，過焉支山(二)千餘里，殺折蘭王，斬盧侯王(三)，執渾邪王子及相國、都尉，獲首虜八千九百餘級，收休屠王祭天金人(四)。詔益封去病二千戶。

夏，去病復與合騎侯公孫敖將數萬騎，俱出北地(五)，異道。衞尉張騫，郎中令李廣，俱出右北平，異道。廣將四千騎先行，可數百里，騫將萬騎在後。匈奴左賢王將四萬騎圍廣。廣軍士皆恐。廣乃使其子敢獨與數十騎馳貫胡騎(六)，出其左右而還，告廣曰：「胡虜易與(七)耳。」軍士乃安。廣為圜陳外嚮(八)，胡急擊之，矢下如雨，漢兵死者過半，漢矢且盡；廣乃令士持滿毋發(九)，而廣身自以大黃(一〇)射其裨將，殺數人，胡虜益解(一一)。會日暮，吏士皆無人色(一二)，而廣意氣自如(一三)，益治軍(一四)；軍中皆服其勇。明日，復力戰，死者過半，所殺亦過當(一五)。會博望侯(一六)軍亦至，匈奴軍乃解去。漢軍罷(一七)，弗能追，罷歸。漢灋：博望侯留遲後期當死，贖為庶人。

廣軍功自如(一八)，無賞。而票騎將軍去病深入二千餘里，與合騎侯失，不相得(一九)。票騎將軍踰居延(二〇)，過小月氏(二一)，至祁連山(二二)，得單桓、酋涂王(二三)，及相國、都尉以眾降者二千五百人，斬首虜三萬二百級，獲裨小王(二四)七十餘人。天子益封去病五千戶，封其裨將有功者鷹擊司馬趙破奴為從票侯(二五)，校尉高不識為宜冠侯(二六)，校尉僕多(二七)為煇渠侯(二八)。合騎侯敖坐行留不與票騎會(二九)，當斬，贖為庶人。是時，諸宿將(三〇)所將士馬兵皆不如票騎。票騎所將常選(三一)，然亦敢深入，常與壯騎先其大軍，軍亦有天幸，未嘗困絕也。而諸宿將常留落不耦(三二)。由此票騎日以親貴(三三)，比大將軍矣。

(四)匈奴入代、鴈門(三四)，殺略數百人。

(五)江都王建(三五)與其父易王所幸淖姬等及女弟(三六)徵臣姦。建遊雷陂(三七)，天大風，建使郎二人乘小船入陂中，船覆，兩郎溺，攀船，乍見乍沒(三八)。建臨觀大笑，令勿救，皆死。凡殺不辜三十五人，專為淫虐。自知罪多，恐誅，與其后成光共使越婢下神，祝詛上(三九)。又聞淮南、衡山陰謀，建亦作兵器，刻皇帝璽，為反具。事發覺，有司請捕誅，建自殺，后成光等皆棄市，國除。

㈥膠東康王寄㊵薨。

㈦秋。匈奴渾邪王降。是時，單于怒渾邪王、休屠王居西方，為漢所殺虜數萬人，欲召誅之。渾邪王與休屠王恐，謀降漢。先遣使向邊境要遮漢人，令報天子。是時大行李息將城河上㊶，得渾邪王使，馳傳以聞㊷。天子聞之，恐其以詐降而襲邊，乃令票騎將軍將兵往迎之。休屠王後悔，渾邪王殺之，并其眾。票騎既渡河，與渾邪王眾相望。渾邪王裨將見漢軍而多不欲降者㊸，頗遁去。票騎乃馳入，得與渾邪王相見，斬其欲亡者八千人，遂獨遣渾邪王乘傳㊹先詣行在所，盡將其眾渡河，降者四萬餘人，號稱十萬。既至長安，天子所以賞賜者數十巨萬。封渾邪王萬戶，為漯陰侯㊺；封其裨王呼毒尼等四人皆為列侯㊻。益封票騎千七百戶。

渾邪之降也，漢發車二萬乘以迎之，【考異】漢書食貨志云三萬兩，今從史記平準書、汲黯傳。縣官無錢，從民貰㊼馬，民或匿馬，馬不具㊽，上怒，欲斬長安令。右內史汲黯曰：「長安令無罪，獨斬臣黯，民乃肯出馬。且匈奴畔其主而降漢，漢徐以縣次傳之(四九)，何至令天下騷動，罷敝中國，而以事夷狄之人乎？」上默然。及渾邪至，賈人與市者坐當死五百餘人(五〇)。黯請間見高門(五一)曰：「夫匈奴攻當路塞(五二)，絕和親(五三)，中國興兵誅之，死傷者不可勝計，而費以巨萬百數(五四)。臣愚，以為陛下得胡人，皆以為奴婢，以賜從軍死事者家，所鹵(五五)獲，因予之，以謝天下之苦，塞(五六)百姓之心。今縱不能，渾邪率數萬之眾來降，虛府庫賞賜(五七)，發良民侍養，譬若奉驕子，愚民安知市買長安中物，而文吏繩以為闌出財物于邊關乎(五八)？陛下縱不能得匈奴之資，以謝天下，又以微文(五九)殺無知者五百餘人，是所謂庇其葉而傷其枝者也。臣竊為陛下不取也！」上默然不許，曰：「吾久不聞汲黯之言，今又復妄發矣！」居頃之，乃分徙降者邊五郡故塞外(六〇)，而皆在河南，因其故俗為五屬國(六一)；而金城河西(六二)，西并(六三)南山，至鹽澤，空無匈奴。匈奴時有候者(六四)到而希(六五)矣。

休屠王太子日磾(六六)與母閼氏(六七)弟倫，俱沒入官(六八)，輸黃門養馬(六九)。久之，帝游宴見馬(七〇)，後宮滿側(七一)，日磾等數十人，牽馬過殿下，莫不竊視㉒，至日磾，獨不敢。日磾長八尺二寸，容貌甚嚴，馬又肥好。上異而問之，具以本狀對㉓，上奇焉，即日賜湯沐衣冠，拜為馬監㉔，遷侍中㉕、駙馬都尉㉖、光祿大夫㉗。日磾既親近，未嘗有過失，上甚信愛之，賞賜累千金，出則驂乘㉘，入侍左右。貴戚多竊怨曰：「陛下妄得一胡兒，反貴重之！」上聞，愈厚焉。以休屠作金人為祭天主㉙，故賜日磾姓金氏。

【今註】㊀五王國：指匈奴境內之五個王國。㊁焉支山：亦作燕支山，在今甘肅省山丹縣東。㊂殺折蘭王，斬盧侯王：言殺折蘭國王，又斬盧侯國王。折蘭、盧侯皆匈奴王國。殺，殺之而已；斬，獲其首。㊃收休屠王祭天金人：言獲休屠王祭天用之金人像。匈奴休屠王國有今甘肅省中部武威、永昌、民勤諸縣地。屠音儲。㊄北地：郡名，有今甘肅省最東北部、陝西省西北部及寧夏省東南部之地。㊅馳貫胡騎：言馳馬穿過胡騎。貫，穿。㊆胡虜易與：言胡虜容易應付，不足慮。㊇廣為圜陳外嚮：言廣布一圓陣，陣勢向外。㊈持滿毋發：注矢於弓弩而引滿之，但不發矢。㊉大黃：角弩，色黃而體大，故曰大黃，實即黃肩弩或黃閒弩之大者。⑪解：同懈。⑫吏士皆無人色：言吏士恐懼之甚。⑬自如：如舊。⑭益治軍：言益巡視部曲，整齊行陣。⑮死者過半，所殺亦過當：言李廣之士兵死者過全數之半，而所殺匈奴人數更超過廣軍之死亡者。⑯博望侯：《漢書·張騫傳》：

「騫以校尉從大將軍擊匈奴，知水草處，軍得以不乏，迺封騫為博望侯。」博望侯國在今河南省南陽縣東北。⑰漢軍罷：罷同疲。言漢軍疲乏。⑱廣軍功自如：言李廣功過相當。廣軍亡失雖多，而殺虜亦過當，故曰自如。⑲與合騎侯失，不相得：言霍去病軍與合騎侯公孫敖錯道而走失，不得相會。⑳居延：澤名，亦稱居延海，在今寧夏省北境。㉑小月氏：月氏為匈奴所迫西遷稱大月氏，餘眾不能去者仍居敦煌祁連間號小月氏。㉒祁連山：亦稱南山，在今甘肅省張掖縣西南二百里。㉓單桓、酋涂王：單桓、酋涂，皆匈奴王名。㉔裨小王：裨王、小王。㉕從票侯：以從票騎將軍出征匈奴有功，故以為號。《漢書．功臣表》未書從票侯食邑之地。㉖宜冠侯：食邑於琅邪郡之昌縣，在今山東省諸城縣東南。㉗僕多：《漢書．功臣表》作僕朋，本匈奴種人，降漢。㉘煇渠侯：食邑於南陽郡之魯陽縣，今河南省魯山縣。㉙坐行留不與票騎會：言合騎侯敖因軍行稽留，不能與票騎將軍會合而得罪。㉚宿將：舊將。㉛常選：常選取驍勇精銳之士馬兵。㉜諸宿將常留落不耦：言諸舊將常遲留落後無所遇，故不能建功。耦，遇。㉝親貴：言為天子所親信而貴重。㉞代、鴈門：皆郡名，注見上卷。㉟江都王建：江都易王非之子，景帝之孫。㊱女弟：妹。㊲雷陂：地名，在今江蘇省江都縣北。㊳乍見乍沒：言忽現忽沒。見音現。㊴使越婢下神，祝詛上：言使越女解巫禳之術而為宮婢者求神下降，加殃咎於武帝。以言告神謂之祝，請神加殃謂之詛。祝音呪。詛音阻。㊵膠東康王寄：景帝子，中二年受封。㊶將城河上：言率領軍士於河上築城。㊷馳傳以聞：言以快馬驛傳，奏聞於武帝。㊸見漢軍而多不欲降者：言恐被漢軍掩覆而不欲降。㊹乘傳：乘傳車。㊺漯陰侯：食邑於平原郡之漯陰，故城在今山東臨邑縣西。漯音沓。(四六)封其裨王呼毒尼等四人皆為列侯：裨王，渾邪王部下之副王。據《漢書・霍去病傳》，封呼毒尼為下摩侯，雁疕為煇渠侯，禽黎為河綦侯，大當戶調雖為常樂侯。雁音鷹，疕音庇。按本年曾封僕多為煇渠侯，茲又以封雁疕，其地俱在魯陽；孔文祥以為一邑分封二人。(四七)貰：借貸。(四八)不具：不足數。(四九)漢徐以縣次傳之：言令所過諸縣以次給傳車，徐徐而來。(五〇)賈人與市者坐當死五百餘人：言商人因與渾邪王交易而得罪當處死刑者五百餘人。(五一)黯請間見高門：言汲黯請武帝以暇時准其謁見於高門殿。高門殿在未央宮中。(五二)當路塞：言障當匈奴所入之路。(五三)絕和親：言匈奴拒絕與漢和親。(五四)巨萬百數：顏師古曰：「即數百鉅萬也。」(五五)鹵：同虜。(五六)塞：滿足。(五七)虛府庫賞賜：言竭府庫之所有，以賞賜渾邪王及其從人。(五八)愚民安知市買長安中物而文吏繩以為闌出財物于邊關乎：言愚民如何能知在長安市中與胡人交易，而為文吏治以妄輸財物於邊關之罪？按漢律，胡市吏民不得持兵器及錢出關，雖於京師市買，其法相同。應劭曰：「闌，妄也。」臣瓚曰：「無符傳出入為闌也。」《說文》：「䦨，妄入宮掖也，從門䜌聲。」錢大昭以為闌字當作䦨，妄入為䦨，妄出亦為䦨。(五九)微文：言律令中微細之條文。(六〇)乃分徙降者邊五郡故塞外：言分別遷徙匈奴降人於沿邊五郡故塞之外。五郡：隴西、北地、上郡、朔方、雲中。故塞：胡三省曰：「秦之先與匈奴所關之塞。自秦使蒙恬奪匈奴地，而邊關益斥（開拓）。秦項之亂，冒頓南侵，與中國關於故塞。及衛青收河南，而邊關復蒙恬之舊。所謂故塞外，其地在北河之南也。」(六一)因其故俗為五屬國：張守節曰：「以來降之民徙置五郡，各依本國之俗，而屬於漢，故曰屬國。」㈥金城河西：黃河上源自今青海省東北流，入甘肅省，經皋蘭縣，更東北流入寧夏者。漢金城縣即在今皋蘭縣西南。昭帝元始六年，又以今甘肅省皋蘭縣附近及青海省東部地置金城郡，故此段黃河稱金城河。其西之甘肅走廊地帶統稱河西，後置四郡。㈥並：音傍，依傍。㈥候者：偵察者。㈥希：同稀。㈥日磾：音密低。㈥閼氏：音煙支，單于之母及后皆稱閼氏。㈥俱沒入官：言俱沒入官府為奴婢。㈥輸黃門養馬：言送到黃門，任養馬之事。黃門屬少府。顏師古曰：「黃門之署，職任親近，以供天子，百物在焉。」㈦帝游宴見馬：言武帝於遊宴之時，召閱諸馬。㈦後宮滿側：言宮人遍立於帝之兩旁。㈦竊視：偷視宮人。㈦具以本狀對：言日磾將其身世詳細奏對。㈦馬監：黃門有馬監，掌御馬。㈦侍中：官名，得出入禁中。㈦駙馬都尉：武帝所置，秩比二千石。㈦光祿大夫：本中大夫，武帝改其名，屬光祿勳，掌議論及顧問應對詔命。㈦驂乘：陪乘，居於車之右方，亦稱車右。此處作動詞用，言武帝御駕出行，日磾必居車之右，而為驂乘。㈦為祭天主：言以祭天神。

三年（西元前一二〇年）

㈠春，有星孛于東方。

㈡夏五月，赦天下。

㈢淮南王之謀反也，膠東康王寄微聞其事，私作戰守備；及吏治淮南事，辭出之㊀。寄母王夫人，即皇太后之女弟也，於上最親，意自傷，發病而死，不敢置後㊁。上聞而憐之，立其長子賢為膠東王㊂，又封其所愛少子慶為六安王㊃，王故衡山王地。

㈣秋，匈奴入右北平、定襄，各數萬騎，殺略千餘人。

㈤山東大水，民多飢乏。天子遣使者虛郡國倉廥以振貧民㊄，猶不足；又募豪富吏民能假貸貧民者，以名聞㊅，尚不能相救；乃徙貧民於關以西，及充朔方以南新秦中㊆七十餘萬口，衣食皆仰給縣官。數歲假予產業，使者分部護之，冠蓋相望，其費以億計，不可勝數。

㈥漢既得渾邪王地，隴西、北地、上郡益少胡寇，詔減三郡戍卒之半，以寬天下之繇㊇。

㈦上將討昆明㊈，以昆明有滇池，方三百里，乃作昆明池㊉以習水戰。是時，灋既益嚴，吏多廢免，兵革數動，民多買復(一一)及五大夫(一二)，徵發之士益鮮(一三)。於是除千夫、五大夫為吏，不欲者出馬(一四)。

以故吏弄灋，皆謫令伐棘上林，穿昆明池⑮。

㈧是歲得神馬於渥洼水中⑯。上方立樂府⑰，使司馬相如等造為詩賦，以宦者李延年為協律都尉⑱，佩二千石印，絃次初詩⑲，以合八音⑳之調。詩多爾雅之文㉑，通一經之士，不能獨知其辭，必集會五經家相與共講習讀之，乃能通知其意㉒。及得神馬，次以為歌㉓。汲黯曰：「凡王者作樂，上以承祖宗，下以化兆民。今陛下得馬，詩以為歌，協於宗廟㉔，先帝百姓豈能知其音㉕邪？」上默然不說。【考異】史記樂書：武帝作十九章歌，常以正月上辛祠太乙甘泉，使僮男僮女七十人俱歌。又嘗得神馬渥洼水中，復次以為太一之歌。後伐大宛，得千里馬，次以為歌。中尉汲黯進曰，陛下得馬，詩以為歌云云。丞相公孫弘曰，黯毀謗聖制，當族。漢書禮樂志，武帝定郊祀之禮，祠太一於甘泉，祭后土於汾陰，乃立樂府，作十九章之歌，以正月上辛，用事甘泉圜丘。按天馬歌，本志云，元狩三年馬生渥洼水中作。武紀云，元鼎四年秋馬生渥洼水中，五年十一月立泰時於甘泉，太初四年貳師獲汗血馬，作西極天馬之歌。公孫弘以元狩二年薨。汲黯以元狩三年免右內史，五年為淮陽太守，元鼎五年卒。又黯未嘗為中尉。或者馬生渥洼水作歌在元狩三年，汲黯為右內史而譏之，言當族者非公孫弘也。雖未立泰時，或以歌之於郊廟，其十九章之歌，當時未能盡備也。

㈨上招延士大夫常如不足，然性嚴峻㉖，羣臣雖素所愛信者，或小有犯灋，或欺罔㉗，輒按誅之㉘，無所寬假。汲黯諫曰：「陛下求賢甚勞，未盡其用，輒已殺之。以有限之士，恣無已之誅，臣恐天下賢才將盡，陛下誰與共為治乎？」黯言之甚怒，上笑而諭㉙之，曰：「何世無才，患人不能識之耳。苟能識之，何患無人。夫所謂才者，猶有用之器也；有才而不肯盡用，與無才同，不殺何施？」黯曰：「臣雖不能以言屈陛下，而心猶以為非，願陛下自今改之，無以臣為愚而不知理也。」上顧羣臣曰：「黯自言為便辟㉚，則不可；自言為愚，豈不信然乎！」

【今註】㈠辭出之：言為淮南王獄辭所連，發出膠東王謀反事。㈡置後：立後。㈢立其長子賢為膠東王：康王寄上年薨，今年方置後。㈣六安王：因王於故衡山王地，而衡山國都六，故改衡山為六安。六安國在今安徽省西部，都六，今六安縣。㈤虛郡國倉廥以振貧民：言將郡國倉庫所藏，悉數取出，賑濟貧民。廥音塊，芻藁之藏。㈥以名聞：以其姓名上聞。㈦新秦中：臣瓚曰：「秦逐匈奴，以收河南地，徙民以實之，謂之新秦。今以地空，故復徙民以實之。」齊召南以為此說甚確，並謂河南即朔方郡及北地，上郡之北境名。按新秦中即今河套地。㈧繇：通傜。㈨上將討昆明：以其曾閉漢使。㈩昆明池：在今陝西省長安縣西南，周圍四十里。⑪民多買復：言民多入財於官，以取得優厚之復。復，免除賦役。⑫五大夫：舊爵二十等之第九級；漢法，至此始免傜役。⑬徵發之士益鮮：被徵發服傜役之人更少。⑭除千夫、五大夫為吏，不欲者出馬：言千夫、五大夫被任命為吏，不願就者出馬。千夫，武功爵第七級。⑮吏弄灋，皆謫令伐棘上林，穿昆明池：言凡官吏失職弄法者皆謫官而令其斬伐荊棘於上林苑，或開鑿昆明池。⑯得神馬於渥洼水中：渥洼水在今甘肅省安西縣境。時有屯田於此者，數見羣野馬中有奇馬，與凡馬異，乃持勒絆收而獻之，並故神其說，謂馬從水中出，因稱神馬。渥音握，洼音鴉。⑰樂府：武帝定郊祀之禮，始立樂府，職在采詩歌被管弦以入樂。⑱協律都尉：武帝始置，掌調和律呂。⑲絃次初詩：言以初造之詩配於琴弦。⑳八音：金、石、絲、竹、匏、土、革、木。㉑多爾雅之文：言多雅正之文。㉒通一經之士……乃能通知其意：胡三省曰：「漢時五經之學，各專門名家，故通一經者不能盡通歌詩之辭意，必集五經家相與講讀，乃得通也。」㉓次以為歌：言以神馬為題材，編次成詩而歌唱之。㉔協於宗廟：於宗廟中協律而奏唱之。㉕音：詩大序曰：「聲成文謂之音。」注：「聲謂宮商角徵羽也，成文謂五聲上下相應。」㉖嚴峻：嚴厲峻刻。㉗欺罔：欺騙。㉘輒按誅之：常究其罪而殺之。㉙諭：解說。㉚便辟：朱熹曰：「便者便人之所好，辟者避人之所惡。」辟音避。

四年（西元前一一九年）

㈠冬，有司言縣官用度太空①，而富商大賈冶鑄煑鹽，財或絫②萬金，不佐國家之急；請更錢造幣以贍用③，而摧浮淫幷兼之徒④。是時禁苑⑤有白鹿，而少府⑥多銀錫。乃以白鹿皮方尺，緣以藻繢(七)，為皮幣，直(八)四十萬，王侯、宗室，朝覲、聘享，必以皮幣薦璧(九)，然后(一〇)得行。又造銀錫為白金三品(一一)，大者圜之，其文龍，直三千；次方之，其文馬，直五百；小者橢之(一二)，其文龜(一三)，直三百。令縣官銷半兩錢，更鑄三銖錢(一四)。盜鑄諸金錢罪皆死。而吏民之盜鑄白金者，不可勝數。於是以東郭咸陽、孔僅為大農丞(一五)，領鹽鐵事。桑弘羊以計筭用事(一六)。咸陽，齊之大煑鹽(一七)；僅，南陽大冶(一八)；皆致生絫千金。弘羊，洛陽賈人子，以心計(一九)，年十三，侍中。三人言利事，析秋毫矣(二〇)。詔禁民敢私鑄鐵器、煑鹽者釱左趾(二一)，沒入其器物。公卿又請令諸賈人末作(二二)，各以其物自占(二三)，率緡錢二千而一筭(二四)，及民有軺車(二五)若(二六)船五丈以上者皆有筭(二七)。匿不自占，占不悉，戍邊一歲，沒入緡錢(二八)。有能告者，以其半畀之(二九)。其法大抵出張湯。湯每朝奏事，語國家用，日晏(三〇)，天子忘食。丞相充位(三一)，天下事皆決於湯。百姓騷動，不安其生，咸指怨湯。

(二)初，河南人卜式，數請輸財縣官以助邊。天子使使問式欲官乎？式曰：「臣少田牧㉜，不習仕宦，不願也。」使者問曰：「家豈有冤，欲言事乎？」式曰：「臣生與人無分爭㉝。邑人貧者，貸之；不善者，教之。所居，人皆從式，式何故見冤於人？無所欲言也。」使者曰：「苟如此，子何欲而然？」式曰：「天子誅匈奴，愚以為賢者宜死節於邊，有財者宜輸委㉞。如此而匈奴可滅也。」上由是賢之，欲尊顯以風百姓㉟，乃召拜式為中郎㊱，爵左庶長㊲，賜田十頃，布告天下，使明知之。未幾，又擢式為齊太傅㊳。

㈢春，有星孛于東北。夏，有長星出于西北。

㈣上與諸將議曰：「翕侯趙信為單于畫計，常以為漢兵不能度幕輕留㊴，今大發士卒，其勢必得所欲。」乃粟馬㊵十萬，令大將軍青、票騎將軍去病各將五萬騎，私負從馬㊶復四萬匹，步兵轉者踵軍後㊷，又數十萬人，而敢力戰深入之士皆屬票騎。票騎始為㊸出定襄，當單于；捕虜言單于東，乃更令票騎出代郡，令大將軍出定襄。郎中令李廣數自請行，天子以為老，弗許，良久乃許之，以為前將軍。太僕公孫賀為左將軍，主爵都尉趙食其為右將軍，平陽侯曹襄為後將軍，皆屬大將軍。

趙信為單于謀曰：「漢兵既度幕，人馬罷，匈奴可坐收虜耳㊹！」乃悉遠北其輜重㊺，以精兵待幕北。

大將軍既出塞，捕虜知單于所居，乃自以精兵走之㊻，而令前將軍廣幷㊼於右將軍軍，出東道。東道回遠㊽而水草少。廣自請曰：「臣部為前將軍，今大將軍乃徙令臣出東道；且臣結髮㊾而與匈奴戰，今乃一得當單于㊿，臣願居前，先死單于[51]。」大將軍亦陰受上誡，以為李廣老，數奇[52]，毋令當單于，恐不得所欲[53]。而公孫敖失侯，大將軍亦欲使敖與俱當單于[54]，故徙前將軍廣。廣知之，固自辭於大將軍。大將軍不聽。廣不謝而起行，意甚慍怒。

大將軍出塞千餘里，度幕，見單于兵陳而待[55]。於是大將軍令武剛車自環為營[56]，而縱五千騎往當匈奴。匈奴亦縱可萬騎。會日且入，大風起，砂礫[57]擊面，兩軍不相見。漢益縱左右翼繞單于[58]。單于視漢兵多，而士馬尚彊，自度戰不能如漢兵，單于遂乘六騾，壯騎可數百，直冒漢圍西北馳去。時已昏，漢、匈奴相紛拏（五九），殺傷大當（六〇）。漢軍左校捕虜，言單于未昏而去，漢軍發輕騎夜追之，大將軍軍因隨其後。匈奴兵亦散走。遲明（六一），行二百餘里，不得單于，捕斬首虜萬九千級。遂至窴顏山趙信城（六二），得匈奴積粟食（六三）軍。留一日，悉燒其城餘粟而歸。

前將軍廣與右將軍食其軍，無導，惑失道，後大將軍（六四），不及單于戰。大將軍引還，過幕南，乃遇二將軍。大將軍使長史責問廣、食其失道狀，急責廣之幕府對簿（六五）。廣曰：「諸校尉無罪，乃我自失道，吾今自上簿至幕府（六六）！」廣謂其麾下曰：「廣結髮與匈奴大小七十餘戰，今幸從大將軍出接單于兵，而大將軍徙廣部，行回遠，而又迷失道，豈非天哉！且廣年六十餘矣，終不能復對刀筆之吏！」遂引刀自剄。

廣為人廉，得賞賜輒分其麾下，飲食與士共之。為二千石四十餘年，家無餘財。猨臂（六七）善射，度不中不發。將兵乏絕之處（六八），見水，士卒不盡飲，廣不近水，士卒不盡食，廣不嘗食，士以此愛樂為用（六九）。及死，一軍皆哭。百姓聞之，知（七〇）與不知，無老壯皆為垂涕。而右將軍獨下吏，當死，贖為庶人。

單于之遁走，其兵往往與漢兵相亂而隨單于。單于久不與其大眾相得。其右谷蠡王以為單于死，乃自立為單于。十餘日，真單于復得其眾，而右谷蠡王乃去其單于號。

票騎將軍騎兵車重（七一）與大將軍軍等，而無裨將，悉以李敢等為大校當裨將，出代、右北平二千餘里，絕大幕，直左方兵（七二），獲屯頭王、韓王等三人，將軍、相國、當戶、都尉八十三人，封狼居胥山，禪於姑衍（七三），登臨翰海（七四），鹵獲七萬四百四十三級。天子以五千八百戶益封票騎將軍，又封其所部右北平太守路博德等四人為列侯（七五），從票侯破奴等二人益封（七六），校尉敢為關內侯食邑（七七），軍吏卒為官，賞賜甚多。而大將軍不得益封，軍吏卒皆無封侯者。兩軍之出塞，塞閱官及私馬凡十四萬匹（七八），而復入塞者不滿三萬匹。乃益置大司馬（七九）位，大將軍、票騎將軍皆為大司馬，定令，令票騎將軍秩祿與大將軍等。自是之後，大將軍青日退，而票騎日益貴，大將軍故人門下士多去事票騎，輒得官爵，唯任安不肯。

票騎將軍為人少言不泄㊇〇，有氣敢往㊇一。天子嘗欲教之孫吳兵法㊇二，對曰：「顧㊇三方略何如耳，不至學古兵法。」天子為治第，令票騎視之，對曰：「匈奴未滅，無以家為也！」由此上益重愛之。然少貴，不省士㊇四。其從軍，天子為遣太官㊇五齎㊇六數十乘，既還，重車餘棄粱肉㊇七，而士有飢者。其在塞外，卒乏糧，或不能自振㊇八，而票騎尚穿域蹋鞠㊇九。事多此類。大將軍為人仁，喜士退讓，以和柔自媚於上。兩人志操如此。

是時漢所殺虜匈奴合八九萬，而漢士卒物故㊈〇亦數萬。是後匈奴遠遁，而幕南無王庭㊈一。漢度河自朔方以西至令居㊈二，往往通渠，置田官㊈三吏卒五六萬人，稍蠶食匈奴以北㊈四；然亦以馬少，不復大出擊匈奴矣。匈奴用趙信計，遣使於漢，好辭請和親。天子下其議。或言和親，或言遂臣之㊈五。丞相長史任敞曰：「匈奴新破困，宜可使為外臣，朝請於邊㊈六。」漢使任敞於單于，單于大怒，留之不遣。

是時博士狄山議以為和親便，上以問張湯，湯曰：「此愚儒，無知！」狄山曰：「臣固愚，愚忠；若御史大夫湯，乃詐忠！」於是上作色(九七)曰：「吾使生(九八)居一郡，能無使虜人盜乎？」曰：「不能。」曰：「居一縣？」對曰：「不能。」復曰：「居一障(九九)間？」山自度辯窮且下吏(一〇〇)，曰：「能。」於是上遣山乘障(一〇一)，至月餘，匈奴斬山頭而去。自是之後，羣臣震慴(一〇二)，無敢忤(一〇三)湯者。

(五)是歲，汲黯坐灋免，以定襄太守義縱為右內史，河內太守王溫舒為中尉。先是甯成為關都尉(一〇四)，吏民出入關者號曰：「寧見乳虎，無值甯成之怒(一〇五)！」及義縱為南陽太守，至關，甯成側行送迎(一〇六)，至郡，遂按甯氏(一〇七)，破碎其家，南陽吏民重足一迹(一〇八)。後徒定襄太守。初至，掩(一〇九)定襄獄中重罪輕繫(一一〇)二百餘人，及賓客昆弟私入視(一一一)亦二百餘人，一捕鞫(一一二)曰，為死罪解脫(一一三)，是日皆報殺四百餘人(一一四)。其後郡中不寒而栗(一一五)。是時趙禹、張湯以深刻為九卿(一一六)，然其治尚輔法而行，縱專以鷹擊為治(一一七)。

王溫舒始為廣平(一一八)都尉，擇郡中豪敢往吏十餘人(一一九)以為爪牙，皆把其陰重罪，而縱使督盜賊(二〇)。快其意所欲，得此人，雖有百罪，弗灋(二一)；即有避，因其事夷之，亦滅宗(二二)。以其故，齊趙之郊，盜賊不敢近廣平，廣平聲為道不拾遺(二三)。遷河內(二四)太守，以九月至，令郡具私馬五十疋為驛(二五)，捕郡中豪猾，相連坐千餘家，上書請大者至族，小者乃死，家盡沒入償臧(二六)。奏行不過二三日得可(二七)，事論報(二八)，至流血十餘里。河內皆怪其奏，以為神速。盡十二月，郡中毋聲(二九)，毋敢夜行，野無犬吠之盜。其頗不得失，之旁郡國追求(三〇)。會春，溫舒頓足歎曰：「嗟乎！令冬月益展一月，足吾事矣(三一)！」天子聞之，皆以為能，故擢為中二千石(三二)。

(六)齊人少翁以鬼神方見上(三三)。上有所幸王夫人(三四)卒，少翁以方夜致鬼，如王夫人之貌，天子自帷中望見焉。【考異】漢書以此事置李夫人傳中，古今相承，皆以為李夫人事。史記封禪書，少翁見上，上有所幸王夫人卒，少翁以方夜致王夫人及竈鬼之貌云。按李夫人卒時，少翁死已久，漢書誤也，今從史記。於是乃拜少翁為文成將軍，賞賜甚多，以客禮禮之(三五)。文成又勸上作甘泉宮(三六)，中為臺室，畫天地太一諸鬼神，而置祭具，以致天神。居歲餘，其方益衰，神不至，乃為帛書以飯牛(三七)，佯不知，言曰：「此牛腹中有奇。」殺視得書，書言甚怪，天子識其手書㉘，問其人，果是偽書；於是誅文成將軍而隱之㉙。

【今註】 ㈠用度太空：言用費太缺乏。㈡絫：古累字。㈢請更錢造幣以贍用：言請廢錢造幣以足用。㈣摧浮淫并兼之徒：言摧抑輕浮邪放及吞併他人財產之人。㈤禁苑：天子之苑囿。㈥少府：九卿之一，掌山海地澤之稅，以奉養天子。㈦緣以藻繢：言以五綵花紋為邊。繢音會。㈧直：同值。㈨以皮幣薦璧：言以白璧置於皮幣之上而呈獻。㈩后：同後。⑪白金三品：白金為銀與錫合鑄而成之硬幣。三品，謂幣值分三等：大者值三千，次五百，小者三百。⑫圜之，方之，橢之：圜、方、橢三字皆作動詞用，謂鑄成圓形、方形、橢圓形。圜同圓。⑬其文龍，其文馬，其文龜：謂貨幣上鑄成龍紋、馬紋或龜紋。⑭銷半兩錢，更鑄三銖錢：建元五年曾廢三銖錢，行半兩錢；茲又廢半兩錢，重鑄三銖錢。⑮以東郭咸陽、孔僅為大農丞：東郭，姓；咸陽，名。孔，姓；僅，名。大農丞為大農令之屬官。⑯以計算用事：言以善於計算而當權。⑰大煑鹽：煑鹽之鉅商。⑱南陽大冶：南陽之大鐵商。南陽郡有今河南省西南部及湖北省西北部與河南省接界之地。⑲以心計：言不必用籌計算，即知其數。⑳三人言利事，析秋毫矣：言三人談貿利之事，能剖析微細。秋毫，本謂毛至秋而末細，小而難見，因以喻事物之細微者。㉑鈦左趾：言以鐵鉗加於左足上。鈦音第，鐵鉗。㉒末作：工商業。古以農為本業，工商為末業，又稱末作。㉓各以其物自占：言令從事工商業者各自估計其財物之多少，造成名冊，報之於官。占，心中計算，引申作估計解。㉔率緡錢二千而一算：緡音民，絲，古時用以貫錢；一貫，一千錢。此言儲緡錢二千納稅一算。算，百二十錢。㉕軺車：小車。軺音堯。㉖若：與、同、及。㉗皆有算：皆須納稅。㉘匿不自占，占不悉，戍邊一歲，沒入緡錢：言藏匿而不自占及占而不盡者，罰戍邊一年，沒收所儲緡錢入官。㉙有能告者，以其半畀之：言有能告發匿不自占及占而不悉之人，則以沒收之錢，半數賞告發者。㉚語國家用，日晏：言張湯談論國家財用事，常至日晚。㉛丞相充位：言丞相但充其位，無所建白。㉜田牧：種田牧羊。㉝無分爭：言無分辯爭論之事。㉞有財者宜輸委：言有財產者應輸其所蓄於國家。委，蓄。㉟欲尊顯以風百姓：言欲尊顯卜式之名位以激勸百姓。風同諷。㊱中郎：屬郎中令，掌宿衛侍直，守門戶，出充車騎。㊲左庶長：第十級爵。㊳擢式為齊太傅：選拔卜式為齊王太傅。齊王次昌，元朔三年薨，無後，國除。元狩六年始封皇子閎為齊王，式蓋為閎之太傅。㊴漢兵不能度幕輕留：言漢兵不能過沙漠，輕入而久留。㊵粟馬：以粟秣馬。㊶私負從馬：顏師古曰：「私負衣裝及私將馬自從者，皆非公家所發之限。」㊷步兵轉者踵軍後：言步兵轉運輜重者接於大軍之後。㊸為：將。㊹匈奴可坐收虜耳：言匈奴可以坐而收虜漢軍人馬，毫不費力。㊺乃悉遠北其輜重：言匈奴盡送輜重向北遠去。㊻走之：趨之。㊼幷：幷合。㊽回遠：繞遠。㊾結髮：束髮，指初冠時。㊿今乃一得當單于：言及今始得與單于對面作戰。(51)臣願居前，先死單于：言願居前方，效死而取單于。(52)數奇：言李廣命運乖蹇。數，運數；奇音羈，孤隻不耦。(53)恐不得所欲：言恐不能達到所欲，所欲即指擒獲單于而言。(五四)公孫敖新失侯，大將軍亦欲使敖與俱當單于：胡三省曰：「公孫敖失侯，見上二年。青本與敖友，又脫青於阸，故青欲使當單于而立功。」(五五)兵陳而待：結陣以待敵。(五六)令武剛車自環為營：言大將軍令以武剛車自行環繞為營壘。武剛車，兵車。(五七)礫：音歷，小石。(五八)漢益縱左右翼繞單于：言漢更發動左右兩翼之兵，包圍單于。(五九)漢、匈奴相紛拏：言漢兵與匈奴亂相搏鬥。(六〇)殺傷大當：言雙方被殺傷之人數大略相當。(六一)遲明：同黎明，謂及至天明。(六二)窴顏山趙信城：趙信投降匈奴，匈奴於窴顏山築城居之，因曰趙信城。(六三)食：同飼。(六四)無導，惑失道，後大將軍：言因無前導者，迷惑失路，不能及期趕至。(六五)急責廣之幕府對簿：言長史令廣速至大將軍幕府受訊。幕府指將軍府，蓋軍旅出征，施用帳幕，遂以幕府稱將軍府。對簿，根據文狀，勘合事實。(六六)吾今自上簿至幕府：言吾今自上文狀於幕府。(六七)猨臂：如淳曰：「臂如猨臂通肩。」猨同猿。(六八)將兵乏絕之處：言李廣率領軍隊，行至乏絕之處。孔穎達曰：「暫無曰乏，不續曰絕。」(六九)士以此愛樂為用：言李廣之士兵因此愛之，而樂為之用。(七〇)知：素相認識。(七一)車重：兵車輜重。(七二)直左方兵：言與匈奴左方之兵相遇。漢初，匈奴強大，分其國為三部。單于居中，與漢之代郡、雲中郡相接。單于之下有左右賢王，分統左右兩部：左部居東方，與漢上谷郡以東之邊郡相接；右部居西方，與漢上郡以西之邊郡相接。此處左方，即指左部。(七三)封狼居胥山，禪於姑衍：顏師古曰：「積土增山曰封，為墠祭地曰禪。」狼居胥及姑衍，皆山名，諸家之說，皆難確指二山所在之地，以上文出代、右北平二千餘里度之，當在今蒙古大漠之北。(七四)翰海：即大沙漠。(七五)封其所部右北平太守路博德等四人為列侯：據《漢書・霍去病傳》，封路博德為邳離侯，衞山為義陽侯，復陸支為杜侯，伊即軒為眾利侯。(七六)從票侯破奴等二人益封：據《漢書・霍去病傳》，從票侯破奴、昌武侯安稽益封各三百戶。(七七)校尉敢為關內侯食邑：據《漢書・霍去病傳》，敢食邑二百戶。(七八)塞閱官及私馬凡十四萬匹：言在邊塞檢點官馬及私馬共有十四萬匹。閱，檢點。(七九)大司馬：周制，夏官大司馬為六卿之一，掌軍政。漢武帝建元二年省太尉。元狩四年，初置大司馬，以冠將軍之號。(八〇)少言不泄：少言語，不洩漏；見其為人之沉著。(八一)有氣敢往：《史記・霍去病傳》作「有氣敢任。」司馬貞曰：「謂果敢任氣也。」(八二)孫吳兵法：孫，孫武；吳，吳起。(八三)顧：視。(八四)不省士：言不恤視軍士。(八五)太官：主膳食。(八六)齎：裝。(八七)重車餘棄粱肉：言其輜重車中尚有剩餘未用之粱米與肉。(八八)振：舉。(八九)穿域蹋鞠：言開闢一場所，作蹋毬之戲。鞠，以皮為之，實以毛。(九〇)物故：司馬貞曰：「漢以來謂死為物故。」(九一)幕南無王庭：胡三省曰：「冒頓之強，盡取蒙恬所奪匈奴地，而王庭列置於幕南。今匈奴為漢所攻，遠遁幕北，故幕南無王庭也。」(九二)令居：縣名，故城在今甘肅省永登縣西北。令音零。(九三)置田官：置官以主屯田。(九四)稍蠶食匈奴以北：言逐漸侵略匈奴之地，如蠶之食桑葉。(九五)臣之：以之為臣。(九六)朝請於邊：言於邊界朝拜天子。漢制，諸侯朝見天子，春曰朝，秋曰請。(九七)作色：變色。(九八)生：以狄山為博士，博士為儒官，故呼山為生。(九九)障：顏師古曰：「障謂塞上要險之處，別築為城，因置吏士，而為蔽障以禦寇也。」胡三省曰：「漢制，每塞要處別築為城，置人鎮守，謂之候城，此即障也。」(一〇〇)山自度辯窮且下吏：言狄山自忖，若詰辯而辭窮，將下吏治罪。(一〇一)乘障：登障而守之。㉒震慴：震驚恐懼。慴音折。㉓忤：違迕。㉔關都尉：函谷關都尉。㉕寧見乳虎，無值寧成之怒：顏師古曰：「猛虎產乳，護養其子，則搏噬過常，故以為喻。」㉖側行送迎：言寧成迎送義縱，不敢正行。㉗遂按寧氏：言遂按治寧氏之罪。㉘重足一迹：兩足重疊，故僅一迹，此喻南陽吏民畏懼義縱之甚，不敢妄動。㉙掩：盡取。㉚重罪輕繫：犯重罪及輕罪而繫於獄中者。㉛私入視：私入獄探視。㉜一捕鞫：言一切皆捕而鞫問之。鞫，窮治。㉝為死罪解脫：服虔曰：「律，諸囚徒私解脫桎梏、鉗赭，加罪一等，為人解脫，與同罪。縱鞫相賂餉者二百人，以為解脫死罪，盡殺之。」㉞是日皆報殺四百餘人：顏師古曰：「奏請得報而論殺。」劉攽曰：「縱掩定襄獄，一切捕鞫，而云是日皆報殺，則非奏請報可之報矣；然則以論決為報也。」劉說是。㉟栗：同慄。㊱九卿：漢以太常、光祿勳、衞尉、太僕、廷尉、鴻臚、宗正、大司農、少府為九卿。㊲縱專以鷹擊為治：言義縱專以如鷹隼擊飛鳥之殘暴方法治民。㊳廣平：原屬鉅鹿郡，景帝中六年分置廣平郡，治廣平，在今河北省雞澤縣東。㊴擇郡中豪敢往吏十餘人：顏師古曰：「豪桀而性果敢，一往無所顧者，以為吏也。」㊵皆把其陰重罪，而縱使督盜賊：言王溫舒持此等豪敢往吏之重罪而未顯發者，縱放之使察視諸盜賊。㊶快其意所欲，得此人，雖有百罪，弗灋：顏師古曰：「言所捕盜賊，得其人而快溫舒意者，則不問其先所犯罪也。弗灋，謂弗行灋也。」㊷即有避，因其事夷之，亦滅宗：言如不盡意捕擊，則因其舊事殺之，並滅其宗族。避，不盡意捕擊。㊸廣平聲為道不拾遺：言廣平有道不拾遺之美譽。㊹河內：郡名，有今河南省黃河以北與山西省相沿之地，治懷縣，在今河南省武涉縣西南。㉕具私馬五十疋為驛：謂備私馬五十匹於道上置驛，自河內至長安。㉖家盡沒入償臧：謂全沒收其家產，以償所受之贓。臧通贓。㉗得可：謂上奏而天子可之。㉘事論報：王先謙曰：「言得奏可之事，則論報也。」㉙毋聲：毋敢出聲。㉚其頗不得失，之旁郡國追求：謂有不能任其亡失之犯人，則往旁郡國追捕，以見溫舒治獄之酷。或以「其頗不得」斷句，則「失之旁郡國追求」難於解釋。㉛令冬月益展一月，足吾事矣：顏師古曰：「立春之後，不復行刑，故云然。展，伸也。」㉜中二千石：胡三省曰：「郡守，二千石；正卿及列卿，皆中二千石。」㉝以鬼神方見上：言少翁以能招致鬼神之方求見武帝。㉞王夫人：齊王閎之母。㉟以客禮禮之：言以待客人之禮待少翁。㊱甘泉宮：在陝西省淳化縣甘泉山上，宮以山名。㊲乃為帛書以飯牛：於是自造帛書，雜於草料中以飼牛。㊳識其手書：言武帝認出乃少翁之筆跡。㊴隱之：言隱祕其事，不令人知。

卷二十　漢紀十二

司馬光編集
夏德儀註

起昭陽大淵獻，盡重光協洽，凡九年。（癸亥至辛未，西元前一二八年至西元前一一〇年）

世宗孝武皇帝中之下

元狩五年（西元前一一八年）

㈠春三月甲午（十一日），丞相李蔡坐盜孝景園堧地㈠，葬其中，當下吏，自殺。

㈡罷三銖錢㈡，更鑄五銖錢。【考異】漢書食貨志，前以銷半兩錢，鑄三銖錢。明年，以三銖錢輕，更鑄五銖錢。武帝元狩五年，乃云罷半兩錢，行五銖錢，誤也。於是民多盜鑄錢，楚地尤甚。上以為淮陽楚地之郊㈢，乃召拜汲黯為淮陽太守㈣。黯伏謝，不受印，詔數彊予，然後奉詔。黯為上泣曰：「臣自以為填溝壑㈤，不復見陛下，不意陛下復收用之。臣常有狗馬病㈥，力不能任郡事，臣願為中郎，出入禁闥，補過拾遺，臣之願也。」上曰：「君薄淮陽邪？吾今召君矣㈦。顧淮陽吏民不相得，吾徒得君之重㈧，臥而治之。」黯既辭行，過大行李息曰：「黯棄逐居郡，不得與㊈朝廷議矣；御史大夫湯，智足以拒諫，詐足以飾非，務巧佞之語，辨數之辭，非肯正為天下言，專阿主意；主意所不欲，因而毀之，主意所欲，因而譽之。好興事，舞文灋。內懷詐以御主心，外挾賊吏㊉以為威重。公列九卿，不早言之，公與之俱受其僇矣。」息畏湯，終不敢言。及湯敗，上抵息罪⑪。使黯以諸侯相秩居淮陽⑫，十歲而卒。

㈢詔徙姦猾吏民於邊。

㈣夏四月乙卯（二日），以太子少傅武彊侯莊青翟⑬為丞相。

㈤天子病鼎湖⑭甚，巫醫無所不致，不愈。游水發根⑮言上郡有巫，病而鬼神下之⑯。上召置，祠之甘泉。及病，使人問神君⑰。神君言曰：「天子無憂病，病少愈，彊與我會甘泉。』於是病愈，遂起幸甘泉，病良已；置酒壽宮⑱。神君非可得見，聞其言，與人音等。時去時來，來則風肅然，居室帷中。神君所言，上使人受，書其言，命之曰畫法⑲。其所語，世俗之所知也，無絕殊者，而天子心獨喜⑳。其事祕，世莫知也。時上卒㉑起，幸甘泉，過右內史界中，道多不治。上怒曰：「義縱以我為不復行此道乎！」銜㊂之。

【今註】㈠堧地：隙地。㈡罷三銖錢：元狩四年，廢半兩錢，行三銖錢；茲又罷之，更鑄五銖錢。㈢郊：顏師古曰：「郊謂交迫衝要之處。」㈣召拜汲黯為淮陽太守：汲黯原為右內史，元狩四年免官，茲又召拜為淮陽太守。淮陽，武帝時為郡，在今河南省內，治陳，今河南省淮陽縣。㈤填溝壑：溝壑謂溪谷，填溝壑喻將老死而無用之意。㈥狗馬病：猶言犬馬之疾。狗馬，犬馬，皆人臣自卑之辭，以喻臣之於君如犬馬之於主人。㈦吾今召君矣：顏師古曰：「言後即召也。」㈧徒得君之重：謂但藉汲黯之威重。㈨與：讀預。㈩賊吏：姦滑之吏。⑪及湯敗，上抵息罪：王先謙曰：「武紀元鼎二年張湯自殺，公卿表於是年書張騫為大行令，是息因湯事得罪去職。」⑫以諸侯相秩居淮陽：如淳曰：「諸侯王相在郡守上，秩真二千石，月得百五十斛，歲凡得千八百石；二千石（郡守）月得百二十斛，歲凡得千四百四十石耳。」⑬武彊侯莊青翟：高祖封莊不識為武彊侯，青翟為不識之孫。漢武強縣即今河北省武強縣。⑭鼎湖：宮名。舊注謂在京兆湖縣（今河南省閿鄉縣東）顧炎武曰：「湖縣絕遠，且無行宮；」是鼎湖宮之在湖縣與否，尚未可必。⑮游水發根：服虔曰：「游水，縣名；發根，人姓名。」顏師古曰：「游水，姓也，發根，名也，蓋因水為姓也。」按《漢書・地理志》，臨淮郡淮浦縣有游水北入海；淮浦故城在今江蘇省漣水縣，游水即今漣河。⑯上郡有巫，病而鬼神下之：上郡，注見第十八卷。顏師古曰：「本嘗遇病，而神下之，故為巫也。」⑰神君：即下臨病巫之神。㈥壽宮：在長安城中。胡三省曰：「帝置壽宮，以奉神君。」㈨畫法：孟康曰：「策畫之法也。」㊀喜：喜好。㈢卒：同猝。㈢銜：謂懷恨於心而未發出。

六年（西元前一一七年）

㈠冬十月，雨水，無冰。

㈡上既下緡錢令而尊卜式㈠，百姓終莫分財佐縣官，於是楊可告緡錢縱㈡矣。義縱以為此亂民，部吏捕其為可使者。天子以縱為廢格沮事㈢，【考異】漢書武紀，元鼎三年十一月令民告緡，據義縱傳，則在今冬。棄縱市。

㈢郎中令李敢怨大將軍之恨其父㈣，乃擊傷大將軍；大將軍匿諱之㈤。居無何㈥，敢從上雍，至甘泉宮獵，票騎將軍去病射殺敢。【考異】史記封禪書云，明年，天子病鼎湖甚，病愈，幸甘泉，大赦；莫知其為何年。本紀皆無其事，獨義縱傳有之。按漢書百官公卿表，義縱、李敢死，皆在今年。敢傳云，從上雍至甘泉宮，雍蓋衍字也。平準書云，自造白金五銖錢後五歲赦。按武紀，元狩四年造白金，元鼎元年赦，首尾四年。若今年更有赦，則四年再赦，與平準書不合，今從百官表。去病時方貴幸，上為諱，云鹿觸殺之。

㈣夏四月乙巳（二十九日），廟立㈦皇子閎為齊王，旦為燕王，胥為廣陵王，初作誥策㈧。

㈤自造白金五銖錢後，吏民之坐盜鑄金錢死者數十萬人，其不發覺者不可勝計；天下大抵㊈無慮㊉皆鑄金錢矣。犯者眾，吏不能盡誅。

㈥六月，詔遣博士褚大、徐偃等六人分循郡國，舉兼幷之徒，及守相㊁為吏有罪者。

㈦秋九月，冠軍景桓㊂侯霍去病薨，天子甚悼之，為冢，像祁連山。初、霍仲孺㊂吏畢歸家，娶婦，生子光。去病既壯大，乃自知父為霍仲孺。會為票騎將軍擊匈奴，道出河東，遣吏迎仲孺而見之，大為買田宅奴婢而去。及還，因將㊃光西至長安，任以為郎，稍遷至奉車都尉㊄、光祿大夫㊅。

㈧是歲大農令顏異誅。【考異】徐廣註史記平準書云，異誅在元狩四年壬戌歲，廣見漢書百官公卿表，其年註云，大農令顏異，二年坐腹非誅，不思有二年字，致此誤也。初，異以廉直，稍遷至九卿。上與張湯既造白鹿皮幣，問異，異曰：「今王侯朝賀以蒼璧，直數千，而以皮薦，反四十萬㊆，本末不相稱。」天子不說。張湯又與異有郤㊇。及人有告異以它事，下張湯治異。異與客語初令下有不便者，異不應，微反脣⑲。湯奏當異九卿見令不便，不入言而腹誹⑳，論死。自是之後，有腹誹之法比㉑，而公卿大夫多諂諛取容㉒矣。

【今註】㊀下緡錢令，尊卜式：二事俱見上卷元狩四年。㊁縱：放肆。㊂天子以縱為廢格沮事：謂武帝以義縱為廢格詔書，破壞告緡之事。格音閣，阻格不行。㊃李敢怨大將軍之恨其父：李敢，李廣之子。大將軍青使李敢之父抱恨而死之事見上卷元狩四年。㊄匿諱之：謂隱藏其事，不以告人。㊅無何：未有多日。㊆廟立：在太廟中策立皇子為王，故曰廟立。㊇詰策：敕封諸王之文書。毛晃曰：「漢制，天子之策長二尺。」㊈大抵：大凡、大都、大概、大率。㊉無慮：言不必計慮即可知之。⑪守相：郡守、國相。⑫景桓：張晏曰：「謚法：布義行剛曰景，辟上服遠曰桓。」⑬霍仲孺：河東平陽人，以縣吏給事平陽侯家，與侍者衛少兒私通而生去病。（見《漢書．霍光傳》）⑭將：提挈。⑮奉車都尉：武帝初置，掌御乘輿車，秩比二千石。⑯光祿大夫：武帝太初元年，更名中大夫為光祿大夫，秩比二千石。按中大夫原為郎中令之屬官，武帝既改郎中令為光祿勳，故改中大夫為光祿大夫。⑰以皮薦，反四十萬：武帝造皮幣，直四十萬，令王侯宗室朝覲聘享必以皮幣薦璧；事見上卷元狩四年。⑱郤：讀隙，嫌隙；因猜嫌而生仇隙。⑲異與客語初令下有不便者，異不應，微反脣：謂顏異與客談及初下之詔令有不便處時，異雖不語，而微反其脣，以示非議。⑳腹誹：亦作腹非，謂口不言而心非之。㉑比：則例。㉒諂諛取容：謂以順承人意與說好話之方法求取容身，免遭殺戮。

元鼎元年（西元前一一六年）

【考異】漢書武紀此年云，得鼎汾水上。漢紀云，六月得寶鼎於河東汾水上，吾丘壽王對云云。按封禪書欒大封樂通侯之歲，其夏六月，汾陰巫錦為民祠魏脽后土營旁得鼎，詔曰，間者巡祭后土云云。武紀元鼎四年十月，幸汾陰，十一月，立后土祠於汾陰脽上；六月，得寶鼎后土祠旁。禮樂志又云，元鼎五年得寶鼎。恩澤侯表，元鼎四年四月乙巳，欒大封侯。然則得鼎應在四年。蓋武紀因今年改元，而誤增此得鼎一事耳，非兩曾得鼎於汾水上也。封禪書天子封泰山反至甘泉，有司言，寶鼎出為元鼎，以今年為元封元年；然則元鼎年號，亦如建元，元光，皆後來追改之耳。

㈠夏五月，赦天下。

㈡濟東王彭離㈠驕悍，昏暮，與其奴亡命少年數十人行剽㈡，殺人取財物以為好㈢；所殺發覺者百餘人，坐廢，徙上庸㈣。

【今註】㈠濟東王彭離：梁孝王子，景帝中六年受封。㈡剽：刼。㈢好：喜好。㈣上庸：故城在今湖北省竹山縣東南。

二年（西元前一一五年）

㈠冬十一月，張湯有罪，自殺。初，御史中丞㈠李文與湯有郤。

湯所厚吏魯謁居陰使人上變㈡告文姦事。事下湯治，論殺之。湯心知謁居為之。上問變事蹤跡安起，湯佯驚曰：「此殆文故人怨之！」謁居病，湯親為之摩足。趙王素怨湯，上書告湯大臣乃與吏摩足，疑與為大姦。事下廷尉。謁居病死，事連其弟，弟繫導官㈢。湯亦治他囚導官，見謁居弟，欲陰為之而佯不省㈣；謁居弟弗知，怨湯，使人上書告湯與謁居謀共變告李文。事下減宣㈤，宣嘗與湯有郤，及得此事，窮竟其事，未奏也。會人有盜發孝文園瘞錢㈥，丞相青翟朝，與湯約俱謝㈦，至前㈧，湯獨不謝㈨。上使御史案丞相．湯欲致其文丞相見知㈩。丞相患之。丞相長史朱買臣、王朝、邊通皆故九卿二千石㈡，仕宦絕在湯前，湯數行丞相事，知三長史素貴，故陵折㈢丞史遇之；三長史皆怨恨，欲死之。乃與丞相謀，使吏捕案賈人田信等，曰：「湯且欲奏請，信輒先知之，居物㈢致富，與湯分之。」事辭頗聞㈣。上問湯曰：「吾所為，賈人輒先知之，益居其物，是類㈤有以吾謀告之者。」湯不謝，又佯驚曰：「固宜有。」減宣亦奏謁居等事。天子以湯懷作面欺㈥，使趙禹切責湯。湯乃為書謝，因曰：「陷臣者，三長史也。」遂自殺。湯既死，家產直不過五百金。昆弟諸子欲厚葬湯，湯母曰：「湯為天子大臣，被汙惡言而死，何厚葬乎？」載以牛車，有棺無槨。天子聞之，乃盡案誅三長史。十二月壬辰（二十五日），丞相青翟下獄，自殺。

(二)春、起柏梁臺㈦，作承露盤，高二十丈，大七圍，以銅為之，上有僊人掌以承露，和玉屑飲之，云可以長生。宮室之脩，自此日盛。

(三)二月，以太子太傅趙周為丞相。

(四)三月辛亥（十日），以太子太傅石慶為御史大夫。

(五)大雨雪。

(六)夏，大水，關東餓死者以千數。

(七)是歲，孔僅為大農令，而桑弘羊為大農中丞㈧，稍置均輸㈨，以通貨物。

(八)白金稍賤，民不寶用，竟廢之㈩。於是悉禁郡國無鑄錢，專令上林三官[二一]鑄錢，令天下非三官錢不得行，而民之鑄錢益少，計其費，不能相當，惟真工大姦乃盜為之。

(九)渾邪王既降漢[二二]，漢兵擊逐匈奴於幕北[二三]，自鹽澤以東空無匈奴，西域道可通。於是張騫建言：「烏孫[二四]王昆莫，本為匈奴臣，後兵稍彊，不肯復朝事匈奴，匈奴攻不勝而遠之。今單于新困於漢，而故渾邪地空無人，蠻夷俗戀故地，又貪漢財物，今誠以此時厚幣賂烏孫，招以益東，居故渾邪之地[二五]，與漢結昆弟，其埶宜聽[二六]，聽則是斷匈奴右臂也。既連烏孫，自其西大夏之屬，皆可招來而為外臣。」天子以為然。拜騫為中郎將，將三百人，馬各二疋，牛羊以萬數，齎金幣帛直數千巨萬，多持節副使，道可便遣之他旁國[二七]。騫既至烏孫，昆莫見騫禮節甚倨。騫諭指[二八]曰：「烏孫能東居故地，則漢遣公主為夫人，結為兄弟，共距匈奴，匈奴不足破也。」烏孫自以遠漢，未知其大小，素服屬匈奴日久，且又近之，其大臣皆畏匈奴，不欲移徙。騫留久之，不能得其要領，因分遣副使使大宛、康居、大月氏、大夏、安息、身毒，于闐及諸旁國。烏孫發譯道㉙送騫還，使數十人，馬數十匹，隨騫報謝，因令窺漢大小。是歲騫還到，拜為大行。後歲餘，騫所遣使通大夏之屬者，皆頗與其人㉚俱來。於是西域始通於漢矣。

西域凡三十六國㉛，南北有大山㉜，中央有河㉝，東西六千餘里，南北千餘里，東則接漢玉門、陽關㉞，西則限以葱嶺。河有兩源：一出葱嶺，一出于寘，合流東注鹽澤。鹽澤去玉門、陽關三百餘里。自玉門、陽關出西域，有兩道。從鄯善㉟傍南山北，循河西行至莎車㊱，為南道。南道西踰葱嶺，則出大月氏、安息。自車師前王廷㊲隨北山循河西行至疏勒㊳，為北道。北道西踰葱嶺，則出大宛、康居、奄蔡焉。故皆役屬匈奴。匈奴西邊日逐王，置僮僕都尉㊴，使領西域，常居焉耆、危須、尉黎㊵間，賦稅諸國，取富給焉。烏孫王既不肯東還，漢乃於渾邪王故地，置酒泉郡㊶，稍發徙民以充實之。後又分置武威郡㊷，以絕匈奴與羌通之道。天子得宛汗血馬，愛之，名曰天馬，使者相望於道以求之，諸使外國一輩，大者數百，少者百餘人；人所齎操，大放博望侯時㊸。其後益習而衰少焉㉔。漢率一歲中，使多者十餘，少者五六輩，遠者八九歲，近者數歲而反。

【今註】㈠御史中丞：《漢書》百官表，御史大夫有兩丞，秩千石。一曰中丞，在殿中蘭臺掌圖籍祕書，外督部刺史，內領侍御史，員十五人，受公卿奏事，舉劾按章。㈡陰使人上變：暗中使人上告急變之事。㈢繫導官：導官，屬少府。顏師古曰：「導，擇也，以主擇米，故曰導官。時或以諸獄皆滿，故權寄此署繫之，非本獄所也。」㈣欲陰為之而佯不省：言湯欲暗中為謁居之弟脫罪，而偽作不知其繫獄。㈤減宣：姓減，名宣。㈥盜發孝文園瘞錢：言偷掘文帝園陵中埋以殉葬之錢。㈦丞相青翟朝，與湯約俱謝：言丞相莊青翟於將入朝時與張湯約定同向武帝謝罪。㈧至前：至帝前。㈨湯獨不謝：胡三省曰：「湯以丞相四時行園陵，當謝；御史大夫不豫園陵事，故不謝。」㈩湯欲致其文丞相見知：言張湯欲以見知故縱之律文使丞相得罪。⑪朱買臣、王朝、邊通皆故九卿二千石：朱買臣曾為主爵都尉，王朝曾為右內史，邊通曾為濟南國相，故雲「皆故九卿二千石。」⑫故陵折：故意加以陵辱與挫折。⑬居物：囤積物資。⑭聞：為帝所聞。⑮類：類似，好像。⑯懷作面欺：心懷狡詐，當面欺誣。⑰柏梁臺：顏師古引《三輔舊事》云，以香柏為之。⑱大農中丞：胡三省曰：「班表，大農有兩丞」。元狩四年，以東郭咸陽及孔僅為之。今置中丞，其位當在兩丞上。」⑲均輸：杜佑曰：「漢武帝置均輸，謂所當輸於官者，皆令輸其土地所饒，平其所在時價，官吏於他處賣之。

輸者既便，而官有利。」⑳鑄白金事見上卷元狩四年。㉑上林三官：《漢書》百官表，水衡都尉掌上林苑，屬官有上林、均輸、御羞、禁圃、輯濯、鍾官、技巧、六廄、辯銅九官。如淳曰：「鍾官，主鑄錢官也；辯銅，主分別銅之種類也。」鍾官、辯銅之外，均輸亦與鑄錢有關，合之為上林三官。㉒渾邪王降漢：見上卷元狩二年。㉓漢兵擊逐匈奴於幕北：見上卷元狩四年。㉔烏孫：本與月氏同在敦煌、祁連間，月氏攻奪其地。烏孫亡走匈奴。及月氏為匈奴所破，西擊塞王而奪其國，號大月氏。烏孫王昆莫又西攻大月氏，大月氏復西徙大夏，昆莫遂取其地為烏孫國。㉕居故渾邪之地：月氏既為匈奴所破而西徙，其地併於匈奴右部。及渾邪王來降，其地遂入漢之版圖，故張騫欲招烏孫居故渾邪之地，以斷匈奴右臂。㉖其埶宜聽：埶同勢。聽謂聽從於漢。㉗道可便遣之他旁國：言騫於道中可便宜遣其副使往通諸旁國。㉘諭指：言以天子意指曉諭昆莫。㉙道：讀導。㉚其人：指諸國所遣報謝之人。㉛西域凡三十六國：西域始通於漢，凡三十六國，其後分置五十餘國。茲依李光廷漢西域圖考之次序，分列於下：(甲)南道六國：鄯善國（即樓蘭），且末國，精絕國，扜彌國，于闐國，莎車國；(乙)南道以南四國：婼羌國，小宛國，戎盧國，渠勒國；(丙)北道十四國：狐胡國，車師前國，車師都尉國，山國，危須國，尉犂國，烏壘國，渠犂國，焉耆國，龜茲國，姑墨國，溫宿國，尉頭國，疏勒國；(丁)北道西三國：休循國，身毒國；(戊)北道以北九國：蒲類國，蒲類後國，車師後國，卑陸國，單桓國，烏貪訾離國，東且彌國，西且彌國，烏孫國；(己)北道再北四國：車師後城長國，郁立師國，卑陸後國，劫國；(庚)葱嶺九國：皮山國，西夜國，子合國，蒲犂國，依耐國，無雷國，難兜國，烏秅國，桃槐國；㉒葱嶺以西七國：大宛國，大月氏國，康居國，奄蔡國，罽賓國，烏弋山離國，安息國。㉓南北有大山：此指今塔里木盆地南北兩面之大山。盆地以南之山：自葱嶺之烏赤別里山東南走，蜿蜒於盆地西南邊者曰喀喇崑崙山，東延而與西藏分界者為崑崙正脈，東北為托古茲達坂，又東北為阿爾金山（一名阿勒騰塔格嶺），又東入甘肅、青海二省境內，接於祁連山。盆地以北之山：自烏赤別里山東北走為廓克沙里嶺，迤邐而東，有汗騰格里山，那拉特山，珠勒郡斯山及博克達坂，統稱天山。又自天山之珠勒都斯山分支西北走為博羅霍洛嶺，轉東北為阿拉套山、塔爾巴哈台山，更逾額爾齊斯河至奎屯山分二支，東南走者為南阿爾泰山，東北走者為北阿爾泰山。㉔中央有河：此指今塔里木盆地之塔里木河。塔里木河上游有四大源：葉爾羌河、喀什噶爾河、和闐河、阿克蘇河。四源會合東流，有穆肅爾河、庫車河、孔雀河先後自北來匯，注於羅布泊。㉕漢玉門、陽關：《漢書．地理志》，敦煌郡龍勒縣有陽關、玉門關。龍勒故城在今甘肅省安西縣西。玉門關在安西縣西百五十里，陽關在安西縣西南百三十里。㉖鄯善：本名樓蘭，有今新疆省羅布泊東南兩面之地。㉗莎車：在今新疆省莎車縣。㉘車師前王廷：即車師前國，有今新疆省吐魯番縣地。㉙疏勒：有今新疆省疏勒縣地。㉚僮僕都尉：胡三省曰：「匈奴蓋以僮僕視西域諸國，故以名官。」㉛焉耆、危須、尉黎：焉耆在今新疆省焉耆縣。危須在焉耆東，博斯騰泊之北。尉黎即今新疆省尉犂縣。㉜酒泉郡：在今甘肅省西部，治祿福，即今酒泉縣。㉝武威郡，在今甘肅省中部，治武威，即今武威縣。按《漢書》武帝紀，元狩二年秋，匈奴昆邪王殺休屠王來降，以其地為武威、酒泉郡，而〈地理志〉謂酒泉郡開於太初元年，武威郡開於太初四年；王先謙以為當從紀。㊂人所齎操，大放博望侯時：齎、資；操、持；放音倣，依倣。言出使之人所攜節幣，大致依倣張騫昔時成例。㊃其後益習而衰少焉：言後來更加熟習，所遣人數遂少。

三年（西元前一一四年）

㈠冬，徙函谷關於新安㊀。

㈡春正月戊子（二十八日），陽陵㊁園火。

㈢夏四月，雨雹。

㈣關東郡國十餘饑，人相食。

㈤常山憲王舜㊂薨，子勃嗣，坐憲王病不侍疾及居喪無禮，廢徙房陵㊃。後月餘，天子更封憲王子平為真定㊄王，以常山為郡㊅；於是五嶽皆在天子之邦矣㊆。

㈥徙代王義為清河王㊇。

㈦是歲，匈奴伊穉斜單于死，子烏維單于立。

【今註】　㊀徙函谷關於新安：《漢書武》帝紀：「徙函谷關於新安，以故關為弘農縣。」弘農縣故城在今河南省靈寶縣南，故關在今靈寶縣西南里許。新安縣故城在今河南省鐵門縣屬之塔泥鎮。新關距故關三百里。㈡陽陵：景帝陵，在今長安東北四十五里。㈢常山憲王舜：景帝子，中五年受封。謚法：「博聞多能曰憲。㈣房陵：縣名，今湖北省房縣。㈤真定：本縣名，屬常山國；茲以真定（今河北省正定縣南）、稾城（今河北省稾城縣西南）、肥纍（今稾城縣西七里）、綿曼（今河北省平山縣）四縣之地為真定王國。㈥常山郡：在今河北省西南部。㈦於是五嶽皆在天子之邦矣：泰山為東嶽，華山為西嶽，霍山為南嶽，恆山為北嶽，嵩高為中嶽。華山在京兆，嵩高在潁川，京兆、潁川原為天子之郡。霍山在廬江，以淮南、衡山二王謀反，國除，入漢為郡。元狩元年，濟北王獻太山及其旁邑。茲又以常山為郡，於是五嶽皆在天子之邦。㈧徙代王義為清河王：文帝子代王參，傳子登，登傳子義。景帝子清河王乘薨，無子，國除為郡；茲又徙代王義為清河王。清河國有今山東省西北部及河北省南部清河、南宮、棗強等縣地。

四年（西元前一一三年）

㈠冬十月，上行幸雍，祠五畤。詔曰：「今上帝朕親郊，而后土無祀，則禮不答也㈠，其令有司議立后土祠於澤中圜丘㈡。」上遂自夏陽㈢東幸汾陰㈣。是時，天子始巡郡國，河東守不意行至，不辨㊄，自殺。十一月甲子（是月辛巳朔，無甲子日），立后土祠於汾陰脽上㊅，上親望拜，如上帝禮。禮畢，行幸滎陽㊆，還至洛陽。封周後姬嘉為周子南君㊇。

㈡春二月，中山靖王勝㊈薨。

㈢樂成侯丁義㊉【考異】漢書郊祀志作樂成侯登，按史記，漢書功臣表當為丁義，今從史記，漢書功臣表。薦方士欒大，云與文成將軍同師。上方悔誅文成㊁，得欒大，大說。大先事膠東康王㊂，為人長美言㊂多方略，而敢為大言，處之不疑。大言曰：「臣常往來海中，見安期、羨門之屬，顧以臣為賤，不信臣，又以為康王諸侯耳，不足與方。臣之師曰，黃金可成，而河決可塞，不死之藥可得，僊人可致也。然臣恐効文成，則方士皆掩口，惡敢言方哉！」上曰：「文成食馬肝死耳㊃，子誠能脩其方，我何愛乎！」大曰：「臣師非有求人，人者求之。陛下必欲致之，則貴其使者，令為親屬，以客禮待之，乃可使通言神人。」於是上使驗小方，鬥旗，旗自相觸擊。【考異】封禪書，郊祀志皆作棊，獨史記孝武紀作旗。按漢武故事云，大嘗於殿前樹旍數百枚，大令於自相擊，繙繙竟庭中，去地十餘丈，觀者皆駭。然則作旗字者是也。是時上方憂河決，而黃金不就，乃拜大為五利將軍，又拜為天士將軍，地士將軍，大通將軍。夏四月乙巳（二十二），封大為樂通侯㊄，食邑二千戶，賜甲第，僮千人，乘輿斥㊅車馬帷帳器物以充其家。又以衛長公主㊆妻之，齎金十萬斤。天子親如五利之第，使者存問共給㊇，相屬於道。自太主㊈將相以上，皆置酒其家，獻遺之。天子又刻玉印曰天道㊉將軍，使使衣羽衣㊀，夜立白茅上，五利將軍亦衣羽衣，立白茅上受印，以示不臣。大見數月，佩六印㊁，貴震天下。於是海上燕齊之間，莫不搤腕㊂自言有禁方能神僊矣。

㈣六月，汾陰巫錦㊃得大鼎於魏脽后土營旁㊄，河東太守以聞。天子使驗問，巫得鼎無姦詐，乃以禮祠，迎鼎至甘泉，從上行㊅，薦之宗廟及上帝，藏於甘泉宮。羣臣皆上壽賀。

㈤秋，立常山憲王子商為泗水王㊆。

㈥初，條侯周亞夫為丞相㊇，趙禹為丞相史，府中皆稱其廉平；然亞夫弗任，曰：「極知禹無害㊈，然文深㊉不可以居大府。」及禹為少府，比九卿為酷急㊀。至晚節，吏務為嚴峻，而禹更名寬平。中尉尹齊素以敢斬伐(三二)著名，及為中尉，吏民益彫敝。是歲，齊坐不勝任抵罪，上乃復以王溫舒為中尉，趙禹為廷尉。後四年，禹以老貶為燕相。是時，吏治皆以慘刻相尚，獨左內史兒寬勸農業，緩刑罰，理獄訟，務在得人心；擇用仁厚士，推情與下，不求名聲；吏民大信愛之。收租稅，時裁闊狹與民相假貸(三三)，以故租多不入。後有軍發(三四)，左內史以負租課殿，當免；民聞當免，皆恐失之，大家牛車，小家擔負，輸租繈屬不絕(三五)，課更以最(三六)。上由此愈奇寬。

(七)初，南越文王(三七)遣其子嬰齊入宿衛(三八)，在長安，取(三九)邯鄲(四〇)樛氏女，生子興。文王薨，嬰齊立，乃藏其先武帝(四一)璽，上書請立樛氏女為后，興為嗣。漢數使使者風諭嬰齊入朝。嬰齊尚樂擅殺生自恣，懼入見要用漢灋(四二)，比內諸侯，固稱病，遂不入見。嬰齊薨，謚曰明王，太子興代立，其母為太后。太后自未為嬰齊姬時，嘗與霸陵人安國少季(四三)通。是歲，上使安國少季往諭王、王太后以入朝，比內諸侯，令辯士諫大夫(四四)終軍等宣其辭，勇士魏臣等輔其決(四五)，衛尉路博德將兵屯桂陽㊻，待使者。南越王年少，太后中國人，安國少季往，復與私通，國人頗知之，多不附太后。太后恐亂起，亦欲倚漢威，數勸王及羣臣求內屬。即因使者上書，請比內諸侯，三歲一朝，除邊關。於是天子許之，賜其丞相呂嘉銀印，及內史、中尉、太傅印㊼，餘得自置，除其故黥劓刑㊽，用漢法，比內諸侯。使者皆留，填㊾撫之。

(八)上行幸雍，且郊，或曰：「五帝，泰一之佐也，宜立泰一而上親郊。」上疑未定。齊人公孫卿曰：「今年得寶鼎，其冬辛巳朔旦冬至，與黃帝時等。」卿有札㊿書，曰：「黃帝得寶鼎，是歲己酉朔旦冬至，凡三百八十年，黃帝僊登于天。」因嬖人(51)奏之，上大悅，召問卿。對曰：「受此書申公。申公曰，漢興復當黃帝之時，漢之聖者，在高祖之孫且曾孫也。寶鼎出而與神通，黃帝接萬靈明庭；明庭者，甘泉也。黃帝采首山(52)銅，鑄鼎於荊山(53)下，鼎既成，有龍垂胡顊(54)下迎黃帝，黃帝上騎龍，與羣臣後宮七十餘人俱登天。」於是天子曰：「嗟乎！誠得如黃帝，吾視去妻子如脫屣㉕耳！」拜卿為郎，使東候神於太室㉖。

【今註】㈠禮不答也：顏師古曰：「答，對也。」言祭天而不祭地，於禮不稱。㈡其令有司議立后土祠於澤中圜丘：按《漢書・郊祀志》謂有司議祠后土，宜於澤中圜丘為五壇；通鑑加「其令」二字，則成武帝詔令中語，與志不合。㈢夏陽：縣名，故城在今陝西省韓城縣南。㈣汾陰：縣名，故城在今山西省榮河縣北。㈤河東守不意行至，不辦：言河東郡守不意武帝巡行至郡，一切供應不及備辦。河東郡在今山西省西南部。㈥汾陰脽上，脽音誰。如淳曰：「脽者，河之東岸特堆堀，長四五里，廣二里餘，高十餘丈，汾陰縣治脽之上，后土祠在縣西，汾在脽之北，西流與河合。」顏師古曰：「脽者，以其形高起如人尻脽，故以名云。」㈦滎陽：縣名，今河南省成皋縣西南。㈧周子南君：顏師古曰：「子南，其封邑之號；以為周後，故總言周子南君。」周子南君食邑於潁川郡之長社縣，今河南省長葛縣西。㈨中山靖王勝：景帝子，中二年受封。㈩樂成侯丁義：高祖功臣丁禮之曾孫。樂成侯國在今河南省鄧縣西南。⑪誅文成：見上卷元狩四年。⑫膠東康王：名寄，景帝子。⑬長美言：長於說好話。⑭食馬肝死耳：馬肝有毒，食之致死。⑮樂通侯：食邑於安定郡之高平縣，今甘肅省固原縣。⑯斥：顏師古曰：「斥，不用者也。」⑰衞長公主：衞太子姊。⑱共給：共讀供，供給。⑲太主：武帝姑母竇太主。⑳天道：道讀導。《漢書・郊祀志》：「佩天道者，且為天子道天神也。」㉑羽衣：綴羽毛為衣。㉒六印：五利、天士、地士、大通、天道五將軍印及樂通侯印。㉓搤腕：搤音厄，執持。亦作扼腕，表示振奮。㉔汾陰巫錦：汾陰之巫名錦。㉕魏脽土后營旁：顏師古曰：「汾脽本魏地之墳，故稱魏脽也。營謂后土祠之兆域。」㉖從上行：謂以鼎從行上甘泉。㉗泗水王：分東海郡之淩、泗陽、于三縣為泗水國。淩在今江蘇省遷宿縣東南，泗陽在今江蘇省泗陽縣東。于在今江蘇省東海縣西。㉘周亞夫為丞相：自景帝前七年迄中三年。㉙無害：無比之意。㉚文深：文謂循理用法。文深謂持法苛刻。㉛酷急：嚴酷急迫。㉜斬伐：斬草伐木，以喻用法之嚴。㉝時裁闊狹，與民相假貸：胡三省曰：「闊謂征斂稍寬禁防疏闊之時，狹謂督促迫急之時。闊時不急征收，假貸與民，使營生業。」㉞軍發：軍事徵發。㉟輸租繈屬不絕：言輸送租賦者如繩索之相連不斷。㊱殿、最：凡考課之等差曰殿最：課下下曰殿，課上上曰最。㊲南越文王：南越王趙胡薨，謚文王。㊳嬰齊入宿衞：見十七卷建元元年。㊴取：同娶。㊵邯鄲：縣名，故城在今河南省邯鄲縣西南十里趙王城。㊶武帝：趙佗自號南越武帝。㊷懼入見要用漢灋：言嬰齊恐來朝見，而漢邀之以用朝廷之法。㊸霸陵人安國少季：霸陵，秦芷陽縣，漢文帝築陵於此，改曰霸陵縣，故城在今陝西省長安縣東。顏師古曰：「姓安國，字少季。」㊹諫大夫：《漢書》百官表：「元狩五年，初置諫大夫，秩比八百石。」㊺輔其決：助其決策。㊻桂陽：縣名，故城在今廣東省連縣。㊼賜其丞相、內史、中尉、太傅印：《漢書》百官表：「諸侯王國有太傅輔王，內史治民，中尉掌武職，丞相統眾官，」皆由天子任命，故亦賜南越丞相、內史、中尉、太傅印，以比內諸侯。㊽除其故黥劓刑：漢文帝除肉刑不用黥劓之法，故亦令南越除之。㊾填：同鎮。㊿札：木簡之薄小者。㊿變人：寵幸之人。㊾首山：《漢書．地理志》，河東郡蒲阪縣有雷首山。蒲阪縣故城在今山西省永濟縣東南，雷首山在永濟縣南。㊾荊山：漢書地理志，左馮翊懷德縣有荊山。懷德縣故城在今陝西省富平縣西南十里，荊山在富平縣西南三十里。㊾胡頷：頸下垂肉曰胡，其毛曰頷，同髯。㊾如脫屣：以喻輕易之至。屣音徙，小履。㊾太室：中嶽嵩山（即嵩高）有三峯：中曰峻極，東曰太空，西曰少室；在今河南省登封縣東北。

五年（西元前一一二年）

㈠冬十月，上祠五時於雍，遂踰隴㈠，西登崆峒㈡，隴西㈢守以行往卒㈣，天子從官不得食，惶恐自殺。於是上北出蕭關㈤，從數萬騎，獵新秦中㈥，以勒邊兵而歸。新秦中或千里無亭徼，於是誅北地㈦太守以下。上又幸甘泉，立泰一祠壇，所用祠具，如雍一時而有加焉㈧。五帝壇環居其下，四方地為醊㈨食羣神從者及北斗云。十一月，辛巳朔，冬至，昧爽㈩，天子始郊拜泰一，朝朝日，夕夕月，則揖⑪。其祠列火滿壇，壇旁亨⑫炊具。有司云，祠上有光。又云，晝有黃氣，上屬天。太史令談⑬，祠官寬舒⑭等請三歲天子一郊見，詔從之。

㈡南越王、王太后飭治行裝，重齎為入朝具。其相呂嘉年長矣，相三王，宗族仕宦為長長吏者七十餘人，男盡尚王女，女盡嫁王子弟宗室，及蒼梧秦王有連㈤。其居國中，甚重，得眾心，愈於王㈥。王之上書，數諫止王，王弗聽，有畔心，數稱病，不見漢使者。使者皆注意嘉，勢未能誅。王、王太后亦恐嘉等先事發，欲介㈦漢使者權謀誅嘉等，乃置酒請使者，大臣皆侍坐飲。嘉弟為將，將卒居宮外。酒行，太后謂嘉曰：「南越內屬，國之利也，而相君苦不便者，何也？」以激怒使者。使者狐疑相杖，遂莫敢發㈧。嘉見耳目非是㈨，即起而出。太后怒，欲鏦㈩嘉以矛，王止太后。嘉遂出，介其弟兵就舍㈢，稱病，不肯見王及使者，陰與大臣謀作亂。王素無意誅嘉，嘉知之，以故數月不發。

天子聞嘉不聽命，王、王太后孤弱不能制，使者怯無決。又以為王、王太后已附漢，獨呂嘉為亂，不足以興兵，欲使莊參以二千人往使。參曰：「以好往，數人足矣；以武往，二千人無足以為也。」辭不可。天子罷參。郟㉒壯士故濟北相韓千秋㉓奮曰：「以區區之越，又有王、王太后應，獨相呂嘉為害，願得勇士三百人，必斬嘉以報！」於是天子遣千秋與王太后弟樛樂將二千人往入越境。呂嘉等乃遂反，下令國中曰：「王年少，太后中國人也，又與使者亂，專欲內屬，盡持先王寶器入獻天子以自媚；多從人，行至長安，虜賣以為僮僕，取自脫一時之利，無顧趙氏社稷，為萬世慮計之意！」乃與其弟將卒攻殺王、王太后及漢使者。遣人告蒼梧秦王及其諸郡縣，立明王長男越妻子術陽侯建德㉔為王。而韓千秋兵入破數小邑。其後越直開道給食㉕，未至番禺㉖四十里，越以兵擊千秋等，遂滅之。使人函封漢使者節，置塞上，好為謾辭㉗謝罪，發兵守要害處。

春三月壬午（四日），天子聞南越反，曰：「韓千秋雖無功，亦軍鋒之冠。」封其子延年為成安侯㉘。樛樂姊為王太后，首願屬漢，封其子廣德為龍亢侯㉙。【考異】漢書功臣表作龍侯，南越傳作龔侯。晉灼曰：龔，古龍字。史記建元以來侯者表及南越傳，皆作龍亢侯，今從之。

㈢夏四月，赦天下。

㈣丁丑（三十日）晦，日有食之。

㈤秋，遣伏波將軍㊂路博德出桂陽㊂，下湟水㊂，樓船㊂將軍楊僕出豫章㊃，下湞水㊄，歸義越侯嚴㊅為戈船㊆將軍，出零陵㊇，下離水㊈，甲㊉為下瀨㊉將軍，下蒼梧，皆將罪人，江淮以南樓船十萬人；越馳義侯遺㊉別將巴蜀罪人，發夜郎兵，下牂柯江㊉，咸會番禺。

齊相卜式上書，請父子與齊習船者往死南越。天子下詔褒美式，賜爵關內侯，金六十斤，田十頃，佈告天下。天下莫應。是時列侯以百數，皆莫求從軍擊越。會九月，嘗酎祭宗廟，列侯以令獻金助祭，少府省金㊉，金有輕及色惡者，上皆令劾以不敬，奪爵者百六人㊉。辛巳（六日），丞相趙周坐知列侯酎金輕，下獄，自殺。

㈥丙申（二十一日），以御史大夫石慶為丞相，封牧丘侯㊉。時國家多事，桑弘羊等致利，王溫舒之屬峻灋，而兒寬等推文學，皆為九卿，更進用事；事不關決㊉於丞相，丞相慶醇謹而已。

㈦五利將軍裝治行，東入海求其師。既而不敢入海，之太山祠。

上使人隨驗，實無所見。五利妄言見其師，其方盡，多不售㊽，坐誣罔腰斬，樂成侯亦棄市。

(八)西羌眾十萬人反，與匈奴通使，攻故安㊾，圍枹罕㊿。匈奴入五原(五一)，殺太守。

【今註】㊀隴：即隴山，亦名隴坂、隴坻、隴首，在今陝西省隴縣西。㊁崆峒：山名，亦作空桐，在今甘肅省平涼縣西。㊂隴西：郡名，注見第十八卷。㊃行往卒：言天子猝然巡行而往。㊄蕭關：在今甘肅省固原縣東南。㊅新秦中：注見上卷。㊆北地：郡名，在今甘肅省最東北部，更東及陝西省境，西北及寧夏省之東南部。㊇所用祠具，如雍一時而有加焉：言祭泰一所用祠具，如雍五時中一時之祠具而加醴棗脯之屬。㊈醊：音綴，通作餟、腏。連續而祭曰醊。㊉昧爽：與早旦同。昧是冥，爽是明，冥而漸明，即早旦之時。⑪朝朝日，夕夕月，則揖：上朝字與上夕字皆名詞，下朝字與下夕字皆動詞。朝朝日謂早晨祭日；夕夕月，謂晚間祭月，皆在日月初出之時。應劭曰：「天子春朝日，秋夕月；，朝日以朝，夕月以夕。」臣瓚曰：「漢儀注：郊泰時，皇帝平旦出竹宮，東向揖日，其夕，西南向揖月；便用郊日，不用春秋也。」顏師古曰：「春朝朝日，秋夕夕月，蓋常禮，郊泰時而揖日月，此又別儀。」⑫亨：讀烹。⑬太史令談：太史令為太常屬官，秩六百石，掌天時星麻。凡歲將終，奏新年麻；凡國祭祀喪娶之事，掌奏良日及時節禁忌；國有瑞應災異，掌記之。談即司馬談。㉔祠官寬舒：祠官，掌祭祀之官；寬舒，人名，史佚其姓。㉕及蒼梧秦王有連：趙光據蒼梧地，自稱秦王。有連，謂有親戚關係。㉖愈於王：勝於南越王。㉗介：因，恃。㉘使者狐疑相杖，遂莫敢發：言因使者以猶豫之態度相持，王與太后於是不敢發動。㉙嘉見耳目非是：言嘉見在坐之人耳聽目視之間俱失常態。㉚鏦：撞刺。㉛介其弟兵就舍：介亦因、恃之意。《史記》作「分其弟兵就舍。」㉜郟：音夾。漢郟縣即今河南省郟縣。㉝故濟北相韓千秋：胡三省曰：「千秋蓋相濟北成王胡也；胡，貞王勃之子。」錢大昕曰：「李陵傳作濟南相。」㉞越妻子術陽侯建德：特言越妻，以別於樛氏。胡三省曰：「建德降漢始封術陽侯，史蓋追書也。」術陽侯食邑於東海郡之下邳縣，今江蘇省邳縣東。㉟越直開道給食：顏師古曰：「縱之令深入，然後擊滅之。」㊱番禺：南越之都。㊲謾辭：誑辭；謾音慢。㊳成安侯：食邑於潁川郡之郟縣。韓千秋即郟人。㊴龍亢侯：《漢書．地理志》，沛郡有龍亢縣，故城在今安徽省懷遠縣西北七十五里龍亢集。亢音岡。㊵伏波將軍：取船行江海，能使波濤伏息之意，以為將軍之號。㊶桂陽：郡名，有今湖南省南部及廣東省北部地。桂陽郡有桂陽縣，即今廣東省連縣。㊷湟水：亦稱洭水，源出今湖南省郴縣黃岑山，南流入廣東省境，至連縣東會桂水為連州江，再經陽山縣至英德縣南，出洭蒲關，入北江。㊸樓船：《史記．平準書》：「大修昆明池，治樓船，高十餘丈，旗幟加其上，甚壯。」㊹豫章：郡名，在今江西省境。㊺湞水：源出今廣東省南雄縣大庾嶺南麓，西流至曲江縣合武水南流為北江。㊻歸義越侯嚴：嚴本越人，來歸而漢封之。㊼戈船：臣瓚曰：「伍子胥書有戈船以載干戈，因謂之戈船也。」㊽零陵：

郡名，有今湖南省西南部及廣西省西北部之地。零陵郡有零陵縣，故城在今廣西省全縣北。㊴離水：亦作灕水，源出今廣西省興安縣陽海山，與湘水同源合流，是為灕湘；至縣東，湘水東北流入洞庭湖；灕水則西南流經桂林，至陽朔，折東南，經平樂、昭平等縣，至蒼梧合潯江，東流為西江。㊵甲：亦越人歸漢者。㊶下瀨：臣瓚曰：「瀨，湍也。伍子胥書有瀨船。」瀨音賴。㊷越馳義侯遺：越人名遺，歸漢而封馳義侯。按〈功臣表〉無歸義越侯嚴、甲及越馳義侯遺。㊸牂柯江：注見十八卷。㊹省金：省察金之斤兩與成色。㊺奪爵者百六人：如淳曰：「漢儀注，王子為侯，歲以黃金嘗酎於漢廟，皇帝臨受獻金；金少不如斤兩，色惡，王削縣，侯免國。」胡三省曰：「當時失侯者，列侯、王子侯共一百六人，蓋不特王子侯有酎金也。」㊻牧丘侯：食邑於平原郡之平原縣，故城在今山東省平原縣東。㊼關決：關白取決。㊽不售：無應驗。㊾故安：《漢書．地理志》，涿郡有故安縣，在今河北省易縣東南。胡三省曰：「西羌之兵安能至此？當作安故。」漢安故縣故城在今甘肅省臨洮縣南。㊿枹罕：縣名，今甘肅省臨夏縣。枹音膚。(51)五原：秦九原郡，漢武帝改立五原郡，在今綏遠省境，河套之北，治九原縣，即今綏遠省五原縣。

六年（西元前一一一年）

(一)冬，發卒十萬人，遣將軍李息、郎中令徐自為征西羌，平之。

㈡樓船將軍楊僕入越地，先陷尋陜①，破石門②，挫越鋒，以數萬人待伏波將軍路博德至，俱進，樓船居前，至番禺。南越王建德、相呂嘉城守。樓船居東南面，伏波居西北面。會暮，樓船攻敗越人，縱火燒城。伏波為營③，遣使者招降者，賜印綬，復縱令相招④。樓船力攻燒敵，驅而入伏波營中，黎旦，城中皆降。建德、嘉已夜亡入海。伏波遣人追之。校尉司馬⑤蘇弘得建德，越郎⑥都稽得嘉。【考異】史記、漢書表皆作孫都。南越傳皆云都稽。今從傳。戈船、下瀨將軍兵及馳義侯所發夜郎兵未下⑦，南越已平矣。遂以其地為南海、蒼梧、鬱林、合浦、交趾、九真、日南、珠厓、儋耳九郡⑧。師還，上益封伏波，封樓船為將梁侯⑨，蘇弘為海常侯⑩，都稽為臨蔡侯⑪，及越降將蒼梧王趙光等四人皆為侯⑫。【考異】凡此等封侯者，年表皆有月日，為其先後難齊，故盡附於立功之處。後倣此。

㈢公孫卿候神河南，言見僊人跡緱氏⑬城上。春，天子親辛緱氏城視跡，問卿得毋効文成、五利乎？卿曰：「僊者，非有求人主，人主者求之。其道非寬假，神不來。言神事如迂誕⑭，積以歲月，乃可致也。」上信之。於是郡國各除道，繕治宮觀、名山、神祠，以望幸焉。

㈣賽南越㊄，祠泰一、后土，始用樂舞。

㈤馳義侯發南夷兵，欲以擊南越，且蘭㊅君恐遠行，旁國虜其老弱，乃與其眾反，殺使者及犍為㊆太守。漢乃發巴蜀罪人當擊南越者八校尉，遣中郎將郭昌、衞廣將而擊之，誅且蘭及邛君、筰侯㊇，遂平南夷為牂柯郡㊈。

夜郎侯始倚南越，南越已滅，夜郎遂入朝，上以為夜郎王。冉駹皆振恐，請臣置吏，乃以邛都為越嶲郡㊉，筰都為沈黎郡，冉駹為汶山郡㉑，廣漢㉒西白馬㉓為武都郡㉔。

㈥初，東越王餘善上書，請以卒八千人從樓船擊呂嘉，兵至揭陽㉕，以海風波為解，不行，持兩端㉖，陰使南越。及漢破番禺，不至。楊僕上書，願便引兵擊東越。上以士卒勞倦，不許，令諸校屯豫章、梅嶺㉗以待命。餘善聞樓船請誅之，漢兵臨境，乃遂反，發兵距漢道，號將軍騶力等為吞漢將軍，入白沙㉘、武林㉙、梅嶺，殺漢三校尉。是時漢使大農張成、故山州侯齒㉚將屯，弗敢擊，卻就便處，皆坐畏懦誅。餘善自稱武帝。

上欲復使楊僕將，為其伐前勞，以書敕責之曰：「將軍之功，獨有先破石門、尋陿，非有斬將搴㉛旗之實也，烏足以驕人哉？前破番禺，捕降者以為虜，掘死人以為獲，是一過也；使建德、呂嘉得以東越為援㉜，是二過也；士卒暴露連歲，將軍不念其勤勞，而請乘傳行塞，因用歸家，懷銀黃，垂三組㉝，夸鄉里，是三過也；失期內顧㉞，以道惡為解，是四過也；問君蜀刀㉟價而陽不知㊱，挾詐干㊲君，是五過也。受詔不至蘭池㊳，明日又不對；假令將軍之吏，問之不對，令之不從，其罪何如？推此心在外，江海之間可得信乎？今東越深入，將軍能率眾以掩過不㊴？」僕惶恐對曰：「願盡死贖罪！」上乃遣橫海將軍韓說出句章㊵，浮海從東方往，樓船將軍楊僕出武林，中尉王溫舒出梅嶺，以越侯為戈船下瀨將軍，出若邪㊶、白沙，以擊東越。

㈦博望侯既以通西域尊貴，其吏士爭上書言外國奇怪利害，求使；天子為其絕遠，非人所樂往，聽其言，予節募吏民，毋問所從來(42)，為具備人眾遣之，以廣其道。來還，不能毋侵盜幣物，及使失指(43)；天子為其習之，輒覆按，致重罪以激怒，令贖(44)，復求使，使端無窮而輕犯灋。其吏卒亦輒復盛推外國所有，言大者予節，言小者為副，故妄言無行之徒皆爭效之。其使皆貧人子，私縣官齎物(45)，欲賤市以私其利。外國亦厭漢使人人有言輕重(46)，度漢兵遠不能至，而禁其食物，以苦(47)漢使。漢使乏絕積怨，至相攻擊。而樓蘭、車師小國當空道(48)，攻劫漢使王恢等尤甚。而匈奴奇兵又時遮擊之。使者爭言西域皆有城邑，兵弱易擊。於是天子遣浮沮將軍公孫賀萬五千騎，出九原二千餘里，至浮沮井而還，匈河(49)將軍趙破奴將萬餘騎，出令居(50)數千里，至匈河水而還。以斥逐匈奴，不使遮漢使，皆不見匈奴一人。乃分武威、酒泉地置張掖(51)、敦煌郡(52)，【考異】漢書武紀，元狩二年，渾邪王降，以其地為武威酒泉郡，元鼎六年，分置張掖敦煌郡。而地理志云，張掖、酒泉郡太初元年開，武威郡太初四年開，敦煌郡後元元年分酒泉置。今從武紀。徙民以實之。

(八)是歲，齊相卜式為御史大夫。式既在位，乃言郡國多不便，縣官作鹽鐵器，苦惡(53)，價貴，或彊令民買之，而船有算(54)，商者少，物貴。上由是不悅卜式。

㈨初，司馬相如病且死，有遺書頌功德，言符端，勸上封泰山，上感其言。會得寶鼎，上乃與公卿諸生議封禪。封禪用希曠絕，莫知其儀，而諸方士又言封禪者，合不死之名也㊸。黃帝以上封禪，皆致怪物，與神通，秦皇帝不得上封，陛下必欲上，稍上，即無風雨，遂上封矣。上於是乃令諸儒采尚書、周官、王制之文，草封禪儀，數年不成。上以問左內史兒寬。寬曰：「封泰山，禪梁父，昭姓考瑞，帝王之盛節也。然享薦之義，不著於經㊹。臣以為封禪告成，合祛於天地神祇㊺，唯聖王所由制定其當，非羣臣之所能列。今將舉大事，優游數年，使羣臣得人人自盡，終莫能成，唯天子建中和之極，兼總條貫，金聲而玉振之㊻，以順成天慶，垂萬世之基。」上乃自制儀，頗采儒術以文之。上為封禪祠器，以示羣儒，或曰不與古同，於是盡罷諸儒不用。上又以古者先振兵釋旅，然後封禪。

【今註】㊀尋陿：王先謙曰：「廣州新語：自英德（漢湞陽縣地）至清遠（漢中宿縣地）有三峽：

一曰中宿，一曰大廟，一曰湞陽。大廟介二峽之間，尤險陿，故尉佗築萬人城於此；楊僕先陷尋陿，即此。」陿音狹。㈡石門：王先謙引《廣州記》云：「石門在番禺縣北二十里。昔呂嘉積石於江，名曰石門。」㈢為營：謂設營壘以待越人來降。㈣復縱令相招：言越人有來降者，即賜以印綬，再放其返還，令更招諭他人來降。㈤校尉司馬：《史記》作「其故校尉司馬，」朱一新曰：「蓋以故校尉而今為軍司馬也。」〈功臣表〉亦謂蘇弘以伏波司馬得南越王建德侯。㈥越郎：南越自置之郎。㈦未下：未到番禺。㈧南海九郡：南海郡在今廣東省東半部，並略及閩南、贛南之地；蒼梧郡有今廣東、廣西兩省各一部分，並略及湘南；鬱林郡在今廣西省境內；合浦郡在今廣東省西半部及廣西省東南近海一帶地；交趾、九真、日南三郡皆在今越南境；珠厓、儋耳二郡皆在今海南島上，後併於合浦郡。㈨將梁侯：食邑不詳。㈩海常侯：食邑於琅邪郡，不知何縣。⑪臨蔡侯：食邑於河內郡，不知何縣。⑫越降將……四人皆為侯：蒼梧王趙光封隨桃侯，揭陽令史定封安道侯，越將畢取封膫侯，皆食邑於南陽郡，不知何縣；桂林監居翁封湘城侯，食邑於南陽郡之堵陽縣，今河南省方城縣東。堵音者。⑬緱氏：縣名，今河南省偃師縣南。⑭迂誕：回遠曰迂，大言曰誕。⑮賽南越：祭祀酬神曰賽。《漢書．郊祀志》云：「五年秋，為伐南越，告禱太一；」今南越既平，故賽祠以報神。⑯且蘭：南夷之一，有今貴州省烏江以南石阡、餘慶、甕安、平越、貴定、龍里、麻江、鑪山、黃平、施秉、台拱、鎮遠、三穗、天柱、劍河諸縣地。⑰犍為：郡名，注見十八卷。⑱邛君、莋侯：邛君謂邛都之君，莋侯謂莋都之君。⑲牂柯郡：有今貴州省南半部、雲南省東部、廣西省西北部及越南最北部，治侯邑，今貴州省平越縣。⑳越巂郡：有今西康省東部及雲南省北部一帶地，治邛都，今西康省西昌縣。巂音髓。㉑沈黎、汶山二部：俱在今川、康之間。沈黎郡治莋都，今四川省漢源縣；汶山郡治冉駹，今四川省茂縣。二郡後皆省併。㉒廣漢：郡名，今在四川省西北部，並及甘肅省文縣一帶地。㉓白馬：為西羌諸部之一，在今甘、川之間。㉔武都郡：有今甘肅省最南部及陝西省西部鳳、略陽二縣地，治武都，今甘肅省成縣。㉕揭陽：漢揭陽縣有今廣東省東部韓江流域及其以西地，故城在今揭陽縣西。㉖持兩端：謂助漢助越，主意不定。㉗梅嶺：即大庾嶺，在今江西省大庾縣南，廣東省南雄縣北。㉘白沙：在今江西省鄱陽縣西。㉙武林：在今江西省餘干縣東北。㉚故山州侯齒：城陽共王子齒於元朔四年受封山州侯，上年坐酎金失侯，故曰故侯。侯國所在不詳。㉛搴：拔取。㉜使建德呂嘉得以東越為援：顏師古曰：「以僕不窮追之故，令得以東越為援也。」㉝懷銀黃，垂三組：銀，銀印；黃，金印。楊僕原為主爵都尉，又以樓船將軍出征，更封將梁侯，故有三組。組，印綬。㉞內顧：言顧念其家人。㉟蜀刀：蜀中所製之刀。㊱陽不知：陽同佯。偽作不知。㊲干：干犯。㊳受詔不至蘭池：如淳曰：「本出軍時欲使之蘭池宮，頓而不去。」蘭池宮在渭城。漢渭城縣在今陝西省長安縣北。㊴不：讀否。㊵句章：縣名，在今浙江省慈谿縣西南。㊶若邪：山名，在今浙江省紹興縣南；山下有溪，名若邪溪。㊷毋問所從來：顏師古曰：「不為限禁遠近，雖家人私隸，並許應募。」㊸失指：乖違天子之旨意。㊹天子為其習之……令贖：顏師古曰：「言其串習不以為難，必當更求充使，令立功以贖罪。」㊺私縣官齎物：言私自竊用所持官物。㊻外國亦厭漢使人人有言輕重：謂漢使所言，各人輕重不實，致使外國厭惡。㊼苦：困。㊽樓蘭、車師小國當空道：空道即孔道。漢通西域有兩道：南道從樓蘭，北道從車師，故二國當漢使往西域之孔道。㊾浮沮、匈河：浮沮，井名；匈河，水名；皆在匈奴境內。出軍目的，預定達此二處，故以浮沮、匈河為將軍之號。㊿令居：縣名，故城在今甘肅省永登縣西北。(51)張掖：在今甘肅省中部，治觻得，故城在今張掖縣西北。觻音鹿。(52)敦煌郡：在今甘肅省西部，郡治未詳，後漢治敦煌，即今敦煌。敦音屯。(53)縣官作鹽鐵器，苦惡：胡三省曰：「鹽器則官與牢盆是也，鐵器則官鑄鐵器是也。苦惡，專指鹽鐵器而言。」(54)船有算：見上卷元狩四年。(55)合不死之名也：《漢書・郊祀志》作「古不死之名也。」(56)享薦之義，不著於經：顏師古曰：「封禪之享薦也。以非常禮，故經無其文。」(57)合祛於天地神祇：李奇曰：「祛，開散；合，閉也。開閉於天地也。」(58)金聲而玉振之：顏師古曰：「言振揚德音，如金玉之聲也。」

元封元年（西元前一一〇年）

㈠冬十月，下詔曰：「南越、東甌，咸伏其辜㊀，西蠻、北夷，頗未輯睦㊁，朕將巡邊垂㊂，躬秉武節，置十二部將軍，親帥師焉。」乃行自雲陽㊃，北歷上郡、西河、五原㊄，出長城，北登單于臺㈥，至朔方㈦，臨北河㈧，勒兵十八萬騎，旌旗徑千餘里，以見武節，威匈奴。遣使者郭吉告單于曰：「南越王頭已縣於漢北闕，今單于能戰，天子自將待邊，不能，即南面而臣於漢，何徒遠走亡匿於幕北寒苦無水草之地，毋為也。」語卒，而單于大怒，立斬主客見者㈨，而留郭吉，遷之北海(一〇)上。然匈奴亦讋(一一)，終不敢出。上乃還，祭黃帝冢橋山(一二)，釋兵須如(一三)。【考異】漢書作涼如，今從史記。上曰：「吾聞黃帝不死，今有冢，何也？」公孫卿曰：「黃帝已僊上天，羣臣思慕，葬其衣冠。」【考異】史記、漢書皆云或對。漢武故事云，公孫卿對。今取之。上歎曰：「吾後升天，羣臣亦當葬吾衣冠於東陵(一四)乎。」乃還甘泉，類祠(一五)太一。

㈡上以卜式不習文章，貶秩為太子太傅，以兒寬代為御史大夫。

㈢漢兵入東越境，東越素發兵距險，使徇北將軍守武林。樓船將軍卒錢塘轅終古(一六)斬徇北將軍。故越衍侯吳陽(一七)以其邑七百人反，攻越軍於漢陽(一八)。越建成侯敖(一九)與繇王居股殺餘善，以其眾降。上封終古為禦兒侯(二〇)，陽為卯石侯(二一)，居股為東成侯(二二)，敖為開陵侯㉓。又封橫海將軍說為按道侯㉔，橫海校尉福為繚嫈侯㉕，東越降將多軍為無錫侯㉖。上以閩地險阻，數反覆，終為後世患，乃詔諸將悉徙其民於江淮之間，遂虛其地。

㈣春正月，上行幸緱氏，【考異】封禪書、郊祀志作二月。漢書武紀及荀紀皆作正月。從之。禮祭中嶽太室。從官在山下，聞若有言萬歲者三。詔祠官加增太室祠，禁無伐其草木，以山下戶三百為之奉邑㉗。上遂東巡海上，行禮祠八神。齊人之上疏言神怪奇方者以萬數，乃益發船，令言海中神山者數千人求蓬萊神人。公孫卿持節，常先行候名山。至東萊㉘，言夜見大人長數丈，就之則不見，其迹甚大，類禽獸云。羣臣有言見一老父牽狗，言吾欲見鉅公㉙，已忽不見。上既見大迹，未信，及羣臣又言老父，則大以為人也，宿留㉚海上，與方士傳車，及閒使求神僊，人以千數。夏四月，還至奉高㉛，禮祠地主㉜於梁父㉝。乙卯（十五日），令侍中儒者皮弁搢紳射牛行事㉞，封泰山下東方，【考異】武紀，癸卯上還，登封泰山，蓋癸卯自海上還，乙卯至泰山行事也。如郊祠泰一之禮。封廣丈二尺，高九尺，其下則有玉牒書，書祕㉟。禮畢，天子獨與侍中、奉車都尉霍子侯㊱上泰山，亦有封，其事皆禁㊲。明日，下陰道㊳。丙辰（十六），禪泰山下阯㊴東北肅然山㊵，如祭后土禮。天子皆親拜見，衣尚黃而盡用樂焉。江淮間茅三脊為神藉㊶，五色土㊷益雜封。其封禪祠，夜若有光，晝有白雲出封中㊸。天子從禪還，坐明堂㊹，羣臣更㊺上壽頌功德。詔曰：「朕以眇身承至尊，兢兢焉惟德菲薄，不明於禮樂，故用事八神。遭天地況施㊻，著見景象，屑然如有聞㊼，震於怪物，欲止不敢，遂登封泰山，至于梁父，然後升禮㊽肅然自新，嘉與士大夫更始，其以十月為元封元年。行所巡至，博、奉高、蛇丘、歷城㊾、梁父，民田租逋賦，皆貸除之。無出今年筭。賜天下民民爵一級。」又以五載一巡狩，用事泰山，令諸侯各治邸泰山下。

天子既已封泰山，無風雨，而方士更言蓬萊諸神若將可得。於是上欣然庶幾遇之，復東至海上望焉。上欲自浮海求蓬萊，羣臣諫莫能止。東方朔曰：「夫僊者得之自然，不必躁㊿求。若其有道，不憂不得；若其無道，雖至蓬萊見僊人，亦無益也。臣願陛下第(51)還宮靜處以須(五二)之，僊人將自至。」上乃止。會奉車霍子侯暴病，一日死，子侯，去病子也，上甚悼之。乃遂去，幷(五三)海上，北至碣石(五四)，巡自遼西(五五)，歷北邊至九原。五月，乃至甘泉，凡周行萬八千里云。

先是桑弘羊為治粟都尉，領大農(五六)，盡管天下鹽鐵。弘羊作平準之法，令遠方各以其物，如異時商賈所轉販者為賦，而相灌輸，置平準於京師，都受天下委輸(五七)。大農諸官，盡籠天下之貨物，貴即賣之，賤則買之，欲使富商大賈無所牟(五八)大利，而萬物不得騰踊。至是天子巡狩郡縣，所過賞賜，用帛百餘萬匹，錢金以巨萬計，皆取足大農。弘羊又請吏得入粟補官，及罪人贖罪，山東漕粟益歲六百萬石。一歲之中，太倉、甘泉倉滿，邊餘穀，諸物均輸，帛五百萬匹，民不益賦，而天下用饒。於是弘羊賜爵左庶長，黃金再百斤焉。是時小旱，上令官求雨；卜式言曰：「縣官當食租衣稅而已，今弘羊令吏坐市列肆，販物求利，亨弘羊，天乃雨！」

(五)秋，有星孛于東井(五九)，後十餘日，有星孛于三台(六〇)。望氣(六一)王朔言，候獨見填星(六二)出如瓜，食頃，復入。有司皆曰：「陛下建漢家封禪，天其報德星」云(六三)。

㈥齊懷王閎(六四)薨，無子，國除。

【今註】 ㊀辜：罪。㊁輯睦：和睦。㊂垂：同陲，邊疆。㊃雲陽：縣名，故城在今陝西省淳化縣西北。㊄上郡、西河、五原：西河郡有今綏遠省套內、陝西省最北部及山西省北部沿河一帶地。上郡注見十八卷，五原郡注見本卷元鼎五年。㊅單于臺：在今綏遠省托克托縣附近。㊆朔方：郡名，注見十八卷。㊇北河指今綏遠省境內之黃河。㊈主客見者：主客，主接待諸客者；見者，指引見漢使郭吉於單于者。㊉北海：今西伯利亞之貝加爾湖。⑪讋：音摺，恐懼。⑫橋山：在今陝西省黃陵縣西北，上有黃帝冢，名曰橋陵。⑬須如：地名，不知所在。⑭東陵：即茂陵；在長安東，故稱東陵。⑮類祠：顏師古曰：「謂以事類而祭也。」⑯錢塘轅終古：錢塘，今浙江省杭縣。轅，姓；終古，名。⑰故越衍侯吳陽：言吳信舊為越衍侯。《漢書》兩粵傳云：「吳陽前在漢，漢使歸諭餘善，不聽。及橫海軍至，陽以其邑七百人反。」⑱漢陽：在今福建省浦城縣北。⑲越建成侯敖：亦東越所封。⑳繇兒侯：繇兒亦作語兒，在今浙江省嘉興縣南。㉑卯石侯：《史記》作北石，《漢書》功臣表作外石。兩粵傳作卯石。卯石侯食邑於濟南郡，不知何縣。㉒東成侯：《史記》作東城侯。漢東城縣在今安徽省定遠縣東南。㉓開陵侯：臨淮郡有開陵侯國，在今安徽省泗縣舊城之北。按清代泗州舊城淪入洪澤湖中。㉔按道侯：亦作安道侯，食邑於南陽郡，不知何縣。㉕繚嫈侯：繚音遼，嫈音瑩。繚嫈侯劉福為城陽共王子，本為海常侯，坐法失爵；今以從征東越封侯。國在何地不詳。㉖無錫侯：漢無錫縣故城即今江蘇省無錫縣治。㉗奉邑：奉祀之邑。㉘東萊：郡名，注見十八卷。㉙鉅公：鉅，巨大。鉅公，指天子。㉚宿留：謂停留有所待。㉛奉高：泰山郡治所，今山東省泰安縣東北。㉜地主：八神之一。㉝梁父：縣名，在今山東省泰安縣南。㉞皮弁搢紳射牛行事：皮弁，古冠名，以白鹿皮為之。《後漢書・輿服志》曰：「委貌（亦古冠名）與皮弁同制，如覆杯，前高廣，後卑銳，以皁絹為之。」搢紳，插笏於腰帶。射牛，天子有大祭典，必先射牛，以示親自宰牲之意。行事，謂行封禪之事。㉟其下則有玉牒書，書祕：《舊唐志》，玄宗問玉牒之文，前代帝王何故祕之？賀知章對曰：「玉牒本是通於神明之意，前代帝王所求各異，或禱年算，或思神仙，其事微密，是故莫知之。」㊱霍子侯：霍去病之子，名嬗，字子侯。㊲禁：祕密。㊳陰道：山北之道。㊴泰山下阯：猶言泰山腳下。㊵肅然山：在今山東省萊蕪縣東北。㊶江淮間茅三脊為神藉：胡三省曰：「藉，薦也。」謂以江淮間所產茅草薦於地神。茅三脊，《漢書・郊祀志》作一茅三脊：一茅而有三脊，或係擇長大之茅以為薦神之用。㊷五色土：東方青土，南方赤土，西方白土，北方黑土，上更冒以黃土為五色土。古時天子祭后土，以五色土為壇。㊸晝有白雲出封中：言日間有白雲出於所封之中。㊹坐明堂：《漢書・地理志》，奉高西南四里有明堂。臣瓚謂武帝初封泰山，泰山東北阯有古明堂處，武帝所坐明堂即此。明年秋乃作明堂。㊺更：互。㊻遭天地況施：況，賜；施，予。言蒙天地神靈賜以瑞應。㊼屑然如有聞：指上文「聞若有言萬歲者三」。㊽禮：同禪。(四九)博、蛇丘、歷城：博縣在今山東省泰安縣東南。蛇丘縣在今山東省肥城縣南。蛇音移。歷城縣即今山東省歷城縣治。(五〇)燥：急。(五一)第：但。(五二)須：待。(五三)並：讀傍。(五四)碣石：《漢書・地理志》，右北平郡驪成縣西南有大碣石山。按驪成故城在今河北省樂亭縣西南。一說在遼西郡絫縣。按絫縣故城在今河北省昌黎縣東南。(五五)遼西：郡名，注見十八卷。(五六)桑弘羊為治粟都尉，領大農：劉敞曰：「大司農，舊治粟內史。弘羊為搜粟都尉。」(五七)委輸：委，積聚。郡國所積聚之金帛財貨隨時輸送於司農曰委輸。(五八)牟：取。(五九)東井：星名，即井宿，有星八。《晉書・天文志》：「南方東井八星，天之南門。」(六〇)三台：星名。《晉書・天文志》：「三台六星，兩兩而居。」(六一)望氣：古覘候之術，望雲氣而知徵兆者。(六二)填星：土星。填音鎮。(六三)天其報德星云：德星，指填星。言天以武帝行封禪，遂以德星報之。(六四)齊懷王閎：元狩六年受封。

卷二十一　漢紀十三

司馬光編集
夏德儀註

起玄黓涒灘，盡玄黓敦牂，凡十一年。（壬申至壬午，西元前一〇九年至西元前九九年）

世宗孝武皇帝下之上

元封二年（西元前一〇九年）

㈠冬十月，上行幸雍，祠五時；還，祝祠泰一㊀，以拜德星。

㈡春正月，公孫卿言：「見神人東萊山㊁，若云欲見天子。」天子於是幸緱氏城，拜卿為中大夫；遂至東萊，宿留之，數日，無所見，見大人迹云。復遣方士求神怪，采芝藥㊂，以千數。時歲旱，天子既出無名，乃禱萬里沙㊃。夏四月，還，過祠泰山。

㈢初，河決瓠子㊄，後二十餘歲不復塞，梁楚之地㊅尤被其害。是歲，上使汲仁、郭昌二卿，發卒數萬人，塞瓠子河決。天子自泰山還，自臨決河，沈白馬、玉璧于河，令羣臣從官，自將軍以下，皆負薪，卒填決河，築宮其上，名曰宣防宮。導河北行二渠，復禹舊迹㈦，而梁楚之地復寧，無水災。

㈣上還長安。

㈤初令越巫祠上帝、百鬼，而用雞卜㈧。

㈥公孫卿言：「僊人好樓居。」於是上令長安作蜚廉、桂觀，甘泉作益壽、延壽觀㈨，使卿持節設具而候神人。又作通天莖臺㈩，置祠具其下，更置甘泉前殿，益廣諸宮室。

㈦初，全燕之世㈡，嘗略屬真番、朝鮮㈢，為置吏，築障塞。秦滅燕，屬遼東外徼。漢興，為其遠難守，復修遼東故塞，至浿水㈢，為界，屬燕。燕王盧綰反入匈奴㈣。燕人衛滿亡命，聚黨千餘人，椎髻蠻夷服，而東走出塞，度浿水，居秦故空地上下障，稍役屬真番、朝鮮蠻夷及燕亡命者，王之，都王險㈤。會孝惠、高后時，天下初定，遼東太守即約滿為外臣，保塞外蠻夷，無使盜邊，諸蠻夷君欲入見天子，勿得禁止。以故滿得以兵威財物，侵降其旁小邑，真番、臨屯㈥，皆來服屬，方數千里；傳子至孫右渠，所誘漢亡人滋多，又未嘗入見。辰國㈦欲上書見天子，又雍閼不通。是歲，漢使涉何⑱誘諭，右渠終不肯奉詔。何去，至界上，臨浿水，使御刺殺送何者朝鮮裨王長⑲，即渡馳入塞，遂歸報天子曰：「殺朝鮮將。」上為其名美，即不詰，拜何為遼東東部都尉⑳。朝鮮怨何，發兵襲攻殺何。

(八)六月，甘泉房中產芝九莖，上為之赦天下。

(九)上以旱為憂。公孫卿曰：「黃帝時封則天旱，乾封三年。」上乃下詔曰：「天旱，意乾封乎？」

(十)秋，作明堂於汶上㉑。

(十一)上募天下死罪為兵，遣樓船將軍楊僕從齊浮渤海㉒，左將軍荀彘出遼東，以討朝鮮。

(十二)初，上使王然于以越破及誅南夷兵威，喻滇王入朝。滇王者，其眾數萬人，其旁東北有勞深、靡莫㉓，皆同姓相杖㉔，未肯聽。勞深、靡莫數侵犯使者吏卒。於是上遣將軍郭昌、中郎將衛廣發巴蜀兵，擊滅勞深、靡莫，以兵臨滇。滇王舉國降，請置吏入朝。於是以為益州郡㉕，賜滇王王印，復長其民。是時漢滅兩越，平西南夷，置初郡十七㊇，且以其故俗治，毋賦稅。南陽、漢中㊆以往郡㊇，各以地比㊈，給初郡吏卒奉食、幣物、傳車、馬被具。而初郡時時小反，殺吏；漢發南方吏卒往誅之，間歲萬餘人，費皆仰給大農。大農以均輸調鹽鐵助賦㊂，故能贍㊂之。然兵所過，縣為以訾㊂給毋乏而已，不敢言擅賦法㊂矣。

(壹)是歲以御史中丞南陽杜周為廷尉。周外寬，內深次骨㊃，其治大放㊄張湯。時詔獄益多，二千石繫者新故相因，不減百餘人。廷尉一歲至千餘章㊅，章大者連逮證案數百，小者數十人，遠者數千，近者數百里會獄㊆。廷尉及中都官㊇詔獄，逮至六七萬人，吏所增加十萬餘人㊈。

【今註】 ㊀祠祠泰一：謂祭泰一而加祝辭。㊁東萊山：謂東萊郡之山。㊂芝藥：芝，菌類，生枯木上，昔人以為神草，服之得仙。藥謂長生不老之藥。㊃萬里沙：在東萊郡曲成縣境；曲成故城在今山東省掖縣東北。㊄河決瓠子：見十八卷元光二年。㊅梁楚之地：梁國在今江蘇、河南、山東三省交界處，楚國在今江蘇省銅山縣附近，北及山東省地，南及安徽省地。㊆導河北行二渠，復禹舊迹：《漢書·溝洫志》謂禹導河自積石，東至大伾，以河從高處來，水流湍急，難行平地，乃分二渠引河北行。按積石山在今青海省西寧縣西南，大伾山在今河南省濬縣東南。孟康曰：「二渠：其一出貝丘西南南折者也，其一則漯川也。」王先謙謂貝丘為頓丘之誤。按頓丘在今濬縣西；漯川故道自今河南省武陟縣起，經河北省入山東省，東注於海。孟氏又曰：「河自王莽時遂空，惟用漯耳。」茲再疏導黃河北行之二渠，故云「復禹舊迹。」⑧雞卜：越俗用雞骨卜事之吉凶。張守節曰：「雞卜法：用雞一、狗一，生祝願訖，即殺雞狗，煑熟又祭，獨取雞兩眼骨，上自有孔裂似人物形則吉，不足則凶。今嶺南猶行此法。」⑨蜚廉、桂觀、益壽、延壽：皆觀名。觀音貫。釋名：「觀，觀也，於上觀望也；」謂作樓於上以觀望。武帝以僊人好樓居，故作諸觀。《三輔黃圖》：「飛廉觀高四十丈。延壽觀亦如之。」王鳴盛曰：「黃長睿東觀餘論云：「史記作益延壽館，而近歲雍、耀間耕夫得古瓦，首作益延壽三字，瓦徑尺，字畫奇古，即此館當時瓦也。』然則當以史記為正，漢書郊祀志誤衍一壽字，顏云二館，非。」⑩通天莖臺：在甘泉宮。《三輔黃圖》引漢舊儀云：「通天者，言此臺高通於天也。」又引《漢武故事》云：「通天臺去地百餘丈，望雲雨悉在其下；上有承露盤，仙人掌玉杯以承雲表之露。」《史記・封禪書》作通天莖臺。王先謙曰：「索隱、漢書並無莖字，疑衍；案孝武紀亦無莖字。」⑪全燕之世：指戰國時之燕國，以別於漢之燕國。⑫真番、朝鮮：真番，後開為郡，注見元封三年。朝鮮音潮仙。漢朝鮮當今韓國北境及中國安東省之邊境。⑬浿水：今韓國之大同江。⑭盧綰反入匈奴：見十二卷高祖十三年。⑮王險：今韓國平壤。⑯臨屯：後開為郡，注見元封三年。⑰辰國：漢時朝鮮半島南部有三韓，辰國為其一。⑱涉何：姓涉名何。⑲裨王長：

顏師古曰：「長者，裨王名也。」㉚遼東東部都尉：遼東郡在今遼東半島，東部都尉治武次縣，故城在今遼寧省遼陽縣北。㉛作明堂於汶上：《漢書．地理志》，泰山郡奉高縣有明堂，在西南四里。按奉高故城在今山東省泰安縣東北十七里，縣東十里有漢明堂故址。汶上，謂汶水之上。汶水源出今萊蕪縣東北原山，亦稱大汶河，經泰安縣東，蜿蜒西南流，至東平縣合大小清河，至汶上縣入運河。此水本在東平科縣南入濟水，故舊稱入濟之汶，與源出今臨朐縣南，東流入濰之汶，及源出今費縣東，南流入沂之汶有別。㉜渤海：胡三省曰：「自青、萊以北，幽、平以南，皆濱於海，其海通謂之渤海，非指渤海郡而言也。」按今以山東、遼東兩半島相接近處為渤海海峽，其內稱渤海，其外稱黃海。㉝勞深、靡莫：西南夷二小國名。勞深，《史記》作勞濅。濅音浸。㉞相杖：謂互相依倚為援，不聽滇王入朝於漢。㉟益州郡：在今雲南省境，治滇池，故城在今宜良縣地。㊱初郡十七：初郡，初置之郡。元鼎六年，平南越，以其地置南海、鬱林、蒼梧、合浦、九真、日南、交趾、珠厓、儋耳九郡；平西南夷，以其地置武都、牂柯、越巂、沈黎、汶山五郡；又分桂陽郡置零陵郡。本年擊降滇國，置益州郡。連前在建元六年降夜郎而置之犍為郡，共十七郡。㊲南陽、漢中：南陽郡有今河南省西南部及湖北省西北部與河南省接界之地，漢中郡在今陝西省南部及湖北省西北部。㊳以往郡：謂以往原有之舊郡。㊴地比：顏師古曰：「謂依其次第自近及遠。」㊵大農以均輸調鹽鐵助賦：謂大農令以行均輸及筦鹽鐵所得之錢助益國家之財賦。㊶贍：給、足。㊷訾：同貲。㊸擅賦法：胡三省曰：「帝初擊胡，大司農賦稅專以奉戰士，故有擅賦之法。」㊹次骨：次，至。謂用法深刻至骨，喻深求苛刻之甚。㉟大放：大抵依放。㊱廷尉一歲至千餘章：謂諸獄告劾之書上於廷尉者，一年多至千餘件。㊲會獄：往受審訊。㊳中都官：京師諸官府。㊴吏所增加十萬餘人：謂吏又深文牽附，使連逮者增加十萬多人。

三年（西元前一〇八年）

㈠冬十二月，雷，雨雹，大如馬頭。

㈡上遣將軍趙破奴擊車師。破奴與輕騎七百餘先至，虜樓蘭王，遂破車師，因舉兵威以困烏孫、大宛之屬。春正月甲申（是月丁亥朔，無甲申日），封破奴為浞野侯；王恢佐破奴擊樓蘭，封恢為浩侯㊀。於是酒泉列亭障至玉門矣㊁。

㈢初作角抵戲㊂魚龍㊃曼延㊄之屬。

㈣漢兵入朝鮮境，朝鮮王右渠發兵距險。樓船將軍將齊兵七千人先至王險，右渠城守，窺知樓船軍少，即山城擊樓船，樓船軍敗，散遁山中，十餘日，稍求退散卒，復聚。左將軍擊朝鮮浿水西軍，未能破。天子為兩將未有利，乃使衞山㊅因兵威往諭右渠。

右渠見使者，頓首謝：「願降，恐兩將詐殺臣，今見信節，請復降。」遣太子入謝，獻馬五千匹，及饋軍糧，人眾萬餘持兵。方渡浿水，使者及左將軍疑其為變，謂太子已服降，宜令人毋持兵；太子亦疑使者左將軍詐殺之，遂不渡浿水，復引歸。山還報天子，天子誅山。左將軍破浿水上軍，乃前至城下，圍其西北。樓船亦往會，居城南。右渠遂堅守城，數月未能下。左將軍所將燕代卒，多勁悍；樓船將齊卒已嘗敗亡困辱，卒皆恐，將心慙㊆，其圍右渠，常持和節。左將軍急擊之。朝鮮大臣乃陰間使人私約降樓船㊇，往來言，尚未肯決，左將軍數與樓船期戰，樓船欲就其約，不會。左將軍亦使人求間隙降下朝鮮，朝鮮不肯，心附樓船；以故兩將不相能㊈。左將軍心意㊉樓船前有失軍罪，今與朝鮮私善，而又不降，疑其有反計，未敢發。天子以兩將圍城乖異，兵久不決，使濟南太守公孫遂往正之，【考異】史記作征之，蓋字誤，今從漢書。有便宜得以從事。遂至，左將軍曰：「朝鮮當下，久之不下者，樓船數期不會！」具以素所意告曰：「今如此不取，恐為大害！」遂亦以為然，乃以節召樓船將軍入左將軍營計事，即命左將軍麾下執樓船將軍，幷其軍，以報天子，天子誅遂。【考異】漢書作許遂。按左將軍亦以爭功相嫉乖計棄市，則武帝必以遂執樓船為非，漢書作許，蓋字誤，今從史記。左將軍已幷兩軍，即急擊朝鮮。朝鮮相路人、相韓陰、【考異】漢書陰作陶，今從史記。尼谿相參、將軍王唊相與謀曰：「始欲降樓船，樓船今執，獨左將軍幷將，戰益急，恐不能與戰〔一一〕，王又不肯降。」陰、唊、路人皆亡降漢，路人道死。夏，尼谿參使人殺朝鮮王右渠來降。王險城未下，故右渠之大臣成已又反，復攻吏。左將軍使右渠子長，降相路人之子最，告諭其民誅成已，以故遂定朝鮮，為樂浪、臨屯、玄菟、真番四郡〔一二〕。封參為澅清侯〔一三〕，陰為荻苴侯〔一四〕，唊為平州侯〔一五〕，長為幾侯〔一六〕，最以父死，頗有功，為涅陽侯〔一七〕。左將軍徵至，坐爭功相嫉乖計棄市，樓船將軍亦坐兵至列口〔一八〕，當待左將軍，擅先縱，失亡多，當誅，贖為庶人。

班固曰：玄菟、樂浪，本箕子所封〔一九〕。昔箕子居朝鮮，教其民以禮義，田蠶織作，為民設禁八條：相殺，以當時償殺；相傷，以穀償；相盜者，男沒入為其家奴，女為婢，欲自贖者，人五十萬，雖免為民，俗猶羞之，嫁娶無所售；是以其民終不相盜，無門戶之閉，婦人貞信不淫辟(二〇)。其田野飲食以籩豆，都邑頗放効吏，往往以杯器食。郡初取吏於遼東，吏見民無閉臧(二一)，及賈人往者，夜則為盜，俗稍益薄。今於犯禁，浸多至六十餘條。可貴哉仁賢之化也！然東夷天性柔順，異於三方之外，故孔子悼道不行，設浮桴於海，欲居九夷(二二)，有以也夫！

㈤秋七月，膠西于王端(二三)薨。【考異】荀紀，端皆作瑞，今從漢書。

㈥武都氐(二四)反，分徙酒泉。

【今註】㊀浞野侯、浩侯：從票侯趙破奴於元鼎五年坐酎金失侯，今以擊樓蘭功復封浞野侯。浞野侯及浩侯之食邑俱不詳。按此封浩侯之王恢與元光中設計馬邑以大行令為將軍下獄而死之王恢非一人。㊁於是酒泉列亭障至玉門矣：按自元狩二年霍去病收復河西休屠及昆邪王地以來，不僅先後設置四郡，更列亭障以保通路。茲既擊破樓蘭、車師，遂自酒泉西展，列亭障至敦煌郡之玉門關。㊂角抵戲：角抵亦作角觝、觳抵，古校力之戲。文穎曰：「兩兩相當，角力角技藝射御。」王先謙謂即今之貫跤。㊃魚龍：戲術之名。顏師古曰：「魚龍者，為舍利之獸，先戲於庭極，畢，乃入殿前激水，化成比目魚，跳躍漱水，作霧障日，畢，化成黃龍八丈，出水敖戲於庭，炫耀日光。西京賦云：『海鱗變而成龍，』即謂此也。」㈤曼延：亦作漫衍，戲術之名。顏師古曰：「漫衍者，即張衡西京賦所云『巨獸百尋，是為漫延』者也。」㈥僪山：王先謙謂此又一僪山，非《漢書》功臣表之義陽侯僪山。㈦慙：慙沮，謂懷慙而沮喪不振。㈧陰間使人私約降樓船：陰，暗密；間，空隙。謂朝鮮大臣祕密派人伺空隙而來，私與樓船將軍約降。㈨不相能：不相得。㈩心意：心疑。⑪恐不能與戰：《漢書》「恐不能與」下無「戰」字。王念孫謂《史記》此句之「戰」字係後人妄加。恐不能與，言左將軍并將兩軍而戰益急，恐不能敵。古謂相敵曰與。⑫樂浪、臨屯、玄菟、真番四郡：樂浪、臨屯俱在今韓國境內，樂浪偏西，臨屯偏東，樂浪郡治朝鮮縣，即今平壤，蓋以右渠所都為治，樂音洛，浪音狼。臨屯郡治東暆縣，今地不詳。暆音移。玄菟、真番俱在今安東省及韓國北部，玄菟偏東，真番偏西。玄菟郡治高句驪縣，今安東省新賓縣北。菟音徒。真番郡治霅縣，不知今為何地。番音盤。霅音摺。後臨屯併於樂浪，真番併於玄菟。⑬澅清侯：食邑於齊郡。齊郡臨淄縣附近有澅水。澅音獲。⑭萩苴侯：《漢書》功臣表作荻苴侯，食邑於勃海郡。此從《史記》，作萩，音秋。⑮平州侯：食邑於泰山郡之梁父縣，今山東省泰安縣南六十里。⑯幾侯：《漢書》功臣表作幾侯張路，食邑於河東郡。⑰涅陽侯：南陽郡有涅陽縣，在今河南省平縣南。⑱列口：縣名，屬樂浪郡。胡三省謂其地當列水入海之口。按列水自西東流，由平壤西南入海。⑲本箕子所封：周武王封箕子於朝鮮。⑳辟：讀僻。㉑臧：讀藏。㉒浮桴於海，欲居九夷：《論語・公冶長》：「子曰，道不行，乘桴浮于海。」桴音孚，編竹木為之，大者曰筏，小者曰桴。《論語・子罕》：「子欲居九夷。」名義考云：「九夷，東夷也，箕子之封國，即今朝鮮，俗仁而壽，夫子欲居者此也。」㊂膠西于王端：景帝三年六月，封子端為膠西王，有今山東省膠、高密等縣地。端薨無後，國除。謚法：能優其德曰于。㊃武都氐：古白馬氐地，漢置武都縣，為武都郡治，因稱武都氐。漢武都縣即今甘肅省武都縣。

四年（西元前一〇七年）

㈠冬十月，上行幸雍，祠五畤，通回中㊀道，遂北出蕭關㊁，歷獨鹿、鳴澤㊂，自代而還，幸河東。春三月，祠后土，赦汾陰、夏陽、中都㊃死罪以下。

㈡夏，大旱。

㈢匈奴自衞、霍度幕㊄以來，希復為冠，遠徙北方，休養士馬，習射獵，數使使於漢，好辭甘言，求請和親。漢使北地人王烏等窺匈奴。烏從其俗，去節入穹廬㊅；單于愛之，佯許甘言，為遣其太子入漢為質。漢使楊信於匈奴。信不肯從其俗。單于曰：「故約，漢嘗遣翁主，給繒絮食物有品㊆，以和親，而匈奴亦不擾邊；

今乃欲反古，今吾太子為質，無幾矣㈧」，信既歸，漢又使王烏往，而單于復讇㈨以甘言，欲多得漢財物，紿謂王烏曰：「吾欲入漢見天子，面相約為兄弟。」王烏歸報漢，漢為單于築邸於長安。匈奴曰：「非得漢貴人使，吾不與誠語。」匈奴使其貴人至漢，病，漢予藥欲愈之，不幸而死。漢使路充國佩二千石印綬往使，因送其喪，厚葬直數千金，曰：「此漢貴人也！」單于以為漢殺吾貴使者，乃留路充國不歸。諸所言者，單于特㈩空紿王烏，殊無意入漢及遣太子。於是匈奴數使奇兵侵犯漢邊。乃拜郭昌為拔胡將軍，及浞野侯屯朔方以東備胡。

【今註】㈠回中：古地名。秦始皇曾建回中宮於此。漢時為安定郡高平縣地，即今甘肅省固原縣境。㈡蕭關：在今固原縣東南。㈢獨鹿、鳴澤：服虔曰：「獨鹿，山名；鳴澤，澤名；皆在涿郡遒縣北界。」遒縣，今河北省淶水縣北。㈣汾陰、夏陽、中都：汾陰在今山西省榮河縣北，夏陽在今陝西省韓城縣南，中都在今山西省平遙縣西北。㈤衞、霍度幕：見十九卷元狩四年。㈥穹廬：氈帳。㈦品：等差。㈧今吾太子為質，無幾矣：胡三省曰：「匈奴自謂本與漢為鄰敵之國，今乃令以太子為質，是其國勢削弱，所餘無幾矣。」㈨讇：古諂字。㈩特：但。

五年（西元前一〇六年）

㈠冬，上南巡狩，至於盛唐㊀，望祀虞舜於九疑㊁，登灊天柱山㊂，自尋陽㊃浮江，親射蛟㊄江中，獲之，舳艫千里㊅，薄樅陽㊆而出，遂北至琅邪，幷㊇海，所過禮祠其名山大川。春三月，還至太山，增封。甲子（二十一日），始祀上帝於明堂，配以高祖，因朝諸侯王列侯，受郡國計㊈。夏四月，赦天下，所幸縣，毋出今年租賦。還幸甘泉，郊泰畤。

㈡長平烈侯衞青薨，【考異】漢武故事云，大將軍四子皆不才，皇后每因太子涕泣，請上削其封。上曰：吾自知之，不令皇后憂也。少子竟坐奢淫誅，上遣謝后，通削諸子封爵，各留千戶焉。按青四子，無坐奢淫誅者，此說妄也。起冢象廬山㊉。

㈢上既攘卻胡越，開地斥境，乃置交阯、朔方之州，及冀、幽、幷、兗、徐、青、揚、荊、豫、益、涼等州，凡十三部㊀，皆置刺史㊁焉。

㈣上以名臣文武欲盡，乃下詔曰：「蓋有非常之功，必待非常之人，故馬或奔踶㊂而致千里，士或有負俗㊃之累而立功名。夫泛駕㊄之馬，跅弛㊅之士，亦在御之而已。其令州郡察吏民有茂才異等㊆可為將相及使絕國㊇者！」

【今註】 ㈠盛唐：縣名，在今安徽省六安縣西。㈡望祀虞舜于九疑：九疑山在零陵郡營道縣南，亦名蒼梧山，九峯相似，望而疑之，故名。營道縣故城在今湖南省寧遠縣西，九疑山在縣南六十里。相傳舜死於蒼梧，因葬焉，故武帝望祀之。㈢灊天柱山：灊縣之天柱山。灊縣故城在今安徽省霍山縣東北。灊音潛。天柱山在南，其峯峭拔如柱，故名。武帝以之為南嶽。㈣尋陽：漢尋陽縣在大江之北，今安徽省黃梅縣界。㈤蛟：龍屬，似蛇而四腳，細頸有白嬰，大者數圍，能食人。㈥舳艫千里：言船首船尾相接，千里不絕。船尾把柁處曰舳，音逐；船頭下櫂處曰艫，音盧。㈦樅陽：縣名，在今安徽省桐城縣東南百里。㈧並：讀傍。㈨受郡國計：計，計簿。郡國每歲上計簿於京師，而天子受之。㈩廬山：胡三省曰：「廬山蓋即盧山，楊雄所謂填盧山之壑者也。」顏師古曰：「盧山，匈奴中山名。」⑪十三部：此處所列十三州名乃本《漢書．地理志》序。然《地理志》各郡國下所注州名無朔方、涼州二部，別有司隸，交阯則稱交州，皆與序文相異。按司隸校尉置於武帝征和四年，不在十三州中。又《地理志》於各郡國之屬何部，有失書者，亦有譌誤者。茲參照王先謙補注及諸家之校訂，錄西漢司隸校尉部及十三州刺史部所統郡國名於下：司隸校尉部：京兆、馮翊、扶風、弘農、河東、河南、河內七郡；豫州刺史部：潁川、汝南、沛郡三郡及梁國一國；冀州刺史部：魏郡、鉅鹿、常山、清河四郡及趙國、廣平、真定、中山、信都、河間六國；兗州刺史部：陳留、山陽、濟陰、泰山、東郡五郡及城陽、淮陽、東平三國；徐州刺史部：琅邪、東海、臨淮三郡及泗水、廣陵、楚國、魯國四國；青州刺史部：平原、千乘、濟南、北海、東萊、齊郡六郡及菑川、膠東、高密三國；荊州刺史部：南陽、江夏、桂陽、武陵、零陵、南郡六郡及長沙一國；揚州刺史部：廬江、九江、會稽、丹陽、豫章五郡及六安一國；益州刺史部：漢中、廣漢、犍為、越巂、益州、牂柯、蜀郡、巴郡八郡；涼州刺史部：隴西、金城、天水、武威、張掖、酒泉、敦煌、安定、北地、武都十郡；幷州刺史部：太原、上黨、雲中、定襄、雁門、代郡六郡；幽州刺史部：勃海、上谷、漁陽、右北平、遼西、遼東、玄菟、樂浪、涿郡九郡及廣陽一國；朔方刺史部：朔方、五原、西河、上郡四郡；交阯刺史部：南海、鬱林、蒼梧、交趾、合浦、九真、日南七郡。㊂刺史：《漢書》百官表：「監御史，秦官，掌監郡，漢省，丞相遣史分刺州，不常置。武帝初置部刺史，掌奉詔條察州，秩六百石，員十三人。」顏師古引漢官儀曰：「刺史班宣，周行郡國，省察治狀，黜陟能否，斷治冤獄，以六條問事，非條所問即不省。一條：強宗豪右，田宅踰制，以強陵弱，以眾暴寡。二條：二千石不奉詔書，遵承典制，倍公向私，旁詔牟利，侵漁百姓，聚斂為姦。三條：二千石不卹疑獄，風厲殺人，怒則任刑，喜則任賞，煩擾苛暴，剝戮黎元，為百姓所疾，山崩石裂，妖祥訛言。四條：二千石選置不平，苟阿所愛，蔽賢寵頑。五條：二千石子弟，恃怙榮勢，請託所監。六條：二千石違公下比，阿附豪強，通行貨賂，割損政令。」按諸州刺史僅司監察之責，非親民之官。㊂奔踶：顏師古曰：「踶，蹋也。奔，走也。奔踶者，乘之即奔，立則踶人也。」踶音第。王念孫曰：「案師古分奔踶為二義，非也。踶亦奔也，踶之言馳。奔踶猶奔馳耳。馬行疾則能致遠，故曰馬或奔踶而致千里，馬行疾則恐有覆車之患，故下文曰泛駕之馬亦在御之而已。若訓踶為蹋，則與下文都不相涉矣。」㊃負俗：晉灼曰：「謂被世譏論也。」㊄泛駕：覆車。泛同覂，音諷。㊅跅弛：放任無檢束。顏師古曰：「跅者，跅落無檢局也；弛者，放廢不遵禮度也。」跅音拓，弛同弛，音豕。㊆茂才異等：應劭曰：「舊言秀才，避光武諱稱茂才。異等者，超等軼羣，不與凡同也。」㊇絕國：絕遠之國。

六年（西元前一〇五年）

㈠冬，上行幸回中。

㈡春，作首山宮㊀。

㈢三月，行幸河東，祠后土，赦汾陰殊死以下。

㈣漢既通西南夷，開五郡㊁，欲地接以前通大夏，歲遣使十餘輩，出此初郡，皆閉昆明，為所殺，奪幣物。於是天子赦京師亡命，令從軍，遣拔胡將軍郭昌將以擊之，斬首數十萬。後復遣使，竟不得通。

㈤秋，大旱，蝗。

㈥烏孫使者見漢廣大㊂，歸報其國，其國乃益重漢。匈奴聞烏孫與漢通，怒，欲擊之。又其旁大宛、月氏之屬皆事漢。烏孫於是恐，使使願得尚漢公主，為昆弟。天子與羣臣議，許之。烏孫以千匹馬聘漢女。漢以江都王建㊃女細君為公主，往妻烏孫，贈送甚盛。烏孫王昆莫以為右夫人。匈奴亦遣女妻昆莫，以為左夫人。公主自治宮室居，歲時一再與昆莫會，置酒飲食。昆莫年老，言語不通，公主悲愁思歸。天子聞而憐之，間歲㊄遣使者以帷帳錦繡給遺焉。昆莫曰：「我老，」欲使其孫岑娶㊅尚公主；公主不聽，上書言狀；天子報曰：「從其國俗，欲與烏孫共滅胡。」岑娶遂妻公主。昆莫死，岑娶代立為昆彌㊆。是時，漢使西踰葱嶺，抵安息。安息發使以大鳥卵㊇及黎軒㊈善眩人㊉獻于漢，及諸小國驩潛、大益㊁、車師、扜冞、蘇䪥㊂之屬，皆隨漢使獻見天子。天子大悅。西國使更來更去㊂，天子每巡狩海上，悉從外國客，大都多人則過之，散財帛以賞賜，厚具以饒給之，以覽示㊃漢富厚焉。大角抵出奇戲諸怪物，多聚觀者，行賞賜，酒池肉林，令外國客徧觀各倉庫府藏之積，見㉕漢之廣大，傾駭之。大宛左右多蒲萄，可以為酒，多苜蓿㉖，天馬嗜之。漢使采其實以來，天子種之於離宮別觀旁，極望。然西域以近匈奴，常畏匈奴使，待之過於漢使焉。

㈦是歲，匈奴烏維單于死，子烏師廬立，年少，號兒單于。自此之後，單于益西北徙，左方兵直雲中，右方兵直酒泉、敦煌郡㉗。

【今註】㈠首山宮：首山在河東郡蒲坂縣界，於其下立宮，故曰首山宮。蒲坂在今山西省永濟縣東南。㈡五郡：犍為、越嶲、沈黎、汶山、益州。㈢烏孫遣使隨張騫報漢事：見上卷元鼎二年。㈣江都王建：易王非之子。㈤間歲：每隔一年。㈥岑娶：《史記》作岑娶，《漢書》作岑陬。〈西域傳〉云：「岑陬者，官號也，名軍須靡。」㈦昆彌：《漢書》西域傳云：「昆莫，王號也，名獵驕靡，後書昆彌云。」錢大昕曰：「昆彌即昆莫，彌莫聲相轉，其實一耳；莫之為彌，譯音有輕重，而名號未改。」㈧大鳥卵：鴕鳥卵。㈨黎軒：西方古國名。《史記》作黎軒，《漢書》作犂靬、犛靬，《後漢書》作犂鞬，皆同名而異譯。黎軒之為何國，諸說不一：有指地中海東部古希臘人之殖氏地者；有指西亞中亞，因亞歷山大之東征而曾為希臘人足跡所至之地者；有指羅馬帝國者。《後漢》稱羅馬帝國為大秦，遂又合黎軒、大秦而為一。⑩善眩人：顏師古曰：「眩，讀與幻同。」眩人亦稱幻人，即善演幻術之人。幻術猶今之魔術。⑪驩潛、大益：皆在大宛之西。⑫扜罙、蘇䪥：扜音紆，罙同彌。䪥音謝。扜彌國，南與渠勒、東北與龜茲、西北與姑墨接，西通於于闐。在今新疆省于闐縣東。蘇䪥，康居之小王國。⑬更來更去：謂遞互來去，前後不絕。更音庚。⑭覽示：顏師古曰：「言示之令其觀覽。」⑮見：顯示。⑯苜蓿：草名，音目宿。⑰左方兵直雲中，右方兵直酒泉、敦煌郡：漢初匈奴強盛時，單于庭直代、雲中郡，左方兵直上谷郡以東，右方兵直上郡以西；今單于既益徙西北，故其左右方亦徙。

太初元年（西元前一〇四年）

㈠冬十月，上行幸泰山。十一月甲子朔旦，冬至，祠上帝於明堂。東至海上，考入海及方士求神者莫驗，然益遣，冀遇之。

㈡乙酉（二十二日）柏梁臺災。

㈢十二月甲午朔，上親禪高里㊀，祠后土，臨勃海，將以望祀蓬萊之屬，冀至殊廷㊁焉。春，上還，以柏梁災，故朝諸侯受計於甘泉。甘泉作諸侯邸。越人勇之曰：「越俗，有火災復起屋，必以大，用勝服之。」於是作建章宮㊂，度為千門萬戶；其東則鳳闕㊃，高二十餘丈；其西則唐中㊄，數十里虎圈㊅，其北治大池，漸臺㊆高二十餘丈，命曰太液池㊇，中有蓬萊、方丈、瀛洲、壺梁㊈，象海中神山龜魚⑩之屬；其南有玉堂、璧門，大鳥⑪之屬，立神明臺、井幹樓⑫，度五十丈，輦道⑬相屬焉。

(四)大中大夫公孫卿、壺遂、太史令司馬遷等言：「歷紀壞廢，宜改正朔。」上詔兒寬與博士賜等共議，以為宜用夏正⑭。夏五月，詔卿、遂、遷等共造漢太初歷，以正月為歲首，色上黃，數用五⑮，定官名，協音律，定宗廟百官之儀，以為典常，垂之後世云。

(五)匈奴兒單于好殺伐，國人不安；又有天災，畜多死。左大都尉使人間告漢曰：「我欲殺單于降漢，漢遠，即兵來迎我，我即發。」上乃遣因杅將軍⑯公孫敖築塞外受降城⑰以應之。

(六)秋八月，上行幸安定⑱。

(七)漢使入西域者，言宛有善馬，在貳師城⑲，匿不肯與漢使。天子使壯士車令㉚等持千金及金馬以請之。宛王與其羣臣謀曰：「漢去我遠，而鹽水中數敗㉛。出其北，有胡寇；出其南，乏水草；又且往往而絕邑㉜，乏食者多。漢使數百人為輩來，而常乏食，死者過半，是安能致大軍乎？無奈我何！貳師馬，宛寶馬也。」遂不肯予漢使。漢使怒，妄言㉝，椎金馬而去㉞。宛貴人怒曰：「漢使至輕我！」遣漢使去，令其東邊郁成㉟王遮攻殺漢使，取財物。於是天子大怒。諸嘗使宛姚定漢等言：「宛兵弱，誠以漢兵不過三千人，彊弩射之，可盡虜矣！」天子嘗使浞野侯以七百騎虜樓蘭王，以定漢等言為然，而欲侯寵姬李氏㊱，乃拜李夫人兄廣利為貳師將軍，發屬國六千騎及郡國惡少年數萬人，以往伐宛；期至貳師城取善馬，故號貳師將軍。趙始成為軍正，故浩侯王恢㊲使導軍，而李哆為校尉，制軍事。

臣光曰：「武帝欲侯寵姬李氏，而使廣利將兵伐宛，其意以為非有功不侯，不欲負高帝之約也。夫軍旅大事，國之安危，民之生死繫焉，苟為不擇賢愚而授之，欲徼幸咫尺之功，藉以為名，而私其所愛，不若無功而侯之為愈也。然則武帝有見於封國，無見於置將，謂之能守先帝之約，臣曰過矣！」

㈧中尉王溫舒坐為姦利，罪當族，自殺。時兩弟及兩婚家㉘亦各自坐佗罪而族。光祿勳㉙徐自為曰：「悲夫！古有三族，而王溫舒罪至同時而五族㉚乎！」

㈨關東蝗大起，飛，西至燉煌。

【今註】㊀高里：山名，在泰山下。㊁殊廷：蓬萊仙人之庭。㊂建章宮：在長安城西，周回三十里。㊃鳳闕：胡三省引《三輔舊事》曰：「北有圜闕，高二十丈，上有銅鳳凰，故曰鳳闕也。」《三輔黃圖》謂鳳闕高二十五丈。㊄唐中：池名。《三輔黃圖》謂唐中池周回十二里，在建章宮太液池之南。按南當作西。㊅虎圈：獸圈之一。㊆漸臺：在太液池中。顏師古曰：「漸，浸也，臺在池中，為水所浸，故曰漸臺。」㊇太液池：《三輔黃圖》：「太液者，言其津潤所及廣也。」㊈蓬萊、方丈、瀛洲、壺梁：皆海中神山名。㊉龜魚：顏師古曰：「三輔舊事云，池北岸有石魚，長二丈，高五尺；西岸有石鼈三枚，長六尺。」《史記集解》，鼈作龜。⑪玉堂、璧門、大鳥：胡三省引《漢武故事》云：「玉堂基與未央前殿等，去地十二丈。」《三輔黃圖》：「玉堂內殿十門，階陛皆玉為之。鑄銅鳳，高五尺，飾黃金，棲屋上，下有轉樞，向風若翔。椽首薄以璧玉，因曰璧門。」

大鳥，胡三省謂立條支所產大鳥之象。按條支為亞歷山大死後，其部將塞琉卡斯領有敘利亞及幼發拉底河以東之地，後亡於羅馬。大鳥蓋即西北所產之鴕鳥。⑫神明臺、井幹樓：顏師古曰：「漢宮閣疏云，神明臺高五十丈，上有九室，恆置九天道士百人；然則神明、井幹俱高五十丈也。井幹樓，積木而高為樓，若井幹之形也。井幹者，井上木欄也，其形或四角，或八角。張衡西京賦云，井幹疊而百層，即謂此樓也。幹或作韓，其義並同。」按《說文》，韓，井桓也。⑬輦道：天子之車曰輦。天子乘輦而行之道曰輦道。⑭夏正：以建寅之月（正月）為歲首。漢初沿用秦正，以建亥之月（十月）為歲首。是歲初用夏正，故改元為太初。⑮色上黃，數用五：胡三省曰：「時議者謂漢以土德旺，土黃而數五，故上黃而用五。」張晏曰：「用五，謂印文也；若丞相，曰『丞相之印章』，諸卿及守相印文不足五字者，以『之』字足之。」⑯因杅將軍：服虔曰：「因杅，匈奴地名，因所征以為將軍之名。」杅音于。⑰受降城：在居延澤北。居延澤在今寧夏省北境。⑱安定：元鼎二年置安定郡，有今甘肅省東北部及寧夏省中衞縣地。⑲貳師城：在大宛國內，西北距國都二百里。⑳車令：姓車名令。㉑鹽水中數敗：言漢使行於鹽澤附近沙漠之中，其地不生草木，水又鹹苦，屢死亡。㉒往往而絕邑：謂沿路常無城郭居民。㉓妄言：詈罵。㉔椎金馬而去：王先謙曰：「椎破金馬，擇之而去，示絕宛也。」㉕郁成：國名，在大宛東。㉖欲侯寵姬李氏：謂欲封寵姬李氏之兄弟為侯。㉗故浩侯王恢：元封三年，以擊樓蘭功受封浩侯，一年，坐使酒泉矯制，爵除，故曰故浩侯。㉘婚家：婦家。㉙光祿勳：武帝改郎中令為光祿勳。錢穆曰：「光祿即古言大麓，勳則閽也。古天子居山邱，則守門者居麓，故曰大麓，即猶後世之閽人；然則光祿勳為天子守宮殿之官。」㈢五族：王溫舒與其兩弟及兩妻家。

二年（西元前一〇三年）

㈠春正月戊申，（是月丁巳朔，無戊申。）牧丘恬侯石慶薨。

㈡閏月丁丑㈠，以太僕公孫賀為丞相，封葛繹侯㈡。時朝廷多事，督責大臣。自公孫弘後，丞相比坐事死㈢，石慶雖以謹得終，然數被譴。賀引拜為丞相，不受印綬，頓首涕泣，不肯起，上乃起去，賀不得已拜，出曰：「我從是殆㈣矣。」

㈢三月，上行幸河東，祠后土。

㈣夏五月，籍㈤吏民馬補車騎馬。

㈤秋，蝗。

㈥貳師將軍之西也，既過鹽水，當道小國各城守，不肯給食，攻之不能下，下者得食，不下者數日則去。比至郁成，士至者不過數千，皆飢罷。攻郁成，郁成大破之，所殺傷甚眾。貳師將軍與李哆、趙始成等計，至郁成尚不能舉，況至其王都㊅乎？引兵而還，至燉煌，士不過什一二。使使上書，言道遠乏食，且士卒不患戰而患飢，人少不足以拔宛，願且罷兵，益發㊆而復往。天子聞之大怒，使使遮玉門曰：「軍有敢入者，輒斬之！」貳師恐，因留燉煌。

(七)上猶以受降城去匈奴遠，遣浚稽將軍趙破奴將二萬餘騎，出朔方西北二千餘里，期至㊇浚稽山㊈而還。浞野侯既至期㊉，左大都尉欲發而覺，單于誅之，發左方兵擊浞野侯。浞野侯行捕首虜，得數千人還。未至受降城四百里，匈奴兵八萬騎圍之。浞野侯夜自出求水，匈奴間捕，生得浞野侯，因急擊其軍。軍吏畏亡將而誅，莫相勸歸者㊁，軍遂沒於匈奴。兒單于大喜，因遣奇兵攻受降城，不能下，乃寇入邊而去。

(八)冬十二月，兒寬卒。

【今註】 ㊀閏月丁丑：據陳垣二十史朔閏表，太初二年無閏月，更不知丁丑為何日。㊁葛繹侯：公孫賀初封南窌侯，元鼎五年坐酎金免；今以為丞相，復封葛繹侯，食邑不詳。㊂自公孫弘後，丞相比坐事死：胡三省曰：「元狩五年，丞相李蔡有罪自殺；元鼎二年，丞相莊青翟自殺；五年，丞相趙周下獄死。」㈣殆：危。㈤籍：登記而徵用之。㈥王都：大宛都貴山城，即今之霍闡。㈦益發：謂多遣士卒。㈧期至：預期達到。㈨浚稽山：匈奴境內之山。沈欽韓謂此山當在今土喇河及鄂爾渾河之間。㈩至期：達到預定之地點。⑪軍吏畏亡將而誅，莫相勸歸者：言浞野侯既為匈奴所獲，軍吏皆恐因失將而被誅，故莫相勸歸。

三年（西元前一〇二年）

㈠春正月，膠東太守延廣㈠為御史大夫。

㈡上東巡海上，考神仙之屬，皆無驗。令祠官禮東泰山㈡。夏四月，還，修封泰山，禪石閭㈢。

㈢匈奴兒單于死，子年少，匈奴立其季父右賢王呴犁湖㈣為單于。

㈣上遣光祿勳徐自為出五原塞㈤數百里，遠者千餘里，築城障列亭，西北至盧朐㈥，而使遊擊將軍韓說、長平侯衞伉屯其旁，使彊弩都尉路博德築居延澤上。秋，匈奴大入定襄、雲中，殺略數千人，敗數二千石而去，行破壞光祿所築城列亭障；又使右賢王入酒泉、張掖，略數千人，會軍正任文擊救，盡復失所得而去。

㈤是歲，睢陽侯張昌㊆坐為太常乏祠㊇，國除。

初，高祖封功臣為列侯百四十有三人。時兵革之餘，大城名都，民人散亡，戶口可得而數，裁㊈什二三。大侯不過萬家，小者五六百戶。其封爵之誓曰：「使黃河如帶，泰山若厲，國以永存，爰及苗裔㊉。」申以丹書⑪之信，重以白馬⑫之盟。及高后時，盡差第列侯位次，藏諸宗廟，副在有司⑬。逮文、景四五世間，流民既歸，戶口亦息⑭，列侯大者至三四萬戶，小國自倍，富厚如之⑮，子孫驕逸，多抵法禁，隕身失國，至是見侯裁四人⑯，罔⑰亦少密焉。

㈥漢既亡浞野之兵，公卿議者皆願罷宛軍，專力攻胡。天子業出兵誅宛，宛小國而不能下，則大夏之屬漸輕漢，而宛善馬絕不來，烏孫、輪臺⑱易苦漢使，為外國笑，乃案⑲言伐宛尤不便者鄧光等，赦囚徒，發惡少年及邊騎，歲餘而出敦煌者六萬人，負私從者不與⑳，牛十萬，馬三萬匹，驢、橐駝以萬數，齎糧兵弩甚設㉑，天下騷動，轉相奉伐宛五十餘校尉。宛城中無井，汲城外流水；於是遣水工徙其城下水空以穴其城㉒，益發戍甲卒十八萬，酒泉、張掖北，置居延、休屠㉓屯兵，以衞酒泉，而發天下史有罪者、亡命者、及贅壻㉔、賈人、故有市籍、父母大父母有市籍者，凡七科，適㉕為兵，及載糒㉖給貳師，轉車人徒相連屬，而拜習馬者㉗二人為執驅馬校尉㉘，備破宛擇取其善馬云。

於是貳師後復行，兵多，所至小國莫不迎，出食給軍。至輪臺，輪臺不下，攻數日，屠之。自此而西，平行㉙至宛城，兵到者三萬。宛兵迎擊漢兵，漢兵射敗之，宛兵走入保其城。貳師欲攻郁成城，恐留行㉚而令宛益生詐，乃先至宛，決其水原㉛移之，則宛固已憂困，圍其城，攻之四十餘日。宛貴人謀曰：「王毋寡匿善馬，殺漢使，今殺王而出善馬，漢兵宜解；即不解，乃力戰而死，未晚也。」宛貴人皆以為然，共殺王。其外城壞，虜宛貴人勇將煎靡㉜。宛大恐，走入城中，持王毋寡頭，遣人使貳師約曰：「漢無攻我，我盡出善馬恣所取，而給漢軍食；即不聽，我盡殺善馬，康居之救又且至，至，我居內，康居居外，與漢軍戰。孰㉝計之，何從？」是時，康居候視漢兵尚盛，不敢進。貳師聞宛城中新得漢人，知穿井，而其內食尚多，計以為來誅首惡者毋寡，毋寡頭已至，如此不許，則堅守，而康居候漢兵罷來救宛，破漢兵必矣。乃許宛之約。宛乃出其馬，令漢自擇之，而多出食食漢軍。漢軍取其善馬數十匹，中馬以下牝牡三千餘匹，而立宛貴人之故時遇漢善者㉞名昧蔡為宛王，與盟而罷兵。

初，貳師起燉煌西㉟，分為數軍，從南北道。校尉王申生將千餘人別至郁成，郁成王擊滅之，數人脫亡走貳師。貳師令搜粟都尉上官桀㊱往攻郁成。郁成王亡走康居，桀追至康居。康居聞漢已破宛，出郁成王與桀。桀令四騎士縛守詣貳師。上邽㊲騎士趙弟恐失郁成王，拔劍擊斬其首，追及貳師。

【今註】㈠膠東太守延廣：《漢書．地理志》，膠東國領八縣，有今山東半島南部昌邑、平度、萊陽、即墨等縣地。按志未言膠東在武帝時為郡。又諸侯王表謂景帝中二年立子寄為膠東王，二十八年薨；元狩三年賢嗣，十四年薨；元封五年通平嗣，二十四年薨；是武帝時膠東皆為國。此稱膠東太守，係沿百官表之誤；荀悅《漢紀》正作膠東相王延廣。㊁東泰山：在琅邪郡朱虛縣。朱虛故城在今山東省臨朐縣東北。㊂石閭：應劭曰：「在泰山下阯南方，方士以為仙人之閭。」㊃呴犁湖：匈奴右賢王名。呴，《漢書》作句，音鉤；《史記》作呴，音鉤，又音吁。㊄五原塞：五原郡之邊塞。五原郡在今綏遠省境，河套之北。㊅築城障列亭，西北至盧朐：據《漢書·地理志》，從五原郡稒陽縣北出石門障得光祿城，又西北得支就城，又西北得頭曼城，又西北得虖河城，又西得宿虜城；即徐自為所築城障。顏師古以盧朐為山名，按即今蒙古北部之肯特山。《清一統志》又以盧朐為河名，謂即今克魯倫河，源出喀爾喀肯特山。㊆睢陽侯張昌：《漢書·功臣表》及《公卿表》皆作睢陵侯。高祖封功臣張敖為宣平侯，傳至曾孫壬，失侯。元光三年，封其弟廣為睢陵侯紹國；昌為廣之子。睢陵縣即今江蘇省睢寧縣治。㊇乏祠：謂於祠祭之事有缺失。㊈裁：同纔。㊉使黃河如帶，泰山若厲，國以永存，爰及苗裔：此為封爵之誓辭，謂使黃河狹得如衣帶，泰山小得如砥石，而諸侯封國依然存在，永遠傳及後世之子孫。⑪丹書：為頒給功臣之符契。⑫白馬：古以白馬為盟誓之犧牲。⑬藏諸宗廟，副在有司：謂列侯之功籍，藏在宗廟，副本存於官府。⑭息：蕃孳，繁殖。⑮富厚如之：言資財之富厚，亦如戶口之增多。⑯至是見侯裁四人：酇侯蕭壽成，繆侯酈世宗，汾陽侯靳石封，睢陵侯張昌。⑰罔：同網，法網。⑱輪臺：西域國名，在今新疆省輪臺縣。⑲案：案其罪而罰之。⑳負私從者不與：自負糧食而私自從軍者不在六萬人之內。㉑甚設：顏師古曰：「施張甚具也，」猶今云準備充足。㉒遣水工徙其城下水空以穴其城：言派水工遷其城下水源令從他道流去，並因其原來引水入城之孔而攻穿其城。空通孔。穴作動詞用，穿道之意。按此句係敘遣水工之故，下文謂漢兵至宛，乃移其水源而圍攻其城。㉓居延、休屠：《漢書・地理志》，居延縣屬張掖郡，休屠縣屬武威郡，皆都尉治。按是年已遣路博德築居延澤上，茲又置此二縣以備胡。漢居延縣即今寧夏省居延縣地，休屠縣在今甘肅省武威縣北。㉔贅壻：男子就婚於女家者為贅壻。㉕適：讀謫。㉖糒：音備，乾飯。㉗習馬者：熟知馬之善否者。㉘執驅馬校尉：執馬校尉與驅馬校尉。㉙平行：謂一路無寇難。㉚留行：謂留下軍隊，不向前行。㉛原：同源。㉜宛貴人勇將煎靡：宛之貴人為將而勇者，煎靡其名。㉝孰：同熟。㉞宛貴人之故時遇漢善者：《史記》作「宛貴人之故待遇漢使善者」王先謙謂其文義較明。㉟起燉煌西：起，出發。謂自燉煌出發而西。㊱搜粟都尉上官桀：搜粟都尉，武帝置，屬大司農。齊召南謂《漢書・外戚傳》未言左將軍上官桀從貳師伐宛有功，則此搜粟都尉後為少府者（見百官表太初三年）另是一人，非與霍光同受遺詔輔少主之左將軍上官桀。㊲上邽：縣名。故城在今甘肅省天水縣西南。邽音圭。

四年（西元前一〇一年）

㈠春，貳師將軍來至京師。貳師所過小國聞宛破，皆使其子弟從入貢獻見天子，因為質焉。軍還，入馬千餘匹㈠。後行㈡，軍非乏食，戰死不甚多；而將吏貪不愛卒，侵牟㊂之，以此物故㊃者眾。天子為萬里而伐，不錄其過，乃下詔封李廣利為海西侯㊄，封趙弟為新畤侯㊅，以上官桀為少府，軍官吏為九卿者三人，諸侯相、郡守、二千石百餘人，千石以下千餘人，奮行者㊆官過其望，以謫過行皆黜其勞㊇，士卒賜直四萬錢㊈。匈奴聞貳師征大宛，欲遮之，貳師兵盛，不敢當，即遣騎因樓蘭候漢使後過者，欲絕勿通。時漢軍正任文將兵屯玉門關，捕得生口，知狀以聞。上詔文便道引兵捕樓蘭王，將詣闕簿責。王對曰：「小國在大國間，不兩屬，無以自安，願徙國入居漢地。」上直其言㊉，遣歸國，亦因使候司匈奴。匈奴自是不甚親信樓蘭。

自大宛破後，西域震懼，漢使入西域者益得職㊁。於是自燉煌西至鹽澤，往往起亭㊂，而輪臺、渠犂㊂，皆有田卒㊃數百人，置使者校尉領護㊄，以給使外國者。

後歲餘，宛貴人以為昧蔡善諛㊅，使我國遇屠，乃相與殺昧蔡，立毋寡昆弟蟬封為宛王，而遣其子入侍於漢。漢因使使賂賜以鎮臣，當死，單于募㊅降者赦罪。」舉劍欲擊之。勝請降。律謂武曰：「副有罪，當相坐。」武曰：「本無謀，又非親屬，何謂相坐？」復舉劍擬之。武不動。律曰：「蘇君，律前負漢歸匈奴，幸蒙大恩，賜號稱王，擁眾數萬，馬畜瀰㊆山，富貴如此；蘇君今日降，明日復然，空以身膏草野，誰復知之！」武不應。律曰：「君因我降，與君為兄弟；今不聽吾計，後雖欲復見我，尚可得乎？」武罵律曰：「汝為人臣子，不顧恩義，畔主背親，為降虜於蠻夷，何以汝為見㊇！且單于信汝，使決人死生，不平心持正，反欲鬬兩主，觀禍敗。南越殺漢使者，屠為九郡㊈；宛王殺漢使者，頭縣北闕㊉；朝鮮殺漢使者，即時誅滅㊁；獨匈奴未耳。若知我不降明㊂，欲令兩國相攻，匈奴之禍，從我始矣！」律知武終不可脅，白單于；單于愈益欲降之，乃幽武置大窖中，絕不飲食㊂。天雨雪，武臥齧雪，與旃毛幷咽之，數日不死。匈奴以為神，乃徙武北海㊃上無人處，使牧羝，曰：「羝乳乃得歸㊄！」別其官屬常惠等，各置他所。

㈢天雨白氂㉖。

㈣夏，大旱。

㈤五月，赦天下。

㈥發讁戍屯五原。

㈦浞野侯趙破奴自匈奴亡歸。

㈧是歲濟南㉗太守王卿為御史大夫。【考異】七月，閉城門大搜。臣瓚注武帝紀曰，漢帝年記，六月禁踰侈，七月大搜。則搜索踰侈者不必閉城門，大搜，蓋搜姦人耳。

【今註】㈠天漢：應劭曰：「時頻年苦旱，故改元為天漢，以祈甘雨。」顏師古曰：「大雅有雲漢之詩，周大夫仍叔所作，以美宣王遇旱災修德勤政而能致雨，故依以為年號也。」㈡中郎將：《漢書・百官表》曰：「中郎有五官、左、右、三將，秩皆比二千石。」㈢假吏：猶言兼吏，蓋權充使者之吏。㈣非漢所望也：胡三省曰：「漢望其回心鄉善，今乃益驕，故曰非漢所望。」㈤緱王：《漢書・蘇武傳》：「緱王者，昆邪王姊子也，與昆邪王俱降漢，後隨浞野侯沒胡中。」㈥長水虞常：漢置長水校尉，掌長水胡騎。韋昭曰：「長水校尉有胡騎廄，近長水，故以為名。」按長水出杜縣白鹿原，北入霸水，胡騎蓋屯於此。杜縣在今陝西省長安縣東南，白鹿原在今長安縣東。虞常，長水胡，蓋亦先沒於匈奴。㈦吾母弟：《漢書・蘇武傳》作「吾母與弟。」㈧生得：被活捉。㈨引：

供辭連及。⑩左伊秩訾：胡王之號。又有右伊秩訾。⑪即謀單于，何以復加：謂謀殺單于，罰亦難加於此；蓋嫌其罰得太重之意。⑫熅火：無焰之火。說文：「熅，鬱煙也。」⑬復息：復出氣息。⑭曉：諭說。⑮論：論斷其罪。⑯募：招。⑰彌：滿。⑱何以汝為見：王念孫曰：「見字本當在汝字上。何以見汝為，猶論語言『何以文為』、『何以伐為』耳。若云何以汝為見，則文不成義矣。」⑲南越事見上卷元鼎五年、六年。⑳大宛事見本卷太初三年。㉑朝鮮事見本卷元封二年。㉒若知我不降明：若，汝。言汝明知我不肯降。㉓絕不飲食：王念孫謂《北堂書鈔》、《藝文類聚》及《太平御覽》引《漢書》皆作「絕不與飲食。」〈漢紀〉本於《漢書》，亦有與字。㉔北海：今貝加爾湖。㉕羝乳乃得歸：顏師古曰：「羝，牡羊也。羝不當產乳，故設此言示絕其事，若燕太子丹烏白頭、馬生角之比也。」羝音低。㉖氂：音鼇，強曲之毛。㉗濟南：郡名，有今山東省黃河南岸濟南以東數縣地。

二年（西元前九九年）

㈠春，上行幸東海㊀，還，幸回中。

㈡夏五月，遣貳師將軍廣利以三萬騎出酒泉，擊右賢王於天山㊁，得胡首虜萬餘級而還。匈奴大圍貳師將軍，漢軍乏食數日，死傷者多；假司馬隴西趙充國與壯士百餘人潰圍陷陳㈢，貳師引兵隨之，遂得解。漢兵物故什六七，充國身被二十餘創。貳師奏狀，詔徵充國詣行在所，帝親見視其創㈣，嗟嘆之，拜為中郎㈤。漢復使因杅將軍敖出西河㈥，彊弩都尉路博德會涿涂山㈦，無所得。

初，李廣有孫陵為侍中，善騎射，愛人下士，帝以為有廣之風，拜騎都尉㈧，使將丹陽㈨楚人五千人，教射酒泉、張掖以備胡。及貳師擊匈奴，上詔陵，欲使為貳師將輜重。陵叩頭自請曰：「臣所將屯邊者，皆荊、楚勇士、奇材、劍客也，力扼虎(一〇)，射命中(一一)，願得自當一隊，到蘭于山(一二)南，以分單于兵，毋令專鄉(一三)貳師軍。」上曰：「將惡相屬邪？吾發軍多，無騎予女。」陵對：「無所事騎(一四)，臣願以少擊眾，步兵五千人涉單于庭。」上壯而許之。因詔路博德將兵半道迎陵軍。博德亦羞為陵後距(一五)，奏言：「方秋，匈奴馬肥，未可與戰，願留陵至春俱出。」上怒，疑陵悔不欲出，而教博德上書，乃詔博德引兵擊匈奴於西河，詔陵以九月發，出遮虜障(一六)，至東浚稽山南龍勒水(一七)上，徘徊觀虜，即無所見，還抵受降城休士。陵於是將其步卒五千人出居延，北行三十日，至浚稽山止營。舉圖所過山川地形，使麾下騎陳步樂還以聞。步樂召見，道陵將率(18)得士死力。上甚悅，拜步樂為郎。

陵至浚稽山，與單于相值，騎可三萬，圍陵軍。軍居兩山間，以大車為營(19)。陵引士出營外為陳，前行持戟盾，後行(20)持弓弩。虜見漢軍少，直前就營。陵搏戰攻之，千弩俱發，應弦而倒，虜還走上山，漢軍追擊，殺數千人。單于大驚，召左右地兵八萬餘騎攻陵。陵且戰且引南行，數日，抵山谷中，連戰，士卒中矢傷三創者載輦(21)，兩創者將(22)車，一創者持兵戰，復斬首三千餘級。引兵東南，循故龍城道行(23)，四五日，抵大澤葭葦(24)中。虜從上風縱火，陵亦令軍中縱火以自救(25)。南行至山下。單于在南山上，使其子將騎擊陵。陵軍步鬥樹木間，復殺數千人。因發連弩(26)射單于，單于下走。是日捕得虜，言：「單于曰：『此漢精兵，擊之不能下，日夜引吾南近塞，得無有伏兵乎？』諸當戶君長(27)皆言：『單于自將數萬騎，擊漢數千人，不能滅，後無以復使邊臣，令漢益輕匈奴！復力戰山谷間，尚四五十里，得平地，不能破，乃還。』」是時陵軍益急，匈奴騎多，戰一日數十合，復傷殺虜二千餘人；虜不利，欲去。會陵軍候㉘管敢為校尉所辱，亡降匈奴，具言：「陵軍無後救，射矢且盡，獨將軍麾下及校尉成安侯韓延年㉙各八百人為前行，以黃與白為幟，當使精騎射之，即破矣。」單于得敢大喜，使騎并攻漢軍，疾呼曰：「李陵、韓延年趣降㉚！」遂遮道急攻陵。陵居谷中，虜在山上四面射，矢如雨下。漢軍南行，未至鞮汗山㉛，一日，五十萬矢皆盡，即棄車去，士尚三千餘人，徒斬車輻而持之㉜，軍吏持尺刀㉝入陿谷。單于遮其後，乘隅下壘石㉞，士卒多死，不得行。昏後，陵便衣獨步出營，止左右：「毋隨我；丈夫一取㉟單于耳。」良久，陵還，太息曰：「兵敗，死矣！」於是盡斬旌旗，及珍寶埋地中。陵嘆曰：「復得數十矢，足以脫矣！今無兵㊱復戰，天明，坐受縛矣！各鳥獸散，猶有得脫歸報天子者。」令軍士人持二升糒，一片冰，期至遮虜障者相待㊲。夜半時，擊鼓起士，鼓不鳴，陵與韓延年俱上馬，壯士從者十餘人，虜騎數千追之。韓延年戰死。陵曰：「無面目報陛下！」遂降。軍人分散，脫至塞者四百餘人。陵敗處去塞百餘里(三八)。邊塞以聞，上欲陵死戰，後聞陵降，上怒甚，責問陳步樂，步樂自殺。羣臣皆罪陵。上以問太史令司馬遷。遷盛言：「陵事親孝，與士信，常奮不顧身，以徇國家之急，其素所畜(三九)積也，有國士之風。今舉事一不幸，全軀保妻子之臣，隨而媒糵(四〇)其短，誠可痛也！且陵提步卒不滿五千，深蹂(四一)戎馬之地，抑數萬之師，虜救死扶傷不暇，悉舉引弓之民，共攻圍之，轉鬥千里，矢盡道窮，士張空拳(四二)，冒白刃，北首(四三)爭死敵，得人之死力，雖古名將不過也！身雖陷敗，然其所摧敗(四四)，亦足暴(四五)於天下。彼之不死，宜欲得當以報漢(四六)也。」上以遷為誣罔，欲沮貳師，為陵游說，下遷腐刑(四七)。久之，上悔陵無救，曰：「陵當發出塞，乃詔彊弩都尉令迎軍，坐預詔之，得令老將生姦詐(四八)！」乃遣使勞賜陵餘軍得脫者。

㈢上以法制御下，好尊用酷吏，而郡國二千石為治者，大抵多酷暴，吏民益輕犯法，東方盜賊滋起，大羣至數千人，攻城邑，取庫兵，釋死罪，縛辱郡太守都尉，殺二千石，小羣以百數，掠鹵鄉里者，不可勝數，道路不通。上始使御史中丞、丞相長史督之，弗能禁，乃使光祿大夫范昆及故九卿張德等衣繡衣㊽，持節虎符，發兵以興擊㊾。斬首，大郡或至萬餘級，及以法誅通行飲食當連坐者，諸郡甚者數千人。數歲，乃頗得其渠率㊿。散卒失亡，復聚黨阻山川者，往往而羣居，無可奈何。於是作沈命法(五一)，曰：「羣盜起不發覺，發覺而捕弗滿品(五二)者，二千石以下至小吏，主者皆死。」其後小吏畏誅，雖有盜，不敢發，恐不能得，坐課累府(五三)；府亦使其不言(五四)。故盜賊寖多，上下相為匿，以文辭避灋焉(五五)。

是時暴勝之為直指使者，所誅殺二千石以下尤多，威震州郡。至勃海，聞郡人雋不疑賢，請與相見。不疑容貌尊嚴，衣冠甚偉，勝之躧履(五六)起迎，登堂坐定，不疑據地(五七)曰：「竊伏海瀕，聞暴公子(五八)舊(五九)矣，今乃承顏接辭。凡為吏，太剛則折，太柔則廢，威行施之以恩，然後樹功揚名，永終天祿。」勝之深納其戒。及還，表薦不疑。上召拜不疑為青州刺史。濟南王賀亦為繡衣御史，逐捕魏郡(六二)羣盜，多所縱捨，以奉使不稱免。歎曰：「吾聞活千人，子孫有封，吾所活者萬餘人，後世其興乎！」

㈣是歲，以匈奴降者介和王成娩為開陵侯(六三)，將樓蘭國兵擊車師；匈奴遣右賢王將數萬騎救之，漢兵不利，引去。

【今註】㈠東海：郡名，有今山東省南部及江蘇省北部。㈡天山：在今新疆省境內。㈢陳：讀陣。㈣帝親見視其創：王念孫謂《漢書》此句多一見字，《太平御覽》引此無見字。㈤中郎：屬郎中令，掌宿衞侍直，守門戶，出充車騎。㈥西河：郡名，有今綏遠省套內、陝西省最北部及山西省北部沿黃河一帶地。㈦涿涂山：《漢書》作涿邪山，在高闕塞北千餘里。高闕在今綏遠省河套西北角外，戰國時趙武靈王置塞於此，謂之高闕塞。㈧騎郡尉：武帝置，秩比二千石。㈨丹陽：郡名，有今江蘇省江南之西部、浙西與皖南相接之地及皖南之大部。(一〇)力扼虎：謂力能捉虎。(一一)射命中：謂指名所射之處，即能中之。(一二)蘭于山：在匈奴境。(一三)鄉：讀嚮。(一四)無所事騎：謂不須騎兵。(一五)差為陵後距：距，雞爪；統言之，距亦為爪，分言之，前者為爪，後者為距。路博德舊為伏波將軍，故羞為李陵之後距。(一六)遮虜障：在居延縣，路博德所築。(一七)龍勒水：胡三省以敦煌郡龍勒縣之氐置水為龍勒水，誤。按浚稽將軍趙破奴出朔方二千餘里始至浚稽山，李陵出居延亦北行三十日始至浚稽山；可知浚稽山在受降城北甚遠。此謂東浚稽山南龍勒水，則龍勒水當在居延塞外直北沙漠之中，決不在敦煌郡境內。(一八)將率：將領。率讀帥。(一九)以大車為營：沈欽韓曰：「陵以此車載輜重，固行陳，備衝突。」按衞青以武剛車自環為營，與此相同。(二〇)行：音杭。(二一)中矢傷三創者載輦：中敵矢而傷三創者為重傷之卒，重傷者不能行，故載於車中令人挽之以行。(二二)將：挽。(二三)循故龍城道行：謂依往日出兵龍城之道而行。按元光六年，車騎將軍衞青等出擊匈奴，曾至龍城。(二四)葭葦：蘆葦。葭音家。(二五)縱火以自救：謂預燒營前之蘆葦，以免延及，故云自救。(二六)連弩：服虔曰：「三十弩共一弦也。」張晏曰：「三十絭共一臂也。」劉攽曰：「皆無此理，蓋如今之合蟬，或併兩弩共一弦之類。」胡三省曰：「據魏氏春秋，諸葛亮損益連弩，以鐵為矢，矢長八寸，一弩十矢俱發。今之划車弩、梯弩蓋亦損益連弩而為之，雖不能三十臂共一弦，亦十數臂共一弦。」絭音眷，弓弦。臂，弩柄。(二七)諸當戶君長：當戶，匈奴官名。胡三省謂匈奴之官有左右當戶、骨都侯，凡二十四長。(二八)軍侯：胡三省引〈續漢志〉云：「凡領軍皆有部曲，部有校尉，部下有曲，曲有軍侯一人。」(二九)韓延年封侯事見上卷元鼎五年。(三〇)趣降：速降。趣讀促。(三一)鞮汗山：在遮虜障西北百八十里。(三二)徒斬車輻而持之：謂但斬車輻，持之以當兵器。(三三)尺刀：短刀。(三四)乘隅下壘石：王先謙曰：「周禮量人注，軍壁曰壘。廣雅釋詁，壘，重也，積也。石重積而下，高若軍壁然，故云壘石。陵入谷欲南出，而匈奴遮其後，乘山隅下石，以壘斷谷也。」(三五)一取：一身獨取。(三六)無兵：無兵器。(三七)期至遮虜障者相待：

言與軍士要約，先到遮虜障者，留待後至之人。㊳陵敗處去塞百餘里：張守節曰：「遮虜障北百八十里，直居延西北；長老相傳云，是李陵戰處。」㊴畜：讀蓄。㊵媒糵：顏師古曰：「媒如媒嫂之媒，糵如麴糵之糵。」按即構陷或釀成其罪之意，如媒之作介，麴之釀酒。㊶蹂：踐。《漢書・司馬遷傳》作「深踐戎馬之地。」㊷空弮：弮同桊，弓弦。空弮，謂有弓而無矢。㊸北首：北嚮。㊹摧敗：摧破匈奴之兵。㊺暴：音僕，章明，顯露。㊻宜欲得當以報漢：王先謙曰：「當謂適可也。謂欲得適可之事會而動，非真降匈奴。」㊼腐刑：如淳曰：「宮刑也。丈夫割勢，不復能生子，如腐木不生實。」㊽坐預詔之，得令老將生姦詐：胡三省曰：「帝意既悔，追思前事，以為當陵發出塞之時，方可詔博德繼其後以迎陵軍；乃於陵未行之時預詔之，使博德羞為陵後距，得生姦詐，上奏而遂令博德別出西河，使陵軍無救也。」㊾繡衣：《漢書・百官表》：「侍御史有繡衣直指，出討奸滑，治大獄，武帝所制，不常置。」按直指謂指事而行，無所阿私。衣繡衣，以示尊寵。㊿發兵以興擊：顏師古曰：「以軍興之法而討擊也。」(51)渠率：渠，大；率同帥。渠率，猶言渠魁，盜賊之首領。(52)沈命法：應劭曰：「沈，沒也；敢蔽匿盜賊者沒其命也。」(53)品：顏師古曰：「率也，以人數為率也。」(54)坐課累府：言小吏捕盜不得，連累郡府。(55)府亦使其不言：謂郡府恐並坐，亦令小吏不言有盜。(56)以文辭避法焉：言以虛文掩飾，詐稱無盜，藉避法網。(57)躧履：顏師古曰：「謂納履未正，曳之而行，言其遽也。」躧音徙。履不著跟曰躧。(58)據地：猶言按地。周壽昌曰：「據地，以手下據。古人席地而坐，不疑因進戒辭，故先據地以示敬。」(59)海瀕：猶言海濱。

㊿公子：顏師古曰：「勝之字也。」㉑舊：久。㉒魏郡：有今河北省南部數縣地、河南省最北部數縣地及山東省西北隅之臨清、邱縣地。㉓開陵侯：《漢書・功臣表》云：「以故匈奴介和王將兵擊車師侯。」開陵侯國屬臨淮郡，今地不詳。

卷二十二　漢紀十四

司馬光編集
夏德儀　註

起昭陽協洽，盡閼逢敦牂，凡十二年。（癸未至甲午，西元前九八年至西元前八七年）

世宗孝武皇帝下之下

天漢三年（西元前九八年）

㈠春二月，王卿有罪自殺，以執金吾㊀杜周為御史大夫。

㈡初榷酒酤㊁。

㈢三月，上行幸泰山，脩封，祀明堂，因受計。還祠常山㊂，瘞㊃玄玉。方士之候祠神人、入海求蓬萊者終無有驗，而公孫卿猶以大人跡㊄為解，天子益怠厭方士之怪迂語矣；然猶羈縻㊅不絕，冀遇其真。自此之後，方士言神祠者彌眾，然其効可睹矣。

㈣夏四月，大旱，赦天下。

㈤秋，匈奴入鴈門。太守坐畏愞㊆棄市。

【今註】　㊀執金吾：《漢書》百官表云：「中尉掌徼循京師，太初元年更名執金吾。」顏師古曰：

「金吾，鳥名，主辟不祥。天子出行，主先導以備非常，故執此鳥之象；因以名官。」㈡榷酒酤：榷為獨木之梁，引申而為專利之意。榷酒酤即由官家釀酒專賣。韋昭云：「以木渡水曰榷。謂禁民酤釀，獨官開置，如道路設木為榷，獨取利也。」榷音較。㈢常山：即北嶽恆山，避文帝諱，改稱常山。注見二十卷元鼎三年。㈣瘞：埋。㈤大人跡：見二十卷元封元年。㈥羈縻：馬絡頭曰羈，加於牛馬胸前以引車軸之革帶曰縻；兩者相合而引申之則為聯繫之意。㈦愞：音軟，怯弱。

四年（西元前九七年）

㈠春正月，朝諸侯王于甘泉宮。

㈡發天下科讁㊀及勇敢士，遣貳師將軍李廣利將騎六萬、步兵七萬出朔方；彊弩都尉路博德將萬餘人與貳師會；游擊將軍韓說將步兵三萬人出五原；因杅將軍公孫敖將騎萬、步兵三萬人出鴈門。匈奴聞之，悉遠其累重㊁於余吾水㊂北，而單于以兵十萬待水南，與貳師接戰。貳師解而引歸，與單于連鬭十餘日，【考異】史記匈奴傳云，廣利於此降匈奴，誤。游擊無所得。因杅與左賢王戰，不利，引歸。

時上遣敖深入匈奴迎李陵，敖軍無功還，因曰：「捕得生口，言李陵教單于為兵以備漢軍，故臣無所得。」上於是族陵家。既而聞之，乃漢將降匈奴者李緒，非陵也。陵使人刺殺緒。大閼氏㊃欲殺陵，單于匿之北方。大閼氏死，乃還；單于以女妻陵，立為右校王，與衛律皆貴用事。衛律常在單于左右；陵居外，有大事乃入議。

㈢夏四月，立皇子髆㊄為昌邑王㊅。【考異】表云六月乙丑立，今從武紀。

【今註】㊀發天下科謫：見上卷太初三年。㊁累重：謂眷口與資產。㊂余吾水：應在匈奴北境，決非流經上黨郡余吾縣北之漳水支流。按漢余吾縣故城在今山西省屯留縣西北。㊃大閼氏：單于之母。㊄髆：音博。㊅昌邑王：昌邑國即山陽郡地，在今山東省西南部。

太始㊀元年（西元前九六年）

㈠春正月，公孫敖坐妻為巫蠱㊁，要㊂斬。

㈡徙郡國豪桀于茂陵。

㈢夏六月，赦天下。

㈣是歲，匈奴且鞮侯單于死，有兩子，長為左賢王，次為左大將㈣；左賢王未至，貴人以為有病，更立左大將為單于。左賢王聞之，不敢進；左大將使人召左賢王而讓位焉。左賢王辭以病，左大將不聽，謂曰：「即不幸死，傳之於我。」左賢王許之，遂立為狐鹿姑單于；以左大將為左賢王。數年，病死；其子先賢撣㈤不得代，更以為日逐王㈥。單于自以其子為左賢王。

【今註】㈠太始：應劭曰：「言盪滌天下，與民更始，故以冠元。」㈡巫蠱：為人禱祝能見鬼神者曰巫覡；男曰覡，女曰巫。皿蟲為蠱。巫以祝詛、厭魅之邪術害人，如蠱之為害於器皿，故曰巫蠱。㈢要：同腰。㈣左賢王、左大將：匈奴二十四長，左賢王位第一，左大將位第五。㈤撣：音廛。㈥日逐王：居匈奴西邊。

二年（西元前九五年）

㈠春正月，上行幸回中。

㈡杜周卒，光祿大夫暴勝之為御史大夫。

㈢秋，旱。

㈣趙中大夫白公奏穿渠引涇水㈠，首起谷口，尾入櫟陽㈡，注渭中，袤㊂二百里；溉田四千五百餘頃，因名曰白渠；民得其饒。

【今註】㊀涇水：源出今甘肅省境內，東南流入陝西省，經邠、醴泉、涇陽等縣至高陵縣入渭水。㊁谷口、櫟陽：二縣皆屬左馮翊。谷口故城在今陝西省醴泉縣東北七十里。櫟陽故城在今陝西省臨潼縣東北七十里。櫟音藥。㊂袤：長。《說文》：「南北曰袤，東西曰廣。」王念孫曰：「案對文則橫長謂之廣，從長謂之袤；散文則橫長亦謂之袤，周長亦謂之袤。」袤音茂。

三年（西元前九四年）

㊀春正月，上行幸甘泉宮。二月，幸東海，獲赤鴈。幸琅邪，禮日成山㊀。登之罘㊁，浮大海而還。

㊁是歲，皇子弗陵生。弗陵母曰河間趙倢伃㊂，居鉤弋宮㊃，任㊄身十四月而生。上曰：「聞昔堯十四月而生，今鉤弋亦然㊅。」乃命其所生門曰堯母門。

臣光曰：「為人君者，動靜舉措，不可不慎。發於中必形於外，天下無不知之。當是時也，皇后、太子皆無恙，而命鉤弋之門㊆曰堯母，非名也。是以姦人逆探上意；知其奇愛少子，欲以為嗣，遂有危皇后、太子之心，卒成巫蠱之禍，悲夫！」

㈢趙人江充為水衡都尉㈧。初，充為趙敬肅王㈨客，得罪於太子丹，亡逃；詣闕告趙太子陰事，太子坐廢。上召充入見。充容貌魁岸㈩，被服輕靡⑪，上奇之；與語政事，大悅，由是有寵，拜為直指繡衣使者，使督察貴戚、近臣踰侈者。充舉劾無所避，上以為忠直，所言皆中意⑫。嘗從上甘泉，逢太子家使⑬乘車馬行馳道⑭中，充以屬吏。太子聞之，使人謝充曰：「非愛車馬，誠不欲令上聞之，以教敕亡素⑮者；唯江君寬之！」充不聽，遂白奏。上曰：「人臣當如是矣！」大見信用，威震京師。

【今註】㈠禮日成山：謂武帝拜日於成山。成山在東萊郡不夜縣。不夜故城在今山東省文登縣東北十五里。㈡之罘：《漢書．地理志》：東萊郡腄縣有之罘山。腄縣故城在今文登縣東。按之罘山在今山東省福山縣東北三十五里，接文登縣界。罘音浮。㈢河間趙倢伃：河間國在今河北省境內。倢伃，亦作婕妤，音接予，女官名，武帝置，位視上卿，爵比列侯。顏師古曰：「倢，言接幸於上也；伃，美稱也。」㈣鉤弋宮：《三輔黃圖》引《漢武故事》曰：「在直門之南。」按長安城西出南頭第二門曰直城門，即直門。㈤任：同妊，懷孕。㈥今鉤弋亦然：王念孫謂鉤弋下當有「子」字，因

《漢書・外戚傳》云：「生昭帝，號鉤弋子；」又云：「鉤弋子年五、六歲，壯大多知。」此云「今鉤弋子亦然，」係對上文「堯十四月而生」言之，下云「迺命其所生門曰堯母門」，「其」指「鉤弋子」。《漢書》此句脫「子」字，《通鑑》遂沿之而誤。荀悅《漢紀》此句正有「子」字。㈦鉤弋之門：似以作「鉤弋子所生之門」為較明。㈧水衡都尉：元鼎二年初置，掌上林苑，位同九卿，秩比二千石。㈨趙敬肅王：名彭祖，景帝子，前二年三月立為廣川王，四年徙趙，六十三年薨，謚敬肅。㈩魁岸：壯偉貌。顏師古曰：「魁，大也；岸者，有廉稜如崖岸之形。」⑪被服輕靡：謂衣服輕細而靡麗。⑫中意：當意。⑬太子家使：太子遣往甘泉宮者。⑭馳道：天子馳行車馬之道，猶言御路。⑮教敕亡素：亡與無通。顏師古曰：「言素不教敕左右。」

四年（西元前九三年）

㈠春三月，上行幸泰山。壬午（二十五日），祀高祖于明堂以配上帝，因受計。癸未（二十六日），祀孝景皇帝于明堂。甲申（二十七日），修封。丙戌（二十九日），禪石閭。夏四月，幸不其㊀。五月，還，幸建章宮，赦天下。

㈡冬十月甲寅，晦（按是月二十九日癸丑晦，甲寅為下月朔），日有食之。

㈢十二月，上行幸雍，祠五時，西至安定、北地㈡。

【今註】㈠不其：山名，因以為縣，故城在今山東省即墨縣西南。其音基。㈡安定、北地：安定郡有今甘肅省最東北部，及寧夏省中衛縣地。北地郡在今甘肅省最東北部，更東及陝西省境，西北及寧夏省之東南部。

征和㈠元年（西元前九二年）

㈠春正月，上還，幸建章宮。

㈡三月，趙敬肅王彭祖薨。彭祖取江都易王所幸淖姬㈡，生男，號淖子。時淖姬兄為漢宦者，上召問：「淖子何如？」對曰：「為人多欲。」上曰：「多欲不宜君國子民。」問武始侯昌㈢。曰：「無咎無譽。」上曰：「如是可矣。」遣使者立昌為趙王。

㈢夏，大旱。

㈣上居建章宮，見一男子帶劍入中龍華門，疑其異人，命收之。男子捐㈣劍走，逐之弗獲，上怒，斬門侯㈤。冬十一月，發三輔騎士，大搜上林㈥，閉長安城門索；十一日乃解。巫蠱始起。㈤丞相公孫賀夫人君孺，衞皇后姊也，賀由是有寵。賀子敬聲代父為太僕，驕奢不奉法，擅用北軍㈦錢千九百萬；發覺，下獄。是時詔捕陽陵㈧大俠朱安世甚急，賀自請逐捕安世以贖敬聲罪，上許之。後果得安世。安世笑曰：「丞相禍及宗矣！」遂從獄中上書，告「敬聲與陽石公主㈨私通；上且上甘泉，使巫當馳道埋偶人㈩，祝詛上，有惡言。」

【今註】㈠征和：應劭曰：「言征伐四夷而天下和平。」㈡淖姬：見十九卷元狩二年。㈢武始侯昌：昌，彭祖子。武始縣故城在今河北省邯鄲縣西南。㈣捐：棄。㈤門侯：掌宮門出入之禁，秩六百石。㈥大搜上林：臣瓚曰：「上林苑周回數百里，恐姦人藏匿其中，故大搜索。」㈦北軍：漢初拱衞京師之兵分南北兩軍。南軍，衞尉主之，掌宮城門內之兵；北軍，中尉主之，掌京城門內之兵。武帝更名中尉為執金吾。㈧陽陵：原為弋陽，景帝四年改名陽陵，故城在今陝西省咸陽縣東四十里。㈨陽石公主：武帝女。顏師古曰：「陽字或作羊。」北海郡有羊石縣，約在今山東省昌邑、安丘、高密等縣附近。㈩偶人：土木所製，象人之形。

二年（西元前九一年）

㈠春正月，下賀獄，案驗，父子死獄中，家族。以涿郡㊀太守劉屈氂為丞相，封澎侯㊁。屈氂，中山靖王㊂子也。

㈡夏四月，大風，發屋折木。

㈢閏月㊃，諸邑公主㊄、陽石公主及皇后弟子長平侯伉㊅皆坐巫蠱誅。

㈣上行幸甘泉。

㈤初，上年二十九，乃生戾太子，甚愛之。及長，性仁恕溫謹，上嫌其材能少，不類已；而所幸王夫人生子閎，李姬生子旦、胥，李夫人生子髆，皇后、太子寵浸衰，常有不自安之意。上覺之，謂大將軍青曰：「漢家庶事草創，加四夷侵陵中國，朕不變更制度，後世無法；不出師征伐，天下不安；為此者，不得不勞民。若後世又如朕所為，是襲亡秦之跡也。太子敦重好靜，必能安天下，不使朕憂。欲求守文之主，安有賢於太子者乎？聞皇后與太子有不安之意，豈有之邪？可以意曉之。」大將軍頓首謝。皇后聞之，脫簪⑦請罪。太子每諫征伐四夷，上笑曰：「吾當其勞，以逸遺汝，不亦可乎？」上每行幸，常以後事付太子，宮內付皇后；有所平決，還白其最⑧，上亦無異⑨，有時不省⑩也。上用法嚴，多任深刻吏；太子寬厚，多所平反⑪，雖得百姓心，而用灋大臣皆不悅。皇后恐久獲罪，每戒太子宜留取上意⑫，不應擅有所縱捨。上聞之，是太子而非皇后。羣臣寬厚長者皆附太子，而深酷用灋者皆毀之。邪臣多黨與，故太子譽少而毀多。衞青薨，臣下無復外家為據，競欲構太子⑬。

上與諸子疏，皇后希得見。太子嘗謁皇后，移日⑭乃出。黃門⑮蘇文告上曰：「太子與宮人⑯戲。」上益太子宮人滿二百人。太子後知之，心銜文。文與小黃門常融、王弼等常微伺太子過，輒增加白之。皇后切齒⑰，使太子白誅文等。太子曰：「第勿為過，何畏文等！上聰明，不信邪佞，不足憂也。」上嘗小不平⑱，使常融召太子；融言「太子有喜色，」上嘿然。及太子至，上察其貌，有涕泣處，而佯語笑，上怪之；更微問，知其情，乃誅融。皇后亦善自防閑，避嫌疑，雖久無寵，尚被禮遇。

是時，方士及諸神巫多聚京師，率皆左道㊉惑眾，變幻無所不為。女巫往來宮中，教美人度戹⑳，每屋輒埋木人祭祀之。因妬忌恚詈，更相告訐，以為祝詛上，無道。上怒，所殺後宮，延及大臣，死者數百人。上心既以為疑，嘗晝寢，夢木人數千持杖欲擊上，上驚寤，因是體不平，遂苦忽忽善忘。

江充自以與太子及衛氏有隙，見上年老，恐晏駕㉑後為太子所誅，因是為姦言：「上疾祟㉒在巫蠱。」於是上以充為使者，治巫蠱獄。充將胡巫掘地求偶人，捕蠱及夜祠，視鬼染汙令有處㉓，輒收捕驗治，燒鐵鉗灼，強服之㉔。民轉相誣以巫蠱，吏輒劾以為大逆無道；自京師、三輔連及郡國，坐而死者前後數萬人。

是時，上春秋高，疑左右皆為蠱祝詛；有與無，莫敢訟其冤者。充既知上意，因胡巫檀何言：「宮中有蠱氣，不除之，上終不差㉕。」上乃使充入宮，至省中，壞御座，掘地求蠱。又使按道侯韓說㉖、御史章贛㉗、黃門蘇文等助充。充先治後宮希幸夫人，以次及皇后、太子宮，掘地縱橫，太子、皇后無復施床處。充云：「於太子宮得木人尤多，又有帛書，所言不道；當奏聞。」太子懼，問少傅石德。德懼為師傅幷誅，因謂太子曰：「前丞相父子、兩公主及衞氏皆坐此，今巫與使者掘地得徵驗，不知巫置之邪，將實有也，無以自明。可矯以節收捕充等繫獄，窮治其姦詐。且上疾在甘泉，皇后及家吏㉘請問皆不報；上存亡未可知，而姦臣如此，太子將不念秦扶蘇事㉙邪？」太子曰：「吾人子，安得擅誅？不如歸謝，幸得無罪。」太子將往之甘泉，而江充持㉚太子甚急；太子計不知所出，遂從石德計。

秋七月壬午（九日），太子使客詐為使者收捕充等。按道侯說疑使者有詐，不肯受詔，客格殺㉛說。太子自臨斬充，罵曰：「趙虜㉜前亂乃國王父子不足邪㉝？乃復亂吾父子也！」又炙胡巫上林中。太子使舍人無且持節夜入未央宮殿長秋門㉞，因長御倚華㉟具白皇后，發中廄㊱車載射士，出武庫兵，發長樂宮衞卒。長安擾亂，言太子反。蘇文迸（三七）走，得亡歸甘泉，說太子無狀。上曰：「太子必懼，又忿充等，故有此變。」乃使使召太子。使者不敢進，歸報云：「太子反已成，欲斬臣，臣逃歸。」上大怒。丞相屈氂聞變，挺身逃（三八），亡其印綬，使長史乘疾置以聞（三九）。上問：「丞相何為？」對曰：「丞相祕之，未敢發兵。」上怒曰：「事籍籍（四〇）如此，何謂祕也？丞相無周公之風矣（四一），周公不誅管、蔡乎！」乃賜丞相璽書曰：「捕斬反者，自有賞罰。以牛車為櫓（四二），毋接短兵，多殺傷士眾；堅閉城門，毋令反者得出！」

太子宣言告令百官云：「帝在甘泉病困，疑有變，姦臣欲作亂。」上於是從甘泉來，幸城西建章宮，詔發三輔近縣兵，部中二千石以下，丞相兼將之。太子亦遣使者矯制赦長安中都官囚徒（四三），命少傅石德及賓客張光等分將。使長安囚如侯持節發長水及宣曲（四四）胡騎，皆以裝會。侍郎馬通（四五）使長安，因追捕如侯，告胡人曰：「節有詐，勿聽也！」遂斬如侯，引騎入長安。又發楫棹士（四六）以予大鴻臚（四七）商丘成。初，漢節純赤，以太子持赤節，故更為黃旄（四八）加上以相別。太子立車北軍南門外，召護北軍使者任安，與節，令發兵。安拜受節，入，閉門不出。太子引兵，毆四市(49)人凡數萬眾，至長樂(50)西闕下，逢丞相軍，合戰五日，死者數萬人，血流入溝中。民間皆云「太子反，」以故眾不附太子，丞相附兵寖多。庚寅（十七日），太子兵敗，南犇覆盎城門(51)。司直(52)田仁部閉城門，以為太子父子之親，不欲急之；太子由是得出亡。丞相欲斬仁，御史大夫暴勝之謂丞相曰：「司直，吏二千石，當先請，奈何擅斬之？」丞相釋仁。上聞而大怒，下吏責問御史大夫曰：「司直縱反者，丞相斬之，灋也；大夫何以擅止之？」勝之惶恐自殺。詔遣宗正(53)劉長、執金吾劉敢奉策收皇后璽綬，后自殺。上以為任安老吏，見兵事起，欲坐觀成敗，見勝者合從之(54)，有兩心，與田仁皆要斬。上以馬通獲如侯，長安男子景建從通獲石德，商丘成力戰獲張光，封通為重合侯(55)，建為德侯(56)，成為秺侯(57)。諸太子賓客嘗出入宮門，皆坐誅；其隨太子發兵以反灋族；吏士刼略者(58)皆徙燉煌郡。以太子在外，始置屯兵長安諸城門。

上怒甚，羣下憂懼，不知所出。壺關㊄三老茂㊅上書曰：「臣聞父者猶天，母者猶地，子猶萬物也；故天平，地安，物乃茂成；父慈，母愛，子乃孝順。今皇太子為漢適嗣，承萬世之業，體祖宗之重，親則皇帝之宗子㊅也。江充，布衣之人，閭閻之隸㊅臣耳；陛下顯而用之，銜至尊之命，以迫蹵㊅皇太子，造飾姦詐，羣邪錯繆㊅，是以親戚之路鬲㊅塞而不通；太子進則不得見上，退則困於亂臣，獨冤結而無告，不忍忿忿之心，起而殺充，恐懼逋逃，子盜父兵，以救難自免耳，臣竊以為無邪心。詩曰：『營營青蠅，止于藩。愷悌君子，無信讒言。讒言罔極，交亂四國㊅。』往者江充讒殺趙太子，天下莫不聞。陛下不省察，深過㊅太子，發盛怒，舉大兵而求之，三公自將，智者不敢言，辯士不敢說，臣竊痛之！唯陛下寬心慰意，少察所親，毋患太子之非，亟罷甲兵，無令太子久亡。臣不勝惓惓㊅，出一日之命，待罪建章宮下。」書奏，天子感寤，然尚未敢顯言赦之也㊅。

太子亡，東至湖㊆，藏匿泉鳩里㊆。主人家貧，常賣屨以給太子。太子有故人在湖，聞其富贍，使人呼之而發覺。八月辛亥（八日），吏圍捕太子。太子自度不得脫，即入室距戶自經(七二)。山陽(七三)男子張富昌為卒，足蹋開戶，新安(七四)令史李壽趨抱解太子。主人公遂格鬥死，皇孫二人幷皆遇害。【考異】漢武故事云，治隨太子反者，外連郡國數十萬人，壺關三老鄭茂上書，上感寤，赦反者，拜鄭茂為宣慈校尉，持節徇三輔，赦太子；太子欲出，疑弗實；吏捕太子急，太子自殺。按上若赦太子，當詔吏弗捕，此說恐妄也。上既傷太子，乃封李壽為邘侯(七五)，張富昌為題侯(七六)。

初，上為太子立博望苑(七七)，使通賓客，從其所好，故賓客多以異端進者。

臣光曰：「古之明王，教養太子，為之擇方正敦良之士，以為保傅、師友，使朝夕與之遊處，左右前後，無非正人，出入起居，無非正道，然猶有淫放邪僻，而陷於禍敗者焉。今乃使太子自通賓客，從其所好。夫正直難親，諂諛易合，此固中人之常情，宜太子之不終也。」

㈥癸亥（二十日），地震。

㈦九月，商丘成為御史大夫。

(八)立趙敬肅王小子偃為平干王㈥。

(九)匈奴入上谷、五原，殺掠吏民。

【今註】㈠涿郡：在今河北省中部。㈡澎侯：錢坫曰：「彭即祊。後漢書郡國志，泰山費縣有祊亭是也。費，前屬東海，後改屬泰山。說文，祊本作鬃。漢書王子侯表，劉屈氂封澎侯；澎即鬃也，省作彭。彭先封秦同，其元孫壽王為費公士；彭、費正在一地，足可取證。」按今山東省費縣有故祊城，即其地。㈢中山靖王：名勝，景帝子。㈣閏月：閏五月。㈤諸邑公主：諸縣屬瑯邪郡，在今山東省諸城縣西南。諸邑公主與陽石公主皆衞皇后生。㈥長平侯伉：衞青之子。㈦脫簪：除去首飾。㈧最：謂最大之事。㈨無異：無所違異。㈩不省：不視。⑪平反：理正冤枉，減免罪刑。⑫留取上意：謂且留其事，待取得帝意而後裁決。⑬臣下無復外家為據，競欲構太子：胡三省曰：「姦臣以太子無復外家以為憑依，競欲構成其罪。」⑭移日：謂日影移動，以喻經過若干時間。⑮黃門：屬少府，以宦者為之。⑯宮人：宮女，宮中給事之女子。⑰切齒：謂齒相磨切，以示憤恨之甚。⑱小不平：謂身體微有不適。⑲左道：邪道。⑳教美人度戹：謂女巫在宮中教美人渡過災難之法。美人，女官名，位視二千石，爵比少上造。度同渡。戹亦作厄，作阨，災難。㉑晏駕：謂天子初崩。韋昭曰：「凡初崩為晏駕者，臣子之心，猶謂宮車當駕而晚出。」㉒祟：音遂，禍咎之徵。㉓捕蠱及夜祠，視鬼染汙令有處：王先謙曰：「言捕蠱及夜祠之人，豫埋偶人於其居，又以他物染汙其處，託為鬼魅之迹，迺使胡巫視鬼所染汙，令其知有埋蠱處從而掘之。巫能視鬼，故田蚡傳『蚡疾，一身盡痛，上使視鬼者瞻之』是也。夜祠者，夜祠禱而祝詛者也。」㉔燒鐵鉗灼，強服之：顏師古曰：「以燒鐵或鉗之，或灼之，強使之服。」㉕差：愈。㉖韓說：說讀悅。㉗章贛：贛音貢。㉘皇后及家吏：謂皇后吏及太子吏。臣瓚曰：「太子稱家，家吏是太子吏也。」㉙扶蘇事：見七卷始皇三十七年。㉚持：挾制。㉛格殺：謂相拒而擊殺之。按格為挌之借字。《說文》：「挌，擊也。」㉜趙虜：江充，趙人，故太子罵之為趙虜。㉝前亂乃國王父子不足邪：指充前告趙太子陰事，使太子見廢事。㉞長秋門：據《三輔黃圖》，長樂宮有長秋殿。長秋門即長秋殿之門。㉟長御倚華：長音長者之長。如淳曰：「漢儀注，女長御比侍中，皇后見娙娥以下長御稱謝。倚華字也。」㊱中廄：皇后車馬所在。㊲迸：散走。㊳挺身逃：謂引身而逃。㊴乘疾置以聞：謂乘快馬奏報武帝。《廣雅・釋詁》：「置，驛也。」續漢書云：「驛馬三十里一置。」㊵籍籍：猶言紛紛。㊶丞相無周公之風矣：劉屈氂與太子為兄弟輩，今太子反，屈氂不能如周公之誅管、蔡，故武帝責其無周公之風。㊷櫓：顏師古曰：「楯也。遠與敵戰，故以車為櫓，用自蔽也。一說：櫓，望敵之樓也。」㊸中都官囚徒：京師諸官府之獄囚。㊹長水、宣曲：皆胡騎駐屯之地。長水，注見上卷天漢元年。宣曲在今陝西省長安縣西南。王先謙曰：「長水、宣曲胡騎皆長水校尉所掌；營近長水，故以為名。」㊺侍郎馬通：侍郎給事於黃門之內，故亦稱黃門侍郎，掌侍從左右使關通中外。馬通，漢書武帝紀征和三年作重合侯馬通，四年作莽何羅與弟重合侯通謀反；是先為馬通而後為莽通。孟康謂後漢明德馬皇后惡其先人有反長者，易其姓為莽。宋祁謂馬、莽二字音同而形異。㊻楫棹士：顏師古曰：「主用楫及棹行船者也。短曰楫，長曰棹。」《漢書》百官表，水衡都尉有楫棹令、丞；蓋掌楫棹士之官。㊼大鴻臚：秦置典客，漢初因之。景帝中六年，更名大行令。武帝太初元年，更名大鴻臚，掌賓客朝覲之事。鴻臚者，凡朝會使之鴻聲臚傳以贊導九賓。臚音閭。㊽旄：音毛。《說文通訓》定聲：「亦作氂，旌旞等範也。本用犛牛尾，注於旗之等竿首，故曰旄；後又用羽。」旞音遂。㊾四市：胡三省曰「二都及三京賦皆謂長安城中有九市。廟記曰：長安市有九，各方二百六十五步，六市在道西，三市在道東，凡四里為一市。此言四市，蓋以東、西、南、北分為市也。一說：四市者，東市、西市、直市、柳市。」㊿長樂：宮名，在長安城中近東，直杜門。(51)覆盎城門：《三輔黃圖》：「長安城南出東頭第一門曰覆盎門，一號杜門。」(52)司直：元狩五年初置，掌佐丞相舉不法，秩比二千石。(53)宗正：九卿之一，掌親屬。(54)合從之：謂與勝者合而從之。(55)重合侯：《漢書．地理志》，勃海郡有重合縣；故城在今山東省樂陵縣西。(56)德侯：食邑於海南郡。(57)秺侯：《漢書．地理志》，濟陰郡有秺縣；故城在今山東省成武縣西北。秺音妒。(58)吏士劫略者：謂吏士之被太子劫略者。(59)壺關：縣名，即今山西省壺關縣。(60)茂：據荀悅《漢紀》，姓令狐。(61)宗子：大宗子，即嫡長子。(62)隸：賤。(63)迫蹵：迫，急；蹵，躡。王先謙曰：「迫之使不得退，蹴之使不得進。」(64)繆：讀謬。(65)鬲：同隔。(66)營營青蠅……交亂四國：此小雅青蠅之詩。顏師古曰：「營營，往來之貌也。藩，籬也。愷悌，樂易也。言青蠅往止於藩籬，變白作黑；讒人構毀，閒親令疏，樂易之君子不當信用；若讒言無極，則四國亦以交亂，宜深察也。」㊅深過：深責。㊇惓惓：忠切之意。惓音拳。㊈然尚未敢顯言赦之也：胡三省曰：「以文理觀之，不必有敢字。」㊉湖：縣名，故城在今河南省閿鄉縣東。㊀泉鳩里：河南通志：「戾太子墓在今閿鄉縣南泉鳩里。」㊁自經：自縊。㊂山陽：郡名，時為昌邑國。㊃新安：縣名，在今河南澠池縣東。㊄邘侯：國在河內郡野王縣之邘亭。野王縣即今河南省沁陽縣治。邘音于。㊅題侯：食邑於鉅鹿郡。㊆博望苑：在長安杜門外五里。㊇平干王：平干國本為廣平國，在今河北省境內。

三年（西元前九〇年）

㈠春正月，上行幸雍，至安定，北地。

㈡匈奴入五原、酒泉，殺兩都尉。三月，遣李廣利將七萬人出五原，商丘成將二萬人出西河，馬通將四萬騎出酒泉，擊匈奴。

㈢夏五月，赦天下。

㈣匈奴單于聞漢兵大出，悉徙其輜重北邸㊀郅居水㊁。左賢王驅其人民度余吾水六七百里，居兜銜山㊂。單于自將精兵度姑且水㊃。商丘成軍至追邪徑，無所見，還㊄。匈奴使大將與李陵將三萬餘騎追漢軍，轉戰九日，至蒲奴水㈥；虜不利，還去。馬通軍至天山，匈奴使大將偃渠將二萬餘騎要漢兵，見漢兵彊，引去；通無所得失。是時，漢恐車師遮馬通軍，遣開陵侯成娩將樓蘭、尉犂、危須㈦等六國兵，共圍車師，盡得其王民眾而還。貳師將軍出塞，匈奴使右大都尉與衞律將五千騎，要擊漢軍於夫羊句山㈧陿，貳師擊破之，乘勝追北，至范夫人城㈨；匈奴犇走，莫敢距敵。

初，貳師之出也，丞相劉屈氂為祖道(一〇)，送至渭橋(一一)，廣利曰：「願君侯(一二)早請昌邑王為太子；如立為帝，君侯長何憂乎！」屈氂許諾。昌邑王者，貳師將軍女弟李夫人子也。貳師女為屈氂子妻，故共欲立焉。會內者令(一三)郭穰告「丞相夫人祝詛上，及與貳師共禱祠，欲令昌邑王為帝；」按驗，罪至大逆不道。六月，詔載屈氂廚車(一四)以狥，要斬東市，妻子梟首華陽街(一五)。貳師妻子亦收。貳師聞之，憂懼。其掾胡亞夫亦避罪從軍，說貳師曰：「夫人、室家皆在吏，若還，不稱意，適與獄會，郅居以北，可復得見(一六)乎！」貳師由是狐疑，深入要功。遂北至郅居水上。虜已去，貳師遣護軍將二萬騎度郅居之水㊄七，逢左賢王、左大將將二萬騎，與漢兵合戰一日，漢軍殺左大將，虜死傷甚眾。軍長史與決眭都尉煇渠侯㊄八謀曰：「將軍懷異心，欲危眾求功，恐必敗。」謀共執貳師。貳師聞之，斬長史，引兵還至燕然山㊄九。單于知漢軍勞倦，自將五萬騎遮擊貳師，相殺傷甚眾。夜，塹漢軍前㊅〇，深數尺，從後急擊之，軍大亂，貳師遂降。單于素知其漢大將，以女妻之，尊寵在衞律上，宗族遂滅。

(五)秋，蝗。

(六)九月，故城父㊁令公孫勇與客胡倩等謀反。倩詐稱光祿大夫，言使督盜賊；淮陽㊂太守田廣明覺知，發兵捕斬焉。公孫勇衣繡衣，乘駟馬車，至圉㊂，圉守、尉魏不害等誅之。封不害等四人為侯㊃。

(七)吏民以巫蠱相告言者，案驗多不實。上頗知太子惶恐無他意㊄，會高寢郎㊅田千秋上急變㊆，訟太子冤曰：「子弄父兵，罪當笞；天子之子過誤殺人，當何罪哉？臣嘗夢一白頭翁教臣言。」上乃大感寤，召見千秋，謂曰：「父子之間，人所難言也，公獨明其不然，此高廟神靈使公教我，公當遂為吾輔佐。」立拜㉘千秋為大鴻臚，而族滅江充家，焚蘇文於橫橋㉙上，及泉鳩里加兵刃於太子者，初為北地太守，後族。上憐太子無辜，乃作思子宮，為歸來望思之臺㉚於湖。天下聞而悲之。

【今註】㈠邸：通抵。㈡郅居水：據《漢書・匈奴傳》，郅居水在趙信城之北。㈢兜銜山：據《漢書・匈奴傳》，兜銜山在余吾水之北六、七百里。㈣姑且水：亦在匈奴境內。㈤商丘成軍至追邪徑，無所見，還：王念孫謂「追邪徑」為地名，言商丘成軍至此地，不見虜而還。㈥蒲奴水：在龍勒水南。㈦尉犂、危須：皆西域國名。尉犂在今新疆省博斯騰泊西南，危須在博斯騰泊之北。㈧夫羊句山：夫羊，地名。顏師古曰：「句山，西山也。句音鉤。」㈨范夫人城：應劭曰：「本漢將，築此城；將亡，其妻率餘眾完保之，因以為名也。」沈欽韓曰：「一統志，趙信城、范夫人城並在喀爾喀界內。」按喀爾喀即今蒙古。㈩祖道：餞行。顏師古曰：「祖者，送行之祭，因設宴飲焉。」⑪渭橋：在長安北三里，跨渭水為橋。⑫君侯：為當時列侯之尊稱。⑬內者令：少府屬官。⑭廚車：載食物之車。⑮華陽街：長安城中八街之一。⑯郅居以北，可復得見乎：如淳曰：「以就誅後雖欲復降匈奴不可得。」⑰郅居之水：王先謙曰：「之字當衍。」⑱決眭都尉煇渠侯：據《漢書》功臣表，煇渠侯僕朋薨，子雷電嗣；征和三年，以五原屬國都尉與貳師將軍俱擊匈奴。⑲燕然山：即杭愛山，在今蒙古三音諾顏汗中部。⑳塹漢軍前：謂掘深溝於漢軍之前。㉑城父：縣名，即今安徽省亳縣東南之城父村。㉒淮陽：高祖六年置淮陽郡，十一年為國。惠帝、高后及文、景之世，或為郡，或為國，武帝時為郡，在今河南省內，治陳，即今淮陽縣治。㉓圉：縣名，故城在今河南省杞縣南南圉鎮。㉔封不害等四人為侯：據《漢書》田廣明傳，武帝封魏不害為當塗侯，江德為轑陽侯，蘇昌為蒲侯，圉縣小史為關內侯，食圉之遺鄉六百戶。按當塗縣故城在今安徽省懷遠縣東南。《漢書》功臣表，轑陽侯食邑於清河郡，蒲侯食邑於琅邪郡。錢大昭據隸釋載國三老袁良碑考知圉縣小史為袁幹。㉕太子惶恐無他意：胡三省曰：「言為江充所迫，惶恐無以自明，而起兵殺江充，非有他意也。」㉖高寢郎：高廟衞寢之郎。㉗急變：言所告非常。㉘立拜：立即任命。㉙橫橋：《三輔黃圖》：「長安城北出西頭第一門曰橫門，門外有橋曰橫橋。」如淳曰：「橫音光。」㉚歸來望思之臺：顏師古曰：「言已望而思之，庶太子之魂歸來也。」

四年（西元前八九年）

㈠春正月，上行幸東萊，臨大海，欲浮海求神山。羣臣諫，上弗聽；而大風晦冥，海水沸湧，上留十餘日，不得御樓船，乃還。

㈡二月丁酉（三日），雍縣無雲如雷者三，隕石二，黑如黳㈠。

㈢三月，上耕于鉅定㈡。還，幸泰山，修封。庚寅（二十六日），祀于明堂。癸巳（二十九日），禪石閭，見羣臣，上乃言曰：「朕即位以來，所為狂悖，使天下愁苦，不可追悔！自今事有傷害百姓，糜費天下者，悉罷之。」田千秋曰：「方士言神僊者甚眾，而無顯功，臣請皆罷斥遣之。」上曰：「大鴻臚言是也。」於是悉罷諸方士候神人者。是後上每對羣臣自歎：「曏時愚惑，為方士所欺，天下豈有僊人，盡妖妄耳！節食服藥，差可少病而已。」

㈣夏六月，還，幸甘泉。

㈤丁巳（二十五日），以大鴻臚田千秋為丞相，封富民侯㈢。千秋無它材能，又無伐閱功勞㈣，特以一言寤意，數月取宰相，封侯，世未嘗有也。然為人敦厚有智，居位自稱㈤，踰於前後數公。

先是搜粟都尉桑弘羊與丞相、御史奏言：「輪臺東有溉田五千頃以上，可遣屯田卒，置校尉三人分護，益種五穀。張掖、酒泉遣騎假司馬為斥候㈥，募民壯健敢徙者詣田所，益墾溉田。稍築列亭，連城而西，以威西國，輔烏孫㈦。」上乃下詔，深陳既往之悔曰：「前有司奏欲益民賦三十㈧，助邊用，是重困老弱孤獨也。而今又請遣卒田輪臺。輪臺西於車師千餘里，前開陵侯擊車師時，雖勝，降其王，以遼遠乏食，道死者尚數千人，況益西乎！曩者朕之不明，以軍候弘上書言，匈奴縛馬前後足置城下，馳言『秦人㈨，我匄⑽若馬。』又漢使者久留不還⑾，故興遣貳師將軍，欲以為使者威重也。古者卿大夫與謀，參以蓍龜⑿，不吉不行。乃者以縛馬書徧視⒀丞相、御史、二千石、諸大夫、郎、為文學者⒁乃至郡、屬國都尉等，皆以『虜自縛其馬，不祥甚哉！』或以為『欲以見⒂彊，夫不足者視人有餘⒃。』公車方士⒄、太史、治星、望氣及太卜⒅龜蓍，皆以為『吉，匈奴必破，時不可再得也。』又曰：『北伐行將⒆，於鬴⒇山必克。』卦，諸將貳師最吉。』故朕親發貳師下鬴山，詔之必毋深入。今計謀、卦兆皆反繆㉑。重合侯得虜候者，乃言『縛馬者匈奴詛軍㉒事也。』匈奴常言『漢極大，然不耐饑渴，失一狼，走千羊。』乃者貳師敗，軍士死略㉓離散，悲痛常在朕心！今又請遠田輪臺，欲起亭隧㉔，是擾勞天下，非所以優民也，朕不忍聞！大鴻臚等又議欲募囚徒送匈奴使者，明封侯之賞以報忿㉕，此五伯所弗為也！且匈奴得漢降者，常提掖搜索㉖，問以所聞，豈得行其計乎？當今務在禁苛暴，止擅賦㉗，力本農，脩馬復㉘令，以補缺，毋乏武備而已。郡國二千石各上進畜馬方略補邊狀，與計對㉙。」由是不復出軍。而封田千秋為富民侯，以明休息，思富養民也。又以趙過為搜粟都尉。過能為代田㉚，其耕耘田器，皆有便巧，以教民，用力少而得穀多，民皆便之。

臣光曰：「天下信未嘗無士也。武帝好四夷之功，而勇銳輕死之士充滿朝廷，闢土廣地，無不如意。及後息民重農，而趙過之儔教民耕耘，民亦被其利。此一君之身，趣好殊別，而士輒應之。誠使武帝兼三王之量，以興商、周之治，其無三代之臣乎？」

㈥秋八月辛酉（三十日）晦，日有食之。【考異】荀紀作七月，漢書作八月。按長曆，是年九月壬戌朔，言八月是也。

㈦衛律害貳師之寵，會匈奴單于母閼氏病，律飭胡巫言先單于怒曰：「胡故時祠兵㉛，常言得貳師以社㉜，何故不用？」於是收貳師。貳師罵曰：「我死必滅匈奴！」遂屠貳師以祠。

【今註】㊀黶：音黳，小黑子，今謂之痣。一說：江南人以油煎漆滓以飾物曰黶。㊁鉅定：在今山東省廣饒縣北。㊂富民侯：食邑於沛郡蘄縣，今安徽省宿縣南。㊃伐閱功勞：《史記．高祖功臣侯年表》：「太史公曰，古者人臣功有五品：以德立宗廟、定社稷曰勳；以言曰勞；用力曰功；明其等曰伐；積日曰閱。」㊄自稱：自稱其職。㊅斥候：胡三省曰：「斥，拓也；候，望也。言開拓道路候望也。」㊆輔烏孫：胡三省曰：「時烏孫王尚公主，故欲屯田列亭連城以輔之。」㊇益民賦三十：謂增加民賦每口三十錢。㊈秦人：漢時匈奴稱中國人為秦人。㊉匄：音蓋，給與之意。⑪漢使者久留不還：指蘇武等為匈奴所留。⑫蓍龜：古人相信鬼神，故諸事皆先測鬼神之意，吉則行，凶則止，是謂卜筮；卜用龜甲，筮用蓍草。劉向謂龜千歲而靈，蓍百年而神；二者皆神靈之物，故能傳鬼神之命以告人。⑬視：同示。⑭為文學者：謂學經書之人。⑮見：顯示。⑯夫不足者視人有餘：視同示。謂本不足而反示人以有餘，蓋故作誇張之意。⑰公車方士：謂方士之待詔公車者。⑱太史、治星、望氣、太卜：太史，屬太常。治星，習天文星象者；望氣，望雲氣而知徵兆者；皆屬太史。太卜，屬太常，有令、丞，掌卜筮。⑲行將：謂遣將率行。⑳鬴：音釜。㉑反繆：相反，謬誤。㉒詛軍：謂以巫術乞神加殃咎於漢軍。㉓死略：死亡與被虜略。㉔隧：顏師古曰：「依深險之處開通行道也。」㉕報忿：胡三省曰：「蓋欲使刺單于以報忿也。」㉖提掖搜索：謂提挈夾持而加以搜索，恐其私挾兵刃。㉗止擅賦：胡三省曰：「漢有擅賦法，今止不行。」㉘馬復：顏師古曰：「因養馬以免徭賦也。」㉙與計對：謂與上計使同來赴對。㉚代田：《漢書・食貨志》曰：「一畝三甽，歲代處，故曰代田，古法也。」按古時田土瘠薄，故用輪流耕作之法。㉛祠兵：古時，凡將出兵，必先祠於近郊，陳兵習戰，殺牲饗士卒，謂之祠兵。㉜社：祠社。

後元元年（西元前八八年）

㈠春正月，上行幸甘泉，郊泰畤；遂幸安定。

㈡昌邑哀王髆薨。

㈢二月，赦天下。

㈣夏六月，商丘成坐祝詛自殺。【考異】功臣表云，坐為詹事祠孝文廟，醉歌堂下曰，出居安能鬱鬱，大不敬自殺。公卿表云，坐祝詛。按成不為詹事，功臣表誤也。

㈤初，侍中僕射㊀馬何羅與江充相善。及衛太子起兵，何羅弟通以力戰封重合侯。後上夷滅充宗族、黨與，何羅兄弟懼及，遂謀為逆。侍中駙馬都尉㊁金日磾視其志意有非常，心疑之，陰獨察其動靜，與俱上下。何羅亦覺日磾意，以故久不得發。是時上行幸林光宮㈢，日磾小疾臥廬㈣，何羅與通及小弟安成矯制夜出，共殺使者，發兵。明旦，上未起㈤，何羅無何㈥從外入。日磾奏廁心動㈦，立入，坐內戶下。須臾，何羅袖白刃從東廂上，見日磾，色變，走趨臥內㈧，欲入，行觸寶瑟，僵；日磾得抱何羅，因傳㈨曰：「馬何羅反！」上驚起，左右拔刃欲格之，上恐幷中日磾，止勿格。日磾投何羅殿下，得禽縛之。窮治，皆伏辜。

㈥秋七月，地震。

㈦燕王旦自以次第當為太子，上書求入宿衛。上怒，斬其使於北闕。又坐藏匿亡命，削良鄉、安次、文安三縣㈩。上由是惡旦。旦辯慧博學，其弟廣陵王胥有勇力，而皆動作無灋度，多過失，故上皆不立。

時鉤弋夫人之子弗陵，年數歲，形體壯大，多知，上奇愛之，心欲立焉；以其年穉，母少，猶與㈡久之。欲以大臣輔之，察羣臣，唯奉車都尉㈢、光祿大夫霍光，忠厚可任大事，上乃使黃門㈢畫周公負成王朝諸侯以賜光。後數日，帝譴責鉤弋夫人，夫人脫簪珥，叩頭。帝曰：「引持去，送掖庭㊃獄！」夫人還顧，帝曰：「趣行㊄，汝不得活！」卒賜死。頃之，帝閑居，問左右曰：「外人言云何？」左右對曰：「人言且立其子，何去其母乎？」帝曰：「然，是非兒曹愚人之所知也！往古國家所以亂，由主少，母壯也。女主獨居驕蹇，淫亂自恣，莫能禁也。汝不聞呂后邪？故不得不先去之也。」

【今註】 ㊀侍中僕射：《漢書》百官表：「僕射，秦官。自侍中、尚書、博士、郎皆有。古者重武，官有主射以督課之。軍屯吏、騶宰、永巷宮人皆有，取其領事之號。」沈約曰：「侍中本秦丞相史也，使五人往來殿內東廂奏事，故謂之侍中。漢西京無員，多至數十人，入侍禁中，分掌乘輿御物，下至褻器虎子之屬。武帝世，孔安國為侍中，以其儒者，特令掌御唾壺，朝廷榮之。侍中與中官俱止禁中。武帝時，侍中馬何羅為逆，由是侍中出禁外，有事乃得入，事畢即出。」㊁駙馬都尉：武帝初置，秩比二千石，掌駙馬。駙即副，謂掌副車之馬。㊂林光宮：本秦所造，漢武帝建元中增廣之；因在甘泉山上，故又名甘泉宮。㊃廬：顏師古曰：「殿中所止曰廬。」㊄上未起：王念孫曰：「『未起』上脫『臥』字。文選西征賦注、御覽人事部五十八引此並作『上臥未起』；漢紀同。」㊅無何：謂無幾時。㊆日磾奏廁，心動：謂日磾方向廁而心有所覺。㊇臥內：武帝臥處。㊈傳：

傳呼。⑩良鄉、安次、文安三縣：即今河北省良鄉、安次、文安三縣。⑪猶與：同猶豫，遲疑不決。⑫奉車都尉：武帝初置，秩比二千石，掌御乘輿車。⑬黃門：少府屬官，居禁中給事。顏師古曰：「黃門之署，職任親近，以供天子，百物在焉，故亦有畫工。」⑭掖庭：屬少府，有祕獄，凡宮人有罪者下之。⑮趣：讀促。

二年（西元前八七年）

㈠春正月，上朝諸侯王于甘泉宮。二月，行幸盩厔五柞宮㈠。

㈡上病篤，霍光涕泣問曰：「如有不諱，誰當嗣者？」上曰：「君未諭前畫意邪？立少子，君行周公之事。」光頓首讓曰：「臣不如金日磾。」日磾亦曰：「臣，外國人，不如光；且使匈奴輕漢矣。」乙丑（十二日），詔立弗陵為皇太子，時年八歲。丙寅（十三日），以光為大司馬、大將軍，日磾為車騎將軍，太僕上官桀為左將軍，受遺詔輔少主，又以搜粟都尉桑弘羊為御史大夫，皆拜臥內牀下。

光出入禁闥二十餘年，出則奉車，入侍左右，小心謹慎，未嘗有過。為人沈靜詳審，每出入，下殿門，止進有常處，郎、僕射竊識視之，不失尺寸。日磾在上左右，目不忤視㊁者數十年。賜出宮女，不敢近。上欲內㊂其女後宮，不肯。其篤慎如此。上尤奇異之。日磾長子為帝弄兒，帝甚愛之。其後弄兒壯大，不謹，自殿下與宮人戲；日磾適見之，惡其淫亂，遂殺弄兒。上聞之，大怒。日磾頓首謝，具言所以殺弄兒狀。上甚哀，為之泣，已而心敬日磾。上官桀始以材力得幸㊃，為未央廐令㊄。上嘗體不安，及愈，見馬，馬多瘦，上大怒曰：「令以我不復見馬邪？」欲下吏。桀頓首曰：「臣聞聖體不安，日夜憂懼，意誠不在馬。」言未卒，泣數行下。上以為愛己，由是親近，為侍中，稍遷至太僕。三人皆上素所愛信者，故特舉之，授以後事。

丁卯（十四日），帝崩㊅於五柞宮，入殯未央宮前殿。

帝聰明能斷，善用人，行灋無所假貸。隆慮公主㊆子昭平君，尚帝女夷安㊇公主。隆慮主病困，以金千斤、錢千萬為昭平君豫贖死罪，上許之。隆慮主卒，昭平君日驕，醉殺主傅㊈，繫獄。廷尉以公主子上請，左右人人為言：「前又入贖，陛下許之。」上曰：「吾弟⑩老，有是一子，死以屬我。」於是為之垂涕，歎息良久，曰：「灋令者，先帝所造也，用弟故而誣先帝之灋，吾何面目入高廟乎？又下負萬民！」乃可其奏，哀不能自止，左右盡悲。待詔⑪東方朔前上壽曰：「臣聞聖王為政，賞不避仇讎，誅不擇骨肉。書曰：『不偏不黨，王道蕩蕩⑫。』此二者，五帝所重，三王所難也，陛下行之，天下幸甚！臣朔奉觴昧死再拜上萬壽！」上初怒朔，既而善之，以朔為中郎。

班固贊曰：「漢承百王之弊，高祖撥亂反正，文、景務在養民，至於稽古禮文之事，猶多闕焉。孝武初立，卓然罷黜百家，表章六經，遂疇咨海內⑬，舉其俊茂，與之立功；興太學，修郊祀，改正朔，定曆數，協音律，作詩樂，建封禪，禮百神，紹周後，號令文章，煥然可述，後嗣得遵洪業而有三代之風。如武帝之雄材大略，不改文、景之恭儉以濟斯民，雖詩、書所稱，何有加焉！」

臣光曰：「孝武窮奢極欲，繁刑重斂，內侈宮室，外事四夷，信惑神怪，巡遊無度，使百姓疲敝，起為盜賊，其所以異於秦始皇者無幾矣。然秦以之亡，漢以之興者，孝武能尊先王之道，知所統守，受忠直之言，惡人欺蔽，好賢不倦，誅賞嚴明，晚而改過，顧託得人，此其所以有亡秦之失而免亡秦之禍乎！」

㈢戊辰（十五日），太子即皇帝位。帝姊鄂邑公主⑭共養省中⑮，霍光、金日磾、上官桀共領尚書事。光輔幼主，政自己出，天下想聞其風采。殿中嘗有怪，一夜，羣臣相驚，光召尚符璽郎⑯，欲收取璽⑰。郎不肯授，光欲奪之。郎按劍曰：「臣頭可得，璽不可得也！」光甚誼⑱之。明日，詔增此郎秩二等。眾庶莫不多⑲光。

㈣三月甲辰（二十二日），葬孝武皇帝於茂陵。

㈤夏六月，赦天下。

㈥秋七月，有星孛于東方。

㈦濟北王寬⑳坐禽獸行㉑自殺。

㈧冬，匈奴入朔方，殺略吏民；發軍屯西河，左將軍桀行北邊。

【今註】㈠五柞宮：《三輔黃圖》云：「漢之離宮也。宮中有五柞樹，因以為名。」㈡忤視：逆視。㊂內：同納。㊃上官桀始以材力得幸：《漢書・外戚傳》：「桀少時為羽林期門郎，從帝上甘泉，天大風，車不得行，解蓋授桀；桀奉蓋，雖風，常屬車，雨下，蓋輒御，上奇其材力。」㊄未央廄令：太僕屬官。㊅帝崩：臣瓚曰：「壽七十一。」㊆隆慮公主：景帝女。隆慮縣故城即今河南省林縣治。慮音閭。㊇夷安：縣名，故城即今山東省高密縣治。㊈主傅：公主之傅姆。沈欽韓曰：「漢官儀，長公主傅秩千石。」㊉弟：女弟。⑪待詔：是時東方朔待詔宦者署。⑫不偏不黨，王道蕩蕩：《周書・洪範》之辭。⑬疇咨海內：顏師古曰：「疇，誰也。咨，謀也。言謀於眾人，誰可為事者也。」⑭鄂邑公主：即蓋長公主，食邑於鄂縣，即今湖北省武昌縣治。⑮省中：蔡邕曰：「本為禁中，以孝元皇后父名禁，避之，故曰省中。」顏師古曰：「省，察也，言入此中者皆當察視，不可妄也。」⑯尚符璽郎：續漢志本註：「符璽郎中二人，在中主璽及虎符、竹符之半者。」⑰欲收取璽：顏師古曰：「恐有變難，欲收取璽。」⑱誼：同義。《中庸》：「義者，宜也。」⑲多：重。⑳濟北王寬：淮南厲王子勃徙封濟北王，寬為勃之孫。㉑禽獸行：胡三省曰：「漢法，內亂者為禽獸行。」

卷二十三 漢紀十五

起旃蒙協洽，盡柔兆敦牂，凡十二年。（乙未至丙午，西元前八六年至西元前七五年）

司馬光編集
傅樂成註

孝昭皇帝㊀上

始元元年（西元前八六年）

㈠夏，益州夷二十四邑三萬餘人皆反。遣水衡都尉呂破胡募吏民及發犍為、蜀郡犇命㊁往擊，大破之。

㈡秋、七月，赦天下。

㈢大雨，至於十月。渭橋絕。

㈣武帝初崩，賜諸侯王璽書㊂。燕王旦得書，不背哭，曰：「璽書封小，京師疑有變㊃。」遣幸臣壽西長㊄、孫縱之、王孺等之㊅長安，以問禮儀為名，陰刺㊆候朝廷事。及有詔；褒賜旦錢三十萬，益封萬三千戶，旦怒曰：「我當為帝，何賜也！」遂與宗室中山哀王㊇子長、齊孝王㊈孫澤等結謀，詐言以武帝時受詔，得職吏事〔一〇〕，修武備，備非常。郎中成軫謂旦曰：「大王失職〔一一〕，獨可起而索〔一二〕，不可坐而得也。大王壹起，國中雖女子，皆奮臂隨大王。」旦即與澤謀，為姦書，言少帝非武帝子，大臣所共立，天下宜共伐之。使人傳行郡國，以搖動百姓。澤謀歸發兵臨菑〔一三〕，殺青州刺史雋不疑〔一四〕。旦招來郡國姦人，賦斂銅鐵，作甲兵；數閱其車騎材官卒，發民大獵，以講士馬，須期日〔一五〕。郎中韓義等數諫旦，旦殺義等凡十五人。會缾侯成〔一六〕知澤等謀，以告雋不疑。八月，不疑收捕澤等以聞。天子遣大鴻臚丞〔一七〕治，連引燕王。有詔，以燕王至親，勿治。而澤等皆伏誅。遷雋不疑為京兆尹〔一八〕。

不疑為京兆尹，吏民敬其威信。每行縣錄囚徒〔一九〕還，其母輒問不疑：「有所平反〔二〇〕，活幾何人？」即不疑多有所平反，母喜笑異於他時；或無所出，母怒為不食。故不疑為吏，嚴而不殘。

㈤九月，丙子（二日），秺敬侯金日磾〔二一〕薨。初，武帝病，有遺詔封金日磾為秺侯，上官桀為安陽侯〔二二〕，霍光為博陸侯〔二三〕。皆以前捕反者馬何羅等功〔二四〕封。日磾以帝少不受封，光等亦不敢受。及日磾病困，光白封日磾臥受印綬，一日薨。日磾兩子賞、建俱侍中，與帝略同年，共臥起。賞為奉車㉕，建駙馬都尉。及賞嗣侯，佩兩綬。上謂霍將軍曰：「金氏兄弟兩人，不可使俱兩綬邪？」對曰：「賞自嗣父為侯耳。」上笑曰：「侯不在我與將軍乎？」對曰：「先帝之約，有功乃得封侯。」遂止。

㈥閏月。遣故廷尉王平等五人，持節行郡國，舉賢良，問民疾苦冤失職者。

㈦冬，無冰。

【今註】㊀孝昭皇帝：名弗陵，武帝少子。後以二名難諱，但名弗；諱弗之字曰不。㊁犍為、蜀郡犇命；犍為、蜀郡，皆屬益州。犍為郡，約當今四川省瀘、宜賓、樂山、眉山、榮、資中、簡陽等縣地。蜀郡，約當今四川省成都、彭山、崇慶、邛崍、茂等縣及西康省雅安縣一帶地。犍，音肩（ㄐㄧㄢ），又音虔（ㄑㄧㄢˊ）。犇命，臨時選取精勇，所組成之救急之師。應劭曰：「舊時郡國皆有材官騎士，以赴急難。今夷反，常兵不足以討之，故權發精勇，聞命犇走，故謂之犇命。」犇，古奔字。㊂璽書：皇帝詔勅之別稱。璽，印信；文書封以印信曰璽書。㊃京師疑有變：因文少則封小，故疑京師有變。㊄壽西長：壽西，姓；長，名。㊅之：前往。㊆刺：音次（ㄘˋ），偵伺。㊇中山哀王：名昌，靖王勝子。㈨齊孝王：名將閭，悼惠王肥子。㈩受詔，得職吏事：職，主持。諸侯不得治民主吏事，是以旦詐言受詔，得主其國中吏事，發兵為備。⑪失職：謂當為漢嗣而不被用。⑫索：求取。⑬臨菑：即臨淄，齊郡太守及青州刺史治所，今山東省臨淄縣。⑭雋不疑：雋音狷（ㄐㄩㄢˋ）。⑮講士馬，須期日：講，操習。須，等待。澤歸臨菑謀舉兵，故旦閱兵以待期發難。⑯缾侯成：缾，同瓶，侯國，屬琅邪郡，在今山東省臨朐縣東南。成，菑川靖王之子。⑰大鴻臚丞：官名，屬大鴻臚，秩千石。大鴻臚掌諸歸義蠻夷。⑱京兆尹：官名，武帝太初元年即西元前一〇四年，改右內史為京兆尹，司掌治京師。⑲錄囚徒：錄，紀錄。謂紀錄囚徒罪狀，查其有無冤枉。⑳平反：察見冤枉，以減免其罪。反，音幡（ㄈㄢ）。㉑秺敬侯金日磾：秺侯國屬濟陰郡，在今山東省城武縣。秺，音妒（ㄉㄨˋ）。磾：音低（ㄉㄧ）。㉒安陽侯：食邑河內蕩陰，今河南省湯陰縣西南。一說在今河南省陜縣。㉓博陸侯：博陸或謂取博大陸平之義，或謂取鄉聚之名，未知孰是。博陸侯初封食邑於北海郡及河間國，後益封食東郡。㉔以前捕反者馬何羅等功：捕馬何羅事見卷二十二、武帝後元元年㈤。㉕賞為奉車：王念孫曰：「奉車下亦有都尉二字，而今本脫之。」李宗侗按通鑑亦無都尉二字，是溫公所據《漢書》金日磾傳已脫此二字。但《藝文類聚》人部十七及《太平御覽》儀式部三引此並作「賞為奉車都尉，建駙馬都尉。」哀帝時金涉亦為奉車郡尉，見金日磾傳，則王說是。

二年（西元前八五年）

㈠春，正月，封大將軍光為博陸侯，左將軍桀為安陽侯。

㈡或說㊀霍光曰：「將軍不見諸呂之事乎？處伊尹、周公之位，攝政擅權而背宗室，不與共職；是以天下不信，卒至於滅亡。今將軍當盛位，帝春秋富，宜納宗室，又多與大臣共事㊁，反諸呂道㊂，如是則可以免患。」光然之，乃擇宗室可用者，遂拜楚元王孫辟彊及宗室劉長樂，皆為光祿大夫；辟彊守長樂衞尉㊃。

㈢三月，遣使者振貸貧民無種食者㊄。

㈣秋，八月，詔曰：「往年災害多，今年蠶麥傷，所振貸種食勿收責，毋令民出今年田租。」

㈤初，武帝征伐匈奴，深入窮追，二十餘年。匈奴馬畜孕重墮殰，罷極，苦之㊅。常有欲和親意，未能得。狐鹿孤單于有異母弟為左大都尉，賢，國人鄉之㊆。母閼氏㊇恐單于不立子而立左大都尉也，乃私使殺之。左大都尉同母兄怨，遂不肯復會單于庭㊈。是歲，單于病且死，謂諸貴人：「我子少不能治國，立弟右谷蠡⑩王。」及單于死，衛律等與顓渠閼氏⑪謀，匿其喪，矯單于令，更立子左谷蠡王為壺衍鞮單于。左賢王、右谷蠡王怨望，率其眾欲南歸漢；恐不能自致，即脅盧屠王，欲與西降烏孫。盧屠王告之，單于使人驗問，右谷蠡王不服，反以其罪罪盧屠王，國人皆冤之。於是二王居其所，不復肯會龍城⑫，匈奴始衰。

【今註】㊀說：音稅（ㄕㄨㄟˋ），游說。㊁共事：共同議事。㊂反諸呂道，如是，則可以免患：謂諸呂專權，而致滅亡；今接納宗室，是反其道，乃可免禍患。㊃長樂衛尉：漢長樂、建章、甘泉諸宮，各有衛尉，以掌其宮警衛事宜，然不常置。㊄無種食者：顏師古曰：「種，五穀之種也。食者，所以為糧食也。」㊅孕重墮殰，罷極，苦之：重，音崇（ㄔㄨㄥˊ），懷孕。墮，音惰（ㄉㄨㄛˋ），同墮，下墜。殰，音讀（ㄉㄨˊ），敗。墮殰蓋謂流產。罷極，困頓已極；罷，請曰疲。苦之，中心厭苦。謂匈奴以漢兵深入窮追，其馬畜懷孕，未及生而胎敗，困頓已極而感厭苦。㊆鄉之：胡三省曰：「鄉，讀曰嚮。謂悉皆附之。」㊇閼氏：音煙（ㄧㄢ）支（ㄓ），匈奴單于后號。㊈遂不肯復會單于庭：匈奴諸王長少皆於每年正月，集會於單于庭。自是左大都尉兄不肯再來集會。⑩谷蠡：音鹿（ㄌㄨˋ）黎（ㄌㄧˊ）。⑪顓渠閼氏：單于之正后，位在大閼氏上。⑫不復肯會龍城：胡三省曰：

「匈奴諸王長少，歲正月會單于庭；五月大會龍城，祭其先天地鬼神。今二王自居其本處，不復會祭龍城。」按匈奴龍城在沙漠以北，今外蒙古三音諾顏部境內，泰咪爾河沿岸。衞青伐匈奴所至之龍城，在沙漠以南，係另一地。

三年（西元前八四年）

㈠春，二月，有星孛㈠于西北。

㈡冬、十一月、壬辰（一日）朔，日有食之。

㈢初霍光與上官桀相親善，光每休沐㈡出，桀常代光入決事。光女為桀子安妻，生女，年甫㈢五歲；安欲因光內之宮中；光以為尚幼，不聽。蓋長公主㈣私近子客河間丁外人㈤，安素與外人善，說外人曰：「安子容貌端正，誠因長主時得入為后，以臣父子在朝，而有椒房㈥之重，成之在於足下；漢家故事，常以列侯尚主，足下何憂不封侯乎？」外人喜，言於長主，長主以為然。詔召安女為倢伃㈦，安為騎都尉。

【今註】㈠孛：音佩（ㄆㄟˋ），彗星。㈡休沐：胡三省曰：「漢制，中朝官五日一下里舍休沐，三署諸郎亦然。」按休沐猶今之休假。㊂甫：方及。㊃蓋長公主：昭帝長姊，為蓋侯王充所尚，故曰蓋長公主。帝姊妹，始稱「長公主」，儀比諸王。充，武帝舅王信之子。㊄子客河間丁外人：子客，謂公主子之賓客。河間，國名。轄縣四，治樂成，故城在今河北省獻縣東南。丁，姓；外人，名。㊅椒房：顏師古曰：「椒房殿在未央宮中，皇后所居，以椒和泥塗壁，取其溫而芳。」㊆倢伃：音接（ㄐㄧㄝ）予（ㄩˊ）。

四年（西元前八三年）

㈠春、三月、甲寅（二十五日）立皇后上官氏。赦天下。

㈡西南夷姑繒、葉榆㊀復反，遣水衡都尉呂辟胡將益州兵㊁擊之。辟胡不進，蠻夷遂殺益州㊂太守，乘勝與辟胡戰，士戰及溺死者四千餘人。冬，遣大鴻臚田廣明擊之。

㈢廷尉李种㊃坐故縱死罪，棄市。

㈣是歲，上官安為車騎將軍。【考異】昭紀作驃騎。今從百官表、外戚傳。

【今註】㊀姑繒、葉榆：胡三省曰：「皆西南夷別種，其所居地在益州郡界。葉榆，澤名，武帝時開為縣。」繒，音曾（ㄗㄥ）。葉，音攝（ㄕㄜˋ）。㊁益州兵：指益州刺史所部兵。漢武帝元鼎中，分雍州之南置益州刺史，轄漢中、廣漢、蜀、犍為、越巂、益州、牂柯、巴等郡。當今陝西省南部，西康省東部，及四川、貴州之地。㊂益州：指益州郡。胡三省曰：「武帝元封二年，開滇王國，置益州郡，治滇池縣。」按滇池縣在今雲南晉寧縣東。㊃种：音沖（ㄔㄨㄥ）。

五年（西元前八二年）

㈠春、正月，追尊帝外祖趙父為順成侯㊀。順成侯有姊君㚬㊁，賜錢二百萬，奴婢第宅，以充實焉。諸昆弟各以親疏㊂受賞賜，無在位者。

有男子乘黃犢車詣北闕㊃，自謂衞太子，公車㊄以聞。詔使公卿、將軍中二千石雜識視㊅。長安中吏民聚觀者數萬人，右將軍勒兵闕下，以備非常。丞相、御史、中二千石至者，並莫敢發言。京兆尹不疑後到，叱從吏㊆收縛。或曰：「是非未可知，且安㊇之。」不疑曰：「諸君何患於衞太子！昔蒯聵㊈違命出奔，輒距而不納，春秋是之。衞太子得罪先帝，亡不即死㊉，今來自詣，此罪人也。」遂送詔獄。天子與大將軍霍光聞而嘉之曰：「公卿大臣，當用有經術明於大誼者。」繇是不疑名聲重於朝廷，在位者皆自以不及也。廷尉驗治何人㊁，竟得姦詐。本夏陽人，姓成，名方遂，居湖以卜筮為事。有故太子舍人，嘗從方遂卜，謂曰：「子狀貌甚似衛太子。」方遂心利其言，冀得以富貴。坐誣罔不道，要㊂斬。【考異】昭紀云張延年。雋不疑傳云成方遂，又云一姓張名延年。今從不疑傳。

㈡夏、六月，封上官安為桑樂侯㊂。安日以驕淫，受賜殿中，對賓客言：「與我壻㊃飲，大樂。見其服飾，使人歸欲自燒物。」子病死，仰而罵天，其頑悖㊄如此。

㈢罷儋耳、真番郡㊅。

㈣秋，大鴻臚廣明、軍正王平擊益州，斬首捕虜三萬餘人，獲畜產五萬餘頭。

㈤諫大夫杜延年，見國家承武帝奢侈師旅之後，數㊆為大將軍光言：「年歲比㊇不登，流民未盡還，宜脩孝文時政，示以儉約寬和；順天心，說㊈民意，年歲宜應。」光納其言。延年，故御史大夫周之子也。

【今註】 ㊀順成侯趙父：昭帝生母鉤弋夫人之父。父時已死，追封為順成侯，置園邑三百戶於扶風。扶風在今陝西省咸陽縣東。李宗侗按趙父史失其名，故以父為稱。㊁姁：音許（ㄒㄩˇ）。㊂親疏：孔穎達曰：「五服之內，大功已上，服粗者為親；小功已下，服精者為疏。」疏，同疎。㊃北闕：指未央宮北闕，蕭何所築。未央宮雖南向，而上書奏事謁見者，皆詣北闕。㊄公車：官署名，屬衞尉，主受章奏，設於北闕。㊅詔使公卿、將軍中二千石雜識視：雜，共同。謂命公卿將軍等共同辨識。㊆從吏：隨行之吏。從，音粽（ㄗㄨㄥˋ）。㊇安：猶徐，謂不可操切。㊈蒯聵：春秋衞靈公太子，得罪靈公而奔晉。及靈公卒，衞人以蒯聵子輒嗣位，而拒蒯聵，見《左傳》。蒯，音塊（ㄎㄨㄞˇ）。聵，音潰（ㄎㄨㄟˋ）。㊉亡不即死：即，就。謂太子逃亡而不歸罪就死。⑪廷尉驗治何人：謂廷尉按問其究為何人。⑫要：同腰。⑬桑樂侯：食邑於千乘郡。郡治千乘，故城在今山東省高苑縣北。⑭我婿：指昭帝。⑮悖：音背（ㄅㄟˋ），謬誤背理。⑯罷儋耳、真番郡：儋耳郡，本南越地，武帝元鼎六年即西元前一一一年置。真番郡，本朝鮮地，元封三年即西元前一〇八年置。今皆罷之。儋，音擔（ㄉㄢ）。⑰數：音朔（ㄕㄨㄛˋ），屢次。⑱比：音避（ㄅㄧ），頻數。⑲說：讀曰悅。

六年（西元前八一年）

㈠春、二月，詔有司問郡國所舉賢良、文學，民所疾苦，教化之要。皆對願罷鹽鐵、酒榷、均輸官㊀，毋與天下爭利，示以儉節，然後教化可興。桑弘羊難，以為此國家大業，所以制四夷，安邊足用之本，不可廢也。於是鹽鐵之議㊁起焉。

初，蘇武既徙北海上㊂，稟食㊃不至，掘野鼠去草實而食之㊄。杖漢節牧羊，臥起操持，節旄㊅盡落。武在漢，與李陵俱為侍中；陵降匈奴，不敢求武㊆。久之，單于使陵至海上，為武置酒設樂。因謂武曰：「單于聞陵與子卿㊇素厚，故使來說足下，虛心欲相待。終不得歸漢，空自苦亡人之地，信義安所見㊈乎？足下兄弟二人㊉，前皆坐事自殺。來時太夫人已不幸⑪；子卿婦年少，聞已更嫁矣。獨有女弟二人，兩女一男，今復十餘年，存亡不可知。人生如朝露⑫，何久自苦如此！陵始降時，忽忽如狂，自痛負漢。加以老母繫保宮⑬，子卿不欲降，何以過陵⑭？且陛下春秋高，法令無常，大臣無罪夷滅者數十家；安危不可知，子卿尚復誰為乎？」武曰：「武父子無功德，皆為陛下所成就，位列將，爵通侯，兄弟親近(一五)。常願肝腦塗地；今得殺身自効，雖斧鉞湯鑊(一六)，誠甘樂之。臣事君，猶子事父也；子為父死，無所恨。願勿復再言。」陵與武飲數日，復曰：「子卿壹聽陵言。」武曰：「自分(一七)已死久矣！王(一八)必欲降武，請畢今日之驩，効死(一九)於前。」陵見其至誠，喟然嘆曰：「嗟乎義士！陵與衛律之罪，上通於天！」因泣下霑衿，與武決(二〇)去。賜武牛羊數十頭。後陵復至北海上，語武以武帝崩。武南鄉號哭歐血；旦夕臨(二一)，數月。及壺衍鞮單于立，母閼氏不正，國內乖離，常恐漢兵襲之。於是衛律為單于謀，與漢和親。漢使至，求蘇武等，匈奴詭言武死。後漢使復至匈奴，常惠私見漢使，教使者謂單于，言天子射上林中，得鴈，足有係帛書，言武等在某澤(二二)中。使者大喜，如惠語，以讓(二三)單于。單于視左右而驚，謝漢使曰：「武等實在。」乃歸武及馬宏等。馬宏者，前副光祿大夫王忠使西國(二四)，為匈奴所遮；忠戰死，馬宏生得，亦不肯降，故匈奴歸此二人，欲以通善意。於是李陵置酒賀武曰：「今足下還歸，揚名於匈奴，功顯於漢室，雖古竹帛所載，丹青所畫，何以過子卿？陵雖駑怯，令漢貰㉕陵罪，全其老母；使得奮大辱之積志，庶幾乎曹柯之盟㉖，此陵宿昔之所不忘也。收族陵家㉗，為世大戮，陵尚復何顧乎！已矣！令子卿知吾心耳。」陵泣下數行，因與武決。單于召會㉘武官屬，前已降及物故㉙，凡隨武還者九人。既至京師，詔武奉一太牢㉚，謁武帝園廟。拜為典屬國㉛，秩中二千石；賜錢二百萬，公田二頃，宅一區。武留匈奴凡十九歲，始以彊壯出，及還，須㉜髮盡白。霍光、上官桀與李陵素善，遣陵故人隴西任立政等三人，俱至匈奴招之。陵曰：「歸易耳，丈夫不能再辱㉝。」遂死於匈奴。

㈡夏，旱。

㈢秋、七月，罷榷酤㉞官，從賢良文學之議也。武帝之末，海內虛耗，戶口減半。霍光知時務之要，輕傜薄賦，與民休息。至是匈奴和親，百姓充實，稍復文景之業焉。

㈣詔以鉤町㉟侯毋波，率其邑君長人民擊反者有功，立以為鉤町王。賜田廣明爵關內侯。

【今註】 ㈠罷鹽鐵、酒榷、均輸官：鹽鐵事始見卷十九、武帝元狩四年㈠。均輸事始見卷二十、元鼎二年㈥。酒榷事始見卷二十二、天漢三年㈡。㈡鹽鐵之議：議罷鹽鐵之官，百姓皆可以鬻鹽鑄錢，並總論政治得失。桓寬撰《鹽鐵論》六十篇，載桑弘羊與賢良文學辯難鹽鐵事，其書今存。㈢蘇武既徙北海上：事見卷二十一、天漢元年㈡。㈣稟食：官所給食，或作廩食。稟，音凜（ㄌㄧㄣˇ）。㈤掘野鼠去草實而食之：劉攽曰：「今北方野鼠甚多，皆可食也。武掘野鼠，得即食之；其草實乃頗去藏耳。」去、音取（ㄑㄩˇ）。㈥節旄：節，使者所持以示信者，編毛為之，以象竹節，名曰旄節，謂節上之毛。㈦不敢求武：因愧見武，不敢求訪。陵降匈奴事見卷二十一、天漢二年㈢。㈧子卿：蘇武字。㈨見：同現，表現。㈩足下兄弟二人：指武兄嘉及武弟賢。⑪不幸：謂死。⑫人生如朝露：顏師古曰：「朝露見日則晞乾，人命短促亦如之。」⑬保宮：獄名，屬少府。本名居室，武帝太初元年即西元前一〇四年更名保宮。是時陵母被誅已久，繫保宮乃追言始降時事。⑭子卿不欲降，何以過陵：謂武家業已無人，其顧慮而不願降之情，無以過陵。⑮親近：謂為朝廷近臣。⑯鑊：音穫（ㄏㄨㄛˋ），鼎大而無足者。胡三省曰：「吳人謂之鍋。」秦時有鑊烹之刑，即置人於鑊而烹之。此處所謂湯鑊，蓋指酷刑。⑰分：音忿（ㄈㄣˋ），自以為。⑱王：匈奴封李陵為右校王，故武稱之為王。⑲效死：為你而死。⑳決：分別。㉑臨：哭。後代皇帝崩，羣臣聚哭曰「哭臨」。㉒某澤：王念孫曰：「某澤二字，文義不明，某當為荒字之誤也。隸書荒字或作𦵏、與某相似。荒澤，即上文所雲『北海上無人處』也。凡塞外大澤，通謂之海；海邊無人之地，故曰荒澤中。言天子射雁得書，知武等在荒澤中也。」㉓讓：責備。㉔西國：指西域諸國。㉕貰：音世（ㄕˋ），寬貸。㉖曹柯之盟：謂欲刧單于如曹劌刧齊桓公於柯盟之時。曹劌即曹沫，春秋魯人，事莊公。齊師伐魯，劌戰三敗。莊公獻地以和，與齊盟於柯。劌於盟所以匕首刧桓公，盡歸魯之侵地。其事見《史記・刺客列傳》。㉗收族陵家：事見卷二十二、天漢四年㈡。㉘會：集聚。㉙物故：死亡，言其諸物皆就朽故。一說物應作歾。歾，或作歿，音沒（ㄇㄛˋ），終了。㉚太牢：指牛、羊、豕三牲。最重大祭祀所用故名太牢。㉛典屬國：本秦官，掌理歸義蠻夷漢因襲。以武久在匈奴中，習外夷事，故授以此官。其後省併於大鴻臚。㉜須：同鬚。㉝丈夫不能再辱：胡三省曰：「陵意謂降匈奴已辱矣，今若歸漢，漢將使刀吏更簿責其喪師降匈奴之罪，是為再辱也，故遂不歸。」㉞榷酤：音覺（ㄐㄩㄝˊ）顧（ㄍㄨˋ）。章昭曰：「以木渡水曰榷，謂禁民酤釀，獨官開置，如道路設木為榷，獨取利也。」蓋即今之專賣。㉟鉤町：西南夷種，武帝開為縣，屬牂柯郡。當時雖置官吏，然仍以其君長為鉤町侯，使主管其種類。地在今雲南省蒙自縣。鉤町，音劬（ㄑㄩˊ）挺（ㄊㄧㄥˋ）。

元鳳㈠元年（西元前八〇年）

㈠春、武都氐人㈡反。遣執金吾馬適建㈢，龍頟侯㈣韓增，大鴻臚田廣明將三輔太常徒，皆免刑擊之。

㈡夏、六月，赦天下。

㈢秋、七月、乙亥（三十日）晦，日有食之既。

㈣八月，改元。

㈤上官桀父子既尊，盛德㊄長公主，欲為丁外人求封侯，霍光不許。又為外人求光祿大夫，欲令得召見，又不許。長主大以是怨光；而桀安數為外人求官爵弗能得，亦慙。又桀妻父所幸充國㊅為太醫監，闌入㊆殿中，下獄當死。冬月且盡㊇，蓋主為充國入馬二十匹贖罪，乃得減死論。於是桀安父子深怨光，而重德㊈蓋主。自先帝時，桀已為九卿，位在光右㊉。及父子幷為將軍㊁，皇后親安女；光乃其外祖，而顧㊂專制朝事，由是與光爭權。燕王旦自以帝兄不得立，常懷怨望。及御史大夫桑弘羊建造酒榷鹽鐵，為國興利，伐㊂其功，欲為子弟得官，亦怨恨光。於是蓋主、桀、安、弘羊皆與旦通謀，旦遣孫縱之等前後十餘輩，多齎金寶走馬㊃，賂遺蓋主、桀、弘羊等。桀等又詐令人為燕王上書，言光出都肄㊄郎羽林，道上稱䞪㊅，太官㊆先置。又引蘇武使匈奴二十年㊅不降，乃為典屬國；大將軍長史敞無功，為搜粟都尉。又擅調益莫府校尉[一九]。光專權自恣，疑有非常；臣旦願歸符璽，入宿衞，察姦臣變。」候司[二〇]光出沐日奏之，桀欲從中下其事[二一]，弘羊常[二二]與諸大臣共執退光。書奏，帝不肯下。明旦，光聞之，止畫室中不入[二三]。上問：「大將軍安在？」左將軍桀對曰：「以燕王告其罪，故不敢入。」有詔召大將軍，光入，免冠頓首謝。上曰：「將軍冠[二四]，朕知是書詐也，將軍無罪。」光曰：「陛下何以知之？」上曰：「將軍之廣明都郎[二五]，近耳；調校尉以來，未能十日，燕王何以得知之？且將軍為非，不須校尉[二六]。」是時帝年十四，尚書[二七]左右皆驚。而上書者果亡，捕之甚急。桀等懼，白上小事不足遂[二八]，上不聽。後桀黨與具有譖光者，上輒怒曰：「大將軍忠臣，先帝所屬[二九]以輔朕身，敢有毀者坐之。」自是桀等不敢復言。

李德裕論曰：「人君之德，莫大於至明；明以照姦，則百邪不能蔽矣。漢昭帝是也，周成王有慙德矣。高祖、文、景，俱不如也。成王聞管蔡流言，遂使周公狼跋而東[三〇]。漢高聞陳平去魏背楚，欲捨腹心臣㉑。漢文惑季布使酒難近，罷歸股肱郡㉒；疑賈生擅權紛亂，復疏賢士㉓。景帝信誅晁錯兵解，遂僇三公㉔。所謂執狐疑之心，來讒賊之口㉕。使昭帝得伊呂之佐，則成康不足侔矣。」

㈥桀等謀令長公主置酒請光，伏兵格殺之，因廢帝，迎立燕王為天子。旦置驛書，往來相報，許立桀為王。外連郡國豪桀以千數。旦以語相平㉖，平曰：「大王前與劉澤結謀，事未成而發覺者，以劉澤素夸好侵陵也。平聞左將軍素輕易，車騎將軍少而驕，臣恐其如劉澤時不能成；又恐既成，反大王也。」旦曰：「前日一男子詣闕，自謂故太子。長安中民趣鄉之，正讙不可止㉗。大將軍恐，出兵陳之，以自備耳。我帝㉘長子，天下所信，何憂見反！」後謂羣臣，蓋主報言，獨患大將軍與右將軍王莽㉙，今右將軍物故，丞相病，幸事必成，徵不久㊵，令羣臣皆裝。安又謀誘燕王至而誅之，因廢帝而立桀。或曰：「當如皇后何？」安曰：「逐麋之狗，當顧菟邪㊶？且用皇后為尊，一旦人主意有所移，雖欲為家人㊷，亦不可得。此百世之一時也。」會蓋主舍人父稻田使者燕倉㊸知其謀，以告大司農楊敞，敞素謹畏事，不敢言，乃移病㊹臥，以告諫大夫杜延年，延年以聞。九月，詔丞相部中二千石，逐捕孫縱之及桀、安、弘羊、外人等，幷宗族悉誅之。蓋主自殺。燕王旦聞之，召相平曰：「事敗遂發兵乎？」平曰：「左將軍已死，百姓皆知之，不可發也。」王憂懣㊺，置酒與羣臣妃妾別。會天子以璽書讓旦；旦以綬自絞死。后夫人隨旦自殺者二十餘人。天子加恩，赦王太子建為庶人。賜旦謚曰刺王。皇后以年少不與謀㊻，亦霍光外孫，故得不廢。

(七)庚午（二日），右扶風王訢為御史大夫。

(八)冬、十月，封杜延年為建平侯㊼，燕倉為宜城侯，故丞相徵事任宮㊽捕得桀，為弋陽侯㊾；丞相少史㊿王山壽誘安入府，為商利侯(51)。久之，文學濟陰(52)魏相對策，以為日者燕王為無道，韓義出身彊諫，為王所殺。義無比干(53)之親，而蹈比干之節。宜顯賞其子，以示天下，明為人臣之義。乃擢義子延壽為諫大夫。

(九)大將軍光以朝無舊臣，光祿勳張安世，自先帝時為尚書令，志行純篤，乃白用安世為右將軍兼光祿勳，以自副焉。安世，故御史大夫湯之子也。光又以杜延年有忠節(五四)，擢為太僕右曹給事中(五五)。光持刑罰嚴，延年常輔之以寬。吏民上書言便宜(五六)，輒下延年，平處復奏。可官試者，至為縣令或丞相御史除用，滿歲以狀聞(五七)；或抵其罪法(五八)。

㈩是歲，匈奴發左右部(五九)二萬騎為四隊，并入邊為寇。漢兵追之，斬首獲虜九千人，生得甌脫王。漢無所失亡。匈奴見甌脫王在漢，恐以為道(六〇)擊之，即西北遠去，不敢南逐水草。發人民，屯甌脫。

【今註】㈠元鳳：應劭曰：「三年中，鳳凰比下東海（郡）海西（縣），樂鄉（國），故以冠元。」㈡武都氐人：武都，郡名，屬涼州，約當今甘肅省武都、文成，徽及陝西省寧強等縣地。郡治武都，在今甘肅成縣西。氐人，指白馬氐。㈢馬適建：馬適，姓；建，名。㈣龍頟侯：弓高壯侯韓頹當子說封龍頟侯，於元鼎五年即西元前一一二年坐酎金免。後元元年即西元前八八年，說弟子增繼封龍頟侯，其國屬平原郡。頟，音洛（ㄌㄨㄛˋ）作額者非。㈤德：感懷其恩德。㈥充國：人名，其姓不詳。太醫監屬少府。㈦闌入：妄入。漢制臣下入宮殿，均須登記預先准許，無准許而入為妄入。㈧冬月且盡：漢處決死囚，至遲不過冬月。如踰冬至春，即不行刑，當可減死。⑨重德：益感其德。重，音崇（ㄔㄨㄥˊ）。⑩桀已為九卿，位在光右：武帝時桀為太僕，位九卿，秩中二千石；光為奉車都尉、光祿大夫，皆二千石；故桀之位在光右。右，上。⑪父子並為將軍：桀為左將軍，安為車騎將軍。⑫顧：猶反。⑬伐：自誇。⑭走馬：馬之能快跑者。⑮都肄：都，總；肄，試習。都肄謂總閱試習武備。⑯趩：同蹕，音畢（ㄅㄧˋ），禁止人途中行走以清道。⑰太官：屬少府，掌御飲食。凡皇帝車駕所幸，太官先往其處供置。今霍光亦如此，以上二事皆言光僭越。⑱武使匈奴二十年：賞十九年，所以說二十者，乃舉其成數。⑲擅調益莫府校尉：調，音弔（ㄉㄧㄠˋ），選。益，增加。莫，通幕。莫府，指大將軍府。謂光擅自選調增加其幕府之校尉。⑳司：讀曰伺。㉑桀欲從中下其事：謂伺光出沐，不在禁中時，桀可以從禁中下其事於有司。㉒當：自己擔任。㉓止畫室中不入：畫室，如淳曰：「近臣所止計畫之室也。或曰雕畫之室。」顏師古曰：「雕畫是也。」周壽昌曰：「畫室當是殿前西閣之室。」按西閣室中，多盡古帝王像，故稱畫室。時昭帝御殿內，光在西閣之室中待命。不入，謂不進入殿。㉔將軍冠：令光復戴冠。㉕將軍之廣明都郎：廣明，亭名，在長安城東東都門外。都郎，謂總試羽林。㉖且將軍為非，不須校尉：將軍果欲反逆，不必由校尉。㉗尚書：官署名，始於秦世，而漢承之。秦漢兩代，均屬少府。其主管長官為尚書令，秩千石。尚書職權為管理文書，傳達詔令。武帝時，命宦官典尚書事。稱中書謁者令，簡稱中書令。成帝時更以士人任之，而復舊名。故尚書令與中書令，可謂同職異名。以士人任之，則稱尚書令；以宦者任之，則為中書謁者令。然有時二者同時並置。㉘小事不足遂：遂，猶竟。謂不須窮竟其事。㉙屬：音煑（ㄓㄨˇ），付託。㉚遂使周公狼跋而東：周武王崩，周公相成王。公弟管叔、蔡叔，流言於國，謂公將不利於孺子，周公於是東征。成王未知周公之志，公乃為鴟鴞之詩。周大夫亦為公賦狼跋之詩曰：「狼跋其胡，載疐其尾。」跋，音拔（ㄅㄚˊ）；疐通躓，音致（ㄓˋ）；均踐踏之意。胡，頷下肉。意謂老狼有胡，進則踐其胡，退則踏其尾，以喻公進退為難。㉛高祖聞陳平去魏背楚，欲捨腹心臣：高祖疑陳平事見卷九、二年㈦。㉜漢文惑季布使酒難近，罷歸股肱郡：文帝罷季布事見卷四、前四年㈢。㉝疑賈生擅權紛亂，復疏賢士：疏賈生事，見同上㈣。㉞景帝信誅晁錯兵解，遂戮三公：景帝誅晁錯事，見卷十六前三年㈣。㉟所謂執狐疑之心，來讒賊者之口：二語劉向之言。見《漢書・劉向傳》。㊱相平：平為燕相，不詳其姓。㊲正讙不可止：讙，音歡（ㄏㄨㄢ），喧譁。因人眾既多，故喧譁不可止。㊳帝：指武帝。㊴王莽：張晏曰：「天水人，字稚叔。」按王莽死於元鳳元年、即西元前八〇年。㊵徵不久，令羣臣皆裝：謂不久將應徵命赴京，因令羣臣皆整理行裝預備。㊶逐麋之狗，當顧菟邪：謂所求者大，故不顧小。麋，鹿之大者。菟，讀曰兔。麋大兔小，故以取喻。㊷家人：即平民。㊸稻田使者燕倉：漢以稻田借與人民而收其稅，置稻田使者以主其事。燕，音煙（ㄧㄢ）。㊹移病：謂移書言病，猶今之請病假而不視事。㊺懣：音悶（ㄇㄣˋ），煩悶。㊻與謀：參與其祕謀。與，讀曰預。㊼建平侯：食邑於陳留郡濟陽縣，今河南省蘭封縣東北。㊽徵事任宮：徵事，丞相屬官，秩比六百石。凡故吏二千石不因贓罪而去職者，得為徵事，絳衣奉朝賀正月。

任，音壬（ㄖㄣˊ）。〔四九〕弋陽侯國：屬汝南郡，在今河南省潢川縣西。〔五〇〕丞相少史：官名，武帝時置，秩四百石。〔五一〕商利侯：食邑於臨淮郡之徐縣，故城在今安徽省泗縣西北。〔五二〕濟陰：郡名，屬兗州，轄今山東省菏澤、定陶、濮、城武、曹、鉅野等縣地。治定陶，故城在今山東省定陶縣西北。〔五三〕比干：商紂諸父，以諫紂而被殺。〔五四〕以杜延年有忠節：以其發燕王、蓋主及上官桀之謀。〔五五〕太僕右曹給事中：太僕本職；右曹給事中乃加官，今所謂兼職。給事中得出入禁中，掌顧問應對，平章尚書奏事，分為右左曹。〔五六〕吏民上書言便宜，輒下延年，平處復奏：謂先由延年平處其可否，復奏言之。《漢書・杜延年傳》作：「吏民上書言便宜，有異，輒下延年平處，復言。」意謂上書有異者始下延年，非謂凡上書皆由延年平處。當以《漢書》為是。〔五七〕可官試者，至為縣令或丞相御史除用，滿歲，以狀聞：謂擇其可試為官者加以試用，外為縣令，內為兩府除用掾吏。試滿一年，即以其任職情狀奏聞。〔五八〕或抵其罪法：抵，相當。謂言事之人有姦妄者，則致之於法，使與其罪相當。按《漢書・杜延年傳》，「或抵其罪法。」下有「常與兩府及廷尉分章」語，是延年平處所奏事，或由丞相御史除用，或由廷尉議罰。第其功罪，分別下其章兩府及廷尉施行。〔五九〕匈奴發左右部：匈奴分左右兩部，各有王、將。左部居東方，直上谷；右部居西方，直上郡。發左右部：發左右兩部將卒。〔六〇〕道：讀曰導，嚮導。

二年（西元前七九年）

㈠夏、四月，上自建章宮徙未央宮。

㈡六月，赦天下。

㈢是歲，匈奴復遣九千騎屯受降城以備漢。北橋余吾水，令可度以備奔走㈠。欲求和親，而恐漢不聽，故不肯先言；常使左右風㈡漢使者。然其侵盜益希，遇漢使愈厚，欲以漸致和親。漢亦羈縻之。

【今註】㈠北橋余吾水，令可渡以備奔走：謂匈奴於余吾水上作橋，遇有迫急，則奔走逃避，從此橋渡。㈡風：讀曰諷。不用正言以微辭借達其意曰諷，今謂「暗示」言。

三年（西元前七八年）

㈠春、正月，泰山有大石自起立；上林有柳樹枯僵㈠自起生；有蟲食其葉，成文曰：「公孫病已立㈡。」符節令魯國眭弘㈢上書，言大石自立，僵柳復起，當有匹庶為天子者。枯樹復生，故廢之家公孫氏當復興乎？漢家承堯之後㈣，有傳國之運，當求賢人，禪帝位，退自封百里，以順天命。弘坐設妖言惑眾，伏誅。

(二)匈奴單于使犂汗王(五)窺邊，言酒泉、張掖兵益弱，出兵試擊，冀可復得其地。時漢先得降者，聞其計。天子詔邊警備。後無幾，右賢王、犂汗王四千騎，分三隊入日勒、屋蘭、番和(六)。張掖太守、屬國都尉(七)發兵擊，大破之。得脫者數百人。屬國義渠王(八)射殺犂汗王，賜黃金二百斤，馬二百匹，因封為犂汗王。自是後匈奴不敢入張掖。

(三)燕蓋(九)之亂，桑弘羊子遷，亡過父故吏侯史吳(一〇)。後遷捕得伏法，會赦，侯史吳自出繫獄。廷尉王平、少府徐仁雜治反事，皆以為桑遷坐父謀反，而侯史吳臧(一一)之，非匿反者，乃匿為隨者(一二)也。即以赦令除吳罪。後侍御史治實(一三)，以桑遷通經術，知父謀反而不諫爭(一四)，與反者身無異。侯史吳故三百石吏，首匿(一五)遷，不與庶人匿隨從者等，吳不得赦。奏請覆治(一六)，劾廷尉少府縱(一七)反者。少府徐仁，即丞相車千秋(一八)女壻也。故千秋數為侯史吳言，恐大將軍光不聽，千秋即召中二千石、博士會公車門(一九)，議問吳法(二〇)。議者知大將軍指，皆執吳為不道。明日，千秋封上眾議，光於是以千秋擅召中二千石以下，外內㉑異言，遂下廷尉平少府仁獄。朝廷皆恐丞相坐之。太僕杜延年奏記光曰：「吏縱罪人有常法，今更詆吳為不道，恐於法深。又丞相素無所守持，而為好言於下，盡其素行也㉒。至擅召中二千石，甚無狀㉓。延年愚，以為丞相久故，及先帝用事㉔，非有大故，不可棄也。間者民頗言獄深，吏為峻㉕詆，今丞相所議，又獄事也，如是以及丞相，恐不合眾心；羣下讙譁，庶人私議，流言四布，延年竊重㉖將軍失此名於天下也。」光以廷尉少府弄法輕重，卒下之獄。夏，四月，仁自殺；平與左馮翊㉗賈勝胡，皆要斬。而不以及丞相，終與相竟㉘。延年論議持平，合和朝廷，皆此類也。

㈣冬，遼東㉙烏桓反。初冒頓破東胡㉚，東胡餘眾散保烏桓及鮮卑山㉛為二族。世役屬匈奴。武帝擊破匈奴左地，因徙烏桓於上谷、漁陽、右北平㉜、遼東塞外，為漢偵察匈奴動靜。置護烏桓校尉監領之，使不得與匈奴交通。至是部眾漸彊，遂反。先是匈奴三千餘騎入五原㉓，殺略數千人，後數萬騎南旁㉔塞獵，行攻塞外亭障，略取吏民去。是時漢邊郡烽火候望精明，匈奴為邊寇者少利，希復犯塞。漢復得匈奴降者，言烏桓常發先單于冢，匈奴怨之，方發二萬騎擊烏桓。霍光欲發兵邀擊㉕之，以問護軍都尉㉖趙充國；充國以為烏桓間㉗數犯塞，今匈奴擊之，於漢便。又匈奴希寇盜北邊，幸無事，蠻夷自相攻擊，而發兵要之㉘，招寇生事，非計也。光更問中郎將范明友，明友言可擊。於是拜明友為度遼將軍㉙，將二萬騎出遼東。匈奴聞漢兵至，引去。初，光誡明友兵不空出，即後匈奴㊵，遂擊烏桓。烏桓時新中匈奴兵㊶，明友既後匈奴，因乘烏桓敝擊之。斬首六千餘級，獲三王首。匈奴由是恐，不能復出兵。

【今註】 ㊀有柳樹枯僵：僵，偃仆。謂樹枯死，偃臥在地。㊁文曰公孫病已立：此為宣帝興於民間之符。㊂符節令魯國眭弘：符節令，官名，主符節事，屬少府，秩六百石。魯國，漢改秦薛郡為魯國，屬豫州。首邑為魯縣，今山東省曲阜縣。眭，音西（ㄒㄧ）。㊃漢家承堯之後：齊召南曰：「案以漢為堯後，始見此文。然則弘雖習公羊，亦兼通左氏矣。其後劉向父子，申明共義，而新莽亦因以為簒竊之本。」⑤犂汙王：犂汙為匈奴右谷蠡庭所屬地。王莽時，使譯者出塞，誘呼右犂汙王咸，則犂汙王所居地，當近塞下。⑥日勒、屋蘭、番和：均縣名，皆屬張掖郡。日勒在今甘肅省山丹縣東南。屋蘭在今山丹縣西北。番和今甘肅省永昌縣西。番，音讀盤（ㄆㄢˊ）。⑦屬國都尉：張掖屬國都尉治居延縣，今寧夏省額濟納旗地。⑧義渠王：義渠王，漢屬國義渠胡之君長。⑨燕蓋：指燕王及蓋長公主。⑩侯史吳：侯史，姓；吳，名。⑪臧：讀曰藏。⑫匿為隨者：謂桑遷但連坐其父謀反，而非自反。侯史吳匿之，非匿反者，乃匿隨坐者。⑬治實：重加覈治其事，以得其實。⑭爭：讀曰諍。⑮首匿：謂自為謀首而藏匿罪人。此蓋深文致吳之罪，以迎合光意。⑯覆治：再審。⑰縱：釋放。⑱車千秋：即田千秋。漢以其年老，得乘小車入殿中，因呼車丞相。⑲公車門：即未央宮北闕門。⑳議問吳法：謂依法吳當得何罪。㉑外內：謂外朝及內朝。㉒丞相素無所守持，而為好言於下，盡其素行也：顏師古曰：「言非故有所持執，但其素行，好與在下人言議耳。」王先謙曰：「好言，美言也。謂丞相素無定見，而為美言於下以市惠，皆其素行。顏讀好為呼道反，則『為好言』三字不辭。」㉓無狀：謂無善狀，猶言「無禮」。㉔丞相久故，及先帝用事：謂在位已久，是為故舊；又嘗及相先帝而任事。㉕峻：峭刻。㉖重：音眾（ㄓㄨㄥˋ），猶難，謂以此為重事。㉗左馮翊：本名內史，周官，秦因之，司掌治京師。景帝二年即西元前一五五年，分置左內史。武帝太初元年即西元前一〇四年，右內史更名為京兆尹，左內史更名為左馮翊。㉘而不以及丞相，終與相竟：謂光終丞相之身與之共事，而無貶黜。㉙遼東：郡名，屬幽州，當今遼寧省東南境。治襄平縣，故城在今遼寧省遼陽縣北。㊀冒頓破東胡：事見卷十一、高祖六年。㊁烏桓、鮮卑：均山名。因東胡餘眾盤據其處，乃演變為種族名。烏桓山，今熱河省阿魯科爾沁旗西北有烏聊山，或謂即其地。鮮卑山，在今遼北省科爾沁右旗西三十里。據《後漢書》，烏桓之地，在丁令西南，烏孫東北。武帝遣霍去病擊破匈奴左地，因徒烏桓於上谷、漁陽、右北平、遼東、遼西、五郡塞外，為漢偵察匈奴動靜。其大人歲一朝見。於是始置護烏桓校尉，秩比二千石。鮮卑先遠竄於遼東塞外，與烏桓相接，未嘗通中國。至後漢稍徙遼西塞外，始為中國患。㊂上谷、漁陽、右北平：三郡皆屬幽州。上谷治沮陽，故城在今察哈爾省懷來縣南。漁陽治漁陽縣，故城在今河北省密雲縣西南。右北平治平剛，故城在今熱河省平泉縣。㊃五原：郡名，屬幷州。治九原，令綏遠省五原縣。㊄旁：音磅（ㄅㄤˋ），通傍。㊅邀擊：遮欄加以攻擊。㊅護軍都尉：秦官，武帝以屬大司馬，此時蓋屬大將軍。㊆問：常常。㊇要之：要，同腰。謂截擊。㊈度遼將軍：因使之度遼水以擊烏桓故暫授以此號。至後漢，遂成定稱，使護匈奴。㊉後匈奴：言兵遲後，不及邀擊匈奴。㊉中匈奴兵：中，音眾（ㄓㄨㄥˋ），為匈奴所中傷。

四年（西元前七七年）

㈠春、正月丁亥（二日），帝加元服㊀。

㈡甲戌㈡，富民定侯田千秋薨。時政事壹決大將軍光，千秋居丞相位，謹厚自守而已。

㈢夏、五月丁丑㈢，孝文廟正殿火。上及羣臣皆素服，發中二千石將五校㈣作治，六日成。太常及廟令丞郎吏，皆劾大不敬。會赦㈤，太常轑陽侯德㈥免為庶人。

㈣六月，赦天下。

㈤初，杅罙㈦遣太子賴丹為質㈧於龜茲㈨，貳師擊大宛㈩還，將賴丹入至京師。霍光用桑弘羊前議，以賴丹為校尉，將軍田輪臺⑪。龜茲貴人姑翼謂其王曰：「賴丹本臣屬吾國，今佩漢印綬來，迫吾國而田，必為害。」王即殺賴丹，而上書謝漢。樓蘭王死，匈奴先聞之，遣其質子安歸歸⑫，得立為王。【考異】西域傳作常歸。今從昭紀及傳介子傳。漢遣使詔新王令入朝，王辭不至。樓蘭國最在東垂⑬，近漢，當白龍堆⑭。乏水草，常主發導負水擔糧，送迎漢使。又數為吏卒所寇，懲艾⑮不便與漢通。後復為匈奴反間⑯，數遮殺漢使。其弟尉屠耆⑰降漢，具言狀。駿馬監⑱北地⑲傅介子使大宛，詔因令責樓蘭、龜茲。介子至樓蘭、龜茲，責其王，皆謝服。介子從大宛還，到龜茲，會匈奴使從烏孫還，在龜茲，介子因率其吏士共誅斬匈奴使者。還奏事，詔拜介子為中郎，遷平樂監⑳。介子謂大將軍霍光曰：「樓蘭、龜茲數反覆而不誅，無所懲艾。介子過龜茲時，其王近就人㉑，易得也。願往刺之，以威示諸國。」大將軍曰：「龜茲道遠，且驗之於樓蘭。」於是白遣之。介子與士卒俱齎金幣，揚言以賜外國為名。至樓蘭，樓蘭王意不親介子。介子陽引去，至其西界，使譯㉒謂曰：「漢使者持黃金錦繡，行賜㉓諸國，王不來受，我去之西國矣。」即出金幣以示譯，譯還報王。王貪漢物，來見使者。介子與坐飲，陳物示之，飲酒皆醉。介子謂王曰：「天子使我私報王㉔。」王起，隨介子入帳中屏語㉕，壯士二人從後刺之，刃交匈㉖立死。其貴臣左右皆散走。介子告諭以王負漢罪，天子遣我誅王，當更立王弟尉屠耆在漢者。漢兵方至，毋敢動，自令滅國矣。介子遂斬王安歸首，馳傳㉗詣闕，縣㉘首北闕下。乃立尉屠耆為王，更名其國為鄯㉙善。為刻印章，賜以宮女為夫人，備車騎輜重。丞相率百官，送至橫門㉚外，祖㉛而遣之。王自請天子曰：「身在漢久，今歸單弱，而前王有子在，恐為所殺㉜。國中有伊循城，其地肥美，願漢遣一將屯田積穀，令臣得依其威重。」於是漢遣司馬一人，吏士四十人，田伊循以填撫之㉝。秋七月乙巳，封范明友為平陸侯㉞，傅介子為義陽侯㉟。

臣光曰：「王者之於戎狄，叛則討之，服則舍㊱之。今樓蘭王既服其罪，又從而誅之，後有叛者，不可得而懷矣。必以為有罪而討之，則宜陳師鞠旅㊲，明致其罰。今乃遣使者誘以金幣而殺之，後有奉使諸國者，復可信乎！且以大漢之彊，而為盜賊之謀於蠻夷，不亦可羞哉！論者或美介子，以為奇功，過矣。」

【今註】㊀加元服：謂初冠。元，首；冠，首之所著，故曰元服。㊁甲戌：元鳳四年正月無此日。《漢書百官公卿表》亦作甲戌。均誤。㊂丁丑：元鳳四年五月無此日。《漢書．昭帝紀》亦作丁丑。均誤。㊃五校：胡三省曰：「將作大將屬官有左、右、前、後、中五校，令掌五校士。」王禕曰：「五校謂中壘、屯騎、越騎、射聲、虎賁也。」按中壘五校，皆京師衞軍，修建並非其職，當以胡注為是。㊄會赦：會六月赦。會謂適逢其會。㊅轑陽侯德：轑，音料（ㄌㄧㄠˋ）。德，指江德。轑陽，縣名，屬魏郡，故城在今山東省臨清縣西南。轑陽侯食邑於清河郡。㊆杅罙國：在今新疆于闐縣。杅、音烏（ㄨ）；罙，同彌。㊇質：音致（ㄓˋ），以人或物為抵押以取信。㊈龜茲：音丘（ㄑㄧㄡ）慈（ㄘˊ），西域國名，今新疆省庫車縣地。治延城，在今庫車城南一百四十里。⑩貳師擊大宛：事見卷二十一、武帝太初元年㈦。⑪田輪臺：弘羊議田輪臺見卷二十二、征和四年㈤。輪臺在塔里木河之北，今新疆輪臺縣。⑫質子安歸歸：安歸，質子名；下歸字動詞。⑬樓蘭國最在東垂：樓蘭國，其地在今新疆東部庫穆塔格沙漠一帶。最在東垂，謂在西域之最東陲。⑭白龍堆：孟康曰：「龍堆形如土龍，身無頭有尾。高大者三四丈，埤者長丈餘，皆東北向而相似也。」按白龍堆即庫穆塔格沙漠，在今新疆天山南路，亦單稱「龍堆」。⑮艾：讀曰乂，敗創。⑯反閒：挑撥離間。閒，音諫（ㄐㄧㄢˋ）。⑰屠耆：匈奴謂賢曰屠耆，蓋以匈奴語為名。尉屠耆質於漢，不得歸，而匈奴遣其兄安歸返國，立為君，故遂降漢。⑱駿馬監：官名，當屬太僕。《漢書・百官公卿表》載太僕屬官有駿馬令丞而無監，疑此監字為令丞字誤。⑲北地：郡名，屬涼州。治馬領，故城在今甘肅省環縣東南。⑳平樂監：胡三省曰：「平樂監，監平樂觀。」王先慎曰：「監上脫廄字。功臣世系表：『義陽侯傅介子以平樂廄監使誅樓蘭王，斬首侯。』是介子實監平樂廄。《通鑑》胡注謂平樂監監平樂觀，據誤文為說。御覽二百一引有廄字，猶未脫也。」㉑近就人：附近而親就，謂不相猜阻。㉒譯：指樓蘭國之譯人。㉓行賜：徧往賜之。㉔私報王：謂與王密有所論。㉕屏語：屏人而獨共語。屏，音餅（ㄅㄧㄥˇ），亦作摒，擯退左右人。㉖匈：同胸。㉗傳：音篆（ㄓㄨㄢˋ），傳車。㉘縣：古懸字。㉙鄯：音善（ㄕㄢˋ）。鄯字為此時初製。㉚橫門：長安城北出西頭第一門。橫，音光（ㄍㄨㄤ）。㉛祖：送行之禮。㉜恐為所殺：徐松曰：「通考引殺作拒。」㉝田伊循以填撫之：徐松曰：「（漢書）馮奉世傳：『使大宛，經鄯善伊脩城』，脩循二字相亂。河水注：『河水經伊循城北，又東注澤，澤在抒泥城（按扜泥城為樓蘭舊都）』，是伊循在樓蘭國西界。」大谷勝真曰：「樓蘭更名鄯善，同時新王不得復歸樓蘭舊郡，勢必另求他地為都城，以便漢之保護，遂擇定最近之伊循屯駐漢將，以期安全。而鄯善所以與舊樓蘭之名全異者，以其都城位置已經他適故也。求其地之所在，當在樓蘭國中之鹽澤東南方，其至且末為七百二十里，並言『當漢道衝』，（按《漢書・西域傳》云：『鄯善當漢道衝，西通且末，七百二十里。』且末，西域國名，在今新疆且末縣沙漢中。）由此推知其都城與伊循城同在南道，當為有力之推定也。其南遷理由之一，必避過孔道之白龍堆，亦為確切不移者。」填，讀曰鎮。㉞封范明友為平陸侯：賞其破烏桓之功。平陸侯食邑於南陽郡之武當縣，故城在今湖北省均縣北。㉟義陽侯：食邑於南陽郡之平氏縣，故城在今河南省桐柏縣西。㊱舍：讀曰捨。㊲鞠旅：鞠，告。將戰之日，陳其師旅而誓告之，猶今之所謂「誓師」。

五年（西元前七六年）

㈠夏、大旱。

㈡秋罷象郡，分屬鬱林、牂柯㊀。

㈢冬、十一月，大雷。

㈣十二月庚戌（六日），宜春敬侯王訢薨。

【今註】㊀罷象郡，分屬鬱林、牂柯：齊召南曰：「案此文可疑，秦置象郡，後屬南越。漢破南越，即故象郡置日南郡。以地理志證之，此時無象郡名，且日南郡固始終未罷也。」沈欽韓曰：「案此云分屬爵鬱林、牂柯者，非日南郡也。日南極遠，不得遙隸牂柯。馬端臨文獻通考輿地考云：『秦之象郡，即今之合浦郡是也。』則是年罷象郡者，罷合浦郡也。」按合浦郡武帝元鼎六年即西元前一一二年開，郡治徐聞，今廣東省海康縣。

六年（西元前七五年）

㈠春、正月，募郡國徒築遼東玄菟城㊀。

㈡夏，赦天下。

㈢烏桓復犯塞，遣度遼將軍范明友擊之。

㈣冬十一月乙丑（二十七日）以楊敞為丞相，少府河內㊁蔡義為御史大夫。

【今註】 ㈠玄菟：郡名，治高句驪，故城在今安東省新賓縣北。㈡河內：郡名，屬司隸校尉。共轄區約當今河南省沁陽、汲、孟等縣地。治懷縣，故城在今河南省武陟縣西南。

卷二十四　漢紀十六

起強圉協洽，盡昭陽赤奮若，凡七年。（丁未至癸丑，西元前七四年至西元前六八年）

司馬光編集
傅樂成註

孝昭皇帝下

元平元年（西元前七四年）

㈠春、二月，詔減口賦錢㊀什三。

㈡夏、四月癸未（十七日），帝崩于未央宮㊁，無嗣。時武帝子獨有廣陵王胥，大將軍光與羣臣議所立，咸持廣陵王。王本以行失道，先帝所不用，光內不自安。郎有上書，言周太王廢太伯㊂，立王季，文王舍伯邑考㊃，立武王；唯在所宜，雖廢長立少可也。廣陵王不可以承宗廟。言合光意，光以其書示丞相敞㊄等，擢郎為九江㊅太守。即日承皇后詔，遣行大鴻臚事少府樂成、宗正德、光祿大夫吉、中郎將利漢迎昌邑王賀㊆，乘七乘傳㊇，詣長安邸㊈。光又白皇后，徙右將軍安世為車騎將軍。

賀，昌邑哀王⑩之子也。在國素狂縱，動作無節。武帝之喪，賀游獵不止。嘗游方與⑪，不半日，馳二百里。中尉琅邪王吉上疏諫曰：「大王不好書術、而樂逸游，馮式撙銜⑫，馳騁不止；口倦虖叱吒⑬，手苦於箠轡⑭，身勞虖車輿；朝則冒⑮霧露，晝則被塵埃；夏則為大暑之所暴⑯炙，冬則為風寒之所匽薄⑰，數以耎⑱脆之玉體，犯勤勞之煩毒；非所以全壽命之宗也，又非所以進仁義之隆也⑲。天廣廈之下，細旃⑳之上；明師居前，勸誦在後；上論唐虞之際，下及殷周之盛；考仁聖之風，習治國之道；訢訢㉑焉，發憤忘食，日新厥德，其樂豈銜檄㉒之間哉！休則俛㉓仰屈伸以利形㉔，進退步趨以實下㉕，吸新吐故以練臧㉖，專意積精以適㉗神，於以養生，豈不長哉！大王誠留意如此，則心有堯舜之志，體有喬松㉘之壽；美聲廣譽，登而上聞，則福祿其臻㉙，而社稷安矣。皇帝㉚仁聖，至今思慕未怠，於官館囿池，弋獵之樂，未有所幸。大王宜夙夜念此，以承聖意。諸侯骨肉，其親大王；大王於屬則子也㉛，於位則臣也，一身而二任之責加焉。恩愛行義，孅介㉜有不具者，於以上聞，非饗國之福也。」王乃下令曰：「寡人造行，不能無惰，中尉甚忠，數輔吾過。使謁者千秋，賜中尉牛肉五百斤、酒五石、脯㉝五束。」其後復放縱自若。郎中令山陽龔遂，忠厚剛毅有大節，內諫爭㉞於王，外責傅相㉟，引經義，陳禍福，至於涕泣，蹇蹇亡已㊱。面刺王過，王至掩耳起走，曰：「郎中令善媿人㊲。」王嘗久與騶奴宰人㊳游戲飲食，賞賜無度。遂入見王，涕泣厀㊴行，左右侍御皆出涕。王曰：「郎中令何為哭？」遂曰：「臣痛社稷危也，願賜清閒竭愚。」王辟㊵左右。遂曰：「大王知膠西王㊶所以為無道亡乎？」王曰：「不知也。」曰：「臣聞膠西王有諛臣侯得，王所為儗㊷於桀紂也，得以為堯舜也。王說其諂諛，常與寢處，唯得所言，以至於是㊸。今大王親近羣小，漸漬㊹邪惡，所習存亡之機，不可不慎也。臣請選郎通經有行義者，與王起居，坐則誦詩書，立則習禮容，宜有益。」王許之，遂乃選郎中張安等十人侍王。居數日，王皆逐去安等。王嘗見大白犬，頸以下似人，冠方山冠㊺而無尾。【考異】昌邑王傳云無頭。五行志云無尾，且云，不得置後之象。若頸以下似人而無頭，何以辨其為犬，且安所施冠？蓋傳誤也。

以問龔遂，遂曰：「此天戒，言在側者盡冠狗也㊻。去之則存，不去則亡矣。」後又聞人聲曰：「熊，」視而見大熊，左右莫見。以問遂，遂曰：「熊、山野之獸，而來入宮室，王獨見之，此天戒大王，恐宮室將空，危亡象也。」王仰天而嘆曰：「不祥何為數來？」遂叩頭曰：「臣不敢隱忠，數言危亡之戒，大王不說。夫國之存亡，豈在臣言哉。願王內自揆度㊼，大王誦詩三百五篇，人事浹㊽，王道備；王之所行，中詩一篇何等也㊾。大王位為諸侯王，行汙於庶人，以存難，以亡易，宜深察之。」後又血汙王坐席，王問遂，遂叫然號曰：「宮空不久，妖祥數至。血者，陰憂象也。宜畏，慎自省。」王終不改節。

及徵書至，夜漏未盡一刻，以火發書。其日中，王發。晡時，至定陶，行百三十五里。侍從者馬死，相望於道㊿。王吉奏書戒王曰：「臣聞『高宗諒闇，三年不言㊀；』今大王以喪事徵，宜日夜哭泣，悲哀而已，慎毋有所發㊁。大將軍仁愛勇智，忠信之德，天下莫不聞；事孝武皇帝二十餘年，未嘗有過；先帝棄羣臣，屬以天下，寄幼孤焉。大將軍抱持幼君襁褓(五三)之中，布政施教，海內晏然，雖周公伊尹，無以加也。今帝崩無嗣，大將軍惟思可以奉宗廟者，攀援而立大王，其仁厚豈有量哉！臣願大王事之敬之，政事壹聽之，大王垂拱南面而已。願留意，常以為念。」王至濟陽，求長鳴鷄(五四)，道買積竹杖(五五)。過弘農，使大奴善(五六)以衣車(五七)載女子。至湖，使者以讓相安樂(五八)，安樂告龔遂。遂入問王，王曰：「無有。」遂曰：「即無有，何愛一善，以毀行義。請收屬吏以湔洒大王(五九)。」即捽(六〇)善，屬衞士長(六一)行法。王到霸上，大鴻臚郊迎。騶奉乘輿車(六二)，王使壽成(六三)御，郎中令遂參乘(六四)。且至廣明東都門(六五)，遂曰：「禮，犇喪，望見國都哭。此長安東郭門也。」王曰：「我嗌(六六)痛不能哭。」至城門(六七)，遂復言。王曰：「城門與郭門等耳，且至未央宮東闕(六八)。」遂曰：「昌邑帳在是闕外馳道北，未至帳(六九)所，有南北行道，馬足未至數步；大王宜下車，鄉闕西面伏(七〇)，哭盡哀，止。」王曰：「諾。」到，哭如儀。六月丙寅（一日），王受皇帝璽綬，襲尊號。尊皇后曰皇太后。

㈢壬申（七日），葬孝昭皇帝于平陵㈦。

㈣昌邑王既立，淫戲無度。昌邑官屬，皆徵至長安，往往超擢拜官。相安樂遷長樂衛尉，龔遂見安樂，流涕謂曰：「王立為天子，日益驕溢，諫之不復聽。今哀痛未盡㈦，日與近臣飲酒作樂，鬭虎豹，召皮軒車九旒㈦，驅馳㈦東西，所為誖㈦道。古制寬大，臣有隱退；今去不得，陽狂恐知，身死為世戮，奈何！君陛下故相，宜極諫爭。」王夢青蠅之矢㈦積西階東，可五六石，以屋版瓦㈦覆之。以問遂，遂曰：「陛下之詩㈦不云乎！『營營青蠅，止于藩；愷悌君子，毋信讒言。』陛下左側，讒人眾多，如是青蠅惡㈦矣。宜進先帝大臣子孫，親近以為左右。如不忍㈧昌邑故人，信用讒諛，必有兇咎。願詭禍㈧為福，皆放逐之，臣當先逐矣。」王不聽。太僕丞㈧河東㈧張敞上書諫曰：「孝昭皇帝蚤㈧崩無嗣，大臣憂懼，選賢聖，承宗廟；東迎之日，唯恐屬車之行遲㈧。今天子以盛年初即位，天下莫不拭目傾耳，觀化聽風㈧。國輔大臣未褒，而昌邑小輩㈧先遷，此過之大者也。」王不聽。

大將軍光憂懣，獨以問所親故吏大司農田延年，延年曰：「將軍為國柱石[88]，審此人不可，何不建白太后[89]，更選賢而立之。」光曰：「今欲如是，於古嘗有此不[90]？」延年曰：「伊尹相殷，廢太甲以安宗廟[91]，後世稱其忠。將軍若能行此，亦漢之伊尹也。」光乃引延年給事中，陰與車騎將軍張安世圖[92]計。王出遊，光祿大夫魯國夏侯勝當乘輿前諫曰：「天久陰而不雨，臣下有謀上者；陛下出，欲何之[93]？」王怒，謂勝為祅[94]言，縛以屬吏。吏白霍光，光不舉法[95]。光讓安世以為泄語，安世實不言。乃召問勝，勝對言在鴻範傳[96]，曰：「皇之不極，厥罰常陰，時則有下人伐上者[97]。」惡察察言[98]，故云：「臣下有謀。」光、安世大驚，以此益重經術士。侍中傅嘉數進諫，王亦縛嘉繫獄。光、安世既定議，乃使田延年報丞相楊敞。敞驚懼不知所言，汗出浹背，徒唯唯[99]而已。延年起至更衣[100]，敞夫人[101]遽從東廂謂敞曰：「此國大事，今大將軍議已定，使九卿來報君侯；君侯不疾應與大將軍同心，猶與[102]無決，先事誅矣。」延年從更衣還，敞夫人與延年參語㉓，許諾㉔，請奉大將軍教令。

癸巳（二十八日），光召丞相、御史、將軍、列侯、中二千石、大夫、博士會議未央宮。光曰：「昌邑王行昏亂，恐危社稷，如何？」羣臣皆驚鄂㉕失色，莫敢發言，但唯唯而已。田延年前，離席按劍曰：「先帝屬將軍以幼孤，寄將軍以天下，以將軍忠賢，能安劉氏也。今羣下鼎沸，社稷將傾；且漢之傳謚常為孝者，以長有天下，令宗廟血食也，如漢家絕祀，將軍雖死，何面目見先帝於地下乎？今日之議，不得旋踵㉖，羣臣後應者，臣請劍斬之。」光謝曰：「九卿責光是也。天下匈匈不安，光當受難㉗。」於是議者皆叩頭曰：「萬姓之命，在於將軍，唯大將軍令㉘。」光即與羣臣俱見，白太后，具陳昌邑王不可以承宗廟狀。皇太后乃車駕幸未央承明殿㉙，詔諸禁門，毋內昌邑羣臣。王入朝太后還，乘輦欲歸溫室㉚。中黃門㉛宦者各持門扇，王入，門閉，昌邑羣臣不得入。王曰：「何為？」大將軍跪曰：「有皇太后詔，毋內㉜昌邑羣臣。」王曰：「徐之，何乃驚人如是。」光使盡驅出昌邑羣臣，置金馬門外。車騎將軍安世將羽林騎㉓，收縛二百餘人，皆送廷尉詔獄。令故昭帝侍中中臣侍守王㉔，光勅左右謹宿衛，卒有物故自裁㉕，令我負天下有殺主名。王尚未自知當廢，謂左右：「我故羣臣從官安得罪㉖，而大將軍盡繫之乎？」頃之，有太后詔召王。王聞召，意恐，乃曰：「我安得罪而召我哉！」太后被珠襦㉗，盛服坐武帳中，侍御數百人，皆持兵。期門武士陛戟㉘，陳列殿下。羣臣以次上殿，召昌邑王伏前聽詔。光與羣臣連名奏王，尚書令讀奏曰：「丞相臣敞等㉙，昧死言皇太后陛下：孝昭皇帝早棄天下，遣使徵昌邑王典喪，服斬衰㉚。無悲哀之心，廢禮誼。居道上，不素食㉛，使從官略女子，載衣車，內所居傳舍㉜。始至謁見，立為皇太子，常私買鷄豚以食。受皇帝信璽、行璽大行前㉝，就次發璽不封㉞。從官更持節，引內昌邑從官、騶、宰、官奴二百餘人，常與居禁闥內敖㉟戲。為書曰：「皇帝問侍中君卿㊱，使中御府令高昌，奉黃金千斤，賜君卿取十妻。」大行在前殿，發樂府樂器，引內昌邑樂人，擊鼓歌吹，作俳倡㊲。召內泰壹宗廟樂人㉘，悉奏眾樂。駕法駕，驅馳北宮、桂宮㉙。弄彘鬬虎。召皇太后御小馬車㉚，使官奴騎乘遊戲掖庭中。與孝昭皇帝宮人蒙等淫亂，詔掖庭令㉛，敢泄言腰斬。」太后曰：「止㉜。為人臣子，當悖亂如是邪？」王離席伏。尚書令復讀曰：「取諸侯王、列侯、二千石綬及墨綬、黃綬㉝，以并佩昌邑郎官者免奴㉞。發御府金錢、刀劍、玉器、采繒，賞賜所與遊戲者。與從官官奴夜飲，湛沔㉟於酒。獨夜設九賓溫室㊱，延見姊夫昌邑關內侯。祖宗廟祠㊲未舉，為璽書，使使者持節，以三太牢祠昌邑哀王園廟，稱嗣子皇帝㊳。受璽以來，二十七日，使者旁午㊴，持節詔諸官署徵發，凡一千一百二十七事。荒淫迷惑，失帝王禮誼，亂漢制度。臣敞等數進諫，不變更，日以益甚，恐危社稷，天下不安。臣敞等謹與博士議，皆曰：『今陛下嗣孝昭皇帝後，行淫辟㊵不軌，五辟之屬，莫大不孝㊶。周襄王不能事母㊷，春秋曰天王出居于鄭：由不孝出之，絕之於天下也。宗廟重於君，陛下不可以承天序，奉祖宗廟，子萬姓，當廢。』臣請有司以一太牢具，告祠高廟。」

皇太后詔曰：「可。」光令王起拜受詔。王曰：「聞天子有爭臣七人，雖亡道不失天下(43)。」光曰：「皇太后詔廢，安得稱天子！」乃即(44)持其手，解脫其璽組(45)，奉上(46)太后。扶王下殿，出金馬門，羣臣隨送。王西面拜曰：「愚戇不任漢事。」起就乘輿副車。大將軍光送至昌邑邸(47)，光謝曰：「主行自絕於天，臣寧負王，不敢負社稷。願王自愛，臣長不復左右(48)。」光涕泣而去。羣臣奏言，古者廢放之人，屏於遠方，不及以政(49)，請徙王賀漢中房陵縣(50)。太后詔歸賀昌邑，賜湯沐邑二千戶，故王家財物皆與賀。及哀王女四人，各賜湯沐邑千戶。國除為山陽郡(51)。昌邑羣臣，坐在國時不舉奏王罪過，令漢朝不聞知；又不能輔道，陷王大惡；皆下獄，誅殺二百餘人。唯中尉吉、郎中令遂以忠直數諫正，得減死，髡為城旦。師王式(52)繫獄當死，治事使者(53)責問曰：「師何以無諫書？」式對曰：「臣以詩三百五篇朝夕授王，至於忠臣孝子之篇，未嘗不為王反復誦之也；至於危亡失道之君，未嘗不流涕為王深陳之也。臣以三百五篇諫，是以無諫書。」使者以聞，亦得減死論。

霍光以羣臣奏事東宮，太后省政，宜知經術；白令夏侯勝用尚書授太后，遷勝長信少府(五四)，賜爵關內侯。

㈤初，衞太子納魯國史良娣(五五)，生子進(五六)，號史皇孫。皇孫納涿郡王夫人(五七)，生子病已(五八)，號皇曾孫。皇曾孫生數月，遭巫蠱事(五九)，太子三男一女及諸妻妾皆遇害，獨皇曾孫在，亦坐收繫郡邸獄(六〇)。故廷尉監(六一)魯國丙吉，受詔治巫蠱獄。吉心知太子無事實，重哀皇曾孫無辜，擇謹厚女徒(六二)渭城胡組、淮陽郭徵卿，令乳養曾孫，置閒燥處(六三)。吉日再省視。巫蠱事連歲不決，武帝疾，來往長楊、五柞宮(六四)。望氣者言長安獄中有天子氣，於是武帝遣使者分條(六五)中都官，詔獄繫者無輕重，一切皆殺之。內謁者令(六六)郭穰夜到郡邸獄，吉閉門拒使者不納，曰：「皇曾孫在。他人無辜死者，猶不可；況親曾孫乎！」相守至天明，不得入。穰還以聞，因劾(六七)奏吉。武帝亦寤曰：「天使之也。」因赦天下。郡邸獄繫者，獨賴吉得生。既而吉謂守丞誰如(六八)，皇孫不當在官。使誰如移書京兆尹，遣與胡組俱送，京兆尹不受，復還。及組日滿當去，皇孫思慕，吉以私錢雇組，令留與郭微卿幷養。數月，乃遣組去。後少內嗇夫(六九)白吉曰：「食皇孫，無詔令(七〇)。」時吉得食米肉，月月以給皇曾孫。曾孫病，幾不全者數焉，吉數敕保養乳母，加致醫藥，視遇甚有恩惠。吉聞史良娣有母貞君及兄恭，乃載皇曾孫以付之。貞君年老，見孫孤，甚哀之，自養視焉。後有詔掖庭養視，上屬籍宗正(七一)。時掖庭令張賀(七二)嘗事戾太子，思顧舊恩，哀曾孫，奉養甚謹，以私錢供給教書。既壯，賀欲以女孫妻(七三)之。是時昭帝始冠(七四)，長八尺二寸。賀弟安世為右將軍輔政，聞賀稱譽皇曾孫，欲妻以女，怒曰：「曾孫乃衞太子後也，幸得以庶人衣食縣官足矣！勿復言予(七五)女事。」於是賀止。時暴室(七六)嗇夫許廣漢有女，賀乃置酒請廣漢，酒酣為言曾孫體近，下乃關內侯(七七)可妻也。廣漢許諾。明日，嫗(七八)聞之怒。廣漢重令人為介(七九)，遂與曾孫，賀以家財聘之。曾孫因依倚廣漢兄弟，及祖母家史氏。受詩於東海澓中翁(八〇)，高材好學。然亦喜游俠，鬬鷄走狗。以是具知閭里姦邪，吏治得失。數上下諸陵(八一)，周徧三輔，嘗困於蓮勺鹵中(八二)。尤樂杜、鄠(八三)之間，率常在下杜(八四)。時會朝請，舍長安尚冠里(八五)。及昌邑王廢，霍光與張安世諸大臣議所立，未定。丙吉奏記光曰：「將軍事孝武皇帝，受襁褓之屬，任天下之寄。孝昭皇帝早崩亡嗣，海內憂懼，欲亟(八六)聞嗣主。發喪之日，以大誼立後；所立非其人，復以大誼廢之(八七)。天下莫不服焉。方今社稷宗廟羣生之命，在將軍之壹舉。竊伏聽於眾庶，祭其所言，諸侯宗室在列位者，未有所聞於民間也。而遺詔所養武帝曾孫名病已，在掖庭外家者(八八)，吉前使居郡邸時，見其幼少，至今十八九矣。通經術，有美材，行安而節和。願將軍詳大義，參以蓍龜，豈宜(八九)褒顯。先使入侍(九〇)，令天下昭然知之，然後決定大策，天下幸甚。」杜延年亦知曾孫德美，勸光、安世立焉。

秋、七月，光坐庭中，會丞相以下議所立，遂復與丞相敞等上奏曰：「孝武皇帝曾孫病已，年十八，師受詩、論語、孝經，躬行節儉，慈仁愛人。可以嗣孝昭皇帝後，奉承祖宗廟，子萬姓(九一)。臣昧死(九二)以聞。」皇太后詔曰：「可。」光遣宗正德至曾孫家尚冠里，洗沐，賜御衣(九三)。太僕以軨獵車(九四)迎曾孫，就齋宗正府。庚申（二十五日），入未央宮，見皇太后，封為陽武侯(九五)。已而羣臣奏上璽綬，即皇帝位(九六)。謁高廟，尊皇太后為太皇太后。侍御史(九七)嚴延年，劾奏大將軍光擅廢立主，無人臣禮，不道。奏雖寢，然朝廷肅然敬憚之。

(六)八月己巳（五日），安平敬侯楊敞薨。

(七)九月，大赦天下。

(八)戊寅(九八)，蔡義為丞相。

(九)初，許廣漢女適皇曾孫，一歲，生子奭。數月，曾孫立為帝，許氏為倢伃。是時霍將軍有小女，與皇太后親。公卿議更立皇后，皆心擬霍將軍女，亦未有言。上乃詔求微時故劍(九九)，大臣知指，白立許倢伃為皇后。十一月壬子（十九日），立皇后許氏。霍光以后父廣漢刑人，不宜君國(一〇〇)，歲餘，乃封為昌成君。

(十)太皇太后歸長樂宮(一〇一)。長樂宮初置屯衛。

【今註】 (一)口賦錢：漢初，民年七歲至十四歲，每人每年出口賦錢二十以獻天子。至武帝時，又加三錢，以為補充軍馬之用。今減什三，每人每年當出十六錢。㈡帝崩于未央宮：昭帝年八歲即位，次年改元。改元後，享國凡十三年，崩時年二十一。㈢太伯：一作泰伯，周太王（即古公亶父）長子。有弟仲雍、季歷（即王季），季歷子昌（即周文王）賢，泰伯知太王欲立季歷以傳昌，遂與仲雍奔荊蠻，以位讓季歷。而自於荊蠻中立國，曰吳。㈣伯邑考：周文王長子，武王兄。㈤丞相敞：指楊敞。㈥九江：郡名，屬揚州，約當今安徽省中北部地區。治壽春，今安徽壽縣。㈦遣行大鴻臚事少府樂成，……迎昌邑王賀：樂成，史樂成。德，劉德。吉，丙吉。利漢，不知其姓。史樂成為霍光心腹，故首先遣之。丙吉曾為大將軍長史，亦為光所親信。㈧七乘傳：傳，傳車；七乘傳，謂傳車七乘。如淳曰：「律，四馬高足為置傳，四馬中足為馳傳，四馬下足為乘傳。」按賀之入立，急於星火，必無用下馬之理，故不取其說。㈨長安邸：諸王國皆置邸長安，猶今地方政府機關之駐京辦事處；此謂長安之昌邑邸。㈩昌邑哀王：名髆，武帝子。⑪方與：音房（ㄈㄤˇ）預，縣名，故城在今山東魚台縣北。方與本屬山陽郡，武帝以山陽郡為昌邑王國，乃屬昌邑國。⑫馮式撙銜：馮，讀曰憑。式，同軾。撙，音ㄗㄨㄣˇ，促迫；一作頓挫。銜，馬勒。撙銜，謂以手持馬勒。撙如作促迫解，則謂緊持馬勒；如作頓挫解，則謂手持馬勒，或張或弛，義皆可通。⑬口倦虖叱咤：虖，古乎字。叱咤，音翅（ㄔˋ）乍（ㄓㄚˋ），怒喝聲。咤亦作吒。⑭箠轡：箠，馬鞭。轡，音配（ㄆㄟˋ），繫馬繩，即繮。⑮冒：干犯。⑯暴：讀曰曝。音鋪（ㄆㄨˋ）。⑰匽薄：匽，同偃。薄，侵迫。謂為疾風所偃撲侵迫。⑱耎：音軟（ㄖㄨㄢˇ），柔弱。⑲非所以全壽命之宗也，又非所以進仁義之隆也：

宗，本旨。隆，高尚。謂如此非養生之本旨，且不能進德於高尚。⑳旃：同氈。㉑訢：同欣。㉒櫟：顏師古曰：「櫟，車鉤心也。張揖以櫟為馬之長銜，非也。」按車鉤心今不知為何物。㉓俛：音免（ㄇㄧㄢˇ），俯首。㉔形：形體。㉕實下：下，謂下肢。人不行，則下肢虛弱，故應進退步趨以堅實之。㉖練臧：臧，謂五臟。練，謂練習以使之強。㉗適：安和。㉘喬松：謂仙人王子喬及赤松子。㉙臻：音真（ㄓㄣ），至。㉚皇帝：指昭帝。謂武帝晏駕未久，故尚思慕。㉛大王於屬則子：兄弟之子為猶子，故可稱子。㉜孅介：孅，同纖，音先（ㄒㄧㄢ）。孅介，細微。㉝脯：音府（ㄈㄨˇ），乾肉。㉞爭：讀曰諍。㉟相：謂昌邑國相。㊱蹇蹇亡已：蹇蹇，忠直不阿順。亡，古通無。㊲媿人：謂致人愧辱。媿，古愧字。㊳騶奴宰人：騶，音鄒（ㄗㄡ）。騶者出行，前後侍從之騎卒，謂之騶徒。騶奴，蓋以奴充騶從者。宰人，掌膳食者。㊴厀：同膝。㊵辟：音闢（ㄆㄧˋ），屏除。㊶膠西王：指膠西王卬，景帝時與吳楚謀反誅。㊷儗：同擬，比類。㊸唯得所言，以至於是：謂惟用侯得之邪言，故至於亡。㊹漸漬：漸，音尖（ㄐㄧㄢ），浸入。漬，音字（ㄗˋ），久浸。㊺方山冠：胡三省曰：「方山冠，以五采縠為之，前高七寸，後高三寸，長八寸，樂舞人服之。」㊻在側者盡冠狗也：言王左右之人，皆狗而冠者。㊼度：音惰（ㄉㄨㄛˋ），思量。㊽浹：音夾（ㄐㄧㄚˊ），和洽。㊾王之所行，中詩一篇何等也：謂王所行，皆不合法度，王自謂與何詩之文相當！㊿侍從者馬死，相望於道：因侍從甚眾，故馬死亦多。(51)高宗諒闇，三年不言：語出《論語．憲問》。高宗，指商王武丁。諒闇，一作諒陰，居喪之廬。意謂在居喪中。(52)發：顏師古曰：「發：

謂興舉眾事」。王念孫曰：「發，謂發言也。有所發，即指發號使令而言。師古以為興舉眾事，非也。」(53)繈褓：亦作襁褓。繈，小兒繃。褓，小兒衣。皆育兒者必需之物，故合言之。(54)長鳴鷄：顏師古曰：「鷄之鳴聲長者也。」范成大曰：「長鳴雞自南詔諸蠻來，形矮而大，鳴聲圓長，一鳴半刻，終日啼號不絕。蠻甚貴之，一鷄直銀一兩。邕州谿洞亦有之。」(55)積竹杖：合竹木作成之杖。(56)大奴善：大奴，謂羣奴之長。善，其名。(57)衣車：運載衣服之車。(58)使者以讓相安樂：使者，謂長安使人。讓，責備。安樂，不詳其姓。(59)請收屬吏，以湔洒大王：謂以善付吏，以洗除王之污點。湔，音煎（ㄐㄧㄢ）；洒，音洗（ㄒㄧˇ）皆洗滌之意。(60)捽：音（ㄗㄨˊ），持人之髮。(61)衛士長：主侍衛之官。(62)乘輿車：天子所乘之車。乘，音剩（ㄕㄥˋ）。(63)壽成：人名，昌邑太僕。(64)參乘：同驂乘，謂陪王乘車。(65)廣明東都門：係長安東郭門，而蒙東都門之稱。長安城東出北頭第一門，曰宣平門，民間亦謂之東都門。(66)嗌：音益（ㄧˋ），咽喉。(67)城門：指宣平門。(68)東闕：蕭何造未央宮，立東闕、北闕；北闕為正門。(69)帳：謂弔哭之帳。(70)鄉闕西面伏：鄉，讀曰向。因向東闕，故面西伏。(71)平陵：屬右扶風，在長安西北七十里。昭帝崩於四月癸未（十七日），葬於六月壬申（七日），自崩至葬，凡五十日。胡註謂十日者非是。(72)今哀痛未盡：謂新居喪服。(73)皮軒車九旒：漢天子乘輿，前驅有皮軒車，以赤皮為重蓋，或謂以虎皮為之。九旒，即九斿，旒旗名，亦為乘輿前驅。旒，音留（ㄌㄧㄡˊ）。(74)驅馳：走馬曰馳，策馬曰驅。驅馳，蓋謂盤遊。(75)誖：音背（ㄅㄟˋ），亦作悖。乖違。(76)矢：糞穢。(77)版瓦：大瓦。(78)陛下之詩：猶言陛下所讀之詩。(79)惡：

即矢。(八〇)如不忍：如，若果。不忍，謂不忍捨棄。(八一)詭禍：猶言反禍。(八二)太僕丞：官名，屬太僕。太僕，掌輿馬，有二丞。(八三)河東：郡名，武帝末屬司隸。昭帝元始元年屬并州，未幾復故。此時當屬司隸。郡治安邑，故城在今山西省夏縣北。(八四)蚤：古早字。(八五)惟恐屬車之行遲：敞不從直斥乘輿，故但言屬車。屬車，侍從之車。屬，音煑（ㄓㄨˇ）。(八六)天下莫不拭目傾耳，觀化聽風：謂舉國改易視聽，急欲聞見善政美治。(八七)小輦：謂挽輦小臣。(八八)為國柱石：柱，樑下之柱。石，承柱之礎。意謂大臣負國重任，如屋之柱石。(八九)建白太后：建白，立議而上言。太后，指昭帝上官皇后。(九〇)古嘗有此不：不，讀曰否。因光不涉學術，故有此問。(九一)廢太甲以安宗廟：太甲商湯之孫，既立而無道，為其相伊尹故逐於桐。(九二)圖：謀畫。(九三)何之：猶言何往。(九四)祅：同妖。(九五)不舉法：謂不治之以法。(九六)鴻範傳：漢儒所著論天人相應之書。(九七)皇之不極，厥罰常陰，時則有下人伐上者：皇，君上；極，正中。謂為君上者，處事多失，不得其中，則上干天罰，而致常陰，下激民怒，而欲伐上。(九八)惡察察言：惡，忌諱。察察言，明言。謂不敢明言「下人伐上」，而只云「臣下有謀」。(九九)唯唯：恭應之辭。(一〇〇)更衣：謂更衣處。當時延賓客，必有更衣之處。(一〇一)敞夫人：此夫人為敞後妻，前妻為司馬遷女。遽，急速。(一〇二)猶與：遲疑不決。與，讀曰豫。(一〇三)參語：三人共言，故曰參語。(一〇四)諾：以言許人。(一〇五)鄂：或作愕，阻疑而不依順。(一〇六)不得旋踵：謂宜速決。(一〇七)受難：受其憂責。(一〇八)惟大將軍令：謂一切皆聽從之。(一〇九)承明殿：未央宮有承明殿，天子於此延見儒生學士。(一一〇)溫室：殿名。未央、長樂二宮皆有溫室殿，此處謂未央宮溫室。(一一一)中黃門：宦官之給事於禁中黃門以內者，屬少府黃門令，秩比百石。㉒內：讀曰納。㉓將羽林騎：將，音醬（ㄐㄧㄤˋ），率領。騎，音記（ㄐㄧˋ）。㉔侍中中臣侍守王：錢大昭曰：「侍中為中朝官，故稱中臣。」朱一新曰：「臣當作常。」王先謙曰：「云守王不須言侍守；中臣二字，史亦罕見。據百官表，侍中、中常侍皆加官，得入禁中。則朱說是也。」㉕卒有物故自裁：卒，讀曰猝。物故，死。自裁，自殺。㉖安得罪：猶言何所得罪。㉗被珠襦：被，音砒（ㄆㄧ），同披。襦，音如（ㄖㄨˊ），短衣。珠襦，謂穿珠而成之襦。㉘期門武士陛戟：期門，天子衞士，屬光祿勳，掌執兵送從。其名稱由來，或謂武帝為微行，與勇力之士期諸殿門，故曰期門。陛戟，謂執戟以衞陛下。㉙臣敞等：臣敞下即羣臣連名，以等字而約言之。㉚典喪，服斬衰：典喪，謂為喪主。斬衰，喪服名，為喪服中最重者。衰，喪服上衣，以粗麻布為之。斬，不緝之意；謂衣旁及下際皆不縫緝。㉛不素食：素食，菜食無肉。謂王在道食肉，非居喪之制。㉜傳舍：驛站供應過客所設之房舍。傳，音篆（ㄓㄨㄢˋ）。㉝受皇帝信璽行璽大行前：漢初有三璽，天子之璽自佩；信璽、行璽藏於符節台。大行前：謂昭帝柩前。大行，不反之意。㉞就次發璽不封：璽既國器，常當緘封，而王於大行前受之，退還所次，遂而發漏，更不封之，得令凡人皆見。蓋言其不慎重。㉟敖：讀曰傲。㊱侍中君卿：指昌邑國侍中，名君卿。㊲作俳倡：俳，演戲。倡，音樂。㊳泰壹宗廟樂人：祭泰壹神之樂人。㊴北宮、桂宮：兩宮皆在未央宮北。桂宮武帝時造，周圍十餘里，有紫房複道過未央宮。㊵小馬車：張晏曰：「皇太后所駕遊宮中輦車也。漢廄有果下馬，高三尺，以駕輦。」顏師古曰：「小馬可於果下乘之，故曰果下馬。」㊶掖庭令：官名，屬少府；本名永巷令，武帝太初元年即西元前一〇四年更名為掖庭令。㉜太后曰止：令且止讀奏。㉝諸侯王、列侯、二千石綬及墨綬、黃綬：漢諸侯王佩赤綬，列侯紫綬，二千石青綬，千石、六百石墨綬，四百石、三百石、二百石黃綬。㉞免奴：謂奴免放為良人者。㉟湛沔：湛，讀曰沈；又讀曰躭。沔，同湎。湛沔，荒迷。㊱獨夜設九賓溫室：謂於溫室殿中設九賓之禮。韋昭曰：「九賓則周禮九儀也，謂公、侯、伯、子、男、孤、卿、大夫、士也。」按九賓禮眾說紛紜，莫知其實，今聊舉一說。此禮或係天子延見諸侯大臣之禮，當甚隆重；不當夜設或施於一人。觀其文義可知。㊲廟祠：謂祭昭帝廟。沈欽韓曰：「未滿既葬三十六日之制，故未祠廟。」㊳稱嗣子皇帝：胡三省曰：「賀入繼大統，不當於昌邑哀王稱嗣子皇帝，以悖為人後者為人子之義。」㊴旁午：縱橫交錯。㊵辟：曰僻，偏邪。㊶五辟之屬，莫大不孝：語出《孝經五刑章》。原句為：「孔子曰：『五刑之屬三千，其罪莫大於不孝。』」辟，音闢（ㄆㄧˋ）。刑罰。㊷周襄王不能事母：周襄王，惠王子。其事見《春秋》經僖二十四年。㊸天子有爭臣七人，雖亡道不失天下：引《孝經諫諍章》孔子之言。㊹即。就前。㊺組：綬屬。漢制天子佩黃赤綬，四采黃、赤、紺、縹，長一丈九尺九寸，五百首。㊻上：音賞（ㄕㄤˇ），進呈。㊼大將軍光送至昌邑邸：何焯曰：「自送至邸，防其自裁；或他人承望意指，逼之使死，致負謗於天下；此皆光之謹慎也。不審其素行於置後之始，此則不學為之。」㊽臣長不復左右：言不復得侍見於左右。㊾不及以政：謂不預政事。㊿漢中房陵縣：漢中，郡名，屬益州。房陵縣，今湖北省房縣。(51)國除為山陽郡：昌邑國本為山陽郡，今國除，復為郡。(52)師王式：王式時為昌邑王師，以授王詩。(五三)治事使者：即治獄使者。治，音池（ㄔˊ）。(五四)長信少府：長信，殿名，在長樂宮，太后常居之。以長信少府掌宮事，初名長信詹事，景帝中六年即西元前一四四年，更名長信少府。平帝元始四年即西元四年，又更名為長樂少府。(五五)良娣：太子妻妾，有妃、良娣、孺子三等。(五六)進：皇孫之名。(五七)涿郡王夫人：涿郡，屬幽州，治涿，今河北省涿縣。王夫人，名翁須。(五八)生子病已：顏師古曰：「蓋以夙遭屯艱，而多病苦，故名病已，欲其速差。後以其俗鄙，因改諱詢。」(五九)巫蠱事：見卷二十二武帝征和二年㈤。(六〇)郡邸獄：顏師古曰：「漢舊儀：『郡邸獄治天下郡國上計者，屬大鴻臚。』此蓋巫蠱獄收繫者眾，故皇曾孫寄在郡邸獄。」(六一)廷尉監：官名，屬廷尉。廷尉掌刑辟，其下有左右監，皆秩千石。(六二)女徒：謂女子而判徒罪者。(六三)閒燥處：謂閒靜高敞之處。(六四)長楊、五柞宮：二宮皆在盩厔縣，故城在今陝西省盩厔縣東。(六五)分條：謂分別疏錄。(六六)內謁者令：又名內者令，屬少府，秩千石，主宮中布置及諸衣物。當時蓋權為此使。(六七)劾：音核（ㄏㄜˊ），彈劾。(六八)守丞誰如：守丞，謂郡邸獄守官之丞。誰如，丞名；一說姓誰名如。(六九)少內嗇夫：少內，掖庭主府藏之官；嗇夫乃其屬官。(七〇)食皇孫，無詔令：食，讀曰飼。謂詔令無文，無從得其廩給而飼之。(七一)有詔掖庭養視，上屬籍宗正：掖庭，掌理宮人之事，有令、丞，以宦者任之。屬籍，宗室名錄。宗正，官名，掌理皇室親屬。謂詔敕掖庭養視皇孫，並命宗正列其名於宗室名冊中。(七二)張賀：安世之兄，幸於衛太子。太子敗，賓客皆誅，安世上書為賀請，得下蠶室，後為掖庭令。思顧，謂懷念。(七三)妻：音砌（ㄑㄧˋ），以女嫁人。(七四)冠：音貫（ㄍㄨㄢˋ），男子二十加冠曰冠。(七五)予：讀曰與。(七六)暴室：掖庭所屬織作染練之署，取暴曬為名，故曰暴室。暴：讀曰曝。嗇夫，暴室屬官。(七七)言曾孫體近，下乃關內侯：謂曾孫於帝為近親，縱其為人劣下，猶得為關內侯。(七八)嫗：音預（ㄩˋ），指廣漢妻。(七九)廣漢重令為介：顏師古曰：「更令人作媒，結婚姻。」按《漢書外戚傳》作：「廣漢重令為介。」王先謙曰：「令者，掖庭令也，賀為令已為嗇夫，故重其媒介，不以嫗言中阻。顏注誤。」(八〇)復中翁：復，音福（ㄈㄨˊ），姓。中翁，名。中讀曰仲。(八一)數上下諸陵：顏師古曰：「諸廟皆據高敞地為之，縣即在其側；帝每周遊往來，去則上，返則下；故言上下諸陵。」王先謙曰：「顏說上下太泥。諸陵相距，遠近不一，數往來，故言上下耳。」(八二)嘗困於蓮勺鹵中：蓮勺，縣名，屬左馮翊，故城在今陝西省渭南縣東北。蓮勺有鹽池，縱廣十餘里，其鄉人名為鹵中，曾孫嘗於此為人所困辱。(八三)杜、鄠：均縣名。杜縣屬京兆，故城在今陝西省長安縣東南。鄠縣故城在今陝西省鄠縣北。(八四)下杜：王鳴盛曰：「渭水注：長安南出，東頭第一門，名覆盎門；其南有下杜城。」應劭曰：「故杜陵之下聚落也。其地在杜陵縣之西南，鄠縣東北，所謂杜鄠之間也。」

(八五)時會朝請，舍長安尚冠里：因曾孫為帝近親，故歲時從宗室朝會。朝會春曰朝，秋曰請。尚冠里，在長安城中，帝會朝請之時，即於此里中止息。請，音敬（ㄐㄧㄥˋ）。(八六)亟：音棘（ㄐㄧˊ），急速。

(八七)以大誼立後，所立非其人，復以大誼廢之：意謂先帝雖無嫡嗣，而旁立支屬，以令宗廟有奉：既而恐危社稷，遂廢黜之；故廢立皆以大誼而行。誼：同義。(八八)在掖庭外家者：謂曾孫出郡邸獄歸在外家史氏，後入掖庭。(八九)豈宜：猶「其宜」。王念孫曰：「豈猶其也，言曾孫有美材如此，其宜褒顯也。」錢大昕曰：「豈宜者，猶言宜也。古人語急，以豈不為不，不可為可。此當言豈不宜，亦語急而省文耳。朱子文疑當為直字，非孟堅之旨。」按胡三省以「豈宜」斷句，錢大昕讀為「豈宜褒顯，」今從錢說。(九〇)入侍：謂入侍太后。(九一)子萬姓：天子以萬姓為子，故云子萬姓。(九二)昧死：冒死。(九三)賜御衣；王念孫曰：「御衣當為御府衣。史記、李斯傳：『公子高曰：御府之衣，臣得賜之；中廐之寶馬，臣得賜之』是也。下文云：『入未央宮見皇太后，封為陽武侯。已而，光奉上皇帝璽綬，』則此時未得遽賜御衣。宣帝紀正作賜御府衣。」王先謙曰：「通鑑作御衣，蓋承其譌脫。」(九四)軨獵車：輕便小車，時未備天子車駕，故取其輕便。軨，音零（ㄌㄧㄥˊ）。(九五)陽武侯：陽武，縣名，屬河南郡，故城在今河南省陽武縣東南。所以先封侯者，蓋不欲立庶人為天子。(九六)即皇帝位：胡三省曰：「癸巳（六月二十八日）廢昌邑王，庚申（七月二十五日）立宣帝，漢朝無君者二十七日。而全國不搖，霍光處此，誠難能也。」(九七)侍御史：屬御史大夫，員十五人，受公卿奏事舉劾。(九八)戊寅：元平元年九月無此日，蓋誤。《漢書・百官公卿表》作戊戌（四日）。(九九)故劍：蓋以故劍喻舊妻。(一〇〇)霍光以后父廣漢刑人，不宜君國：清高宗曰：「霍光阻封廣漢，已有無后之心。論者歸罪妻顯邪謀，謬責光以不能大義滅親，直夢囈語耳。」(一〇一)太皇太后歸長樂宮：漢太后常居長樂宮，太皇太后自昌邑之廢，居未央宮。今宣帝既立，復歸長樂宮。

中宗孝宣皇帝(一)上之上

本始元年（西元前七三年）

㈠春，詔有司論定策安宗廟功。大將軍光益封萬七千戶，與故所食，凡二萬戶。車騎將軍富平侯安世以下，益封者十人，封侯者五人，賜爵關內侯者八人㈡。

㈡大將軍光稽首㈢歸政，上謙讓不受。諸事皆先關白光，然後奏御。自昭帝時，光子禹及兄孫雲皆為中郎將，雲弟山奉車都尉、侍中，領胡、越兵㈣，光兩女壻為東西宮衛尉㈤；昆弟、諸壻、外孫皆奉朝請，為諸曹、大夫、騎都尉、給事中；黨親連體，根據於朝廷㈥。及昌邑王廢，光權益重；每朝見，上虛己斂容禮下之，已甚㈦。

㈢夏、四月庚午（十日），地震。

㈣五月，鳳皇集膠東、千乘㈧，赦天下，勿收田租賦。

㈤六月，詔曰：「故皇太子在湖㈨，未有號謚，歲時祠，其議謚，置園邑。」有司奏請「禮，為人後者，為之子也。故降其父母⑽不得祭，尊祖之義也。陛下為孝昭帝後，承祖宗之祀，愚以為親⑾謚宜曰悼；母曰悼后；故皇太子謚曰戾⑿；史良娣曰戾夫人。」皆改葬焉。

⑹秋、七月，詔立燕剌王太子建為廣陽王⒀，立廣陵王胥少子弘為高密王。

⑺初，上官桀與霍光爭權；光既誅桀，遂遵武帝法度，以刑罰痛繩羣下，由是俗吏皆尚嚴酷以為能。而河南太守丞淮陽黃霸，獨用寬和為名。上在民間時，知百姓苦吏急也，聞霸持法平，乃召為廷尉正⒁。數決疑獄，庭中⒂稱平。

【今註】 ㈠孝宣皇帝：帝本名病已，元康二年即西元前六十四年更名詢。謚法，聖善周聞曰宣。

㈡大將軍光益封萬七千戶……等云：昭帝始元二年即西元前八十五年，霍光封博陸侯，二千三百五十戶；今益封一萬七千二百戶。元鳳六年即西元前七十五年，張安世封富平侯，三千四十戶：今益封萬六百戶。此外益封者十人，即安平侯楊忠，陽平侯蔡義，平陵侯范明友，龍頟侯韓增，建平侯杜延年，蒲侯蘇昌，宜春侯王譚，當塗侯魏聖，杜侯屠耆堂，關內侯夏侯勝。封侯者五人，即封田廣明為昌水侯，趙充國為營平侯，田延年為陽城侯，史樂成為爰氏侯，王遷為平丘侯。賜爵關內侯者八人，即周德、蘇武、李光、劉德、韋賢、宋畸、丙吉、趙廣漢。㊂稽首：拜中最重之禮。稽為「稽留」之義，謂拜時頭至地，稽留多時。臣拜君時用之，稽，音啓（ㄑㄧˇ）。㊃胡、越兵：謂胡騎及越騎。㊄光兩女壻為東西宮衞尉：光女壻范明友為未央衞尉，鄧廣漢為長樂衞尉。㊅黨親連體，根據於朝廷：何焯曰：「光懲燕王上官之難，故使其子孫黨親典兵，居中以自衞。不知時勢遞變，權重勢逼，滿盈致禍，又基於此，不涉學之患也。」㊆已甚，謂過當。㊇膠東、千乘：膠東，王國名，轄縣八，都即墨，故城在今山東省平度縣東南。千乘，郡名，治千乘，故城在今山東省高苑縣北。㊈湖：縣名，故城在今河南閿鄉縣東。戾太子死於湖即葬於彼。事見卷二十二武帝征和二年㈤。㊉父母：謂本生父母。⑪親：謂宣帝父。⑫戾：謚法，不悔前過曰戾。⑬詔立燕刺王太子建為廣陽王：燕王旦死，建為庶人，事見卷二十三昭帝元鳳元年㈥。廣陽國，屬幽州。旦死，燕國除為廣陽郡，今因以為國名。⑭廷尉正：官名，屬廷尉，秩千石。⑮庭中：言漢庭之中。

二年（西元前七二年）

㈠春，大司農田延年有罪，自殺。昭帝之喪，大司農僦民車；延年詐增僦㊀直，盜取錢三千萬，為怨家所告。霍將軍召問延年，欲為道地㊁。延年抵㊂曰：「無有是事。」光曰：「即無事，當窮竟㈣。」御史大夫田廣明謂太僕杜延年曰：「春秋之義，以功覆過㈤。當廢昌邑王時，非田子賓㈥之言，大事不成。今縣官出三千萬自乞之，何哉㈦？願以愚言，白大將軍。」延年言之大將軍，大將軍曰：「誠然，實勇士也。當發大議時，震動朝廷。」光因舉手自撫心曰：「使我至今病悸㈧。謝田大夫，曉㈨大司農通㈩往就獄，得公議之。」田大夫使人語延年，延年曰：「幸縣官寬我耳，何面目入牢獄，使衆人指笑我，卒徒唾吾背乎？」即閉閤，獨居齋舍，偏袒持刀東西步。數日，使者召延年詣廷尉，聞鼓聲㈡，自刎死。

㈡夏、五月，詔曰：「孝武皇帝躬仁誼，厲威武，功德茂盛。而廟樂未稱㈢，朕甚悼焉。其與列侯、二千石、博士議。」於是羣臣大議庭中㈢，皆曰：「宜如詔書。」長信少府夏侯勝獨曰：「武帝雖有攘四夷廣土境之功，然多殺士衆，竭民財力，奢泰無度，天下虛耗㈣；百姓流離物故者半，蝗蟲大起，赤地㈤數千里，或人民相食，畜㈥積至今未復。無德澤於民，不宜為立廟樂。」公卿共難勝曰：「此詔書也。」勝曰：「詔書不可用也。人臣之誼，宜直言正論，非苟阿意順指。議已出口，雖死不悔。」於是丞相、御史劾奏勝非議詔書，毀先帝，不道。及丞相長史黃霸阿縱勝，不舉劾，俱下獄。有司遂請尊孝武帝廟為世宗廟，奏盛德文始五行之舞㈦，武帝巡狩所幸郡國，皆立廟，如高祖、太宗焉。夏侯勝、黃霸既久繫，霸欲從勝受尚書，勝辭以罪死。霸曰：「朝聞道，夕死可矣㈧。」勝賢其言，遂授之。繫再更冬，講論不怠。

㈢初，烏孫公主死，漢復以楚王戊之孫解憂為公主，妻岑娶㈨。岑娶胡婦子泥靡尚小，岑娶且死，以國與季父大祿子翁歸靡曰：「泥靡大，以國歸之㈩。」翁歸靡既立，號肥王，復尚楚主。生三男兩女，長男曰元貴靡，次曰萬年，次曰大樂。昭帝時，公主上書，言匈奴與車師共侵烏孫，唯天子幸救之。漢養士馬，議擊匈奴。會昭帝崩，上遣光祿大夫常惠使烏孫，烏孫公主及昆彌皆遣使上書，言匈奴復連發大兵，侵擊烏孫。使使謂烏孫趣㈡持公主來，欲隔絕漢。昆彌願發國精兵五萬騎，盡力擊匈奴，唯天子出兵，以救公主昆彌。

先是匈奴數侵漢邊，漢亦欲討之。秋，大發兵。遣御史大夫田廣明為祁連將軍，四萬餘騎出西河⑫；度遼將軍范明友，三萬餘騎出張掖⑬；前將軍韓增，三萬餘騎出雲中⑭；後將軍趙充國為蒲類將軍，三萬餘騎出酒泉⑮；雲中太守田順為虎牙將軍，三萬餘騎出五原⑯；期以出塞各二千餘里。以常惠為校尉，持節護烏孫兵，共擊匈奴。

【今註】㊀僦：音就（ㄐㄧㄡˋ），租賃。㊁為道地：為之開通道路，使有安全之地。㊂抵：拒諱。㊃即無事，當窮竟：謂既無事實，當令有司窮治其事。㊄春秋之義，以功覆過：如《公羊傳》之諱齊桓公滅項事，即以功覆過之義。其文曰：「僖十七年，夏，滅項。孰滅之？齊滅之。曷為不言齊滅之？為桓公諱也。桓公嘗有繼絕存亡之功，故君子為之諱也。」㊅子賓：延年字。㊆令縣官出三千萬，自乞之，何哉：縣官，天子別稱。乞：音氣（ㄑㄧˋ），給與。何哉，猶言何如。意謂今由天子出三千萬自給償之，何如？㊇悸。音記（ㄐㄧˋ），驚怖而心動。㊈曉：告白意指。㊉通。謂從公家通理。光忿其拒諱，故不寬宥。⑪聞鼓聲：使者至司農，司農發詔書，故鳴鼓。⑫稱：相副。⑬大議庭中：大議，猶言開大會。庭中，謂朝廷之中。⑭耗：損減。⑮赤地：謂地無五穀之苗。

㈥畜：讀曰蓄。㈦奏盛德文始五行之舞：應劭曰：「宣帝復采昭德之舞為盛德舞，以尊世宗廟也。」㈧朝聞道，夕死可矣：《論語・里仁篇》所載孔子之言。㈨復以楚王戊之孫解憂為公主，妻岑娶：楚王戊於景帝三年即西元前一五四年以謀反誅。公主妻岑娶，在武帝太初中。岑娶，《漢書・西域傳》作岑陬。⑽泥靡大，以國歸之：言待泥靡長大，以國歸之。⑾趣：讀曰促。⑿西河：郡名，治富昌，在今綏遠省歸綏縣西。⒀張掖：郡名，治觻得，在今甘肅省張掖縣西北。⒁雲中：郡名，治雲中，今綏遠省托克托縣。⒂酒泉：郡名，治祿福，今甘肅省酒泉縣。⒃五原：郡名，治九原，今綏遠省五原縣。

三年（西元前七一年）

㈠春、正月癸亥（十三日），恭哀許皇后㈠崩。時霍光夫人顯，欲貴其小女成君，道無從㈡。會許后當娠病，女醫淳于衍者，霍氏所愛，嘗入宮侍皇后疾。衍夫賞為掖庭戶衞㈢，謂衍可過辭霍夫人，行為我求安池監㈣。衍如言報顯，顯因心生，辟左右，字謂衍㈤曰：「少夫幸報我以事㈥，我亦欲報少夫㈦，可乎？」衍曰：「夫人所言，何等不可者㈧？」顯曰：「將軍素愛小女成君，欲奇貴之，願以累⑨少夫。」衍曰：「何謂邪？」顯曰：「婦人免乳大故⑩！十死一生。今皇后當免身⑪，可因投毒藥去⑫也。成君即為皇后矣。如蒙力事成，富貴與少夫共之。」衍曰：「藥雜治，常先嘗，安可⑬？」顯曰：「在少夫為之耳。將軍領天下，誰敢言者？緩急相護，但恐少夫無意耳。」衍良久曰：「願盡力。」即擣附子⑭，齎入長定宮。皇后免身後，衍取附子，幷合大醫大丸⑮，以飲皇后。有頃曰：「我頭岑岑⑯也，藥中得無有毒？」對曰：「無有。」遂加煩懣崩。衍出，過見顯，相勞⑰問，亦未敢重謝衍⑱。後人有上書告諸醫侍疾無狀者，皆收繫詔獄，劾不道。顯恐急，即以狀具語⑲光。因曰：「既失計為之，無令吏急衍。」光大驚，欲自發舉，不忍，猶與。會奏上，光署衍勿論⑳。顯因勸光，內其女入宮。

㈡戊辰（十八日），五將軍發長安。匈奴聞漢兵大出，老弱犇走，毆㉑畜產，遠遁逃，是以五將少所得。夏、五月，軍罷。度遼將軍出塞㉒千二百餘里，至蒲離候水㉓，斬首捕虜七百餘級。前將軍出塞㉔千二百餘里，至烏員㉕，斬首捕虜百餘級。蒲類將軍出塞㉖千八百餘里，西至候山，斬首捕虜，得單于使者蒲陰王以下三百餘級。聞虜已引去，皆不至期還。天子薄其過，寬而不罪。祁連將軍出塞㉗千六百里，至鷄秩山，斬首捕虜十九級。逢漢使匈奴還者冉弘等，言鷄秩山西有虜眾；祁連即戒弘，使言無虜，欲還兵。御史屬公孫益壽諫以為不可，祁連不聽，遂引兵還。虎牙將軍出塞㉘八百餘里，至丹餘吾水上，即止兵不進。斬首捕虜千九百餘級，引兵還。上以虎牙將軍不至期，詐增鹵獲；而祁連知虜在前，逗遛㉙不進；皆下吏，自殺。擢公孫益壽為侍御史。

烏孫昆彌自將五萬騎，與校尉常惠從西方入，至右谷蠡王庭。獲單于父行㉚及嫂居次㉛，名王犂汙都尉㉜、千長、騎將以下四萬級，馬牛羊驢橐佗㉝七十餘萬頭。【考異】常惠傳四萬級為三萬九千人；七十餘萬頭為六十餘萬頭。今從烏孫傳。烏孫皆自取所虜獲。上以五將皆無功，獨惠奉使克獲，封惠為長羅侯㉞。然匈奴民眾傷而去者，及畜產遠移死亡，不可勝數。於是匈奴遂衰耗，怨烏孫。上復遣常惠，持金幣還賜烏孫貴人有功者。

惠因奏請龜茲國嘗殺校尉賴丹㊟，未伏誅，請便道擊之。帝不許，大將軍霍光風惠以便宜從事㊱。惠與吏士五百人俱至烏孫還，過發西國兵㊲二萬人；令副使發龜茲東國二萬人，烏孫兵七千人，從三面攻龜茲。兵未合，先遣人責其王以前殺漢使狀。王謝曰：「乃我先王時為貴人姑翼所誤耳，我無罪。」惠曰：「即如此，縛姑翼來，吾置㊳王。」王執姑翼詣惠，惠斬之而還。

㈢大旱。

㈣六月己丑（十一日），陽平㊴節侯蔡義薨。【考異】荀紀作乙丑，誤。甲辰（二十六日），長信少府韋賢為丞相。

㈤大司農魏相為御史大夫。

㈥冬，匈奴單于自將數萬騎擊烏孫，頗得老弱。欲還，會天大雨㊵雪，一日深丈餘，人民畜產凍死，還者不能什一。於是丁令㊶乘弱攻其北，烏桓入其東，烏孫擊其西。凡三國所殺數萬級，馬數萬匹，牛羊甚眾。又重以餓死，人民死者什三，畜產什五，匈奴大虛弱。諸國羈屬者皆瓦解，攻盜不能理。其後漢出三千餘騎，為三道，并入匈奴，捕虜得數千人還。匈奴終不敢取當㊷，滋㊸欲鄉和親，而邊境少事矣。

㈦是歲，潁川太守趙廣漢為京兆尹。潁川俗，豪桀相朋黨。廣漢為銗筩㊹，受吏民投書，使相告訐㊺。於是更相怨咎，姦黨散落，盜賊不敢發。匈奴降者，言匈奴中皆聞廣漢名，由是入為京兆尹。廣漢遇吏，殷勤甚備，事推功善，歸之於下，行之發於至誠。吏咸願為用，僵仆㊻無所避。廣漢聰明，皆知其能之所宜，盡力與否。其或負者，輒收捕之㊼，無所逃。案之，罪立具，即時伏辜。尤善為鉤距㊽，以得事情。閭里銖兩之姦，皆知之。長安少年數人，會窮里㊾空舍，謀共刼人。坐語未訖，廣漢使吏捕治，具服。其發姦擿㊿伏如神。京兆政清，吏民稱之不容口。長老傳，以為自漢興，治京兆者莫能及。

【今註】㊀恭哀許皇后：張晏曰：「禮，婦人從夫諡。閔其見殺，故兼二謚。」胡三省曰：「余據班史，自高后以下，皆從夫稱之，未嘗有謚也。至帝謚孝武衞皇后曰思，亦以其不得令終也。」㊁無從：謂無由得納其女。㊂掖庭戶衞：衞士之掌掖庭門戶者，由戶郎主之。㊃安池監：安池，池名。監，掌池之官。安池一說為安邑鹽池，在今山西省安邑縣南。一說即大安池，在今山西省芮城縣南十五里，居民引以溉田，下流入於黃河。二說未知孰是。㈤字謂衍：謂稱衍字，以表親近。㈥報我以事：謂少夫以安池監事相干請。報，干請。㈦我亦欲報少夫：謂我亦有事欲干少夫，蓋即謀弒許后事。㈧何等不可者：謂無事不可。㈨累：音淚（ㄌㄟˋ），因事致損曰累，蓋請託所用之謙詞。㈩免乳大故：免，通娩。免乳，謂分娩。大故，大事。⑪當免身：謂當產子。⑫去：謂除去皇后。⑬藥雜治，常先嘗，安可：謂藥係羣醫共同調配，又常有先嚐藥者，焉可行毒。嘗，同嚐。⑭附子：植物名，多年生草本。莖高二三尺，葉掌狀。莖葉皆有毒，其根含毒更劇，供藥用。⑮大丸：丸藥名。⑯岑岑：麻木煩悶。⑰勞：音潦（ㄌㄠˋ），慰問。⑱亦未敢重謝衍：蓋恐人發覺陰謀。⑲語：音預（ㄩˋ），告訴。⑳光署衍勿論：謂光簽署奏書，而不論衍罪。此時帝尚不知后係遇毒死。㉑毆：音同驅。㉒度遼將軍出塞：自張掖出塞。㉓蒲離候水：即今額濟納河。㉔前將軍出塞：自雲中出塞。㉕烏員：地名。員：音雲（ㄩㄣˊ）。㉖蒲類將軍出塞：自酒泉出塞。㉗祈連將軍出塞：自西河出塞。㉘虎牙將軍出塞：自五原出塞。㉙逗遛：當時法律名詞，謂軍行頓止，稽留不進。逗：音豆（ㄉㄡˋ），停止。遛，應作留。㉚父行：父輩。行音航，去聲（ㄏㄤˊ）。㉛居次：匈奴王室女號，猶言公主。㉜犁汙都尉：犁汙王之郡尉。千長，千人之長。㉝橐佗：《漢書》作橐駞，駱駝。㉞長羅侯：長羅侯國屬陳留郡，故城在今河北省長垣縣北。㉟龜茲國嘗殺校尉賴丹：事見卷二十三昭帝元鳳四年㈤。㊱風惠以便宜從事：謂暗示惠至西域，得專命而行。㊲過發西國兵：自烏孫還，所過西國，皆發其兵。㊳置：置而不問，猶言赦免。㊴陽平：縣名，屬東郡，今山東莘縣。㊵雨：音裕（ㄩˋ），下降。㊶丁令：種族名。在匈奴之北，據今外蒙古色楞格（Selenga）河流域。㊷取當：猶言取償。㊸滋：益加。㊹缿筩：缿，音項（ㄒㄧㄤˋ），如瓶，上有小孔受投書，可入而不可出。筩，音同（ㄊㄨㄥˊ），竹筒，亦受投書之器。一說缿筩係一物，以瓦為之，而其形狀似筩，可受投書。未知孰是。㊺訐：攻發人之陰私。㊻僵仆無所避：猶言雖死不避。二字均含傾跌亡斃之義。㊼其或負者，輒收捕之：負者，謂不盡力者。按《漢書趙廣漢傳》云：「廣漢聰明，皆知其能之所宜，盡力與否。其或負者，輒先聞之，風諭不改，乃收捕之。」通鑑所述，略失其實。㊽鉤距：鉤，鉤取。距，同致。鉤距，謂鉤致情偽。㊾窮里：里中之極隱僻處。㊿擿：音剔（ㄊㄧˋ），發露。

四年（西元前七〇年）

㈠春，三月乙卯（十一日），立霍光女為皇后。赦天下。初，許后起微賤，登至尊日淺，從官車服甚節儉。及霍后立，輦駕、侍從益盛。賞賜官屬，以千萬計，與許后時縣㈠絕矣。

㈡夏，四月壬寅（二十九日），郡國四十九同日地震㈡。或山崩，壞城郭、室屋，殺六千餘人。北海、瑯邪壞祖宗廟㈢。詔丞相、御史與列侯、中二千石，博問經學之士，有以應變㊃，毋有所諱。令三輔、太常、內郡國舉賢良方正各一人。大赦天下。上素服避正殿五日。

釋夏侯勝、黃霸。以勝為諫大夫給事中，霸為揚州㊄刺史。勝為人質樸守正，簡易無威儀。或時謂上為君，誤相字於前㊅，上亦以是親信之㊆。嘗見，出道上語㊇。上聞而讓勝，勝曰：「陛下所言善，臣故揚之。堯言布於天下，至今見誦，臣以為可傳，故傳耳。」朝廷每有大議，上知勝素直，謂曰：「先生建正言，無懲前事㊈。」勝復為長信少府，後遷太子太傅，年九十卒。太后賜錢二百萬，為勝素服五日，以報師傅之恩。儒者以為榮。

㈢五月，鳳皇集北海安丘、淳于㊉。

㈣廣川王去㊁坐殺其師及姬妾十餘人，或銷鉛錫灌口中，或支解幷毒藥煑之，令糜㊂盡。廢徙上庸，自殺。

【今註】 ㊀縣：讀曰懸。㊁郡國四十九，同日地震：《漢書．五行志》：「地震河南以東四十九郡。」㊂壞祖宗廟：景帝元年即西元前一五六年，令郡國各立太祖高皇帝廟及太宗文皇帝廟。㊃應變：謂禦塞災異。㈤揚州：統廬江、九江、會稽、丹陽、豫章等郡，轄今安徽、江蘇二省南部及浙江、江西等省一帶地。㈥誤相字於前：前，謂天子之前。相字，謂呼羣臣以字。㈦上亦以是親信之：蓋知其質樸，故親信之。㈧嘗見，出道上語：謂入見天子，而以其言為外人道。㈨無懲前事：懲，戒懼。謂勿以前事為戒懼。前事，指以議廟樂而繫獄事。㈩安丘、淳于：縣名，皆屬北海郡。安丘故城在今山東省安丘縣西南。淳于故城在今安丘縣東北。㈡廣川王去：景帝子廣川惠王越之孫。㈢糜：碎。

地節㈠元年（西元前六九年）

㈠春、正月，有星孛于西方。

㈡楚王延壽㈡，以廣陵王胥，武帝子，天下有變，必得立，陰附助之。為其後母弟趙何齊取㈢廣陵王女為妻，因使何齊奉書遺㈣廣陵王曰：「願長耳目㈤，毋後人有天下㈥。」何齊父長年上書告之，事下有司考驗，辭服。冬、十一月，延壽自殺，胥勿治。

㈢十二月癸亥（三十日）晦，日有食之。

㈣是歲，于定國為廷尉。定國決疑平法，務在哀鰥寡，罪疑從輕，加審慎之心。朝廷稱之曰：「張釋之為廷尉，天下無冤民㈦，于定國為廷尉，民自以不冤㈧。」

【今註】㈠地節：應劭曰：「以先者地震，山崩水出；於是改元曰地節，欲令地得其節。」㈡楚王延壽：景帝時立平陸侯禮為楚王，奉元王後。傳子道、孫注、曾孫純；延壽，純子。㈢取：讀曰娶。㈣遺：音位（ㄨㄟˋ），給與。㈤長耳目：言常伺聽，勿失機會，長，音常（ㄔㄤˊ）。㈥毋後人有天下：言方爭天下，勿使在人後。㈦天下無冤民：謂決罪皆當，故無冤民。㈧民自以不冤：謂民知其寬平，皆無冤枉之慮，故自以不冤。

二年（西元前六八年）

㈠春，霍光病篤，車駕自臨問，上為之涕泣。光上書謝恩，願分國邑三千戶以封兄孫奉車都尉山為列侯，奉兄去病祀㈠。即日拜光子禹為右將軍。三月庚午（八日），光薨。上及皇太后，親臨光喪。中二千石治冢，賜梓宮葬具，皆如乘輿制度。謚曰宣成侯。發三河卒穿復土㈡，置園邑三百家，長丞奉守。下詔復其後世㈢，疇其爵邑㈣，世世無有所與㈤。

御史大夫魏相上封事㈥曰：「國家新失大將軍，宜顯明功臣，以填藩國；毋空大位，以塞爭權㈦。宜以車騎將軍安世為大將軍，毋令領光祿勳事，以其子延壽為光祿勳。」上亦欲用之。夏，四月戊申（十七日），以安世為大司馬車騎將軍，領尚書事。【考異】百官表，地節三年，四月戊申，張安世為大司為。七月戊戌。更為衞將軍。霍禹為大司馬。七月壬辰。禹要斬。荀紀，三年，四月戊辰，安世為大司馬。按明年四月無戊辰，七月無戊戌，又不當再言七月。以宣紀，張安世、霍光傳考之，安世為司馬當在今年，為衞將軍當在明年十月。禹死在四年七月。蓋年表旁行通連書之，致此誤也。

㈡鳳皇集魯㈧，羣鳥從之。大赦天下。

㈢上思報大將軍德，乃封光兄孫山為樂平侯，使以奉車都尉領尚書事。魏相因昌成君許廣漢奏封事，言春秋譏世卿㈨，惡宋三世為大夫㈩，及魯季孫之專權(一一)，皆危亂國家。自後元以來，祿去王室，政由冢宰。今光死，子復為右將軍，兄子秉樞機(一二)；昆弟、諸壻據權勢，在兵官；光夫人顯及諸女，皆通籍(一三)長信宮，或夜詔門(一四)出入；驕奢放縱，恐寖不制(一五)。宜有以損奪其權，破散陰謀，以固萬世之基，全功臣之世。又故事諸上書者，皆為二封，署其一曰副。領尚書者，先發副封，所言不善，屏去不奏。相復因許伯白去副封，以防壅蔽。帝善之，詔相給事中㊅，皆從其議。

㈣帝興于閭閻㊆，知民事之囏㊇難。霍光既薨，始親政事，厲精為治，五日一聽事。自丞相以下，各奉職奏事，敷奏其言，考試功能㊈。侍中、尚書功勞當遷，及有異善，厚加賞賜，至于子孫，終不改易㊉。樞機周密，品式備具，上下相安，莫有苟且之意。及拜刺史、守相，輒親見問，觀其所由，退而考察所行，以質其言㉑。有名實不相應，必知其所以然。常稱曰：「庶民所以安其田里，而亡歎息愁恨之心者，政平訟理㉒也。與我共此者，其唯良二千石㉓乎。」以為太守吏民之本，數變易則下不安。民知其將久不可欺罔，乃服從其教化。故二千石有治理効，輒以璽書勉厲，增秩、賜金，或爵至關內侯。公卿缺，則選諸所表㉔，以次用之。是以漢世良吏，於是為盛，稱中興焉。

㈤匈奴壺衍鞮單于死，弟左賢王立為虛閭權渠單于。以右大將女為大閼氏，而黜前單于所幸顓渠閼氏。顓渠閼氏父左大且渠怨望。是時漢以匈奴不能為邊寇罷塞外諸城㉕，以休百姓。單子聞之喜召貴人謀，欲與漢和親。左大且渠心害其事，曰：「前漢使來，兵隨其後；今亦効漢發兵，先使使者入。」乃自請與呼盧訾㉖王，各將萬騎，南旁塞獵，相逢俱入。行未到，會三騎亡降漢，言匈奴欲為寇。於是天子詔發邊騎，屯要害處。使大將軍軍監治眾㉗等四人，將五千騎，分三隊，出塞各數百里，捕得虜各數十人而還。時，匈奴亡其三騎，不敢入，即引去。是歲，匈奴饑，人民畜產死什六七。又發兩屯各萬騎以備漢。其秋，匈奴前所得西嗕㉘居左地者，其君長以下數千人，皆驅畜產行，與甌脫㉙戰，所殺傷甚眾。遂南降漢。

【今註】㊀奉兄去病祀：霍去病於武帝元朔六年即西元前一二三年封冠軍侯，子嬗嗣封，無後國除。故光乞分國邑，以奉其祀。昔昭帝欲封金建，光以「先帝之約，有功乃得封侯」阻之，其理甚正。今霍山亦無功，而光為之求封，則未免徇私。㊁復土：謂掘穴下棺後，還復其土以掩棺。㊂復其後世：謂除其後世租賦。復，免除。㊃疇其爵邑：疇，通儔，相等。謂與以同等爵邑。㊄世世無有所與：與，讀曰豫。謂世世不豫賦役。㊅封事：時凡章表皆啓封，其言密事者，得用皁囊，而緘其封，故曰封事。㊆爭權：權，勢力。意謂大臣位空，則爭奪之勢力，因之而起。㊇魯：謂魯國。

㊈春秋譏世卿：如《春秋公羊傳》之譏貶尹氏。其文曰：「隱三年，夏四月，辛卯，尹氏卒。尹氏者何？天子之大夫也。其稱尹氏何？貶。曷為貶？譏世卿。世卿，非禮也。」㊉惡宋三世為大夫：《春秋公羊傳》曰：「宋三世無大夫，三世內取也。」顏師古曰：「三世謂襄公、成公、昭公也：內取於國之大夫也。為，恐當作無。」取，同娶。春秋通例，諸侯應娶於國外；今宋既三世娶於國內之大夫，則諸侯與大夫敵體，無上下之分，故春秋惡之。魏相引之，以刺霍氏。㊀魯季孫之專權：季孫氏，春秋魯大夫，為魯莊公弟季友之後，世專魯政，公族日卑。㊁樞機：近要之官，謂領尚書事。㊂通籍：顏師古曰：「通籍謂禁門之中，皆有名籍，恣出入也。」應劭曰：「籍者謂二尺竹牒，設其年紀、名字、物色，懸之宮門。案省相應，乃得入也。」㊃詔門：謂禁門。㊄寖不制：寖，同浸，漸進。謂漸不可制御。㊅詔相給事中：漢三公九卿，皆外朝官；今加魏相給事中，則得入禁中，預內廷之議。㊆興于閭閻：閭，里門。閻，里中門。謂帝來自民間，而即天位。㊇囏：古艱字。㊈敷奏其言，考試功能：敷，陳述。謂各自奏陳其言，然後試之以官，考其功德。㊉至于子孫，終不改易：謂賞賜逮及子孫，非謂侍中、尚書官職，至子孫猶不改易。㊀以質其言：質，驗正。謂考察其行，以視其言驗否。㊁訟理：謂所訟見理，而無冤滯。㊂二千石：謂郡守及諸侯國相。㊃所表：謂增秩賜金爵，為帝所旌異者。㊄塞外諸城：謂長城以外諸城，用以防匈奴者，如光祿塞受降城、遮虜障等城是。㊅訾：音（ㄗˇ）。㊆治眾：軍監之名。㊇西嗕：屬匈奴種。一說西嗕為別一種而非匈奴，為匈奴所得，使居左地。㊈甌脫：邊界上屯守處曰甌脫，此處蓋指匈奴屯守邊界之軍。

卷二十五　漢紀十七

司馬光編集
傅樂成註

起閼逢攝提格，盡屠維協洽，凡六年。（甲寅至己未，西元前六七年至西元前六二年）

中宗孝宣皇帝上之下

地節三年（西元前六七年）

㈠春、三月，詔曰：「蓋聞有功不賞，有罪不誅，雖唐虞不能化天下。今膠東相王成，勞來㊀不怠，流民自占㊁八萬餘口，治有異等之効㊂。其賜成爵關內侯，秩中二千石。」未及徵用，會病卒官。後詔使丞相、御史問郡國上計長史、守、丞㊃以政令得失，或對言前膠東相成，偽自增加，以蒙顯賞，是後俗吏多為虛名云。

㈡夏、四月戊申（二十二日），立子奭為皇太子。以丙吉為太傅，太中大夫疏廣為少傅。【考異】荀紀，立皇太子在去年四月戊申。漢書舊本亦然。顏師古據疏廣及丙吉傳，幷云地節三年立皇太子。知在此年者是也。封太子外祖父許廣漢為平恩侯㊄。又封霍光兄孫中郎將雲為冠陽侯。

霍顯聞立太子，怒恚㈥不食，歐㈦血，曰：「此乃民間時子，安得立！即后有子，反為王邪？」復教皇后，令毒太子。皇后數召太子賜食，保阿㈧輒先嘗之，后挾毒不得行。

㈢五月甲申（二十九日），丞相賢㈨以老病乞骸骨。賜黃金百斤，安車駟馬，罷就第。丞相致仕自賢始。六月壬辰（七日），以魏相為丞相。辛丑（十六日），丙吉為御史大夫，疏廣為太子太傅，廣兄子受為少傅。

太子外祖父平恩侯許伯㈩，以為太子少，白使其弟中郎將舜監護太子家。上以問廣，廣對曰：「太子國儲副君，師友必於天下英俊，不宜獨親外家許氏。且太子自有太傅、少傅，官屬已備，今復使舜護太子家，示陋㈡，非所以廣太子德於天下也。」上善其言，以語魏相，相免冠謝曰：「此非臣等所能及。」廣由是見器重。

㈣京師大雨雹。大行丞㈢東海蕭望之上疏，言大臣任政，一姓專權之所致。上素聞望之名，拜為謁者。時，上博延賢俊，民多上書言便宜，輒下望之問狀。高者請丞相、御史，次者中二千石試事㈢，滿歲以狀聞。下者報聞罷㈣。所白處奏皆可㈤。

㈤冬、十月，詔曰：「乃者九月壬申（十九日）地震，朕甚懼焉。有能箴㈥朕過失，及賢良方正、直言極諫之士，以匡㈦朕之不逮，毋諱有司㈧。朕既不德，不能附遠，是以邊境屯戍未息。今復飭㈨兵重屯，久勞百姓，非所以綏天下也。其罷車騎將軍、右將軍屯兵㈩。」又詔池籞㈡未御幸者，假與貧民。郡國宮館，勿復修治。流民還歸者，假公田，貸種食，且勿筭事㈢。

㈥霍氏驕侈縱橫㈢，太夫人顯，廣治第室；作乘輿輦，加畫繡絪馮㈣，黃金塗㈤，韋絮薦輪㈥，侍婢以五采絲，輓㈦顯游戲第中；與監奴㈧馮子都亂。而禹、山亦并繕治第宅，走馬馳逐平樂館。雲當朝請，數稱病私出，多從賓客，張圍獵黃山苑㈨中，使倉頭奴上朝謁㈩，莫敢譴者。顯及諸女，晝夜出入長信宮㈡殿中，亡期度。

帝自在民間，聞知霍氏尊盛日久，不能善。既躬親朝政，御史大夫魏相給事中。顯謂禹、山、雲：「女曹㈢不務奉大將軍餘業，今大夫給事中，他人壹間女，能復自救邪？」後兩家㈢奴爭道，霍氏奴入御史府，欲躢㉞大夫門，御史為叩頭謝㉟，乃去。人以謂霍氏，顯等始知憂。會魏大夫為丞相，數燕見言事，平恩侯與侍中金安上等徑出入省中。時霍山領尚書，上令吏民得奏封事，不關尚書㊱；羣臣進見獨往來㊲。於是霍氏甚惡之。上頗聞霍氏毒殺許后而未察，乃徙光女壻度遼將軍未央衛尉平陵侯㊳范明友光祿勳，出次壻諸吏中郎將羽林監任勝為安定太守。數月，復出光姊壻給事光祿大夫張朔為蜀郡太守，羣孫壻中郎將王漢為武威太守。頃之，復徙光長女壻長樂衛尉鄧廣漢為少府㊴。戊戌㊵，更以張安世為衛將軍，兩宮㊶衛尉、城門、北軍兵㊷屬焉。以霍禹為大司馬，冠小冠㊸，亡印綬，罷其屯兵官屬；特㊹使禹官名與光俱大司馬者。又收范明友度遼將軍印綬，但為光祿勳。及光中女壻趙平為散騎騎都尉㊺光祿大夫，將屯兵，又收平騎都尉印綬。諸領胡越騎羽林及兩宮衛將屯兵，悉易以所親信許史子弟代之。

㈦初，孝武之世，徵發煩數，百姓貧耗，窮民犯灋，姦軌不勝。於是使張湯、趙禹之屬，條定法令。作見知故縱㊻、監臨部主㊼之濫，緩深故之罪[48]，急縱出之誅[49]。其後姦猾巧濫，轉相比況，禁罔寖密，律令煩苛，文書盈於几閣，典者不能徧睹。是以郡國承用者駮[50]，或罪同而論[51]異，姦吏因緣為市[52]。所欲活，則傅[53]生議；所欲陷，則予死比[54]。議者咸冤傷之。廷尉史鉅鹿路溫舒上書曰：「臣聞齊有無知之禍[55]，而桓公以興；晉有驪姬之難，而文公用伯[56]；近世趙王不終，諸呂作亂，而孝文為太宗[57]。繇是觀之，禍亂之作，將以開聖人也。夫繼變亂之後，必有異舊之恩，此賢聖所以昭天命也。往者昭帝即世，無嗣，昌邑淫亂，乃皇天所以開至聖也。臣聞春秋正即位[58]，大一統而慎始也。陛下初登至尊，與天合符，宜改前世之失，正始受命之統，滌煩文，除民疾，以應天意。臣聞秦有十失，其一尚存，治獄之吏是也。夫獄者，天下之大命也。死者不可復生，絕者不可復屬[59]。書曰：『與其殺不辜，寧失不經[60]。』今治獄吏則不然，上下相敺，以刻為明。深者獲公名，平者多後患。故治獄之吏，皆欲人死。非憎人也，自安之道在人之血，流離於市；被刑之徒，比肩而立；

大辟之計，歲以萬數；此仁聖之所以傷也。太平之未洽，凡以此也。夫人情安則樂生，痛則思死，捶楚之下，何求而不得。故囚人不勝(六一)痛，則飾辭以示之；吏治者利其然，則指導以明之；上奏畏卻(六二)，則鍛練而周內(六三)之；蓋奏當(六四)之成，雖皐陶(六五)聽之，猶以為死有餘辜。何則？成練者眾，文致之罪明也。故俗語曰：『畫地為獄，議不入；刻木為吏，期不對(六六)。』此皆疾吏之風，悲痛之辭也。唯陛下省灋制，寬刑罰，則太平之風，可興於世。」上善其言。

(八)十二月，詔曰：「閒者吏用法巧文寖深，是朕之不德也。夫決獄不當，使有罪興邪，不辜蒙戮(六七)，父子悲恨，朕甚傷之。今遣廷史與郡鞠獄(六八)，任輕祿薄；其為置廷尉平，秩六百石，員四人。其務平之，以稱朕意。」於是每季秋後請讞(六九)時，上常幸宣室，齋居而決事(七〇)，獄刑號為平矣。涿郡太守鄭昌上疏，言：「今明主躬垂明聽，雖不置廷平，獄將自正。若開後嗣，不若刪定律令(七一)。律令一定，愚民知所避，姦吏無所弄矣。今不正其本，而置廷平以理其末，政衰聽怠，則廷平將召權(七二)而為亂首矣。」

昭帝時，匈奴使四千騎田車師。及五將軍擊匈奴㈦三，車師田者驚去，車師復通於漢。匈奴怒，召其太子軍宿，欲以為質。軍宿，焉耆外孫，不欲質匈奴，亡走焉耆。車師王更立子烏貴為太子。及烏貴立為王，與匈奴結婚姻，教匈奴遮漢道通烏孫者㈦四。是歲，侍郎會稽鄭吉，與校尉司馬憙，將免刑罪人㈦五，田渠犂積穀；發城郭諸國㈦六兵萬餘人，與所將田士千五百人，共擊車師，破之，車師王請降。匈奴發兵攻車師，吉、憙引兵北逢之，匈奴不敢前。吉、憙即留一候與卒二十人留守王，吉等引兵歸渠犂。【考異】西域傳云地節二年。以匈奴傳校之，知在三年。車師王恐匈奴兵復至而見殺也，乃輕騎奔烏孫。吉即迎其妻子，傳送長安。匈奴更以車師王昆弟兜莫為車師王，收其餘民東徙，不敢居故地。而鄭吉始使吏卒三百人，往田車師地以實之。

(九)上自初即位，數遣使者，求外家。久遠，多似類而非是。是歲，求得外祖母王媼㈦七，及媼男無故、武㈦八。上賜無故、武爵關內侯，旬日間，賞賜以鉅萬計。

【今註】㈠勞來：顏師古曰：「勞來者，言慰勉而招延之也。」王念孫曰：「勞來雙聲字，來亦勞也。字本作勑，說文曰：『勑，勞勑也。』經史通作來，又作徠。勞來二字，有訓為勸勉者，有訓為恩勤者。宣紀之勞來，對下文流民八萬餘口而言，是恩勤之義。師古訓為勸勉，已失其指；又以來為招徠，而分勞來為二義，愈失之矣。」勞，音潦（ㄌㄠˋ），慰問。㈡自占：謂自行申報戶籍。占，音沾（ㄓㄢ）。㈢治有異等之效：謂其治績異於常等。㈣上計長史、守、丞：上計謂上財政簿書於中央。漢郡國每年遣使詣京師上計簿，國遣長史，郡則太守或郡丞充此使。所謂上計長史守丞，乃總言之。㈤平恩侯：平恩侯國，屬魏郡，故城在今山東省邱縣西。㈥恚：音會（ㄏㄨㄟˋ），怒恨。㈦歐：亦作嘔，吐。㈧保阿：謂保母及阿母（乳母）。㈨丞相賢：指韋賢。㈩許伯：胡三省曰：「許伯即許廣漢。稱伯者，蓋尊之也。」王先謙曰：「伯蓋其字，非為尊之。」⑪示陋：謂獨親外家，示天下以淺陋。⑫大行丞：大鴻臚屬官，原名行人丞，武帝時改為大行丞。其下有治禮郎。大行丞亦名大行治禮丞。⑬高者請丞相御史，次者中二千石試事：謂高者則請丞相御史試事，次者則請中二千石試事。⑭下者報聞罷：謂其言不可用者，則報聞而罷歸田里。⑮皆可：謂皆當宣帝之意。⑯箴：規戒。⑰匡：救正。⑱毋諱有司：諱，隱避。有司，即官吏，因職有專司，故曰有司。謂雖官吏在顯職，亦可言其過失，無所隱避。⑲飭：整理。⑳罷車騎將軍，右將軍屯兵：齊召南曰：「此罷兩將軍之屯兵，非罷將軍官也。是時車騎將軍為張安世，右將軍為霍禹，帝此舉以收霍氏權柄耳。」㉑籞：折竹以為障蔽，使人不得往來，曰籞。蓋謂天子園囿。㉒且勿算事：謂不出算賦及給徭役。㉓縱橫：恣肆。㉔絪馮：絪，亦作茵，褥。馮，同憑。繡絪馮，謂其所憑之褥，以繡為之。㉕黃金塗：謂以黃金塗輦。㉖韋絜薦輪：韋，皮革。絜：絲緜。御輦以皮緣輪，著之以絜，以取其行路安隱。今顯亦效之，蓋言其僭侈。㉗輓：謂引車輦。㉘監奴：奴之監理家務者。㉙黃山苑：黃山，宮名，在槐里，黃山苑蓋即黃山宮之苑。㉚使倉頭奴上朝謁：倉頭一作蒼頭，漢代僕隸，以蒼巾為飾，以異於民，故謂之蒼頭。謁，名片。意謂禹、山每當朝請而不自行，惟使奴上謁通名。㉛長信宮：上官太后所居。㉜女曹：女，讀曰汝。女曹猶謂汝輩。㉝兩家：謂霍氏及御史大夫魏相家。㉞躢：同蹋。㉟御史為叩頭謝：御史，當指侍御史。蓋當時禦史非正式官名，而係侍御史之簡稱。㊱上令吏民，得奏封事，不關尚書：蓋欲使上下之情相通，權威復歸王室。㊲羣臣進見獨往來：俾羣臣各得盡言於上。㊳平陵侯：食邑於南陽郡之武當縣，故城在今湖北省均縣北。㊴少府：此少府為長信少府，見《漢書宣帝本紀》。㊵戊戌：地節三年十月無此日。《漢書・百官公卿表》載張安世為衞將軍在七月戊戌，七月亦無此日。均誤。㊶兩宮：指未央、長樂二宮。㊷城門、北軍兵：城門，謂京城十二門屯兵。北軍，謂北軍八校兵，蓋宮廷衞軍。㊸冠小冠：大司馬應冠武弁大冠，今貶禹，故使冠小冠。㊹特：僅祇。㊺散騎騎都尉：散騎乃加官，蓋以騎都尉加散騎官。乘輿出，散騎之騎侍衞，與乘輿車並行。㊻見知故縱：謂知人犯法而不舉告，是為故縱。㊼監臨部主：謂政府派官監臨之區，首長有罪，其下併連坐之。㊽緩深故之罪：謂武帝欲急刑峻法，吏之深險急刻及故入人罪者，均寬宥之。㊾急縱出之誅：謂吏釋罪人，疑以為縱出，則急誅之。亦謂當時之尚酷。㊿承用者駮：駮，音剝（ㄅㄛ），謂執意不同。蓋以法令煩苛，承用者不曉其旨，遂至執意不同，用法遂失其準。(51)論：判決。(52)姦吏因緣為市：謂姦吏有意用法不依標準，遂至弄法受財，若市賈之交易。(53)傅：讀曰附，附會。(54)比：以例相比況。(55)齊有無知之禍，而桓公以興：春秋時，齊襄公為公子無知所殺，雍廩復殺無知，齊國大亂。襄公弟小白自莒入立，是為桓公，竟霸諸侯。(56)晉有驪姬之難，而文公用伯：春秋時，晉獻公信驪姬之讒，殺世子申生；逐公子重耳，夷吾；而立驪姬之子奚齊，卓子。獻公卒，二人先後為里克所殺，夷吾入立，是為惠公。夷吾死，子圉嗣，是為懷公。秦人納重耳，後重耳刺殺懷公而入立，是為文公，遂霸諸侯。伯，讀曰霸。(57)近世趙王不終，諸呂作亂，而孝文為太宗：事見卷十三高皇后八年(六)。(58)正即位：春秋之法，君被弒而繼其位，不言即位，蓋求繼位必得之於正。(59)屬：音煮（ㄓㄨˇ），連續。(60)書曰：「與其殺不辜，寧失不經。」：今本《尚書・虞書・大禹謨》所載咎繇之言。辜，罪惡。經，常道。意謂人命至重，治獄宜慎，寧失之於不合常理，不濫殺無罪之人，所以崇尚寬恕。李宗侗按〈大禹謨〉係偽古文《尚書》，今有此文。其實《左傳》襄公二十六年引此，只說「夏書曰」，而未指明篇名。(61)勝：音升（ㄕㄥ），擔當。(62)畏卻：畏為上所批駁卻退。(63)鍛練而周內：冶金使精熟曰鍛練，此謂深文之吏，巧入人罪，猶工冶金使之成熟。周內，謂定讞周密，以納人於罪。(64)奏當：奏言其當處之罪。(65)皋陶：即咎繇，舜臣，善聽獄訟，故以為喻。(66)畫地為獄，議不入；刻木為吏，期不對：意謂雖畫地為獄，刻木為吏，罪人亦無法入對質證，況真實者乎。期，猶必。(67)使有罪興邪，不辜蒙戮：因決獄不平，致使有罪者更興邪惡，無辜者反陷重刑。(68)廷史與郡鞠獄：廷史，指廷尉史。鞠，窮竟。鞠獄謂窮竟獄事。(六九)讞：音硯（ㄧㄢˋ），究問罪案，從而評議。(七〇)上常幸宣室，齋居而決事：宣室，殿名，在未央宮前殿之側。因帝重視用刑，故齋戒以決事。(七一)刪定律令：刪，削除。謂律令有不便者則削除而裁定之。(七二)召權：猶言弄權。召，求致。(七三)五將軍擊匈奴：事見卷二十四本始二年(三)。(七四)匈奴怒，召其太子軍宿……教匈奴遮漢道通烏孫者：此本始三年（西元前七十一年）至地節元年（西元前六十九年）之三年間事。(七五)免刑罪人：免罪人刑罰，而使屯田。(七六)城郭諸國：西域諸國，有過游牧生活與匈奴同俗者，謂之行國。其城居者，謂之城郭諸國，或曰居國。(七七)媼：音襖（ㄠˇ），老媼。(七八)無故、武：王媼二子名。

四年（西元前六六年）

(一)春、二月，賜外祖母號為博平君(一)。封舅無故為平昌侯(二)，武為樂昌侯(三)。

(二)夏、五月，山陽、濟陰雹，如鷄子，深二尺五寸；殺二十餘人，飛鳥皆死。

(三)詔自今子有匿父母，妻匿夫，孫匿大父母，皆勿治。

(四)立廣川惠王孫文為廣川王(四)。

㈤霍顯及禹、山、雲自見日侵削，數相對啼泣，自怨。山曰：「今丞相用事，縣官信之。盡變易大將軍時灋令，發揚大將軍過失。又諸儒生多窶㊄人子，遠客飢寒，喜妄說狂言，不避忌諱，大將軍常讎之㊅。今陛下好與諸儒生語，人人自書對事，多言我家者。嘗有上書言我家昆弟驕恣，其言絕痛，山屏不奏。後上書者益黠盡，奏封事，輒使中書令出取之，不關尚書㊆，益不信人。又聞民閒讙言，霍氏毒殺許皇后㊇，寧有是邪？」顯恐急，即具以實告禹、山、雲。禹、山、雲驚曰：「如是何不早告禹等？縣官離散斥逐諸壻，用是故也。此大事，誅罰不小，奈何？」於是始有邪謀矣。雲舅李竟所善張赦，見雲家卒卒㊈，謂竟曰：「今丞相與平恩侯用事，可令太夫人言太后㊉，先誅此兩人；移徙陛下，在太后耳。」長安男子張章告之⑪，事下廷尉。執金吾捕張赦等，後有詔止勿捕。山等愈恐，相謂曰：「此縣官重太后⑫，故不竟⑬也。然惡端已見，久之猶發，發即族矣。不如先⑭也。」遂令諸女各歸報其夫，皆曰：「安所相避⑮。」會李竟坐與諸侯王交通，辭語及霍氏。有詔雲山不宜宿衛，免就第。

山陽太守張敞上封事曰：「臣聞公子季友有功於魯(一六)，趙衰有功於晉(一七)，田完有功於齊(一八)，皆疇其庸(一九)，延及子孫。終後田氏簒齊，趙氏分晉，季氏顓(二〇)魯。故仲尼作春秋，迹盛衰(二一)，譏世卿最甚。乃者大將軍決大計，安宗廟，定天下，功亦不細矣。夫周公七年耳(二二)，而大將軍二十歲(二三)。海內之命，斷於掌握。方其隆盛時，感動天地，侵迫陰陽，朝臣宜有明言曰：『陛下褎寵故大將軍，以報功德，足矣。間者輔臣顓政，貴戚太盛，君臣之分不明。請罷霍氏三侯皆就第，及衞將軍張安世，宜賜几杖歸休。時存問召見，以列侯為天子師。』明詔以恩不聽，羣臣以義固爭，而後許之。天下必以陛下為不忘功德，而朝臣為知禮。霍氏世世，無所患苦。今朝廷不聞直聲(二四)，而令明詔自親其文(二五)，非策之得者(二六)也。今兩侯已出，人情不相遠，以臣心度之，大司馬及其枝屬，必有畏懼之心。夫近臣自危，非完計也。臣敞願於廣朝，白發其端。直(二七)守遠郡，其路無由，唯陛下省察。」上甚善其計，然不召也。

禹、山等家數有妖怪，舉家憂愁。山曰：「丞相擅減宗廟羔、菟、鼃，可以此罪也㉘。」謀令太后為博平君置酒，召丞相平恩侯以下，使范明友、鄧廣漢承太后制引斬之，因廢天子而立禹。約定未發，雲拜為玄菟太守，太中大夫任宣為代郡太守。會事發覺，秋、七月，雲、山、明友自殺；顯、禹、廣漢等捕得；禹要斬，顯及諸女昆弟皆棄市。與霍氏相連坐誅滅者數十家㉙。太僕杜延年以霍氏舊人，亦坐免官。八月己酉（一日），皇后霍氏廢處昭臺宮㉚。

乙丑（十七日），詔封告霍氏反謀者男子張章、期門董忠、左曹楊惲㉛、侍中金安上、史高、皆為列侯㉜。惲，丞相敞子；安上，車騎將軍日磾弟子；高，史良娣兄子也。初霍氏奢侈，茂陵徐生曰：「霍氏必亡。夫奢則不遜，不遜則侮上；侮上者，逆道也。在人之右，眾必害之。霍氏秉權日久，害之者多矣。天下害之，而又行以逆道，不亡何待？」乃上疏言霍氏泰盛，陛下即愛厚之，宜以時抑制，無使至亡。書三上，輒報聞㉝。其後霍氏誅滅，而告霍氏者皆封。人為徐生上書曰：「臣聞客有過主人者，見其竈直突[24]，傍有積薪。客謂主人更為曲突，遠徙其薪；不者，且有火患。主人嘿然不應。俄而家果失火，鄰里共救之，幸而得息。於是殺牛置酒，謝其鄰人，灼爛[25]者在於上行，餘各以功次坐，而不錄言曲突者。人謂主人曰：『鄉使聽客之言，不費牛酒，終亡火患。今論功而請賓，曲突徙薪無恩澤，燋頭爛額為上客邪？』主人乃寤而請之。今茂陵徐福，數上書言霍氏且有變，宜防絕之。鄉使福說得行，則國無裂土出爵之費，臣無逆亂誅滅之敗。往事既已，而福獨不蒙其功，唯陛下察之。貴徙薪曲突之策，使居焦髮灼爛之右。」上乃賜福帛十匹[26]，後以為郎。

帝初立，謁見高廟，太將軍光驂乘[27]。上內嚴憚之，若有芒刺在背。後車騎將軍張安世代光驂乘，天子從容肆[28]體，甚安近焉。及光身死而宗族竟誅，故俗傳霍氏之禍，萌[29]於驂乘。後十二歲，霍后復徙雲林館，乃自殺。

班固贊曰：「霍光受襁褓之託，任漢室之寄，匡國家，安社稷，擁昭立宣，雖周公阿衡㊵，何以加此。然光不學亡術，闇於大理，陰妻邪謀㊶，立女為后；湛㊷溺盈溢之欲，以增顛覆之禍。死財㊸三年，宗族誅夷，哀哉！」臣光曰：「霍光之輔漢室，可謂忠矣。然卒不能庇其宗，何也？夫威福㊹者，人君之器也。人臣執之，久而不歸，鮮不及矣。以孝昭之明，十四而知上官桀之詐，固可以親政矣。況孝宣十九即位，聰明剛毅，知民疾苦。而光久專大柄，不知避去，多置私黨，充塞朝廷。使人主蓄憤於上，吏民積怨於下，切齒側目，待時而發。其得免於身幸矣，況子孫以驕侈趣之哉。雖然，嚮使孝宣專以祿秩賞賜，富其子孫，使其食大縣，奉朝請，亦足以報盛德矣。乃復任之以政，授之以兵；及事叢釁積，更加裁奪，遂至怨懼，以生邪謀。豈徒霍氏之自禍哉，亦孝宣醞釀以成之也。昔鬬椒㊺作亂於楚，莊王滅其族而赦箴尹克黃㊻；以為子文㊼無後，何以勸善。夫以顯、禹、雲、山之罪，雖應夷滅；而光之忠勳，不可不祀；遂使家無噍類㊽，孝宣亦少恩哉！」

㈥九月，詔減天下鹽賈㊾。又令郡國歲上繫囚以掠笞若瘐死者(五〇)，所坐縣名爵里(五一)，丞相御史課殿最(五二)以聞。

(七)十二月，清河王年(五三)坐內亂，廢遷房陵。

(八)是歲，北海太守廬江朱邑，以治行第一入為大司農。渤海太守龔遂，入為水衡都尉。先是渤海左右(五四)郡歲饑，盜賊并起，二千石不能禽制。上選能治者，丞相、御史舉故昌邑郎中令龔遂。上拜為渤海太守，召見，問何以治渤海，息其盜賊。對曰：「海瀕(五五)遐遠，不霑聖化，其民困於飢寒，而吏不恤。故使陛下赤子(五六)，盜弄陛下之兵於潢(五七)池中耳。今欲使臣勝之(五八)邪？將安之(五九)也？」上曰：「選用賢良，固欲安之也。」遂曰：「臣聞治亂民猶治亂繩，不可急也。唯緩之，然後可治。臣願丞相御史且無拘臣以文灋，得一切便宜從事。」上許焉。加賜黃金贈遣，乘傳至渤海界。郡聞新太守至，發兵以迎，遂皆遣還。移書敕屬縣，悉罷逐捕盜賊吏。諸持鉏鉤(六〇)田器者，皆為良民，吏毋得問。持兵者，乃為賊。遂單車獨行至府。盜賊聞遂教令，即時解散，棄其兵弩，而持鉤鉏。於是悉平，民安土樂業。遂乃開倉廩假(六一)貧民，選用良吏，尉(六二)安牧養焉。遂見齊俗奢侈，好末技，不田作；乃躬率以儉約，勸民務農桑，各以口率種樹畜養(六三)。民有帶持弓劍者，使賣劍買牛，賣刀買犢。曰：「何為帶牛佩犢？」勞來循行，郡中皆有畜積，獄訟止息。

㈨烏孫公主女為龜茲王絳賓夫人，絳賓上書言得尚漢外孫，願與公主女俱入朝。

【今註】㊀博平君：《漢書・外戚傳》：「賜外祖母號為博平君，以博平、蠡吾兩縣戶萬一千為湯沐邑。」按博平縣屬東郡，故城在今山東省博平縣。蠡吾縣屬涿郡，故城在今河北省博野縣西南。㊁平昌侯：平昌侯國，屬平原郡，在今山東省安丘縣南。㊂樂昌侯：樂昌侯國，屬東郡，在今河北省南樂縣西北。㊃立廣川惠王孫文為廣川王：本始四年即西元前七十年，廣川王去以罪自殺，今復立文，嗣封為王。㊄窶：音距（ㄐㄩˋ），無財備禮曰窶，蓋謂貧賤。㊅讎之：謂嫉之如仇讎。㊆奏封事，輒使中書令出取之，不關尚書：何焯曰：「使中書出取，不關尚書，一時以防權臣壅蔽，然自此浸任宦官矣。成帝以後，政出外家，有太后為之內主，故宦豎不得撓。不然，霍顯之後，必有五侯、十常侍之禍。」㊇霍氏毒殺許皇后：事見卷二十四，本始三年㈠。㊈卒卒：謂舉動忽遽。卒，讀曰猝（ㄘㄨˋ）。㊉可令太夫人言太后：太夫人，指霍顯。太后，指上官太后，乃霍氏外孫。㊁張章告之：何焯曰：「褚先生建元以來侯者年表後續記云：『張章，故潁川人。為長安亭長，失官。之北闕上書，寄宿霍氏第舍，臥馬櫪間，夜聞養馬奴相與語，言霍氏子孫欲謀反狀。因上書告反。』」⑫重太后：謂礙於太后。⑬竟：謂窮竟其事。⑭先：謂先反。⑮安所相避：謂必受其禍，無處相避。⑯公子季友，有功於魯：季友，魯莊公弟，莊公卒，子般當立，公弟慶父弒之而立閔公，繼又弒之。季友立公子申，是為僖公，誅慶父以安魯國，遂世為上卿，專魯國之政。⑰趙衰有功於晉：趙衰，春秋晉人。晉公子重耳出亡，趙衰從。其後重耳入立，繼霸諸侯，衰皆有功。以是趙氏世為晉卿，至趙鞅，遂與智、韓、魏諸氏分攬晉國政權。⑱田完有功於齊：田完，春秋陳厲公子。以國難奔齊，齊桓公禮而用之。子孫漸為齊卿，至周安王時，田和遂篡齊國。⑲皆疇其庸：疇，通酬。庸，功勞。⑳顓：同專。㉑迹盛衰：顏師古曰：「著盛衰之迹。」蘇輿曰：「迹，猶推尋也。顏注非。」㉒周公七年耳：謂周公輔成王七年，而歸政於成王。㉓大將軍二十歲：光專漢政，自武帝後元二年即西元前八十七年，至地節二年即西元前六十八年，適為二十年。㉔不聞直聲：謂朝臣不進直言，以陳說其事。㉕自親其文：謂累帝親自下詔，斥免霍氏。㉖非策之得者：謂失計。㉗直：讀曰值。㉘丞相擅減宗廟羔、菟鼃，可以此罪也：高后時定令，輒有擅議宗廟者棄市。羔、菟、鼃皆宗廟供祭之物，而丞相減之，是擅議宗廟，故可以此罪之。羔，小羊。菟，同兔。鼃，古蛙字。㉙與霍氏相連坐，誅滅者數十家：《漢書・霍光傳》作：「與霍氏相連坐，誅滅者數千家。」王先謙曰：「此言其株連之多，通鑑作數十，疑非。」㉚昭臺宮：在上林苑中。㉛左曹楊惲：諸吏之加給事中者，得日上朝謁，出入禁中，平章尚書奏事，分為左右曹。左曹，即給事中之屬左曹者。惲，音藴（ㄩㄣˋ）。㉜皆為列侯：張章為博成侯，董忠為高昌侯，楊惲為平通侯，安上為都成侯，史高為樂陵侯。㉝輒報聞：漢制，上書不行者，輒報聞罷，意謂僅回報云已聞知其所上書，而罷之令歸。㉞突：煙囪。㉟灼爛：謂被火燒炙者。㊱賜福帛十匹：王念孫曰：「告霍氏者皆封侯，而徐福僅賜帛十匹，則輕重相去太遠，十匹當為千匹。通鑑作十匹，則所見《漢書》本已誤。御覽居處部十四、治道部十四引此，並作千匹。漢紀同」。㊲大將軍光驂乘：漢制，皇帝大駕出，由大將軍驂乘。㊳肆：舒展。㊴萌：始生。㊵阿衡：顏師古曰：「阿衡，伊尹官號也。阿，倚也；衡，平也。謂天子所倚，羣下取平也。」㊶陰妻邪謀：謂不揚其過而陰護之。㊷湛：讀曰沉。㊸財：同纔。㊹威福：謂賞罰之柄。㊺鬭椒：鬭，姓，楚若敖之支庶。椒，名。㊻箴尹克黃：箴尹，楚官名。克黃，子文之孫。㊼子文：即鬭穀於菟。曾事楚成王為令尹，亦稱令尹子文。嘗毀家以紓國難；三仕不喜，三已不慍，世稱其德。楚莊王赦克黃事見《左傳》宣公四年。㊽噍類：噍音誚（ㄑㄧㄠˋ），嚼囓。噍類，謂生存之人。㊾賈：讀曰價。㊿以掠笞若瘐死：蘇林曰：「瘐，病也。囚徒病，律名為瘐。」顏師古曰：「此言囚或以掠笞及飢寒及疾病而死。」(51)所坐縣名爵里：坐，犯罪。縣，謂坐者所屬之縣。名，坐者之名。爵，坐者之官爵。里，坐者所居之里邑。(52)課殿最：課，按一定程式而試驗稽核之。軍功上曰最，下曰殿。此處謂考課等差。(53)清河王年：武帝元光三年即西元前一三二年立清河王義，以嗣代孝王後。年乃義之孫，至是以亂倫而廢。(54)左右：謂隣近。(55)瀕：音頻（ㄆㄧㄣˊ），水涯。

㊹赤子：初生幼兒。㊺潢：音黃（ㄏㄨㄤˊ），積水池。㊻勝之：謂以威力克而殺之。㊼安之：謂以德化撫而安之。㊽鉏鉤：鉏，同鋤。鉤，鐮。㊾假：給與。㊿尉：同慰。(51)各以口率種樹畜養：《漢書龔遂傳》：「令口種一樹榆，百本䪥，五十本蔥，一畦韭。家二母彘，五雞。」䪥，音械（ㄒㄧㄝˋ），同薤，菜名，葉似韭。

元康元年（西元前六五年）

㈠春、正月，龜茲王及其夫人來朝，皆賜印綬，夫人號稱公主，賞賜甚厚。

㈡初作杜陵①。徙丞相、將軍、列侯、吏二千石、訾②百萬者杜陵。

㈢三月，詔以鳳皇集泰山、陳留，甘露降未央宮，赦天下。

㈣有司復言悼園③宜稱尊號曰皇考。夏、五月，立皇考廟。

㈤冬，置建章衞尉④。

㈥趙廣漢好用世吏子孫新進年少者⑤，專厲彊壯蠭氣⑥，見事風生⑦，無所回⑧避。率多果敢之計，莫為持難，終以此敗。廣漢以私怨，論殺男子榮畜（九）；人上書言之，事下丞相、御史按驗。廣漢疑丞相夫人殺侍婢，欲以此脅丞相，丞相按之愈急。廣漢乃將吏卒入丞相府，召其夫人跪庭下受辭（一〇），收奴婢十餘人去。丞相上書自陳，事下廷尉治實。丞相自以過譴笞傅婢，出至外第乃死，不如廣漢言。帝惡之，下廣漢廷尉獄。吏民守闕號泣者數萬人，或言臣生無益縣官，願代趙京兆死，使牧養小民。廣漢竟坐要斬（一一）。

【考異】本紀，元康二年冬，廣漢有罪要斬。百官表，本始三年，廣漢為京兆尹；六年要斬。元康元年，守京兆尹彭城太守遺。按廣漢傳，司直蕭望之劾奏廣漢摧辱大臣。望之自司直為平原太守，元康元年自平原太守為少府；然則廣漢死當在元康元年，本紀誤也。廣漢傳又云，地節三年七月丞相婢自殺死。蓋婢死已數年。廣漢追發其事也。

廣漢為京兆尹，廉明，威制豪彊，小民得職（一二），百姓追思歌之（一三）。

㈦是歲少府宋疇坐議鳳皇下彭城，未至京師，不足美；貶為泗水太傅（一四）。

㈧上選博士諫大夫通政事者，補郡國守相，以蕭望之為平原太守。望之上疏曰：「陛下哀愍百姓，恐德之不究（一五），悉出諫官，以補郡吏。朝無爭臣，則不知過，所謂憂其末而忘其本者也。」上乃徵望之入守少府。

㈨東海太守河東尹翁歸以治郡高第，入為右扶風。翁歸為人公廉明察，郡中吏民賢不肖及姦邪罪名盡知之，縣縣各有記籍，自聽其政⑯。有急名⑰則少緩之，吏民小解，輒披籍⑱。取人必於秋冬課吏大會中，及出行縣⑲，不以無事時。其有所取也，以一警百，吏民皆服，恐懼改行自新。其為扶風，選用廉平疾姦吏，以為右職⑳。接待有禮，好惡與同之。其負翁歸，罰亦必行。然溫良謙退，不以行能驕人，故尤得名譽於朝廷。

㈩初烏孫公主少子萬年㉑，有寵於莎車㉒王。莎車王死而無子。時萬年在漢，莎車國人計欲自託於漢㉓，又欲得烏孫心，上書請萬年為莎車王。漢許之，遣使者奚充國送萬年。萬年初立，暴惡，國人不說。上令羣臣舉可使西域者，前將軍韓增舉上黨馮奉世，以衞侯㉔使持節送大宛諸國客。至伊循城，會故莎車王弟呼屠徵，與旁國共殺其王萬年，及漢使者奚充國，自立為王。時匈奴又發兵攻車師城，不能下而去。莎車遣使揚言㉕，北道㉖諸國已屬匈奴矣。於是攻劫南道㉗，與歃盟畔漢，從鄯善以西，皆絕不通。都護鄭吉、校尉司馬憙皆在北道諸國間。奉世與其副嚴昌計，以為不亟擊之，則莎車日彊，其埶難制，必危西域。遂以節諭告諸國王，因發其兵，南北道合萬五千人，進擊莎車。攻拔其城，莎車王自殺，傳其首詣長安。更立它昆弟子為莎車王，諸國悉平，威振西域。奉世乃罷兵以聞。帝召見韓增曰：「賀將軍所舉得其人。」奉世遂西至大宛，大宛聞其斬莎車王，敬之，異於它使。得其名馬象龍㊇而還。上甚說，議封奉世，丞相將軍皆以為可。獨少府蕭望之以為奉世奉使有指㊈，而擅制違命，發諸國兵，雖有功効，不可以為後法。即封奉世，開後奉使者利，以奉世為比，爭逐㊉發兵，要㊀功萬里之外，為國家生事於夷狄，漸不可長。奉世不宜受封。上善望之議，以奉世為光祿大夫㊂。

【今註】㊀杜陵：即宣帝陵。時宣帝初於京兆杜縣東原上為陵，遂更杜縣名曰杜陵。㊁訾：讀曰貲（ㄗ），錢財。㊂悼國：指宣帝生父史皇孫。本始元年即西元前七十三年，宣帝諡其父曰悼，並置園邑，因稱悼園。㊃建章衞尉：建章，宮名。衞尉，掌宮門屯衞兵。㊄世吏子孫新進年少者：謂舊吏家子孫，其人係新出求進而又年少。㊅鑱氣：鑱，同鋒。謂鋒銳之氣。㊆風生：謂其迅疾不可當。㈧回：曲迴。㈨論殺男子榮畜：據《漢書趙廣漢傳》，廣漢客私酤酒於長安市，為丞相吏所逐。客疑男子蘇賢言之，以語廣漢。廣漢使吏按賢，賢父上書訟冤，廣漢坐貶秩。廣漢復疑賢邑人榮畜所教使，遂以他法論殺畜。㈩受辭：受夫人對辭。⑪廣漢竟坐要斬：周壽昌曰：「考異正本紀之誤，固當；謂必在元康元年，亦有可疑。考蕭望之傳，望之以大行治禮丞累遷諫大夫，丞相司直；歲中三遷，官至二千石。其後霍氏反誅，望之寖益任用，乃出為平原太守。考霍氏之反，在地節四年。傳敘望之為司直在前，而云其後霍氏反，知為司直，正當此年。即劾奏廣漢，亦必在此年。表（按指《漢書・百官公卿表》）於元康元年書平原太守蕭望之為少府，益可知望之為司直，在先一年。而廣漢被誅，不能踰四年之冬。其書守京兆尹遺於元康元年，廣漢於四年冬見法，遺受任於元康元年春也。」⑫得職：謂各安其業。⑬百姓追思歌之：廣漢兄子趙貢為吏，亦有能名。見《漢書・薛宣傳》。⑭泗水太傅：傅泗水王綜。⑮究：竟。謂周徧於全國。⑯自聽其政：言躬自決斷諸縣姦邪之事，不委諸縣令長。⑰有急名：謂縣令以嚴急稱者。⑱吏民小解，輒披籍：解，讀曰懈。謂吏民稍有怠慢，即披閱記籍，以明其平日行為，而便處置。顏師古曰：「披有罪者籍也。」按此處所謂之「籍」，即上述記賢不肖及姦邪罪名，縣縣均有之籍，非僅記有罪者。⑲取人必於秋冬課吏大會中，及出行縣：取人，謂逮捕人。取人必於秋冬者，蓋漢以冬盡決囚，使其不得展緩逃死；所以必以課吏大會中及出行縣者，蓋以之警眾。⑳以為右職：謂職居諸吏之上。㉑少子萬年：據《漢書・烏孫國傳》，萬年為次子而非少子。㉒莎車：西域國名，治莎車，今新疆省莎車縣。㉓計欲自託於漢：蓋以萬年為漢之外孫，故欲以之自託。㉔衞侯：尉衞屬官。㉕揚言：宣揚其言於外。㉖北道：指漢與西域交通之北道。北道出玉門關西北行至車師前庭（今新疆省吐魯番縣），再西南行經焉耆（今新疆省焉耆縣）、龜茲（今新疆省庫車縣）至疏勒（今新疆省疏勒縣），然後越葱嶺至大宛（今中亞錫爾河 Syr Darya 上游一帶）、康居（巴勒喀什湖 L. Balkbash 以西至鹹海 L. Aral 一帶）等國。㉗南道：指漢與西域交通之南道。南道出玉門關，經鹽澤（今羅布諾爾）至鄯善，再西行經且末（今新疆省且末縣）、于闐（今新疆省和闐縣）至莎車，然後越葱嶺至月氏（阿姆河 Amu Darya 上游地區）等國。南北二道皆經今天山南路地區。㉘其名馬象龍：顏師古曰：「言馬形似龍者。」劉攽曰：「此馬名曰象龍也。」㉙奉使有指：謂其奉使，本為送諸國客。㉚逐：競。㉛要：音夭（一ㄠ），有挾而求。㉜以奉世為光祿大夫：《漢書馮奉世傳》作：「以奉世為光祿大夫水衡都尉。」

二年（西元前六四年）

㈠春、正月，赦天下。

㈡上欲立皇后，時館陶主㊀母華倢伃，及淮陽憲王㊁母張倢伃，楚孝王㊂母衞倢伃，皆愛幸；上欲立張倢伃為后。久之，懲艾㊃霍氏欲害皇太子，乃更選後宮無子而謹慎者。二月乙丑（二十六曰），立長陵王倢伃為皇后，令母養太子。封其父奉光為邛成侯，后無寵，希得進見。

㈢五月，詔曰：「獄者萬民之命，能使生者不怨，死者不恨，則可謂文吏矣。今則不然，用法或持巧心，析律貳端㈤，深淺不平；奏不如實，上㈥亦亡由知，四方黎民，將何仰哉？二千石各察官屬，勿用此人。吏或擅興徭役，飾廚傳，稱過使客㈦；越職踰法，以取名譽；譬如踐薄冰以待白日，豈不殆㈧哉！今天下頗被疾疫之災，朕甚愍之。其令郡國被災甚者，毋出今年租賦。」

㈣又曰：「聞古天子之名，難知而易諱也，其更諱詢。」

㈤匈奴大臣皆以為車師地肥美，近匈奴，使漢得之，多田積穀，必害人國，不可不爭。由是數遣兵擊車師田者。鄭吉將渠犂田卒七千餘人救之，為匈奴所困。吉上言車師去渠犂千餘里，漢兵在渠犂者少，埶不能相救，願益田卒。上與後將軍趙充國等議，欲因匈奴衰弱，出兵擊其右地，使不得復擾西域。魏相上書諫曰：「臣聞之，救亂誅暴，謂之義兵；兵義者王。敵加於己，不得已而起者，謂之應兵；兵應者勝。爭恨(九)小故，不忍憤怒者，謂之忿兵；兵忿者敗。利人土地貨寶者，謂之貪兵；兵貪者破。恃國家之大，矜民人之眾，欲見威於敵者，謂之驕兵；兵驕者滅。此五者，非但人事，乃天道也。間者匈奴嘗有善意，所得漢民，輒奉歸之，未有犯於邊境。雖爭屯田車師，不足致意中(一〇)。今聞諸將軍(一一)欲興兵入其地，臣愚不知此兵何名者也。今邊郡困乏，父子共犬羊之裘，食草萊(一二)之實，常恐不能自存，難以動兵(一三)。『軍旅之後，必有凶年(一四)』，言民以其愁苦之氣，傷陰陽之和也。出兵雖勝，猶有後憂，恐災害之變，因此以生。今郡國守相，多不實選(一五)，風俗尤薄，水旱不時。按今年子弟殺父兄，妻殺夫者凡二百二十二人，臣愚以為此非小變也。今左右(一六)不憂此，乃欲發兵，報纖介之忿於遠夷，殆孔子所謂『吾恐季孫之憂，不在顓臾，而在蕭牆之內也(一七)。』」

上從相言，止。遣長羅侯常惠，將張掖酒泉騎往車師，迎鄭吉及其吏士還渠犂。召故車師太子軍宿在焉耆者，立以為王。盡徙車師國民，令居渠犂。遂以車師故地與匈奴。以鄭吉為衞司馬，使護鄯善以西南道。

㈥魏相好觀漢故事及便宜章奏⑱，數條漢興已來，國家便宜行事；及賢臣賈誼、鼂錯、董仲舒等所言，奏請施行之。相敕掾史按事郡國，及休告從家還至府，輒白四方異聞。或有逆賊、風雨、災變，郡不上，相輒奏言之。與御史大夫丙吉同心輔政，上皆重之。丙吉為人深厚，不伐善。自皇孫遭遇⑲，吉絕口不道前恩，故朝廷莫能明其功也。會掖庭宮婢則令民夫上書⑳，自陳嘗有阿保之功。章下掖庭令考問，則辭引使者丙吉知狀。掖庭令將則詣御史府以視㉑吉，吉識，謂則曰：「汝嘗坐養皇曾孫不謹，督㉒笞汝，汝安得有功！獨渭城胡組、淮陽郭徵卿有恩耳。」分別奏組等共養㉓勞苦狀。詔吉求組、徵卿，已死；有子孫，皆受厚賞。詔免則為庶人，賜錢十萬。上親見問，然後知吉有舊恩而終不言，上大賢之。

㈦帝以蕭望之經明持重，議論有餘，材任㉔宰相。欲詳試其政事，復以為左馮翊。望之從少府出，為左遷，恐有不合意，即移病。上聞之，使侍中成都侯㉕金安上諭意曰：「所用皆更治民以考功；君前為平原太守日淺，故復試之於三輔，非有所聞㉖也。」望之即起視事。

(八)初掖庭令張賀，數為弟車騎將軍安世稱皇曾孫之材美及徵怪㉗，安世輒絕止。以為少主在上，不宜稱述皇孫。及帝即位，而賀已死。上謂安世曰：「掖庭令平生稱我，將軍止之是也。」上追思賀恩，欲封其冢㉘為恩德侯，置守冢二百家。賀有子蚤死，子㉙安世小男彭祖。彭祖又與上同席研，書指欲封之㉚，先賜爵關內侯。安世深辭賀封，又求損守冢戶數，稍減至三十戶。上曰：「吾自為掖庭令，非為將軍也。」安世乃止，不敢復言。

(九)上心忌故昌邑王賀，賜山陽太守張敞璽書，令謹備盜賊，察往來過客㉛；毋下所賜書㉜。敞於是條奏賀居處，著㉝其廢亡之効，曰：「故昌邑王為人青黑色，小目，鼻末銳卑，少須眉，身體長大；疾痿㉞，行步不便。臣敞嘗與之言，欲動觀其意，即以惡鳥感之曰：『昌邑多梟㉟。』故王應曰：『然。前賀西至長安，殊無梟；復來，東至濟陽，乃復聞梟聲。』察故王衣服、言語、跪起，清狂不惠㊱。臣敞前言哀王歌舞者張脩等十人無子，留守哀王園，請罷歸。故王聞之曰：『中人守園，疾者當勿治，相殺傷者當勿法㊲，欲令亟死；太守奈何而罷之？』其天資喜由㊳亂亡，終不見仁義如此。」上乃知賀不足忌也。

【今註】㊀館陶主：王先謙云，官本及南監本《漢書》俱作館陶王。館陶，縣名，屬魏郡，故城在今山東省館陶縣西南。㊁淮陽憲王：名欽。㊂楚孝王：名囂。㊃懲艾：猶言懲戒。艾，音乂（一）。㊄析律貳端：析，分割。謂割裂律條，作兩可之解釋，以出入人罪。㊅上：宣帝自稱。㊆飾廚傳，稱過使客：廚，飲食。傳，傳舍。謂飾治飲食傳舍，接待使人及賓客，以稱其意，而遣之使過。㊇殆：危險。㊈爭恨：王念孫曰：「恨讀為很，謂相爭鬥也。孟子言好勇鬥很，是很與爭鬥同義，故以爭很連文。作恨者，借字耳」。㊉不足致意中：謂不足介意。致，同置。⑪今聞諸將軍：丞相乃外廷首長，不預內廷之議，故言聞諸將軍。大將軍，車騎將軍，及前、後、左、右將軍皆內廷官。⑫草萊：雜草。萊亦名藜。⑬難以動兵：謂不可以兵事動之。⑭軍旅之後，必有凶年：老子《道德經》三十章云：「大軍之後，必有凶年。」相言蓋本此。⑮多不實選：謂不得其人。⑯左右：謂近臣之在天子左右者。⑰孔子所謂吾恐季孫之憂，不在顓臾，而在蕭牆之內也：此為《論語》季氏篇所載季氏將伐顓臾，孔子謂冉有、季路之言。顓臾，魯附庸國。蕭牆，當門小牆，古稱「屏」，今謂「影壁」。《論語》注云：「蕭之言肅也，牆謂屏也。君臣相見之禮，至屏而加肅敬焉，是以謂之蕭牆。」孔子以為季氏之憂，在內不在外，故其言如此。⑱觀漢故事及便宜章奏：既觀國家故事，又觀前人所奏便國宜民之章。⑲皇孫遭遇：謂宣帝即帝位。⑳掖庭宮婢則令民夫上書：則，宮婢名。民夫，謂則未為宮婢時有舊夫，現在民間。㉑視：讀曰示。㉒督：顏師古曰：「督，謂視察之。」沈欽韓曰：「此督字當如陳咸傳（按指漢書陳咸傳）作杖罰解，師古說非。隋書刑法志定八等之差，自免官加杖督一百至杖督一十，亦可謂之視察乎？」㉓養：音樣（ㄧㄤˋ），供奉。㉔任：勝任。㉕成都侯：《漢書》〈功臣表〉及〈霍光傳〉均作都成侯，此蓋承望之本傳之誤。㉖所聞：謂聞其過失。㉗徵怪：徵，驗證。怪，怪異。謂皇曾孫怪異之證。㉘封其冢：顏師古曰：「身死追封，故曰封冢也。」何焯曰：「以封侯告墓，故曰封其冢。」㉙子：謂養以為子。㉚書指欲封之：王先謙曰：「言詔書意欲封之。」㉛令謹備盜賊，察往來過客：自昌邑王廢，歸居昌邑，國除為山陽郡。帝慮其或謀不軌，故令太守謹察之。㉜毋下所賜書：謂密令督察，而不欲宣露。㉝著：明。㉞痿：病名，其病狀為筋肉萎縮，失其動作功用，俗稱半身不遂。㉟梟：鳥名，俗稱「貓頭鷹」。俗傳長大則食其母，故多以之喻惡人。㊱清狂不惠：清狂，謂不狂而似狂者。一說外貌清徐而心不慧，如今之所謂白癡。惠，古通慧。㊲法：猶治。㊳由：從。

三年（西元前六三年）

㈠春、三月，詔封故昌邑王賀為海昏㊀侯。【考異】王子侯表，賀以四月壬子封。宣紀，賀封在丙吉之前。按是歲四月癸亥朔，無壬子。表誤。

㈡乙未（二日），詔曰：「朕微眇時，御史大夫丙吉、中郎將史曾、史玄，長樂衞尉許舜，侍中光祿大夫許延壽，皆與朕有舊恩。及故掖庭令張賀，輔導朕躬，修文學經術，恩惠卓異，厥功茂焉。詩不云乎！『無德不報㊁。』封賀所子弟子侍中中郎將彭祖為陽都侯㊂，追賜賀謚曰陽都哀侯；吉為博陽侯㊃，曾為將陵侯，玄為平臺侯㊄，舜為博望侯㊅，延壽為樂成侯㊆。」賀有孤孫霸，年七歲，拜為散騎中郎將，賜爵關內侯。故人下至郡邸獄復作，嘗有阿保之功者，皆受官祿、田宅、財物，各以恩深淺報之。吉臨當封，病；上憂其不起，將使人就加印紼而封之㊇，及其生存也。太子太傅夏侯勝曰：「此未死也。臣聞有陰德㊈者，必饗其樂，以及子孫。今吉未獲報而疾甚，非其死疾也。」後病果愈。

張安世自以父子封侯，在位太盛，乃辭祿。詔都內㊿別藏張氏無名錢，以百萬數。安世謹慎周密，每定大政，已決，輒移病出。聞有詔令，乃驚，使吏之丞相府問焉。自朝廷大臣，莫知其與議也。嘗有所薦，其人來謝，安世大恨，以為舉賢達㊶能，豈有私謝邪！絕弗復為通㊷。有郎功高不調㊸，自言安世。安世應曰：「君之功高，明主所知，人臣執事，何長短而自言乎！」絕不許。已而郎果遷㊹。安世自見父子尊顯，懷不自安，為子延壽求出補吏，上以為北地太守㊺。歲餘，上閔安世年老，復徵延壽為左曹太僕㊻。

㈢夏、四月丙子（十四日），立皇子欽為淮陽王。皇太子年十二，通論語、孝經。太傅疏廣謂少傅受曰：「吾聞『知足不辱，知止不殆㊼。』今仕宦至二千石，官成名立；如此不去，懼有後悔。」即日父子㊽俱移病，上疏乞骸骨。上皆許之，加賜黃金二十斤，皇太子贈以五十斤。公卿故人設祖道，供張東都門外，送者車數百兩㊾。道路觀者皆曰：「賢哉！二大夫。」或歎息為之下泣。廣、受歸鄉里㊿，日令其家賣金共具㊶，請族人故舊賓客，與相娛樂。或勸廣以其金為子孫頗立產業者，廣曰：「吾豈老誖不念子孫哉！顧[二二]自有舊田廬，令子孫勤力其中，足以共衣食，與凡人齊。今復增益之以為贏餘，但教子孫怠墮耳。賢而多財，則損其志；愚而多財，則益其過。且夫富者，眾之怨也，吾既無以教化子孫，不欲益其過而生怨。又此金者，聖主所以惠養老臣也，故樂與鄉黨宗族共饗其賜，以盡吾餘日，不亦可乎？」於是族人悅服。

潁川太守黃霸，使郵亭鄉官[二三]皆畜雞豚，以贍鰥寡窮者。然後為條教，置父老師帥伍長[二四]，班行之於民閒，勸以為善防姦之意。及務耕桑，節用殖財，種樹畜養，去浮淫之費。其治米鹽[二五]靡密，初若煩碎，然霸精力能推行之。吏民見者，語次尋繹[二六]，問它陰伏[二七]，以相參考；聰明識事，吏民不知所出[二八]。咸稱神明，毫氂不敢有所欺。姦人去入它郡，盜賊日少。霸力行教化，而後誅罰[二九]，務在成就全安長吏[三〇]。許丞[三一]老，病聾，督郵[三二]白欲逐之。霸曰：「許丞廉吏，雖老尚能拜起送迎，正頗重聽，何傷？且善助之，毋失賢者意。」或問其故，霸曰：「數易長吏，送故迎新之費，及姦吏因緣絕簿書，盜財物㉓，公私費耗甚多，皆當出於民。所易新吏，又未必賢，或不如其故，徒相益為亂。凡治道，去其泰甚者耳。」霸以外寬內明得吏民心，戶口歲增，治為天下第一。徵守京兆尹，頃之，坐漶連貶秩。有詔復歸潁川為太守，以八百石居㉔。

【今註】㊀海昏：縣名，屬豫章郡，今江西永修縣。㊁無德不報：句見《詩經．大雅．蕩》之詩。謂受人之德，必當有報。㊂陽都侯：陽都侯國，屬城陽王國，故城在今山東省沂水縣南。㊃博陽侯：食邑於汝南郡之南頓縣，故城在今河南省項城縣北。㊄平臺侯：平臺侯國，屬常山郡，故城在今河北省平鄉縣東北。㊅博望侯：博望侯國，屬南陽郡，故城在今河南南陽縣東北。㊆樂成侯：食邑於南陽郡之平氏縣，故城在今河南省桐柏縣西。㊇將使人就加印紼而封之：封拜必行典禮，吉時疾不能起，帝欲使人授以印綬，就其第而封之。紼，音弗（ㄈㄨˊ），通紱，繫印之組。㊈陰德：德惠之不為人知者。㊉都內：庫藏機關，屬大司農，其首長有都內令及都內丞。無名錢，謂安世辭祿所還官之錢而未列為公產者。⑪達：薦進。⑫絕弗復為通：顏師古曰：「有欲謝者，皆不通也。一曰告此人而絕之，更不與相見也。」胡三省曰：「予謂絕弗為通者，安世敕其閽人之辭也。」⑬調：音弔（ㄉㄧㄠˋ），轉遷。⑭郎果遷：蓋安世佯拒絕之，而實予以升遷。⑮北地太守：《漢書．百官公卿表》作「北海太守。」㊅左曹太僕：太僕而加左曹官。《漢書・百官公卿表》云：「元康元年北海太守張延壽為太僕，四年病免。」此蓋泛敘往事。㊆知足不辱，知止不殆：語出《老子・道德經》第四十四章。㊇父子：疏受疏廣兄子，漢時，從父從子亦稱父子。㊈兩：讀曰輛。㊉廣、受歸鄉里：廣、受東海蘭陵人，蘭陵故城在今山東省嶧縣東。㊁日令其家賣金設共具：共，古通供。謂日日設供具。㊂顧：思念。㊃郵亭鄉官：郵亭，謂傳送文書休憩之所。鄉官，謂每鄉辦公之處。㊄置父老、師帥、伍長：泛指鄉區官吏。漢制，五家為伍，伍長主之。二伍為什，什長主之。十什為里，里魁主之。十里為亭，亭長主之，十亭為鄉，其首長有鄉佐，主賦稅；三老，主教化；嗇夫，主爭訟；游徼，主姦非。霸時，此制或已廢弛，故霸加以整頓，重為設置。㊅米鹽：謂細碎猶如米鹽。㊆尋繹：謂引其端緒而尋究之。㊆問它陰伏：它，異。問它，猶問難。謂霸問難叢出，無法逆料。㊇不知所出：謂不知其所用何術。㊈力行教化，而後誅罰：力，猶勤。謂先以德教化於下，若有不從，始用刑罰。㊉全安長吏：謂對其重要僚屬，不欲更動及損傷之。㊁許丞：謂許縣縣丞。許縣，屬潁川郡，故城在今河南省許昌縣西南。㊂督郵：官名，為郡之佐吏，司監察所屬各縣，考課殿最。每郡分東、西、南、北、中五部，每部設一督郵，謂之五部督郵。㊃因緣絕簿書，盜財物：謂因交代之際，棄匿簿書，以盜公家財物。㊄以八百石居：太守秩二千石，霸因連遭貶秩，故以八百石居官。

四年（西元前六二年）

㈠春、正月，詔年八十以上，非誣告、殺傷人，它皆勿坐㊀。

㈡右扶風尹翁歸卒，家無餘財。秋、八月，詔曰：「翁歸廉平鄉正，治民異等，其賜翁歸子黃金百斤，以奉祭祀。」

㈢上令有司求高祖功臣子孫失侯者，得槐里公乘㊁周廣漢等百三十六人，皆賜黃金二十斤，復其家，令奉祭祀，世世勿絕。【考異】宣紀，元康元年五月，復高皇帝功臣絳侯周勃等百三十六人家子孫。四年，又賜功臣適後黃金人二十斤。按功臣表，詔復家者，皆云元康四年。其數非一，不容盡誤，蓋紀誤耳。

㈣丙寅（十一日），富平敬侯張安世薨。

㈤初，扶陽節侯㊂韋賢薨，長子弘有罪繫獄。家人矯賢令，以次子大河都尉玄成為後㊃。玄成深知其非賢雅意。即陽為病狂，臥便利㊄，妄笑語，昏亂。既葬，當襲爵，以狂不應召。大鴻臚奏狀，章下丞相御史案驗。案事㊅丞相史迺與玄成書曰：「古之辭讓，必有文義可觀，故能垂榮於後。今子獨壞容貌，蒙恥辱，為狂癡，光曜晻㊆而不宣，微哉子之所託名也！僕素愚陋，過㊇為丞相執事；願少聞風聲⑨，不然恐子傷高而僕為小人也⑩。」玄成友人侍郎章⑪，亦上疏言聖王貴以禮讓為國，宜優養玄成，勿枉⑫其志，使得自安衡門⑬之下。而丞相御史遂以玄成實不病，劾奏之。有詔勿劾，引拜。玄成不得已，受爵。帝高其節，以玄成為河南太守。

㈥車師王烏貴之走烏孫也，烏孫留不遣。漢遣使責烏孫，烏孫送烏貴詣闕。

㈦初，武帝開河西四郡⑭，隔絕羌與匈奴相通之路；斥逐諸羌，不使居湟中⑮地。及帝即位，光祿大夫義渠⑯安國，使行諸羌。先零⑰豪言，願時度湟水北，逐民所不田處畜牧⑱。安國以聞。後將軍趙充國劾安國奉使不敬。是後羌人旁緣前言，抵冒⑲度湟水，郡縣不能禁。既而先零與諸羌種豪二百餘人解仇，交質盟詛⑳。上聞之，以問趙充國，對曰：「羌人所以易制者，以其種自有豪，數相攻擊，埶不一也。往三十餘歲，西羌反時，亦先解仇合約，攻令居，與漢相距，五六年乃定㉑。匈奴教誘羌人，欲與之共擊張掖、酒泉地，使羌居之。間者匈奴困於西方㉒，疑其更遣使至羌中與相結。臣恐羌變未止此，且復結聯他種，宜及未然㉓為之備。」後月餘，羌侯狼何㉔果遣使至匈奴藉㉕兵，欲擊鄯善、敦煌，以絕漢道。充國以為狼何勢不能獨造此計，疑匈奴使已至羌中，先零、罕幵㉖乃解仇作約。到秋馬肥，變必起矣。宜遣使者行㉗邊兵，豫為備；敕視諸羌，毋令解仇，以發覺其謀。於是兩府㉘復白遣義渠安國行視㉙諸羌，分別善惡。是時比年豐稔，穀石五錢。

【今註】㊀非誣告、殺傷人，它皆勿坐：誣告及殺傷人，皆如舊法處刑，其餘則不論罪。可知當時誣告論罪之重。㊁公乘：爵位名，所以賞功勞者，在第八級。意謂其得乘公家之車。㊂扶陽節侯：食邑於沛郡蕭縣，今江蘇蕭縣。㊃長子弘有罪繫獄，家人矯賢令，以次子大河都尉玄成為後：弘為太常，坐宗廟事繫獄。按《漢書韋賢傳》云：「賢四子：長子高山，為高寢令，早終；次子弘，至東海太守；次子舜，留魯守墳墓；少子玄成，復以明經歷位至宰相。」則弘為次子而非長子，玄成少子而非次子，通鑑誤。矯，偽託。大河，郡名，本為濟東國，武帝元鼎元即西元前一一六年國除為大河郡，至宣帝甘露二年即西元前五二年，改為東平國。㊄便利：謂大小便。㊅案事：即案驗玄成事者。㊆晻：讀曰暗。㊇過：猶「謬」。㊈願少聞風聲：願其稍聞外間疑議，自知改悔。㊉恐子傷高而僕為小人也：欲高蹈而被劾是傷高，發其不病之實，是為小人。⑪侍郎章：侍郎名章，史逸其姓。㊁杠：屈。㊂衡門：謂以横木為門，蓋言貧陋。㊃河西四郡：指武威、張掖、酒泉、敦煌四郡。武威治姑臧，今甘肅省武威縣。張掖治觻得，故城在今甘肅省張掖縣西北。酒泉治祿福，今甘肅省酒泉縣。敦煌治敦煌，今甘肅省敦煌縣。敦亦作燉，音屯（ㄊㄨㄣˊ）。四郡本匈奴昆邪休屠王地，武帝開之，置郡縣。羌遂與匈奴遠隔，不復得通。㊄湟中：湟水左右地，其地肥美，故斥逐諸羌，不使居之。㊅義渠：姓。戰國時，西戎有義渠君，為秦所滅，子孫以國為姓。㊆零：音憐（ㄌㄧㄢˊ）。㊇度湟水北，逐民所不田處，畜牧：顏師古曰：「湟水，出金城臨羌塞外，東入河。湟水之北，是漢地。」劉奉世曰：「湟水北，非為漢地也。羌意欲稍北，近匈奴合而為寇。安國不知其情，故受其詞。詳下文可見。」胡三省曰：「逐謂羌依南山，渡湟水而北，固欲與匈奴合；而湟北則漢地也。所以隔絕羌與匈奴通之路，正在於此。」齊召南曰：「案顏注是，劉說非也。胡三省云云，於地形可謂明曉。」按湟水源出今青海省東北部之葛爾藏嶺，東南流經湟源、西寧、樂都諸縣，入甘肅境，會大通河，入黃河。其下流又稱西寧河。㊈抵冒：顏師古曰：「抵冒，犯突而前。」周壽昌曰：「前先零豪所言，雖經安國奏，為充國所劾，朝議故未許也。羌人乃緣前言，抵法冒禁，故云抵冒。」㊉先零與諸羌種豪二百餘人解仇，交質盟詛：羌人無大君長，而諸種豪酋，互相殺伐，故每有仇讎，往來報復。今解仇交質，蓋欲自相親結，入漢為寇。⑪往三十餘歲，西羌反時，亦先解仇合約，攻令居，與漢相距，五六年乃定：胡三省曰：「武帝元鼎五年，西羌反，攻故安枹罕，次年即平。至是五十一年。」按胡注與充國所言，不甚相合，或係別一事。合約，謂共定契約。令居，縣名，屬金城郡，故城在今甘肅省永登縣西北。令，音鈴（ㄌㄧㄥˊ）。㉒匈奴困於西方：謂本始三年即西元前七十一年為烏孫所破。㉓未然：謂其計未成。㉔狼何：小月氏種，在陽關（今甘肅省敦煌縣西南一百三十里）西南。㉕藉：借。㉖罕幵：羌之別種，在金城郡南。郡治允吾，故城在今甘肅省皋蘭縣西北。罕，即罕。㉗行：音性（ㄒㄧㄥˋ），巡視。㉘兩府：謂丞相及御史大夫。㉙視：觀察。

卷二十六　漢紀十八

司馬光編集
傅樂成註

起上章涒灘，盡玄黓閹茂，凡三年。（庚申至壬戌，西元前六一年至西元前五九年）

中宗孝宣皇帝中

神爵元年㊀（西元前六一年）

㈠春、正月，上始行幸甘泉，郊泰畤㊁。三月，行幸河東，祠后土。上頗修武帝故事，謹齋祀之禮，以方士言，增置神祠㊂。聞益州有金馬碧雞之神㊃，可醮㊄祭而致，於是遣諫大夫蜀郡王褒，使持節而求之。

初，上聞褒有俊才，召見，使為「聖主得賢臣頌」。其辭曰：「夫賢者國家之器用也，所任賢，則趨舍省而功施普㊅；器用利，則用力少而就効眾。故工人之用鈍器也，勞筋苦骨，終日矻矻㊆；及至巧冶鑄干將㊇，使離婁㊈督繩，公輸㊉削墨，雖崇臺五層，延袤百丈而不溷㊁者，工用相得也。庸人之御駑馬，亦傷吻㊂敝策，而不進於行；及至駕齧厀⑬，驂乘旦⑭，王良執靶⑮，韓哀附輿⑯，周流八極，萬里一息，何其遼哉！人馬相得也。故服絺綌之涼者，不苦盛暑之鬱燠⑰；襲貂狐之煖者，不憂至寒之悽愴⑱。何則？有其具者易其備。賢人君子，亦聖王之所以易海內也。昔周公躬吐捉⑲之勞，故有圉空⑳之隆；齊桓設庭燎之禮㉑，故有匡合之功㉒。由此觀之，君人者，勤於求賢，而逸於得人㉓。人臣亦然。昔賢者之未遭遇也，圖事揆策，則君不用其謀；陳見悃㉔誠，則上不然其信；進仕不得施効，斥逐又非其愆。是故伊尹勤於鼎俎㉕，太公困於鼓刀㉖，百里自鬻㉗，甯子飯牛㉘，離㉙此患也。及其遇明君遭聖主也，運籌合上意，諫諍即見聽；進退得關㉚其忠，任職得行其術；剖符錫壤，而光祖考。故世必有聖知之君，而後有賢明之臣。故虎嘯而風洌㉛，龍興而致雲；蟋蟀俟秋吟，蜉蝤㉜出以陰。易曰：「飛龍在天，利見大人㉝。」詩曰：「思皇多士，生此王國㉞。」故世平主聖，俊艾㉟將自至。明明在朝，穆穆布列，聚精會神，相得益章㊱；雖伯牙操遞鍾㊲，逢門子彎烏號㊳，猶未足以喻其意也。故聖主必待賢臣而弘功業，俊士亦俟明主以顯其德；上下俱欲，驩然交欣，千載壹合，論說無疑；翼乎如鴻毛遇順風，沛乎如巨魚縱大壑。其得意若此，則胡㊴禁不止，曷令不行，化溢四表㊵，橫被無窮。是以聖王不偏窺望而視已明，不殫㊶傾耳而聽已聰；太平之責塞㊷，優游之望得；休徵自至，壽考無疆；何必偃仰屈伸若彭祖㊸，呴噓㊹呼吸如僑松，眇然㊺絕俗離世哉！」是時上頗好神仙，故褒對及之。京兆尹張敞亦上疏諫曰：「願明主時忘車馬之好，斥遠㊻方士之虛語，游心帝王之術，太平庶幾㊼可興也。」上由是悉罷尚方待詔㊽。初，趙廣漢死後，為京兆尹者，皆不稱職。唯敞能繼其迹；其方略、耳目不及廣漢，然頗以經術儒雅文之㊾。

㈡上頗修飾宮室車服，盛於昭帝時；外戚許、史、王氏貴寵。諫大夫王吉上疏曰：「陛下躬聖質，總萬方，惟思世務，將興太平，詔書每下，民欣然若更生。臣伏而思之，可謂至恩，未可謂本務也㊿。欲治之主不世出(51)，公卿幸得遭遇其時，言聽諫從，然未有建萬世之長策，舉明主於三代(五二)之隆也。其務在於期會簿書，斷獄聽訟而已，此非太平之基也。臣聞民者弱而不可勝，愚而不可欺也。聖主獨行於深宮，得則天下稱誦之，失則天下咸言之。故宜謹選左右，審擇所使；左右所以正身，所使所以宣德，此其本也。孔子曰：『安上治民，莫善於禮(五三)，』非空言也。王者未制禮之時，引先王禮宜於今者而用之；臣願陛下承天心，發大業，與公卿大臣延及儒生，述舊禮，明王制；敺一世之民躋之仁壽之域(五四)。俗何以不若成康！壽何以不若高宗(五五)！竊見當世趨(五六)務，不合於道者，謹條奏，唯陛下財(五七)擇焉。」

吉意(五八)以為「世俗聘妻、送女無節，則貧人不及，故不舉子。又漢家列侯尚公主(五九)，諸侯則國人承翁主(六〇)，使男事女，夫屈於婦；逆陰陽之位，故多女亂。古者衣服車馬，貴賤有章；今上下僭差，人人自制(六一)。是以貪財誅(六二)利，不畏死亡。周之所以能致治刑措而不用者，以其禁邪於冥冥(六三)，絕惡於未萌也。」

又言：「舜湯不用三公、九卿之世，而舉皐陶、伊尹(六四)，不仁者遠(六五)。今使俗吏得任子弟(六六)，率多驕驁(六七)，不通古今，無益於民。宜明選求賢，除任子之令；外家及故人，可厚以財，不宜居位。去角抵(六八)，減樂府，省尚方(六九)，明示天下以儉。古者工不造琱瑑(七〇)，商不通侈靡；非工商之獨賢，政教使之然也。」上以其言為迂闊(七一)，不甚寵異也。吉遂謝病歸。

(三)義渠安國至羌中，召先零諸豪三十餘人，以尤桀黠(七二)者，皆斬之。縱兵擊其種人，斬首千餘級。於是諸降羌及歸義羌侯楊玉等怨怒，無所信鄉(七三)，遂刧略小種，背畔犯塞，攻城邑，殺長吏。安國以騎都尉將騎二千屯備羌，至浩亹(七四)，為虜所擊，失亡車重兵器甚眾。安國引還，至令居以聞。

時趙充國年七十餘，上老之，使丙吉問誰可將者，充國對曰：「無踰於老臣者矣。」上遣問焉，曰：「將軍度羌虜何如？當用幾人？」充國曰：「百聞不如一見，兵難遙度，臣願馳至金城(七五)，圖上方略(七六)。羌戎小夷，逆天背畔，滅亡不久，願陛下以屬老臣，勿以為憂。」上咲曰：「諾。」乃大發兵詣金城。夏、四月，遣充國將之，以擊西羌。

㈣六月，有星孛于東方。

趙充國至金城，須兵滿萬騎，欲度河，恐為虜所遮；逆夜遣三校，銜枚先度(七七)，度輒營陳(七八)；會明畢，遂以次盡度。虜數十百騎來出入軍傍，充國曰：「吾士馬新倦，不可馳逐；此皆驍騎難制，又恐其為誘兵也。擊虜以殄滅為期，小利不足貪。」令軍勿擊。遣騎候四望陿(七九)中，無虜，夜引兵上至落都(八〇)。召諸校司馬謂曰：「吾知羌虜不能為兵矣！使虜發數千人，守杜(八一)四望陿中，兵豈得入哉！」充國常以遠斥候為務，行必為戰備，止必堅營壁；尤能持重，愛士卒，先計而後戰。遂西至西部都尉府(八二)，日饗(八三)軍士，士皆欲為用。虜數挑戰，充國堅守。捕得生口，言羌豪相數(八四)責曰：「語汝無反！今天子遣趙將軍來，年八九十矣，善為兵；今欲請壹鬭而死，可得邪(八五)？」初，罕、开豪靡當兒，使弟雕庫來告都尉曰：「先零欲反。」後數日果反。雕庫種人頗在先零中，都尉(八六)即留雕庫為質。充國以為無罪，乃遣歸告種豪，大兵誅有罪者，明白自別，毋取并滅(八七)。天子告諸羌人，犯灋者能相捕斬，除罪，仍以功大小賜錢有差(八八)；又以其所捕妻子財物盡與之。充國計欲以威信招降罕开及劫略者，解散虜謀，徼(八九)其疲劇，乃擊之。

時，上已發內郡兵屯邊者合六萬人矣。酒泉太守辛武賢奏言：「郡兵皆屯備南山，北邊空虛，勢不可久。若至秋冬乃進兵，此虜在境外之冊(九〇)。今虜朝夕為寇，土地寒苦，漢馬不耐冬；不如以七月上旬，齎三十日糧，分兵出張掖、酒泉，合擊罕开在鮮水(九一)上者。雖不能盡誅，但奪其畜產，虜其妻子，復引兵還。冬復擊之，大兵仍(九二)出，虜必震壞。」天子下其書充國，令議之。充國以為一馬自負三十日食，為米二斛四斗，麥八斛；又有衣裝兵器，難以追逐。虜必商(九三)軍進退，稍引去，逐水草，入山林；隨而深入，虜即據前險，守後阨，以絕糧道。必有傷危之憂，為夷狄笑，千載不可復(九四)。而武賢以為可奪其畜產，虜其妻子，此殆(九五)空言，非至計也。先零首為畔逆，它種劫略(九六)，故臣愚冊，欲捐罕开闇昧之過，隱而勿章；先行先零之誅，以震動之。宜悔過反善，因赦其罪，選擇良吏知其俗者，拊（九七）循和輯（九八），此全師保勝安邊之冊。

天子下其書公卿，議者咸以為先零兵盛，而負（九九）罕开之助，不先破罕开，則先零未可圖也。上乃拜侍中許延壽為彊弩將軍，即拜（一〇〇）酒泉太守武賢為破羌將軍，賜璽書，嘉納其冊。以書敕讓充國曰：「今轉輸并起，百姓煩擾，將軍將萬餘之眾，不早及秋共水草之利，爭其畜食（一〇一）；欲至冬，虜皆當畜（一〇二）食，多臧（一〇三）匿山中，依險阻；將軍士寒，手足皸瘃（一〇四），寧有利哉！將軍不念中國之費，欲以歲數而勝敵（一〇五），將軍誰不樂此者（一〇六）！今詔破羌將軍武賢等將兵，以七月擊罕羌；將軍其引兵并進，勿復有疑。」充國上書曰：「陛下前幸賜書，欲使人諭罕以大軍當至，漢不誅罕以解其謀。臣故遣开豪雕庫宣天子至德，罕开之屬，皆聞知明詔。今先零羌楊玉阻石山木（一〇七），候便為寇，罕羌未有所犯；乃置先零，先擊罕；釋有罪，誅無辜，起壹難，就兩害，誠非陛下本計也。臣聞兵法『攻不足者守有餘，』又曰『善戰者致人，不致於人（一〇八）。』今罕羌欲為燉煌、酒泉寇，宜飭兵馬，練戰士，以須其至。坐得致敵之術，以逸擊勞，取勝之道也。今恐二郡兵少，不足以守，而發之行攻；釋致虜之術，而從為虜所致之道；臣愚以為不便。先零羌虜欲為背畔，故與罕羌解仇結約，然其私心，不能無恐漢兵至而罕、幵背之也。臣愚以為其計常欲先赴罕、幵之急，以堅其約。先擊罕羌，先零必助之。今虜馬肥，糧食方饒，擊之恐不能傷害，適使先零得施德於罕羌，堅其約，合其黨。虜交堅黨合，精兵二萬餘人，迫脅諸小種，附著者稍眾，莫須㉙之屬，不輕得離也。如是虜兵寖多，誅之用力數倍；臣恐國家憂累，由十年數，不二三歲而已。於臣之計，先誅先零已，則罕、幵之屬，不煩兵而服矣。先零已誅，而罕、幵不服；涉正月擊之，得計之理，又其時也。以今進兵，誠不見其利。」戊申（二十八日），充國上奏；秋七月、甲寅（五日），璽書報從充國計焉㉚。充國乃引兵至先零在所。虜久屯聚懈弛，望見大軍，棄車重欲度湟水；道阨陿，充國徐行驅之。或曰：「逐利行遲㉛。」充國曰：「此窮寇，不可迫也。緩之則走不顧，急之則還致死㉜。」諸校皆曰：「善。」虜赴水溺死者數百，降及斬首五百餘人。虜馬牛羊十萬餘頭。車四千餘兩。兵至罕地，令軍毋燔聚落，芻牧田中㉓。罕羌聞之，喜曰：「漢果不擊我矣。」豪靡忘㉔使人來言，願得還復故地。充國以聞，未報，靡忘來自歸。充國賜飲食，遣還諭種人。護軍以下皆爭之曰：「此反虜，不可擅遣。」充國曰：「諸君但欲便文自營㉕，非為公家忠計也。」語未卒，璽書報令靡忘以贖論。後罕竟不煩兵而下。

上詔破羌彊弩將軍詣屯所，以十二月與充國合進擊先零，時羌降者萬餘人矣。充國度其必壞，欲罷騎兵屯田。以待其敝。作奏未上，會得進兵璽書。充國子中郎將卬懼，使客諫充國曰：「誠令兵出，破軍殺將，以傾國家，將軍守之，可也。即利與病，又何足爭？一旦不合上意，遣繡衣㉖來責將軍，將軍之身不能自保，何國家之安？」充國歎曰：「是何言之不忠也！本用吾言，羌虜得至是邪㉗？往者舉可先行羌者，吾舉辛武賢；丞相御史復白遣義渠安國，竟沮敗羌。金城湟中穀斛八錢，吾謂耿中丞㉘，糴三百萬斛穀，羌人不敢動矣㉙；耿中丞請糴百萬斛，乃得四十萬斛耳。義渠再使，且費其半。失此二冊[20]，羌人故敢為逆；失之豪釐，差以千里，是既然矣。今兵久不決，四夷卒[21]有動搖，相因而起，雖有知者，不能善其後，羌獨足憂邪[22]？吾固以死守之，明主可為忠言。」遂上屯田奏曰：「臣所將吏士，馬牛食所用糧穀茭稾[23]，調度甚廣；難久不解，傜役不息，恐生他變，為明主憂，誠非素定廟勝[24]之冊。且羌易以計破，難用兵碎也，故臣愚心以為擊之不便。計度臨羌，東至浩亹，羌虜故田及公田，民所未墾，可二千頃以上；其間郵亭多壞敗者[25]。臣前部士入山，伐林木六萬餘枚，在水次；臣願罷騎兵，留步兵萬二百八十一人，分屯要害處；冰解漕下[26]，繕鄉亭，浚溝渠，治湟陿以西道橋七十所，令可至鮮水左右。田事出，賦人三十晦[27]；至四月草生，發郡騎及屬國胡騎各千就草，為田者遊兵，以充入金城郡，益積畜，省大費。今大司農所轉穀至者，足支萬人一歲食[28]。謹上田處及器用簿。」

上報曰：「即如將軍之計，虜當何時伏誅？兵當何時得決？孰[29]計其便，復奏。」充國上狀曰：「臣聞帝王之兵，以全取勝；是以貴謀而賤戰，百戰而百勝，非善之善者也。故先為不可勝，以待敵之可勝㉚。蠻夷習俗，雖殊於禮義之國，然其欲避害就利，愛親戚，畏死亡，一也。今虜亡其美地薦草㉛，愁於寄託遠遯，骨肉心離，人有畔志；而明主班㉜師罷兵，萬人留田，順天時，因地利，以待可勝之虜；雖未即伏辜，兵決可期月而望。羌虜瓦解，前後降者萬七百餘人，及受言去者㉝凡七十輩，此坐支解羌虜之具也㉞。臣謹條不出兵留田便宜十二事：步兵九校㉟，吏士萬人，留屯以為武備；因田致穀，威德幷行，一也。又因排折羌虜，令不得歸肥饒之地，貧破其眾，以成羌虜相畔之漸，二也。居民得幷田作㊱，不失農業，三也。軍馬一月之食，度支田士一歲，罷騎兵以省大費，四也。至春省甲士卒，循河湟漕穀至臨羌㊲，以示羌虜，揚威武，傳世折衝㊳之具，五也。以閒暇時下先所伐材，繕治郵亭，充入金城，六也。兵出，乘危徼幸㊴；不出，令反畔之虜，鼠於風寒之地，離霜露疾疫瘃墮㊵之患，坐得必勝之道，七也。無經阻遠追死傷之害，八也。內不損威武之重，外不令虜得乘間㊶之勢，九也。又亡驚動河南大开㊸，使生它變之憂，十也。治湟陿中道橋，令可至鮮水，以制西域；伸威千里，從枕席上過師㊹，十一也。大費既省，傜役豫息，以戒不虞，十二也。留屯田得十二便，出兵失十二利，唯明詔采擇。」

上復賜報曰：「兵決可期㊺月而望者，謂今冬邪？謂何時也？將軍獨不計虜聞兵頗罷，且丁壯相聚，攻擾田者及道上屯兵，復殺略人民，將何以止之？將軍孰計，復奏。」充國復奏曰：「臣聞兵以計為本，故多筭勝少筭㊻。先零羌精兵，今餘不過七八千人，失地遠客，分散飢凍，畔還者不絕。臣愚以為虜破壞可日月冀，遠在來春，故曰『兵決可期月而望。』竊見北邊自敦煌至遼東萬一千五百餘里，乘塞列地，有吏卒數千人；虜數以大眾攻之，而不能害。今騎兵雖罷，虜見屯田之士，精兵萬人；從今盡三月，虜馬羸瘦，必不敢捐其妻子於他種中，遠涉河山而來為寇；亦不敢將其累重㊼，還歸故地。是臣之愚計，所以度虜且必瓦解其處㊽，不戰而自破之冊也。至於虜小寇盜，時殺人民，其原未可卒禁。

臣聞戰不必勝，不苟接刃；攻不必取，不苟勞眾。誠令兵出，雖不能滅先零，但能令虜絕不為小寇，則出兵可也；即今同是㊽，而釋坐勝之道，從乘危之勢，往終不見利，空內自罷㊾敝，貶重㊿以自損，非所以示蠻夷也。又大兵一出，還不可復留(51)，湟中亦未可空，如是傜役復更發也。臣愚以為不便。臣竊自惟念，奉詔出塞，引軍遠擊；窮天子之精兵，散車甲於山野；雖亡尺寸之功，媮(52)得避嫌之便，而亡後咎餘責；此人臣不忠之利，非明主社稷之福也。」充國奏每上，輒下公卿議臣。初是充國計者什三，中什五，最後什八。有詔詰前言不便者，皆頓首服。魏相曰：「臣愚不習兵事利害，後將軍數畫軍冊，其言常是；臣任(53)其計，必可用也。」上於是報充國嘉納之。亦以破羌、彊弩將軍數言當擊，於是兩從其計，詔兩將軍與中郎將卬出擊。彊弩出降四千餘人，破羌斬首二千級，中郎將卬斬首降者亦二千餘級，而充國所降復得五千餘人，詔罷兵，獨充國留屯田。

(五)大司農朱邑卒，上以其循吏，閔惜之。詔賜其子黃金百斤，以奉其祭祀。㈥是歲，前將軍龍頟侯韓增為大司馬車騎將軍。㈦丁令比三歲鈔盜匈奴，殺略數千人；匈奴遣萬餘騎往擊之，無所得。

【今註】㈠神爵元年：爵，同雀。是歲本元康五年，因宣帝行幸河東后土祠，有神雀降集東郡平陽縣之萬壽宮，遂改元為神爵元年。㈡泰畤：逆泰壇，祭天之處。畤，音止（ㄓˇ）。㈢以方士言，增置神祠：《漢書·郊祀志》：「又以方士言為隋侯、劍寶、玉寶璧、周康寶鼎立四祠於未央宮中。又祠太室山於即墨，三戶山於下密。祠天封苑火井於鴻門。又立歲星辰星太白熒惑南斗祠於長安城旁。又祠參山八神於曲城，蓬山石社石鼓於臨朐，之罘山於腄，成山於不夜，萊山於黃；成山祠日，萊山祠月。又祠四時於瑯琊，蚩尤於壽良。京師近縣：鄠，則有勞谷五牀山日月五帝僊人玉女祠；雲陽有徑路神祠，祭休屠王地。又立五龍山僊人祠及黃帝、天神、帝原水凡四祠於膚施。」神祠建置之多可見。㈣金馬碧雞之神：胡三省曰：「後漢志：越巂郡青蛉縣禺同山，俗謂有金馬碧雞。」青蛉，今雲南省大姚縣。按今雲南省昆明縣東有金馬山，縣西南有碧雞山，相傳即漢時祀金馬碧雞之神處。㈤醮：祭。設壇祈禱亦曰醮。㈥趨舍省而功施普：趨，讀曰趣。趣舍，進退。趨舍省，謂不煩改變。普，普遍。㈦矻矻：健作貌。㈧干將：寶劍名。為春秋時吳人干將所鑄，故有此名。㈨離婁：又名離朱，古之明於目者，相傳係黃帝時人。⑩公輸：即公輸般或公輸班，春秋魯之巧匠。⑪溷：音諢（ㄏㄨㄣˋ），雜亂。⑫吻：口角。⑬齧郄：齧，音聶（ㄋㄧㄝˋ），咬。郄，古膝字。孟康曰：「良馬低頭口至郄，故曰齧郄。」⑭乘旦：亦為良馬。張晏曰：「駕則旦至，故曰乘旦。」王念孫曰：「張以駕則旦至釋乘旦二字，甚為迂曲。今案乘旦當為乘且之誤也。且，與駔同：駔者，駿馬之名。謂之乘駔者，猶言乘黃駔乘牡耳。說文：『駔，牡馬也。』楚辭九歌：『同騖贏與乘駔兮；』王注：『乘駔，駿馬也。』乘駔即乘且。……此頌內多用韻之句，乘且之且，古讀若苴，故與輿為韻。張讀為旦暮之旦，則失韻矣。」⑮王良執靶：王良，春秋時之善御者。顏師古日：「參驗左氏傳及國語、孟子，郵無恤、郵良、劉無止、王良，總一人也。」靶，音霸（ㄅㄚˋ），轡。⑯韓哀附輿：韓哀，古之善御者。應劭曰：「世本，韓哀作御。」顏師古曰：「宋衷云：『韓衷，韓文侯也。時已有輿，此復言作者，加其精巧也。』然則善御者耳，非始作也。」錢大昕曰：「宋說非也。呂覽勿躬篇：『寒哀作御』，寒韓古字通，衰哀字形相似，蓋即一人。呂氏以寒哀與儀狄、伯益、史皇、巫咸諸人並列，則亦夏商以前人矣，豈得謂非始作者乎！」⑰鬱燠：炎熱。⑱悽愴：寒苦。⑲吐捉：史謂周公一飯三吐食，一沐三捉髮，以賓賢士。蓋美其接待賢人之勤懇。⑳圉空：圉，讀曰圄。音雨（ㄩˇ）。囹圄，監獄。謂周公成太平之化，刑措不用，遂至監獄空虛。㉑齊桓設庭燎之禮：庭燎，大燭，其規制今已不詳。傳春秋齊桓公時有人以九九（按九九計數之書，猶今之算學）求見，桓公不納。其人曰：「九九小術，而君不納，況大於九九者乎？」於是桓公設庭燎之禮而見之。居無幾，隰朋自遠而至，齊遂以霸。㉒匡合之功：匡，救正。周惠王崩，太子鄭幾不得立，齊桓公率諸侯以定其位，是為襄王。故史稱桓公「一匡天下」。合，集會。桓公嘗與諸侯兵車之會者三，乘車之會者六，為諸侯盟主。故史稱其「九合諸侯」。所謂匡合之功蓋指此二者。㉓逸於得人：謂得人後，乃可閒逸。㉔悃，音捆（ㄎㄨㄣˇ），志慮純一。㉕伊尹勤於鼎俎：鼎俎，割烹之具。伊尹欲干謁商湯，無由得進，乃為有莘氏媵臣，身負鼎俎，治飲食，以滋味取悅於湯。㉖太公困於鼓刀：太公指呂尚。史稱其微賤時，曾屠牛於朝歌。㉗百里自鬻：百里，指百里奚。鬻，賣。奚本虞大夫，晉滅虞，被虜，將以為秦穆公夫人媵。奚走宛，為楚人所得。穆公聞其賢，以五羖羊皮贖之，授以國政，人號為五羖大夫。自鬻，當指穆公以五羊皮相贖事。㉘甯子飯牛：甯子，指甯戚。飯牛，謂飼牛。戚，衞人，以修德不用，遂為商賈。夜宿齊東門外，桓公夜出，戚方飯牛，乃擊牛角而歌曰：「南山矸，白石爛，生不逢堯與舜禪，短布單衣適至骭。從昏飯牛薄夜半，長夜曼曼何時旦。」桓公召與語，以為大夫。㉙離：遭逢。㉚闓：通。㉛冽：冽冽，風吹貌。㉜蜉蝤：亦作蜉蝣，又名渠略。昆蟲名，體長五六分，有前後翅，尾端有長尾毛三條。幼蟲棲水中，約三年，脫皮為成蟲。成蟲交尾產卵即死，生存期僅數小時。古人謂其夏月陰時自地中出。㉝飛龍在天，利見大人：此為《易經》乾卦九五爻辭。飛龍在天蓋喻聖人之在王位。大人，賢德之士。意謂王者居正位，則利於賢士之瞻依。㉞思皇多士，生此王國：句見《詩經・大雅・文王》之詩。思，助辭。皇，美。意謂美哉眾多賢士，生此周王之國。㉟艾：讀曰乂，才德之人。㊱章：明。㊲伯牙操遞鍾：伯牙，春秋時之善鼓琴者。遞鍾，琴名。晉灼曰：「音遞送之遞。二十四鍾，各有節奏，擊之不常，故曰遞鍾。」臣瓚曰：「楚辭云：『奏伯牙之號鍾』，號鍾，琴名也。馬融笛賦曰：『號鍾高調。』伯牙以善鼓琴，不聞其能擊鍾也。」顏師古曰：「琴名是也。字既作遞，則與楚辭不同，不得即讀為號，當依晉音耳。」王念孫曰：「琴無遞鍾之名；作遞者，號之譌耳。」㊳逢門子彎烏號：逢門，即逢蒙，古之善射者。烏號，良弓名。其名之由來，一說桑柘之材，堅韌富彈力，烏棲其上，及其將飛，枝必振盪，勁能覆巢。烏不敢飛，號呼其上。伐其枝以為弓，因名「烏號」。一說黃帝乘龍上天，其臣援弓射龍，欲下黃帝而不能，因抱弓而號，故名弓曰「烏號」，蓋「嗚呼」之意。二說均見《淮南子・原道篇》註。㊴胡：胡及曷皆「何」意。㊵四表：四方。㊶殫：音（ㄉㄢ），盡極。㊷塞：滿。㊸彭祖：古仙人，姓籛名鏗。堯時封於大彭，至殷末七百餘歲而不衰。㊹呴噓：皆張口出氣之意。呴，音虛（ㄒㄩ），通欨。㊺眇然：高遠之意。㊻遠：音院（ㄩㄢˋ），遠避。㊼庶幾：表希望之意。幾，音機（ㄐㄧ）。㊽尚方待詔：胡三省曰：「此尚方非作器物之尚方。尚，主也；主方藥也。司馬相如大人賦：『詔岐伯使尚方』是也。」待詔，官名，蓋徵士之備天子顧問者。此尚方待詔當指主製藥物之方士。㊾以經術儒雅文之：周壽昌曰：「敞蓋治左氏春秋，前封事所引公子季友、晉趙衰、齊田完事，皆與左傳合。」㊿可謂至恩，未可謂本務也：謂天子如此，雖於百姓為至恩，然未盡政治之本。(51)不世出：謂有時遇之，而不常值。(52)三代：指夏、殷、周。(53)安上治民，莫善於禮：《孝經・廣要道章》第十二所載孔子之言。(54)躋之仁壽之域：顏師古曰：「以仁撫下，則羣生安逸而壽考。」胡三省曰：

「余謂此以仁壽二字並言，仁者不鄙詐，壽者不夭折也。」(55)高宗：指殷王武丁，享國五十九年。舊說謂百年者非。(56)趨：趨向。(57)財：顏師古曰：「財與裁同。」王念孫曰：「財，猶少也。言惟陛下少擇之。」(58)吉意：真德秀曰：「吉意以下，史家撮其大旨如此。」(59)尚公主：娶天子女，曰尚公主。尚，配；凡仰攀而為昏配，皆得謂之尚。蓋卑下之辭。(60)承翁主：國人娶諸侯女，曰承翁主。承，領受，亦卑下之辭。翁主，謂其父自行主婚。(61)人人自制：謂無節度。(62)誅：責求。(63)冥冥：謂未見其端緒。(64)舜湯不用三公、九卿之世，而舉皐陶、伊尹：三公九卿，可以襲爵蔭子。謂皐陶、伊尹，不生於三公九卿之世，無所憑藉，但以賢能，為舜湯所舉任。(65)不仁者遠：謂任用賢人，放黜邪佞。(66)得任子弟：謂子弟以父兄得官。(67)驁：同傲。(68)角抵：古角力之戲。亦作角觝、觳抵。(69)尚方：少府屬官，有尚方令、丞，掌作御刀劍及玩好器物。(70)琱琢：音貂（ㄉㄧㄠ）卓（ㄓㄨㄛˊ），謂雕刻為文。(71)迂闊：謂不切實際。(72)桀黠：謂不順從。(73)怨怒，無所信鄉：羌未有變，而漢吏無故誅殺其人，故楊玉等怨怒漢吏對羌人不親信歸向。一說無所信鄉，謂不信漢、不向漢。(74)浩亹：縣名，以浩亹水（即今甘肅省之大通河）得名。屬金城郡。故城在今青海省樂都（即碾伯）縣東。(75)金城：郡名，昭帝始元六年即西元前八十一年置，轄今甘肅省皐蘭縣及青海省樂都、隆化等縣地。治允吾，今甘肅省皐蘭縣西北。(76)圖上方略：謂圖繪地形，并擬攻討方略，一併奏上。(77)銜枚先度：謂命士卒銜枚，欲其無聲，使虜不覺。枚狀如箸，橫銜口中，所以止喧譁者。度，同渡。(78)營陳：謂建立營陣。立營陣則虜不得而犯，諸軍可以相繼而渡。陳，讀曰陣。(79)四望陿：

陿，同狹。山峭而夾水亦曰陿，今則稱峽。四望，陿名，在湟水縣，今青海省樂都縣。(八〇)落都：城名，在破羌縣（今青海省樂都縣西）西。又有謂為山名或谷名者。(八一)杜：塞。(八二)西部都尉府：在金城郡，其治所不詳。(八三)日饗：謂日日饗飲之。(八四)數：音署（ㄕㄨˇ），責備。(八五)今欲請壹鬬而死，可得邪：謂充國持重不戰，羌人雖欲一戰而死，亦不可得。(八六)都尉：即金城西部都尉。(八七)毋取并滅：謂勿相和同，并取滅亡。(八八)賜錢有差：胡三省曰：「時募能斬羌大豪有罪者一人，賜錢四十萬；中豪十五萬；下豪二萬；女子及老弱千錢。」(八九)徼：音驕（ㄐㄧㄠ），求取。(九〇)冊：同策。(九一)鮮水：即今青海。(九二)仍：頻。(九三)商：計度。(九四)復：報復。(九五)殆：僅祇。(九六)它種刼略：謂它種被刼略而反叛，非其本心。(九七)拊：古撫字。(九八)輯：同集。(九九)負：仗恃。(一〇〇)即拜：即，就近。謂就其郡而拜之。(一〇一)畜食：畜謂牛羊之屬，食謂穀麥之屬。一說畜食，乃畜之所食，即謂草。(一〇二)畜：讀曰蓄，積聚。(一〇三)臧：古藏字。(一〇四)皸瘃：皸音軍（ㄐㄩㄣ），今通作皴，皮膚觸寒而坼裂。瘃音燭（ㄓㄨˊ），凍瘡。(一〇五)欲以歲數而勝敵：謂欲久歷年歲，以勝小敵。(一〇六)將軍誰不樂此者：謂凡為將軍，皆樂如此。(一〇七)阻石山木：謂阻依山之木石，以自保固。(一〇八)致人，不致於人：致人，謂引致敵人以取之；致於人謂為人所引。略猶今之所謂「主動」「被動」。(一〇九)莫須：小種羌名。(一一〇)戊申，充國上奏，秋七月、甲寅，璽書報從充國計焉：沈欽韓曰：「容齋筆記：『金城至長安，一千四百五十里，往返倍之。中間更下公卿議臣，而自上書得奏報，纔七日爾。』案初學記二十漢舊儀云：『驛三騎行，日夜千里為程。』」(一一一)逐利行遲：謂逐利宜速，今行太遲。(一一二)還致死：謂還身盡力死戰。(一一三)毋燔聚落，芻牧田中：謂不得焚燒民居，並不得於田畝中刈割作物及放牧。㉔靡忘：罕羌帥名。㉕便文自營：顏師古曰：「苟取文墨之便，而自營衞。」蓋護軍等以為如不遣靡忘，則名正言順，於奏章既便於措詞，且不致激引帝怒，而罹罪責。故充國以此語責之。㉖繡衣：謂直指使者。漢制以侍御史為使出討奸猾，治理大獄謂之繡衣直指。使者衣繡，以示尊崇。所以稱直指，蓋謂其直指罪辜，而無偏私。此制武帝時立，不常置。㉗本用吾言，羌虜得至是邪：謂如預防之，可無今日之寇患。㉘耿中丞：指耿壽昌，宣帝時為司農中丞。㉙糴三百萬斛穀，羌人不敢動矣：謂預儲糧食，可以制敵。糴，音敵（ㄉㄧˊ），買米。㉚失此二冊：指舉辛武賢使羌及糴穀二事。沈欽韓曰：「前一策，孫子所謂上兵伐謀也。不得已而用兵：釋罕开，誅先零，所謂其次伐交也。前策不行，故堅持釋罕誅零之議。後策不行，邊儲空虛，故堅持屯田之議。」㉛卒：讀曰猝。㉜羌獨足憂邪：謂倘如此，則可憂之事，不獨在羌。㉝茭藁：茭，乾草。藁，同稾，禾稈。㉞廟勝：謂謀於廟堂而勝敵。㉟其間郵亭多壞敗者：周壽昌曰：「金城郡為昭帝六年所置，至宣帝神爵初，不過二十年，而郵亭已多敗壞。觀下云：『繕鄉亭，浚溝渠，治湟陿以西道橋七十所』，足徵壞敗不少。」㊱漕下：謂以水運木而下。㊲田事出，賦人三十晦：賦，頒給。晦，古畝字。謂至春天。士兵出營田，每人頒給田三十畝。《漢書．趙充國傳》作二十畝。㊳今大司農所轉穀至者，足支萬人一歲食：王念孫曰：「今，當為令。令，使也，言務積蓄省費，使穀足支一歲時也。上文云：『令可至鮮水左右』，與此令字，文同一例。今本（按指今本《漢書》）令作今，則與上文義不相屬矣。《通典食貨》二作令，亦後人以誤本漢書改之。御覽兵部六十四引此，正作令。」㉙孰：同熟。㉚先為不可勝，以待敵之可勝：語出《孫子兵法》形篇第四。意謂先自完堅，令敵不能勝，我乃可以勝敵。㉛薦草：稠草。一說美草。㉜班：還。㉝受言去者：如淳曰：「羌胡言欲受降，受其言遣去者。」顏師古曰：「如說非也。謂羌受充國之言，歸相告喻者也。羌虜逆羌賊耳，無預於胡。」㉞此坐支解羌虜之具也：謂不勞甲兵，坐令解體。㉟九校：猶言九部。㊱居民得並田作：顏師古曰：「並，且也。讀如本字。」劉奉世曰：「居民得並田作；並，亦俱也。」周壽昌曰：「言民田與屯田，同時並作，兩不相妨。」㊲臨羌：縣名，屬金城郡，故城在今青海省西寧縣西。㊳折衝：即禦敵之意。蓋謂能折止敵人之衝突。㊴乘危徼幸：謂冒險求逞，難期必勝。㊵瘃墮：謂困於凍瘃而墮指者。㊶閒：讀曰間，間隙之意。蓋謂軍之弱點，可乘之機。㊷又亡驚動河南大开：《漢書・趙充國傳》作「又亡驚動河南大开小开。」大开、小开皆羌種之在河南者，此河南大致指今青海省境內黃河以南地區。㊸從枕席上過師：橋成，軍行安易，若於枕席上過。㊹期：讀曰朞。㊺多算勝少算：《孫子兵法》計篇第一云：「多算勝，少算不勝」，趙言蓋本此。㊻累重：謂妻子。㊼瓦解其處：謂各於其原處，自行瓦解。㊽即今同是：謂俱不能止小寇盜。㊾罷：讀曰疲。㊿貶重：謂貶中國之威重。(51)大兵一出，還不可復留：言大兵出塞而還，人有歸志，不可復留。(52)媮：同偷，苟且。(53)任：擔保。

二年（西元前六〇年）

㈠春、正月，以鳳皇甘露降集京師，赦天下。

㈡夏、五月，趙充國奏言：「羌本可五萬人，軍凡斬首七千六百級，降者三萬一千二百人，溺河湟餓死者五六千人，定計㊀遺脫與煎鞏黃羝俱亡者，不過四千人。羌靡忘等自詭必得㊁，請罷屯兵。」奏可，充國振旅而還㊂。所善浩星賜㊃迎說充國曰：「眾人皆以破羌、彊弩出擊，多斬首生降，虜以破壞。然有識者以為虜勢窮困，兵雖不出，即自服矣。將軍即見，宜歸功於二將軍出擊，非愚臣所及；如此，將軍計未失也。」充國曰：「吾年老矣，爵位已極，豈嫌伐一時事以欺明主哉㊄！兵勢國之大事，當為後法；老臣不以餘命，壹為陛下明言兵之利害，卒死，誰當復言之者？」卒以其意對。上然其計，罷遣辛武賢歸酒泉太守官，充國復為後將軍。

秋，羌若零、離留、且㊅種、兒庫，共斬先零大豪猶非、楊玉㊆首；及諸豪弟澤、陽雕、良兒、靡忘皆帥煎鞏、黃羝之屬四千餘人降。【考異】宣紀：「五月，羌斬猶非、楊玉降。」充國傳：「五月，奏罷屯兵。秋，羌斬猶非、楊玉降。」今從傳。漢封若零、弟澤二人為帥眾王，餘皆為侯、為君㈧。

初置金城屬國，以處降羌，詔舉可護羌校尉㈨者；時、充國病，四府㈩舉辛武賢小弟湯。充國遽起，奏湯使酒㈡，不可典蠻夷，不如湯兄臨眾。時湯已拜受節㈢，有詔更用臨眾。後臨眾病免，五府復舉湯；湯數醉酗㈢羌人，羌人反畔，卒如充國之言。

辛武賢深恨充國㈣，上書告中郎印泄省中語㈤，下吏自殺。

(三)司隸校尉㈥魏郡蓋寬饒，剛直公清，數干犯上意。時上方用刑灋，任中書官㈦，寬饒奏封事曰：「方今聖道浸微，儒術不行；以刑餘為周召㈧。以法律為詩書㈨。」又引易傳言：「五帝官天下，三王家天下；家以傳子孫，官以傳賢聖。」書奏，上以為寬饒怨謗，下其書中二千石㈩。時執金吾議，以為寬饒旨意欲求禪㈡，大逆不道。

諫大夫鄭昌愍傷寬饒忠直憂國，以言事不當意，而為文吏所詆挫；上書訟寬饒㈢曰：「臣聞山有猛獸，藜藿為之不采；國有忠臣，姦邪為之不起㈢。司隸校尉寬饒，居不求安，食不求飽㈣；

進有憂國之心，退有死節之義；上無許史之屬，下無金張之託㉕；職在司察，直道而行，多仇少與㉖。上書陳國事；有司劾以大辟。臣幸得從大夫之後，官以諫為名，不敢不言。」上不聽。九月，下寬饒吏；寬饒引佩刀自剄北闕下，眾莫不憐之。

㈣匈奴虛閭權渠單于，將十餘萬騎旁塞獵，欲入邊為寇。未至，會其民題除渠堂亡降漢，言狀；漢以為言兵鹿奚盧侯㉗而遣後將軍趙充國將兵四萬餘騎，屯緣邊九郡㉘備虜。月餘，單于病歐血，因不敢入，還去，即罷兵。乃使題王都犁胡次等入漢，請和親，未報，會單于死。

虛閭權渠單于始立，而黜顓渠閼氏㉙；顓渠閼氏即與右賢王屠耆堂私通。右賢王會龍城而去，顓渠閼氏語以單于病甚，且勿遠。後數日，單于死，用事貴人郝宿王刑未央使人召諸王。未至，顓渠閼氏與其弟左大將且㉚渠都隆奇謀，立右賢王為握衍朐鞮單于。握衍朐鞮單于者，烏維單于耳孫㉛也。

握衍朐鞮單于立，凶惡，殺刑未央等，而任用都隆奇。又盡免虛閭權渠子弟近親，而自以其子弟代之。虛閭權渠單于子稽侯狦㉜，既不得立，亡歸妻父烏禪幕。烏禪幕者，本康居、烏孫閒小國，數見侵暴，率其眾數千人降匈奴。狐鹿姑單于以其弟子日逐王姊妻之，使長其眾居右地。

日逐王先賢撣㉝，其父左賢王當為單于，讓狐鹿姑單于，狐鹿姑單于許立之㉞；國人以故頗言日逐王當為單于。日逐王素與握衍朐鞮單于有隙，即帥其眾欲降漢，使人至渠犁與騎都尉鄭吉相聞。吉發渠犁、龜茲諸國五萬人，迎日逐王口萬二千人，小王將㉟十二人。隨吉至河曲㊱，頗有亡者，吉追斬之，遂將㊲詣京師。漢封日逐王為歸德侯㊳。

吉既破車師㊴，降日逐，威震西域，遂幷護車師以西北道，故號都護㊵。都護之置，自吉始焉。上封吉為安遠侯㊶。吉於是中西域而立莫府，【考異】百官表曰：「西域都護加官，地節二年初置。」蓋誤以神爵為地節也。西域傳又云：「神爵三年，」亦誤。治烏壘城㊷，去陽關㊸二千七百餘里。匈奴益弱，不敢爭西域，僮僕都尉由此罷㊹。都護督察烏孫、康居等三十六國動靜，有變以聞。可安輯，安輯之；不可者，誅伐之。漢之號令，班㊻西域矣。

握衍朐鞮單于，更立其從兄薄胥堂為日逐王。烏孫昆彌翁歸靡，因長羅侯常惠上書，願以漢外孫元貴靡㊼為嗣，得令復尚漢公主，結婚重親㊽，畔絕匈奴。詔下公卿議，大鴻臚蕭望之以為烏孫絕域，變故難保，不可許。上美烏孫新立大功㊾，又重絕故業㊿，乃以烏孫主解憂弟相夫(五一)為公主，盛為資送而遣之。使常惠送之至燉煌，未出塞，聞翁歸靡死，烏孫貴人共從本約(五二)，立岑娶子泥靡為昆彌，號狂王(五三)。常惠上書，願留少主燉煌。惠馳至烏孫，責讓不立元貴靡為昆彌，還迎少主。事下公卿，望之復以烏孫持兩端，難約結；今少主以元貴靡不立而還，信無負於夷狄，中國之福也。少主不止，傜役將興(五四)。天子從之，徵還少主。【考異】烏孫傳，請昏在元康二年。望之傳云：「神爵二年。」按元康二年，望之未為鴻臚，蓋誤以神爵為元康也。

【今註】㊀定計：以定數計算。㊁自詭必得：詭，責勵。謂靡忘等自相責勵，必得叛羌餘眾。㊂振旅而還：振，整理。旅，士眾，謂整眾而還。㊃浩星賜：姓浩星，名賜。㊄豈嫌伐一時事，以欺明主哉：謂一時用兵之事，當以實敷奏，豈可以自矜伐為嫌，而欺枉明主。㊅且：音拘（ㄐㄩ）。㊆猶非、楊玉：猶非，人名；與楊玉為二人。㈧餘皆為侯、為君：《漢書．趙充國傳》謂封「離留、且種二人為侯；兒庫為君；陽雕為言兵侯，良兒為君，靡忘為獻牛君。」㈨護羌校尉：胡三省曰：「護羌校尉之官，始見於此。」范曄曰：「漢武帝時，諸羌與匈奴通，攻令居、安故，圍抱罕。漢遣李息、徐自為擊定之，始置護羌校尉。」㈩四府：謂丞相、御史大夫、車騎將軍、前將軍府。連同後將軍，共為五府。㈡使酒：因酒而使氣。㈢拜受節：謂拜官護羌校尉，持節護諸羌。㈢酗：音煦（ㄒㄩˋ），醉怒。㈣辛武賢深恨充國：武賢欲以破羌希賞，而為充國所格，故深恨之。㈤告中郎卬泄省中語：《漢書趙充國傳》云：「武賢在軍中時，與中郎將卬宴語。卬道車騎將部張安世始嘗不快上，上欲誅之。卬家將軍（按指充國）以安世本持橐簪筆，事孝武數十年，見謂忠謹，宜全度之。安世用是得免。及充國還，言兵事，武賢罷歸故官，深恨，上書告卬泄省中語。」㈥司隸校尉：官名。武帝征和四年即西元前八十九年初置，持節，從屬官兵千二百人，司捕治巫蠱，督察姦猾。後罷其兵，監察三輔及三河（河東、河內、河南）、弘農等郡。以其掌徒隸而司巡察，故名司隸。㈦任中書官：胡三省曰：「武帝游宴後庭，用宦官為中書官。宣帝因之，遂基弘恭石顯之禍。」李賢曰：「中書，內中之書也。」㈧以刑餘為周召：謂以宦官而當權軸。刑餘，指宦官，蓋謂其身為刑罰所餘。周召，指周公旦及召公奭。㈨以法律為詩書：謂以刑法教化國人。㈩中二千石：指九卿，秩均為中二千石。㈡欲求禪：謂欲使天子傳位於己。㈢訟寬饒：謂為寬饒訟冤。㈢山有猛獸，藜藿為之不采；國有忠臣，姦邪為之不起：沈欽韓曰：「文子尚德篇：『山有猛獸，林木為之不斬；園有螫蟲，葵藿為之不采；國有賢者，折衝千里。』鹽鐵論引作春秋曰云云，知此語由來已久。」㉔居不求安，食不求飽：《論語．學而篇》所載孔子之言。原句云：「君子食無求飽，居無求安。」㉕上無許史之屬，下無金張之託：應劭曰：「許伯，宣帝皇后父；史高，宣帝外家也；金，金日磾也；張，張安世也。此四家屬託，無不聽。」㉖多仇少與：謂仇家多而黨與少。㉗言兵鹿奚盧侯：胡三省曰：「此侯不見於表（按指漢書外戚恩澤侯表），蓋無食邑，猶前羌陽雕為言兵侯之類也。」按此侯《漢書．匈奴傳》作「言兵鹿奚盧侯。」周壽昌：「（漢書）趙充國傳：『匈奴大發十餘萬騎，南旁塞至符奚盧山，欲入寇。亡者題除渠堂言之。』是符奚盧山為塞南地，故以封之。彼作符此作鹿者，傳言雜出也。言兵者，趙充國傳：『漢封陽雕為言兵侯』，大約漢設此侯，以待歸義者。此因題除渠堂，本匈奴民來降言狀，故封為言兵而加地名為侯，例不入表也。」㉘屯緣邊九郡：顏師古曰：「九郡者，五原、朔方、雲中、代郡、雁門、定襄、北平、上谷、漁陽也。四萬餘騎分屯之。而充國傳書此事於征羌之前；通鑑因匈奴內亂，書於此，以先事。」㉙黜顓渠閼氏：事見卷二十四地節二年㈤。㉚且：音拘（ㄐㄩ）。㉛耳孫：諸說不一，或謂為玄孫之子，或謂為曾孫，或謂為八世孫，而以八世孫之說最為通行。據內田吟風支那周邊史附匈奴單于世系表，握衍朐鞮單于實為烏維單于玄孫之子。㉜姍：音跚（ㄕㄢ）。㉝撣：音田（ㄊㄧㄢˊ）。㉞其父左賢王當為單于，讓狐鹿孤單于，狐鹿孤單于許立之：事見卷二十二武帝太始元年㈣。㉟小王將：謂偏裨小王之將兵者。一說匈奴左右賢王、左右谷蠡王、左右大將以下凡二十四長，為大王將；其餘為小王將。㊱河曲：謂黃河曲折轉向處，此河曲當在金城郡界。㊲將：挾帶。㊳歸德侯：據《漢書・功臣表》，先賢撣之封在神爵三年，食邑於汝南郡。㊴吉既破車師：事見卷二十五地節三年(九)。㊵都護：顏師古曰：「並護南北二道，故謂之都。都，猶大也，總也。」㊶安遠侯：食邑於汝南郡之慎縣，在今安徽省潁上縣西北。㊷中西域：謂居西域諸國之中心。㊸烏壘城：在今新疆省輪臺縣東，其地與渠犂田官相近。㊹陽關：在今甘肅省敦煌縣西南一百三十里。以其居玉門關之南，故曰陽關。為通西域南道必經之地，由此可西去鄯善、莎車等國。㊺僮僕都尉由此罷：胡三省曰：「西域諸國，故皆役屬匈奴。匈奴西邊日逐王置僮僕都尉，使領西域，常居焉耆、危須、尉犂間，賦稅諸國，取富給焉。匈奴蓋以僮僕視西域也。今日逐王既降，西域諸國，咸服於漢，故僮僕都尉罷。」㊻班：發佈。㊼元貴靡：楚主解憂長男。㊽重親：謂結兩重姻親。㊾烏孫新立大功：謂本始二年破匈奴事。㊿重絕故業：《漢書・西域傳》注，顏師古曰：「重，難也。故業，謂先與烏孫婚親也。」《通鑑》胡注引之，作「故業，謂先與匈奴婚親也」，誤。(51)解憂弟相夫：《漢書・西域傳》作「解憂弟子相夫。」徐松曰：「弟子，謂弟之子。蓋楚王延壽之女弟行，與宣帝為姑也。楚主在烏孫已四十年，不應尚有少弟。」(52)本約：見卷二十四本始二年(三)。(53)狂王：徐松曰：「蓋以不與主（按指楚主解憂）和，號曰狂。」周壽昌曰：「此從後號之也。下云『暴惡失眾』，又云『為烏孫所患苦』，明不止不與主和一事。」狂王不與主和及暴惡失眾等事，均見卷二十七甘露元年(七)。(54)徭役將興：謂公主在絕域，遣使贈送必將興役勞眾。

三年（西元前五九年）

㈠春、三月、丙辰（十六日），高平憲侯㈠魏相薨。夏、四月、戊辰㈡，丙吉為丞相。吉上寬大，好禮讓，不親小事，時人以為知大體。

㈡秋、七月、甲子（二十六日），大鴻臚蕭望之為御史大夫。

㈢八月，詔曰：「吏不廉平，則治道衰；今小吏皆勤事而俸祿薄，欲無侵漁㈢百姓難矣。其益吏百石已下俸十五㈣。」【考異】宣紀云：「益吏百石以下俸十五。」韋昭曰：「若食一石，則益五斗。」荀紀云：「益吏百石以下俸五十斛，」蓋以十五難曉，故改之。然詔云以下，恐難指五十斛也。

㈣是歲，東郡太守韓延壽為左馮翊。始延壽為潁川太守，潁川承趙廣漢搆會吏民㈤之後，俗多怨讎。延壽改更，教以禮讓，召故老與議定嫁娶喪祭儀品，略依古禮，不得過法。百姓遵用其教，賣偶車馬下里偽物者㈥，棄之市道㈦。黃霸代延壽居潁川，霸因其迹而大治。延壽為吏，上禮義，好古教化。所至必聘其賢士，以禮待用。廣謀議，納諫爭，表孝弟有行，修治學官㈧；春秋鄉射㈨，陳鍾鼓管弦，盛升降揖讓；及都試⑩講武，設斧鉞旌旗，習射御之事。治城郭，收賦租，先明布告其日，以期會為大事。吏民敬畏趨鄉之。又置正五長⑪，相率以孝弟⑫，不得舍⑬姦人；閭里阡陌，有非常，吏輒聞知，姦人不敢入界。其始若煩，後吏無追捕之苦，民無箠楚⑭之憂，皆便安之。接待下吏，恩施甚厚，而約誓明。或欺負之者，延壽痛自刻責：「豈其負之，何以至此⑮？」吏聞者自傷悔，其縣尉至自刺死；及門下掾自剄，人救不殊⑯。延壽涕泣，遣吏醫治視⑰，厚復其家。在東郡三歲，令行禁止⑱，斷獄大減，由是入為馮翊。

延壽出行縣至高陵⑲，民有昆弟相與訟田，自言。延壽大傷之曰：「幸得備位，為郡表率，不能宣明教化，至令民有骨肉爭訟；既傷風化，重使賢長吏、嗇夫、三老、孝弟⑳受其恥，咎在馮翊，當先退。」是日移病，不聽事，因入臥傳舍，閉閤思過。一縣莫知所為，令丞、嗇夫、三老，亦皆自繫待罪。於是訟者宗族，傳相責讓；此兩昆弟深自悔，皆自髡肉袒謝，願以田相移㉑，終死不敢復爭。郎中歙然㉒，莫不傳相敕厲，不敢犯。延壽恩信，周徧二十四縣㉓，莫敢以辭訟自言者。推其至誠，吏民不忍欺紿㉔。

(五)匈奴單于又殺先賢撣兩弟，烏禪幕請之，不聽，心恚。其後左奧鞬王死，單于自立其小子為奧鞬王，留庭㉕。奧鞬貴人，共立故奧鞬王子為王，與俱東徙。單于遣右丞相將萬騎往擊之，失亡數千人，不勝。

【今註】㈠高平憲侯：據《漢書・外戚恩澤侯表》，高平侯食邑於淮陽郡柘縣。柘縣故城在今河南省柘城縣北。憲，諡法，博學多聞曰憲。㈡戊辰：四月無此日。據《漢書・百官公卿表》，丙吉於四月戊戌（二十九日）為丞相。㈢漁：如淳曰：「魚，奪也。謂奪其便利也。」晉灼曰：「許慎云，捕魚之字也。」顏師古曰：「漁者，若言漁獵也。晉說是也。」㈣其益吏百石已下俸十五：如淳曰：「律，百石奉（按奉同俸），月六百。」宋祁曰：「刊誤。據後漢志及師古百官表（按指漢書百官公卿表）注，當云『律，百石奉，月十六斛。』」韋昭曰：「若食一斛。則益五斗。」按古制石與斛容量相同，均為十斗。漢制，秩皆稱石，而實得之俸則稱斛。如《漢書・百官公卿表》顏注：「漢制，三公號稱萬石，其俸月各三百五十斛，穀其稱」，可以見之。㈤構會吏民：事見卷二十四本始三年(八)。構會，謂使之結怨。㈥賣偶車馬下里偽物者：偶車馬，謂以土木製成之假車假馬。下里，地下蒿里，俗謂「陰間」。偽物，謂為鬼魂所製器物。⑦棄之市道：謂棄其物於市街之上。⑧學官：謂校舍。顏師古曰：「學官，謂庠序之舍也。」周壽昌曰：「學官，亦謂學舍。漢學校立官，肇自董仲舒，見仲舒傳，實京師學校也。郡縣立學官，始文翁，見文翁傳。」按董仲舒，武帝時人。文翁，景帝末武帝初時人。⑨鄉射：古射禮之一。《儀禮‧鄉射禮》，疏引鄭目錄云：「州長春秋以禮會民，而射於州序之禮。……射於五禮屬嘉禮。」謂延壽既興學校，並習古禮。⑩都試：謂考課軍隊。漢諸郡每年八月，舉行都試，郡太守、都尉及縣令長、縣丞、縣尉均參加，檢閱各縣兵丁，以課殿最。⑪正五長：顏師古曰：「正，若今之鄉正、里正也。五長，同伍之中，置一人為長也。」⑫弟：讀曰悌。⑬舍：息止。⑭箠楚：箠，杖；楚，荊木；皆扑撻之具。⑮豈其負之，何以至此：意謂豈非我有所負之，不然其人何以為此等事。⑯人救不殊：殊，斷絕。謂人救之，身首乃不至斷絕。⑰遣吏醫治視：遣醫治療之而吏護視之。⑱令行禁止：謂令之必行，禁之必止，無敢違者。⑲高陵：縣名，屬左馮翊，故城在今陝西省高陵縣西南。⑳賢長吏、嗇夫、三老、孝弟：胡三省曰：「賢長吏，謂縣令、丞也。續漢志：『縣有嗇夫，皆主知民善惡，為役先後；知民貧富，為賦多少；平其差品。三老，掌教化。凡有孝子、順孫、貞女、義婦，讓財救患及學士為民法式者，皆扁表其民，以興善行。』」李賢曰：「三老、孝弟、力田三者，皆鄉官之名。三老，高帝置；孝弟、力田，高后置；所以勸鄉里，助成風化也。」㉑相移：顏師古曰：「移，有傳也。一說兄以讓弟，弟又讓兄，故云相移。」㉒歙然：和洽貌。歙，同翕。㉓二十四縣：謂左馮翊所統之二十四縣。即：高陵（今高陵西南），櫟陽（今臨潼東北），翟道（今黃陵西北），池暘（今涇陽西北），夏陽（今韓城南），衙（今白水東北），粟邑（今白水西北），谷口（今醴泉東北），蓮勺（今渭南東北），鄜（今洛川東南），頻陽（今富平東北），臨晉（今大荔），重泉（今蒲城東南），郃陽（今郃陽），祋祤（今耀縣東），武城（今華縣東北），沈陽（今華縣東北），襄德（今富平西南），徵（今澄城西南），雲陵（今淳化北），萬年（今臨潼東北），長陵（今咸陽東北），陽陵（今咸陽縣東），雲陽（今淳化西北）。以上括號內今縣均在陝西省。㉔紿：音代（ㄉㄞˋ），欺誑。㉕留庭：周壽昌曰：「留庭者，留居單于庭也。西域傳（按指漢書西域傳），康居有小王五，其五即奧鞬王也。云至奧鞬城，在康居東南地。知奧鞬為西域地名。……而其時匈奴未通西域，或別一地同名者。」奧，音郁（ㄩˋ）。

卷二十七 漢紀十九

起昭陽大淵獻，盡玄黓涒灘，凡十年。（癸亥至壬申，西元前五八年至西元前四九年）

司馬光編集
傅樂成　註

中宗孝宣皇帝下

神爵四年（西元前五八年）

㈠春、二月，以鳳皇甘露降集京師，赦天下。

㈡潁川太守黃霸，在郡前後八年㈠，政事愈治。是時，鳳皇神爵數集郡國，潁川尤多。夏、四月，詔曰：「潁川太守霸，宣明詔令，百姓鄉化。孝子弟弟㈡，貞婦順孫，日以眾多。田者讓畔㈢，道不拾遺。養視鰥寡，贍助貧窮。獄或八年無重罪囚。其賜爵關內侯，黃金百斤，秩中二千石。」而潁川孝弟有行義民，三老力田，皆以差賜爵及帛。後數月，徵霸為太子太傅。

㈢五月，匈奴單于遣弟呼留若王勝之㈣來朝。【考異】匈奴傳：「握衍朐鞮單于立，復修和親，遣弟伊酋若王勝之，入漢獻見。」即謂此也。

㈣冬、十月，鳳皇十一集杜陵。

㈤河南太守嚴延年，為治陰鷙酷烈；眾人所謂當死者，一朝出之㈤；所謂當生者，詭殺之㈥。吏民莫能測其意深淺，戰栗不敢犯禁。冬月，傳屬縣囚會論府上㈦，流血數里，河南號曰屠伯㈧。延年素輕黃霸為人，及比㈨郡為守，褒賞反在己前，心內不服。河南界中，又有蝗蟲，府丞義出行蝗，還見延年，延年曰：「此蝗豈鳳皇食邪？」義年老頗悖，素畏延年，恐見中傷。延年本嘗與義俱為丞相史，實親厚之，饋遺之甚厚。義愈益恐，自筮得死卦，忽忽不樂。取告㈩至長安，上書言延年罪名十事，已拜奏，因飲藥自殺，以明不欺。事下御史丞(一一)按驗，得其語言怨望，誹謗政治數事。十一月，延年坐不道棄市。

初，延年母從東海來，欲從延年臘(一二)。到洛陽，適見報囚(一三)，母大驚，便止都亭(一四)，不肯入府。延年出至都亭謁母，母閉閤不見；延年免冠頓首閤下，良久，母乃見之。因數責延年：「幸得備郡守，專治千里，不聞仁愛教化，有以全安愚民；顧乘(一五)刑罰，多刑殺人，欲以立威，豈為民父母意哉！」延年服罪，重頓首謝，因為母御歸府舍。母畢正臘(二六)，謂延年曰：「天道神明，人不可獨殺(二七)，我不意(二八)當老見壯子被刑戮也。行矣！去汝東歸，掃除墓地耳(二九)。」遂去歸郡。見昆弟宗人，復為言之。後歲餘果敗，東海莫不賢智其母(三〇)。

(六)匈奴握衍朐鞮單于暴虐，好殺伐，國中不附。及太子左賢王數讒左地貴人(三一)，左地貴人皆怨。會烏桓擊匈奴東邊姑夕王，頗得人民；單于怒，姑夕王恐，即與烏禪幕及左地貴人共立稽侯狦為呼韓邪單于，發左地兵四五萬人，西擊握衍朐鞮單于。至姑且水北，未戰，握衍朐鞮單于兵敗走。使人報其弟右賢王曰：「匈奴共攻我，若肯發兵助我乎？」右賢王曰：「若不愛人，殺昆弟諸貴人；各自死若處(三二)，無來汙我！」握衍朐鞮單于恚，自殺。左大且渠都隆奇亡之右賢王所(三三)，其民盡降呼韓邪單于。

呼韓邪單于歸庭數月，罷兵，使各歸故地。乃收其兄呼屠吾斯在民間者，立為左谷蠡王。使人告右賢貴人，欲令殺右賢王。其冬，都隆奇與右賢王共立日逐王薄胥堂為屠耆單于，發兵數萬人，東襲呼韓邪單于，呼韓邪單于兵敗走。屠耆單于還，以其長子都塗吾西為左谷蠡王，少子姑瞀樓頭為右谷蠡王，留居單于庭㈣。

【今註】㈠在郡前後八年：地節四年即西元前六六年霸為潁川太守，至元康三年即西元前六三年霸入為京兆尹，數月還任故官，至是適為九年。因中間入尹京師，故在潁川前後八年。㈡弟弟：上一弟字讀曰悌，蓋謂悌弟。㈢畔：田界。㈣呼留若王勝之：呼留若，王號。勝之，其人名。㈤出之：謂自獄放出。㈥詭殺：詭違正理處死。㈦會論府上：謂總集於郡府而加判決。㈧屠伯：伯，長。謂延年殺人，如屠夫之殺六畜；且於屠中，又堪為之長。蓋喻其殘酷之甚。㈨比：鄰近。㈩取告：猶今謂「告假」。㈡御史丞：屬御史大夫，秩千石。㈢臘：歲末祭祀。胡三省曰：「風俗通引禮傳曰：『夏曰嘉平，殷曰清祀，周曰大蜡，漢改曰臘。臘者，獵也；因獵取獸，以祭先祖。』或曰：『新故交接，大祭以報功也。』蔡邕獨斷曰：『臘者，歲終大祭，縱吏民宴飲。』」㈢報囚：謂奏報處決囚犯。一說有司擬處囚罪，報呈長吏判決。㈣都亭：胡三省曰：「凡郡縣皆有都亭。秦法十里一亭，郡縣治所，則置都亭。」㈤顧乘：顧，反。乘，因。㈥畢正臘：顏師古曰：「臘及正歲禮畢也。」沈欽韓曰：「畢正臘日即歸，不待卒歲也。天文志：『臘明日，人眾卒歲，壹會飲食，故曰初歲。』御覽三十三徐爰家儀曰：『蜡本施祭，故不賀。其明日為小歲，賀稱初歲福始，慶無不宜。

小歲之慶，既非大慶，禮止門內。』案此則人家坐臘，無不過小歲飲食者。嚴母深惡延年，故但主臘祭，不復飲食。師古解為臘及正歲，非也。御覽又引會稽典錄云：『陳修家貧，每至正臘，僵臥不起。』可得謂從臘日臥至元日乎？」㊄人不可獨殺：謂多殺人，已亦當死。㊅不意：猶言不料。㊆掃除墓地耳：謂知延年必死，故掃除墓地以待其喪至。埽，同掃。㊇賢智其母：稱其母為賢智。㊈左地貴人：胡三省曰：「謂左谷蠡王以下至左大當戶統兵者也。」㊉各自死若處：若，汝。顏師古曰：「言於汝所居處自死。」㊊都隆奇亡之右賢王所：都隆奇本立握衍朐鞮單于，故逃。㊋屠耆單于還，以其長子……留居單于庭：屠耆使二子守單于庭，而自身西還。

五鳳元年（西元前五七年）

㈠春、正月，上幸甘泉，郊泰畤。皇太子冠。【考異】按宣紀，太子冠在此年。而荀紀於元康三年，疑二疏去位事，已云皇太子冠；至是又重複言之。蓋誤也。

㈡秋、七月，匈奴屠耆單于，使先賢撣兄右奧鞬王、與烏藉都尉各二萬騎，屯東方，以備呼韓邪單于。是時，西方呼揭王來與唯犁當戶謀，共讒右賢王，言欲自立為單于。屠耆單于殺右賢王父子，後知其冤，復殺唯犁當戶。於是呼揭王恐，遂畔去，自立為呼揭單于。右奧鞬王聞之，即自立為車犂單于。烏藉都尉亦自立為烏藉單于，凡五單于。

屠耆單于自將兵，東擊車犂單于，使都隆奇擊烏藉。烏藉、車犂皆敗，西北走與呼揭單于兵合，為四萬人。烏藉、呼揭皆去單于號，共幷力尊輔車犂單于。屠耆單于聞之，使左大將都尉將四萬騎，分屯東方，以備呼韓邪單于；自將四萬騎西擊車犂單于。車犂單于敗，西北走；屠耆單于即引兵西南，留闟㈠敦地。

漢議者多曰：「匈奴為害日久，可因其壞亂，舉兵滅之。」詔問御史大夫蕭望之，對曰：「春秋晉士匄帥師侵齊，聞齊侯卒，引師而還㈡。君子大其不伐喪，以為恩足以服孝子，誼足以動諸侯。前單于慕化，鄉善稱弟㈢，遣使請求和親，海內欣然，夷狄莫不聞。未終奉約，不幸為賊臣所殺，今而伐之，是乘亂而幸災也。彼必犇走遠遁。不以義動兵，恐勞而無功。宜遣使者弔問，輔其微弱，救其災患。四夷聞之，咸貴中國之仁義。如遂蒙恩，得復其位，必稱臣服從，此德之盛也。」上從其議。

㈢冬、十有二月、乙酉、朔（一日），日有食之。

㈣韓延壽代蕭望之為左馮翊㊃，望之聞延壽在東郡時，放散官錢千餘萬，使御史案之㊄。延壽聞知，即部吏案校望之在馮翊時，廩犧㊅官錢放散百餘萬。望之自奏，職在總領天下，聞事不敢不問，而為延壽所拘持㊆。上由是不直延壽，各令窮竟所考。望之卒無事實，而望之遣御史案東郡者，得其試騎士日奢僭踰制㊇；又取官銅物，候月食；鑄刀劍，効尚方事㊈；及取官錢私假㊉徭使吏，及治飾車甲三百萬以上。延壽竟坐狡猾不道，棄市。吏民數千人送至渭城，老小扶持車轂，爭奏酒炙㊁。延壽不忍距逆，人人為飲，計飲酒石餘。使掾史分謝送者，遠苦吏民，延壽死無所恨。百姓莫不流涕。

【今註】㊀闟：音蹋（ㄊㄚˋ）。㊁春秋晉士匄帥師侵齊，聞齊侯卒，引師而還：士匄，即范宣子，晉大夫。《春秋》襄公十九年：「秋、七月辛卯，齊侯環卒。晉士匄帥師侵齊，至穀，聞齊侯卒，乃還。」《公羊傳》曰：「還者何？善辭也。大其不伐喪也。」㊂稱弟：蘇林曰：「弟，順也。」顏師古曰：「弟，音悌。」劉奉世曰：「漢與匈奴，嘗約為兄弟，此弟直自謂為弟耳。」㊃韓延壽代蕭望之為左馮翊：錢大昕曰：「（漢書）公卿表，望之之後，尚有左馮翊彊一人，非即以延壽代也。望之由馮翊遷大鴻臚，又二年，而拜御史大夫；其時延壽亦為左馮翊矣。」㊄望之……使御史案之：顏師古曰：「望之以延壽代己為馮翊而有能名，出己之上，故忌害之，欲陷以罪法。」㊅廩犧：胡三省曰：「左馮翊屬官有廩犧令、丞、尉。」顏師古曰：「廩主藏穀，犧主養牲，皆所以供祭祀也。」㊆而為延壽所拘持：《漢書・韓延壽傳》：「延壽劾奏移殿門，禁止望之。」按當時有所劾奏，並移宮中，禁止被劾者入。故望之奏為延壽所拘持。拘持，猶言拘束。㊇得其試騎士日奢僭踰制：其，指延壽。顏師古曰：「試騎士，每歲大試也。」胡三省曰：「余謂即都試也。據（漢書）延壽傳：『治飾兵車，畫龍虎朱雀。延壽衣黃紈方領，駕四馬傳，總建幢棨，植羽葆。鼓車、歌車、功曹引車，皆駕四馬，載棨戟。五騎為伍，分左右部。軍假司馬千人，持幢旁轂。歌者先居射室，望見延壽車，噭咷楚歌。延壽坐射室，騎吏持戟夾陛列立，騎士從者帶弓鞬羅後。令騎士兵車，四面營陳，被甲鞮鞪，居馬上抱弩負籣。又使騎士戲車、弄馬、盜驂。』所謂奢僭踰制者也。」㊈效尚方事：胡三省曰：「據（漢書）劉向傳：『上令典尚方鑄作事。』師古註曰：『尚方，鑄巧作金銀之所，若今之中尚署。』又漢制，尚方主作御刀劍。」按蓋謂延壽鑄刀劍效尚方規制，亦言其僭侈。㊉假：僱賃。⑪爭奏酒炙：奏，進奉。炙，烤肉。

二年（西元前五六年）

㈠春、正月，上幸甘泉，郊泰畤。【考異】宣紀云：「三月行幸甘泉；」荀紀作「正月」。按漢制常以正月郊祀，蓋荀悅作紀之時，本猶未誤也。又楊惲傳曰：「行必不至河東矣。」蓋時亦幸河東祠后土，史脫之也。

㈡車騎將軍韓增薨。五月，將軍許延壽為大司馬、車騎大將軍。

㈢丞相丙吉年老，上重之；蕭望之意常輕吉㈠，上由是不悅。丞相司直㈡奏望之遇丞相禮節倨慢，又使吏買賣，私所附益㈢，凡十萬三千，請逮捕繫治。秋、八月、壬午㈣，詔左遷望之為太子太傅。以太子太傅黃霸為御史大夫。

㈣匈奴呼韓邪單于，遣其弟右谷蠡王等西襲屠耆單于屯兵，殺略萬餘人。屠耆單于聞之，即自將六萬騎擊呼韓邪單于；屠耆單于兵敗自殺，都隆奇乃與屠耆少子右谷蠡王姑瞀樓頭亡歸漢。車犁單于東降呼韓邪單于。

冬、十一月，呼韓邪單于左大將烏厲屈，與父呼遬累烏厲溫敦㈤，皆見匈奴亂，率其眾數萬人降漢。封烏厲屈為新城侯㈥，烏厲溫敦為義陽侯㈦。【考異】宣紀：「呼遬累單于，帥眾來降。」功臣表：「信成侯王定，以匈奴烏桓屠驁單于子左大將軍率眾降，侯。義陽侯厲溫敦，以匈奴謼連累單于率眾降，侯。」此即屈與敦也，未嘗為單于；或降時自稱單于，或紀表二者誤也。

是時，李陵子復立烏籍都尉為單于，呼韓邪單于捕斬之，遂復都單于庭，然眾裁數萬人。屠耆單于從弟休旬王自立為閏振單于，在西邊。呼韓邪單于兄左賢王呼屠吾斯，亦自立為郅支骨都侯單于，在東邊。

㈤光祿勳平通侯楊惲，廉潔無私；然伐其行能㈧，又性刻害，好發人陰伏，由是多怨於朝廷。與太僕戴長樂相失㈨，人有上書告長樂罪，長樂疑惲教人告之，亦上書告惲罪曰：「惲上書訟韓延壽，郎中丘常謂惲曰：『聞君侯訟韓馮翊，當得活乎？』惲曰：『事何容易！脛脛者⑩未必全也。我不能自保⑪，真人所謂⑫鼠不容穴，銜窶數者也⑬。』又語長樂曰：『正月以來，天陰不雨，此春秋所記，夏侯君所言⑭。』」事下廷尉，廷尉定國⑮奏惲怨望，為訞⑯惡言，大逆不道。上不忍加誅，有詔皆免惲、長樂為庶人。【考異】宣紀「十二月，楊惲坐前為光祿勳有罪，免為庶人；不悔過怨望，大逆不道，要斬。」荀紀因而用之。惲傳，惲與孫會宗書曰：「臣之得罪，已三年矣。」又因日食之變，騶馬猥佐成上書告惲罪，下獄死。又楊惲稱杜延年為御史大夫。按百官表，惲以神爵元年為光祿勳，五年免。戴長樂亦以其年為太僕，五年免。杜延年以五鳳三年、六月、辛酉為御史大夫。又按蕭望之傳，使光祿勳惲策免望之；其事在今年八月，惲猶為光祿勳。至四年四月，乃有日蝕之變。蓋惲以今年十二月免為庶人，至四年乃死。宣紀誤也。

【今註】㈠蕭望之意常輕吉：《漢書・蕭望之傳》：「望之又奏言：『百姓或乏困，盜賊未止，二千石多材下不任職。三公非其人，則三光為之不明；今首歲日月少光，咎在臣等。』上以望之意輕丞相。」顏師古註曰：「言三公非其人，又云咎在臣等，是其意毀丞相。」㈡丞相司直：時繇延壽為丞相司直。繇，音婆（ㄆㄛˊ）。㈢使吏買賣，私所附益：顏師古曰：「使其吏為望之家有所買賣，而吏以其私錢增益之，用潤望之也。」㈣壬午：八月無此日。㈤呼遫累烏厲溫敦：呼遫累，官號。遫，古速字。烏厲溫敦，其人名。㈥新城侯：食邑於汝南郡之細陽縣，故城在今安徽省太和縣東。㈦義陽侯：食邑於南陽郡之平氏縣，故城在今河南省桐柏縣西。㈧伐其行能：謂自矜其操行材能。㈨相失：謂交惡。㈩脛脛者：謂正直之士。顏師古曰：「脛脛，直貌也。」周壽昌曰：「脛脛即硜硜通借字。」脛音幸（ㄒㄧㄥˋ）。⑪我不能自保：謂我尚不能自保，為人訟冤，何以得活？⑫真人所謂：猶言「正如人所謂。」⑬鼠不容穴，銜窶數者也：如淳曰：「所以不容穴，正坐銜窶數自妨，故不得入穴也。」蘇林曰：「窶數，鉤灌四足鉤也。」顏師古曰：「窶數，載盆器也。以盆盛物，戴於頭者，則以窶數薦之。今賣白團餅人所用者是也。」⑭天陰不雨，此《春秋》所記，夏侯君所言：張晏曰：「夏侯勝曰：『天久陰不雨，臣下必有謀上者。』春秋無久陰不雨之異也。漢史記勝所言，故曰春秋所記，謂說春秋災異耳。」顏師古曰：「春秋有不雨事，說者因論久陰，附著之也。張晏謂漢史為春秋，失之矣。」⑮廷尉定國：指於定國。⑯訞：同妖。

三年（西元前五五年）

㈠春、正月、癸卯（二十六日），博陽定侯丙吉薨。

班固贊曰：「古之制名，必由象類，遠取諸物，近取諸身㊀。故經謂君為元首，臣為股肱㊁，明其一體，相待而成也。是故君臣相配，古今常道，自然之勢也。近觀漢相，高祖開基，蕭曹為冠㊂；孝宣中興，丙魏有聲；是時黜陟有序，眾職修理，公卿多稱其位，海內興於禮讓。覽其行事，豈虛虖哉㊃！」

㈡二月、壬辰㊄，黃霸為丞相。霸材長於治民，及為丞相，功名損於治郡。時京兆尹張敞舍鶡㊅雀飛集丞相府，霸以為神雀，議欲以聞。敞奏霸曰：「竊見丞相請與中二千石、博士，雜問郡國上計長史守丞，為民興利除害，成大化。條其對，有耕者讓畔，男女異路，道不拾遺，及舉孝子貞婦者為一輩，先上殿㊆；舉而不知其人數者，次之；不為條教者，在後叩頭謝。丞相口雖不言，而心欲其為之也。長史守丞對時，臣敞舍有鶡雀飛止丞相府屋上，丞相以下見者數百人。邊吏多知鶡雀者，問之皆陽不知。丞相圖議上奏，曰：『臣問上計長史守丞以興化條(八)，皇天報下神爵。』後知從臣敞舍來，乃止。郡國吏竊笑丞相仁厚有知略，微信奇怪也。臣敞非敢毀丞相也，誠恐羣臣莫白(九)，而長史守丞畏丞相指歸(一〇)，舍法令各為私教(一一)，務相增加；澆淳散樸(一二)，幷行偽貌，有名亡實，傾搖解怠，甚者為妖。假令京師先行讓畔異路，道不拾遺，其實亡益廉貪貞淫之行，而以偽先天下，固未可也。逆諸侯先行之，偽聲軼(一三)於京師，非細事也。漢家承敝通變，造起律令，所以勸善禁姦，條貫詳備，不可復加。宜令貴臣明飭(一四)長史守丞，歸告二千石，舉三老、孝弟、力田、孝廉、廉吏，務得其人，郡事皆以灋令為檢式(一五)，毋得擅為條教。敢挾詐偽以奸(一六)名譽者，必先受戮，以正明好惡。」天子嘉納敞言，召上計吏，使侍中臨飭如敞指意，霸甚慚。

又樂陵侯史高(一七)，以外屬舊恩，侍中貴重，霸薦高可太尉。天子使尚書召問霸：「太尉官罷久矣(一八)！夫宣明教化，通達幽隱，使獄無冤刑，邑無盜賊，君之職也。將相之官，朕之任焉(一九)。侍中樂陵侯高，帷幄近臣，朕之所自親(二〇)，君何越職而舉之(二一)？」尚書令受丞相對，霸免冠謝罪，數日乃決(二二)。自是後，不敢復有所請。然自漢興言治民吏，以霸為首。

㈢三月，上幸河東，祠后土。減天下口錢(二三)。赦天下殊死以下。

㈣六月、辛酉（十六日），以西河太守杜延年為御史大夫。【考異】荀紀作辛巳，百官表作辛酉。按長曆此月丙午朔，無辛巳。

㈤置西河北地屬國，以處匈奴降者。

㈥廣陵厲王胥使巫李女須祝詛上(二四)，求為天子。事覺，藥殺巫及宮人二十餘人，以絕口，公卿請誅胥。

【今註】㊀遠取諸物，近取諸身：語出易經繫辭下傳。㊁故經謂君為元首，臣為股肱：經謂《書經》。〈虞書〉益稷有「元首明哉，股肱良哉」之句。㊂蕭曹為冠：蕭曹指蕭何、曹參。顏師古曰：「名位在眾人之上也。」胡三省曰：「余謂此言其相業冠羣后也。」㊃豈虛虖哉：謂君明臣賢，始成盛治，而非偶然。㊄壬辰：二月無此日。據《漢書・百官公卿表》，黃霸為丞相在二月壬申（二十五日）。㊅鶡：顏師古曰：「此鶡音芬字，本作鳻，此通用耳。鳻雀大而色青，出羌中。」宋祁曰：「鶡音介字，本作鳻，今本誤作芬並鴉字。……案許慎說文，鳻音古拜反，鳥似鶡而色青，出羌中，與師古所引合。」王先謙曰：「下云『邊吏多知鶡雀者』，則作鳻是。雀出羌中，故長安見而神之。」㈦先上殿：顏師古曰：「丞相所坐屋也。古者屋之高嚴，通呼為殿，不必宮中也。」胡三省曰：「余據鄭玄周禮注，漢司徒府，有天子以下大會殿。後漢之司徒府，則前漢之丞相府也。」沈欽韓曰：「周官稾人注：『今司徒府中，有百官朝會之殿，云天子與丞相舊決大事焉。』」應劭曰：「天子所臨故丞相聽事，亦謂之殿。漢制尊卑有定，禮分逾嚴，豈得汎然同稱乎！」㈧興化條：興化，謂興舉政化。條，條目。㈨誠恐羣臣莫白：恐羣臣莫敢白其事。㈩指歸：旨趣。⑪教：告諭。⑫澆淳散樸：謂淳樸之風，為之破壞。⑬軼：顏師古曰：「軼，過也。音逸。」朱一新曰：「軼與溢通。禹貢『溢為滎』，地理志作『軼為滎』是其證。師古訓軼為過，偽聲過於京師，不辭。」⑭飭：讀曰敕。⑮檢式：檢，格局。式，樣式。⑯奸：音干（ㄍㄢ），求取。⑰史高：宣帝祖母史良娣兄恭之長子。⑱太尉官罷久矣：太尉秦官，漢因之。文帝三年即西元前一七八年，罷太尉官。至景帝三年即西元前一五四年，以周亞夫為太尉，五年即西元前一五二年又罷。武帝建元元年即西元前一四〇年，以田蚡為太尉，二年罷。此後即不再除復，距此時已八十餘年。⑲將相之官，朕之任焉：謂欲拜將相，由朕自主。⑳朕之所自親：意謂商為近親，其材質朕所具知，何須薦舉。㉑君何越職而舉之：胡三省曰：「丞相職總百官，進賢退不肖。霸薦史高，以為所薦非其人可也；以為越職，則非也。自武帝以來，丞相之失其職也久矣。」齊召南曰：「案自武帝以後，外廷之官，統於丞相；中朝之官，統於大司馬。霸以丞相而舉史高為大司馬，故以越職責之。」㊂數日乃決：謂經數日後，其事始決，霸始得免罪。㊂口錢：即口賦錢。時民年七歲至十四歲，每人每年須出口賦錢二十三錢。昭帝元平元年即西元前七四年曾減十之三，每人約出十六錢。今又減。㊃使巫李女須祝詛上：女須，巫名。祝，通呪。

四年（西元前五四年）

㈠春，胥自殺。

㈡匈奴單于稱臣，遣弟右谷蠡王入侍。【考異】按匈奴傳，呼韓邪稱臣，即遣銖婁渠堂入侍事，在明年。時匈奴有三單于，不知此單于為誰也。以邊塞亡寇，減戍卒什二。

㈢大司農中丞耿壽昌奏言：「歲數豐穰，穀賤㊀，農人少利。故事，歲漕關東穀四百萬斛，以給京師，用卒六萬人。宜糴三輔、弘農、河東、上黨、太原郡穀，足供京師，可以省關東漕卒過半。」上從其計。壽昌又白令邊郡皆築倉，以穀賤增其賈㊁而糴，穀貴時減賈而糶㊂，名曰「常平倉㊃。」民便之。上乃下詔賜壽昌爵關內侯。

㈣夏、四月、辛丑、朔（一日），日有食之。

㈤楊惲既失爵位，家居，治產業，以財自娛。其友人安定太守西河孫會宗與惲書諫戒之，為言大臣廢退，當闔門㊄惶懼，為可憐之意；不當治產業，通賓客，有稱譽。惲宰相子㊅，有材能，少顯朝廷，一朝以晻昧語言見廢，內懷不服。報會宗書曰：「竊自思念，過已大矣！行已虧矣！常為農夫以沒世矣！是故身率妻子，戮力耕桑，不意當復用此為譏議也。夫人情所不能止者，聖人弗禁；故君父至尊親㊆，送其終也，有時而既㊇。臣之得罪，已三年矣。田家作苦㊈，歲時伏㊉臘，烹羊炰⑪羔，斗酒自勞；酒後耳熱。仰天拊缶，而呼烏烏⑫。其詩曰：『田彼南山，蕪穢不治，種一頃豆，落而為萁⑬。人生行樂耳，須富貴何時！』誠荒淫無度，不知其不可也。」又惲兄子安平侯譚⑭，謂惲曰：「侯罪薄又有功⑮，且復用。」惲曰：「有功何益？縣官不足為盡力。」譚曰：「縣官實然。蓋司隸、韓馮翊⑯皆盡力吏也，俱坐事誅。」

會有日食之變，騶馬猥佐成⑰上書，告惲驕奢不悔過，日食之咎，此人所致。章下廷尉按驗，得所予會宗書，帝見而惡之。廷尉當⑱惲大逆無道，要斬。妻子徙酒泉郡，譚坐免為庶人。諸在位與惲厚善者，未央衛尉韋玄成及孫會宗等，皆免官。

臣光曰：「以孝宣之明，魏相丙吉為丞相，于定國為廷尉，而趙、蓋、韓、楊⑲之死，皆不厭⑳眾心，其為善政之累大矣。周官司寇之灋，有議賢議能㉑；若廣漢、延壽之治民，可不謂能乎？寬饒、惲之剛直，可不謂賢乎？然則雖有死罪，猶將宥之；況罪不足以死乎！揚子㉒以韓馮翊之愬蕭，為臣之自失㉓；夫所以使延壽犯上者，望之激之也。上不之察，而延壽獨蒙其辜，不亦甚哉！」

(六)匈奴閏振單于，率其眾東擊郅支單于，郅支與戰殺之，幷其兵。遂進攻呼韓邪，呼韓邪兵敗走。郅支都單于庭。

【今註】㊀穀賤：時穀每石五錢。㊁賈：讀曰價，下同。㊂糶：音跳（ㄊㄧㄠˋ），賣米。㊃常平倉：漢之設常平倉自此時始。㊄闔門：閉門。㊅惲宰相子：惲，丞相楊敞之子。㊆君父至尊親：謂君至尊，父至親。㊇送其終也，有時而既：張晏曰：「喪不過三年；臣見放逐，降居三月復初。」顏師古曰：「既，已也。」劉敞曰：「惲但云送終三年，本不及放逐三月也。」胡三省曰：「余謂惲之此言，實因廢棄而有怨望之意。」按惲意蓋謂，即為君父送終服喪，亦有已時；況身遭廢退，業已三年，自無閉門惶懼之必要。㈨作苦：謂耕作勞苦。㈩伏：即三伏，節日名。三伏謂初伏、中伏、終伏。夏至後第三庚為初服，四庚為中服，立秋後初庚為終服。三伏之節，蓋起於秦德公。㈡炰：同炮，以火燒熟。㈢仰天拊缶，而呼烏烏：應劭曰：「缶，瓦器也。秦人擊之以節歌。」顏師古曰：「缶，即今之盆類也。李斯上秦王書云：『擊甕叩缶，彈箏搏髀，而歌烏烏快耳者，真秦聲也。』是關中舊有此曲。」㈢田彼南山，蕪穢不治，種一頃豆，落而為萁：張晏曰：「山高在陽，人君之象也。蕪穢不治，言朝廷之荒亂也。一頃百畝，以喻百官也。言豆貞實之物，當在囷倉，零落在野，喻己之見放棄也。萁曲而不直，朝臣皆諂諛也。」周壽昌曰：「張晏詳作詩注，文致周內，顏注取之。竊意宣帝惡者，書中送終數語。蓋先時戴長樂告惲罪，有『昭帝崩，今復如此』，又『上行不至河東』等語，觀此書更實其言矣。不係此詩。」按《漢書．楊惲傳》載戴長樂上書告惲罪云：「惲語富平侯張延壽曰：『聞前嘗有犇車抵殿門，門關折，馬死，而昭帝崩。今復如此，天時，非人力也。』」又云：「（惲）又語長樂曰：『正月以來，天陰不雨，此春秋所記，夏侯君所言：行必不至河東矣。』」」周謂帝惡送終數語甚有理，然如謂此詩無諷刺意，亦不可得。㈣安平侯譚：惲兄忠襲父敞安平侯爵，忠死，子譚嗣。㈤有功：謂惲有發霍氏謀反之功。㈥蓋司隸、韓馮翊：蓋司隸事見卷二十六神爵二年㈢。韓馮翊事見本卷五鳳元年㈤。㈦騶馬猥佐成：如淳曰：「騶馬，以給騶使乘之。佐，主猥馬吏也，有史，有佐。名成也。」㈧當：謂判決其罪。㈨趙、蓋、韓、楊：指趙廣漢、蓋寬饒、韓延壽、楊惲。㊂厭：滿。㊂周官司寇之法，有議賢議能：胡三省曰：「周官小司寇之職，以八辟麗邦法附刑罰，三曰議賢之辟，四曰議能之辟。鄭玄注曰：『賢謂有德行者，能謂有道藝者。』」㊂揚子：指揚雄。㊂臣之自失：揚子《法言・重黎篇》曰：「或問臣之自失，曰：『李貳師之執貳，田祁連之濫帥，韓馮翊之愬蕭，趙京兆之犯魏。』」意謂四人乃咎由自取。司馬光引之，蓋不以其言為然。

甘露元年（西元前五三年）

㈠春、正月，行幸甘泉，郊泰畤。

㈡楊惲之誅也，公卿奏京兆尹張敞，惲之黨友，不宜處位。上惜敞材，獨寢其奏不下㊀。敞使掾絮舜有所案驗，舜私歸其家曰：「五日京兆耳㊁，安能復案事！」敞聞舜語，即部吏收舜繫獄。晝夜驗治，竟致其死事㊂。舜當出死，敞使主簿㊃持教告舜曰：「五日京兆竟何如？冬月已盡延命乎？」乃棄舜市。會立春，行冤獄使者出，舜家載尸，并編敞教㊄，自言使者。使者奏敞賊殺不辜。上欲令敞得自便㊅，即先下敞前坐楊惲奏，免為庶人。敞詣闕上印綬，便從闕下亡命㈦。

數月，京師吏民解弛，枹鼓數起㈧；而冀州部中有大賊。天子思敞功効，使使者即家在所召敞㈨。敞身被重劾㈩，及使者至，妻子家室皆泣，而敞獨笑曰：「吾身亡命為民，郡吏當就捕；今使者來，此天子欲用我也。」裝隨使者⑪，詣公車上書曰：「臣前幸得備位列卿，待罪京兆⑫，坐殺掾絮舜。舜本臣敞素所厚吏，數蒙恩貸；以臣有章劾當免，受記⑬考事，便歸臥家，謂臣五日京兆。背恩忘義，傷薄俗化。臣竊以舜無狀，枉灋以誅之。臣敞賊殺不辜，鞠獄故不直，雖伏明法，死無所恨。」天子引見敞，拜為冀州刺史⑭。【考異】荀紀載於五鳳二年，因楊惲事并致此誤也。百官表：「敞以神爵元年為京兆尹，八年免。」敞傳云：「為京兆，九歲免。」敞到部，盜賊屏迹。

㈢皇太子柔仁好儒，見上所用多文法吏，以刑繩下；常侍燕，從容言陛下持刑太深，宜用儒生。帝作色⑮曰：「漢家自有制度，本以霸王道雜之，奈何純任德教，用周政⑯乎？且俗儒⑰不達時宜，好是古非今，使人眩於名實，不知所守，何足委任！」乃歎曰：「亂我家者，太子也。」

臣光曰：「王霸無異道，昔三代之隆，禮樂征伐自天子出，則謂之王；天子微弱，不能治諸侯，諸侯有能率其與國，同討不庭㈧，以尊王室者，則謂之霸。其所以行之也，皆本仁祖義，任賢使能，賞善罰惡，禁暴誅亂。顧名位有尊卑，德澤有深淺，功業有鉅細，政令有廣狹耳，非若白黑甘苦之相反也。漢之所以不能復三代之治者，由人主之不為，非先王之道，不可復行於後世也。夫儒有君子，有小人㈨；彼俗儒者，誠不足與為治也，獨不可求真儒而用之乎？稷、契、皐陶、伯益、伊尹、周公、孔子，皆大儒也，使漢得而用之，功烈豈若是而止邪？孝宣謂太子懦而不立，闇於治體，必亂我家，則可矣；乃曰：『王道不可行，儒者不可用』，豈不過哉！非所以訓示子孫，垂灋將來者也。」

㈣淮陽憲王㈩好法律，聰達有材，王母張倢伃尤幸。上由是疏太子而愛淮陽憲王，數嗟歎憲王曰：「真我子也！」常有意欲立憲王。然用太子起於微細，上少依倚許氏㈡；及即位，而許后以殺死㈢，故弗忍也。久之，上拜韋玄成為淮陽中尉㈢，以玄成嘗讓爵於兄㈣，欲以感諭憲王，由是太子遂安。

㈤匈奴呼韓邪單于之敗也，左伊秩訾王為呼韓邪計，勸令稱臣入朝事漢，從漢求助；如此，匈奴乃定。呼韓邪問諸大臣，皆曰：「不可。匈奴之俗，本上氣力而下服役㉕，以馬上戰鬬為國；故有威名於百蠻㉖，戰死，壯士所有也㉗。今兄弟爭國㉘，不在兄，則在弟；雖死，猶有威名，子孫常長諸國㉙。漢雖彊，猶不能兼幷匈奴。奈何亂先古之制，臣事於漢，畀辱先單于㉚，為諸國所笑？雖如是而安，何以復長百蠻？」左伊秩訾曰：「不然，彊弱有時；今漢方盛，烏孫城郭諸國，皆為臣妾；自且鞮侯單于㉛以來，匈奴日削，不能取復㉜，雖屈彊㉝於此，未嘗一日安也。今事漢則安存，不事則危亡，計何以過此！」諸大人㉞相難久之，呼韓邪從其計㉟，引眾南近塞，遣子右賢王銖婁渠堂入侍。郅支單于亦遣子右大將駒於利受入侍。

㈥二月、丁巳（二十一日），樂成敬侯許廷壽薨。

㈦夏、四月，黃龍見新豐㊱。

㈧丙申（一日），太上皇廟火。甲辰（九日），孝文廟火，上素服五日。

㈨烏孫狂王復尚楚主解憂，生一男鴟靡，不與主和，又暴惡失眾。漢使衛司馬魏和意、副侯(37)任昌至烏孫，公主言狂王為烏孫所患苦，易誅也。遂謀置酒，使士拔劍擊之；劍旁下(38)，狂王傷，上馬馳去。其子細沈瘦(39)會兵圍和意、昌及公主於赤谷城(40)。數月，都護鄭吉發諸國兵救之(41)，乃解去。漢遣中郎將張遵持醫藥治狂王，賜金帛。因收和意、昌，係瑣(42)，從尉犁檻車至長安(43)，斬之。

初，肥王翁歸靡胡婦子烏就屠，狂王傷時，驚與諸翎侯俱去，居北山(44)中；揚言母家匈奴兵來，故眾歸之。後遂襲殺狂王，自立為昆彌。是歲，漢遣破羌將軍辛武賢，將兵萬五千人至燉煌，通渠(45)積穀，欲以討之。

初，楚王侍者馮嫽(46)，能史書(47)習事(48)。嘗持漢節為公主使，城郭諸國敬信之。號曰：「馮夫人。」為烏孫右大將(49)妻。右大將與烏就屠相愛，都護鄭吉(50)使馮夫人說烏就屠，以漢兵方出，必見滅，不如降。烏就屠恐曰：「願得小號以自處。」帝徵馮夫人自問狀(五二)，遣謁者竺次、期門甘延壽為副，送馮夫人。馮夫人錦車(五三)持節，詔烏就屠詣長羅侯赤谷城(五三)。立元貴靡為大昆彌，烏就屠為小昆彌(五四)，皆賜印綬。破羌將軍不出塞還。後烏就屠不盡歸翎侯人眾，漢復遣長羅侯將三校屯赤谷，因為分別人民地界。大昆彌戶六萬餘，小昆彌戶四萬餘，然眾心皆附小昆彌。

【今註】㊀獨寢其奏不下：因帝惜敞材能，故獨將劾敞之奏，留中不下。㊁五日京兆耳：舜以敞被奏當免官，在位不久，故有此語。㊂竟致其死事：謂舜罪不當死，而以事文致之。㊃主簿：郡吏，主文簿。㊄編敞教：編，聯接。謂聯敞教於訴狀之上。㊅得自便：顏師古曰：「從輕法以免也。」周壽昌曰：「敞本罪為賊殺不辜，當從重比；坐楊惲事，僅免為庶人。猶今官吏被訟逮，主治者輕之，令自仞輕罪一事，得薄罰以免也。」㊆便從闕下亡命：胡三省：「此即令之得自便也。」顏師古曰：「亡命，不還其本縣邑也。」李賢曰：「命，名也。謂脫其名籍而逃亡。」㊇枹鼓數起：枹，音膚（ㄈㄨ），鼓搥。逐捕盜賊則鳴鼓，此謂盜賊眾多。㊈即家在所召敞：謂就其所居之處而徵召敞。⑩敞身被重劾：指敞前賊殺不辜之事。⑪裝隨使者：謂治行裝而隨使者赴京師。⑫備位列卿，待罪京兆：胡三省曰：「西都之制，為三輔者，列於九卿。待罪者，謙言也。謂身居其官，而不稱職，則將有瘝曠之罪，故謂居職為待罪。西都之臣，率有是言。」⑬受記：猶今謂「奉命」。⑭冀州刺史：胡三省曰：「冀州部為魏郡、鉅鹿、常山、清河等郡，廣平、真定、中山、信都、河間等國。」按武帝元封五年即西元前一〇六年，分全國為十三部，每部設刺史以督察地方。至東漢末年刺史權重，漸成為地方最高軍政長官。⑮作色：作，動。因怒而色動。⑯周政：謂姬周之政。⑰俗儒：謂徒托空言，不達時務之儒。⑱不庭：胡三省曰：「庭，直也；不庭，不直也。一說以諸侯不朝為不庭。」⑲儒有君子，有小人：胡三省曰：「論語，孔子謂子夏曰：『汝為君子儒，毋為小人儒。』謝顯道為之說曰：『志於義則大，是以謂之君子；志於利則小，是以謂之小人。』」⑳淮陽憲王：名欽，宣帝次子。㉑上少依倚許氏：事見卷二十四昭帝元平元年㈤。㉒許后以殺死：事見卷二十四本始三年㈠。㉓淮陽中尉：淮陽，王國名。治陳，今河南淮陽縣。中尉，官名，掌王國武。㉔玄成嘗讓爵於兄：事見卷二十五元康四年㈤。㉕下服役：以服役於人為下。㉖百蠻：周壽昌曰：「外夷相謂為蠻，不必南方也。故匈奴亦稱百蠻。」㉗戰死，壯士所有也：顏師古曰：「言人皆有此事耳。」胡三省曰：「余謂壯士健鬭，則戰死乃本分必有之事。」㉘兄弟爭國：郅支為兄，呼韓邪為弟。㉙長諸國：為諸國長帥。㉚畀辱先單于：顏師古曰：「言忝辱之，更令卑下也。」胡三省曰：「此言先單于與漢爭為長雄，而今單于臣事之，是卑辱先單于於地下也。」㉛且鞮侯單于：呼韓邪之曾祖，在位期間為武帝太初四年（西元前一〇一年）至天漢四年（西元前九七年）。㉜取復：謂取得報復。㉝屈彊：今作「倔強」。㉞大人：周壽昌曰：「匈奴貴人相稱為大人，二字始此。」

㉟從其計：謂從左伊訾王之計。㊱黃龍見新豐：黃龍，星名。新豐，縣名，故城在今陝西省臨潼縣東。㊲副侯：胡三省曰：「侯，儲侯也。為和意之副。」㊳劍旁下：劍不正下，未中要害。㊴其子細沈瘦：蓋狂王先娶胡婦之子。㊵赤谷城：烏孫都城，離長安八千九百里。故城在今蘇聯戞黠斯境內納倫（Naryn）河上流山中。㊶都護鄭吉發諸國兵救之：徐松曰：「通鑑繫此事於甘露元年，非也。蓋在五鳳中。」㊷係瑣：謂繫之以鎖。㊸從尉犁檻車至長安：尉犁，西域國名，其地在今新疆省博斯騰湖西南至尉犁縣之間。檻車，囚車。徐松曰：「和意、昌繫在烏壘城（按在今新疆省輪臺縣東），從尉犁行。」㊹北山：胡三省曰：「其山在烏孫之北。」按胡註所謂「烏孫之北」，當係「赤谷城以北」之意。㊺通渠：胡三省曰：「時立表穿渠於卑鞮侯井以西。」孟康曰：「大井六通渠也。下流湧出，在白龍堆東上山下。」㊻嫽：顏師古曰：「嫽，音了。嫽，慧也；故以為名。」徐松曰：「詩陳風：『佼人僚兮』，傳：『僚，好貌』。釋文：『僚本亦作嫽。』說文：『嫽，女字也。』……蓋僚、嫽通，婦人以為美稱。顏訓慧，未知所出。」㊼史書：胡三省曰：「史，吏也。史書猶言吏書也。」按吏書即今所謂「公文」。㊽習事：謂其內習漢事，外習諸國之事。㊾右大將：胡三省曰：「烏孫國官，相、大祿之下，有左右大將二人，蓋貴人也。」㊿都護鄭吉：徐松曰：「（漢書）段會宗傳：『為西域都護三歲，更盡還。』」如淳曰：「邊吏三歲一更，今鄭吉自神爵二年（西元前六〇年）為都護，至甘露元年（西元前五三年），已八年不更者，或吉時未定此制。」(51)帝徵馮夫人自問狀：胡三省曰：「即此事與數詔問趙充國事，參而觀之；《通鑑》所紀一千三百餘年間，

明審之君，一人而已。」㉓錦車：以錦為車衣。㉔詣長羅侯赤谷城：長羅侯，指常惠。徐松曰：「烏就屠或仍居北山中。常惠蓋與辛武賢同討而獨至烏孫也。」㉕立元貴靡為大昆靡，烏就屠為小昆彌：元貴彌，肥王翁歸靡嫡長男，楚主解憂所生。徐松曰：「以長幼為大小。」

二年（西元前五二年）

㈠春、正月，立皇子囂為定陶王。【考異】諸侯王表：「十月乙亥立。」今據宣紀。

㈡詔赦天下，減民筭三十㊀。

㈢珠厓郡㊁反。夏、四月，遣護軍都尉㊂張祿將兵擊之。

㈣杜延年以老病免。五月、己丑（一日），廷尉于定國為御史大夫。

㈤秋、七月，立皇子宇為東平王。

㈥冬、十二月，上行幸萯陽宮㊃、屬玉觀㊄。

㈦是歲，營平壯武侯趙充國薨。先是充國以老乞骸骨，賜安車駟馬黃金罷就弟㊅。朝廷每有四夷大議，常與參兵謀，問籌策焉。

㈧匈奴呼韓邪單于款㊆五原塞，願奉國珍，朝三年正月㊇。詔有司議其儀，丞相御史曰：「聖王之制，先京師而後諸夏，先諸夏而後夷狄；匈奴單于朝賀，其禮儀宜如諸侯王，位次在下㊈。」太子太傅蕭望之，以為「單于非正朔所加㊉，故稱敵國，宜待以不臣之禮，位在諸侯王上。外夷稽首稱藩，中國讓而不臣，此則羈縻之誼㊁，謙亨之福㊂也。書曰：『戎狄荒服㊂』，言其來服，荒忽亡常；如使匈奴後嗣，卒有鳥竄鼠伏，闕於朝享，不為畔臣㊃，萬世之長策也。」天子采之，下詔曰：「匈奴單于稱北蕃，朝正朔㊄，朕之不德，不能弘覆，其以客禮待之。」令單于位在諸侯王上，贊謁稱臣而不名。

荀悅論曰：「春秋之義㊅，王者無外，欲一於天下也。戎狄道里遼遠，人迹介絕㊆，故正朔不及，禮教不加，非尊之也，其勢然也。詩云：『自彼氐羌，莫敢不來王㊇』，故要荒之君，必奉王貢；若不供職，則有辭讓號令加焉㊈；非敵國之謂也。望之欲待以不臣之禮，加之王公之上，僭度失序，以亂天常，非禮也。若以權時之宜，則異論矣。」

㈨詔遣車騎都尉韓昌迎單于，發所過七郡二千騎，為陳道上㈢。

【今註】㈠減民算三十：按算賦即今所謂「人頭稅」。漢制，民自十五歲至五十六歲，須繳算賦。數目則時有變更，高帝時每人每年六十三錢，文帝時四十錢；武帝時則繳一百二十錢，謂之一算。今減三十，謂每算減三十錢。㈡珠厓郡：今海南島東北部地。治瞫都，今海南島瓊山縣。㈢護軍都尉：官名，屬大司馬。㈣萯陽宮：應劭曰：「萯陽宮在鄠（按今陝西鄠縣北），秦文王所起」一說秦昭王時起。萯，晉倍（ㄅㄟˋ）。㈤屬玉觀：晉灼曰：「屬玉，水鳥，似鵁鶄，以名觀也。」周壽昌曰：「文選西都賦：『天子乃登屬玉之館。』觀、館字通。」㈥罷就弟：弟，同第，宅第。錢大昕曰：「案（漢書）公卿表於神爵二年書後將軍充國，不言何年罷免。據此傳（按指《漢書．趙充國傳》）似即神爵二年事。而《漢書．常惠傳》言：『甘露中，後將軍充國薨，天子遂以惠為右將軍。』則充國雖以病免，宣帝猶以將軍待之，終充國之身，虛將軍位不置也。」㈦款：叩。㈧朝三年正月：願於甘露三年正月行朝禮。㈨位次在下：胡三省曰：「此議猶依傍成周盛時期諸侯之制。」㈩非正朔所加：謂匈奴不奉正朔，非漢屬國。㈡羈縻之誼：胡三省曰：「望之此議，取春秋傳王者不治夷狄之意。馬絡曰羈，牛靷曰縻；言其在荒服，待之若牛馬然，取羈縻不絕而已。」㈢謙亨之福：顏師古曰：「易謙卦之辭曰：『謙亨，天道下濟而光明，地道卑而上行。』言謙之為德，無所不通也。」㈢書曰：「戎狄荒服」：顏師古曰：「逸書也。」胡三省曰：「余謂此語或者伏生之書有之，今國語猶載此言。」㈣卒有鳥竄鼠伏，闕於朝享，不為畔臣：胡三省曰：「朝，朝見也。享，供時享也。享，獻也。古者諸侯見於天子，必以所貢，助祭於廟。孝經所謂：『四海之內，各以其職來祭』者也。卒，讀曰猝。」顏師古曰：「卒，終也。謂本以客禮待之，若後不來，非叛臣。」㈤朝正朔：胡三省曰：「謂朝明年正月之朔。」朔，月之初一日。㈥春秋之義，王者無外，欲一天下也：胡三省曰：「春秋之義，王者無外，故天王有人無出；大夫出，不言犇，欲一乎天下也。」㈦介絕：隔絕。㈧詩云「『自彼氐羌，莫敢不來王』」：句出《詩經・商頌・殷武》之詩。㈨故要荒之君，必奉王貢；若不供職，則有辭讓號令加焉：胡三省曰：「國語，祭父謀父曰：『蠻夷要服，戎狄荒服。要服者貢，荒服者王。有不貢則修名，有不王則修德。於是讓不貢，告不王；於是有威讓之令，有文告之辭。』」按要服、荒服，皆指邊遠蠻荒之區。古有「五服」之說，即侯、甸、綏，要、荒五服；每服五百里，侯服最近京師，甸服則在侯服之外，餘此類推。故要荒最為邊遠。㈩發所過七郡二千騎，為陳道上：胡三省曰：「按漢書（匈奴傳）郡下又郡字。師古注曰：『所過之郡，每為發兵，陳列於道，以為寵衞也。』」七郡謂過五原、朔方、西河、上郡、北地、馮翊，而後至長安也。」

三年（西元前五一年）

㈠春、正月，上行幸甘泉，郊泰畤。

㈡匈奴呼韓邪單于來朝，贊謁稱藩臣而不名。賜以冠帶、衣裳，黃金璽，盭綬㈠，玉具劍㈡，佩刀，弓一張，矢四發㈢，棨戟㈣十，安車一乘，鞍勒㈤一具，馬十五匹，黃金二十斤，錢二十萬，衣被七十七襲㈥，錦繡綺縠雜帛八千匹，絮六千斤。禮畢，使使者道單于先行，宿長平。上自甘泉，宿池陽宮。上登長平阪㈦，詔單于毋謁㈧。其左右當戶，皆得列觀㈨；及諸蠻夷君長王侯數萬，咸迎於渭橋下，夾道陳㈩。上登渭橋，咸稱萬歲。單于就邸長安，置酒建章宮，饗賜單于，觀⑪以珍寶。

二月，遣單于歸國。單于自請願留居幕南光祿塞⑫下，有急⑬保漢受降城。漢遣長樂衞尉高昌侯董忠，車騎都尉韓昌將騎萬六千，又發邊郡士馬以千數，送單于出朔方雞鹿塞⑭。詔忠等留衞單于，助誅不服。又轉邊穀米糒⑮，前後三萬四千斛，給贍其食。先是自烏孫以西，至安息諸國，近匈奴者，皆畏匈奴而輕漢；及呼韓邪朝漢後，咸尊漢矣。上以戎狄賓服，思股肱之美，乃圖畫其人於麒麟閣⑯，灋⑰其容貌，署其官爵姓名。唯霍光不名，曰大司馬大將軍博陸侯姓霍氏。其次張安世、韓增、趙充國、魏相、丙吉、杜延年、劉德、梁丘賀、蕭望之、蘇武凡十一人⒅。皆有功德，知名當世；是以表而揚之，明著中興輔佐，列於方叔、召虎、仲山甫焉⒆。

㈢鳳皇集新蔡⒇。

㈣三月，己巳㉑，建成安侯黃霸薨。五月、甲午（十二日），于定國為丞相，封西平侯。太僕沛郡陳萬年為御史大夫。

㈤詔諸儒講五經同異㉒，蕭望之等平奏其議，上親稱制臨決焉。乃立梁丘易㉓、大小夏侯㉔尚書、穀梁㉕春秋博士。

㈥烏孫大昆彌元貴靡，及鴟靡皆病死；公主上書言年老土思㉖，願得歸骸骨，葬漢地。天子閔而迎之，冬、至京師，待之一如公主之制㉗。後二歲卒㉘。

元貴靡子星靡代為大昆彌，弱㉙。馮夫人上書，願使烏孫鎮撫星靡，漢遣之。都護奏烏孫大吏大祿、大監㉚皆可賜以金印紫綬㉛，以尊輔大昆彌；漢許之。其後段會宗為都護，乃招還亡叛㉜，安定之。星靡死，子雌栗靡代立。

㈦皇太子所幸司馬良娣病且死，謂太子曰：「妾死非天命，乃諸娣妾良人㉓更祝詛殺我。」太子以為然。及死，太子悲恚發病，忽忽不樂。帝乃令皇后擇後宮家人子，可以娛侍太子者，得元城㉔王政君，送太子宮。政君，故繡衣御史賀㉕之孫女也。見於丙殿㉖壹幸有身。

是歲，生成帝於甲館畫堂㉗，為世適㉘皇孫。帝愛之，自名曰驁，字大㉙孫，常置左右。

【今註】㊀盭綬：顏師古曰：「盭，古戾字。戾，草名也。以戾染綬，亦諸侯王之制也。」㊁玉具劍：以玉裝飾之劍。㊂矢四發：服虔曰：「發，十二矢也。」韋昭曰：「射禮三而止，每射四矢，故以十二為一發也。」顏師古曰：「發，猶今言箭一放兩放也。今則以一矢為一放也。」㊃棨戟：棨，音啟（ㄑㄧˇ）。有衣之戟，蓋儀仗前驅所用。㊄勒：馬轡。㊅襲：顏師古曰：「一稱為一襲，猶今人之言一副衣服也。」按襲猶今所謂「套」。㊆長平阪：在池陽縣西南五里。池陽縣故城在今陝西省涇陽縣西北。㊇毋謁：不令其下拜。㊈其左右當戶，皆得列觀：《漢書・匈奴傳》作：「其左右當戶之羣臣，皆得列觀。」王念孫曰：「案臣字後人所加。左右當戶之羣，統當戶以下眾官而言，猶言左右當戶之屬耳。宣紀（按指漢書宣帝紀）言『其左右當戶之羣皆列觀』是其證。後人於羣下加臣字，則義不可通。通鑑刪去之羣二字亦非。」㊉陳：陳列。㊁觀：示。㊂光祿塞：顏師古曰：「徐自為所築者也。」胡三省曰：「余按武帝遣光祿徐自為出五原塞，築亭障列城，後人因謂之光祿塞。」㊂有急，保漢受降城：受降城，武帝時公孫敖所築，城在五原郡邊界。呼韓邪因恐郅支來攻，故請有急入城自保。㊃雞鹿塞：在朔方郡窳渾縣西北。窳渾在今綏遠省鄂爾多斯旗黃河西北岸。由此西北出，即抵外蒙古三音諾顏境。㊄糒：乾飯。㊅麒麟閣：在未央宮中。張晏曰：「武帝獲麒麟時作此閣，圖畫其像於閣，遂以為名。」㊆瀘：古法字。臨模。㊇凡十一人：胡三省曰：「圖畫功臣自此始。觀麒麟閣股肱之次，魏、丙列於霍、張、韓、趙之下，則知漢之丞相，在中朝諸將軍之後矣。」㊈方叔、召虎、仲山甫：顏師古曰：「三人皆周宣王之臣，有文武之功，佐宣王中興者也。言宣帝亦重興漢室，而霍光等並為名臣，皆比於方叔之屬。」㊉新蔡：縣名，屬汝南郡，今河南省新蔡縣。㊁己巳：三月無此日。據《漢書・百官公卿表》，霸死於三月己丑（六日）。㊂詔諸儒講五經同異：錢大昭曰：「時與議石渠者，易家：博士沛施讎，黃門郎東萊梁丘臨；書家：博士千乘歐陽地餘，博士濟南林尊，譯官令齊周堪，博士扶風張山附，謁者陳留假倉；詩家：淮陽中尉魯韋玄成，博士山陽張長安，沛薛廣德；禮家：梁戴聖，太子舍人沛聞人通漢；公羊家：博士嚴彭祖，侍郎申輓、伊推、宋顯、許廣；穀梁家：議郎汝南尹更始，待詔劉向、梁周慶、丁姓，中郎王亥；其可考者，凡二十三人。議奏之見於（漢書）藝文志者，書四十二篇，禮三十八篇，春秋三十九篇，論語十八篇，五經雜議十八篇，凡一百六十五篇。易詩二經，獨無奏議，班史失載之耳。」按石渠，閣名，在未央宮北，為諸儒講經之所。㉓梁丘：指梁丘賀。賀宣帝時人，從京房受易。㉔大小夏侯：指夏侯勝及夏侯建。建，勝從兄子。㉕穀梁：指穀梁赤。傳赤為魯人，子夏弟子，傳春秋，即《穀梁傳》。然確否不可考。㉖土思：謂有鄉土之思。㉗如公主之制：胡三省曰：「楚主本以宗室女嫁烏孫，今待之如公主之制，儀比皇女。」㉘後二歲卒：公主蓋卒於黃龍元年即西元前四九年。㉙弱：幼小。㉚大祿、大監：胡三省曰：「初，烏孫王昆莫中子大祿彊，善將，總萬餘騎，後遂以為官名。又其國官有大監二人。」㉛金印紫綬：漢制，列侯金印紫綬。都護奏請特賜烏孫大臣，蓋示寵顯。㉜亡叛：逃亡及叛變者。㉝良人：女官名。胡三省曰：「漢嬪御之秩，良人視八百石，爵比左庶長。」㉞元城：縣名，屬魏郡，故城在今河北省大名縣東。㉟王賀：事見卷二十一武帝天漢二年㊃。㊱丙殿：胡三省曰：「殿蓋以甲乙丙丁為次，因名。」㊲甲館畫堂：應劭曰：「甲觀，在太子宮甲地，主用乳生也。畫堂，畫九子母。」如淳曰：「畫堂，堂名。甲觀，觀名。三輔黃圖云：『太子宮，有甲觀。』」顏師古曰：「甲者，甲」乙丙丁之次也。（漢書）元后傳『見於丙殿』，此其例也。而應氏以為宮之甲地，謬矣。畫堂，但畫飾耳，豈必九子母乎！霍光止畫室中，是則宮殿之中，通有彩畫之飾。」」㊳世適：胡三省曰：「適，讀曰嫡。嫡，正出也。曰世嫡者，謂正統繼世之重也。政君之入太子宮，亦姬侍耳，以子貴遂為正妃。」㊴大：讀曰太。

四年（西元前五〇年）

㈠夏，廣川王海陽坐禽獸行㈠，賊殺不辜，廢徙房陵。【考異】諸侯王表作汝陽；宣紀景十三王傳作海陽，今從之。

㈡冬、十月，未央宮宣室閣火。

㈢是歲，徙定陶王囂為楚王。

㈣匈奴呼韓邪、郅支兩單于，俱遣使朝獻，漢待呼韓邪使有加焉。

【今註】㈠廣川王海陽坐禽獸行：地節四年即西元前六六年立廣川王文；海陽，文之子。禽獸行，謂亂倫。

黃龍元年（西元前四九年）

㈠春、正月，上行幸甘泉，郊泰畤。

㈡匈奴呼韓邪單于來朝，二月歸國。始，郅支單于以為呼韓邪兵弱降漢，不能復自還；即引其眾西，欲攻定右地。又屠耆單于小弟，本侍呼韓邪，亦亡之右地，收兩兄㈠餘兵，得數千人，自立為伊利目單于㈡。道逢郅支，合戰，郅支殺之，幷其兵五萬餘人。郅支聞漢出兵穀助呼韓邪，即遂留居右地。自度力不能定匈奴，乃益西近烏孫，欲其幷力。遣使見小昆彌烏就屠，烏就屠殺其使，發八千騎迎郅支。郅支覺其謀，勒兵逢擊㈢烏孫，破之。因北擊烏揭、堅昆㈣、丁令，幷三國。數遣兵擊烏孫，常勝之。堅昆東去單于庭七千里，南至車師五千里，郅支留都之。

㈢三月有星孛于王良閣道，入紫微㈤。

㈣帝寢疾，選大臣可屬者，引外屬㈥侍中樂陵侯史高，太子太傅蕭望之，少傅周堪至禁中。拜高為大司馬車騎將軍，望之為前將軍光祿勳，堪為光祿大夫，皆受遺詔輔政㈦，領尚書事㈧。冬、十二月、甲戌（七日），帝崩于未央宮㈨。

班固贊曰：「孝宣之治，信賞必罰㈩，綜核㈡名實。政事文學法理之士，咸精其能；至於技巧工匠器械，自元成閒，鮮能及之。亦足以知吏稱其職，民安其業也。遭值匈奴乖亂，推亡固存㈢，信㈢

威北夷，單于慕義，稽首稱藩。功光祖宗，業垂後嗣，可謂中興，侔德殷宗周宣㊃矣。」

㈤癸巳（二十六日），太子即皇帝位，謁高廟。尊皇太后㊄曰太皇太后，皇后曰皇太后。

【今註】㊀兩兄：指屠耆及閏振。㊁伊利目單于：《漢書・匈奴傳》作「伊利自單于。」㊂逢擊：顏師古曰：「以兵逆之，相逢即擊，故云逢擊。」王念孫曰：「案方言，逢，迎也。自關而西，或曰迎，或曰逢。逢擊，猶迎擊耳，顏說迂。」㊃烏揭、堅昆，種族名，皆屬突厥種。烏揭居丁令以南，為後來回訖之祖。堅昆即戛黠斯（Kirghiz），據今蘇聯戛黠斯平原東部。㊄王良、閣道、紫微：皆星座名。㊅外屬：外戚。㊆望之為前將軍光祿勳，……皆受遺詔輔政：王夫之曰：「宣帝臨終，屬輔政於蕭望之；其後望之被譖以死，而天下冤之。夫望之者，固所謂可小知而不可大受者也。望之於宣帝之世建議屢矣，要皆非人之是，是人之非，矯以與人立異；得非其果得，失非其固失也。匈奴內潰，羣臣議滅之，望之則曰：『不當乘亂而幸災』；呼韓邪入朝，丞相御史欲位之王侯之下，望之則曰：『待以不臣，謙享之福。』韓延壽良吏也，忌其名而訐其小過，以陷之死；丙吉賢相也，則倨慢無禮而以老侮之。且不但已也，出補平原太守，則自陳而請留；試之左馮翊，則謝病而不赴。迹其所為，蓋攬權自居，翹人過以必伸，激水火於廷而怙位以自尊者也。若此者其懷祿不舍之情，早為小人所挾持；而拂眾矯名，抑為君子所不信；身之不保，而安保六尺之孤哉！」又曰：「蓋宣帝之為君也，恃才而喜自用，樂聞人過以示察者也；故與望之有臭味之合焉。以私好而託家國之大，其不傾者鮮矣。」㈧領尚書事：胡三省曰：「漢尚書職典樞機，凡諸曹文書眾事皆由之。自是之後，凡受遺輔政，皆領尚書事。至東都曰錄尚書事。」㈨帝崩于未央宮：帝年十八即位，在位二十五年，壽四十三。㈩信賞必罰：謂有功必賞，有罪必罰。㈡綜核：綜聚而加考核。㈢推亡固存：李奇曰：「推亡者，若紂為無道，天下苦之，有滅亡之形；周武遂推而斃之。固存，譬如鄰國，以道蒞民，上下一心，勢必能存；因就而堅固之。今匈奴內自紛爭，宣帝能招呼韓邪而固存之；走郅支，使遠遁，是謂推亡也。」顏師古曰：「尚書仲虺之誥曰：『推亡固存，邦乃其昌』，言如無道者，則推而滅之；有存道者，則輔而固之；王者如此，國乃昌盛。故此贊引之。」㈢信：顏師古曰：「信，讀曰申，古字通用。一說恩信及威，並著北夷。余謂前說是。」按申今作伸。㈣殷宗周宣：指殷高宗及周宣王。㈤皇太后：指上官太后。

卷二十八　漢紀二十

起昭陽作噩，盡屠維單閼凡七年。（癸酉至己卯，西元前四八年至西元前四二年）

司馬光編集
趙鐵寒　註

孝元皇帝上

初元元年（西元前四八年）

㈠春，正月，辛丑（初四日），葬孝宣皇帝於杜陵㊀，赦天下。

㈡三月，丙午（初十日），立皇后王氏㊁，封后父禁為陽平侯㊂。以三輔㊃太常郡國公田及苑㊄可省者，振業貧民㊅。貲不滿千錢者㊆，賦貸種、食㊇。

㈢封外祖平恩戴侯㊈同產弟子㊉，中常侍⑪許嘉為平恩侯⑫。

㈣夏，六月，以民疾疫，令大官損膳⑬，減樂府員⑭，省苑馬⑮，以振困乏⑯。

㈤關東⑰郡國十一⑱，大水，饑⑲，或人相食⑳；轉㉑旁郡錢穀以相救。

㈥上素聞琅邪㈢王吉㈢、貢禹，皆明經潔行，遣使者徵㈣之，吉道病卒，禹至，拜為諫大夫㈤。上數虛己問以政。禹奏言：「古者人君節儉，什一而稅㈥，無他賦役㈦，故家給人足。高祖、孝文、孝景皇帝，宮女不過十餘人，廄馬百餘匹。後世爭為奢侈，轉轉益甚㈧，臣下亦相放効㈨。臣愚：以為如太古難，宜少㈩放古，以自節焉。方今官室已定，無可奈何矣！其餘盡可減損。故時㈪，齊三服官㈫，輸物不過十笥㈫；方今，齊三服官，作工各數千人，一歲費數鉅萬㈬。廄馬食粟將萬㈭匹。武帝時，又多取㈮好女至數千人，以填後宮。及棄天下㈯，多藏金錢、財物、鳥獸、魚鼈凡百九十物㈰；又皆以後宮女置於園陵㈱。至孝宣皇帝時，陛下惡有所言㈲，羣臣亦隨故事㈳，甚可痛也！故使天下承化㈴，取女皆大過度：諸侯妻妾或至數百人，豪富吏民畜歌者㈵至數十人，是以內多怨女㈶，外多曠夫㈷。及眾庶㈸葬埋，皆虛地上以實地下㈹。其過自上生，皆在大臣循故事之辠也㈺。唯陛下深察古道，從其儉者：大減損乘輿服御器物，三分去二；擇後宮賢者，留二十人，餘悉歸之(四九)，及諸陵園女無子者，宜悉遣(五〇)；廄馬可無過數十匹，獨舍(五一)長安城南苑地，以為田獵之囿(五二)。以方今天下饑饉(五三)，可無(五四)大自損減以救之，稱天意乎！天生聖人，蓋(五五)為萬民，非獨使自娛樂而已也。」天子納善其言，下詔，令諸宮館(五六)希御幸者(五七)，勿繕治(五八)；太僕(五九)減穀食馬(六〇)；水衡(六一)減肉食獸。

臣光曰：「忠臣之事(六二)君也，責其所難，則其易者不勞而正；補其所短，則其長者不勸而遂(六三)。孝元踐位之初，虛心以問禹，禹宜先其所急，後其所緩，然則優游不斷，讒佞(六四)用權，當時之大患也，而禹不以為言；恭謹節儉，孝元之素志(六五)也，而禹孜孜(六六)言之，何哉！使禹之智不足以知，烏(六七)得為賢，知而不言，為罪愈大矣。」

(七)匈奴呼韓邪單于(六八)復上書言，民眾困乏。詔雲中、五原郡(六九)轉穀二萬斛(七〇)以給之。

(八)是歲，初置戊巳校尉(七一)，使屯田車師故地(七二)。

【今註】(一)杜陵：縣名屬京兆。在今長安東南十五里。(二)立皇后王氏：名政君王莽姑母。(三)陽平侯：陽平縣名，屬東郡，今山東省莘縣。陽平侯食邑八千戶，傳五世，歷時七十年，王莽敗乃絕。㈣三輔：漢自武帝始以京兆、左馮翊、右扶風為三輔，相當周之王畿。其區域東起今之潼關，西至寶雞，南自終南山，北達鄜縣。㈤太常郡國公田及苑：此併舉三輔各郡國及太常所屬公田苑而言。太常九卿之一，官堦中二千石，掌宗廟陵寢祭祀典禮，所屬陵邑有公田及苑。㈥振業貧民：振與「賑」同。振業、救起使能作業。㈦貲不滿千錢者：資產不足一千文錢者。㈧賦貸種、食：賦、給與。貸、借與。種食、種子或食糧。㈨平恩戴侯：戴為諡號，戴侯即許廣漢。平恩縣名，屬魏郡，今山東省丘縣。平恩侯食邑五千六百戶，傳五世，歷七十五年乃絕。㈩同產弟子：胞弟之子。⑪中常侍：宮中官名。出入宮中，祇候天子。⑫許嘉為平恩侯：嘉、廣漢弟延壽子，廣漢無子，故以弟子嗣爵。⑬令太官損膳：太官、掌帝飲食者。損膳即節食。⑭減樂府員：樂府、武帝設，人員八百二十九，今裁減其員數。⑮省苑馬：省、減少。當時苑馬將萬匹。⑯以振困乏：以救困苦無以為生者。⑰關東：函谷關以東。舊關在今河南省靈寶縣南十里，武帝元鼎三年東徙今新安縣東二里。⑱郡國十一：郡及王侯之國十一處。⑲饑：今可與「飢」字通用。此處從爾雅古義，穀不熟曰饑。⑳或人相食：或、義為有。言有人相食者。㉑轉：轉運。㉒琅邪：音郎牙。字又可作琅琊。郡名，治今山東省諸城縣。㉓王吉：琅邪郡皋虞縣人，皋虞在今山東省即墨縣。㉔徵：以命令相召。㉕諫大夫：官名，階比八百石，掌議論諍諫。㉖什一而稅：什、與十通用。言取稅十分之一。㉗賦役：賦、捐稅錢物之總名。役、徵用人力之總名。㉘轉轉益甚：循環發展，越來越甚。㉙放效：放、與模倣之

「倣」同。效、學樣。㉚少：小。㉛故時：昔日。㉜齊三服官：齊，今山東省東部。產絲。故於此設三服官，製備天子春夏冬三季衣冠。李宗侗按《漢書・地理志》謂齊地「織作冰紈綺繡純麗之物，號為冠帶衣履天下。」又齊郡臨淄縣下有服官。三服為春夏冬三季衣冠係李斐說，顏師古註《漢書》所引用。宋吳仁傑則以為「所謂三服官者，蓋謂其有官舍三所，非謂其為首服：（指春服），冬服，夏服而名官也。貢禹論三服官作工各數千人，言各則知其非一矣。」李斐時代不可知，觀顏註所列各家姓氏次序，當為漢魏間人，所言必有據；然吳仁傑以貢禹疏文推論官舍三所亦近理。所謂齊三服官者當有官舍三所，皆在臨淄，而每所各有專長技工，各擔任供給一季之衣冠。此會萃兩說方可明瞭。㉝輸物不過十笥：輸貢衣物不過十竹箱。㉞數鉅萬：數萬萬。㉟廐馬食粟：馬舍所養食糧食之馬。㊱取：同娶。㊲棄天下：諱言天子死曰，棄天下。㊳凡百九十物：物、種類。百九十物，武帝殉葬之物多至百九十種類。㊴後宮女置於園陵：以宮女守亡帝陵園。李宗侗按：現非洲象牙海岸一帶初民猶有此俗。㊵惡有所言：惡音烏。宣帝元帝之父，對於父喪不便發言主張儉省。㊶隨故事：故事、成例。隨武帝以多物殉葬之成例。㊷天下承化：天下受其影響。㊸畜歌者：畜、養。歌者、歌伎。㊹怨女：女大不得嫁者。㊺曠夫：男大不得娶者。㊻眾庶：民眾。㊼虛地上以實地下：虛、虛擲。浪費地上之物埋於地下。㊽太臣循故事之辠也：辠古文罪字。循故事，指宣帝喪，依武帝例以多物殉葬言。不便指責皇帝，故歸罪於大臣。㊾歸之：使歸其家。㊿遣：遣散還家。(51)獨舍：舍與「捨」同。獨捨即獨留長安城南園池，餘悉廢罷。(52)田獵之囿：田與「畋」同，獵取禽獸曰畋。囿：四面築牆垣於其中養禽獸。（五三）饑饉：荒年，無穀曰饑，無菜曰饉。（五四）無：義與「不」同。（五五）蓋：義同乃。（五六）諸宮館：諸離宮別館。（五七）希御幸者：希同「稀」。不常居住遊幸之處。（五八）繕治：繕、補葺。治，整理。（五九）太僕：官名，九卿之一，官階中二千石。掌天子之車馬。（六〇）減穀食馬：減少食糧穀之馬。（六一）水衡：水衡都尉之省稱。水衡都尉，官名，掌天子之山林池苑。（六二）事：同「侍」。（六三）遂：完成。（六四）讒佞：讒、講人壞話。佞、諂媚不正。（六五）素志：原意。（六六）孜孜：努力不止。（六七）烏：義與「豈」同。（六八）呼韓邪單于：宣帝甘露元年降漢，保塞內附，居光祿塞。在今內外蒙交界處。（六九）雲中、五原郡：雲中郡，治今綏遠省托克托縣。五原郡治今綏遠省五原縣。（七〇）斛：量名，十斗曰斛。（七一）戊巳校尉：校尉、武官名，次於將軍。戊巳，取陰陽家說戊巳位居中央之義，以示此校尉居西域中央，鎮護四面諸國。（七二）車師故地：在今新疆省吐魯番縣東。

二年（西元前四七年）

㈠春，正月，上行幸甘泉㈠，郊泰畤㈡。

㈡樂陵侯㈢史高，以外屬㈣領尚書事，前將軍蕭望之、光祿大夫周堪、為之副。望之名儒，與堪皆以師傅舊恩，天子任㈤之，數宴見㈥，言治亂，陳王事。望之選白㈦宗室明經有行，散騎、諫大夫劉更生給事中⑧，與侍中⑨金敞，拾遺左右。四人同心謀議，勸導上以古制，多所欲匡正⑩，上甚鄉納⑪之，史高充位而已，由此與望之有隙。中書令⑫弘恭、僕射⑬石顯，自宣帝時久典樞機⑭，明習文灋；帝即位，多疾，以顯久典事，中人無外黨⑮，精專⑯可信任，遂委以政，事無大小因顯白決，貴幸傾朝，百僚皆敬事顯。顯為人巧慧習事，能深得人主微指⑰，內深賊⑱，持詭辨以中傷人，忤恨睚眦⑲，輒被以危法⑳；亦與車騎將軍㉑高為表裏，議論常獨持故事，不從望之等。望之等患苦許、史㉒放縱，又疾恭、顯擅權，建白㉓以為中書政本，國家樞機，宜以通公正明處之。武帝游宴後庭，故用宦㉔者，非古制也。宜罷中書宦官，應古不近刑人之義。由是大與高、恭、顯忤。上初即位，謙讓，重改作㉕，議久不定，出劉更生為宗正㉖。望之、堪數薦名儒茂材，以備諫官，會稽㉗鄭朋，陰欲附望之㉘，上書言：車騎將軍高，遣客為姦利郡國，及言許史子弟罪過。章視周堪㉙。堪白，令朋待詔金馬門。朋奏記㉚望之曰：「今將軍規橅云若㉛？管、晏而休㉜？遂行日昃，至周、召乃留[33]乎？若管、晏而休，則下走[34]將歸延陵之皋[35]，沒齒而已[36]矣。如將軍興周、召之遺業，親日昃之兼聽[37]，則下走庶幾願竭區區[38]奉萬分之一。」望之始見朋，接待以意[39]；後知其傾邪，絕不與通。朋，楚士，怨恨，更求入許、史，推[40]所言許、史事，曰：「皆周堪劉更生教我；我關東人，何以知此！」於是侍中許[41]，章白見朋[42]。朋出揚言曰：「我見，言前將軍小過五，大罪一。」待詔華龍行汙穢，欲入堪等[43]，堪等不納[44]，亦與朋相結。恭、顯令二人告望之等謀欲罷車騎將軍，疏退許、史狀。候望之出休日[45]，令朋、龍上之。事下、弘恭問狀。望之對曰：「外戚在位，多奢淫，欲以匡正國家，非為邪也。」恭、顯奏：「望之、堪、更生朋黨相稱舉，數譖訴[46]大臣，毀離親戚，欲以專擅權埶[47]。為臣不忠，誣上不道，請謁者[48]召致廷尉[49]。」時上初即位，不省[50]召致廷尉為下獄也，可其奏[51]。後上召堪、更生，曰：「繫獄。」上大驚曰：「非但廷尉問邪！」以責恭、顯，皆叩頭謝。上曰：「令出視事！」恭、顯因使史高言：「上新即位，未以德化聞天下，而先驗師傅(五二)。既下九卿大夫獄，宜因決免。」於是制詔丞相御史(五三)：「前將軍望之、傅朕八年(五四)，無它罪過，今事久遠，識忘難明(五五)，其赦望之罪，收前將軍、光祿勳(五六)印綬。」及堪、更生，皆免為庶人。

(三)二月，丁巳（二十七日），立弟竟為清河王(五七)。【考異】荀紀、竟、作寬、今從漢書。

(四)戊午（二十八日），隴西地震，敗城郭屋室，壓殺人眾。【考異】劉向傳云、三月、地大震、今從元紀。

(五)三月，立廣陵厲王(五八)子霸為王。

(六)詔罷黃門乘輿狗馬(五九)。水衡禁囿、宜春下苑(六〇)、少府佽飛外池(六一)、嚴籞(六二)池田、假與貧民。又詔赦天下，舉茂材異等、直言極諫之士。

(七)夏，四月，立子驁為皇太子。待詔鄭朋薦太原(六三)太守張敞，先帝名臣，宜傅輔皇太子。上以問蕭望之，望之以為敞能吏，任治煩亂(六四)，材輕非師傅之器(六五)。天子使使者徵敞，欲以為左馮翊，會病卒。

(八)詔賜蕭望之爵關內侯(六六)，給事中，朝朔望。【考異】元紀、此詔在今冬、按劉向傳云、前弘恭、石顯、奏望之等獄決、三月地大震、然則望之等黜免在今春地震前也、又曰、夏客星見昴卷舌間、上感悟、下詔賜望之爵關內侯、望之傳曰、後數月、賜望之爵關內侯、蓋紀見望之死在十二月、因置此詔於彼上耳。關東饑，齊地人相食。

(九)秋，七月，己酉（二十七日），地復震。【考異】劉向傳曰、冬地復震、元紀此月詔曰、一年中地再動、漢紀、在七月己酉、今從之。

(十)上復徵周堪、劉更生，欲以為諫大夫；弘恭、石顯白，皆以為中郎(六七)。上器重蕭望之不已，欲倚以為相；恭、顯及許、史兄弟，侍中諸曹，皆側目(六八)於望之等。更生乃使其外親上變事，言：「地震殆為恭等，不為三獨夫(六九)動，臣愚：以為宜退恭、顯，以章蔽善之罰，進望之等，以通賢者之路，如此，則太平之門開，災異之原塞(七〇)矣。」書奏，恭、顯疑其更生所為，白請考姦詐，辭果服(七一)，遂逮更生繫獄，免為庶人。會望之子散騎、中郎伋，亦上書訟望之前事(七二)，事下有司。復奏：「望之前所坐明白，無譖訴者(七三)，而教子上書，稱引亡辜(七四)之詩，失大臣體，不敬，請逮捕！」弘恭、石顯等知望之素高節，不詘㊄辱，建白：「望之前幸得不坐，復賜爵邑，不悔過服罪，深懷怨望，教子上書，歸非於上㊅，自以託師傅，終必不坐㊆，非頗屈望之於牢獄，塞其怏怏心，則聖朝無以施恩厚㊈。」上曰：「蕭太傅素剛，安肯就吏㊈？」顯等曰：「人命至重，望之所坐，語言薄罪，必無所憂。」上乃可其奏。冬，十二月，顯等封詔㊇以付謁者，敕令召望之手付㊁。因令太常急發執金吾㊂車騎，馳圍其第。使者至，召望之。望之以問門下生㊃魯國朱雲，雲者，好節士，勸望之自裁㊃。於是望之仰天歎曰：「吾嘗備位將相，年踰六十矣，老入牢獄，苟求生活，不亦鄙乎！」字謂雲曰：「游：趣和藥來㊄！無久留我死！」遂飲鴆㊅自殺。天子聞之，驚，拊手㊆曰：「曩固疑其不就牢獄，果然殺吾賢傅！」是時、太官方上晝食，上乃卻食，為之涕泣，哀動左右。於是召顯等責問，以議不詳，皆免冠謝㊇，良久然後已。上追念望之不忘，每歲時，遣使者祠祭望之冢，終帝之世。

臣光曰：甚矣孝元之為君，易欺而難悟也！夫恭、顯之譖訴望之，其邪說詭計，誠有所不能辨也。至於始疑望之不肯就獄，恭、顯以為必無憂，已而果自殺，則恭、顯之欺亦明矣。在中智之君，孰不感動奮發，以底(八九)邪臣之罰！孝元則不然，雖涕泣不食，以傷望之，而終不能誅恭、顯，纔得其免冠謝而已；如此，則姦臣安所懲乎！是使恭顯得肆(九〇)其邪心，而無復忌憚(九一)者也。

(十一)是歲弘恭病死，石顯為中書令。

(十二)初，武帝滅南越(九二)，開置珠厓儋耳郡，在海中洲(九三)上。吏卒皆中國人，多侵陵之。其民亦暴惡，自以阻絕(九四)數犯吏禁，率數年一反，殺吏；漢輒發兵擊定之，二十餘年間凡六反(九五)。至宣帝時又再反(九六)。上即位之明年，珠厓山南縣(九七)反，發兵擊之。諸縣更叛，連年不定。上博(九八)謀於羣臣，欲大發軍，待詔賈捐之曰：「臣聞堯、舜、禹之聖德，地方不過數千里，西被流沙(九九)，東漸(一〇〇)于海，朔南暨聲教(一〇一)，言欲與聲教(一〇二)則治之，不欲與者不彊治也。故君臣歌德，含氣之物(一〇三)，各得其宜。武丁(一〇四)成王，殷、周之大仁也，然地東不過江、黃(一〇五)，西不過氐、羌(一〇六)，南不過蠻荊(一〇七)，北不過朔方(一〇八)，是以頌聲幷作，視聽之物，咸樂其生，越裳氏重九譯⑲而獻，此非兵革之所能致也。以至于秦，興兵遠攻，貪外虛內，而天下潰畔⑳。孝文皇帝，偃武行文，當此之時，斷獄數百，賦役輕簡㉑。孝武皇帝，厲兵馬以攘四夷㉒，天下斷獄萬數，賦煩役重，寇賊幷起，軍旅數㉓發，父戰死於前，子鬥傷於後，女子乘亭障㉔，孤兒號於道，老母、寡婦飲泣㉕巷哭，是皆廓㉖地泰大，征伐不休㉗之故也。今關東民眾久困，流離道路。人情莫親父母，莫樂夫婦；至嫁妻、賣子，灋㉘不能禁，義不能止，此社稷㉙之憂也！今陛下不忍悁悁之忿㉚，欲驅士眾㉛擠之大海之中，快心幽冥㉜之地，非所以救助饑饉，保全元元㉝也。詩云：「蠢爾蠻荊，大邦為讎㉞。」言聖人起則後服，中國衰則先畔，自古而患之，何況乃復其南方萬里之蠻乎！駱越㉟之人，父子同川而浴，相習以鼻飲，與禽獸無異，本不足郡縣置㊱也，顓顓㊲獨居一海之中，霧露氣濕，多毒草、蟲蛇、水土之害；人未見虜㊳，戰士自死。又非獨珠厓有珠犀瑇瑁也㊴。棄之不足惜，不擊不損威。其民譬猶魚鼈㊵，何足貪也。臣竊以往者羌軍㉛言之，暴師㉜曾未一年，兵出不踰千里，費四十餘萬萬，大司農㉝錢盡，乃以少府㉞禁錢續之。夫一隅為不善，費尚如此，況於勞師遠攻，亡士㉟毋功乎。求之往古則不合，施之當今又不便，臣愚：以為非冠帶之國，禹貢所及㊱，春秋所治，皆可且無以為㊲。願遂棄珠厓！專用恤㊳關東為憂。」上以問丞相、御史，御史大夫陳萬年以為當擊；丞相于定國以為前日興兵，擊之連年，護軍都尉㊴校尉㊵及丞凡十一入，還者二人，卒士及轉輸㊶死者萬人以上，費用三萬萬餘，尚未能盡降；今關東困乏，民難搖動，捐之議是。上從之。捐之，賈誼曾孫也。

【今註】㈠甘泉：宮名。在今陝西省淳化縣甘泉山。本秦離宮，武帝增廣之，每歲五月至八月居此避署。㈡泰畤：祭壇名。畤，音止，神所休止之處。㈢樂陵侯：樂音落（ㄌㄠˋ）。樂陵縣名漢有二樂陵，一屬臨淮郡，今地不詳。一屬平原郡，即今山東省樂陵縣。據《漢書．外戚恩澤侯表》，史高所封之樂陵，屬臨淮郡。㈣外屬：史高、元帝曾祖母史良娣兄弟之子，故曰外屬。㈤任：信任。㈥宴見：宴、與燕閒之「燕」同。宴見，於帝安閒休息之時進見。㈦選白：選拔奏明。㈧散騎、諫大夫劉更生給事中：散騎，加官名，備帝諮詢顧問者。皇帝出則騎馬從車駕。劉更生即西漢著名學者劉向之原名。給事中、加官名，侍從天子，祇候宮中，左右親近之臣。此言選劉更生以散騎諫大夫本官，給事於禁中。(九)侍中：官名。掌於殿中奏事，拾遺補闕。(一〇)匡：補救。(一一)鄉納：鄉、與傾嚮之「嚮」同。納，接受聽從其進言。(一二)中書令：官名。用宦者，居宮中，主政務。(一三)僕射：官名。僕，主持。射，射箭。古重武，故以此為機關首長名。射音亦。(一四)樞機：中樞機要。(一五)中人無外黨：宦者服役於宮中，故稱中人。在外無親黨。(一六)精專：精力專一。(一七)微指：指與旨意之「旨」同。微指，微妙之內心情意。(一八)深賊：深沉害人。(一九)忤恨睚眦：忤，不順。睚眦，音厓此。目不正視。此言細行小怨。(二〇)被以危法：加以重法。(二一)車騎將軍：官階比三公。掌拱衞天子與大征伐。(二二)許、史：許嘉、史高。(二三)建白：建議奏請。(二四)宦：俗宦字。(二五)重改作：不願多事更張。(二六)宗正：官名。九卿之一，官階中二千石。掌宗室之管理教養等事。(二七)會稽：郡名。治吳，今江蘇省吳縣。(二八)陰欲附望之：內心欲攀結蕭望之。(二九)章視周堪：元帝將鄭朋章交周堪閱視。(三〇)奏記：書札。(三一)規橅云若：橅，音武古音讀如模故通模。此問「規模如何？」(三二)管、晏而休：如管仲、晏嬰而罷。(三三)周、召乃留：如周公、召公才止。(三四)下走：下，自謙在下。下走，我。(三五)延陵之皐：延陵，邑名。今江蘇省武進縣。皐，水畔。鄭朋會稽人，此言將歸其故里。(三六)沒齒而已：終其天年而止。(三七)日昃之兼聽：日過午謂之日昃。相傳周文王親士，日昃不暇食。(三八)願竭區區：區區，小。願竭區區，如言願盡微力。(三九)接待以意：接待以誠意。(四〇)推：推諉。(四一)許：許嘉。(四二)章白見朋：上章請帝接見鄭朋。(四三)欲入堪等：希望加入周堪等之黨。(四四)堪等不納：周堪等不接受。(四五)出休日：漢制，服務禁中者，十日一出休沐。休息沐浴。如現今之例假。㊻譖訴：據實告訴曰訴。加誣妄成分曰譖。㊼埶：與「勢」同。㊽謁者：官名。屬光祿勛。官階六百石。掌傳達奏事，接引賓客。㊾廷尉：官名。九卿之一，官階中二千石。掌司法刑罰。㊿不省：不理會。(51)可其奏：批准恭顯奏章。(52)師傅：蕭望之於元帝為太子時官太子太傅。(53)丞相、御史：凡制詔開始皆曰：「丞相、御史大夫。」《漢書》有時省「大夫」二字，此其一例。(54)傅朕八年：望之為太子傅八年。(55)識忘難明：識同「誌」，記憶。意為事久記憶不明，不便治罪。(56)光祿勛印綬：光祿勛官名。九卿之一，官階中二千石。掌警衛宮殿門戶。印綬：漢官自佩其印，故印必有綬。綬佩印之絲帶。(57)清河王：清河，郡名。治今河北省清河縣。清河王立三年徙為中山王。(58)廣陵厲王：名胥，武帝子。廣陵，郡名。治今江蘇省江都縣。(59)黃門、狗馬：黃門、宮門。有黃門寺，屬少府，宦者主之，皇帝所使用玩幸各物皆屬其管理。《漢書》元帝紀作「黃門乘輿狗馬」。(60)宜春下苑：宜春，宮名，有苑。長安城南又有宜春下苑。在今長安南十二里曲江池。(61)少府、佽飛、外池：少府，官名，九卿之一，官階中二千石，掌帝私用錢物等項。佽飛，佽音次，古勇士名。漢於少府設射禽弋人，名曰佽飛，取其武勇。外池，於長安城外置池，以便射弋禽鳥供祭祀，稱曰外池。(62)嚴籞：射鳥者，以竹編帳自遮，使鳥不見之具曰嚴。古字作巖。捕鳥者，於池上以竹繩所作籬障似小屋者，鳥入則捕之曰籞。古字作籞。(63)太原：郡名。治今山西省陽曲縣。(64)任治煩亂：勝任治理煩難與棼亂。(65)非師傅之器：張敞為婦畫眉，傳為故事。又嘗走馬章臺，尋花問柳，行為輕佻，故蕭望之評為「非師傅之器」。(66)關內侯：無封國無食邑。居長安食俸祿，在函谷關之內，曰關內侯。(六七)中郎：官名，屬光祿勳，官階六百石，掌看守門戶，皇帝出則扈駕。(六八)側目：怨恨。(六九)三獨夫：獨夫，義為孤立無權勢。此處指蕭望之、周堪、劉更生三人。(七〇)災異之原塞：原同「源」。塞，堵絕。(七一)辭果服：劉更生之外親供辭果然招服。(七二)訟望之前事：訟說當年正月間下廷尉事之冤枉。(七三)無譖訴之者：蕭望之有罪，並無誣枉告訴者。(七四)亡辜：亡，古無字。辜，罪。(七五)詘：同「屈」。(七六)歸非於上：歸不善之行為於帝。(七七)終必不坐：終究不至治罪。(七八)無以施恩厚：若非委屈望之，下於牢獄，堵塞其不滿心理，則無法顯加恩意。(七九)安肯就吏：豈肯往獄吏處。(八〇)封詔：封緘詔書。(八一)手付：親手交付。(八二)執金吾：吾，古音讀牙。金吾，鳥名，可避不祥，取其義以名官。執金吾，官階中二千石。掌巡警京師，防備盜賊，彈壓市面。皇帝出巡，則為先驅。(八三)門下生：即門生。(八四)自裁：自殺。(八五)趣和藥來：趣，疾速。和藥，拌和毒藥。(八六)飲鴆：鴆，毒鳥，以其羽毛畫酒，飲之立死。(八七)拊手：拍掌。(八八)免冠謝：摘帽叩首謝罪。(八九)底：致。(九〇)肆：放肆。(九一)忌憚：忌，顧忌。憚、懼怕。(九二)南越：今廣東、廣西兩省地，武帝時分置交阯、南海、蒼梧、鬱林、合浦、九真、日南、珠崖、儋耳等九郡。其中珠崖儋耳二郡，在今海南島，分設十六縣。(九三)洲：水中高地，今名為島。洲、島同語根。(九四)阻絕：孤懸海外，與大陸阻限隔絕。(九五)六反：自武帝元鼎六年（西元前一一一年）至昭帝即位（西元前八六年）凡二十六年間，六次叛亂。(九六)宣帝時又再反：宣帝神爵三年，三縣反。甘露元年，九縣又反。(九七)南縣：所在不詳。胡三省以為在黎母山之南。(九八)博：廣。(九九)西被流沙：被，音披。流沙，泛指西北塞外沙漠地帶而言，西域地名流沙者不一，無法確指為何處。⑩漸：水浸入曰漸。⑪朔南暨聲教：朔南，朔方以南。朔方北方邊塞。暨同「及」。言朔方以南皆中國聲教之所及。⑫與：同「預」，參預。⑬含氣之物：各種生物。⑭武丁：殷高宗，紂之七世祖，伐荊楚，征鬼方，武功甚盛。⑮江、黃：皆古國名。江國在今河南省息縣。黃國在今河南省潢川縣。⑯氐、羌：西方種族名。其居處不能確指，大體在今甘肅省西南以至河西一帶。⑰蠻荊：今湖北省襄陽以南至江陵一帶。⑱朔方：郡名。治今綏遠省鄂爾多斯旗。⑲越裳氏，重九譯：越裳氏，南方部族名，其地不詳。《晉書》以為即三國吳所置九德郡處。按九德郡在今越南北部。重九譯、重複經九次翻譯，始達中國。⑳畔：同「叛」。㉑賦役輕簡：租稅輕而力役簡。㉒厲兵馬以攘四夷：厲同「礪」。磨礪兵器。攘，抵抗。抗禦四夷。㉓數：音朔。再三曰數。㉔亭障：亭、障，皆邊塞斥候守望建築物名。㉕飲泣：流淚入口，謂之飲泣。㉖廓：開拓。㉗休：止。㉘灋：古法字。㉙社稷：國家。㉚悁悁之忿：悁悁，急躁。忿，恨。㉛擠：推。㉜幽冥：幽，深。冥，黑暗。㉝元元：庶民。㉞蠢爾蠻荊，大邦為讎：《詩經・采芑》章句。㉟駱越：胡三省以為即珠厓。㊱本不足郡縣置：本不足置郡縣。㊲顓顓：愚蠢無知。㊳虜：拘掠。㊴瑇瑁：瑇字又作玳。瑁音冒，又音妹。瑇瑁之瑁應讀妹。㊵其民譬猶魚鼈：言其賤而易得。㊶羌軍：指宣帝神爵元年羌亂而言。㊷暴師：暴即曝。曝有顯露鋪張之義，故引申出師作戰曰暴師。㊸大司農：官名。九卿之一，官階中二千石。掌國家金帛錢穀供軍國之用。㊹少府：官名。九卿之一，官階中二千石。掌皇帝金帛服御等物，供天子私用。㊺亡：死亡。㊱禹貢所及：《尚書・禹貢篇》所及之地。㊲皆可且無以為：俱可暫且不做。㊳恤：顧念體恤。㊴護軍都尉：官名。屬大司馬。㊵校尉：官名。主兵事武備。㊶轉輸：轉運輸送糧餉軍需。

三年（西元前四六年）

㈠春，詔曰：「珠厓虜殺吏民，背畔為逆。今廷議㊀者，或言可擊，或言可守，或欲棄之，其指各殊㊁。朕日夜惟思議者之言，羞威不行㊂，則欲誅之；狐疑㊃辟難，則守屯田㊄；通乎時變，則憂萬民。夫萬民之饑餓，與遠蠻之不討，危孰大焉；且宗廟之祭，凶年不備，況乎辟不嫌之辱哉㊅。今關東大困，倉庫空虛，無以相贍㊆，又以動兵非特勞民，凶年隨之。其罷珠厓郡！民有慕義㊇欲內屬，便處之㊈；不欲，勿彊㊉！」

㈡夏，四月，乙未（十一日），晦㊀，茂陵㊁白鶴館災。赦天下。

㈢夏，旱。

㈣立長沙煬王弟宗為王㊀。

㈤長信少府㊀貢禹上言：諸離宮及長樂宮㊁衛，可減其太半，以寬繇役。六月詔曰：「朕惟烝庶⑯之饑寒，遠離父母妻子，勞於非業之作，衛於不居之宮，恐非所以佐陰陽之道也。其罷甘泉、建章宮⑰衛，令就農。百官各省費。條奏，毋有所諱！」

㈥是歲，上復擢周堪為光祿勳。堪弟子張猛為光祿大夫⑱給事中，大見信任。

【今注】㈠廷議：漢有大政事，疑而未決者，則廷議。三公丞相九卿而下，大夫、博士、議郎，皆得各申己見，言所欲言；然後由皇帝采擇裁決之。㈡殊：不同。㈢羞威不行：恥威令不行。㈣狐疑：古傳狐性善疑，其行畏首畏尾。㈤屯田：兵隊長期戍守一地，就所在從事農耕，以給軍食，謂之屯田。㈥況乎辟不嫌之辱哉：嫌同慊，義為愜意。此言何暇置意於不愜意之細小恥辱。㈦贍：養。㈧慕義：向善。㈨便處之：聽其便意居住，不加限制。⑩彊：與勉強之「強」同。⑪晦：按《漢書・五行志》：「四月乙未孝武園白鶴館災。」無晦字。元帝因此赦天下詔，亦不敘晦義。錢大昕以為係衍文。⑫茂陵：武帝陵名。在今陝西省興平縣。⑬長沙王：長沙郡名。治今湖南省長沙縣。長沙王景帝二年封建，傳七世凡一六四年國除。⑭長信少府：官名。掌皇太后宮中一切事務。⑮長樂宮：宮名。與長信宮同為太后所居。⑯烝庶：眾民。⑰甘泉、建章宮：甘泉宮名。見本書元帝初元二年㈡注。建章宮，武帝太初元年建。在今長安西。⑱光祿大夫：屬光祿勳。官階分中二千石、二千石、比二千石三等。掌國事議論。

四年（西元前四五年）

㈠春，正月，上行幸甘泉，郊泰畤。三月，行幸河東，祠后土。赦汾陰徒㈠。

【今註】㈠徒：刑徒。后土祠在汾陰，發徒興作，錄其辛勞，故赦其罪。

五年（西元前四四年）

㈠春，正月，以周子南君為周承休侯㈠。

㈡上行幸雍㈡，祠五畤。

㈢夏、四月，有星孛于參。

㈣上用諸儒貢禹等之言，詔太官毋日殺，所具㈢各減半；乘輿秣馬，無乏正事而已㈣。罷角抵㈤、上林㈥宮館希御幸者、齊三服官㈦、北假田官㈧、鹽鐵官㈨、常平倉㈩。博士弟子毋置員⑪，以廣學者令民有能通一經者，皆復⑫。省刑罰七十餘事。陳萬年卒。六月，辛酉（二十日）長信少府貢禹為御史大夫⑬。禹前後言得失，書數十上，上嘉其質直，多采用之。

㈤匈奴郅支單于⑭，自以道遠，又怨漢擁護呼韓邪而不助己，困辱漢使者江乃始等；遣使奉獻，因求侍子⑮。漢議，遣衞司馬谷吉送之。御史大夫貢禹，博士⑯東海匡衡，以為：郅支單于鄉化未醇⑰，所在絕遠，宜令使者送其子至塞而還。吉上書言：「中國與夷狄有羈縻⑱不絕之義，今既養全其子十年，德澤甚厚，空絕而不送，近從塞還，示棄捐不畜⑲，使無鄉從之心，棄前恩，立後怨，不便！議者⑳見前江乃始無應敵之數㉑，智勇俱困，以致恥辱，即豫為臣憂；臣幸得建彊㉒漢之節，承明聖之詔，宣諭厚恩，不宜敢桀㉓。若懷禽獸心，加無道於臣，則單于長嬰㉔大罪，必遁逃遠舍㉕，不敢近邊。沒㉖一使以安百姓，國之計，臣之願也，願送至庭。」上許焉。既至，郅支單于怒，竟殺吉等。【考異】陳湯傳。初元四年，郅支求侍子，元帝紀五年，谷吉使匈奴不還，湯傳又云，御史大夫貢禹議吉不可遣。按禹今年六月始為御史大夫，或者郅支以四年求侍子，而吉以五年使匈奴也。自知負㉗漢；又聞呼韓邪益彊，恐見襲擊，欲遠去。會康居㉘王數為烏孫㉙所困，與諸翕侯計，以為：匈奴大國，烏孫素服屬之，今郅支單于困阨㉚在外，可迎置東邊，使合兵取烏孫而立之，長無匈奴憂矣。即使使至堅昆㉛，通語郅支。郅支㉜素恐，又怨烏孫，聞康居計大說，遂與相結，引兵而西。郅支人眾中㉝寒道死，餘財㉞三千人，到康居。康居王以女妻郅支，郅支亦以女予康居王。康居甚尊敬郅支，欲倚其威，以脅㉟諸國。郅支數借兵擊烏孫，深入至赤谷城㊱，殺略民人，毆㊲畜產去，烏孫不敢追，西邊空虛不居者五千里㊳。

㈥冬，十二月，丁未（初九日），貢禹卒。丁巳（十九日），長信少府薛廣德為御史大夫。

【今註】㈠周承休侯：武帝元鼎四年封周後為周子南君（見本書卷二十），至是進封為侯。其食邑在今河南省臨汝縣。㈡雍：縣名。本秦舊都。在今陝西省鳳翔縣南。㈢所具：所供肉食。㈣無乏正事而已：不至缺乏祭祀蒐狩等正事之用為止。㈤角抵：雜技游藝之一種，即今之角力貫跤。此戲古有之，秦滅乃罷。武帝元封三年恢復，至是又罷。㈥上林：苑名。本秦舊苑，武帝增廣之，養百獸，於其中射獵習武。在今長安西，遠至鄠縣盩厔縣界。㈦齊三服官：見本書本卷元帝初元元年㈢注

㈧北假田官：北假地名。在今綏遠省鄂爾多斯右旗。田官，主官田租佃者。㈨鹽鐵官：主天下鹽鐵

榷賣，武帝元狩四年置（見本書卷十九）。至是罷之。⑩常平倉：宣帝五鳳四年置（見本書卷二十七），至是罷之。⑪博士弟子勿置員：博士弟子名額，武帝時五十員，昭帝增為百員，宣帝時再增為二百員，至是取銷限制，不置固定名額。⑫復：免除其本身應服之徭役。⑬御史大夫：官名。位上卿。官階中二千石。副丞相，外督各州刺史，內領侍御史，接受公卿奏事。⑭郅支單于：匈奴西支王。⑮因求侍子：宣帝甘露元年，郅支單于遣子入侍（見本書卷二十七），至是求還。⑯博士：官名。秦多至七十餘人，武帝時立五經博士，官階六百石，掌通古今、議論。⑰醇：樸厚不雜曰醇。⑱羈縻：馬勒頭曰羈。牛轡繩曰縻。羈縻義為連繫控制。⑲畜：飼養。⑳議者：指議論此事之貢禹、匡衡等。㉑數：與「術」同。方略。㉒彊：同強盛之「強」。㉓桀：鬼黠兇暴。㉔嬰：觸犯。㉕舍：住止。㉖沒：同「歿」，死。㉗負：背棄恩義。㉘康居：西域國名。在烏孫國之西。領今中亞之地。㉙烏孫：西域國名。在今新疆溫宿縣以北，伊寧縣以南地區。㉚阸：音餓。艱㉛堅昆：郅支單于所都。其地在今新疆哈密之西北。㉜素恐：以殺漢使，素懷恐懼。㉝中：讀仲。中寒，即受寒。㉞財：同「纔」。又可作「才」。㉟脅：威力強迫。㊱赤谷城：烏孫所都。所在未能確指。或疑即今伊犂。㊲敺：同「驅」。㊳五千里：胡注以為五千里太遠。按《漢書・陳湯傳》作：「且千里」近是。

永光元年（西元前四三年）

㈠春，正月，上行幸甘泉，郊泰畤，禮畢，因留射獵。薛廣德上書曰：「竊見關東困極，人民流離，陛下日撞亡秦之鐘㊀，聽鄭、衞之樂㊁，臣誠悼㊂之。今士卒暴露，從官勞倦，願陛下亟㊃反宮，思與百姓同憂樂，天下幸甚！」上即日還。

㈡二月，詔丞相御史舉質樸、敦厚、遜讓、有行者。光祿歲以此科第郎、從官。

㈢三月，赦天下。

㈣雨雪、隕霜，殺桑。

㈤秋，上酎祭㊅宗廟，出便門，欲御樓船。薛廣德當㊆乘輿車，免冠頓首曰：「宜從橋！」詔曰：「大夫冠！」廣德曰：「陛下不聽臣，臣自刎，以血汙車輪，陛下不得入廟矣㊇！」上不說㊈。先敺⑩光祿大夫張猛進曰：「臣聞主聖臣直。乘船危，就橋安；聖主不乘危。御史大夫言可聽！」上曰：「曉⑪人不當如是邪！」乃從橋。

㈥九月，隕霜殺稼，天下大饑。丞相于定國，大司馬車騎將軍史高，御史大夫薛廣德，俱以災異乞骸骨㈡。賜安車㈢、駟馬，黃金六十斤罷。太子太傅韋玄成為御史大夫。【考異】百官表七月癸未，大司馬高免，辛亥韋玄成為御史大夫，十一月戊寅丞相定國免。荀紀七月己未高免薛廣德傳酎祭後月餘，以歲惡民流，乞骸骨罷。廣德為御史大夫凡十月免。月日參差，未知孰是，故皆沒不書。廣德歸，縣㈣其安車，以傳示子孫為榮。

(七)帝之為太子也，從太中大夫㈤孔霸受尚書；及即位，賜霸爵關內侯，號褒成君，給事中。上欲致霸相位，霸為人謙退，不好權埶㈥，常稱爵位泰過，何德以堪之！御史大夫屢缺，上輒㈦欲用霸；霸讓位，自陳至于再三。上深知其至誠，乃弗用。以是敬之，賞賜甚厚。

(八)戊子（二十四日），侍中、衞尉㈧王接為大司馬、車騎將軍。

(九)石顯憚周堪、張猛等，數譖毀之。劉更生懼其傾危㈨，上書曰：「臣聞舜命九官，濟濟相讓，和之至也。眾臣和於朝，則萬物和於野，故簫韶㈩九成⑪鳳皇來儀。至周幽、厲之際，朝廷不和，轉相非怨，則日月薄食，水泉沸騰，山谷易處⑫，霜降失節。由此觀之，和氣致祥，乖⑬氣致異，祥多者其國安，異眾者其國危，天地之常經，古今之通義也。今陛下開三代之業，招文學之士，優游寬容，使得幷進；今賢不肯渾殽（二四），白黑不分，邪正雜糅（二五），忠讒幷進；章父公車（二六），人滿北軍（二七），朝臣舛午（二八），膠戾乖剌（二九），更相讒愬（三〇），轉相是非；所以營惑（三一）耳目，感移心意，不可勝載，分曹為黨，往往羣朋（三二），將同心以陷正臣。正臣進者，治之表也，正臣陷者，亂之機也；乘（三三）治亂之機，未知孰任（三四），而災異數見，此臣所以寒心者也。初元以來六年矣，按春秋六年之中，災異未有稠（三五）如今者也。原其所以然者，由讒邪幷進也；讒邪之所以幷進者，由上多疑心，既已用賢人而行善政，如或譖之，則賢人退而善政還（三六）矣。夫執狐疑之心者，來讒賊（三七）之口；持不斷（三八）之意者，開羣枉（三九）之門；讒邪進則眾賢退，羣枉盛則正士消。故易有否（四〇）、泰，小人道長，君子道消，則政日亂；君子道長，小人道消，則政日治。昔者：鯀、共工、驩兜（四一），與舜、禹雜處堯朝，周公與管、蔡幷居周位，當是時，迭進相毀，流言相謗，豈可勝道哉！帝堯、成王，能賢舜、禹、周公而消共工、管、蔡，故以大治，榮華至今。孔子與季、孟(四二)偕仕於魯，李斯與叔孫(四三)俱宦於秦，定公、始皇賢季、孟李斯，而消(四四)孔子叔孫，故以大亂，汙辱至今。故治亂榮辱之端，在所信任；信任既賢，在於堅固而不移。詩云：『我心匪石，不可轉也(四五)！』言守善篤也。易曰：『渙汗其大號(四六)。』言號令如汗，汗出而不反者也。今出善令，未能踰時(四七)而反，是反汗也；用賢未能三旬而退，是轉石也。論語曰：『見不善如探湯(四八)。』今二府奏佞諂(四九)不當在位，歷年而不去，故出令則如反汗，用賢則如轉石，去佞則如拔山，如此望陰陽之調，不亦難乎！是以羣小窺見間隙(五〇)，緣飾文字，巧言醜詆(五一)，流言、飛文(五二)，譁於民間。故詩云：『憂心悄悄，慍于羣小(五三)。』小人成羣，誠足慍也。昔孔子與顏淵、子貢更相稱譽，不為朋黨；禹稷與皐陶(五四)傳相汲引，不為比周(五五)，何則？忠於為國，無邪心也。今佞邪與賢臣幷交戟(五六)之內，合黨共謀，違善依惡，歙歙訾訾(五七)，數設危險之言，欲以傾移主上，如忽然用之，此天地之所以先戒，災異之所以重至者也。自古明聖，未有無誅而治者也，故舜有四放之罰(五八)，孔子有兩觀之誅(五九)，然後聖化可得而行也。今以陛下明知(六〇)，誠深思天地之心，覽否？

泰之卦，歷周、唐之所進以為法，原秦、魯之所消以為戒，考祥應之福，災異之禍，以揆(六一)當世之變，放遠佞邪之黨，壞散險詖(六二)之聚，杜(六三)閉羣枉之門，廣開眾正之路，決斷狐疑，分別猶豫，使是非炳然可知，則百異消滅而眾祥并至，太平之基，萬世之利也。」顯見其書，愈與許、史比(六四)而怨更生等。是歲夏寒，日青無光，顯及許、史皆言堪猛用事之咎(六五)。上內重堪，又患眾口之浸潤(六六)，無所取信。時長安令(六七)楊興，以材能幸，常稱譽堪，上欲以為助，乃見問興：「朝臣齗齗(六八)不可光祿勳，何邪？」興者，傾巧士，謂上疑堪，因順指曰：「堪非獨不可於朝廷，自州里亦不可也！臣見眾人，聞堪與劉更生等謀毀骨肉，以為當誅。故臣前書言，堪不可誅傷，為國養恩也。」上白：「然此何罪而誅？今宜奈何？」興曰：「臣愚：以為可賜爵關內侯，食邑三百戶，勿令典事(六九)，明主不失師傅之恩，此最策之得者也。」上於是疑之。司隸校尉(七〇)琅邪諸葛豐，始以剛直特立，著名於朝，數侵犯貴戚，在位者多言其短。後坐春夏繫治人(七一)，徙城門校尉(七二)。豐於是上書告堪、猛罪，上不直豐，乃制詔御史(七三)：「城門校尉豐，前與光祿勳堪、光祿大夫猛，在朝之時，數稱言堪、猛之美。豐前為司隸校尉，不順四時，修法度，專作苛暴，以獲虛威；朕不忍下吏(七四)，以為城門校尉，不內省諸己，而反怨堪、猛，以求報舉(七五)，告按無證之辭，暴揚難驗之罪，毀譽恣意，不顧前言(七六)，不信之大也。朕憐豐之耆老(七七)，不忍加刑，其免為庶人！」又曰：「豐言：堪、猛貞信不立，朕閔(七八)而不治，又惜其材能，未有所効，其左遷堪為河東太守(七九)，猛槐里令(八〇)。」

臣光曰：諸葛豐之於堪、猛，前譽而後毀，其志非為朝廷，進善而去姦也，欲比周求進而已矣；斯亦鄭朋、楊興之流，烏(八一)在其為剛直哉！人君者，察美惡，辨是非，賞以勸善，罰以懲姦，所以為治也。使豐言得實，則豐不當黜；若其誣罔，則堪猛何辜焉，今兩責而俱棄之，則美惡是非果安在哉！

(十)賈捐之與楊興善。捐之數短石顯，以故不得官(八二)，稀復進見。興新以材能得幸，捐之謂興曰：「京兆尹(八三)缺，使我得見，言君蘭(八四)，【考異】荀紀作君簡，今從漢書。京兆尹可立得！」興曰：「君房(八五)下筆，言語妙天下，使君房為尚書令(八六)，勝五鹿充宗(八七)遠甚！」捐之曰：「令我得代充宗，君蘭為京兆，京兆郡國首，尚書百官本，天下真大治，士則不隔矣。」捐之復短石顯，興曰：「顯方貴，上信用之，今欲進，第(八八)從我計，且與合意，即得入矣。」捐之即與興共為薦顯奏，稱譽其美，以為宜賜爵關內侯，引其兄弟以為諸曹。又共為薦興奏，以為可試守京兆尹。石顯聞知，白之上，乃下興、捐之獄，令顯治之。奏興、捐之懷詐偽，更相薦譽(八九)，欲得大位，罔(九〇)上不道！捐之竟坐棄市，興髡鉗(九一)為城旦(九二)。臣光曰：君子以正攻邪，猶懼不克；況捐之以邪攻邪，其能免乎！

(十一)徙清河王竟為中山王。

(十二)匈奴呼韓邪單于，民眾益盛，塞下禽獸盡，單于足以自衛，不畏郅支，其大臣多勸單于北歸(九三)者。久之，單于竟北歸庭，民眾稍稍歸之，其國遂定。

【今註】㊀撞亡秦之鐘：天下危急如亡秦時，故以亡秦之鐘為比，言時政之不綱。㊁鄭、衞之樂：古人謂鄭衞之樂為靡靡之音，非王者所宜聽。㊂悼：痛惜。㊃亟：與「急」同。㊄光祿……第郎、從官：命光祿勛每年終以質樸、敦厚、遜讓、有行，四科，考核各曹署郎官及侍從之官，定其高下等第。㊅酎祭：三重釀之醇酒謂之酎，用以祭祖。沿襲成為祭典名稱。㊆當：同「擋」。㊇陛下不得入廟：血污車輪不潔，背齋戒之義，故不得入廟行禮。㊈說：同「悅」。㊉先敺：敺同「驅」。先驅即皇帝出巡之前導。⑪曉：講道理說服人。⑫乞骸骨：請求辭職。⑬安車：古車立乘，安車即平車，不立而坐乘。⑭縣：同「懸」。⑮太中大夫：官名。官階比千石。掌議論。⑯埶：同「勢」。⑰輒：義同「每」。⑱衞尉：官名，九卿之一。官階中二千石。掌宮門守衞屯兵。⑲傾危：傾，欺凌。危，迫害。⑳簫韶：相傳舜樂名。㉑九成：九奏。㉒水泉沸騰，山谷易處：形容大地震現象。原文見《詩・小雅・十月之交》。㉓乖：不和。讀如（ㄍㄨㄞ）。㉔渾殽：渾同「混」。殽同「淆」。讀如「搖」（ㄧㄠˊ）。㉕雜糅：混雜。糅音柔。㉖公車：漢制，奏事謁見皇帝者，皆集於宮之北門。因應徵言事者，皆乘公家之車，故此門亦謂之公車門。設官主持之，謂之公車令。㉗北軍：北門有軍壘，謂之北軍。上書言事有觸犯罪刑者，因於北軍懲治之。㉘舛午：舛，違背。音喘。午同「忤」。見本書元帝初元二年註㊈。㉙剌：謬妄。音臘。其左從「朿」，與「刺」

字不同。㉚愬：同「訴」。㉛營惑：營，目眩。惑，心動。㉜羣朋：結羣朋比。㉝乘：義與「當」同。㉞未知孰任：不知信任正邪兩方何方為是。㉟稠：密。㊱還：回。㊲賊：害人。㊳不斷：不能當機立斷。㊴枉：不正。㊵否：不順利。讀如「批」（ㄆㄧ）。㊶鯀、共工、驩兜：古與三苗謂之四凶，出《尚書》偽古文舜典。㊷季、孟：春秋魯世卿三家，孟孫氏、仲孫氏、季孫氏，季孫氏最為強梁跋扈，孟孫氏次之，連稱則曰季孟。與孔子同時仕魯者，季孫名斯，孟孫名何忌。㊸叔孫：秦博士叔孫通。㊹消：冰解曰消。此處引申為放棄不用義。㊺我心匪石，不可轉也：《詩・邶風・柏舟》章句。㊻渙汗其大號：《易經》風水渙卦九五爻辭。㊼踰時：踰，越過。時，古以三個月為一時。㊽探湯：人以手試探熱湯，必迅即抽回，以此喻見不善離去之唯恐不速。㊾讇：同「諂」。㊿間隙：間隔空隙。(51)詆：醜語毀人。(52)飛文：匿名揭帖之類。(53)憂心悄悄，慍于羣小：《詩・邶風・柏舟》章句。慍，內心惱怒。羣小，許多小人。(54)皐陶：陶，讀搖（ㄧㄠˊ）。入名。傳說史時代政治家。(55)比周：親近。(56)交戟：殿陛之下，衛士交戟而立。(57)歙歙訿訿：歙，音（ㄒㄧˋ）。訿，音此。此《詩・小雅・小旻》章句。形容空言無實。(58)舜有四放之罰：《尚書偽古文舜典》載：舜流共工於幽州，放驩兜於崇山，竄三苗於三危，殛鯀於羽山。(59)孔子有兩觀之誅：孔子為魯司寇，七月誅奸人少正卯於兩觀之下。兩觀，宮門前兩闕。(60)知：同「智」。(61)揆：度量。(62)詖：讀如（ㄅㄧˋ）。不平不正之語曰詖。(63)杜：堵塞。(64)比：朋比。(65)咎：罪過。(66)浸潤：水滲地。(67)長安令：長安，縣名。屬京兆。首都所在。長安城方六十里，城中皆屬長安令。戶八萬又八百。口二十四萬六千二百。令，官階千石。漢制，萬戶以上縣為令，不滿萬戶為長。㊅斷斷：音銀，忿激爭辯。㊈典事：主持事務。㊉司隸校尉：官名。官階比二千石。掌內察百官及大姦滑；外督三輔（河東、河內，河南）及弘農七郡。㊆春夏繫治人：春夏生長之時，繫治人則不順天時，故有罰。㊆御史：漢詔例曰：「丞相、御史大夫⋯⋯」習慣每省去「大夫」僅曰「御史」。此併省去丞相者，因丞相于定國已免，闕而未補，故止曰「御史」。㊆下吏：下於司法吏。㊆報舉：報復。㊆不顧前言：前言周堪張猛之美，而後乃攻之。㊆耆老：人年六十七歲以上至七十歲曰耆老。㊆閔：憐惜。㊆河東太守：河東，郡名。治今山西省安邑縣。太守，一郡之長，官階二千石。㊇槐里：縣名。屬右扶風，在今陝西省興平縣。㊇烏：疑問詞。㊇不得官：賈捐之時為待詔，久不得實任之官。㊇京兆尹：京兆置尹官階中二千石，崇於郡太守。掌首都特區政務。㊇君蘭：楊興字。㊇君房：賈捐之字。㊇尚書令：官名。官階千石。掌奏啟及行下尚書眾事。㊇五鹿充宗：人名。複姓五鹿，名充宗。石顯黨羽。㊇第：義同「但」。㊇更相薦譽：交互荐舉贊譽。㊈罔：騙。㊈髡鉗：刑罰名。去髮曰髡。以鐵束頸，等於後世之帶枷曰鉗。㊈城旦：刑罰名。三歲刑。遠流邊塞，早起登城守望，夜暮修城。三歲期滿，則為鬼薪。鬼薪一歲，則為隸臣。隸臣又一歲，免為庶人。㊈北歸：北返其原居處。

二年（西元前四二年）

㈠春，二月，赦天下。

㈡丁酉（初五日），御史大夫韋玄成為丞相。右扶風㊀鄭弘為御史大夫。

㈢三月，壬戌，朔（初一日），日有食之。

㈣夏，六月，赦天下。

㈤上問給事中匡㊁衡以地震日食之變。衡上疏曰：「陛下躬聖德，開太平之路，閔愚吏民，觸法抵㊂禁，比㊃年大赦，使百姓得改行自新，天下幸甚！臣竊見大赦之後，姦邪不為衰止，今日大赦，明日犯法，相隨入獄，此殆導之未得其務㊄也。今天下俗，貪財賤義，好聲色，上㊅侈靡，親戚㊆之恩薄，婚姻之黨隆㊇，苟合徼幸，以身設㊈利；不改其原，雖歲赦之，刑猶難使錯⑩而不用也。臣愚：以為宜壹曠然大變其俗。夫朝廷者，天下之楨幹㊁也，朝有變色之言，則下有爭鬥之患；上有自專之士，則下有不讓之人；上有克勝之佐，則下有傷害之心；上有好利之臣，則下有盜竊之民；此其本也。治天下者，審所上而已。教化之流㊂，非家至而人說㉓之也；賢者在位，能者布㉔職，朝廷崇禮，百僚敬讓，道德之行，由內及外，自近者始，然後民知所法，遷善日進，而不自知也。詩曰：「商邑翼翼，四方之極㉕。」今長安，天子之都，親承聖化，然其習俗，無以異於遠方，郡國來者，無所法則，或見侈靡而放㉖効之；此教化之原本，風俗之樞機㉗，宜先正者也。臣聞天人之際，精祲㉘有以相盪㉙，善惡有以相推，事作乎下者，象動乎上，陰變則靜者動，陽蔽則明者晻㉚，水旱之災，隨類而至。陛下祇㉛畏天戒，哀閔元元，宜省靡麗，考制度，近忠正，遠巧佞，以崇至仁，匡失俗，道德弘㉜於京師，淑問㉝揚乎疆外，然後大化可成，禮讓可興也。」上說其言，遷衡為光祿大夫。

荀悅㉞論曰：「夫赦者，權時㉟之宜，非常典也。漢興承秦兵革之後，大愚之世，比屋可刑㊱，故設三章之灋，大赦之令，蕩滌㊲穢流，與民更始，時埶㊳然也。後世承業，襲而不革，失時宜矣。若惠、文之世，無所赦之。若孝、景之時，七國皆亂，異心并起，姦詐非一，及武帝末年，賦役繁興，羣盜并起，加以太子之事，巫蠱之禍，天下紛然，百姓無聊㉙；及光武之際，擾亂之後，如此之比，宜為赦矣。」

㈥秋七月，隴西㉚羌彡姐旁種反㉛。詔召丞相韋玄成等入議。是時，歲比不登㉜，朝廷方以為憂，而遭羌變，玄成等漠然㉝，莫有對者。右將軍㉞馮奉世曰：「羌虜近在竟㉟內背畔㊱，不以時誅，無以威制遠蠻。臣願帥師討之！」上問用兵之數，對曰：「臣聞善用兵者，役不再興，糧不三載，故師不久暴，而天誅亟決，往者數㊲不料敵，而師至於折傷，再三發調，則曠日煩費，威武虧矣。今反虜無慮三萬人，法當倍，用六萬人，然羌戎弓矛之兵耳，器不犀利㊳，可用四萬人，一月足以決。」丞相、御史、兩將軍㊴，皆以為民方收斂時㊵，未可多發，發萬人屯守之，且足㊶。奉世曰：「不可！天下被饑饉，士馬羸㊷耗，守戰之備，久廢不簡㊸，夷狄皆有輕邊吏之心，而羌首難㊹；今以萬人分屯數處，虜見兵少，必不畏懼；戰則挫兵病師，守則百姓不救，如此怯弱之形見，羌人乘利，諸種并和㊺，相扇㊻而起，臣恐中國之役，不得止於四萬，非財幣之所能解也！故少發師而曠日，與一舉而疾決，利害相萬(四七)也。」固爭之不能得，有詔益二千人。於是遣奉世將(四八)萬二千人騎(四九)，以將屯為名。典屬國(五〇)任立、護軍都尉韓昌為偏稗，到隴西，分屯三處(五一)。昌先遣兩校尉與羌戰，羌眾盛多，皆為所破，殺兩校尉。奉世具上地形部眾多少之計，願益三萬六千人，乃足以決事。書奏。天子大為發兵六萬餘人。八月，拜大常弋陽侯(五二)任千秋為奮武將軍(五三)以助之。冬，十月，兵畢至隴西。十一月，并進，羌虜大破，斬首數千級，餘皆走出塞。兵未決間，漢復發募士(五四)萬人，拜定襄(五五)太守韓安國為建威將軍(五六)；未進，聞羌破而還。詔罷吏士，頗留屯田備要害處。

【今註】㊀右扶風：郡名。三輔之一。治咸陽。㊁匡：此匡字。宋刻板本，避太祖諱，缺末筆作匡。㊂抵：頂撞。㊃比：近。㊄務：事之急者。㊅上：同尚。㊆親戚：古稱父母兄弟為親戚。與今專稱族外為親戚者不同。㊇隆：興盛。㊈設：貪。㊉錯：同措置之「措」。(十一)楨幹：根本。(十二)流：行。(十三)說：勸。(十四)布：同「佈」。(十五)商邑翼翼，四方之極：《詩・商頌・殷武》章句。翼翼，繁盛。極，標準。(十六)放：同模仿之「仿」。(十七)樞機：重要關鍵。(十八)精祲：精氣。(十九)相盪：天人精氣相鼓盪。⑳晻：同「暗」。㉑祇：恭敬。㉒弘：張大。㉓淑問：好名聲。㉔荀悅：東漢獻帝時人，作《漢紀》三十卷。㉕權時：暫時。㉖比屋可刑：挨戶可加以刑罰。㉗蕩滌：洗濯。㉘埶，同「勢」。㉙無聊：生活無所依賴。㉚隴西：郡名。治今甘肅省臨洮縣。㉛彡姐：彡，音衫。姐音姊。隴西姜族之一支。㉜不登：五穀歉收。㉝漠然：冷淡。㉞右將軍：官階二千石。掌拱衞征伐。㉟竟：同「境」。㊱畔：同「叛」。㊲數：再三。㊳犀利：鋒銳。㊴兩將軍：車騎將軍王接。左將軍許嘉。㊵民方收斂時：民正在收割時。㊶且足：已可夠用。㊷羸：音雷。瘦弱。㊸簡：挑選。㊹首難：首先發難。㊺和：呼應。㊻相扇：鼓盪。㊼相萬：相去萬倍。㊽將：率領。㊾騎：馬一匹曰騎。㊿典屬國：官名。屬大鴻臚。掌蠻夷降附者。(51)三處：任立為右軍，屯白石。白石在今甘肅臨洮縣東。韓昌為前軍，屯臨洮。奉世自為中軍，屯首陽。首陽在今甘肅渭源縣東北。(52)弋陽侯：弋陽縣名。屬京兆。在今陝西省咸陽縣東。弋陽侯國，昭帝元鳳元年封建，傳五世，歷時一〇四年乃絕。(53)奮武將軍：列將軍之一。後世名之謂雜號將軍。命將出征，寵以嘉名，事畢乃罷。(54)募士：招來之兵。(55)定襄：郡名。治成樂。今綏遠省和林格爾縣。(56)建威將軍：與前注奮武將軍同。

卷二十九　漢紀二十一

起上章執徐，盡著雍困敦。凡九年。（庚辰至壬子，西元前四一年至西元前三三年）

司馬光編集
趙鐵寒　註

孝元皇帝下

永光三年（西元前四一年）

㈠春，二月，馮奉世還京師，更為左將軍，賜爵關內侯。

㈡三月，立皇子康為濟陽王㊀。

㈢夏，四月，平昌考侯㊁王接薨。

㈣秋七月，壬戌（按是年七月甲申朔初九日壬辰十九日壬寅廿九日壬子又初三日丙戌十五日戊戌廿七日庚戌月中無壬戌此必有誤）㊂以平恩侯許嘉為大司馬㊃、車騎將軍。

㈤冬，十一月，己丑（初八日），地震，雨水。

㈥復鹽鐵官。置博士弟子員千人㊄。以用度不足，民多復除，無以給中外繇役故也。

【今註】㈠濟陽王：漢郡有濟陰無濟陽。陳留郡雖有濟陽縣，在今河南省蘭封縣，與諸侯王以郡建國之例不合。惟濟陽王康，由濟陽王徙山陽王，又徙為定陶王，定陶亦縣而非郡。以後例前，或開國之濟陽，即陳留郡濟陽縣，亦未可知。㈡平昌考侯：平昌，縣名，屬北海郡。宣帝地節三年始封。食邑六百戶。傳四世，歷時八十四年，王莽時失國。光武即位，又復其爵，爾後不詳。㈢七月壬戌：按是年七月甲申朔，月內有壬辰（初九日）壬寅（十九日）壬子（二十九日）無壬戌。《通鑑》作壬戌自百官表照錄而來，不詳其致誤之由，存疑而已。㈣大司馬：官名，常為大將軍、驃騎將軍、車驃將軍之加官。或亦專置大司馬，代替太尉。官堦比丞相。掌武事及大征伐。㈤復鹽鐵官，置博士弟子員千人：罷鹽鐵官及博士弟子不限員，事在本書二十八卷元帝初元五年，至此才四年，又復之。博子弟子員仍同前以千人為限。

四年（西元前四〇年）

㈠春，二月，赦天下。

㈡三月，上行幸雍㈠，祠五時。

㈢夏，六月，甲戌（二十六日），孝宣園㈡東闕災。

㈣戊寅（三十日）晦㈢日有食之。上於是召諸前言日變在周堪、張猛者㊃責問，皆稽首謝㊄。因下詔稱堪、猛之美，徵詣行在所㊅，拜為光祿大夫，秩中二千石，領尚書事。猛復為太中大夫，給事中。中書令石顯筦㊆尚書，尚書五人皆其黨也，堪希得見，常因顯白事，事決顯口。會堪疾瘖㊇，不能言而卒。顯誣譖猛，令自殺於公車。

㈤初貢禹奏言，孝惠、孝景廟㊈皆親盡，宜毀㊉；及郡國廟，不應古禮，宜正定㊁。天子是其議。秋，七月，戊子（初十日）罷昭靈后、武哀王、昭哀后、衞思后、戾太子、戾后園㊂，皆不奉祠，裁㊂置吏卒守焉。冬，十月，乙丑（十九日）罷祖宗廟在郡國者㊃。

㈥諸陵分屬三㊄輔。以渭城壽陵亭部原上為初陵㊅。詔勿置縣邑及徙郡國民㊆。

【今註】㊀雍：縣名，屬右扶風，本秦舊都，在今陝西省鳳翔縣。㊁孝宣園：宣帝陵園，在今長安東南，藍田道上。㊂晦：每月最後一日曰晦。是月己酉朔，戊寅為三十日，故曰晦。㊃前言日變在周堪、張猛者責問：周堪已左遷河東太守，張猛左遷槐里令，而仍有日食，故責前言者。㊄稽首謝：稽音啟，稽首，叩頭。謝，認錯請罪。㊅詣行在所：詣，到。行在所，皇帝出巡所在地曰行在所。㈦筦：同「管」，又與「幹」通。《漢書劉向傳》作：「中書令石顯幹尚書」。㈧瘖：喉嚨啞。醫學上謂之失音症。㈨孝惠、孝景廟：惠帝、景帝廟。㈩親盡，宜毀：古禮天子七廟，祖與宗兩廟而外，以血統之親專廟奉祀者，不得過五。如祖宗有功於社稷，應祀者多，則百世不毀者可加至三廟，以血統之親專廟奉祀者，則減為四廟。惟祖宗之中，孰為親盡宜毀，則為爭論不決之問題。名儒貢禹、韋玄成、匡衡、劉歆等，皆有主張，互有不同。可參看《漢書・韋玄成傳》。㈡郡國廟，不應古禮，宜正定：漢為維繫人心，於先皇曾巡幸之郡國，及諸侯王國，各立祖宗廟。惠帝時立太祖廟，景帝時加太宗（即文帝）廟。宣帝時又加世宗（即武帝）廟。立廟之郡國計六十八處，合計一百六十七所。京師又有高祖、惠帝、文帝、景帝、武帝、昭帝、宣帝、太上皇（高祖之父）悼皇考（即史皇孫。宣帝之父。元帝之祖父。武帝之孫）九廟，合天下計一百七十六所。㈢罷昭靈后、武哀王、昭哀后、衞思后、戾太子、戾后園：昭靈后、高祖之母。武哀王、高祖之兄。昭哀后、高祖之姊。衞思后、武帝之后，元帝之高祖母。戾太子、武帝之子，元帝之曾祖父。戾后、戾太子之妾，元帝之曾祖母。㈢裁：同「纔」。㈣罷祖宗廟在郡國者：元帝時合天下郡國廟計之，一歲中祠祭與上食（如五月嘗麥，十月嘗稻，三伏立秋嘗桑。八月先夕饋飧等曰上食）。凡二萬四千四百五十五次。諸廟及陵園用衞士四萬五千一百二十九人。讀祝宰牲奏樂者又一萬二千一百四十七人，飼養犧牲之人，尚不在內。其糜費之大，實足驚人。故諸儒競言裁減，至是除京師外皆罷。㈤諸陵分屬三輔：諸帝陵園，直屬於中央之太常，破壞地方行政之完整。至是改為分屬於所在之地方。㈥初陵：元帝自營之陵寢，元帝未崩，陵無定名，故以初陵名之。㈦詔勿置縣邑及徙郡國民：就諸帝陵寢置縣邑，計三輔境內以陵名之縣，多屬漢陵，皆徙天下郡國富豪之民居之。如高祖長陵五萬五十七戶。武帝茂陵六萬一千八十七戶，皆自他處以詔令強迫遷來者。

五年（西元前三九年）

㈠春，正月，上行幸甘泉，郊泰畤。三月，幸河東，祠后土。

㈡秋，潁川㊀水流，殺人民。

㈢冬，上幸長楊㊁射熊館。大獵。

㈣十二月乙酉（十六日）毀太上皇、孝惠皇帝㊂寢廟園，用韋玄成等之議也。

㈤上好儒術文辭，頗改宣帝之政；言事者多進見，人人以為得上意。又傅昭儀㊃及子濟陽王康愛幸，逾㊄於皇后、太子。太子少傅㊅匡衡上疏曰：「臣聞治亂安危之機，在乎審㊆所用心。蓋受命之王㊇，務在創業垂統，傳之無窮；繼體之君㊈，心存於承宣先王之德，而褒大其功。昔者成王之嗣位，思述文武之道，以養其心，休烈⑩盛美歸之二后⑪，而不敢專其名。是以上天歆享⑫，鬼神祐⑬焉。陛下聖德天覆⑭，子愛海內；然而陰陽未和，姦邪未禁者，殆議者未丕⑮揚先帝之盛功，爭言制度不可用也，務變更之，所更或不可行，而復復之⑯；是以羣下更相是非，吏民無所信。臣竊恨國家釋樂成之業，而虛為此紛紛也！願陛下詳覽統業之事，留神於遵制揚功，以定羣下之心。詩大雅曰：『無念爾祖，聿修厥德⑰。』蓋至德之本也。傳曰：『審好惡，理情性，而王道畢矣。』治性之道，必審己之所有餘，而彊其所不足；蓋聰明疏通者戒於太察⑱，寡聞少見者戒於壅蔽⑲，勇猛剛彊者戒於太暴，仁愛溫良者戒於無斷⑳，湛靜安舒者戒於後時㉑，廣心浩大者戒於遺忘㉒；必審己之所當忘，而齊之以義，然後中和之化應，而巧偽之徒不敢比周而望進。唯陛下戒之！所以崇聖德也。臣又聞：室家之道脩，則天下之理得，故詩始國風，禮本冠婚。始乎國風，原情性以明人倫也；本乎冠婚，正基兆以防未然也。故聖王必慎妃后之際㉓，別適㉔長之位。禮之於內也，卑不踰㉕尊，新不先故，所以統人情，而理陰氣也。其尊適而卑庶也，適子冠乎阼㉖，禮之用醴㉗，眾子不得與列，所以貴正體，而明嫌疑也。非虛加其禮文而已，乃中心與之殊異，故禮探其情而見之外也。聖人動靜游燕㉘所親，物得其序，則海內自脩㉙，百姓從化。如當親者疏，當尊者卑，則佞巧之姦，因時而動，以亂國家。故聖人慎防其端，禁於未然，不以私恩害公義。傳曰：『正家而天下定矣。』」

㈥初，武帝既塞宣房㉚，後河復北決於館陶㉛，分為屯氏河㉜，東北入海，廣深與大河等，故因其自然，不隄塞也，是歲，河決於清河靈鳴犢口㉝，而屯氏河絕。

【今註】㈠潁川：郡名。治陽翟，在今河南省禹縣。㈡長楊：宮名，本秦舊宮，漢修葺擴充之。在今陝西省盩厔縣。㈢孝惠皇帝：惠帝。㈣昭儀：宮中女官名，在倢伃上。位比丞相，爵比諸侯王。㈤逾：越過。㈥太子少傅：官名。官堦二千石。掌輔導太子。㈦審：慎重。㈧受命之王：始受天命之王，即開國之君。㈨繼體之君：即繼統襲位之王。㈩休烈：美好之功業。⑪后：王。⑫歆享：神靈接受祭祀曰歆享。⑬祐：同「佑」。⑭覆：音ㄈㄨ。庇佑蒙蓋。⑮丕：義與大同。⑯而復復之：上復動詞義為又。下復名詞義為還原。⑰無念爾祖，聿修厥德：無與「勿」同。「勿念爾祖」為古文中之反語，義為「豈能不念爾祖。」聿義為繼承。修為修明。厥德為其德。㊅太察：苛求人短。㊈壅蔽：不通曰壅。有所遮掩曰蔽。㊉無斷：優游寡斷。㉑後時：遲緩失去時機。㉒遺忘：掛一漏萬。㉓際：分際。㉔適：同「嫡」。嫡者正妻。嫡妻之長子曰嫡長。㉕踰：同「逾」。見本年第㊄註。㉖阼：堦之中心。㉗醴：甜酒。即今之帶糟米酒。㉘燕：同「宴」。安閑自在。㉙脩：修字古文。㉚宣房：宮名：武帝元封二年，堵塞瓠子河，築宮其上，曰宣房。在今河北省濮陽縣。㉛館陶：縣名，屬魏郡。在今山東省館陶縣。㉜屯氏河：黃河自館陶別出北走，至今河北省滄縣以北青縣以南入海，曰屯氏河。隋朝誤屯為毛，曰毛氏河，並於館陶置毛州，後世間承其誤，此不別古文毛屯二字書法之過。大謬。㉝清河、靈、鳴犢口：清河、郡名，治清河，今河北省清河縣。靈，縣名，今山東省夏津縣。鳴犢口、鳴犢河名，在靈縣西。鳴犢口、即鳴犢河口。

建昭元年（西元前三八年）

㈠春，正月，戊辰（二十八日）。隕石於梁㊀。

㈡三月，上行幸雍，祠五時。

㈢冬河間王㊁元，坐賊殺不辜廢，遷房陵㊂。

㈣罷孝文太后㊃寢祠園。

㈤上幸虎圈㊄，鬪獸，後宮皆坐；熊逸㊅出圈，攀檻欲上殿，左右、貴人、傅倢伃㊆等皆驚走；馮倢伃直前，當㊇熊而立。左右格殺㊈熊。上問：「人情驚懼，何故前當熊？」倢伃對曰：「猛獸得人而止。妾恐熊至御坐，故以身當之。」帝嗟嘆，倍敬重焉。傅倢伃慚，由是與馮倢伃有隙㊉。馮倢伃，左將軍奉世之女也。

【今註】㊀梁：郡名。梁王封國，治碭縣。今江蘇省碭山縣。㊁河間王：河間，郡名。河間王封國，治樂成縣，今河北省獻縣。河間王景帝二年始封。傳七世八王，歷時一六四年，王莽即位廢。㊂房陵：縣名，在今湖北省房縣。㊃孝文太后：文帝母，即高祖姬薄氏。㊄圈：音眷。養獸之柵室。㊅逸：逃跑。㊆倢伃：宮中女官名。堦在昭儀下，位視上卿，爵比列侯。㊇當：同「擋」。㊈格殺：擊殺。格為「挌」之假借字。㊉隙：嫌怨。

二年（西元前三七年）

㈠春，正月，上行幸甘泉，郊泰畤。三月，行幸河東，祠后土。

㈡夏，四月，赦天下。

㈢六月，立皇子興為信都王㊀。【考異】荀紀興作譽，今從漢書。

㈣東郡㊁京房，學易於梁人焦延壽。延壽常曰：「得我道以亡身者，京生㊂也。」其說長於災變，分六十卦，更直日用事㊃，以風雨寒溫為候㊄，各有占驗。房用之尤精，以孝廉為郎㊅。上疏屢言災異，有驗。天子說㊆之，數㊇召見問。房對曰：「古帝王以功舉賢，則萬化成，瑞應著；末世以毀譽取人，故功業廢，而致災異。宜令百官各試其功，災異可息。」詔使房作其事、房奏考功課吏灋㊈。上令公卿朝臣，與房會議溫室㊉，皆以房言煩碎，令上下相司⑪，不可許。上意鄉⑫之。時部刺史⑬奏事京師⑭，上召見諸刺史，令房曉⑮以課事，刺史復以為不可行；唯⑯御史大夫鄭弘、光祿大夫周堪，初言不可，後善之。是時中書令石顯⑰顓權，顯友人五鹿充宗為尚書令，二人用事、房嘗宴見⑱，問上曰：「幽、厲之君⑲何以危？所任者何人也？」上曰：「君不明，而所任者巧佞⑳。」房曰：「知其巧佞而用之邪㉑？將以為賢也？」上曰：「賢之。」房曰：「然則今何以知其不賢也？」上曰：「以其時亂而君危，知之。」房曰：「若是，任賢必治，任不肖㉒必亂，必然之道也。幽、厲何不覺悟而更求賢？曷為㉓卒㉔任不肖以至於是？」上曰：「臨亂之君，各賢其臣，令皆覺寤㉕，天下安得危亡之君。」房曰：「齊桓公、秦二世，亦嘗聞此君㉖而非笑之；然則任豎刁㉗、趙高㉘，政治日亂，盜賊滿山，何不以幽、厲卜㉙之而覺寤乎？」上曰：「唯有道者，能以往知來耳。」房因免冠頓首㉚曰：「春秋紀二百四十二年災異，以示萬世之君；今陛下即位以來，日月失明，星辰逆重，山崩、泉湧、地震、石隕、夏霜、冬靁㉛、春凋、秋榮、隕霜不殺㉜、水旱、螟蟲、民人饑疫、盜賊不禁、刑人滿市㉝，春秋所記災異盡備；陛下視今為治邪？亂邪？」上曰：「亦極亂耳，尚何道！」房曰：「今所任用者誰與㉞？」【考異】故資政殿學士邵亢，得兩浙錢王寫本漢書無「亂邪」二字，有上曰：「亦極亂耳尚何道」房曰：「今十二字，今取之。」上曰：「然，幸其愈於彼，又以為不在此人也。」房曰：「夫前世之君亦皆然矣；臣恐後之視今，猶今之視前也。」上良久乃曰：「今為亂者誰哉？」房曰：「明主宜自知之！」上曰：「不知也；如知，何故用之！」房曰：「上最所信任，與圖事帷幄㉟之中，進退天下之士者是矣。」房指謂石顯，上亦知之，謂房曰：「已諭㊱。」房罷出。後上亦不能退顯也。臣光曰：「人君之德不明，則臣下雖欲竭忠何自而入乎！觀京房所以曉孝元，可謂明白切至矣，而終不能寤，悲夫！詩曰：『匪面命之，言提其耳；匪手攜之，言示之事㊲。』又曰：『誨爾諄諄，聽我藐藐㊳。』孝元之謂矣。」

㈤上令房，上弟子曉知考功課吏事者，欲試用之。房上中郎㊴任良、姚平，願以為刺史，試考功灋；臣得通籍殿㊵中，為奏事，以防壅塞㊶。石顯、五鹿充宗，皆疾㊷房，欲遠之。建言，宜試以房為郡守。帝於是以房為魏郡㊸太守，得以考功灋治郡。房自請，歲竟乘傳奏事㊹，天子許焉。房自知數以論議為大臣所非，與石顯等有隙，不欲遠離左右，乃上封事㊺曰：「臣出之後，恐為用事所蔽，身死而功不成，故願歲盡乘傳奏事，蒙哀見許；乃辛巳㊻蒙氣復乘卦，太陽侵色，此上大夫覆陽㊼，而上意疑也；己卯庚辰㊽之間，必有欲隔絕臣，令不得乘傳奏事者。」房未發，上令陽平侯㊾王鳳，承制詔房，止無乘傳奏事，房意愈恐。秋，房去至新豐㊿，因郵〔五一〕上封事，曰：「臣前以六月中言遯卦不効，澐曰：『道人始去，寒，涌水為災。』至其七月，涌水出。臣弟子姚平謂臣曰：『房可謂知道，未可謂信道也。房言災異未嘗不中〔五二〕，涌水已出〔五三〕道人當逐死，尚復何言！』臣曰：『陛下至仁，於臣尤厚，雖言而死，臣猶言也。』平又曰：『房可謂小忠，未可謂大忠也；昔秦時，趙高用事，有正先〔五四〕者，非刺〔五五〕高而死，高威自此成，故秦之亂，正先趣之。』今臣得出守郡，自詭〔五六〕効功，恐未効而死；惟〔五七〕陛下毋使臣塞〔五八〕涌水之異，當正先之死，為姚平所笑！」房至陝〔五九〕，復上封事，曰：「臣前白〔六〇〕，願出任良，試考功，臣得居內。議者知如此於身不利，臣不可蔽，故云『使弟子不若試師。』臣為刺史，又當奏事，故復云『為刺史恐太守不與同心，不若以為太守。』此其所以隔絕臣也。陛下不違其言，而遂聽之，此乃蒙氣所以不解，太陽無色者也。臣去稍遠，太陽侵色益甚，願陛下毋難還臣，而易逆天意〔六一〕！邪說雖安于人，天氣必變；故人可欺，天不可欺也，願陛下察焉！」房去月餘，竟徵下獄。初淮陽憲王(六二)舅張博，傾巧無行(六三)，多從王求金錢，欲為王求入朝。博從京房學，以女妻房。房每朝見，退輒為博道其語，博因記房所說密語，令房為王作求朝奏草，皆持東(六四)與王，以為信驗。石顯知之，告房與張博通謀，非謗政治，歸惡天子，詿誤(六五)諸侯王。皆下獄棄市(六六)，【考異】元紀及荀紀，京房死，皆在此年末。按房傳二月末上封事，去月餘徵下獄，百官表八月癸亥，匡衡為御史大夫，房死必不在歲末者，紀不知月日故繫之歲末耳。妻子徙邊(六七)。鄭弘坐與房善，免為庶人。御史中丞(六八)陳咸，數毀石顯，久之，坐與槐里令朱雲善，漏泄省中語，石顯微伺知之，與雲皆下獄，髡為城旦。石顯威權日盛，公卿以下畏顯，重足一迹(六九)。顯與中書僕射牢梁少府五鹿充宗結為黨友，諸附倚者皆得寵位。民歌之曰：「牢邪！石邪！五鹿客邪！印何纍纍，綬若若(七〇)邪！」顯內自知擅權，事柄在掌握，恐天子一旦納用左右耳目以間己，乃時歸誠，取一信以為驗。顯嘗使至諸官(七一)，有所徵發，顯先自白：恐後漏盡(七二)宮門閉，請使詔吏開門，上許之。顯故投夜(七三)還，稱詔開門入。後果有上書告顯顓命，矯詔開宮門。天子聞之笑，以其書示顯。顯因泣曰：「陛下過私(七四)小臣，屬任以事，羣下無不嫉妬，欲陷害臣者，事類如此非一，唯獨明主知之。愚臣微賤，誠不能以一軀稱快萬眾(七五)，任天下之怨！臣願歸樞機職，受後宮掃除之役，死無所恨！唯陛下哀憐財幸，以此全活小臣！」天子以為然而憐之。數勞勉顯，加厚賞賜，賞賜及賂遺訾一萬萬(七六)。初顯聞眾人匈匈(七七)，言己殺前將軍蕭望之，恐天下學士訕(七八)己，以諫大夫貢禹，明經著節，乃使人致意，深自結納，因薦禹天子，歷位九卿，禮事之甚備。議者於是或稱顯，以為不妬譖望之矣。顯之設變詐，以自解免，取信人主者，皆此類也。

荀悅曰：「夫佞臣之惑君主也甚矣！故孔子曰：『遠佞人！』非但不用而已，乃遠而絕之，隔塞其源，戒之極也。孔子曰：『政者，正也。』夫要道之本，正己而已矣；平直真實者，正之主也。故德必核其真，然後授其位，能必核其真，然後授其事；功必核其真，然後授其賞；罪必核其真，然後授其刑；行必核其真，然後貴之；言必核其真，然後信之；物必核其真，然後用之；事必核其真，然後修之。故眾正積於上，萬事實於下，先王之道如斯而已矣。

㈥八月，癸亥（初三日），以光祿勳匡衡為御史大夫。

㈦閏月，丁酉（初八日），太皇太后上官氏崩。

㈧冬，十一月，齊、楚地震。大雨雪，樹折、屋壞。

【今註】㊀信都王：信都郡名。治信都。在今河北省冀縣。信都王立十五年徙為中山王，傳二世，歷時三十六年。元壽二年嗣王箕子立為平帝，國除。㊁東郡：郡名。治濮陽。在今河北省濮陽縣。按《漢書》房傳，房東郡頓丘人：頓丘在今河北省清豐縣。此作東郡，簡言之。㊂生：稱謂名詞，其義有二：一為師稱弟子曰「生」，即學生後生之簡稱；一為尊稱有道之士曰「生」，即先生之簡稱。此處稱呼，屬於前者。㊃更直日用事：更謂替換。直同「值」。值日即當日。此言六十卦更替值日行事。㊄以風雨寒溫為候：此種值日行事，以風雨寒溫氣象之變化為徵驗。㊅以孝廉為郎：孝廉察舉科名之一。郎，中央中級官吏以郎名者之總稱。官堦約自三百石至六百石。㊆說同「悅」。㊇數：讀朔。再三曰數。㊈考功課吏法：考核官吏工作功過，課定成績優劣方法，即今之考績法。㊉溫室：殿名。武帝建。冬處之溫煖，故曰溫室。⑪上下相司：司與伺同。義為偵察。上下互相偵察。⑫鄉：與傾嚮之「嚮」同。⑬部刺史：官名。武帝元封五年初置部刺史。官堦六百石，後更名州牧，增秩為二千石。掌周行所屬郡國，省察治狀，黜陟官吏，並聽斷冤獄。⑭奏事京師：每一年之末，諸州刺史，親至京師，上奏巡察經過。⑮曉：曉喻，說明。⑯唯：同「惟」。⑰顓：同「專」。⑱宴見：宴同「燕」。宴見，京房於元帝安閑時進見。⑲幽厲之君：西周幽厲二王。⑳佞：偽善諂媚。㉑邪：即「耶」字疑問詞。㉒不肖：子不似其父謂之不肖。引申凡稱不賢之人皆曰不肖。㉓曷為：曷與「何」同。曷為即「何以」。疑問詞。㉔卒：終。㉕寤：同「悟」。㉖亦嘗聞此君：《漢書京房傳補注》，據《太平御覽》所引，君字上有「二」字，「此二君」指周幽厲二君言，語意較此完足。㉗豎刁：齊桓公佞臣之一。桓公生時，甚見寵任，及桓公卒，乃與易牙開方結合以亂齊國。㉘趙高：秦權臣，指鹿為馬，亂秦政，弒二世。㉙卜：字取灼龜甲坼裂紋形，就紋形以斷吉凶。此處用為測驗意。㉚免冠頓首：摘除帽子叩頭，表示罪大惶悚之至。㉛靁：同「雷」。古字繁文。㉜春凋、秋榮、隕霜不殺：春日草木應榮而反凋。秋令應凋而反榮。冬令隕霜應殺草木而反不殺。皆時令之反常，表示陰陽錯亂。㉝刑人滿市：受過刑的人充滿市街。㉞與：同「歟」。疑問詞。㉟帷幄：帳幕，本為軍用專詞，擴充為房屋意。㊱諭：同「喻」。㊲匪面命之，言提其耳：與下二句皆《詩經．大雅．抑章》之句。今用為「耳提面命」。㊳誨爾諄諄，聽我藐藐：此亦抑章句。誨：教導。諄諄：懇切叮嚀。藐藐：音秒，輕忽不在意。㊴中郎：官名，屬光祿勳。官階比六百石。掌侍衞守門戶，出充車騎。㊵通籍殿中：受公卿奏事，通籍殿中，侍御史之職。㊶壅塞：隔阻曰壅。堵絕曰塞。㊷疾：同「嫉」。㊸魏郡：治鄴。在今河南省臨漳縣。㊹乘傳奏事：乘傳：驛站供應官吏因公出行之馬車。歲竟乘傳至京師奏事，本刺史之職，京房以太守請准特許，防備石顯等梗阻播弄。㊺封事：漢制。臣下奏事，皂囊封板，以防洩露，故謂之封事。㊻辛巳：漢書京房傳，載此封事上於二月朔。補注引錢大昕說，以為二月當作三月。辛巳為三月十八日。㊼覆陽：遮蔽曰覆。陽謂太陽，比作天子。㊽己卯庚辰：依錢大昕說，當為三月十六日、十七日。㊾陽平侯：陽平縣名，屬東郡，今山東省莘縣。陽平侯食邑八千戶，傳五世，歷時七十四年乃絕。㊿新豐：縣名。屬京兆。即今陝西省臨潼縣新豐鎮，去長安百里。(51)郵：步行遞書者。(52)中：同「仲」。(53)涌水已出：涌與「湧」同。《漢書．京房傳》，涌水上有「今」字，語意較此完足。(54)正先：人名。姓正名先。(55)非刺：非同「誹」。非刺義為攻擊。刺從朿從刀，與「剌」字不同。(56)自詭：自責。(57)惟：此處用作祈求之意。(58)塞：當。(59)陝：縣名。屬弘農郡。今河南省陝縣。字從阜從大從雙入，今作從人從大從雙人，成為陝字誤。(60)前白：以前請求。(61)毋難還臣，而易逆天意：不要難於召臣還，而輕易拂逆天意。(62)淮陽憲王：淮陽，郡名。治陳。今河南省淮陽縣。淮陽王傳三世，歷時八十二年國絕。憲王名欽，元帝之弟。(63)傾巧無行：傾巧、奸詐。無行、無品德。(64)持東：拿回東方。淮陽在長安之東。(65)詿誤：詿，同罣。音卦。詿誤，欺騙。(66)棄市：古法「刑人於市，與眾棄之」，故處死曰棄市。(67)徙邊：古五刑中之流刑，明代以後籠統名之曰充軍。(68)御史中丞：官名，官堦千石。職掌佐御史大夫。(69)重足一迹：重音虫。迹同「跡」。言公卿畏顯，走路不敢錯腳步，重疊起來，兩足留一跡。(70)若若：音熱。下垂而長曰若若。(71)諸官：泛指諸官署而言。(72)漏盡：漏為古代利用水漏之計時器，名曰漏刻或刻漏。漏盡則一日盡，時當午夜，以下入於次日。(73)投夜：入夜。㉔私：寵愛。㉕稱快萬眾：使萬人稱快。石顯言，不能積怨一身，使世人皆快意。㉖賂遺訾一萬萬：賂音路。遺音位。訾同「貲」。贈與曰賂遺。此言賞賜及贈與之財物值一萬萬。㉗匈匈：同洶洶。本為形容波濤滾滾之詞，借用形容人多騷動不安現象。㉘訕：謗議。

三年（西元前三六年）

㈠夏，六月，甲辰（十九日），扶陽共侯㈠韋玄成薨。

㈡秋，七月，匡衡為丞相。戊辰（十四日），衛尉李延壽為御史大夫。

㈢冬，使西域都護㈡、騎都尉北地㈢甘延壽，副校尉山陽㈣陳湯，共誅斬郅支單于於康居㈤。始郅支單于自以大國，威名尊重，又乘勝驕㈥，不為康居王禮，怒殺康居王女㈦，及貴人、人民數百，或支解投都賴水中；發民作城，日作五百人，二歲乃已。又遣使責闔蘇㈧、大宛㈨諸國歲遺㈩，不敢不予。漢遣使三輩至康居，求谷吉等死㈡，郅支困辱使者，不肯奉詔；而因㈢都護上書言，居困阸，願歸計㈢彊漢，遣子入侍。其驕嫚㈣如此。湯為人沈勇有大慮，多策略，喜奇功，與延壽謀曰：「夷狄畏服大種，其天性也。西域本屬匈奴，今郅支單于威名遠聞，侵陵烏孫、大宛，常為康居畫計，欲降服之；如得此二國，數年之間，城郭諸國危矣；且其人剽悍(一五)，好戰伐，數取勝，久畜之，必為西域患！雖所在絕遠，蠻夷無金城彊弩之守(一六)，如發屯田吏士，敺從烏孫眾兵，直指其城下，彼亡則無所之，守則不足自保，千載之功，可一朝而成也。」延壽以為然，欲奏請之。湯曰：「國家(一七)與公卿議，大策非凡所見(一八)，事必不從！」延壽猶與(一九)不聽。會其久病，湯獨矯制(二〇)發城郭諸國兵，車師(二一)、戊巳校尉(二二)、屯田吏士。延壽聞之，驚起欲止焉；湯怒，按劍叱延壽曰：「大眾已集會，豎子(二三)欲沮(二四)眾邪！」延壽遂從之。部勒(二五)行陳，漢兵、胡兵合四萬餘人。延壽、湯上疏自劾(二六)奏矯制，陳言兵狀。即日引軍分行，別為六校(二七)：其三校從南道踰葱嶺，徑大宛；其三校都護自將，發溫宿國(二八)，從北道入赤谷，過烏孫，涉康居界，至闐池西。而康居副王抱闐，將數千騎，寇赤谷城東，殺略大昆彌(二九)千餘人，敺畜產甚多，從後與漢軍相及㉚，頗寇盜後重㉛。湯縱胡兵擊之，殺四百六十人，得其所略民四百七十人，還付大昆彌，其馬、牛、羊以給軍食。又捕得抱闐貴人伊奴毒。入康居東界，令軍不得為寇。閒㉜呼其貴人屠墨見之，諭以威信，與飲盟，遣去。徑引行，未至單于城可六十里，止營。復捕得康居貴人貝色子男開牟，以為導。貝色子、即屠墨母之弟，皆怨單于，由是具知郅支情。明日，引行，未至城三十里，止營。單于遣使問漢兵何以來？應曰：「單于上書言：居困戹㉝，願歸計彊漢，身入朝見！天子哀閔㉞單于，棄大國，屈意康居㉟，故使都護將軍，來迎單于妻子。恐左右驚動故，未敢至城下。」使數往來相答報。延壽、湯，因讓㊱之：「我為單于遠來，而至今無名王、大人見將軍受事者；何單于忽大計，失客主之禮也！兵來道遠，人畜罷㊲極，食度㊳且盡，恐無以自還，願單于與大臣審㊴計策！」明日，前至郅支城都賴水上，離城三里，止營傅陳㊵。望見單于城上立五采幡幟，數百人被㊶甲乘城，又出百餘騎，往來馳城下，步兵百餘人，夾門魚鱗陳㊷，講習用兵。城上人更招漢軍曰：「鬥來！」百餘騎馳赴營，營皆張弩持滿指之，騎引卻。頗遣吏士射城門騎步兵，騎步兵皆入。延壽、湯，令軍聞鼓音皆薄㊸城下，四面圍城，各有所守，穿塹塞門戶㊹，鹵楯㊺為前，戟弩㊻為後，仰射城樓上人。樓上人下走，土城外有重木城㊼，從木城中射，頗殺傷外人；外人發薪燒木城。夜，數百騎欲出外，迎射，殺之。初單于聞漢兵至，欲去，疑康居怨己為漢內應，又聞烏孫諸國兵皆發，自以無所之㊽。郅支已出，復還，曰：「不如堅守。漢兵遠來，不能久攻。」單于乃被甲在樓上，諸閼氏、夫人㊾數十，皆以弓射外人。外人射中單于鼻，諸夫人頗死，單于乃下。夜過半，木城穿，中人卻入土城，乘城呼。時康居兵萬餘騎，分為十餘處，四面環城，亦與相應和。夜數犇㊿營，不利，輒卻。平明，四面火起，吏士喜，大呼乘(51)之，鉦(52)鼓聲動地。康居兵引卻，漢兵四面推鹵楯，并入土城中。單于男女百餘人，走入大內，漢兵縱火，吏士爭入，單于被創(53)死。軍候假丞(54)杜勳斬單于首。得漢使節二、及谷吉等所齎帛書(55)。諸鹵(56)獲以畀㊼得者。凡斬閼氏、太子、名王以下千五百一十八級，生虜百四十五人，降虜千餘人，賦予㊽城郭諸國㊾所發十五王。

【今註】 ㈠扶陽共侯：扶陽縣名。屬沛郡。在今江蘇省蕭縣。共同「恭」。扶陽侯傳五世，歷時九十五年，王莽敗乃絕。㈡西域都護：官名。武帝始置名護西域使者，宣帝更名都護。治西域烏壘城，今新疆輪台縣。官堦二千石。掌領護西域五十餘國。㈢北地：郡名。治馬領。在今甘肅省環縣南。按《漢書．甘延壽傳》，延壽北地郁郅人，郁郅今甘肅省慶陽縣。此云北地者，簡言之。㈣山陽：郡名。治昌邑。在今山東省金鄉縣。按《漢書．陳湯傳》，湯山陽瑕丘人。瑕丘今山東省滋陽縣。此稱山陽，簡言之。㈤康居：西域國名。在今新疆西北，領今俄羅斯中亞之地。㈥乘勝驕：郅支屢破烏孫，呼韓邪，又破殺伊殺利目，閏振，故驕。㈦怒殺康居王女：元帝初元五年，康居國王迎郅支單于居康居，並以女妻之。㈧闔蘇：國名。顏師古引胡廣云，在康居北約一千里。今所在不詳。㈨大宛：國名。在今俄羅斯中亞細亞阿茲柏克共和國境內。㈩歲遺：按年定例之餽贈。⑪死：同「屍」。⑫因：緣託。⑬歸計：歸附漢而受計策。⑭嫚：同「慢」。⑮剽悍：輕快曰剽。勇而有力曰悍。⑯金城彊弩之守：城堅如鐵，故曰金城。彊弩、強弓。⑰國家：稱皇帝曰國家。⑱大策非凡所見：如此大計非常人所能見到。⑲猶與：同猶豫。遲疑不決。⑳矯制：詐稱詔書。㉑車師：西域諸國之一。有前後二王庭。前王庭在今新疆吐魯番縣。後王庭今新疆阜康縣。㉒戊巳校尉：元帝初元元年置，屯田於車師前王庭一帶。㉓豎子：罵人語，如今言「小子！」㉔沮：讀如居音（ㄐㄩ），阻止破壞。㉕部勒：佈置約束。㉖自劾：劾為彈劾，自劾，自己彈劾自己。㉗六校：一校軍一部，六校即六軍。㉘溫宿國：西域諸國之一。在今新疆溫宿縣。㉙大昆彌：昆彌烏孫國王號，其後分為大昆彌、小昆彌兩支。宣帝神爵中，詔大昆彌仍其舊地，而徙小昆彌於其西。㉚從後與漢軍相及：抱闐掠烏孫既罷，旋師返國，尾隨漢軍之後。㉛後重：重音仲，軍需各物。稱輜重。後重，後行之輜重。㉜間：祕密。㉝困戹：戹同阨。困戹，困窮危迫。㉞哀閔：閔同「憫」。可憐。㉟屈意康居：委屈居於康居。㊱讓：責。㊲罷：同「疲」。㊳度：音惰。揣測預計。㊴審：慎重考慮。㊵傅陳：傅同敷。陳同陣。傅陳，佈置陣地。㊶被：同「披」。㊷魚鱗陳：所佈之陣，兵卒相接若魚鱗。㊸薄：迫近。㊹穿塹塞門戶：塹，同「壍」。壕澗曰塹。穿塹，掘地為壕。塞門戶，當住自己營門口。㊺鹵楯：鹵同「楯」。大盾曰鹵。盾同「楯」。㊻戟弩：戟長槍之一種。弩，弓。㊼重木城：兩層以上之木造城牆。㊽無所之：無處可去。㊾閼氏、夫人：閼音焉。氏音支。字亦可作「胭脂」「烟支」。匈奴稱皇后曰閼支。夫人則單于之妾。㊿犇：同「奔」。犇為奔之正字。(51)乘：因藉曰乘。因藉四面火起之聲勢，故曰乘。(52)鉦：音征。即手搖之小鐘，軍中號令之一曰「金」。(53)被創：負傷。(54)軍候假丞：假如言代理。胡三省云：漢制軍行有各部校尉，部下有曲，曲有軍候一人。杜勛本為軍候而假丞。(55)所齎帛書：齎，手持交付。繒帛所寫之書曰帛書。(56)鹵獲：鹵同「虜」。諸鹵獲，所有俘虜所得。(57)畀：給與。(58)賦予：賦為分配。予為給與。(59)城郭諸國：以西域都護所在言之，隣近諸國，如在城郭間，故曰城郭諸國。

四年（西元前三五年）

㈠春，正月。郅支首至京師。延壽、湯上疏曰：「臣聞天下之大義當混㈠為一，昔有唐虞，今有彊漢。匈奴呼韓邪單于已稱北藩㈡，唯郅支單于叛逆未伏其辜㈢，大夏㈣之西，以為彊漢不能臣也。郅支單于慘毒行於民，大惡通於天；臣延壽、臣湯，將義兵行天誅，賴陛下神靈，陰陽幷應，天氣精明，陷陳克敵，斬郅支首及名王以下，宜縣頭槀街㈤蠻夷邸間㈥，以示萬里，明犯彊漢者，雖遠必誅！」丞相匡衡等，以為方春掩骼、埋胔之時㈦，宜勿縣。詔縣十日㈧，乃埋之。仍告祠郊廟，赦天下。羣臣上壽、置酒㈨。

㈡六月。甲申（初五日），中山哀王㈩竟薨㈡。哀王者，帝之少弟，與太子游學相長大㈢。及薨，太子前弔，上望見太子，感念哀王，悲不能自止，太子既至前，不哀，上大恨曰：「安有人不慈仁，而可以奉宗廟，為民父母者乎！」是時駙馬都尉㈢、侍中史丹護太子家㈣，上以責謂丹，丹免冠謝曰：「臣誠見陛下哀痛中山王，至以感損㈤，向者㈥太子當進見，臣竊戒屬㈦，毋涕泣，感傷陛下！罪乃在臣，當死！」上以為然，意乃解。㈢藍田㈧地震，山崩，壅霸水㈨。安陵㈩岸崩，壅涇水㈡，涇水逆流。

【今註】㈠混：混合。㈡藩：本義為藩籬。取其保護防衛義，引申為屏障保衛。㈢辠：義同「罪」。㈣大夏：西域國名。㈤縣頭稾街：縣同「懸」。稾街，長安城內街名。㈥蠻夷邸間：邸同「第」。蠻夷邸招待蠻夷之客館，在稾街。㈦方春掩骼、埋胔之時：骼，白骨。胔，骨上帶肉。春令天地好生，故埋死物之骨骸，以合天意。㈧詔縣十日：丞相匡衡等以為不必縣，車騎將軍許嘉等以為當縣，故折衷縣十日。㈨上壽、置酒：羣臣開筵慶祝，為皇帝祝福。㈩中山哀王：中山，郡名，治盧奴，今河北省定縣。中山王原封清河王，見本書上卷元帝初元二年，初元五年徙為中山王。㈡薨：諸侯卒曰薨。㈢游學相長大：游戲學習彼此在一起長大。㈢駙馬都尉：官名。官堦比二千石。掌副馬騎從。魏晉以後凡娶公主者必拜此官，簡稱「駙馬」，漢制並不如此。㈣護太子家：史丹，史高之子，元帝以其外戚親信之，詔令護太子家。此一時派遣，不在太子官屬之列。㈤感損：感情激動，精神損耗。㈥向者：向同「曏」。義為昔，向者即昔時。㈦屬：同「囑」。㈧藍田：

縣名。屬京兆。即今陝西省藍田縣。㈨霸水：霸又作「灞」。霸水源出藍田縣東南，西北流，經長安東入渭。古名滋水。秦穆公更名曰霸水，以彰霸功。唐加水傍作灞水。㈩安陵：縣名。景帝陵所在。在今陝西咸陽縣東北涇水旁。㈢涇水：源出甘肅固原縣，東南流，至陝西省涇陽縣入渭。

五年（西元前三四年）

㈠春，三月，赦天下。

㈡夏，六月，庚申（十七日）復戾園㈠。

㈢壬申，（三十日）晦，日有食之。

㈣秋，七月，庚子（二十八日），復太上皇寢廟園、原廟㈡、昭靈后、武哀王、昭哀后、衞思后園㈢。時上寢疾，久不平，以為祖宗譴怒，故盡復之；唯郡國廟遂廢云。

㈤是歲，徙濟陽王康為山陽王㈣。

㈥匈奴呼韓邪單于聞郅支既誅，且喜且懼，上書願入朝見。

【今註】㈠復戾園：戾園，元帝曾祖父戾太子園。元帝永光四年罷。至是復之。㈡原廟：高祖廟，高祖自有廟在長安城中，惠帝又於渭北原上作廟，謂之原廟。㈢昭靈后、武哀王、昭哀后、衞思后園：以上諸園，元帝永光四年並罷，至是復之。㈣徙濟陽王康為山陽王：濟陽王元帝子，永光三年封。見本書上卷。

竟寧㈠元年（西元前三三年）

㈠春，正月。匈奴呼韓邪單于來朝。自言，願壻漢氏以自親。帝以後宮良家子王嬙㈡，字昭君，賜單于。單于驩㈢喜，上書，願保㈣塞上谷以西至燉煌㈤，傳之無窮。請罷邊備塞吏卒㈥，以休天子人民。天子下有司議，議者皆以為便。郎中㈦侯應，習邊事，以為不可許。上問狀，應曰：「周秦以來，匈奴暴桀㈧，寇侵邊境；漢興尤被其害。臣聞北邊塞至遼東㈨，外有陰山㈩，東西千餘里，草木茂盛，多禽獸，本冒頓單于⑪依阻其中，治作弓矢，來出為寇，是其苑囿也。至孝武世，出師征伐，斥⑫奪此地，攘之於幕北⑬。建塞徼⑭，起亭隧⑮，築外城⑯，設屯戍⑰以守之，然後邊境用得少安。幕⑱北地平，少草木，多大沙，匈奴來寇，少所蔽隱；從塞以南，徑深山谷，往來差難。邊長老言：匈奴失陰山之後，過之未嘗不哭也；如罷備塞吏卒，示夷狄之大利，不可一也。今聖德廣被，天覆匈奴[一九]，匈奴得蒙全活之恩，稽首來臣。夫夷狄之情，困則卑順，彊則驕逆，天性然也。前已罷外城，省亭隧，纔足以候望[二〇]，通烽火[二一]而已。古者安不忘危，不可復罷，二也。中國有禮義之教，刑罰之誅，愚民猶尚犯禁；又況單于能必其眾不犯約哉！三也。自中國尚建關梁[二二]以制諸侯，所以絕臣下之覬欲也[二三]。設塞徼，置屯戍，非獨為匈奴而已；亦為諸屬國降民，本故匈奴之人，恐其思舊逃亡，四也。近西羌保塞，與漢人交通，吏民貪利，侵盜其畜產、妻子，以此怨恨，起而背畔[二四]。今罷乘塞，則生嫚易分爭之漸[二五]，五也。往者，從軍多沒[二六]不還者，子孫貧困，一旦亡出，從其親戚，六也。又邊人奴婢愁苦，欲亡[二七]者多，曰：聞匈奴中樂！無奈候望急何！然時有亡出塞者，七也。盜賊桀黠，羣輩犯法，如其窘急[二八]，亡走北出，則不可制，八也。起塞以來，百有餘年[二九]，非皆以土垣[三〇]也；或因山巖、石、木[三一]、谿谷、水門[三二]，稍稍平之，卒徒築治，功費久遠，不可勝計。恐議者不深慮其終始，欲以壹切省繇戍㈢，十年之外，百歲之內，卒有他變，障㈣塞破壞，亭隧滅絕，當更發屯繕治，累歲之功，不可卒㈤復，九也。如罷戍卒，省候望，單于自以保塞守禦，必深德漢㈥，請求無已，小失其意，則不可測。開夷狄之隙，虧中國之固，十也。非所以永持至安，威制百蠻之長策也。」對奏。天子有詔，勿議罷邊塞事！使車騎將軍嘉㈦，口諭單于，曰：「單于上書：『願罷北塞吏士屯戍，子孫世世保塞。』單于鄉㈧慕禮義，所以為民計者甚厚，此長久之策也，朕甚嘉之！中國四方皆有關梁障塞，非獨以備塞外也，亦以防中國姦邪放縱，出為寇害，故明灋度，以專眾心也。敬諭單于之意㈨，朕無疑焉。為單于怪其不罷，故使嘉曉單于。」單于謝曰：「愚不知大計，天子幸使大臣告語，甚厚！」

初左伊秩訾為呼韓邪畫計歸漢，竟以安定；其後或讒伊秩訾自伐其功㈣，常鞅鞅㈣，呼韓邪疑之，伊秩訾懼誅，將其眾千餘人降漢，漢以為關內侯，食邑三百戶㈣，令佩其王印綬。及呼韓邪來朝，與伊秩訾相見，謝曰：「王為我計甚厚，令匈奴至今安寧，王之力也，德豈可忘！我失王意，使王去，不復顧留，皆我過也！今欲白天子，請王歸庭㊸。」伊秩訾曰：「單于賴天命自歸於漢，得以安寧，單于神靈，天子之佑也，我安得力！既已降漢，又復歸匈奴，是兩心也。願為單于侍使於漢㊹，不敢聽命。」單于固請，不能得而歸。單于號王昭君為寧胡閼氏㊺，生一男，伊屠智牙師，為右日逐王。

㈡皇太子冠。

㈢二月。御史大夫李延壽卒。

㈣初，石顯見馮奉世父子為公卿著名，女又為昭儀在內；顯心欲附之，薦言：昭儀兄謁者㊻逡脩敕㊼，宜侍帷幄！天子召見，欲以為侍中，逡請間㊽言事。上聞逡言顯專權，大怒！罷逡歸郎官。及御史大夫缺，在位多舉逡兄大鴻臚㊾野王。上使尚書選第中二千石㊿，而野王行能第一。上以問顯，顯曰：「九卿無出野王者；然野王親、昭儀兄，臣恐後世必以陛下度越眾賢㊿一，私後宮親，以為三公。」上曰：「善！吾不見是。」因謂羣臣曰：「吾用野王為三公，後世必謂我私後宮親屬，以野王為比(五二)。」三月，丙寅，（按此有誤，是月庚午朔無丙寅日）詔曰：「剛彊堅固，確然亡欲，大鴻臚野王是也；心辯善辭，可使四方，少府五鹿充宗是也。廉潔節儉，太子少傅張譚是也。其以少傅為御史大夫(五三)！」

(五)河南(五四)太守，九江(五五)召(五六)信臣，為少府。信臣先為南陽(五七)太守，後遷河南，治行常第一，視民如子，好為民興利，躬勸耕稼，開通溝瀆(五七)，戶口增倍。吏民親愛，號曰召父。

(六)癸卯，（按此有誤，是月庚午朔無癸卯）復孝惠皇帝寢廟園(五八)。孝文太后，孝昭太后寢園(五九)。

(七)初，中書令石顯，嘗欲以姊妻甘延壽，延壽不取(六〇)。及破郅支還，丞相御史亦惡(六一)其矯制，皆不與(六二)延壽等。陳湯素貪，所鹵獲財物入塞，多不法(六三)。司隸校尉(六四)移書道上，繫吏士，按驗之(六五)。湯上疏言：「臣與吏士共誅郅支單于，幸得禽(六六)滅，萬里振旅(六七)，宜有使者迎勞道路(六八)，今司隸反逆收繫按驗，是為郅支報讎(六九)也！」上立出吏士，令、縣道出酒食以過軍(七〇)。既至、論功，石顯、匡衡以為：延壽湯擅興師矯制，幸得不誅；如復加爵土，則後奉使者爭欲乘危徼幸，生事於蠻夷，為國招難(七一)。帝內嘉(七二)延壽、湯功，而重違(七三)衡、顯之議，久之不決。故宗正(七四)劉向(七五)上書曰：「郅支單于囚殺使者、吏士以百數，事暴揚外國，傷威毀重，羣臣皆閔(七六)焉。陛下赫然(七七)欲誅之，意未嘗有忘。西域都護延壽、副校尉湯，承聖指(七八)，倚神靈，總百蠻之君(七九)，攬城郭之兵，出百死，入絕域，遂蹈康居，屠三重城(八〇)，搴歙侯之旗(八一)，斬郅支之首，縣旌(八二)萬里之外，揚威昆山之西，埽(八三)谷吉之恥，立昭明之功，萬夷慴伏(八四)，莫不懼震。呼韓邪單于見郅支已誅，且喜且懼，鄉風馳義，稽首來賓，願守北藩，累世稱臣。立千載之功，建萬世之安，羣臣之勳莫大焉！昔周大夫方叔、吉甫為宣王誅獫狁(八五)，而百蠻從，其詩曰：「嘽嘽焞焞(八六)如霆如雷。顯允(八七)方叔，征伐獫狁，荊蠻來威(八八)。」易曰：『有嘉折首，獲匪其醜(八九)。』言美誅首惡之人，而諸不順者皆來從也。今延壽、湯所誅震，雖易之折首，詩之雷霆，不能及也。論大功者不錄小過，舉大美者不疵細瑕(九〇)。司馬灋(九一)曰：『軍賞不踰月。』欲民速得為善之利也，蓋急武功重用人也。吉甫之歸，周厚賜之，其詩曰：『吉甫燕喜，既多受祉(九二)。來歸自鎬，我行永久。』千里之鎬(九三)，猶以為遠，況萬里之外，其勤至矣！延壽、湯，既未獲受祉之報，反屈捐命(九四)之功，久挫於刀筆(九五)之前，非所以厲(九六)有功，勸戎士也。昔齊桓前有尊周之功(九七)，後有滅項之罪(九八)，君子以功覆過而為之諱。貳師將軍(九九)李廣利，捐五萬之師，靡億萬之費，經四年之勞，而僅獲駿馬三十匹，雖斬宛王毋寡(一〇〇)之首，猶不足以復費，其私罪惡甚多；孝武以為萬里征伐，不錄其過，遂封拜兩侯、三卿、二千石百有餘人(一〇一)。今康居之國，彊於大宛，郅支之號重於宛王，殺使者罪，甚於留馬(一〇二)，而延壽、湯，不煩漢士，不費斗糧，比於貳師，功德百之。且常惠隨欲擊之烏孫(一〇三)，鄭吉迎自來之日逐(一〇四)，猶皆裂土受爵。故言威武勤勞，則大於方叔、吉甫，列功覆過，則優於齊桓、貳師；近事之功則高於安遠、長羅(一〇五)；而大功未著，小惡數布(一〇六)，臣竊痛之！宜以時解縣，通籍(一〇七)，除過勿治，尊寵爵位，以勸有功。」於是天子下詔，赦延壽、湯罪，勿治！令公卿議封焉。議者以為宜如軍灋，捕斬單于令(一八)。匡衡、石顯以為郅支本亡逃失國，竊號絕域，非真單于。帝取安遠侯鄭吉故事，封千戶，衡、顯復爭。夏，四月，戊辰（三十日）封延壽為義成侯(一九)，賜湯爵關內侯，食邑各三百戶，加賜黃金百斤。拜延壽為長水校尉(二〇)，湯為射聲校尉(二一)。於是杜欽上疏追訟馮奉世前破莎車功(二二)，上以先帝時事不復錄(二三)。欽故御史大夫延年子也。

荀悅論曰：「誠其功義足封，追錄前事可也。春秋之義，毀泉臺(二四)則惡之，舍中軍(二五)則善之，各由其宜也。夫矯制之事，先王之所慎也，不得已行之。若矯大而功小者罪之可也；矯小而功大者賞之可也；功過相敵，如斯而已可也。權其輕重而為之制宜焉。」

(八)初太子少好經書，寬博謹慎；其後幸酒，樂燕樂(二六)，上不以為能，而山陽王康、有才藝(二七)，母傅昭儀又愛幸，上以故常有意欲以山陽王為嗣。上晚年多疾，不親政事，留好(二八)音樂；或置鼙鼓(二九)殿下，天子自臨軒檻(三〇)上，隤銅丸以擿鼓(三一)，聲中嚴鼓(三二)之節，後宮及左右習知音者莫能為，而山陽王亦能之，上數稱其材。史丹進曰：「凡所謂材者，敏而好學，溫故知新，皇太子是也。若乃器人㉓於絲竹鼙鼓之間，則是陳惠、李微㉔高於匡衡，可相國也。」於是上嘿然而咲㉕。及上寢疾，傅昭儀、山陽王康，常在左右，而皇后、太子、希㉖得進見。上疾稍侵㉗，意忽忽不平，數問尚書以景帝時立膠東王故事㉘。是時，太子長舅陽平侯王鳳為衞尉、侍中，與皇后太子皆憂不知所出㉙。史丹以親密臣，得侍視疾，候上間獨寢時，丹直入臥內，頓首伏青蒲㉚上，涕泣而言曰：「皇太子以適㉛長立，積十餘年，名號繫於百姓，天下莫不歸心，臣子見山陽王雅素㉜愛幸，今者道路流言，為國生意㉝，以為太子有動搖之議，審若此，公卿以下，必以死爭不奉詔！臣願先賜死，以示羣臣！」天子素仁，不忍見丹涕泣，言又切至，意大感寤㉞，喟然太息㉟曰：「吾日困劣㊱，太子兩王㊲幼少，意中戀戀，亦何不念乎！然無有此議；且皇后謹慎，先帝又愛太子㊳，吾豈可違指㊴！駙馬都尉安所㊵受此語？」丹即却㊶，頓首曰：「愚臣妄聞，罪當死！」

上因納謂丹曰：「吾病浸加㊷，恐不能自還㊸，善輔道㊹太子，毋違我意！」丹噓唏㊺而起，太子由是遂定為嗣。而右將軍、光祿大夫王商，中書令石顯亦擁佑太子，頗有力焉。夏，五月，壬辰（二十四日）。帝崩于未央宮㊻。班彪贊曰：「臣外祖兄弟，為元帝侍中，語臣曰：『元帝多材蓺，善史書㊼，鼓琴瑟，吹洞簫，自度曲㊽，被歌聲㊾，分刌節慶㊿，窮極幼眇(51)。少而好儒；及即位，徵用儒生，委之以政，貢、薛、韋、匡(52)迭為宰相。而上牽制文義，優游不斷，孝宣之業衰焉。然寬弘盡下，出於恭儉，號令溫雅，有古之風烈。』」

㈨匡衡奏言：「前以上體不平，故復諸所罷祠，卒不蒙福。案衞思后、戾太子、戾后園，親未盡。孝惠、孝景廟，親盡宜毀。及太上皇、孝文、孝昭太后、昭靈后、昭哀后、武哀王祠，請悉罷，勿奉！」奏可。

㈩六月，己未（二十二日），太子即皇帝位，謁高廟。尊皇太后曰太皇太后，皇后曰皇太后。以元舅侍中、衞尉、陽平侯王鳳為大司馬、大將軍（五三）、領尚書事。

（十一）秋，七月，丙戌（十九日），葬孝元皇帝于渭陵（五四）。

（十二）大赦天下。

（十三）丞相衡上疏曰：「陛下乘至孝，哀傷思慕，不絕於心，未有游虞弋射（五五）之宴，誠隆於慎終追遠無窮已也。竊願陛下雖聖性得之，猶復加聖心焉！詩云：『煢煢在疚（五六）。』言成王喪畢思慕，意氣未能平也。蓋所以就文武之業，崇大化之本也。臣又聞之師曰：『妃匹（五七）之際，生民之始，萬福之原（五八）。婚姻之禮正，然後品物遂而天命全。』孔子論詩，以關雎（五九）為始，此綱紀之首，王教之端也。自上世以來，三代興廢，未有不由此者也。願陛下詳覽得失盛衰之効，以定大基，采有德，戒聲色，近嚴敬，遠技能（六〇）！臣聞六經者，聖人所以統天地之心，著善惡之歸，明吉凶之分，通人道之正，使不悖（六一）於其本性者也。及論語、孝經，聖人言行之要，宜究其意。臣又聞，聖王之自為，動靜周旋，奉天承親，臨朝享臣，物有節文（六二），以章人倫；蓋欽翼祇栗（六三），事天之容也；溫恭敬遜(六四)，承親之禮也；正躬嚴恪(六五)，臨眾之儀也；嘉惠和說(六六)，饗下之顏也；舉錯(六七)動作，物遵其儀，故形為仁義，動為灋則。今正月初，幸路寢(六八)，臨朝賀，置酒以饗(六九)萬方。傳曰：『君子慎始，』願陛下留神動靜之節，使羣下得望盛德休光(七〇)，以立基楨(七一)，天下幸甚！」上敬納其言。

【今註】㈠竟寧：竟與邊境之「境」同。呼韓邪單于願保塞，喜邊境自此安寧，故改元竟寧。顏師古以為竟者終極之意，言永永安寧。枉曲費解，今不取。㈡王嬙：嬙字或作「嬙」「檣」。㈢驩：同「歡」。㈣保：守。㈤上谷，燉煌：上谷，郡名。今河北省河間、保定、易縣，及察哈爾省宣化一帶地。郡治沮陽，在今察哈爾懷來縣南。燉煌，郡名。字亦作敦煌。治今甘肅省燉煌縣。自上谷郡至燉煌郡東西四千餘里，其北皆匈奴地。㈥請罷邊備塞吏卒：請停廢沿邊防塞之官吏及兵卒。㈦郎中：官名，屬光祿勛。官堦比三百石。掌宿衞諸殿門，皇帝出，則充車騎。㈧桀：多殺害人曰桀。㈨遼東：郡名，自今遼寧省錦縣以東至瀋陽一帶，皆遼東郡地。㈩陰山：崑崙山北支。自古為北邊之屏障。(一一)冒頓單于：冒頓音墨毒。(一二)斥：開闢。(一三)攘之於幕北：攘義為抵抗排除。幕與沙漠之「漠」同。幕北燕然山後，沙漠之北。(一四)塞徼：阻隔內外曰塞。巡察遮斷曰徼。(一五)亭、隧：邊塞守望之據點。其作用如今之碉堡。(一六)外城：武帝於陰山外置外城若干處，如在今內蒙古自治區烏拉特旗之光祿塞，受降城，在今甘肅酒泉北二百餘里額濟那旗之遮虜障等。⑰屯戍：聚居曰屯。守備曰戍。⑱幕：同「漠」。⑲天覆匈奴：如天之大庇覆匈奴。⑳候望：伺候守望之人。如今軍隊之放哨站崗。㉑烽火：亭隧守望者，發現敵人蹤跡，晝則懸烽，夜則舉火，使左右前後皆得見以告警，曰烽火。㉒自中國尚建關梁：陸地之塞曰關。水上之塞曰梁。自中國者如言中國自身尚建關梁，何況邊塞。㉓覬欲：與覬覦同。非分之想曰覬覦。㉔畔：與叛變之「叛」同。㉕嫚易分爭之漸：嫚同「慢」。分同「紛」。欺誣曰嫚易。糾纏不清曰紛爭。㉖沒：淪陷。㉗亡：逃亡。㉘窘急：迫切。㉙百有餘年：自武帝起塞，至此百餘年。㉚土垣：垣即牆，言塞並非皆有土牆。㉛山巖、石、木：按《漢書・匈奴傳》原文為「或因山巖石，木柴僵落。」此省去「柴僵落」並將木字屬上句，不及原文意義周全。㉜谿谷、水門：溪谷間以閘啟閉之水門。㉝壹切省繇戍：繇同「傜」。一切，譬如以刀切物，但求整齊，不顧縱橫長短，一切而下。㉞障：屏障。㉟卒：同「猝」。㊱必深德漢：必自以為有大貢獻於漢。㊲車騎將軍嘉：即許嘉。㊳鄉：同「嚮」。㊴敬諭單于之意：已知單于之善意。㊵自伐其功：自己矜誇功績。㊶鞅鞅：同「快快」。不滿意。㊷關內侯，食邑三百戶：漢關內侯無國邑，此云食邑三百戶者，出於特恩，與之關內之邑食其租稅。㊸歸庭：回單于之庭。㊹為單于侍使於漢：為單于使者，侍奉漢朝。㊺寧胡閼氏：閼氏，音焉支即皇后。寧胡，言昭君之來，有安寧胡國之作用。㊻謁者：官名，屬光祿勛。官堦四百石。掌賓替奏事，出使喪弔祭享。㊼脩敕：脩同「修」。行為整潔曰修敕。㊽請間：請求予以空閒時間，以便盡所欲言。凡請間者，左右例須迴避。(四九)大鴻臚：官名。九卿之一。官堦中二千石。掌歸降蠻夷之交往禮聘。(五〇)選第中二千石：由官堦中二千石諸官中，選其品行能力，評定第次。(五一)度越眾賢：越過在朝諸君子。(五二)以野王為比：言後世論我任用野王，出於親情阿比。(五三)以少傅為御史大夫：此詔拜少傅張譚為御史大夫，而先之以褒揚馮野王與五鹿充宗者，因野王經尚書選第在中二千石中行能第一，今雖不用，不便冷落。至聯舉五鹿充宗，則純為敷衍石顯者。(五四)河南：郡名。治洛陽。(五五)九江：郡名。治壽春，今安徽省壽縣。按《漢書》召信臣九江壽春人，此作九江，省言之。(五六)召：讀「邵」。(五七)南陽：郡名，治宛，今河南省南陽縣。(五八)復孝惠皇帝寢廟園：惠帝寢廟園，元帝永光五年毀，至是復之。(五九)孝文太后，孝昭太后寢園：孝文太后孝昭大后寢園，元帝建昭元年罷，至是復之。(六〇)取：同「娶」。(六一)惡：音誤，厭煩。(六二)與：義為善，以延壽等矯制，不以為善。(六三)所鹵獲財物入塞，多不法：所獲財物多非法攜入塞內。(六四)司隸校尉，移書道上：司隸校尉，官名。官堦比二千石。內督百僚，莫不糾彈，外察三輔（京兆，左馮翊，右扶風。）、三河（河南，河內，河東）及弘農（在今陝縣）七郡，持節掌兵，權威甚重。移書道上：行文陳湯由西域入塞至京師沿途各郡縣。(六五)繫吏士，按驗之：收捕非法官吏士兵按法正罪。(六六)禽：同「擒」。(六七)振旅：凱旋。(六八)迎勞道路：歡迎慰勞於道路。(六九)讎：同「仇」。(七〇)令、縣道出酒食以過軍：今沿途各縣道（縣之有蠻夷者曰道）備酒食歡迎陳湯軍隊過境。(七一)為國招難：替國家招來麻煩難題。(七二)內嘉：內心稱許。(七三)重違：難於違背。(七四)故宗正，宗正。官名。九卿之一，官堦中二千石。掌宗室之教養封除等事。劉向先為此官，後免，故曰「故宗正」。(七五)劉向：按《漢書劉向傳》，向，原名更生，及成帝即位改名向。《漢書》體例，自成帝後皆書曰「向」，其以前皆書曰「更生」，此處上書時，元帝未崩，向仍名更生，而書曰「向」，與《漢書》體例不合。(七六)閔：傷心在念曰閔。(七七)赫然：本為形容火色殷紅之詞，引申形容發怒之面容，再轉成為發怒之代名詞。(七八)指：同「旨」。(七九)攬：總摟。(八〇)屠三重城：郅支單于之城，外有兩重之木城，內又有一重土城，故曰三重城。(八一)搴歙侯之旗：搴拔。歙侯，康居貴族官名。(八二)旗：軍旗之一種。(八三)埽：與掃除之「掃」同。(八四)慴伏：慴為畏懼。伏即伏首帖耳。(八五)獫狁：音險允，匈奴之古名。(八六)嘽嘽焞焞：嘽音灘。焞音屯，又音推，此處叶韻讀推。嘽嘽焞焞：眾多盛大形狀，形容軍容之盛。(八七)顯允：既明且信曰顯允。(八八)蠻荊來威：言方叔既伐獫狁而克之，又來加威於蠻荊。(八九)有嘉折首，獲匪其醜：言王師出征，多獲非類，故斬首可嘉可賀。(九〇)細瑕：細為小。玉有玷曰瑕。(九一)司馬法：古兵書，舊題齊司馬穰苴撰，不可信，大約漢人所偽作。(九二)受祉：接受幸福。(九三)千里之鎬：鎬，地名。非豐鎬之鎬。所在不能確指，約在大河兩岸，晉陝之間。(九四)捐命：捐之義為棄。捐命如今言「拚命」。(九五)刀筆：以筆作書於竹木簡，以刀削改錯誤。此吏事之一端，後乃以「刀筆」為吏之代名詞。(九六)厲：同「勵」。(九七)齊桓前有尊周之功：齊桓公霸者之首，以攘夷為目的，以尊王為手段，故云「尊周」。(九八)後有滅項之罪：項古國名。在今河南省項城縣。《春秋》僖公十七年書「夏滅項」。左氏以為魯滅之，而公、穀以為齊滅之。劉向此書則從公、穀兩家者。(九九)貳師，將軍：貳師大宛國城名。大宛國有善馬在貳師城，武帝欲之，大宛不獻，太初元年（西元前一〇四）乃拜李廣利為貳師將軍往征之。以養馬之地名將軍，表示志在必得。⑳宛王毋寡：毋寡，大宛王名，《漢書·陳湯傳》作「毋鼓」。此從〈西域傳〉者。㉑封拜兩侯、三卿、二千石百有餘人：事見本書卷二十一武帝太初三至四年。及《漢書·李廣利傳》。㉒殺使者罪，甚於留馬：郅支單于殺使者谷吉，而大宛王毋寡僅藏馬不獻而已。㉓常惠隨欲，擊之烏孫：事見本書二十四卷宣帝本始三年。及《漢書》〈常惠傳〉、〈匈奴傳〉。㉔鄭吉迎自來之日逐：事見本書二十六卷宣帝神爵二年。及《漢書》鄭吉傳〈西域傳〉。㉕安遠、長羅：鄭吉封安遠侯。常惠封長羅侯。㉖布：同「佈」。㉗解縣，通籍：縣同「懸」。解縣，解其縣而未決之罪案。通籍，通其宮廷之門籍（以二尺長竹簡，記出入者姓名年齡面貌特徵等懸之宮門，出入者須查閱相合，乃放行似今之出入證。），以便出入。㉘軍法捕斬單于令：漢軍法已佚，不得而詳。依匡衡石顯意見推斷，其賞必甚重。㉙義成侯：義成。縣名。屬沛郡。義成侯食邑四百戶。延壽之孫遷，益封連前二千戶。傳四世，歷時六十一年；至光武帝建武四年乃絕。㉚長水校尉：官名。北軍八校尉之一。屬中壘校尉。官堦二千石。掌長水，宣曲胡騎。按長水即長安東之滻水，其旁有胡騎廐，故以長水名官。宣曲離宮名，在長安西南，屯胡騎。㉛射聲校尉：官名。北軍八校尉之一。屬中壘校尉。官堦二千石。掌弓箭射士。㉜破莎車功：事見本書第二十五卷宣帝元康元年。㉝錄：采取。㉞毀泉台：《春秋公羊傳》文公十六年毀泉臺，公羊批評曰：「先祖為之，己毀之，不如勿居！」㉟舍中軍：舍同「捨」。《春秋公羊傳》昭公五年舍中軍，公羊稱贊曰：「復古也」。㊱幸酒，樂燕樂：幸酒，好飲酒。上樂字讀洛。燕樂，私居隨便之樂，與廟堂皇皇之樂不同。(一七)蓺：同藝。(一八)留好：即留心嗜好。(一九)鼙鼓：鼙音皮。鼙鼓，軍用戰鼓，騎在馬上打之。(二〇)軒檻：軒本高車名，引申用為高房名。檻，欄板。(二一)隤銅丸以擿鼓：隤音ㄊㄨㄟˊ。與衰頹之「頹」同。由上降下曰隤。擿與「擲」同。此言投下銅丸擊鼓。(二二)嚴鼓：嚴之義為緊。嚴鼓連擊成聲，以狀緊急者。(二三)器人：衡量人。(二四)陳惠、李微：古之音樂家。事蹟佚傳。(二五)咲：同「笑」。(二六)希：同「稀」。(二七)侵：漸深曰侵。(二八)立膠東王故事：事見本書十六卷景帝前六年。(二九)不知所出：不知應出如何之計謀。(三〇)青蒲：青色蒲席。(三一)適：同「嫡」。(三二)雅素：平素。(三三)生意：生心，關心之意。(三四)感寤：寤同「悟」。感，感動。(三五)喟然太息：長聲嘆氣。(三六)困劣：身體衰弱。(三七)兩王：次子山陽王康，少子信都王興。(三八)先帝又愛太子：事見本書二十七卷宣帝甘露三年。(三九)指：先帝之旨。(四〇)安所：何處。(四一)卻：退後。(四二)寖加：漸重。(四三)不能自還：還讀旋。言病不能自己回轉，再復康強。(四四)輔道：道同「導」。(四五)噓唏：噓音虛。唏音希。欲哭無淚曰噓唏。(四六)未央宮：宮名。未央義為未盡。取長樂未央之義以為宮名。(四七)史書：史者小史，各府寺之小史，以隸書掌公文之書寫。史書即小史之隸書。(四八)度曲：度音鐸。作曲謂度曲。(四九)被歌：將新曲譜以成歌。(五〇)分刌節度：刌同「寸」，加刀者表示分寸如刀畫之整齊。分寸節度，言樂器音聲之分部定位。(五一)窮極幼眇：眇與妙好之「妙」同。微細曰幼。幼眇即微妙。(五二)貢、薛、韋、匡：貢禹、薛廣漢，韋玄成，匡衡，皆儒生。(五三)大司馬、大將軍：大司馬即太尉，與大司徒，大司空，合為三公。大將軍，武帝置，位在丞相上，三公下。元狩四年又置大司馬大將軍以授衛青，其後霍光嘗為之，至是又授王鳳。㊹渭陵：在長安北渭水濱。㊺游虞弋射：虞同「娛」。此言游樂與射獵。㊻煢在疚。《詩經・周頌・閔予小子》章句。煢音瓊。煢煢孤獨憂愁。在疚義為「痛心」。㊼妃匹：夫妻配合。㊽原：同「源」。㊾關雎：《詩經》以〈國風〉為首，〈國風〉又以〈關雎〉為首。本男女相悅，表示戀愛之抒情詩，漢儒賦予道德意義，成為男女婚媾關係的一章。㊿采有德，戒聲色，近嚴敬，遠技能：此言慎選妃匹之標準。(六一)悖：音背。逆亂不順。(六二)物有節文：物即事，事事有一定分寸，與固定之儀式。(六三)欽翼祇栗：畢恭畢敬曰欽。小心謹慎曰翼。敬畏曰祇。恐懼曰栗。(六四)溫恭敬遜：和悅曰溫。從命曰恭。謹嚴曰敬。順遂曰遜。(六五)正躬嚴恪：嚴以律己。(六六)嘉惠和說：說同「悅」。(六七)舉錯：錯同「措」。(六八)路寢：大房，意為大殿。(六九)饗：設酒饌招待賓客曰饗。(七〇)休光：休即善。光為光采。(七一)基楨：基礎與根本曰基楨。此戒勸成帝正月初見羣臣，應振作盛德，為國家打定良好基礎。

卷三十　漢紀二十二

起屠維赤奮若盡著雍閹茂凡十年。（己丑至戊戌，西元前三二年至西元前二三年）

司馬光編集
趙鐵寒　註

孝成皇帝上之上

建始元年（西元前三二年）

㈠春，正月，乙丑（初一日）悼考㈠廟災。

㈡石顯遷長信中太僕㈡、秩中二千石。顯既失倚，離權㈢，於是丞相、御史，條奏顯舊惡；及其黨牢梁、陳順皆免官㈣，顯與妻子徙歸故郡，憂懣不食，道死㈤。諸所交結，以顯為官者，皆廢罷；少府五鹿充宗左遷㈥玄菟㈦太守，御史中丞伊嘉為鴈門都尉㈧。司隸校尉，涿郡王尊，劾奏，丞相衡、御史大夫譚，知顯等顓權擅埶㈨大作威福，為海內患害，不以時白奏行罰，而阿諛曲從，附下罔上㈩，懷邪迷國，無大臣輔政之義，皆不道，在赦令前㈡；赦後衡、譚舉奏顯，不自陳不忠之罪，而反揚著先帝任用傾覆之徒，妄言百官畏之，甚於主上，卑君尊臣，非所宜稱，失大臣體㉒！於是衡慙懼，免冠謝罪，上丞相、侯印綬㉓。天子以新即位，重傷大臣，乃左遷尊為高陵令㉔。然羣下多是尊者。衡嘿嘿㉕不自安，每有水旱，連乞骸骨讓位；上輒以詔書慰撫，不許。

㈢立故河間王元弟上郡庫令良為河間王㉖。

㈣有星孛于營室。

㈤赦天下。

㈥壬子（按此有誤，是月乙丑朔無壬子）封舅諸吏光祿大夫㉗關內侯王崇為安城侯㉘。賜舅譚、商、立、根、逢時，爵關內侯。夏，四月，黃霧四塞。詔博問公、卿、大夫，無有所諱㉙！諫大夫楊興，博士駟勝等，皆以為陰盛侵陽之氣也；高祖之約，非功臣不侯，今太后諸弟皆以無功為侯，外戚未曾有也，故天為見異。於是大將軍鳳懼，上書乞骸骨辭職，上優詔不許㉚。

㈦御史中丞㉛東海㉜薛宣上疏曰：「陛下至德仁厚，而嘉氣尚凝，陰陽不和，殆吏多苛政；部刺史㉝或不循守條職㉞，舉錯㉟各以其意。多與㉖郡縣事，至開私門，聽讒佞，以求吏民過。譴呵㉗及細微，責義不量力㉘。郡縣相迫促，亦內相刻㉙，流及眾庶㉚；是故鄉黨闕㉛於嘉賓之懽，九族忘其親親之恩，飲食周急之厚彌㉜衰，送往勞來之禮不行。夫人道不通，則陰陽否㉝隔，和氣不興，未必不由此也。詩云：『民之失德，乾餱以愆㉞。』鄙語㉟曰：『苛政不親，煩苦傷恩。』方刺史奏事時，宜明申敕㊱，使昭然㊲知本朝之要務！」上嘉納之。

(八)八月，有兩月相承，晨見東方。

(九)冬，十二月，作長安南、北郊。罷甘泉汾陰祠，及紫壇偽飾、女樂、鸞路、騂駒、馬龍、石壇之屬。

【今註】㊀悼考：即武帝之孫史皇孫。宣帝之父。宣帝即位尊曰悼考。㊁長信中太僕：長信、官名，太后之所居。中太僕，掌皇太后車馬。不常置。因給事宮中，故加「中」字，以別於九卿之太僕。㊂失倚，離權：石顯所依者元帝，元帝崩，失其依靠。原為中書令，居宮中總攬國家樞機之任，今遷為長信中太僕，閑散之內官而已，故曰離權。㊃丞相、御史，條奏顯舊惡；及其黨牢梁、陳順皆免官：丞相匡衡、御史太夫張譚。《漢書・王尊傳》曰：「初中書謁者令石顯，貴幸專權，為姦邪。匡衡張譚皆阿附畏事顯不敢言。久之，元帝崩，成帝初即位，徙顯為中太僕，不復典權。衡譚乃奏顯舊惡，請免顯等。」又〈匡衡傳〉所記略同。⑤徙歸故郡，憂懣不食，道死：石顯濟南郡人。徙歸故郡即解還故里。憂懣、懣與悶同，憂愁煩悶。⑥左遷：古人習慣，除乘車外以右為上。故官吏降秩曰左遷。五鹿充宗原為少府，九卿之一，官階中二千石，遷玄菟太守，官階二千石。又由內轉外，故謂之左遷。⑦玄菟：遼東四郡之一，治高句驪，武帝元封三年平朝鮮拓置。⑧鴈門都尉：鴈門，郡名，治今山西省右玉縣。都尉即郡尉。官階比二千石。掌佐太守，典武職甲卒。伊嘉原為御史中丞，官階千石。今遷鴈門都尉，階比二千石，而仍云左遷者，蓋中丞在殿中受公卿奏事，尊貴機要之任，今遷都尉，為邊郡外臣，實乃謫降。⑨顓權擅埶：顓同專。埶同勢。⑩阿諛曲從，附下罔上：妄意奉承，曲己以從石顯，親在下之石顯，欺在上之皇帝。⑪皆不道，在赦令前：去年六月成帝即位，七月大赦天下。凡此不道皆在赦令之先，而衡譚未嘗劾奏。⑫自「知顯等顓權擅埶」至「失大臣體」：此刪節《漢書．王尊傳》而成，可參看尊傳。⑬上丞相、侯印綬：匡衡封樂安侯。上者繳還。繳還丞相印侯印並佩印之綬帶。⑭高陵令：高陵縣屬左馮翊。今陝西省高陵縣。⑮嘿嘿：同默默。⑯立上郡庫令良為河間王：故河間王劉元，景帝子河間獻王德之六世孫。有罪於元帝建昭元年（西元前三八年）國除，至是更以其弟劉良嗣王。上郡庫令、漢邊郡各有兵器庫，庫設令以主管之。⑰光祿大夫：掌議論。官階比二千石。屬郎中令。⑱安成侯：安成縣屬汝南郡。今河南省汝南縣。王崇成帝母王太后同母弟，安成侯國食邑萬戶。傳三世，歷五十四年，王莽敗乃絕。⑲無有所諱：詔問公卿大夫直言不要有所忌諱。⑳優詔不許：王鳳王太后同母兄。王氏之興自鳳始，諸弟之侯，既招物議，故鳳上書辭職。帝詔曰：「朕承先帝聖緒，涉道未深，不明事情，是以陰陽錯繆，日月無光，赤黃之氣，充塞天下，咎在朕躬！今大將軍乃引過自予，欲上尚書事，歸大將軍印綬，罷大司馬官，是明朕之不德也！朕委將軍以事，誠欲庶幾有成，顯先祖之功德，將軍其專心固意，輔朕之不逮，毋有所疑！」㉑御史中丞：屬御史大夫，官階千石。掌在殿中蘭台，主圖籍祕書。外督部刺史，內領侍御史，受公卿奏事。㉒東海：郡名。治今山東省郯城縣。按薛宣東海郡郯縣人。㉓部刺史：漢初仿秦御史監郡制，丞相遣史分刺各州。不常置。至武帝元封五年（西元前一〇六年）初置部刺史。官階六百石。掌周行郡國，省察治狀。黜陟能否。斷治冤獄。以六條問事，非條所問，即不省。㉔或不循守條職，刺史六條問事：其一，強宗豪右，田宅踰制，以強淩弱，以眾暴寡。其二，二千石不奉詔書，遵承典制，倍公向私，傍詔牟利，侵漁百姓，聚歛為姦。其三、二千石不恤疑獄，風厲殺人；怒則任刑，喜則淫賞，煩擾刻暴，剝截黎元，為百姓所疾。山崩石裂，訞祥訛言。其四、二千石選署不平，苟阿所愛，蔽賢寵頑。其五、二千石子弟恃怙榮勢，請託所監。其六、二千石違公下比，阿附豪強；通行貨賂，割損正令。依規定不在六條，不得省問，今則不守六條，超出職權範圍，故意苛求。㉕錯：同措。安置。㉖與：同預。干涉。㉗譴呵：責問申斥。㉘責義不量力：義同宜。應做之事與應盡之義務皆曰宜。此言對人要求過苛，不量度其負擔能力。㉙相迫促，內相刻：郡守與縣令，上下互相逼迫督促，內心彼此刻苦。㉚流及眾庶：此種不醇厚風氣，影響及於人民。

㉑闕：同缺。㉒彌：義為徧，又為滿。此處義為普徧。㉓否：音坡。不通謂之否。㉔民之失德，乾餱以愆：此《詩經・小雅・伐木》章句。失德，舉措失宜。乾餱、乾糧。愆，過錯。此詩義為平民以乾糧之微，處置失當，就可開罪於人。況官吏為民表率，寧可不自慎重。㉕鄙語：即民間通行之俗諺。㉖方刺史奏事時，宜明申敕：方，正當。敕同飭。此言現當部刺史來京奏事之時，應當就便明白予以鄭重之告誡。㉗昭然：明明白白。

二年（西元前三一年）

㈠春，正月，罷雍五畤㈠，及陳寶祠㈡，從匡衡之請也。辛巳（二十三日），上始郊祀長安南郊，赦奉郊縣㈢，及中都官都耐罪徒㈣。減天下賦錢筭四十㈤。

㈡閏月，以渭城延陵亭部為初陵㈥。

㈢三月，辛丑（十四日），上始祠后土於北郊。

㈣丙午（十九日），立皇后許氏，后、車騎將軍嘉之女也。元帝傷母恭哀后㈦、居位日淺，而遭霍氏之辜㈧，故選嘉女，以配太子。

㈤上自為太子時，以好色聞；及即位，皇太后詔采良家女以備後宮。大將軍武庫令⑨杜欽，說王鳳曰：「禮一娶九女⑩，所以廣嗣重祖也；娣姪雖缺不復補⑪，所以養壽塞爭也。故后妃有貞淑之行，則胤嗣有賢聖之君；制度有威儀之節，則人君有壽考之福；廢而不由，則女德不厭⑫，女德不厭，則壽命不究於高年⑬。男子五十好色未衰，婦人四十容貌改前⑭，以改前之容，侍於未衰之年，而不以禮為制，則其原不可救，而後來異態⑮；後來異態，則正后自疑，而支庶有間適⑯之心；是以晉獻被納讒之謗，申生蒙無罪之辜⑰。今聖主富於春秋⑱，未有適嗣⑲，方鄉⑳術入學，未親后妃之議。將軍輔政，宜因始初之隆㉑，建九女之制，詳擇有行義之家，求淑女之質，毋必㉒有聲色技能，為萬世大灋。夫少戒之在色㉓，小卞之作㉔，可為寒心。唯㉕將軍常以為憂！」鳳白之太后，太后以為故事㉖無有，鳳不能自立灋度，循㉗故事而已。鳳素重欽，故置之莫府㉘，國家政謀，常與欽慮之㉙，數稱達名士，裨㉚正闕失，當世善政，多出於欽者。

㈥夏，大旱。

㈦匈奴呼韓邪單于，嬖(三一)左伊秩訾兄女二人：長女顓渠閼氏(三二)，生二子，長曰且(三三)莫車，次曰囊知牙斯；少女為大閼氏，生四子，長曰雕陶莫皐，次曰且麋胥，皆長於且莫車；少子咸、樂，二人皆小於囊知牙斯。又它閼氏子十餘人。顓渠閼氏貴，且莫車愛，呼韓邪病且死，欲立且莫車。顓渠閼氏曰：「匈奴十餘年，不絕如髮，賴蒙漢力，故得復安；今平定未久，人民創艾戰鬥(三四)，且莫車年少，百姓未附(三五)，恐復危國。我與大閼氏一家共子(三六)，不如立雕陶莫皐。」大閼氏曰：「且莫車雖少，大臣共持(三七)國事。今舍貴立賤，後世必亂。」單于卒從顓渠閼氏計，立雕陶莫皐。約令傳國與弟。呼韓邪死，雕陶莫皐立，為復株累若鞮單于(三八)。復株累若鞮單于以且麋胥為左賢王，且莫車為左谷蠡王(三九)，囊知牙斯為右賢王。復株累單于復妻王昭君，生二女，長女云為須卜居次，小女為當于居次(四〇)。

【今註】㈠罷雍五時：雍縣名。屬右扶風。今陝西省鳳翔縣。秦惠公都此。時：義為止，神靈之所止。秦先後於雍作畤祠上帝，有白青黃赤四帝之祠。至漢高祖立北畤祠黑帝，於是五畤具。至是罷之。㈡陳寶祠：在陳倉。今陝西省寶雞縣。秦文公遊獵於陳倉，得若石之物於北阪上，其色如肝，歸而寶祠之，故曰陳寶。其神來常以夜，光輝若流星，鳴聲殷殷若雄雉。自秦至漢祠之，至是罷。㈢赦奉郊縣：郊，天子祭天地典禮名。漢於長安城南郊天，於長安城北郊地。此次郊於城南，以長安縣有奉郊之勤，赦其一縣。㈣中都官耐罪徒：耐古文作耏，彡者象毛髮。漢法以髡代古之黥刑，髡者全剃其髮，罪輕不至於髡，則留其鬢毛，罪名曰耐。罪人案已決者，耏為城旦，女為舂。滿三歲，男為鬼薪，女為白粲。再一歲，男為隸臣，女為隸妾。再一歲，刑滿，免罪為庶人。此處所言「中都官耐罪徒」者，當即服役於京師各官署之耏罪刑徒，今以郊天慶典，遂特赦之，免為庶人。㈤減天下賦錢筭四十：自武帝以來，民年十五至五十六，年納算賦百二十文，至是減四十，年納八十文。㈥初陵：古制帝即位，開始營陵，未崩以前無名，但云初陵。㈦恭哀后：宣帝許皇后。㈧遭霍氏之辜：辜之義為罪，但古文有時作冤枉義，此處即其一例。霍光妻使女醫淳于衍毒殺許皇后事見本書卷二十四宣帝本始三年。㈨大將軍武庫令：大將軍掌大征伐，屬官有武庫令。㈩一娶九女：春秋莊公十九年《公羊傳》：「諸侯一娶九女。」所以為九女者，「諸侯娶一國，則二國往媵之，以姪娣從。」一娶者一人，媵者二，又各以其姪一女娣一相隨而來，合為九女。㈡姪娣雖缺不復補：《左傳》杜氏釋例：「夫人薨不更聘，必以姪娣媵繼室。」若姪娣缺則不復補。㈢女德不厭：女色為女德之一。厭同饜，飽食謂之饜。女德不厭即好色不足。㈢壽命不究於高年：究義為終竟，此言好色不足則壽命短促，不能終其天年。㊃改前：顏色衰敗，不同於從前。㊄後來異態：婦人色衰，則丈夫恩愛之態度，與前不同。㊅適：同嫡。正妻謂之嫡。㊆申生蒙無罪之辜：晉獻公寵愛驪姬，驪姬欲立其子，遂讒害世子申生，獻公信之，申生自殺而死。㊇富於春秋：年青。㊈適嗣：正妻所生之子為嫡嗣。㊉鄉：同嚮。㊀因始初之隆：趁即位伊始之盛世。㊁毋必：不必。㊂戒之在色：論語季氏章，孔子曰：「君子有三戒，少之時血氣未定，戒之在色。」㊃小卞之作：卞今本作弁，音盤。小卞，《詩・小雅》篇名。舊說其詩諷刺幽王廢申后立褒姒，廢太子宜臼而立褒姒之子伯盤，周室於焉大壞。㊄唯：發語助詞無義。㊅故事：成例。㊆循：遵守。㊇莫府：莫同幕。幕、軍帳。故武職之官署稱幕府。㊈慮：謀劃。㊉裨：補。㊀嬖：寵愛。㊁閼氏：音胭脂。匈奴稱皇后曰閼氏。㊂且：音祖。㊃人民創艾戰鬥：言人民畏戒戰鬥，頗欲生息。㊄附：親近。㊅一家共子：顓渠閼氏與大閼氏親姊妹，故曰一家。兩人視彼此所生之子概如己出，故曰共子。㊆共持：共同執掌。㊇復株累若鞮單于：復株累單于之名。若鞮，章懷太子云匈奴語謂孝為若鞮，自呼韓邪降漢以來，慕漢帝謚孝，仿而稱之。㊈左谷蠡王：谷音鹿。蠡音里。㊉須卜居次，當于居次：匈奴稱公主曰居次。須卜氏匈奴貴族，當于氏匈奴大族，此皆以其夫家氏族稱之。

三年（西元前三〇年）

㈠春，三月，赦天下徒㈠。

㈡秋，關內大雨四十餘日，京師民相驚，言：大水至！百姓犇走相蹂躪㈡，老弱號呼，長安中大亂。天子親御前殿，召公卿議。大將軍鳳以為：太后、上、及後宮可御船㈢；令吏民上長安城以避水，羣臣皆從鳳議。左將軍王商獨曰：「自古無道之國，水猶不冒㈣城郭；今政治和平，世無兵革，上下相安，何因當有大水，一日暴至？此必訛言㈤也！不宜令上城，重㈥驚百姓。」上乃止。有頃，長安中稍定，問之果訛言。上於是美壯商之固守，數稱其議；而鳳大慙，自恨失言。

㈢上欲專委任王鳳，八月，策免車騎將軍許嘉，以特進侯㈦就朝位。

㈣張譚坐選舉不實免。冬十月，光祿大夫尹忠為御史大夫。

㈤十二月，戊申（初一日）朔，日有食之。其夜地震未央宮㈧殿中。詔舉賢良方正，能直言極諫之士。杜欽及太常丞㈨谷永上對：皆以為後宮女寵太盛，嫉妒專上，將害繼嗣之咎。

㈥越巂山崩。

㈦丁丑（三十日），匡衡坐多取封邑四百頃，監臨盜所主守直十金以上，免為庶人㊉。

【今註】㊀徒：徒刑。㊁蹂躪：踐踏。㊂御船：乘船。㊃冒：義為覆蓋。引申為大水淹沒。㊄訛言：謠言。㊅重：甚。㊆特進侯：漢制列侯在長安者，奉朝請，朝列位次三公。賜位特進者，雖仍次三公，但在所有列侯之上。㊇未央宮：宮名。央之義為盡，未央者取其綿長不盡之義。㊈太常丞：官名。屬太常，階比千石。掌凡行禮及祭祀小事。㊉衡免為庶人：《漢書》本傳，衡以元帝建昭三年（西元前三八年）為相，封樂安侯。食邑六百四十七戶。樂安鄉名，屬漢臨淮郡僮縣。在今安徽省五河縣。樂安鄉本田提封三千一百頃。在衡封之前十年。臨淮郡誤將鄉圖南界擴展，鄉田遂增加四百頃。衡克浮收自建始元年至三年增田租穀千餘石，為司隸校尉劾奏，乃免為庶人。

四年（西元前二九年）

㈠春，正月，癸卯（二十六日），隕石於亳㊀四，隕于肥累㊁二。

㈡罷中書宦官，初置尚書員五人㊂。

㈢三月，甲申（初八日），以左將軍樂昌侯王商為丞相。

㈣夏，上悉召前所舉直言之士，詣白虎殿(四)對策。是時上委政王鳳，議者多歸咎焉；谷永知鳳方見柄用(五)，陰欲自託(六)，乃曰：「方今四夷賓服，皆為臣妾，北無薰粥冒頓之患(七)；南無趙佗呂嘉之難(八)，三垂晏然(九)，靡有(一〇)兵革之警。諸侯大者乃食數縣，漢吏制其權柄，不得有為，無吳、楚、燕、梁之埶(一一)。百官盤互，親疏相錯，骨肉大臣，有申伯之忠(一二)，洞洞屬屬(一三)，小心畏忌，無重合、安陽、博陸之亂(一四)。三者無毛髮之辜(一五)，竊恐陛下舍昭昭之白過，忽天地之明戒，聽暗昧之瞽說(一六)，歸咎乎無辜，倚異乎政事，重失天心，不可之大者也(一七)。陛下誠深察愚臣之言，抗湛溺之意，解偏駁之愛(一八)，奮乾剛之威，平天覆之施，使列妾得人人更進，益納宜子婦人，毋擇好醜，毋避嘗字(一九)，毋論年齒。推濄言之，陛下得繼嗣於微賤之間，乃反為福。得繼嗣而已，母非有賤也(二〇)。後宮女史(二一)，使令有直意者(二二)，廣求於微賤之間，以遇天所開右(二三)；慰釋皇太后之憂慍(二四)，解謝上帝之譴怒，則繼嗣蕃滋(二五)，災異訖息(二六)。」杜欽亦倣此意。上皆以其書示後宮。擢永為光祿大夫。

㈤夏，四月，雨雪。

㈥秋，桃李實。

㈦大雨水十餘日，河決東郡金隄㉗。先是，清河㉘都尉馮逡奏言：「郡承河下流，土壤輕脆易傷，頃所以闊無大害者，以屯氏河通兩川分流也；今屯氏河塞㉙，靈、鳴犢口又益不利，獨一川兼受數河之任，雖高增隄防，終不能泄，如有霖雨，旬日不霽，必盈溢。九河故迹，今既滅難明㉚；屯氏河新絕未久，其處易浚㉛，又其口所居高，於以分殺水力，道里便宜，可復浚以助大河，泄暴水，備非常。不豫修治，北決病四五郡，南決病十餘郡，然後憂之晚矣！」事下丞相、御史，白遣博士許商行視。以為方用度不足，可且勿浚。後三歲，河果決於館陶，及東郡金隄，泛濫兗、豫及平原、千乘、濟南㉜，凡灌四郡、三十二縣㉝，水居地十五萬餘頃，深者三丈，壞敗官亭、室廬㉞且四萬所。冬，十一月，御史大夫尹忠，以對方略疏闊，上切責其不憂職，自殺。遣大司農非調，調均錢穀㉟河決所灌之郡。謁者二人，發河南以東船五百㮴㊱，徙民避水居丘陵，九萬七千餘口。壬戌（二十日）以少府張忠為御史大夫。

(八)南山羣盜傰宗㊂㊆等數百人，為吏民害。詔發兵千人逐捕，歲餘不能禽㊂㊇。或說大將軍鳳，以賊數百人在轂下㊂㊈，討不能得，難以示四夷，獨選賢京兆尹乃可；於是鳳薦故高陵令王尊㊃〇，徵為諫大夫，守京輔都尉㊃㊀，行京兆尹事㊃㊁。旬月間，盜賊清，後拜為兆京尹。

(九)上即位之初，丞相匡衡復奏：「射聲校尉㊃㊂陳湯，以吏二千石奉使㊃㊃，顓㊃㊄命蠻夷中，不正身以先下㊃㊅，而盜所收康居㊃㊆財物，戒官屬曰：『絕域事不覆校㊃㊇！』雖在赦前，不宜處位㊃㊈。」湯坐免。後湯上言：「康居王侍子非王子。」按驗實王子也，湯下獄當死。太中大夫谷永㊄〇，上疏訟㊄㊀湯曰：「臣聞：楚有子玉得臣，文公為之仄席而坐㊄㊁；趙有廉頗、馬服，強秦不敢窺兵井陘㊄㊂；近漢有郅都魏尚，匈奴不敢南鄉沙幕㊄㊃；由是言之，戰克之將，國之爪牙，不可不重也。蓋君子聞鼓鼙之聲，則思將帥之臣㊄㊄。竊見關內侯陳

湯，前斬郅支，威震百蠻，武暢西海[56]，漢元以來[57]，征伐方外之
將，未嘗有也！今湯坐言事非是，幽囚久繫[58]，歷時不決，執憲之
吏[59]，欲致之大辟[60]。昔白起為秦將，南拔郢都，北阬趙括[61]，以
纖介[62]之過，賜死杜郵，秦民憐之，莫不隕涕[63]。今湯親秉鉞[64]席
卷，喋血[65]萬里之外，薦功祖廟，告類上帝[66]，介冑之士，靡不慕
義。以言事為罪，無赫赫之惡[67]，周書曰：『記人之功，忘人之
過，宜為君者也。』夫犬馬有勞於人，尚加帷蓋之報[68]，況國之功
臣者哉！竊恐陛下，忽於鼙鼓之聲，不察周書之意，而忘帷蓋之
施，庸臣遇湯，卒從吏議[69]，使百姓介然有秦民之恨，非所以厲死
難之臣也。」書奏，天子出湯，奪爵為士伍。會西域都護段會宗，
為烏孫兵所圍，驛騎[70]上書，願發城郭燉煌兵以自救[71]。丞相商、
大將軍鳳，及百寮議數日不決。鳳言陳湯多籌策，習外國事，可
問。上召湯見宣室[72]，湯擊郅支時中寒，病兩臂不屈申，湯入見，
有詔毋拜，示以會宗奏。湯對曰：「臣以為此必無可憂也。」上
曰：「何以言之？」湯曰：「夫胡兵五而當漢兵一，何者？兵刃

朴鈍㉓，弓弩不利，今聞頗得漢巧，然猶三而當一；又兵灋曰：『客倍而主人半㉔，然後敵。』今圍會宗者，人眾不足以勝會宗，唯陛下勿憂！且兵輕行五十里，重行三十里㉕，今會宗欲發城郭、燉煌，歷時乃至，所謂報讎之兵，非救急之用也。」上曰：「奈何！其解可必乎？度㉖何時解？」湯知烏孫瓦合㉗，不能久攻，故事不過數日，因對曰：「已解矣！」屈指計其日曰：「不出五日，當有吉語㉘聞。」居四日，軍書到，言已解。大將軍鳳奏以為從事中郎㉙，莫府事，壹決於湯。

【今註】㈠毫：按《漢書．五行志》作稾不作毫。通下文「隕於肥累」言之，作稾者是。稾今河北省稾城縣。㈡肥累：縣名。春秋狄子國，漢置縣。在今河北省稾城縣西南。㈢尚書員五人：漢制尚書五人，分為五曹。（分科辦事謂之曹）其一、常侍曹尚書，掌丞相御史事。其二、二千石尚書，掌刺史二千石事。其三、戶曹尚書，掌庶人上書事。其四、主客尚書，掌外國事。其五、三公曹尚書，掌斷獄事。㈣白虎殿：殿在未央宮。㈤柄用：任用之，授以權柄。㈥陰欲自託：暗欲攀附結納。㈦北無薰粥冒頓之患：薰粥又作葷粥，古稱匈奴名。冒頓讀墨突。匈奴單于名，冒頓英武有材略，東破東胡，西擊月支，南併樓煩，復秦時所失地，又南下圍漢高祖於白登山（在今山西省大同縣東）惠帝時復以書辱呂后，漢不得已，與之和親，並納歲幣。㈧南無趙佗呂嘉之難：趙佗秦南海郡龍川縣令，陳涉吳廣兵起，乃自行南海尉事。遣兵北守關，擊取桂林象郡，自高祖十一年（西元前一九六）自立為南越武王。旋臣服於漢。迨呂后之初五年（西元前一八三年）稱帝。文帝元年，璽書招降，乃去帝號為南越王。自此不復反。呂嘉南越王趙興相（興佗之玄孫）武帝元鼎五年（西元前一一二年）殺其王反。漢命將討平之，遂置嶺南九郡。㈨晏然：平安。㈩靡有：同今國語中之「沒有。」㈡無吳楚燕梁之勢：景帝三年七國之亂，吳楚二王實為先發，事見本書卷十六。梁孝王武以國大尊貴而驕縱，寵信羊勝公孫詭等，行為不軌，事發失勢，怏怏不樂而死。事見本書卷十六，景帝中二年至六年。燕刺王旦於武帝崩後謀反，事洩自殺。事見本書卷二十三昭帝元鳳元年。㈢骨肉大臣，有申伯之忠：申伯周幽王申后之父。《詩・大雅・崧高》曰：「丕顯申伯，王之元舅。」此谷永以王鳳比擬甲伯，詔諛結託者。㈢洞洞屬屬：恭敬謹慎。㈣無重合、安陽、博陸之亂：重合侯馬通武帝後元元年謀反伏誅。事見本書卷二十二。安陽侯上官桀與燕王旦勾結謀反，事洩被誅。事見本書卷二十三昭帝元鳳元年。博陸侯霍禹以失權怨望反，事洩被誅。事見本書卷二十五宣帝地節四年。㈤三者無毛髮之辜：辜通故。外無冒頓趙佗之患，內無吳楚梁燕之憂，朝無馬通上官桀霍禹之亂，此三者無絲毫之事故。極言委政於王鳳之得人。㈥瞽說：不明道途如瞽者之說。㈦自「三者無毛髮之辜」，至「不可之大者也」：《通鑑》此文完全采自《漢書・谷永傳》，而於無毛髮之辜下，省去「不可歸咎諸舅，比欲以政事過差丞相父子，中尚書宦者，檻塞大異，皆瞽說欺天者也。」三十三字，致谷永為王氏上書之意不顯，且辭旨上下隔閡不接，茲補錄以明永意。⑱抗湛溺之意，解偏駁之愛：湛同沉。抗拒湛溺已久之心意，解除偏頗駁雜之情愛。⑲毋避嘗字：女嫁人曰字。此言不嫌已曾嫁人者。⑳自「毋避嘗字」至「母非有賤也」：此又谷永為王鳳道地之言。蓋鳳嘗進其已嘗字人之妾娣張美人於後宮，頗招譏彈，故永作此議，為鳳洗白。㉑女史：宮中女奴之有學知書者。㉒直意：合意。㉓以遇天所開右：以答上天保佑得子之意。㉔憂慍：憂愁不快。㉕蕃滋：蕃殖滋生。㉖訖息：訖、止。息同熄、滅。㉗金隄：黃河隄名，在今河南省滑縣界。㉘清河：清河郡，治今河北省清河縣。㉙屯氏河塞：武帝時，河決於館陶，分流為屯氏河，東北入海，廣深與大河等，兩川分流，故河不為害。元帝永光五年河決於清河靈鳴犢口，屯氏河遂淤塞不通。按屯氏河，隋唐時誤屯為毛，故後世又名毛氏河，或毛河。自館陶縣北出，經今山東省清平、高唐、夏津、武城，入河北省，再經清河、阜城、南皮、滄、寧津諸縣入海。㉚九河故迹，今既滅難明：古九河上承黃河之水，同入於海，其故道在今河北省交河以南，山東德縣以北，自北而南，一曰徒駭；二曰太史；三曰馬頰；四曰覆釜；五曰胡蘇；六曰簡；七曰潔；八曰鉤盤；九曰鬲津。年代既久，九河並皆淤塞，武帝時，河決館陶，南北並蒙其害，欲求九河故道疏通之，已迷其處。㉛浚：同濬。疏通河道，以暢其流。㉜兗、豫：古兗州，今山東省西部南部。豫州，今河南省。㉝平原、千乘、濟南：平原郡治今山東省平原縣。千乘郡治今山東省高苑縣。濟南郡治今山東省歷城縣。㉞官亭、室廬：官亭，公家建築，即各機關之衙署等，室廬，私家建築房舍等。㉟調均錢穀：以命令徵發謂之調。調遭水各郡錢與穀，使之平均支用，以免偏枯。㊱槾：同艘。㊲倗宗：倗姓宗名。倗音倍。㊳禽：同擒。㊴轂下：車輪當中輻所湊而軸所穿者謂之轂。轂下，言天子輦轂之下，極言其逼近京師。㊵高陵令王尊：王尊為司隸校尉，劾匡衡不忠，左遷高陵令。事見本卷建始元年。㊶守京輔都尉：守即今日之代理。京輔都尉與京兆尹同治長安。武帝時置。㊷行京兆尹事：漢制百官以小兼大謂之行。唐宋以下，以大兼小謂之行。㊸射聲校尉：漢北軍八校尉之一，官階二千石。掌御前弓箭手。形容其善射，言冥冥中聞聲射中之，故曰射聲。㊹以吏二千石奉使：湯為西域副校尉，官階比二千石。㊺顓：同專。㊻先下：率下。㊼康居：按《史記・大宛傳》：「康居在大宛西方可二千里，行國，與大宛鄰國，國小，南羈事月支，東羈事匈奴。」行國，指游牧民族。㊽絕域事不復校：湯告其屬員曰萬里絕域以外之事，朝廷不致認真計較。㊾雖在赦前，不宜處位：其事雖在元帝竟寧元年七月大赦之前，不再追究，但不宜使之仍任射聲校尉官位。㊿太中大夫谷永：按谷永是歲方為光祿大夫，官階比二千石。除謫降，無任官階千石太中大夫之理。《通鑑》書此從〈陳湯傳〉。或此疏上於此年之先，《通鑑》誤繫於此。又任太中大夫，《漢書・谷永傳》不載，或班固作《漢書》時，偶遺之。(51)訟：上書辨冤曰訟。(52)楚有子玉得臣，文公為之仄席而坐：春秋魯僖公二十八年（西元前六三二年）楚令尹得臣，字子玉，帥師與晉文公戰於城濮（在今河南省陳留縣）楚軍大敗，晉軍皆喜，而文公有憂色曰：「得臣猶在，憂未歇也！」及楚殺得臣，文公聞之喜曰：「莫余毒也已！」仄同側。《禮記》曰：「有憂者仄席而坐。」(53)趙有廉頗、馬服，強秦不敢窺兵井陘：井陘，趙西北界之險隘，太行八徑之一，即今冀晉兩省交界之井陘關。廉頗為趙將，威震列國，強秦不敢加兵於趙。馬服君趙奢大破秦軍於閼與聚，事見本書卷五赧王四十五年。(54)漢有郅都魏尚，匈奴不敢南鄉沙幕：鄉同嚮。幕同漠。郅都為雁門太守，匈奴畏之，不敢近雁門。事見《漢書・郅都傳》。魏尚為雲中太守，匈奴遠避不近雲中之塞。事見本書卷十五文帝十四年。(55)君子聞鼓鼙之聲，則思將帥之臣：《禮樂記》曰：「鼓鼙之聲讙，讙以立動，動以進眾。君子聽鼓鼙之聲，則思將帥之臣。」(56)威震百蠻，武暢西海：陳湯大破郅支單于於康居，事見本書卷二十九元帝建昭三年。(57)漢元以來：自漢開國建元以來。(58)久繫：長久拘繫於囹圄之中。(59)執憲之吏：執法之官吏。(60)大辟：死刑。(61)白起……南拔郢都。北阬趙括：白起拔郢都。事見本書卷四赧王三十七年。阬趙括兵，事見本書卷五赧王五十五年。(62)纖介：介同芥。細小謂之纖芥。(63)秦民憐之，莫不隕涕：秦民憐白起之死，事見本書卷五赧王五十八年。(64)秉鉞：秉、手執。鉞、大斧。古命將伐征則王授之，以行威。(65)席捲，喋血：席同蓆。卷同捲。喋同蹀。破郅支單于於康居掃蕩無餘。如蓆之捲。蹀、步履而過。蹀血，步涉戰殺之血跡前進。(66)告類上帝：類本作禷，非常之祭，無固定之儀式，依相類之正禮行之，謂之類祭。上帝、天帝，天神之最尊者。(67)無赫赫之惡：因言事得罪，並無顯著之惡行。(68)犬馬有勞於人，尚加帷蓋之報：《禮記・檀弓》引孔子曰：「敝帷不棄，為埋馬也；敝蓋不棄，為埋狗也。」(69)庸臣遇湯，卒從吏議：以待平庸之臣者待湯，結果聽從執法之吏所議，置湯於法。(70)驛騎：古制於交通要道，置驛站。驛人騎馬，飛遞緊急公文，謂之驛騎。驛騎至驛站，易馬而馳，日行數百里。(71)願發城郭燉煌兵以自救：請許可調發西域諸城郭及燉煌屯兵以自救。㈢宣室：宣義為大。宣室未央宮之大室。㈢朴鈍：不靈巧曰朴，不鋒利曰鈍。㈣客倍而主人半：客指攻者，主人憑城以守者。㈤兵輕行五十里，重行三十里：不攜輜重疾走之兵曰輕行，攜輜重常行之兵曰重行。㈥度：音惰，料。㈦瓦合：如碎瓦之集合一處，不能整齊一致。㈧吉語：解圍之喜訊。㈨從事中郎：大將軍府，有從事中郎三人，官階六百石，掌參謀議。

河平元年（西元前二八年）

㈠春，杜欽薦犍為㈠王延世於王鳳，使塞決河。鳳以延世為河隄使者。延世以竹落㈡長四丈，大九圍，盛以小石，兩船夾載而下之，三十六日河隄成。三月，詔以延世為光祿大夫，秩中二千石，賜爵關內侯，黃金百斤。

㈡夏，四月，己亥（三十日）晦，日有食之。詔公卿百僚陳過失，無有所諱！大赦天下。光祿大夫劉向對曰：「四月交於五月，月同孝惠，日同孝昭㈢。其占，恐害繼嗣！」是時許皇后專寵，後宮希㈣得進見，中外皆憂上無繼嗣，故杜欽、谷永、及向所對皆及之。上於是減省椒房㊄、掖庭㊅用度，服御、輿駕所發諸官署及所造作，遺賜外家㊆、羣臣妾，皆如竟寧以前故事㊇。皇后上書自陳，以為：「時世異制，長短相補，不出漢制而已；纖微之間，未必可同。若竟寧前，與黃龍前，豈相放哉㊈！家吏不曉㊉，今壹受詔如此，且使妾搖手不得⑪。設妾欲作某屏風，張於某所，曰：『故事無有！』或不能得，則必繩妾以詔書矣⑫。此誠不可行，唯陛下省察⑬！故事，以特牛祠大父母⑭，戴侯、敬侯⑮，皆得蒙恩以太牢祠⑯，今當率如故事⑰，唯陛下哀之⑱！今吏甫受詔讀記⑲，直豫言：『使后知之，非可復若私府有所取也⑳！』其萌牙所以約制妾者，恐失人理㉑。唯陛下深察焉！」上於是采谷永、劉向所言，災異咎驗皆在後宮之意，以報之；且曰：「吏拘於灋，亦安足過㉒！蓋矯枉者過直，古今同之；且財幣之省，特牛之祠，其於皇后，所以扶助德美，為華寵㉓也。咎根㉔不除，災變相襲，祖宗且不血食㉕，何戴侯也㉖！傳不云乎：『以約失之者鮮㉗。』審㉘皇后欲從其奢與㉙？朕亦當灋孝武皇帝也，如此；則甘泉、建章，可復興矣。孝文皇帝，朕之師也；皇太后，皇后成灋也。假使太后在彼時不如職㉚，今見親厚，又惡可以踰乎㉛！皇后其刻心秉德，謙約為右㉜，垂則列妾，使有灋焉㉝！」

㈢給事中平陵平當上言：「太上皇，漢之始祖，廢其寢廟園，非是。」上亦以無繼嗣，遂納當言。秋，九月，復太上皇寢廟園㉞。

㈣詔曰：「今大辟之刑，千有餘條，律令煩多，百有餘萬言，奇請、它比㉟，日以益滋㊱。自明習者不知所由㊲；欲以曉喻眾庶㊳，不亦難乎！於以羅元元之民㊴，夭絕無辜，豈不哀哉！其議減死刑，及可蠲除約省㊵者，令較然㊶易知，條奏㊷！」時有司不能廣宣上意，徒鉤摭微細㊸，毛舉㊹數事，以塞詔而已㊺。

㈤匈奴單于，遣右皐林王伊邪莫演等奉獻，朝正月。【考異】匈奴傳：河平元年單于遣莫演朝正月。下云：明年單于上書願朝，河平四年正月，遂入朝。據此，則是莫演以元年至漢朝二年正月也。而荀紀繫於元年正月之下，恐誤。漢紀又以莫演為黃渾，今從漢書。

【今註】㈠犍為：郡名，治今四川省宜賓縣。㈡竹落：落通絡。竹落即竹籠。今護堤岸塞決口者仍用之。㈢四月交於五月，月同孝惠，日同孝昭：惠帝七年，五月丁卯，晦前一日日食；今四月己亥晦而日食，故曰：「四月交於五月，月同孝惠。」昭帝元鳳元年七月己亥晦日食，故曰：「日同孝昭。」二帝遂崩且無子嗣，故下文云云。㊃希：同稀。㊄椒房：漢后妃所居之室，以花椒和泥塗壁，一說取其溫暖而芳香；一說取花椒多子，象徵子嗣蕃衍。㊅掖庭：掖同腋。掖庭，后妃所居之宮，在殿之兩旁，如在腋下，故曰掖庭。㊆外家：婦人稱父母之家為外家。㊇故事：成例。㊈放：同仿。黃龍宣帝年號，竟寧元帝年號，此言二帝儉奢不同，豈能相仿。㊉家吏不曉：家吏，皇后管家之吏。不曉，不知。此言家吏但奉旨皆依竟寧故事，不知變通。⑪使妾搖手不得：此以搖手比喻動作。言如此束縛過緊，使妾動作不得。⑫或不能得，則必繩妾以詔書矣：家吏匪竟不能致屏風，且利用詔書「無此成例！」加妾以約束。⑬省察：明察。⑭以特牛祠大父母：此言若依成例，止能用牛一牲祭祖父母。而戴侯敬侯已蒙恩用太牢。⑮戴侯、敬侯：后父嘉出繼平恩戴侯許廣漢為子，戴侯后之祖父。樂成敬侯許延壽，嘉之生父，后之叔祖。⑯皆得蒙恩以太牢祠：皆得蒙恩不拘於特牛祠大父母之成例，准用牛羊豬三牲俱備之太牢祭之。⑰今當率如故事：依詔書，自以後當依舊日成例，減為特牛一牲祭。⑱唯陛下哀之：望陛下破格哀憐，仍准以三牲祭。⑲今吏甫受詔讀記：現在執事之吏，才經奉詔讀所記事。⑳直豫言：使后知之，非可復若私府有所取也：竟預下警告云：「要皇后知道，自今而後，不可仍似從前，視官物如私府，隨意取給也。」㉑其萌芽所以約制妾者，恐失人理：萌芽時，如此兇很，將來加予妾之約束拘制，恐不合於人情之理。㉒吏拘於法，亦安足過：官吏守法，豈足為罪。㉓華寵：此言省錢節儉，減三牲為特牛，皆有助於皇后之美德，實為光榮名譽之事。㉔咎根：災禍之根。㉕血食：牲牢之祭。此言不尚節儉，祖宗亦不能長享子孫牲牢之祭。㉖何戴侯也：祖宗且不血食，何能再祭於戴侯。㉗鮮：少。《論語》孔子曰：「以約失之者鮮。」㉘審：假設之詞。義如「假如？」㉙皇后欲從其奢與：與同歟，疑問詞。言假如皇后欲從奢侈。㉚不如職：職通志。不如職即不得志。㉛踰：越。言今皇后雖親厚，享受方面豈可越過皇太后乎。㉜右：古尚右。故右即上。㉝垂則列妾，使有法焉：示範於眾婦，使其有所法式。㉞復太上皇寢廟園：太上皇之祠祭，因元帝疾久不平，罷於元帝竟寧元年，事見上卷。至是又復之。㉟奇請、它比：它同他。奇請，法無明文，另外擬罪奏請。它比，法無明文，比附其他條文以定罪。㊱益滋：更加滋生。㊲明習者不知所由：縱使明習法令者，亦因法條過繁，遇事不知所采。㊳欲以曉喻眾庶：欲以此繁多之法條，使人民明白，豈非難事。㊴羅元元之民：羅，捕鳥網。元元，人民。此言以繁瑣之法，網捕善良之人民，以入於罪。㊵蠲除約省：蠲除，廢棄。約省，化繁為簡。㊶較然：較通皎。較然，明白。㊷條奏：分條奏明。㊸鉤摭微細：曲折鉤取微細節目。㊹毛舉：舉毫毛之小事。㊺塞詔而已：搪塞詔書而已。

二年（西元前二十七年）

㈠春，伊邪莫演罷歸㊀。自言：「欲降，即㊁不受我，我自殺！終不敢還歸。」使者㊂以聞；下公卿議㊃。議者或言，宜如故事，受其降。光祿大夫谷永、議郎⑤杜欽，以為：「漢興，匈奴數⑥為邊害，故設金爵之賞，以待降者；今單于屈體⑦稱臣，列為北藩⑧，遣使朝賀，無有二心，漢家接之，宜異於往時⑨，今既享⑩單于聘貢之質⑪，而更受其逋逃⑫之臣，是貪一夫⑬之得，而失一國之心，擁⑭有罪之臣，而絕慕義⑮之君也。假令單于初立，欲委身⑯中國，未知利害，私使伊邪莫演詐降，以卜吉凶，受之，虧德沮善⑰，令單于自疏，不親邊吏；或者設為反間，欲因以生隙⑱，受之，適合其策，使得歸曲而責直⑲；此誠邊境安危之原⑳，師旅動靜之首㉑，不可不詳㉒也；不如勿受，以昭日月之信，抑詐諼之謀㉓，懷附親之心㉔便！」對奏，天子從之。遣中郎將㉕王舜，往問降狀，伊邪莫演曰：「我病狂，妄言耳㉖。」遣去。歸到，官位如故，不肯令見漢使。

(二)夏，四月，楚國雨雹，大如釜。

(三)徙山陽王康為定陶王㉗。

(四)六月，上悉封諸舅，王譚為平阿侯㉘，商為成都侯㉙，立為紅陽侯(三〇)，根為曲陽侯(三一)，逢時為高平侯(三二)。五人同日封，故世謂之五侯。太后母李氏，更嫁為河內苟賓妻，生子參，太后欲以田蚡為比(三三)而封之，上曰：「封田氏非正也。」以參為侍中、水衡都尉。

(五)御史大夫張忠奏：「京兆尹王尊，暴虐倨慢。」尊坐免官；吏民多稱惜之，湖三老公乘興等(三四)，上書訟尊，治京兆「撥劇整亂，誅暴禁邪，皆前所希有，名將(三五)所不及；雖拜為真(三六)，未有殊絕褒賞，加於尊身。今御史大夫，奏尊傷害陰陽，為國家憂，無承用詔書意，靖言庸違，象恭滔天(三七)。原其所以(三八)，出御史丞(三九)楊輔，素與尊有私怨，外依公事，建畫(四〇)為此議，傅致奏文(四一)，浸潤加誣(四二)，臣等竊痛傷。尊修身潔己，砥節首公(四三)，刺譏不憚將相(四四)，誅惡不避豪強(四五)，誅不制之賊(四六)，解國家之憂，功著職修(四七)，威信不廢，誠國家爪牙之吏，折衝(四八)之臣；今一旦無辜，制於仇人之手，傷於詆欺之文(四九)，上不得以功除罪(五〇)，下不得蒙棘木之聽(五一)，獨掩怨讎之偏奏(五二)，被共工之大惡(五三)，無所陳冤愬(五四)罪。尊以京師廢亂，羣盜并興，選賢徵用，起家為卿(五五)；賊亂既除，豪猾伏辜，即以佞巧廢黜(五六)。一尊之身，三期之間，乍賢乍佞(五七)，豈不甚哉！孔子曰：『愛之欲其生，惡之欲其死，是惑(五八)也。』『浸潤之譖不行焉(五九)，可謂明矣。』願下公卿、大夫、博士、議郎，定尊素行(六〇)！夫人臣而傷害陰陽(六一)，死誅之罪也，靖言庸違，放殛(六二)之刑也。審如御史章(六三)，尊乃當伏觀闕之誅(六四)，放於無人之域，不得苟免；及任舉尊者(六五)，當獲選舉之辜，不可但已(六六)。即不如章(六七)，飾文深詆以愬無罪，亦宜有誅，以懲讒賊之口(六八)，絕詐欺之路。唯明主參詳，使白黑分別！」書奏。天子復以尊為徐州刺史(六九)。

(六)夜郎(七〇)王興、鉤町(七一)王禹、漏臥(七二)侯俞，更舉兵相攻。牂柯(七三)太守，請發兵誅興等。議者以為道遠，不可擊，乃遣太中太夫(七四)，蜀郡張匡持節(七五)和解。興等不從命，刻木象漢吏，立道旁射之。杜欽說大將軍王鳳曰：「蠻夷王侯，輕易漢使，不憚(七六)國威，恐議者選耎(七七)，復守和解；太守察動靜有變，乃以聞(七八)；如此則復曠一時(七九)，王侯得收獵其眾，申固其謀，黨助眾多，各不勝忿(八〇)，必相殄滅(八一)。自知罪成，狂犯守尉(八二)，遠臧(八三)溫暑毒草之地；雖有孫、吳將，賁、育士(八四)，若入水火，往必焦沒(八五)，智勇亡所施。屯田(八六)守之，費不可勝量。宜因其罪惡未成，未疑漢家加誅，陰敕旁郡守尉，練士馬(八七)，大司農(八八)豫調穀積要害處；選任職太守往(八九)，以秋涼時入，誅其王侯尤不軌者(九〇)。即以為不毛之地(九一)，無用之民，聖王不以勞中國，宜罷郡，放棄其民，絕其王侯勿復通(九二)。如以先帝所立，累世之功，不可墮壞(九三)，亦宜因其萌牙(九四)，早斷絕之，及已成形，然後戰師，則萬姓被害。」於是鳳薦金城司馬(九五)臨邛(九六)陳立為牂柯太守。立至牂柯，諭告夜郎王興，興不從命，立請誅之，未報(九七)。乃從吏數十人出行縣(九八)，至興國且同亭(九九)，召興。興將數千人往至亭，從邑君(〇〇)數十人入見立。立數責，因斷頭。邑君曰：「將軍誅無狀(〇一)，為民除害，願出曉(〇二)士眾。」以興頭示之，皆釋兵(〇三)降。鉤町王禹，漏臥侯俞震恐，入粟千斛(〇四)，牛羊勞(〇五)吏士。立還歸郡。興妻父翁指，與子邪務收餘兵，迫脅旁二十二邑(〇六)反。至冬，立奏募諸夷，與都尉、長史(〇七)分將(〇八)攻翁指等。翁指據阸為壘(〇九)，立使奇兵絕其饟道(一〇)，縱反間以誘其眾。都尉萬年曰：「兵久不決，費不可共㊁。」引兵獨進；敗走，趨立營。立怒，叱戲下㊂令格之㊂！都尉復還戰，立救之。時天大旱，立攻絕其水道。蠻夷共斬翁指，持首出降。西夷遂平。【考異】西夷傳，但云河平中而胡旦漢春秋云，在此年十一月，未知何據也。

【今註】㊀伊邪莫演罷歸：朝正月事罷，遣令歸國。㊁即：如。㊂使者：漢所派送莫演歸國之使者。㊃下公卿議：漢制國有大事大獄，交下公卿廷議之。博士議郎，以議論為職掌之大夫，皆得與議，各盡欲言。㊄議郎：屬郎中令（武帝時改名光祿勳）官階比六百石。掌議論。㊅數：音索。屢次曰數。㊆屈體：屈己之體，不以君自居，稱臣於漢。㊇藩：竹籬。取其屏障義，故屬國曰藩邦。㊈漢家接之，宜異於往時：漢待之，應與以往不同。㊉享：受。⑪質：誠意。⑫逋逃：逃亡。⑬一夫：一平民。⑭擁：掩護。⑮慕義：嚮義。⑯委身：託其身軀。⑰虧德沮善：不但有損於道德，且阻絕單于向善之心。⑱生隙：隙者罅漏。生隙即生事。⑲歸曲而責直：歸曲於我，而以直道責我。⑳邊境安危之原：邊境安與危之本原。㉑師旅動靜之首：軍事爭殺或平靜無事之首要。㉒詳：深思熟慮。㉓詐諼之謀：欺詐之陰謀。㉔附親之心：親近之心。㉕中郎將：屬光祿勳。有五官中郎將，左中郎將，右中郎將等三將。官階比二千石。掌執兵扈從皇帝。㉖病狂妄言耳：神經有病，胡言亂語耳。㉗徙山陽王康為定陶王：元帝子。元帝永光三年立為濟陽王，建昭五年徙為山陽王，見本書卷二十九。至是徙為定陶王。傳二世至成帝綏和元年嗣王欣入為皇太子國除。自徙為定陶王，傳國凡二十年。定陶縣屬濟陰郡，郡治定陶。㉘平阿侯：平阿縣屬沛郡，今安徽懷遠縣。平阿侯食邑二千一百戶。傳三世歷五十三年國絕。㉙成都侯：成都縣屬山陽郡，今地不詳。成都侯食邑四千戶。傳二世。歷三十四年國除。㉚紅陽侯：紅陽縣屬南陽郡，今河南省舞陽縣。紅陽侯食邑二千一百戶。傳二世。歷時四十七年王莽敗國除。㉛曲陽侯：曲陽縣屬九江郡，今安徽省鳳臺縣。曲陽侯食邑一萬二千四百戶。傳二世。歷三十六年國絕。㉜高平侯：高平縣屬臨淮郡，今安徽省盱眙縣。高平侯食邑三千戶。傳二世。歷時四十七年王莽敗國絕。㉝欲以田蚡為比：田蚡景帝王皇后同母異父弟，武帝立，以諸舅得封，今苟參亦太后同母異父弟，於成帝為舅，故欲比田蚡以封之。㉞湖三老公乘興等：湖縣名屬京兆。今河南省閿鄉縣。三老：漢制縣有三老，掌教化。公乘、爵名，漢依秦法，二十等爵之第八級曰公乘。興，其名。㉟名將：此將謂郡將，即郡國之都尉。㊱真：真除。王尊本為行尹事，以功正式任命為京兆尹。㊲靖言庸違，象恭滔天：二語出夏書堯典。靖言，善言。庸違，實違。言其行與言不相稱。象恭，貌似恭謹。滔天，敖慢欺天。此轉述御史大夫張忠劾王尊語，意為空有善言，而行為不符其實；外貌陽為恭謹，而內心敖慢欺天。㊳原其所以：究其所以如此之故。㊴御史丞：即御史中丞。見本書本卷建昭元年註㈡。㊵建畫：建立謀畫。㊶傳致奏文：傳與附會之附同。言牽強附會，造作奏章。㊷浸潤加誣：浸潤形容水之滲透。按《漢書．王尊傳》三老敘楊輔與尊結怨誣告之由云：「楊輔曾為尊書佐，素行陰賊，好以刀筆陷人於法。常醉訪尊奴，有所冒犯，尊奴捽持其頭而批其頰，尊兄子閎拔刀欲殺之，輔以是深怨疾毒，欲傷害尊。」《通鑑》

此文即節取王尊傳而成，而省三老書原文六十一字，以「素與尊有私怨」一語代之，致結怨誣害之因不明，茲節補其辭意於上。㊸砥節首公：砥厲品節，一心向公。㊹刺譏不憚將相：刺譏，斥責。言尊所當責問，不怕將相權勢。㊺誅惡不避豪強：鋤殺惡霸，不避諱豪俠強梁。㊻誅不制之賊：指平羣盜傰宗事。㊼功著職修：功績顯著，職事修明。㊽折衝：折，抵禦。衝，衝突。謂能抵禦敵人之衝突者，引申其義為保衛。㊾傷於詆欺之文：受傷於詆毀欺詐之文字。㊿上不得以功除罪：上既不能將功折罪。(51)下不得蒙棘木之聽：古者取棘木赤心（象徵公平）有刺（象徵刺探真情）故聽斷訴訟於其下。此言下亦不能就棘木之下，自作辯白。(52)獨掩怨讎之偏奏：被怨讎者一面之辭所遮掩。(53)被共工之大惡：御史大夫張忠劾奏王尊「靖言庸違，象恭滔天。」即堯典所書共工之罪惡。(54)愬：同訴。(55)起家為卿：王尊以司隸校尉劾奏匡衡左遷高陵縣令，數月以病免官。及傰宗盜起，王鳳薦之，由家徵為諫大夫守京輔都尉行京兆尹事。京兆尹官階二千石，與公卿朝天子，決大政，故亦稱卿。(56)廢黜：貶斥。(57)乍賢乍佞：此言同一王尊，三年（三期，期即年）之間，忽賢忽不賢。(58)惑：迷亂。《論語．顏淵》章，孔子答子張問曰：「愛之欲其生，惡之欲其死。既欲其生，又欲其死，是惑也。」(59)浸潤之譖不行焉：如水滲透之讒言告訟不行。《論語．顏淵》章，孔子答子張問曰：「浸潤之譖，膚受之愬，不行焉，可謂明也矣！」(60)願下公卿、大夫、博士議郎，定尊素行：下公卿大夫博士議郎即漢大事廷議之制，參閱本年註㊃。(61)傷害陰陽：漢制刑獄不當其罪，或生殺失時，謂之傷害陰陽。(62)放殛：放，流放。殛，殺戮。(63)審如御史章：果如御史大夫奏之所言。(64)當伏觀闕之誅：古誅有罪大臣於觀闕之下。觀闕見本書卷二顯王十九年註(一)。(六五)任舉尊者：漢制官吏登庸有薦舉之主，任職有保任之人。保任即現行制度中之保證人。(六六)不可但已：此言尊果有罪，當併追薦舉保任之人，不可草率而止。(六七)即不如章：如不似奏章所言。(六八)以懲讒賊之口：以懲戒讒言害人者之口。(六九)徐州刺史：徐州刺史刺琅邪、東海、臨淮、楚廣陵等郡國。(七〇)夜郎：西南夷部落之一。武帝元鼎六年（西元前一一一）內屬，置夜郎國。在今貴州省桐梓縣。(七一)鉤町：在今雲南省通海縣。餘同夜郎註。(七二)漏臥：在今雲南省羅平縣，餘同夜郎註。(七三)牂柯：音臧哥。牂亦作牂。柯亦作牁。武帝平西南夷後新置郡名。治今貴州省平越縣。(七四)太中大夫：官階千石。掌議論。屬光祿勛。參閱本卷建始四年註(五)。(七五)持節：節以金屬或竹為之，古者天子遣使，授而持之，以示信，如後世之欽差。(七六)憚：怕。(七七)選耎：耎音輭。選耎亦作巽懦。巽，柔順。耎，弱。合言之，如今語之「軟弱無能」。(七八)乃以聞：乃以之上報於朝廷。(七九)復曠一時：又曠廢一時。古以三個月為一時。(八〇)各不勝忿：忿通憤。彼此各不勝憤恨。(八一)殄滅：殄義為盡。殄滅盡滅。(八二)自知罪成，狂犯守尉：其君長自知已陷於大罪，必更瘋狂進犯各郡太守都尉。(八三)臧：同藏。(八四)孫、吳將，賁、育士：孫武吳起古之名將以為將，孟賁夏育古之勇士以為兵。(八五)若入水火，往必焦沒：命將帥師往征，如入火者必焦，入水者必沒。(八六)屯田：邊塞久屯之兵，就地墾殖以自給食，謂之屯田，其制始於西漢趙充國之屯田河西。(八七)陰敕旁郡守尉，練士馬：陰，暗。敕，同飭。言祕密命令其近旁各郡守尉，簡練軍隊。(八八)大司農：九卿之一，官階中二千石。掌國家之穀食錢貨。(八九)選任職太守：選任勝任愉快之太守。(九〇)不軌：不法。(九一)不毛之地：古以五穀為地之毛。不毛，不生五穀之地。(九二)勿復通：不再交通。(九三)墮壞：墮有二音，作下墮義則音惰，作毀壞義則音灰。此處讀灰。(九四)萌牙：牙亦作芽。萌芽本草木初生滋芽現象，引申為一切事象初發之形容詞。(九五)金城司馬：金城，郡名，治今甘肅省省會蘭州北。司馬，官名，漢郡太守、尉、下有司馬，掌郡軍事謀議，如今兵隊中之參謀長。(九六)臨邛：縣名，屬蜀郡。今四川省邛崍縣。(九七)未報：未得答復。(九八)行縣：巡視所轄縣。(九九)且同亭：且古祖字。且同亭在夜郎國，今失其處。(一〇〇)邑君：屬夜郎國之酋長。(一〇一)無狀：不善。(一〇二)曉：告諭。(一〇三)釋兵：放下兵器。(一〇四)斛：音胡。漢制十鬥為一斛。(一〇五)勞：音澇。犒賞。(一〇六)二十二邑：夜郎國二十二部落。(一〇七)長史：漢邊郡太守尉下有長史，掌佐郡守為諸史之長，略如今日之幕僚長。(一〇八)分將：分頭率兵。(一〇九)據阸為壘：據險要為守壘。(一一〇)饟道：饟同餉。軍需之補給道路曰饟道。(一一一)共：同供給之共。(一一二)戲下：即麾下。(一一三)格：通挌。擊謂之格。言陳立令部下擊之。

三年（西元前二六年）

㈠春，正月，楚王囂㈠來朝。二月，乙亥（十六日）詔以囂素行純茂㈡，特加顯異，封其子勳為廣戚侯㈢。

㈡丙戌（二十七日），犍為地震、山崩，壅江水，水逆流。

㈢秋，八月乙卯，（三十日）晦，日有食之。

㈣上以中祕書㊃頗散亡，使謁者㊄陳農，求遺書於天下㊅。詔光祿大夫劉向，校經傳、諸子、詩賦；步兵校尉㊆任宏，校兵書；太史令㊇尹咸，校數術㊈；侍醫㊉李柱國，校方技⑪；每一書已⑫，向輒條其篇目，撮其指意，錄而奏之⑬。劉向以王氏權位太盛，而上方嚮詩書古文，向乃因尚書洪範，集合上古以來，歷春秋六國，至秦漢符瑞災異之記，推迹行事，連傳禍福，著其占驗，比類相從，各有條目，凡十一篇，號曰洪範五行傳論，奏之。天子心知向忠精，故為鳳兄弟起此論也，然終不能奪王氏權。

㈤河復決平原，流入濟南、千乘⑭，所壞敗者，半建始時。復遣王延世，與丞相史⑮楊焉、及將作大匠⑯許商、諫大夫乘馬延年⑰同作治。六月乃成。復賜延世黃金百斤。治河卒非受平賈者⑱，為著外繇六月⑲。

【今註】㊀楚王囂：宣帝之子，成帝之叔父。㊁純茂：純良美好。㊂廣戚侯：廣戚縣名，屬沛郡。食邑不詳。傳二世，歷四十八年王莽敗乃絕。㊃中祕書：中，宮中。祕，皇帝藏書之祕室。此言皇帝所藏書。㊄謁者：官名，屬光祿勛。掌奉詔出使。㊅求遺書於天下：此為秦始皇焚書以來，第一次大規模搜求遺書。㊆步兵校尉：官階二千石。掌上林苑門屯兵。㊇太史令：屬太常。掌領諸史，兼主星曆占算等事。㊈數術：占卜星曆等書皆謂之數術。㊉侍醫：屬少府太醫令。掌帝后疾病之診療。㈠方技：醫藥等書曰方技。㈡每一書已：每一書校畢。㈢條其篇目，撮其指意，錄而奏之：指同旨。分條說明其篇目之多寡，摘要列述其旨意之所歸，筆錄而奏之。此即我國最早書目，向子歆所作《七略》之所本。㈣平原、濟南、千乘：三郡名。見本卷建始四年註㈢。㈤丞相史：即丞相長史。丞相之幕僚長，官階千石。㈥將作大匠：官名。官階二千石。掌治宮室及國家之大建築工程。㈦諫大夫乘馬延年：諫大夫，屬光祿勛。官階比八百石。掌議論。乘馬複姓延年名。㈧非受平賈者：賈同價。平賈即僱傭之工價。此言塞治決口之卒，未受僱傭工資者。㈨為著外繇六月：繇即傜字又作徭。徵民服勞役謂之繇。著，登記於簿籍。此言凡治河卒之未受工資者，登記姓名於冊，折抵格外服勞役六個月。

四年（西元前二五年）

㈠春，正月，匈奴單于來朝。

㈡赦天下徒。

㈢三月，癸丑（初一日），朔，日有食之。

㈣琅琊大守楊肜與王鳳連昏㊀，其郡有災害，丞相王商按問之㊁。鳳以為請㊂，商不聽。竟奏免肜，奏果寢不下㊃。鳳以是怨商，陰求其短，使頻陽㊄耿定上書，言：商與父傅婢㊅通，及女弟淫亂；奴殺其私夫㊆，疑商教使。天子以為暗昧㊇之過，不足以傷大臣。鳳固爭下其事司隸㊈。太中大夫蜀郡張匡，素佞巧，復上書極言詆毀商。有司奏請召商詣詔獄㊉，上素重商，知匡言多險，制(一一)曰：「勿治！」鳳固爭之。夏，四月，壬寅（二十日）詔收商丞相印綬。商免相三日，發病歐血(一二)薨，謚曰戾侯(一三)。而商子弟親屬，為駙馬都尉、侍中、中常侍、諸曹大夫、郎吏者，皆出補吏，莫得留給事、宿衞者(一四)。有司奏請除國邑(一五)，有詔(一六)。長子安嗣爵為樂昌侯。

㈤上之為太子也，受論語於蓮勺(一七)張禹，及即位，賜爵關內侯，拜為諸吏、光祿大夫，秩中二千石，給事中，領尚書事(一八)。禹與王鳳幷領尚書，內不自安，數病，上書乞骸骨，欲退避鳳；上不許，撫待愈厚。六月，丙戌（初五日），以禹為丞相，封安昌侯㊈。

㈥庚戌（二十九日）楚孝王囂薨。

㈦初武帝通西域，罽賓⑳自以絕遠㉑，漢兵不能至，獨不服，數剽殺㉒漢使。久之，漢使者文忠，與容屈㉓王子陰末赴，合謀攻殺其王，立陰末赴為罽賓王。後軍侯㉔趙德使罽賓，與陰末赴相失；陰末赴瑣琅當德㉕，殺副已下七十餘入，遣使者上書謝㉖。孝元帝以其絕域，不錄㉗，放其使者於縣度㉘，絕而不通。及帝即位，復遣使謝罪。漢欲遣使者，報送其使㉙。杜欽說王鳳曰：「前罽賓王陰末赴，本漢所立，後卒㉚畔逆。夫德莫大於有國子民，罪莫大於執殺使者，所以不報恩，不懼誅者，自知絕遠，兵不至也。有求則卑辭，無欲則驕慢，終不可懷服㉛。凡中國所以為通厚蠻夷，愜快其求㉜者，為壤比而為寇㉝；今縣度之阸，非罽賓所能越也；其鄉慕不足以安西域㉞，雖不附，不能危城郭㉟。前親逆節，惡暴西域，故絕而不通；今悔過來，而無親屬、貴人，奉獻者，皆行賈賤人㊱，欲通貨市買，以獻為名，故煩使者送至縣度，恐失實見欺。凡遣使送客者，欲為防護寇害也。起皮山(三七)，南更不屬漢之國四五(三八)，斥候士(三九)百餘人，五分夜擊刁斗自守(四〇)，尚時為所侵盜。驢畜負糧，須諸國稟食(四一)，得以自贍(四二)。國或貧小不能食，或桀黠(四三)不肯給，擁彊漢之節，餒(四四)山谷之間，乞匄(四五)無所得，離(四六)一、二旬，則人畜棄捐曠野(四七)而不反。又歷大頭痛、小頭痛之山，赤土、身熱之阪，令人身熱無色，頭痛嘔吐，驢畜盡然(四八)。又有三池盤石阪道，陿者尺六七寸，長者徑三十里，臨崢嶸不測之深(四九)，行者騎步相持，繩索相引，二千餘里，乃到縣度。畜墜，未半阬谷盡靡碎(五〇)；人墮，勢不得相收視(五一)，險阻危害，不可勝言。聖王分九州，制五服，務盛內，不求外(五二)，今遣使者，承至尊之命，送蠻夷之賈，勞吏士之眾，涉危難之路，罷敝所恃以事無用(五三)，非久長計也。使者業已受節(五四)，可至皮山而還。」於是鳳白從欽言。罽賓實利賞賜賈市，其使數年而壹至云。

【今註】(一)連昏：昏同婚。連婚，兩家男女婚嫁。(二)丞相王商按問之：此王商涿郡蠡吾人，封樂昌侯。元帝舅子，於成帝為表叔。與鳳弟成都侯同名。按問，查驗訊問。(三)鳳以為請：王鳳為楊彤求情。㊃寢不下：寢，息。王商奏請免彤之章，果然寢息不見行下。㊄頻陽：縣名。屬左馮翊。在今陝西省富平縣東北。㊅傅婢：傅同附，義為親附。親近之婢。㊆私夫：私通之姦夫。㊇暗昧：陰私不明。㊈司隸：司隸掌糾察百僚，故下其事於司隸。㊉詔獄：據詔書罪名成立之獄。⑪制：詔。⑫歐血：歐同嘔。歐血吐血。⑬戾侯：謚法不悔前過曰戾。⑭莫得留給事、宿衞者：商子弟之服務中樞近幸者，皆出外補吏，無留給事宿衞帝之左右者。⑮請除國邑：漢制列侯以罪免廢者除國，故主其事者奏請。⑯有詔：此下當脫加恩不除意義之字句，致與下文「長子安嗣爵為樂昌侯，」不相銜接。列侯薨，長子嗣爵為定制，不待詔書而定者。王先謙《漢書補註》曰：「下有脫文。」甚是。⑰蓮勺：蓮音輦。勺音灼。縣名，屬左馮翊。在今陝西省渭南縣東北。⑱領尚書事：領，總領。領尚書事，總領尚書諸曹，如後世之尚書令。⑲安昌侯：安昌縣屬汝南郡，今河南省確山縣。安昌侯食邑一千一十七戶。傳二世歷四十九年，更始之亂，嗣侯被殺國絕。⑳罽賓：罽音計。國名，即今印度之北克什米爾一帶地。㉑絕遠：隔絕遙遠。㉒剽殺：刼而殺之。㉓容屈：罽賓國部落名，今地不詳。㉔軍候：軍中裨將。㉕瑣琅當德：琅當鎖人之長鎖。琅當德，即以鎖鎖趙德。王念孫以為句上本無鎖字，後人所妄加。甚是。㉖謝：請罪。㉗不錄：不收其書。不理。㉘縣度：縣同懸。度通渡。縣度，自西域出皮山國至罽賓途間懸繩而度之險道，自巴克達山直至克什米爾，飛巖棧道，千里迤邐，縣度之地，各家不能肯定其處。㉙報送其使：答報並送其使者。㉚卒：終。㉛懷服：懷柔使之心服。㉜愜快其求：允許其所求，使之滿意。㉝為壤比而為寇：因為壤土相接，恐其不滿而為寇盜侵略。㉞其鄉慕不足以安西域：遙遠小國，其嚮慕漢朝既不足使諸國風從安定西域。㉟雖不附，不能危城郭：雖不歸附，亦不足以危害西域已漢化諸國之城郭。㊱奉獻者，皆行賈賤人：所來獻貢者皆從事商賈賤下之人。㊲皮山：漢西域三十六國之一。在今新疆省皮山縣。㊳更不屬漢之國四五：更，經。言自皮山國之南，須經不屬於漢者四五國。㊴斥候士：使者以軍自衞。軍行所至，斥候警戒以防外來之侵害者，曰斥候士。㊵五分夜擊刁斗自守：刁斗，軍中爨炊具，銅製之鍋屬，晝炊飲食，夜則持之敲擊以警夜。言斥候士百餘人，平分一夜為五份，每份一班二十餘人，擊刁斗以自警守。㊶驢畜負糧，須諸國稟食：稟通廩。供給食糧謂之廩。此言驢子負馱食糧無多，須途經之國，隨時供給。㊷自贍：贍，足。須諸國供給，始能自足。㊸桀黠：桀，不馴。黠，狡猾。㊹餒：餓。㊺匃：同丐。㊻離：同罹。遭難謂之離。㊼人畜棄捐曠野：義為死亡。㊽「大頭痛、小頭痛」至「嘔吐，驢畜盡然」：此皆高山空氣稀薄，氣壓變化之自然現象，古人不知，故神奇其說。㊾臨崢嶸不測之深：崢音爭。嶸音宏。崢嶸，山峻淵深之形容詞。㊿畜墜未半阬谷盡靡碎：牲畜不慎墜落，未至阬谷之半，已分裂散碎。(五一)人墮勢不得相收視：人如墮落山谷，其險峻之勢，他人不能收其屍視其殮。(五二)盛內不求外：安內而不外求。(五三)罷敝所恃，以事無用：罷敝通疲憊。罷恃其可仗恃之力，以擲於無用之處。(五四)使者業已受節：漢遣之使者，業已受符節，不能中止，可飭使者，送至皮山國而還。

陽朔元年（西元前二四年）

㈠春，二月，丁未（三十日），晦，日有食之。

㈡三月，赦天下徒

㈢冬，京兆尹泰山㊀王章下獄死㊁。時大將軍鳳用事㊂，上謙讓無所顓㊃。左右嘗薦光祿大夫劉向少子歆，通達有異材，上召見歆，誦讀詩賦，甚悅之，欲以為中常侍㊄；召取衣冠㊅，臨當拜㊆，左右皆曰：「未曉㊇大將軍。」上曰：「此小事，何須關㊈大將軍！」左右叩頭爭之，上於是語鳳，鳳以為不可，乃止。王氏子弟皆卿、大夫、侍中、諸曹，分據埶官，滿朝廷。杜欽見鳳專政泰重㊉，戒之曰：「願將軍由周公之謙懼⑪，損穰侯之威⑫，放武安之欲⑬，毋使范睢之徒，得間其說⑭！」鳳不聽。時上無繼嗣，體常不平⑮。定陶共王⑯來朝，太后與上承先帝意，遇共王甚厚，賞賜十倍於它王，不以往事為纖介⑰；留之京師，不遣歸國。上謂共王：「我未有子，人命不諱⑱，一朝有它⑲，且不復相見，爾長留侍我矣！」其後，天子疾益有瘳⑳，共王因留國邸㉑，旦夕侍上；上甚親重之。大將軍鳳心不便共王在京師㉒，會日食；鳳因言：「日食，陰盛之象。定陶王雖親，於禮當奉藩在國；今留侍京師，詭正非常㉓，故天見戒，宜遣王之國！」上不得已於鳳㉔而許之。共王辭去，上與相對涕泣而決㉕。王章素剛直敢言，雖為鳳所舉，非鳳專權㉖，不親附鳳，乃奏封事，言：「日食之咎，皆鳳專權蔽㉗主之過。」上召見章，延問以事㉘。章對曰：「天道聰明，佑善而災惡，以瑞應為符効㉙。今陛下以未有繼嗣，引近定陶王，所以承宗廟，重社稷，上順天心，下安百姓，此正議善事，當有祥瑞，何故致災異㉚！災異之發，為大臣專政者也。今聞大將軍，猥㉛歸日食之咎於定陶王，建遣之國㉜，苟㉝欲使天子孤立於上，顓擅朝事，以便其私，非忠臣也。且日食陰侵陽，臣顓君之咎。今政事大小，皆自鳳出，天子曾不壹舉手㉞，鳳不內省責，反歸咎善人，推遠㉟定陶王。且鳳誣罔不忠，非一事也。前丞相樂昌侯商，本以先帝外屬㊱，內行篤㊲，有威重，位歷將相，國家柱石㊳臣也；其人守正，不肯屈節隨鳳委曲㊴，卒用閨門之事㊵，為鳳所罷，身以憂死，眾庶愍之㊶。又鳳知其小婦弟㊷張美人，已嘗適人㊸，於禮不宜配御至尊，託㊹以為宜子，內㊺之後宮，苟以私其妻弟；聞張美人未嘗任身就館㊻也。且羌、胡尚殺首子，以盪腸正世㊼，況於天子，而近已出㊽之女也！此三者，皆大事，陛下所自見，足以知其餘及它所不見者。鳳不可令久典事㊾，宜退使就第㊿，選忠賢以代之。」自鳳之白罷商，後遣定陶王也，上不能平(51)；及聞章言，天子感寤(52)納之，謂章曰：「微(53)京兆尹直言，吾不聞社稷計；且唯賢知賢，君試為朕求可以自輔者(54)！」於是章奏封事：薦信都王舅(55)琅邪(56)太守馮野王，忠信質直，智謀有餘。上自為太子時，數聞野王名，方倚以代鳳(57)。章每召見，上輒辟(58)左右。時太后從弟子侍中音(59)，獨側聽具知(60)章言，以語鳳。鳳聞之，甚憂懼。杜欽令鳳出就第，上疏乞骸骨，其辭指甚哀。太后聞之，為垂涕不御食(61)。上少而親倚鳳，弗忍廢，乃優詔報鳳，彊起之(62)；於是鳳起視事。上使尚書劾奏章，知野王前以王舅出補吏(63)，而私薦之，欲令在朝，阿附諸侯[六四]；又知張美人體御至尊，而妄稱引羌胡殺子盪腸，非所宜言。下章吏[六五]。廷尉[六六]致其大逆罪[六七]，以為比上夷狄，欲絕繼嗣之端，背畔[六八]天子，私為定陶王。章竟死獄中，妻子徙合浦[六九]。自是公卿見鳳，側目而視[七〇]。馮野王懼不自安，遂病；滿三月，賜告[七一]，與妻子歸杜陵[七二]就醫藥。大將軍鳳，風[七三]御史中丞劾奏，野王賜告養病，而私自便[七四]，持虎符出界歸家，奉詔不敬。杜欽奏記於鳳曰：「二千石病，賜告得歸，有故事；不得去郡，亡著令[七五]。傳曰：『賞疑從予[七六]，』所以廣恩勸功也；『罰疑從去[七七]，』所以慎刑闕難知也。今釋令與故事而假不敬之法[七八]，甚違闕疑從去之意。郎[七九]以二千石守千里之地，任兵馬之重，不宜去郡，將以制刑為後瀆者[八〇]，則野王之罪在未制令前也。刑賞大信，不可不慎。」鳳不聽，竟免野王官。時眾庶多冤王章，譏朝廷者[八一]，欽欲救其過，復說鳳曰：「京兆尹章，所坐事密[八二]，自京師不曉，況於遠方；恐天下不知章實有罪，而以為坐言事。如是，塞爭引之原[八三]，損寬明之德，欽愚：以為宜因章事舉直言極諫，幷見郎從官(八四)，展盡其意，加於往前(八五)，以明示四方，使天下咸知主上聖明，不以言罪下也。若此則流言消釋，疑惑著明(八六)。」鳳白行其策焉。

(四)是歲陳留(八七)太守薛宣為左馮翊(八八)。宣為郡所至有聲迹(八九)。宣子惠，為彭城令(九〇)，宣嘗過其縣，心知惠不能，不問以吏事。或問宣何不教戒惠以吏職(九一)，宣笑曰：「吏道以灋令為師(九二)，可問而知，及能與不能，自有資材(九三)，何可學也！」眾人傳稱，以宣言為然。

【今註】(一)泰山：郡名，治今山東省泰安縣。按王章泰山郡鉅平縣人。此作泰山王章，舉其郡簡言之。(二)下獄死：凡謂下獄死者，皆死於獄，死因不明，或自殺他殺，莫能究詳者。(三)用事：當權。(四)顓：同專。(五)中常侍：朝臣之加銜。加中常侍者得出入禁中，親近侍從之任，西漢所用以士人為主，東漢專用宦官。(六)召取衣冠：呼人取中常侍所服之衣冠。(七)臨當拜：拜，新命之官，授任典禮曰拜。此言及至行授任之禮。(八)曉：告訴。(九)闚：闚照。(一〇)泰重：泰，甚。泰重即過重。(一一)周公之謙懼：古說周公謙恭下士，一沐三握髮，一飯三吐哺，以迎賓客，猶恐失天下之士。又說武王崩，周公輔成王，管叔蔡叔散佈流言，謂公將不利於孺子，周公懼，居東避謗三年，乃誅管叔，殺蔡叔。據今人考證，所謂周公居東避謗者，即東征武庚之亂，亦即平管叔蔡之亂，無避謗之事。(一二)損穰侯之威：穰侯魏冉，秦昭王母宣太后之同母異父弟，執秦政十年，見本書卷五赧王四十九年，其事正同成帝任王鳳，故杜欽援以為例說之。⑬放武安之欲：武安侯田蚡，武帝母王太后同母異父弟，為丞相，貴幸無比，所欲多端，藉太后力，殺景帝舅竇嬰及灌夫。見本書卷十八武帝元光四年。⑭毋使范睢之徒，得間其說：范睢戰國末之說士。離間秦昭王與舅穰侯感情，見本書卷五赧王四十九年。⑮不平：害病不安。⑯定陶共王：共同恭。共王名康。參閱本卷河平二年註⑰。⑰不以往事為纖介：介又作芥。纖介，嫌怨芥蒂，往事指元帝愛定陶王，幾易太子事。⑱不諱：人情諱死，及其竟死，乃不可諱，故稱死曰不諱。此言人終有死之日。⑲它：同他。有他，言有其他變故，意亦指死亡。⑳瘳：病癒曰瘳。㉑國邸：諸侯王在京師各有居第，以便朝覲。㉒心不便共王在京師：王鳳內心以共王久居京師，於己不便。㉓詭正非常：詭義為違背，言諸侯王久居京師，違背正道事屬非常。㉔上不得已於鳳：帝被鳳所迫，不得已。㉕決：同訣。話別。㉖非鳳專權：以王鳳專權為非。㉗蔽：遮。㉘延問以事：延見王章，問以事實。㉙以瑞應為符效：以祥瑞之感應為信驗。㉚「今陛下以未有繼嗣」至「何故致災異」：此與王鳳藉口日食遣共王之言，針鋒相對以駁之。㉛猥：曲枉。㉜建遣之國：之義為往。言建議使王往其國。㉝苟：乃。㉞曾不壹舉手：未曾一次著手。㉟推遠：推擠而遠之。㊱先帝外屬：王商元帝舅之子。㊲內行篤：德行篤實。㊳柱石：屋樑下之柱。石柱下之礎。形容大臣之重要如屋架之柱與礎石。㊴委曲：委婉曲折，形容柔順隨從之貌。㊵用閨門之事：即耿定上書所言，商與父傅婢通等暗昧無法證明之閨門事。㊶愍：字作憫或閔。哀憐。

㊷小婦弟：古文弟同娣。小婦弟，妾之女娣。㊸適人：嫁人。㊹託：假稱。㊺內：同納。㊻任身就館：任同孕。館，宮中生產之房舍。言王鳳雖假託張美人宜生男子，納之宮中，但張並未懷孕產子。㊼羌、胡尚殺首子，以盪腸正世：西方之羌，北方之胡，野蠻之人，猶知殺新來婦人所生之首子，謂之「洗腸」，以純正其血統。㊽已出：已嫁。㊾典事：主持政事。㊿退使就第：使其退位回家。(51)不能平：心中憤氣不能平息。(52)寤：同悟。(53)微：無。(54)為朕求可以自輔者：為我找可以輔佐我者。(55)信都王舅：信都王名興，元帝子，馮野王姊馮昭儀所產。野王信都王之舅。(56)琅邪：又作瑯琊。郡名。治東武縣，今山東省諸城縣。(57)方倚以代鳳：將依靠野王代替王鳳。(58)辟：同避。(59)太后從弟子侍中音：按王音太后叔父弘之子。此文應作「從弟侍中音」，衍一「子」字。(60)具知：具與備同義，完全知曉曰具知。(61)不御食：不進食物。(62)彊起之：彊同強。勉強王鳳起而視事。(63)出補吏：元帝時，野王為大鴻臚。成帝立，有司奏，野王王舅，不宜備位九卿，遂以中二千石原官秩，出補上郡太守。(64)阿附諸侯：野王嗣父奉世爵關內侯，故責章阿附諸侯。(65)下章吏：降下王章於該管之官吏。(66)廷尉：九卿之一。掌理刑獄。(67)致其大逆罪：羅織成為大逆不道罪。(68)畔：同叛。(69)合浦：郡名。治合浦，今廣東省合浦縣。(70)側目而視：胸懷怨恨，故不正眼相視。(71)病滿三月賜告：漢制二千石病滿三月有予告賜告；予告者免官，賜告者准帶官養病。(72)杜陵：杜陵在今陝西長安東南。野王杜陵人。此於賜告後歸家養病。(73)風：示意。(74)私便：私行自便。(75)賜告得歸有故事，不得去郡無著令：賜告者歸家有成例可援；不得離所守郡無明令規定。(76)賞疑從予：

應賞而有所疑時，從寬行賞。(七七)罰疑從去：應罰而有所疑時，從寬免罰。(七八)假不敬之法：今捨成例與無明文之令，轉假託無實之法令。(七九)即：如。(八〇)將以制刑，為後法者：擬將制定刑律，為以後之法式者。(八一)眾庶多冤王章譏朝廷者：人民多代王章稱冤，而攻擊朝廷。(八二)所坐事密：論罪科刑曰坐，所坐之罪祕密難知。(八三)塞爭引之原：爭同諍諫之諍。原同源。言如此則杜絕臣下諫諍，天子引納之本源。(八四)見郎從官：見同現。現任郎吏與侍從之官。(八五)加於往前：使其盡意而言，鼓勵之勝於從前。(八六)疑惑著明：疑惑者得以彰明。(八七)陳留：郡名。治陳留，今河南省省陳留縣。(八八)左馮翊：馮音憑。京兆之左郡，與右扶風京兆並稱三輔。治長安城中。(八九)聲迹：聲，名譽。迹，同蹟，成績。(九〇)彭城令：彭城縣，今江蘇省銅山縣。(九一)教戒惠以吏職：或問宣何不以官吏職事修舉之方法，教導於惠。(九二)以法令為師：為吏之道，法令已足為人師。(九三)能與不能自有資材：吏道以法令為師，人人可學而成，至能與不能，則限於天資與材略，非學所能致者。

二年（西元前二三年）

㈠春，三月，大赦天下。

㈡御史大夫張忠卒。

㈢夏，四月，丁卯（二十七日），以侍中太僕王音，為御史大夫。於是王氏愈盛，郡國守相(一)、刺史，皆出其門下(二)，五侯羣弟(三)，爭為奢侈，賂遺珍寶，四面而至，皆通敏人事，好士養賢，傾財施予(四)，以相高尚，賓客滿門，競為之聲譽。劉向謂陳湯曰：「今災異如此，而外家日盛，其漸必危劉氏。吾幸得以同姓末屬(五)，累世蒙漢厚恩，身為宗室遺老(六)，歷事三主；上以我先帝舊臣，每進見，常加優禮，吾而不言，孰當言者！」遂上封事極諫曰：「臣聞：人君莫不欲安，然而常危；莫不欲存，然而常亡，失御(七)臣之術也。夫大臣操權柄，持國政(八)，未有不為害者也，故書曰：『臣之有作威作福，害於而家，凶於而國(九)。』孔子曰：『祿去公室，政逮大夫(一〇)，』危亡之兆也。今王氏一姓，乘朱輪華轂者(一一)二十三人，青、紫、貂蟬(一二)充盈幄內，魚鱗左右(一三)。大將軍秉事用權，五侯驕奢僭盛，幷作威福，擊斷自恣(一四)，行汙而寄治，身私而託公(一五)，依東宮之尊(一六)，假甥舅之親(一七)，以為威重。尚書、九卿、州牧、郡守皆出其門，筦執樞機(一八)，朋黨比周(一九)；稱譽者登進(二〇)，忤恨者誅傷；游談者助之說，執政者為之言。排擯(二一)宗室，孤弱公族，其有智能者，尤非毀而不進，遠絕宗室之任，不令得給事朝省㉒，恐其與己分權：數稱燕王、蓋主㉓以疑上心，避諱呂、霍㉔而弗肯稱。內有管、蔡之萌㉕，外假周公之論㉖。兄弟據重，宗族磐互㉗，歷上古至秦、漢，外戚僭貴未有如王氏者也。物盛必有非常之變先見，為其人微象。孝昭帝時，冠石立於泰山，仆柳起於上林，而孝宣帝即位。今王氏先祖墳墓在濟南者㉘，其梓柱㉙生枝葉，扶疏上出屋，根臿地中，雖立石起柳，無以過此之明也。事埶不兩大，王氏與劉氏亦且不并立。如下有泰山之安，則上有累卵㉚之危。陛下為人子孫，守持宗廟，而令國祚㉛移於外親，降為皁隸㉜，縱不為身，奈宗廟何㉝！婦人內夫家而外父母家㉞，此亦非皇太后之福也。孝宣皇帝不與舅平昌侯權㉟，所以全安之也。夫明者起福於無形，銷患於未然，宜發明詔，吐德音，援近宗室，親而納信，黜遠外戚，毋授以政，皆罷令就弟，以則効㊱先帝之所行，厚安外戚，全其宗族，誠東宮之意，外家之福也。王氏永存，保其爵祿，劉氏長安，不失社稷，所以褒睦外內之姓，子子孫孫無疆之計也。

如不行此策，田氏㉗復見於今，六卿㉘必起於漢，為後嗣憂，昭昭甚明。唯陛下深留聖思！」書奏，天子召見向，歎息悲傷其意，謂曰：「君且休矣㉙，吾將思之㊵！」然終不能用其言。

㈣秋、關東大水。

㈤八月，甲申（初十日），定陶共王康薨。

㈥是歲徙信都王興為中山王㊶。

【今註】㈠郡國守相：郡守。國相。㈡門下：門戶之下。㈢五侯羣弟：五侯譚、商、立、根、逢時，皆元后之少弟，逢時以下再無他弟，不得有羣弟之名，胡三省以為羣字乃兄字之誤。㈣傾財施予：出財物施捨。㈤同姓末屬：向高祖少弟楚元王交之後，故云。㈥宗室遺老：宗室舊臣。㈦禦：駕馭。㈧持國政：把持國政。㈨臣之有作威作福，害於而家，凶於而國：此《周書・洪範》之句。言唯君得作威福，臣下如此，必生凶害。㈩祿去公室，政逮大夫：《論語・季氏》孔子曰：「祿之去公室五世矣；政逮於大夫四世矣；故夫三桓之子孫微矣！」⑪朱輪華轂：朱色車輪而彩繪其轂。轂、輪中央車輻所湊。漢制二千石以上官，得乘朱輪。⑫青、紫、貂蟬：漢制列侯紫色印綬。二千石青色印綬。貂尾為侍中中常侍親近侍從官之帽飾。蟬為帽上之花樣，取其清高。⑬充盈幄內，魚鱗左右：幄，大帷帳以禦風寒取暖者。充盈即充滿。言王氏子弟佩青紫印綬，插貂尾帽飾蟬文之貴臣，充滿帝之幄內，密如魚鱗羅列左右。⑭自恣：自便。⑮行汙而寄治，身私而託公：行為卑污而乃治之所寄。身任猥私而假託於公。⑯依東宮之尊：漢太后多居長樂宮，在未央宮之東，故稱太后曰東宮。⑰假甥舅之親：假藉甥舅之親情。⑱筦執樞機：筦同管。綰筦執掌國家機務。⑲朋黨比周：結黨合謀偏私之利。《論語・為政篇》，孔子曰：「君子周而不比，小人比而不周。」⑳登進：進同晉。升高爵祿。㉑排擯：排斥。㉒給事朝省：不令宗室之有智能者，服務執事於中央公署。㉓燕王蓋主：燕王名旦，武帝子，昭帝兄。蓋主，武帝女，昭帝姊，鄂邑公主，蓋侯王充之妻，以其夫封邑名之，故曰蓋主。武帝崩，昭帝立，燕王蓋主與上官桀父子桑弘羊等勾結謀反，事敗燕王蓋主皆自殺。見本書卷二十三昭帝元鳳元年。㉔呂霍：呂后外家呂產呂祿等，擅權專政，於呂后卒後，欲為亂竊國，為朱虛侯劉章等所誅。見本書卷十三高皇后八年。霍光子姪禹，山、雲等及霍氏諸女壻，佈列朝廷，貴盛莫比，及光卒後，勾結謀反，事敗皆誅。見本書卷二十五宣帝地節四年。㉕內有管蔡之萌：管叔蔡叔，周武王弟，滅紂後，奉命以監紂子武庚，武王崩，乃與武庚反，周公東征平之。此言王氏諸人，內有管叔蔡叔反叛之醞釀。㉖外假周公之論：周公以成王年幼，自攝政以輔之，今王鳳亦藉口成帝年幼，自行專政，論調比於周公。㉗磐互：磐同盤。磐互，犬牙交錯之義。㉘王氏先祖墳墓在濟南者：王氏本濟南郡人，後徙魏郡元城縣。㉙梓柱：即木柱。古以梓木為百木之長，故舉梓以為木之總名。㉚累卵：以雞卵重疊累於雞卵之上，勉強成之，搖搖欲墜，其勢至危不安，見《史記正義》引《說苑》。㉛國祚：國君之位曰國祚。㉜皁隸：皁與隸皆古之賤役。《左傳》魯昭公七年有云：「士臣皁，皁臣輿，輿臣隸」。㉝奈宗廟何：此言縱不為本身謀，寧不為祖宗設想。㉞婦人內夫家，而外父母家：言婦人應親夫家而疏父母家。㉟孝宣皇帝不與舅平昌侯權：宣帝即位，四出尋訪母王夫人外家，得外祖母，及舅王無故、王武，封無故為平昌侯，武為樂昌侯，各食邑六千戶，尊養之，而不假以事權，皆得以長厚終其天年。本卷和平四年為鳳所陷害之丞相王商，即王武之子。㊱則效：效法。㊲田氏：周安王二十四年（西元前三七八年）齊卿田氏篡齊。是為齊威王元年。㊳六卿：春秋晉大夫知氏范氏中行氏韓氏魏氏趙氏強盛逾於公室，政入於六卿，其後復併為韓魏趙三家，共分晉以啓戰國之局。㊴休矣：且止勿再言。㊵吾將思之：將考慮如何處置。㊶中山王：中山本春秋白狄鮮虞之中山國，漢仍秦舊，置中山郡，治盧奴，今河北省定縣。中山王傳二世歷二十三年，哀帝元壽二年嗣王箕子入承大統，是為平帝，國除。

卷三十一　漢紀二十三

司馬光編集
林瑞翰註

起屠維大淵獻，盡彊圉協洽，凡九年。（己亥至丁未，西元前二二年至西元前一四年）

孝成皇帝上之下

陽朔三年（西元前二二年）

㈠春，三月，壬戌（三月丙寅朔，無壬戌），隕石東郡八。

㈡夏，六月，潁川鐵官㊀徒申屠聖等百八十人殺長吏，盜庫兵，自稱將軍，經歷九郡㊁。遣丞相長史、御史中丞逐捕，以軍興從事㊂，皆伏辜。

㈢秋，王鳳疾。天子數自臨問，親執其手，涕泣曰：「將軍病如有不可言㊃，平阿侯譚次將軍㊄矣！」鳳頓首泣曰：「譚等雖與臣至親，行皆奢僭，無以率導百姓，不如御史大夫音謹敕㊅，臣敢以死保之。」及鳳且死，上疏謝上，復固薦音自代，言譚等五人㊆必不可用，天子然之。初，譚倨㊇不肯事鳳，而音敬鳳，卑恭如子，故鳳薦之。八月，丁巳（二十四日），鳳薨。九月，甲子（初二日），以王音為大司馬車騎將軍，而王譚位特進㊈，領城門兵㊉。安定太守谷永以譚失職，勸譚辭讓，不受城門職㊁，由是譚、音相與不平。

㈣冬，十一月，丁卯（初六日），光祿勳于永為御史大夫。永，定國之子也。

【今註】㊀潁川鐵官：《漢書．地理志》，潁川郡陽城縣有鐵官。按漢於三輔及諸郡縣出鐵多者置鐵官，主鼓鑄，見《漢書．百官表》及《後漢書．百官志》。㊁經歷九郡：周壽昌曰：「聖等亂不逾月即滅，何能經歷九郡？所經何郡亦無主名，疑郡是縣誤。鴻嘉三年，廣漢鄭躬反，聚眾萬人，逾年始平，不過犯歷四縣，可類推也。」王先謙曰：「周說是也，荀紀改為經歷郡國，蓋已疑及此矣！」㊂遣丞相長史、御史中丞逐捕，以軍興從事：漢世縣官徵斂財物以供軍用，謂之軍興，凡不從命者皆以軍法治罪。顏師古曰：「逐捕之事，須有發興，皆依軍法。」㊃將軍病如有不可言：顏師古曰：「不可言，謂死也，不欲斥言之。」㊄次將軍：言當繼鳳之次以輔政。㊅謹敕：顏師古曰：「敕，整也。」嚴謹修敕。㊆譚等五人：謂平阿侯譚、成都侯商、紅陽侯立、曲陽侯根、高平侯逢時，俱元后弟，世謂之五侯。㊇倨：傲慢。㊈特進：官名。《漢官儀》曰：「諸侯功德優盛，朝廷所敬者，位特進，在三公下。」⑩城門兵：胡三省曰：「長安十二城門，皆有屯兵。」㈡安定太子谷永以譚失職，勸譚辭讓，不受城門職：《漢書・谷永傳》永與譚書：「屬聞以特進領城門兵，是則車騎將軍秉政雍容於內，而至戚賢舅執管籥於外也。愚竊不為君侯喜。宜深辭職，自陳淺薄，不足以固城門之守。收太伯之讓，保謙謙之路，闔門高枕，為知者首願，君侯與博覽者參之。」

四年（西元前二一年）

㈠春，二月，赦天下。

㈡夏，四月，雨雪。

㈢秋，九月，壬申（十六日），東平思王宇㈠薨。

㈣少府王駿為京兆尹。駿，吉之子也。先是京兆有趙廣漢、張敞、王尊、王章，至駿，皆有能名。故京師稱曰：「前有趙、張，後有三王㈡。」

㈤閏月，壬戌（初七日），于永卒。

㈥烏孫小昆彌烏就屠死，子拊離代立㈢，為弟日貳所殺。漢遣使者立拊離子安日為小昆彌㈣，日貳亡阻康居㈤，安日使貴人姑莫匿等三人詐亡，從日貳，刺殺之㈥。於是西域諸國上書願復得前都護段會宗㈦，上從之。城郭諸國聞之，皆翕然親附。

㈦谷永奏言：「聖王不以名譽加於實効，御史大夫任重職大，少府宣㈧達㈨於從政，唯陛下留神考察。」上然之。

【今註】㈠東平思王宇：宇，宣帝子，封於東平，謚曰思。㈡前有趙、張，後有三王：趙謂趙廣漢，張謂張敞，俱以宣帝時為京兆尹；三王謂王尊、王章、王駿，俱成帝所用。㈢烏孫小昆彌烏就屠死，子拊離代立：顏師古曰：「拊讀與撫同。」段玉裁云：「古作拊，今作撫。」徐松曰：「事在成帝建始初。」㈣漢遣使者立拊離子安日為小昆彌：安日為段會宗所立，見《漢書・段會宗傳》。㈤日貳亡阻康居：胡三省曰：「亡奔康居，依阻其遠以自全。」徐松曰：「陳湯傳西域都護段會宗為烏孫兵所圍，即日貳攻圍之事。會宗以竟寧元年為都護此事在建始元、二年。」㈥詐亡，從日貳，刺殺之：顏師古曰：「詐畔亡而投之，因得以刺殺。」畔與叛同。㈦西域諸國上書，願復得前都護段會宗：會宗以竟寧元年為西域都護，三年更盡，見〈會宗傳〉，時當為建始二年。㈧少府宣：謂薛宣，時為少府。㈨達：通達。

鴻嘉元年（西元前二〇年）

㈠春，正月，癸巳（初九日），以薛宣為御史大夫㊀。

㈡二月，壬午（二十八日），上行幸初陵㊁，赦作徒㊂。以新豐之戲鄉㊃為昌陵縣，奉初陵。

㈢上始為微行㊄，從期門郎或私奴十餘人，或乘小車，或皆騎，出入市里郊野，遠至旁縣㊅甘泉、長楊、五柞，鬬鷄走馬，常自稱富平侯家人。富平侯者，張安世四世孫放也。放父臨，尚敬武公主㊆，生放。放為侍中中郎將，娶許皇后女弟，當時寵幸無比，故假稱之㊇。

㈣三月，庚戌（二十七日），張禹以老病罷，以列侯朝朔、望，位特進，見禮如丞相，賞賜前後數千萬。

㈤夏，四月，庚辰（二十七日），薛宣為丞相，封高陽侯㊈。京兆尹王駿為御史大夫。

㈥王音既以從舅越親用事，小心親職，上以音自御史大夫入為將軍㊉，不獲宰相之封㊁，六月，乙巳（六月癸丑朔，無乙巳），封音為安陽侯㊂。

(七)冬，黃龍見真定。

(八)是歲，匈奴復株累單于死，弟且麋胥立為搜諧若鞮單于，遣子左祝都韓王昫㊂留斯侯入侍，以且莫車為左賢王。

【今註】㊀以薛宣為御史大夫：《漢書・薛宣傳》，上然谷永之言，遂以宣為御史大夫。㊁初陵：即延陵。參看永始元年註㊃。㊂作徒：顏師古曰：「徒人之在陵役作者。」㊃戲鄉：顏師古曰：「戲水之鄉也。」錢大昭曰：「郡國志新豐有戲亭。」戲鄉，成帝改置昌陵縣，尋廢，故《漢書・地理志》不載，故治在今陝西省臨潼縣東。㊄微行：微服出行。張晏曰：「出入市里，不復警蹕，若微賤之所為，故曰微行。」㊅旁縣：胡三省曰：「諸縣環長安旁者也。」㊆敬武公主：顏師古曰：「薛宣傳云：『主怒曰：嫂何以取妹殺之？』既謂元后為嫂，是即元帝妹也。地理志鉅鹿郡有敬武縣。」敬武，公主湯沐邑，故城在今河北省趙縣東北。㊇假稱之：假稱為放家人。㊈高陽侯：《漢書・恩澤侯表》，高陽侯薛宣，食邑於東莞，東莞，屬琅邪郡。又《漢書・地理志》，琅邪郡有高陽侯國。王先謙曰：「薛宣國，成帝封。表注東莞，蓋析東莞置。」故城在今山東省高密縣西北㊉自御史大夫入為將軍：胡三省曰：「將軍中朝官，故曰入。」㊀不獲宰相之封：漢自公孫弘以來，為相者封侯，故曰宰相之封。㊁安陽侯：《漢書・地理志》汝南郡有安陽侯國，故城在今河南省正陽縣西南。㊂昫：音許（ㄒㄩˇ）。

二年（西元前一九年）

㈠春，上行幸雲陽甘泉㊀。

㈡三月，博士行大射禮㊁。有飛雉集於庭㊂，歷階㊃登堂而雊㊄。後，雉又集太常、宗正、丞相、御史大夫、車騎將軍之府，又集未央宮承明殿㊅屋㊆上。車騎將軍音、待詔寵㊇等上言：「天地之氣，以類相應，譴告人君，甚微而著。雉者，聽察，先聞雷聲，故月令以紀氣㊈。經載高宗雊雉之異，以明轉禍為福之驗㊉。今雉以博士行禮之日，歷階登堂，萬眾睢睢⑪，驚怪連日，徑歷三公之府、太常、宗正典宗廟骨肉之官，然後入宮，其宿留告曉人，具備深切，雖人道相戒，何以過是？」後帝使中常侍鼂閎詔音曰：「聞捕得雉，毛羽頗摧折，類拘執者，得無人為之⑫？」音復對曰：「陛下安得亡國之語！不知誰主為佞讇⑬之計，誣亂聖德如此者？左右阿諛甚眾，不待臣音復讇而足⑭。公卿以下，保位自守，莫有正言。如令陛下覺寤，懼大禍且至，身深責臣下，繩以聖灋，臣音當先誅，豈有以自解哉！今即位十五年，繼嗣不立，日日駕車而出，失行流聞㈤，海內傳之，甚於京師。外有微行之害，內有疾病之憂，皇天數見㈥災異，欲人變更，終已不改。天尚不能感動陛下，臣子何望？獨有極言待死，命在朝暮而已。如有不然，老母安得處所？尚何皇太后之有？高祖天下，當以誰屬乎㈦？宜謀於賢智，克己復禮㈧，以求天意，繼嗣可立，災變尚可銷㈨也。」

㈢初，元帝儉約㈩，渭陵不復徙民起邑㈡。帝起初陵，數年後樂霸陵曲亭南㈢，更營之。將作大匠解萬年㈢使陳湯為奏，請為初陵徙民起邑，欲自以為功，求重賞。湯因自請先徙，冀得美田宅。上從其言，果起昌陵邑。夏，徙郡國豪桀貲五百萬以上五千戶于昌陵。

㈣五月，癸未（初六日），隕石于杜郵三。

㈤六月，立中山憲王孫雲客為廣德王㈢。

㈥是歲，城陽哀王雲薨，無子，國除㈣。

【今註】㈠雲陽甘泉：甘泉，宮名，在雲陽。㈡博士行大射禮：《漢書》帝紀作行飲酒禮，荀紀作行鄉飲酒禮，此據《漢書・五行志》。胡三省曰：「古者天子、諸侯、大夫、士皆有大射之禮，博士所行，士之射禮也。」㊂有飛雉集於庭：王先謙曰：「於博士行禮時飛集也。」㊃歷階：顏師古曰：「謂以次而登也。」登謂登階。㊄雊：雄雉鳴曰雊，雊音購（ㄍㄡˋ）。㊅承明殿：顏師古曰：「承明殿在未央宮中。」㊆屋：覆蓋曰屋，此謂殿屋。㊇待詔寵：顏師古曰：「以經術待詔，其人名寵，不記姓也。」㊈雉者聽察，先聞雷聲，故月令以紀氣：顏師古曰：「謂季冬之月云雉雊雞乳也。」鳥產卵曰乳。㊉經載高宗雊雉之異，以明轉禍為福之驗：書高宗肜日：「高宗肜日，越有雊雉。祖己曰：『惟先格王正厥事。』」孔安國曰：「格，至也；言至道之王遭變異，正其事而異自消。」⑪睢睢：顏師古曰：「睢睢，仰目視貌。」睢音雖（ㄙㄨㄟ）。⑫得無人為之：反問之辭，帝意蓋言有人放此雉，故欲為變異之事。⑬讇：諂古字。⑭足：顏師古曰：「足，益也。」胡三省曰：「足其不足曰足。」⑮失行流聞：《漢書・五行志》作「泆行流聞。」言帝所行多非道，驕泆之行流布，聞於遠方。失與逸通，泆、逸俱恣肆放縱之義。⑯見：顯示。⑰如有不然，老母安得處所？尚何皇太后之有？高祖天下，當以誰屬乎：顏師古曰：「不然者，謂不如所諫而自修改也。老母，帝之母，即太后也。言帝不自修改，國家危亡，太后不知處所，高祖天下無所付屬也。」王念孫曰：「不然，謂非常之變也。言漢家如有非常之變，則太后不知處所，高祖天下無所付屬也，古謂非常之變曰不然。墨子辭過篇：『府庫實滿，足以待不然。』言足以待非常也；漢書司馬相如傳：『發巴、蜀之士各五百人以奉幣，衞使者不然。』張楫曰：『不然之變也。』」⑱克己復禮：《論語・

顏淵》孔子曰：「克己復禮為仁。」邢昺疏：「克，約也；己，身也；復，反也。言能約身反禮，則為仁矣！」(一九)銷：鑠金曰銷，言如金之銷鑠，可漸消解。(二〇)元帝儉約，渭陵不復徙民起邑：事見卷二十九元帝永光四年。渭陵，元帝陵寢。(二一)霸陵曲亭南：胡三省曰：「即新豐戲鄉之地。關中記：『昌陵在霸陵東二十里。』」(二二)解萬年：解姓，萬年名。(二三)立中山憲王孫雲客為廣德王：中山憲王孫當作中山憲王弟孫。按《漢書・諸侯王表》，中山憲王福，中山靖王勝之玄孫，憲王薨，子懷王脩嗣，懷王薨，無後，鴻嘉二年，以懷王從父弟子雲客紹封為廣德夷王。又《漢書・景十三王傳》：鴻嘉二年，立憲王弟孫利鄉侯子雲客為廣德夷王。憲王弟孫即懷王從父弟之子，表與傳合，紀脫一弟字。(二四)城陽哀王雲薨，無子，國除：《漢書・諸侯王表》，自城陽景王章傳國十世至雲。

三年（西元前一八年）

㈠夏，四月，赦天下。

㈡大旱。

㈢王氏五侯㊀爭以奢侈相尚。成都侯商嘗病，欲避暑，從上借明光宮㊁；後又穿長安城，引內灃水㊂，注第中大陂㊃以行船，立羽蓋㊄，張周帷㊅，楫棹越歌㊆。上幸商第，見穿城引水，意恨，內衒(八)之，未言。後微行出過曲陽侯第，又見園中土山漸臺，象白虎殿(九)，於是上怒，以讓車騎將軍音(一〇)。商、根兄弟欲自黥、劓以謝太后，上聞之，大怒，乃使尚書責問司隸校尉、京兆尹(一一)，知成都侯商等奢僭不軌，藏匿姦猾(一二)，皆阿縱(一三)不舉奏正灋，二人頓首省戶下(一四)。又賜車騎將軍音策書曰：「外家(一五)何甘樂禍敗(一六)，而欲自黥劓，相戮辱於太后前，傷慈母之心，以危亂國家？外家宗族彊，上一身，浸弱日久(一七)，今將一施之(一八)，君其召諸侯(一九)，令待府舍(二〇)。」是日，詔尚書奏文帝誅將軍薄昭故事(二一)。車騎將軍音藉槀(二二)請罪，商、立、根皆負斧質(二三)謝，良久，乃已。上特欲恐之，實無意誅也。

(四)秋，八月，乙卯（十五日），孝景廟北闕災。

(五)初，許皇后與班倢伃(二四)皆有寵於上，上嘗遊後庭，欲與倢伃同輦載，倢伃辭曰：「觀古圖畫，賢聖之君，皆名臣在側，三代末主，乃有嬖妾(二五)。今欲同輦，得無近似之乎？」上善其言而止。太后聞之，喜曰：「古有樊姬(二六)，今有班倢伃。」班倢伃進侍者李平，得幸，亦為倢伃，賜姓曰衛。其後，上微行過陽阿主(二七)家，

【考異】五行志作河陽主伶玄趙傳后外傳及荀紀亦作河陽，外戚傳顏師古注曰：「陽阿，平原之縣也。今俗書阿字作河，或為河陽，皆後人所妄改耳。」今從之。悅歌舞者趙飛燕㉘，召入宮，大幸；有女弟，復召入，姿性尤醲粹㉙，左右見之，皆嘖嘖㉚嗟賞。有宣帝時披香博士淖方成㉛在帝後，唾㉜曰：「此禍水也，滅火必矣。」姊弟俱為倢伃，貴傾後宮，許皇后、班倢伃皆失寵。於是趙飛燕譖告許皇后、班倢伃挾媚道㉝，祝詛後宮，詈及主上。冬，十一月，甲寅（十六日），許后廢處昭臺宮㉞，后姊謁皆誅死㉟，親屬歸故郡㊱。考問班倢伃，倢伃對曰：「妾聞死生有命，富貴在天㊲。修正尚未蒙福，為邪欲以何望？使鬼神有知，不受不臣之愬㊳；如其無知，愬之何益？故不為也。」上善其對，赦之。賜黃金百斤。趙氏姊弟驕妬，倢伃恐久見危，乃求共養太后於長信宮㊴，上許焉。

㈥廣漢男子鄭躬等六十餘人攻官寺，篡囚徒㊵。盜庫兵，自稱山君。

【今註】㈠五侯：參陽朔三年註㈦。㈡明光宮：沈欽韓曰：「黃圖，明光宮武帝太初四年秋起，在長樂宮後。南與長樂宮相連屬，西都賦：『北彌明光而亘樂。』西京賦：『屬長樂與明光，徑北通乎桂宮。』此當是商所借。甘泉宮亦有明光宮。」㊂引內灃水：《漢書・地理志》，灃水出鄠縣東南，北流過上林苑，入渭。內讀曰納，言決灃水引入長安城中，注第中大陂。㊃陂：陂池。段玉裁云：「陂得訓池者，陂言其外之障，池言其中所蓄之水，故曰：『叔度汪汪若千頃陂。』即謂千頃池也。」㊄羽蓋：《文選》綜注：「羽蓋，以翠羽覆車蓋也。」㊅周帷：障圍四周之帷帳。《釋名》云：「帷，圍也，所以自障圍也。」《周禮・天官・幕人注》：「在旁曰帷，在上曰幕。」㊆楫棹越歌：《漢書・元后》傳作「輯濯越歌」。顏師古曰：「輯與楫同，濯與櫂同，皆所以行船也。令執楫櫂之人為越歌也，楫為櫂之短者也，今吳越之人呼為橈，音饒。越歌，為越之歌，」櫂與棹同。㊇內銜：內心銜恨。㊈園中土山漸臺，象白虎殿：言園中起土山，漸臺，其規制象白虎殿。黃圖云，白虎殿在未央宮。㊉於是上怒，以讓車騎將軍音：詰責曰讓。帝以音秉國柄，為諸舅總領，故以讓音。⑪乃使尚書責問司隸校尉、京兆尹：胡三省曰：「司隸校尉察三輔，京兆尹治京邑，而阿縱不舉奏，故責之。」⑫成都侯商等奢僭不軌，藏匿姦猾：《漢書・元后傳》：「成都侯商擅穿帝城，引決灃水；曲陽侯根驕奢僭上，赤墀青瑣；紅陽侯立父子臧匿姦猾、亡命賓客為羣盜。」臧與藏同。青瑣，天子門制，顏師古曰：「青瑣者，刻為連瑣文而以青塗之也。」塗地曰墀，赤墀謂以丹塗殿陛，亦曰丹墀，《御覽》百三十五引《漢官儀》云：「天子朱泥殿上曰丹墀。」⑬阿縱：徇私曰阿，放任曰縱。⑭二人頓首省戶下：王先謙曰：「案上責問者商、立、根三人，下又云商、立、根皆負斧質謝，不當止有二人，明二當為三之誤。」愚謂二人謂司隸校尉及京兆尹，不必謂商、根等，若謂商、根等則文意不接。省戶即宮門，顏師古曰：「省，察也，言入此中，皆當視察，不可忘也。」
⑮外家：謂諸舅。⑯何甘樂禍敗：胡三省曰「言商等奢僭，必將得罪，何乃甘心為之以為樂也。」
⑰上一身，寖弱日久：顏師古曰：「寖，漸也。」寖弱猶言積弱。帝自言孤立日久，政在王氏。⑱一施之：一施刑罰。⑲諸侯：謂商、根等。⑳令待府舍：顏師古曰：「令總集音之府舍待詔命。」
㉑文帝誅薄昭故事：見卷十四文帝前十年。㉒藉槀：以槀薦地而坐其上。顏師古曰：「言待刑戮也。」㉓負斧質：自請誅戮之意。㉔倢伃：音接（ㄐㄧㄝ）于（ㄩˊ）。女官稱，亦作婕妤，武帝置，位視上卿，爵比列侯，見《漢書・外戚傳》。顏師古曰：「倢，言接幸於上也；伃，美稱也。」
㉕嬖妾：寵幸之妾。㉖樊姬：張晏曰：「楚王好田，樊姬為不食禽獸之肉。」言其有賢德，以絕食諫王。胡三省曰：「樊姬事楚莊王。」㉗陽阿主：食湯沐邑上黨之陽阿。顏師古曰：「陽阿，平原之縣也。」王先謙曰：「據地理志，陽阿，上黨縣，平原郡有阿陽，無陽阿，此師古偶然誤記，後人輒改平原之阿陽為陽阿以就顏說，謬矣！」故城在今山西省晉城縣西北。㉘趙飛燕：顏師古曰：「以其體輕，故曰飛燕。」㉙醲粹：酒醇厚曰醲，米精白曰粹，喻其純美無瑕。㉚嘖嘖：歎賞聲。㉛披香博士淖方成：胡三省曰：「披香博士，後宮女職也。淖，姓也。」淖音鬧（ㄋㄠˋ）。㉜唾：以口液吐地，賤視之意。㉝媚道：婦人媚惑男子之術。胡三省曰：「婦人挾媚道者，蠱詛他人，求己親媚。」㉞昭臺宮：顏師古曰：「宮在上林苑中。」㉟后姊謁皆誅死：《漢書・外戚傳》云：「后姊平安剛侯夫人謁等為媚道，祝詛後宮有身者王美人及鳳等，事發覺，太后大怒，下吏考問，謁等誅

死。」此脫等字。平安剛侯，謂平安侯舜子章。董教增曰：「表未見此侯，惟邛成家有安平侯王舜子章，謚剛侯，然非安平也。」錢大昕曰：「予謂地理志千乘郡有平安侯國，當是王舜所封，若豫章郡之安平侯國，則長沙孝王子所封，涿郡之安平，又非侯國也。」王先謙曰：「錢說是也，事在鴻嘉三年，剛侯章薨，釐侯淵嗣已四年，時事脗合。則安平當從此傳作平安無疑。然不以謁罪誅連王氏，淵嗣侯如故，蓋當時寬典也。」㊱故郡：山陽郡，許氏本山陽人。㊲死生有命，富貴在天：此《論語・顏淵》載子夏答司馬牛之言。㊳不臣之愬：顏師古曰：「祝詛主上，是不臣也。」不臣，謂不守臣命。愬同訴。㊴長信宮：宮名，太后所居。㊵鄭躬等六十餘人攻官寺，篡囚徒：顏師古曰：「逆取曰篡。」周壽昌曰：「五行志：『廣漢鉗子謀攻牢，篡罪囚鄭躬等。』是躬固囚徒，為鉗徒所篡取為亂，非躬之篡囚徒也。」

四年（西元前一七年）

㈠秋，勃海、清河、信都河水湓溢㈠，灌縣邑三十一，敗官亭民舍四萬餘所。平陵李尋奏言：「議者常欲求索九河㈡故迹而穿之，今因其自決，可且勿塞，以觀水埶。河欲居之，當稍自成川，跳㈢出沙土，然後順天心而圖之，必有成功，而用財力寡。」於是遂止不塞。朝臣數言百姓可哀，上遣使者處業㈣振贍之。

㈡廣漢鄭躬黨與寖廣㈤，犯歷四縣，眾且萬人，州郡不能制。冬，以河東都尉趙護為廣漢太守，發郡中及蜀郡合三萬人擊之，或相捕斬，除罪㈥，旬月平。遷護為執金吾，賜黃金百斤。

㈢是歲，平阿安侯王譚薨。上悔廢譚，使不輔政而薨也，乃復進成都侯商，以特進領城門兵，置幕府，得舉吏如將軍㈦。

魏郡杜鄴時為郎，素善車騎將軍音，見音前與平阿侯有隙㈧，即說音曰：「夫戚而不見殊㈨，孰能無怨？昔秦伯有千乘之國，而不能容其母弟，春秋譏焉㈩！周召則不然⑾，忠以相輔，義以相匡⑿，同己之親，等己之尊⒀，不以聖德獨兼國寵，又不為長專受榮任，分職於陝，幷為弼疑⒁。故內無感⒂恨之隙，外無侵侮之羞⒃，俱享天祐，兩荷高名者，蓋以此也。竊見成都侯以特進領城門兵，復有詔得舉吏如五府⒄，此明詔所欲必寵也。將軍宜承順聖意，加異往時⒅，每事凡議，必與及之。發於至誠，則孰不說諭⒆？」音甚嘉其言，由是與成都侯商親密，二人皆重鄴。

【今註】 ㊀溢溢：水湧曰溢，滿而外流曰溢。㊁九河：徒駭一，太史二，馬頰三，覆釜四，胡蘇五，簡六，絜七，鉤盤八，鬲津九，見《爾雅》。按九河故道，或湮廢，或遷徙，已難考索；然自大陸澤東北行，順勢下趨，則禹時九河故道，當在今山東省德縣以北至河北省天津、河間之間一帶之地。㊂跳：濬之使出。㊃處業：顏師古曰：「處業謂安處之使得居業。」㊄寖廣：寖，古浸字，即漸廣。㊅或相捕斬，除罪：顏師古曰：「賊黨相捕斬而來者，赦其本罪。」㊆置幕府，得舉吏如將軍：漢制列將軍置幕府，得舉吏。㊇見音前與平阿侯有隙：謂譚不受城門職事。㊈戚而不見殊：顏師古曰：「戚，近也；殊，謂異於疏也。」言音、譚親為骨肉而不相親附。㊉昔秦伯有千乘之國而不能容其母弟，春秋譏焉：顏師古曰：「秦景公母弟公子鍼有寵於共父桓公，景公立，鍼懼而奔晉，事在昭元年。故經書『秦伯之弟鍼出奔晉。』傳曰：『稱弟，罪秦伯也。』」古者諸侯之國，出車千乘，故曰千乘之國。㊁周、召則不然：顏師古曰：「言周公、召公無私怨也。」胡三省曰：「不然者，不為秦伯之為也。」召讀曰邵，召公，文王之庶子，故鄰以為喻。㊂忠以相輔，義以相匡：猶曰以忠相輔，以義相匡。匡、輔義同。㊂同己之親，等己之尊：言周公視召公與己同親，與己等尊。㊃分職於陝，並為弼疑：顏師古曰：「分職於陝，謂自陝以東，周公主之；自陝以西，召公主之。弼疑，謂左輔右弼、前疑後丞也。」㊄感：同憾：恨也。㊅侵侮之羞：言互相侵侮，為世人所羞。㊆五府：胡三省曰：「丞相、御史及車騎、左、右將軍府也。」㊇加異往時：言加禮於成都侯商，異於往時。㊈發於至誠，則孰不說諭：顏師古曰：「言皆出於至誠，彼必和說，無憂乖異也。」

說諭讀曰悅愉。

永始元年（西元前一六年）

㈠春，正月，癸丑（二十二日），太官凌室①火。戊午（二十七日），戾后園南闕火。【考異】五行志及荀紀，二火皆作災，今從漢書。

㈡上欲立趙倢伃為皇后，皇太后嫌其所出微，甚難之。太后姊子淳于長為侍中，數往來通語東宮，歲餘，乃得太后指②，許之。夏，四月，乙亥（十五日），上先封倢伃父臨為成陽侯③。諫大夫河間劉輔④上書言：「昔武王、周公承順天地，以饗魚烏之瑞⑤，然猶君臣祇懼，動色⑥相戒，況於季世，不蒙繼嗣之福，屢受威怒⑦之異者乎？雖夙夜自責，改過易行，畏天命，念祖業，妙選⑧有德之世⑨，考⑩卜窈窕⑪之女，以承宗廟，順神祇心，塞天下望⑫，子孫之祥，猶恐晚暮；今乃觸情縱欲，傾⑬於卑賤之女，欲以母天下，不畏于天，不愧于人，惑莫大焉！里語曰：『腐木不可以為柱，人婢不可以為主。』【考異】劉輔云：「腐木不可以為柱，卑人不可以為主」。荀紀柱作珪，卑人作人婢。今柱從漢書，人婢從荀紀。

天人之所不予，必有禍而無福，市道㉔皆共知之，朝廷㉕莫肯壹言，臣竊傷心，不敢不盡死。」書奏，上使侍御史收縛輔，繫掖庭祕獄㉖，羣臣莫知其故。於是左將軍辛慶忌、右將軍廉褒、光祿勳琅邪師丹、太中大夫谷永㉗俱上書曰：「竊見劉輔前以縣令求見，擢為諫大夫㉘，此其言必有卓詭㉙切至，當聖心者，故得拔至於此。旬月之閒，收下祕獄。臣等愚以為輔幸得託公族㉚之親，在諫臣之列，新從下土㉛來，未知朝廷體，獨觸忌諱，不足深過㉜。小罪宜隱忍而已，如有大惡，宜暴治理官，與眾共之㉝。今天心未豫㉞，災異屢降，水旱迭臻㉟，方當隆寬廣問㊱，褒直盡下㊲之時也，而行慘急之誅於諫爭之臣，震驚羣下，失忠直心。假令輔不坐直言，所坐不著㊳，天下不可戶曉㊴。同姓近臣，本以言顯，其於治親養忠之義，誠不宜幽囚於掖庭獄。公卿以下，見陛下進用輔亟㊵，而折傷之暴，人有懼心㊶，精銳銷耎㊷，莫敢盡節正言，非所以昭有虞之聽㊸，廣德美之風，臣等竊深傷之，惟陛下留神省察。」上乃徙輔繫共工獄㊹，減死罪一等，論為鬼薪㊺。

㈢初，太后兄弟八人，獨弟曼早死，不侯㊱，太后憐之。曼寡婦渠，供養東宮；子莽，幼孤，不及等比㊲。其羣兄弟皆將軍五侯子，乘時㊳侈靡，以輿馬聲色佚游㊴相高。莽因折節為恭儉，勤身博學，被服㊵如儒生，事母及寡嫂，養孤兄子㊶，行甚敕備。又外交英俊，內事諸父，曲㊷有禮意。大將軍鳳病，莽侍疾，親嘗藥㊸，亂首垢面，不解衣帶。連月，鳳且死，以託太后及帝，拜為黃門郎㊹，遷射聲校尉。久之，叔父成都侯商上書，願分戶邑以封莽。長樂少府戴崇、侍中金涉、中郎陳湯等，皆當世名士，咸為莽言，上由是賢莽。太后又數以為言。五月，乙未（初六日），封莽為新都侯㊺，遷騎都尉，光祿大夫，侍中，宿衛謹敕。爵位益尊，節操愈謙。散輿馬、衣裘，振施㊻賓客，家無所餘。收贍名士，交結將、相、卿、大夫甚眾，故在位者更推薦之，游者為之談說，虛譽隆洽㊼，傾㊽其諸父矣！敢為激發㊾之行，處之不慙恧㊿。嘗私買侍婢，昆弟或頗聞知，莽因曰：「後將軍朱子元(51)無子，莽聞此兒(52)種宜子。」即日以婢奉朱博，其匿情求名如此。

㈣六月，丙寅（初七日），立皇后趙氏。大赦天下。皇后既立，寵少衰，而其女弟絕幸，為昭儀(53)，居昭陽舍。其中庭彤朱而殿上髹漆(54)，切皆銅沓，黃金塗(55)，白玉階階(56)，壁帶往往為黃金釭(57)，函藍田璧(58)，明珠、翠羽飾之，自後宮未嘗有焉。

趙后居別館，多通侍郎、宮奴多子者(59)。昭儀嘗謂帝曰：「妾姊性剛，有如為人構陷(60)，則趙氏無種矣。」因泣下悽惻，帝信之，有白后姦狀者，帝輒殺之，由是后公為淫恣，無敢言者，然卒無子。

光祿大夫劉向以為王教由內及外，自近者始(61)，於是採取詩書所載賢妃、貞婦興國顯家及孽嬖(62)亂亡者，序次為列女傳，凡八篇；及采傳記行事，著新序說苑，凡五十篇(63)，奏之。數上疏言得失，陳灋戒，書數十上，以助觀覽，補遺闕。上雖不能盡用，然內嘉其言，常嗟嘆之。

㈤昌陵制度奢泰，久而不成(64)。劉向上疏曰：「臣聞王者必通三統(65)，明天命所授者博，非獨一姓也。自古及今，未有不亡之國，孝文皇帝嘗美石槨之固，張釋之曰：『使其中有可欲，雖錮南山猶有隙。』夫死者無終極而國家有廢興，故釋之之言，為無窮計也(六六)。孝文寤焉，遂薄葬。棺槨之作，自黃帝始(六七)。黃帝、堯、舜、禹、湯、文、武、周公丘壠皆小(六八)，葬具甚微，其賢臣孝子，亦承命順意而薄葬之，此誠奉安君父，忠孝之至也。孔子葬母於防，墳四尺(六九)；延陵季子葬其子，封墳掩坎，其高可隱(七〇)。故仲尼孝子，而延陵慈父，舜、禹忠臣，周公弟弟(七一)，其葬君親、骨肉，皆微薄矣。非苟為儉，誠便於體也。秦始皇葬於驪山之阿，下錮三泉，上崇山墳，水銀為江海，黃金為鳧鴈，珍寶之臧，機械之變，棺槨之麗，宮館之盛，不可勝原(七二)。天下苦其役而反之，驪山之作未成，而周章百萬之師，至其下矣(七三)。項籍燔其宮室營宇(七四)，牧兒持火，照求亡羊，失火燒其臧槨。自古及今，葬未有盛如始皇者也。數年之閒，外被項籍之災，內離(七五)牧豎之禍，豈不哀哉！是故德彌厚者葬彌薄，知(七六)愈深者葬愈微，無德寡知，其葬愈厚。丘壠彌高，宮闕甚麗，發掘必速。由是觀之，明暗之効，葬之吉凶，昭然可見矣。陛下即位，躬親節儉，始營初陵，其制約小(七七)，天下莫不稱賢明；及徙昌陵，增庳(七八)為高，積土為山，發民墳墓，積以萬數，營起邑居，期日迫卒(七九)，功費大萬百餘(八〇)。死者恨於下，生者愁於上，臣甚憯(八一)焉！以死者為有知，發人之墓，其害多矣；若其無知，又安用大？謀之賢知則不說，以示眾庶則苦之；若苟以說愚夫淫侈之人，又何為哉？唯陛下上覽明聖之制以為則，下觀亡秦之禍以為戒，初陵之模，宜從公卿大臣之議，以息眾庶。」上感其言。

初，解萬年自詭(八二)昌陵三年可成，卒不能就。羣臣言其不便者，下有司議，皆曰：「昌陵因卑為高，度便房(八三)猶在平地上，客土(八四)之中，不保幽冥之靈，淺外不固，卒徒工庸，以鉅萬數，至然脂夜作，取土東山(八五)，且與穀同賈，作治數年，天下徧被其勞。故陵因天性(八六)，據真土，處勢高敞，旁近祖考(八七)，前又已有十年功緒(八八)，宜還復故陵，勿徙民便。」秋，七月，詔曰：「朕執德不固，謀不盡下(八九)，過聽(九〇)將作大匠萬年(九一)言昌陵三年可成，作治五年，中陵司馬殿門內(九二)，尚未加功，天下虛耗，百姓罷勞，客土疏惡，終不可成。朕惟(九三)其難，怛然(九四)傷心。夫過而不改，是謂過矣(九五)！其罷昌陵，及故陵(九六)，勿徙吏民(九七)；令天下毋有動搖之心。」

(六)初，酇侯蕭何之子嗣為侯者，無子及有罪，凡五絕祀，高后、文帝、景帝、武帝、宣帝思何之功，輒以其支庶紹封(九八)。是歲，何七世孫酇侯獲(九九)坐使奴殺人，減死，完為城旦。

先是上詔有司訪求漢初功臣之後，久未省錄。杜業說上曰：「唐、虞、三代，皆封建諸侯，以成太平之美，是以燕、齊之祀，與周并傳(一〇〇)！子繼弟及(一〇一)，歷載(一〇二)不墮。豈無刑辟？繇祖之竭力，故支庶賴焉(一〇三)！迹(一〇四)漢功臣，亦皆剖符世爵(一〇五)，受山河之誓(一〇六)，百餘年間，而襲封者盡。朽骨孤於墓，苗裔(一〇七)流於道，生為愍隸(一〇八)，死為轉屍(一〇九)，以往況(一一〇)今，甚可悲傷。聖朝憐閔，詔求其後，四方忻忻(一一一)，靡不歸心。出入數年，而不省察，恐議者不思大義，徒設虛言，則厚德(一一二)掩息，吝簡布章(一一三)，非所以示化勸後也。雖難盡繼，宜從尤功(一一四)。」上納其言。癸卯（十五日），封蕭何六世孫南䜌長(一一五)喜為酇侯。**【考異】**成紀：「元延元年，封蕭相國後喜為酇侯。」荀、胡皆用之。按功臣表：「永始元年，酇侯喜紹封。三年，薨，永始四年，質侯尊嗣。五年，薨，質侯章嗣。蓋本紀誤以永始為元延故也。

(七)立城陽哀王弟俚㊅為王。【考異】漢紀俚作悝，今從漢書。

(八)八月，丁丑（十九日），太皇太后王氏㊆崩。

(九)九月，黑龍見東萊。

(十)丁巳（三十日），晦，日有食之。【考異】荀紀作乙巳，按長歷丁巳晦，荀悅誤。

(十一)是歲，以南陽太守陳咸為少府，侍中淳於長為水衡都尉。

【今註】㊀凌室：顏師古曰：「凌室，藏冰之室。」㊁指：通恉，亦作旨，意趣曰旨。㊂成陽侯，《漢書・恩澤侯表》，成陽侯食邑汝南郡新息縣，又《地理志》，汝南郡有成陽侯國，蓋分新息置成陽縣，故城今河南省信陽縣東北。㊃劉輔：《漢書・劉輔傳》：「劉輔，河間宗室也。」㊄魚烏之瑞：武王伐紂，白魚入于王舟，有火復于王屋，流為烏。事見今文《尚書》。㊅動色，容色變動。㊆威怒：胡三省曰：「威怒謂皇天降威震怒也。」謂地震、日蝕、水旱之異。㊇妙選：精選。㊈世：後嗣。㊉考：鄭玄曰：「考猶稽也。」⑪窈窕：詩傳：「窈窕，幽閒也。」《方言》：「美心為窈，美色為窕。」心謂婦德，色謂婦容。⑫塞天下望：顏師古曰：「塞，滿也。」滿足天下之望。⑬傾：傾心。⑭市道：顏師古曰：「市人及行於道路者也。」⑮朝廷：謂朝中大臣。⑯掖庭祕獄：顏師古曰：「漢書舊儀，掖庭詔獄令，丞，宦者為之，主理婦人女官也。」周壽昌曰：「谷永傳云：『又以掖庭獄大為亂阱，榜箠憯於炮烙，滅絕人命，主為趙、李報德復怨。』令輔正以論趙氏繫此獄。」⑰左將軍辛慶忌、右將軍廉褒、光祿勳琅邪師丹、太中大夫谷永：此四人皆中朝官。漢制，大司馬、大將軍、前、後、左、右將軍、侍中、常侍、散騎諸吏為中朝，丞相以下至百官為外朝。⑱竊見劉輔前以縣令求見，擢為諫大夫：《漢書．劉輔傳》，輔以襄賁令上書言得失，召見，擢為諫大夫。⑲卓詭：顏師古曰：「卓，高遠也；詭，異於眾也。」⑳公族：謂宗室。㉑下土：自朝廷言之，外縣為下土。㉒過：罪責。㉓宜暴治理官，與眾共之：顏師古曰：「令眾人知其罪狀而罰之。」胡三省曰：「暴，顯示也；理官，謂廷尉也。顯示其罪，使理官治之。」㉔豫：張晏曰：「豫，悅豫也。」㉕迭臻：臻通轃，至也，見《說文》。迭臻，迭互而至。㉖隆寬廣問：隆寬恕之典，廣下問之路。㉗褒直盡下：褒獎忠直，令羣下盡言。㉘著：顯明。㉙戶曉：家家曉諭。㉚亟：同急。㉛人有懼心：人人皆有戒懼之心。㉜精銳銷耎：耎，輭弱。言精銳之氣，消失而撓弱。耎與輭同，音阮（ㄖㄨㄢˇ）。㉝有虞之聽：顏師古曰：「舜有敢諫之鼓，故曰有虞之聽也。」一曰謂達四聽也。」《書．舜典》：「明四目，達四聰，」孔穎達曰：「達四方之聰，使為己遠聽四方也。」㉞共工獄：蘇林曰：「考工也。」顏師古曰：「少府之屬官也，亦有詔獄。」周壽昌曰：「百官表少府屬有考工室。王莽始改少府曰共工，輔獄在成帝時，此共工應仍曰考工為是。」㉟鬼薪：男子刑名。應劭曰：「取薪給宗廟為鬼薪。三歲刑也。」㊱太后兄弟八人，獨弟曼早死不侯：元后兄弟八人，鳳、崇與元后同母。鳳嗣父爵陽平侯，崇封安成侯；庶弟譚、商、立、根、逢時五人同日封，謂之五侯，獨曼早卒不侯。㊲不及等比：言富貴不及其羣從兄弟。㊳乘時：因富貴之時。㊴佚游：遊逸無度。佚與逸同。㊵被服，喻身所穿著，如被服之覆體。㊶養孤兄子：胡三省曰：「莽兄永早死，有子光。」㊷曲：委曲遷就之意。㊸親嘗藥：《禮‧曲禮》：「君有疾飲藥，臣先嘗之；親有疾飲藥，子先嘗之。」言莽侍鳳克盡卑幼之禮。㊹黃門郎：漢舊儀曰：「黃門郎屬黃門令，日暮入對青瑣門拜，名曰夕郎。」杜佑曰：「凡禁門黃闥，故號黃門。」㊺新都侯：《漢書‧王莽傳》：「國南陽新野之都鄉，千五百戶。」㊻振施：濟卹施與。㊼隆洽：胡三省曰：「隆，盛也；洽，同浹也，周徧也。」㊽傾：陵駕其上。㊾激發：顏師古曰：「激，急動也。」猶言激詭，謂矯激以立異。㊿耎：顏師古曰：「耎，愧也。」《方言》云：「山之東西，自愧曰耎。」(51)朱子元：朱博字子元。(52)此兒，謂所買侍婢。(53)后既立，寵少衰，而其女弟絕幸，為昭儀：《西京雜記》云：「趙后體輕腰弱，善行步進退，女弟昭儀不能及也，但昭儀弱骨豐肌，尤工笑語。二人並色如紅玉，為當時第一，皆擅寵後宮。」(54)髹漆：顏師古曰：「以漆漆物謂之髹。今關東俗，器物一再著漆者謂之捎漆，捎即髹聲之轉重耳。」髹音休（ㄒㄧㄡ）。(55)切皆銅沓，黃金塗：顏師古曰：「切，門限也；沓，冒其頭也；塗，以黃金塗銅上也。」沓音踏（ㄊㄚˋ），沓本重複之意，以銅冒於切上，故曰銅沓。(56)階：謂殿陛。(57)壁帶往往為黃金釭：服虔曰：「釭，壁中之橫帶也。」晉灼曰：「以金環飾之也。」顏師古曰：「壁帶，壁之橫木露出如帶者也。於壁帶之中，往往以金為釭，若車釭之形也。」言往往以黃金環飾於壁帶之邊緣若車釭之形然。(58)函藍田璧：函，含容，言以藍田之璧嵌入壁帶之中以為飾。藍田，山名，在今陝西省藍田縣東南，山出美玉，一名玉山。(五九)趙后居別館，多通侍郎、宮奴多子者：胡三省曰：「侍郎，郎之得出入禁中者；宮奴，有罪沒為官奴，給使宮中者。」《西京雜記》云：「慶安世，年十五，為成帝侍郎，善鼓琴，能為雙鳳離鸞之曲。趙后悅之，白上得出入御內，絕見愛幸。趙后自以無子，常託以祈禱，別開以室，左右侍婢莫得至，以軿車載輕薄少年為女子服入後宮者以十數，與之淫通，無時休息，有瘦怠者，輒差代之，而卒無子。」(六〇)構陷：構設計謀以陷人於罪。(六一)王教由內及外，自近者始：胡三省曰：「詩大序：『關雎，后妃之德也，風之始也；所以風天下而正夫婦也。』故曰『正始之道，王化之基。』」言家正則國正。(六二)孽嬖：旁出曰孽，愛幸曰嬖。(六三)著新序、說苑凡五十篇：《新序》三十篇，《說苑》二十篇。沈欽韓曰：「案說苑本有劉向奏上言所校中書說苑雜事及臣向書民間書，校讎其事類眾多，章句相溷，除去重復，更造新事，則此二書，舊本有之，向重為訂正，非刱自其手也。」(六四)昌陵制度奢泰，久而不成：奢泰，謂奢侈過甚。昌陵當作延陵。《漢書．劉向傳》：「營起昌陵，數年不成，復還歸延陵，制度泰奢。」王先謙曰：「成帝以渭城延陵亭部為初陵，在建始二年；以新豐戲鄉為昌陵縣，在鴻嘉元年；罷昌陵，反故陵，在永始元年。反故陵即劉向傳所云『復還歸延陵也。』反故陵後，制度仍奢，故向上此疏，末云：『初陵之橅，宜從公卿大臣議。』明向此疏諫延陵制度之奢，非諫昌陵也。谷永傳云：『五年不成而後反故，又廣旴營表，發人冢墓，斷截骸骨，暴揚尸柩，百姓財竭力盡，愁恨感天。』又云：『且寢初陵之作，止諸營繕宮室。』與向此時進諫事可互證。漢紀、通鑑並載此疏於永始元年罷昌陵之前，以為向諫昌陵，誤矣！」（六五）三統：三代之正朔，謂之三統，亦曰三正，詳參卷九漢元年註（一）。按古代繼統則改正朔，故下云：「明天所授者博，非獨一姓也。」（六六）故釋之之言為無窮計也：為無窮計猶曰為久遠之計。釋之對見卷十四文帝前三年。（六七）棺槨之作，自黃帝始：《易》曰：「古之葬者，厚衣之以薪，臧之中野，不封不樹：」顏師古曰：「厚衣之以薪，言積薪以覆之也；不封，不聚土為墳也；不樹，謂不種樹也。」此言黃帝始作棺槨墳冢之制以代薪葬。（六八）丘壟皆小：晉灼曰：「丘壟，墳冢也。」葉德輝曰：「史記五帝紀集解引劉向曰：『堯葬濟陰，丘壟山涉。』此言『丘壟皆小』誤也。」（六九）孔子葬母於防，墳四尺：顏師古曰：「防，魯邑名也。墳者，謂積土也。春秋緯：『天子墳高三仞，樹以松；諸侯半之，樹以柏；大夫八尺，樹以藥草；士四尺，樹以槐；庶人無墳，樹以楊柳。』」鄭玄曰：「孔子蓋用士禮。」杜預曰：「昌邑縣西有防城。」（七〇）封墳掩坎，其高可隱：壙穴曰坎。孟康曰：「隱蔽之，才可見而已。」臣瓚曰：「謂人立可隱肘也。」王文彬曰：「禮記鄭注：『隱，據也。』封可手據，謂高四尺所。」（七一）弟弟：上弟字為形容辭，言能克盡為弟之道；下弟字為名辭。《漢書．劉向傳》向疏云：「周公，武王弟也，葬兄甚微。」（七二）秦始皇葬於驪山之阿至棺槨之麗，宮館之盛，不可勝原：山曲處曰阿。驪陵事詳卷七秦始皇三十七年。王念孫曰：「原者，量也；度也；言其麗與盛不可勝量也。廣雅：『量，源度也。』源與原古字通。宋玉神女賦：『志未可乎得原。』韓子主道篇：『掩其跡，匿其端，下不能原。』列女傳頌義小序云：『原度天道，禍福所移。』皆其證也。王莽傳：『功無原者賞不限。』原亦量也；有無量之功，故有不限之賞。淮南本經篇：『贏縮卷舒，淪於不測；終始虛滿，轉於無原。』無原亦謂無量也。」(七三)驪山之作未成，而周章百萬之師至其下矣：周章即周文，陳勝將。《史記．陳勝傳》，周文西擊秦，行收兵至關，車千乘，卒數十萬。此言百萬，蓋其虛數。事見卷七秦二世二年。(七四)項藉燔其宮室營宇：事見卷九高帝元年。(七五)離：司馬遷曰：「離猶遭也。」(七六)知：讀曰智。(七七)始營初陵，其制約小：約謂簡約。始營陵事見上卷建始二年。(七八)庫：卑下。(七九)卒：讀曰猝。(八〇)大萬百餘：應劭曰：「大萬，億也；大，巨也。」猶言億萬，泛言其多。(八一)惛：顏師古曰：「惛，古閔字，憂病也。」荀紀作愍，愍、閔、惛字通。(八二)詭：顏師古曰：「詭，責也；自以為憂責也。」(八三)便房：《漢書音義》曰：「便房，藏中便坐也。」藏謂壙藏。(八四)客土：服虔曰：「取它處土以增高為客土。」(八五)取土東山，且與穀同賈：土不易求，故與穀同價。賈讀曰價。(八六)因天性：王文彬曰：「性，生也。」言其處勢本自高敞，因山起墳，易於為功，不必多耗人力。(八七)旁近祖考：初陵旁渭陵，又西近茂陵。(八八)功緒：顏師古曰：「緒謂端次也。」言築陵之功已見端緒。(八九)謀不盡下：不博謀於羣下。(九〇)過聽：誤聽。(九一)萬年：解萬年。(九二)中陵司馬殿門：如淳曰：「陵中有司馬殿門，如生時制也。」臣瓚曰：「天子之藏壙中，無司馬殿門也。此謂陵上寢殿及司馬門也。時皆未作之，故曰尚未加功。」顏師古曰：「中陵，陵中正寢也。司馬殿門，瓚說是也。」(九三)惟：思惟。(九四)怛然：憂傷貌。(九五)夫過而不改，是謂過矣：此《論語》載孔子之言。(九六)其罷昌陵，及故陵：「及」當作「反」。言罷昌陵之制，還作故陵。周壽昌曰：「宋王益之西漢年紀考異云：『汪彥章用南唐本校證作反故陵。』」

（九七）勿徙吏民：言勿於故陵起陵邑，徙吏民。（九八）初，酇侯蕭何之子嗣為侯者無子及有罪，凡五絕祀，高后、文帝、景帝、武帝、宣帝思何之功，輒以其支庶紹封：《漢書・功臣侯表》，蕭何薨，子祿嗣，祿薨，無後，高后乃封何夫人祿母同為酇侯，何少子延為筑陽侯，孝文元年，罷同，更封延為酇侯。延薨，子遺嗣，遺薨，無子。文帝復封遺弟則為武陽侯，有罪，免，景帝二年，復以則弟嘉紹封，嘉薨，子勝嗣，有罪，免。武帝元狩三年，復封何曾孫慶為酇侯，食二千四百戶。慶薨，子壽成嗣，坐罪免。宣帝地節四年，復以何玄孫建世為酇侯。凡五紹封。（九九）何七世孫酇侯獲：獲，安侯建世之孫，思侯輔之子。（一〇〇）燕、齊之祀，與國並傳：齊，姜姓，太公之後，周安王二十三年，為田氏所篡。燕，召公之後，後周而滅。（一〇一）弟及：顏師古曰：「弟繼兄位謂之及。」（一〇二）載：夏曰歲，商曰祀，周曰年，唐、虞曰載，見《爾雅・釋天》。孫炎曰：「載，始也，取物終更始。」《書・堯典》：「朕在位七十載。」七十載即七十年。（一〇三）豈無刑辟？繇祖之竭力，故支庶賴焉：繇與由同。顏師古曰：「言國家非無刑辟，而功臣子孫得不陷罪辜而能長存者，思其先人之力，令有嗣續也。」王念孫曰：「『刑辟』當為『邪辟』字之誤也。辟與僻同，言燕、齊後世，豈無邪僻之君？皆賴其先祖之功以免於禍也。成八年左傳：『三代之令王皆數百年，保天之祿，夫豈無辟王？賴前哲以免也。』杜注：『言三代亦有邪辟之君，但賴其先人以免禍耳！』杜鄭之說即本於左傳，若謂國家豈無刑辟，則非其指矣！漢紀正作『豈無邪辟』。」（一〇四）迹：謂尋求其事蹟。（一〇五）世爵：世襲其封爵。（一〇六）受山河之誓：《漢書・功臣侯表》高帝封爵之誓曰：「使河如帶，泰山若厲，國以永存，爰及苗裔。」（一〇七）苗裔：末代子孫。朱熹曰：「苗者，草之莖葉，根所生也；裔者，衣裾之末，衣之餘也，故以為遠末子孫之稱。」⑱愍隸：顏師古曰：「愍隸者，言為徒隸，可哀愍也。」⑲轉屍：應劭曰：「死不能葬，故屍流轉在溝壑之中。」沈欽韓曰：「文子上仁篇：『生無乏用，死無轉尸。』古傳、轉通用，淮南主術篇作『轉尸』，注：『轉，棄也。』」⑳况：比喻。㉑忻忻：心悅貌。段玉裁曰：「忻謂心之開發，與欠部欣謂笑喜也異義。」忻音欣（ㄒㄧㄣ）。㉒厚德：王先謙曰：「厚德疑德厚誤倒。德厚、吝簡對文。」㉓吝簡布章：胡三省曰：「吝，靳也；簡，略也。言既詔求其後，復靳而不封，略而不問，若如此，必布聞於天下也。」章謂彰顯，章古彰字，布章，謂布聞彰顯於天下。㉔宜從尤功：胡三省曰：「言漢之功臣絕世者多，雖難盡繼，宜取功尤重者後紹其國封也。」㉕南䜌長：南䜌縣，屬鉅鹿郡，故城在今河北省鉅鹿縣北。《漢書．百官表》：縣令長，皆秦官，掌治其縣，萬戶以上為令，秩千石至六百石；不足萬戶為長，秩五百石至三百石。㉖立城陽哀王弟俚：鴻嘉二年，哀王雲薨，無後，故以弟俚紹封。㉗太皇太后王氏：宣帝王皇后。

二年（西元前一五年）

㈠春，正月，己丑（初三日），安陽敬侯王音薨。王氏唯音為修整，數諫正，有忠直節。

㈡二月，癸未（二十七日）夜，星隕，如雨繹繹㊀，未至地滅。
㈢乙酉（二十九），晦，日有食之。
㈣三月，丁酉（十二），以成都侯商為大司馬衛將軍，紅陽侯王立位特進，領城門兵。
㈤京兆尹翟方進為御史大夫。
㈥谷永為涼州刺史㊁，奏事京師㊂，訖，當之部，上使尚書問永受所欲言㊃。永對曰：「臣聞王天下有國家者，患在上有危亡之事，而危亡之言不得上聞。如使危亡之言輒上聞，則商、周不易姓而迭興，三正不變改而更用㊄。夏、商之將亡也，行道之人皆知之，晏然㊅自以若天之有日，莫能危㊆，是故惡日廣而不自知，大命傾而不寤。易曰：『危者，有其安者也；亡者，保其存者也㊇。』陛下誠垂寬明之聽，無忌諱之誅，使芻蕘之臣㊈，得盡所聞於前，羣臣之上願，社稷之長福也。元年九月，黑龍見；其晦，日有食之；今年二月己未夜，星隕㊉；乙酉，日有食之。六月之間，大異四發，二二而同月㊁，三代之末，春秋之亂，未嘗有也。臣聞三代所以隕社稷，喪宗廟者，皆由婦人與羣惡，沈湎於酒；秦所以二世十六年而亡(一二)者，養生泰奢，奉終泰厚也。二者陛下兼而有之，臣請略陳其効：建始、河平之際，許、班(一三)之貴，傾動前朝，熏灼(一四)四方，女寵至極，不可上矣(一五)，今之後起(一六)，什倍于前(一七)。廢先帝灋度，聽用其言，官秩不當，縱釋王誅(一八)，驕其親屬，假之威權，從横(一九)亂政，刺舉之吏(二〇)，莫敢奉憲。又以掖庭獄，大為亂阱(二一)。榜箠瘏(二二)於炮烙(二三)，絕滅人命，主為趙、李報德復怨(二四)。反除白罪，建治正吏(二五)，多繫無辜，掠立(二六)迫恐，至為人起責，分利受謝(二七)，生入死出者，不可勝數。是以日食再既(二八)，以昭(二九)其辜。王者必先自絕，然後天絕之。今陛下棄萬乘之至貴，樂家人之賤事(三〇)；厭高美之尊號，好匹夫之卑字(三一)，崇聚僄輕(三二)無義小人，以為私客，數離深宮之固，挺身晨夜與羣小相隨，烏集雜會(三三)，醉飽吏民之家，亂服(三四)共坐，沈湎媟嫚(三五)，溷淆無別，黽勉遁樂(三六)，晝夜在路，典門戶、奉宿衞之臣，執干戈而守空宮，公卿百僚，不知陛下所在，積數年矣。王者以民為基，民以財為本，財竭則下畔，下畔則上亡，是以明王愛養基本，不敢窮極，使民如承大祭㊲。今陛下輕奪民財，不愛民力，聽邪臣之計，去高敞初陵，改作昌陵，役百乾谿，費擬驪山㊳，靡敝天下，五年不成而後反，故百姓愁恨感天，饑饉仍臻㊴，流散冗食㊵，餧㊶死於道，以百萬數。公家無一年之畜，百姓無旬月之儲，上下俱匱，無以相救。詩云：『殷監不遠，在夏后之世㊷。』願陛下追觀夏、商、周、秦所以失之，以鏡考己行㊸，有不合㊹者，臣當伏妄言之誅。漢興九世，百九十餘載，繼體之主七，皆承天順道，遵先祖灋度，或以中興，或以治安。至於陛下，獨違道縱欲，輕身妄行，當盛壯之隆，無繼嗣之福，有危亡之憂，積失君道，不合天意，亦以多矣！為人後嗣，守人功業，如此豈不負哉？方今社稷宗廟，禍福安危之機，在於陛下。陛下誠能昭然遠寤，專心反道㊺，舊愆畢改，新德既章，則赫赫大異，庶幾可銷；天命去就㊻，庶幾可復；社稷宗廟，庶幾可保。唯陛下留神，反覆熟省臣言。」帝性寬，好文辭而溺於宴樂，皆皇太后與諸舅夙夜所常憂，至親難數言，故推永等使因天變而切諫，勸上納用之。永自知有內應，展意（四七）無所依違，每言事，輒見答禮（四八）。」至上此對，上大怒。衛將軍商密擿（四九）永令發去，上使侍御史收永，敕過交道廐者勿追（五〇），御史不及永還，上意亦解，自悔（五一）。

㈦上嘗與張放及趙、李諸侍中共宴飲禁中，皆引滿舉白（五二），談咲（五三）大噱（五四）。時乘輿幄坐，張畫屏風，畫紂醉踞妲己（五五）作長夜之樂。侍中光祿大夫班伯久疾新起，上顧指畫而問伯曰：「紂為無道，至於是乎？」對曰：「書云：『乃用婦人之言（五六）。』何有踞肆於朝（五七）？所謂眾惡歸之，不如是之甚者也（五八）。」上曰：「苟不若此，此圖何戒？」對曰：「沈湎于酒，微子所以告去也（五九）；式號式謼，大雅所以流連也（六〇）。詩書淫亂之戒，其原皆在於酒。」上乃喟然歎曰：「吾久不見班生，今日復聞讜言（六一）。」放等不懌（六二），稍自引起更衣，因罷出。時長信庭林表（六三）適使來，聞見之。後上朝東宮，太后泣曰：「帝間（六四）顏色瘦黑，班侍中本大將軍所舉（六五），宜寵異之（六六），益求其比（六七）以輔聖德，宜遣富平侯（六八）且就國。」上曰：「諾。」上諸舅聞之，以風(六九)丞相、御史求放過失。於是丞相宣、御史大夫方進奏放驕蹇縱恣，奢淫不制，拒閉使者(七〇)，賊傷無辜(七一)，從者支屬幷乘權勢為暴虐，請免放就國。【考異】敍傳云：「王音以風丞相、御史。」按放傳：「丞相宣、御史大夫方進奏放過惡。」音以正月乙巳薨，方進以三月丁酉為御史大夫，然則風丞相、御史者，疑非音也。放傳又云：「上諸舅皆害其寵。」故但云上諸舅。上不得已(七二)，左遷放為北地都尉。其後比年(七三)數有災變，故放久不得還，璽書勞問不絕。敬武公主疾，詔徵放歸第視母疾。數月，主有瘳，後復出放為河東都尉。上雖愛放，然上迫太后，下用大臣，故常涕泣而遣之。

(八)邛成太后(七四)之崩也，喪事倉卒，吏賦斂以趨辦(七五)。上聞之，以過(七六)丞相、御史。冬，十一月，己丑（是月辛亥朔，無己丑），策免丞相宣為庶人，御史大夫方進左遷執金吾。二十餘日，丞相官缺，羣臣多舉方進者；上亦器其能，十一月，壬子（初二日），擢方進為丞相，封高陵(七七)侯。【考異】方進傳：「丞相薛宣免，方進亦左遷執金吾，二十餘日，遂擢為丞相。」而荀紀云：「秋，八月，方進貶為執金吾。」蓋以公卿表云：「三月丁酉，京兆尹方進為御史大夫，八月，貶為執金吾。」故致此誤也。按公卿表所云者，謂方進三月為御史大夫，至十一月而貶，凡居官八月耳。又黑龍見東萊，在去年九月，谷永傳著之甚明，而荀悅亦載之於此年，云：「冬，黑龍見東萊。」蓋因陳(七八)湯獲罪在今年故也。漢春秋雖正黑龍之誤，而方進貶官，猶承荀悅之失。以諸吏散騎光祿勳孔光為御史大夫。

方進以經術進(七九)，其為吏用灋刻深，好任勢立威，有所忌惡，峻文深詆，中傷甚多。有言其挾私詆欺，不專平者，上以方進所舉應科，不以為非也。

光，褒成君霸(八〇)之少子也。領尚書，典樞機十餘年。守灋度，修故事，上有所問，據經灋以心所安而對，不希指苟合(八一)：如或不從，不敢強諫爭(八二)，以是久而安(八三)。時有所言，輒削草藁(八四)，以為章主之過以奸忠直(八五)，人臣大罪也。有所薦舉，唯恐其人之聞知。沐日(八六)歸休，兄弟妻子燕語，終不及朝省政事。或問光溫室(八七)、省中樹皆何木也？光嘿(八八)不應，更答以他語，其不泄如是。

(九)上行幸雍，祠五畤(八九)。

(十)衞將軍王商惡陳湯，奏湯妄言昌陵且復發徙(九〇)，又言黑龍冬出，微行數出之應(九一)。廷尉奏湯非所宜言，大不敬。詔以湯有功(九二)，免為庶人，徙邊。

上以趙后之立也，淳於長有力焉，故德之，乃追顯其前白罷昌陵之功，下公卿議封長。光祿勳平當(九三)以為長雖有善言，不應封爵之科（九四），當坐（九五）左遷鉅鹿太守。上遂下詔以常侍閎（九六）、衛尉長首建至策，賜長、閎爵關內侯；將作大匠萬年佞邪不忠，毒流眾庶，與陳湯俱徙敦煌。

初，少府陳咸、衛尉逢信（九七）官簿（九八）皆在翟方進之右。方進晚進，為京兆尹，與咸厚善。及御史大夫缺，三人皆名卿，俱在選中，而方進得之。會丞相薛宣得罪，與方進相連，上使五二千石雜問丞相、御史（九九）。咸詰責方進，冀得其處，方進心恨。陳湯素以材能得幸於王鳳及王音，咸、信皆與湯善，湯數稱之於鳳、音所，以此得為九卿。及王商黜逐湯，方進因奏咸、信附會湯以求薦舉，苟得（一〇〇）無恥，皆免官。【考異】咸、信免官皆在明年以後，因陳湯事連言之。

（十一）是歲，琅邪太守朱博為左馮翊。博治郡，常令屬縣各用其豪桀以為大吏，文武從宜（一〇一）。縣有劇賊及它非常（一〇二），博輒移書以詭責之，其盡力有效，必加厚賞，懷詐不稱（一〇三），誅罰輒行。以是豪強慴服，事無不集（一〇四）。

【今註】㈠繹繹：顏師古曰：「繹繹，光采貌。」㈡涼州刺史：涼州刺史部隴西、金城、天水、武威、張掖、酒泉、敦煌、安定、北地、武都，凡十郡。㊂奏事京師：胡三省曰：「漢制，諸州刺史常以八月巡行所部，錄囚徒，考殿、最，歲盡，詣京師奏事。」㊃使尚書問永，受所欲言：顏師古曰：「永有所言，令尚書郎受之。」㊄商、周不易姓而迭興，三正不變改而更用：言可傳祚於無窮。㊅晏然：即安然。㊆自以若天之有日，莫能危：胡三省引《尚書・大傳》云：「桀云天之有日，猶吾之有民，日有亡哉？日亡，吾亦亡矣！」胡氏之意，謂永所言蓋出此。顏師古曰：「自謂如日在天，莫能危也。」㊇危者，有其安者也；亡者，保其存者也：顏師古曰：「易下繫之辭也。言安必思危，存不忘亡，乃得保其安存。」㊈芻蕘之臣：刈草曰芻，采薪曰蕘，以喻鄙賤之人。《詩・大雅・板》：「先民有言，詢於芻蕘。」㊉己未夜，星隕：胡三省曰：「己當作癸，此承谷永傳之誤。」癸未夜星隕，見《漢書・五行志》。⑪三二而同月：當作「二而同月」，此衍一「三」字。言同月之中有大異二，蓋謂二月癸未星隕及乙酉日食之事。⑫秦二世十六年而亡：胡三省曰：「秦始皇二十六年初幷天下，三十七年崩，二世三年而亡，其有天下，財十六年。」⑬許、班：謂許皇后及班倢伃。⑭熏灼：熏，煙火上騰。喻氣勢之盛。⑮不可上矣：顏師古曰：「上猶加也。」言無以復加。⑯後起：謂趙后、趙昭儀及倢伃李平。趙、李之寵在許、班之後，故曰後起。⑰什倍于前：言其寵幸十倍於許、班。什與十同。⑱縱釋王誅：顏師古曰：「縱，放也；釋，解也；王誅，謂王法當誅者。」言帝寵幸趙、李，信用其言，雖於法當誅者，亦徇其意而縱釋之。⑲縱橫：恣肆無忌貌。⑳刺舉之吏：謂司隸校尉、丞相司直、繡衣直指之屬。㉑亂阱：劉奉世曰：「設獄陷人如阱。」陷人無度，故謂之亂。㉒瘠：顏師古曰：「瘠，痛也。」㉓炮烙：烙當作格。顏師古曰：「炮烙，紂所作刑也，膏塗銅柱，加之火上，令罪人行其上，輒墮炭中，笑以為樂。」沈欽韓曰：「呂覽過理篇：『糟丘酒池，肉圃為格。』高注：『格以銅為之，布火其下，以人置上，人爛墜火而死，笑之以為樂。』御覽八十四桓子新論曰：『紂無道，爛金為格。』諸書皆訛為炮烙。」王念孫曰：「炮烙本作炮格，江鄰幾雜志引漢書正作炮格，今諸書皆作炮烙者，後人不知古義而改之也。」㉔復怨：顏師古曰：「復亦報也。」復怨即報怨。㉕反除白罪，建治正吏：顏師古曰：「反讀曰幡。」幡，變動貌。王念孫曰：「建治二字義不相屬。建當為逮，逮，捕也；言罪之明白者則反而除之，吏之公正者則逮而治之也。隸書建或作建，與逮相似，故逮譌為建。」㉖掠立：顏師古曰：「掠笞服之，立其罪名。」㉗為人起責，分利受謝：顏師古曰：「言富賈有錢，假託其名，代之為主，放與他人以取利息而共分之；或受報謝，別取財物。」㉘日食再既：孟康曰：「既，盡也。」言日全蝕者再。㉙昭：彰明。㉚樂家人之賤事：顏師古曰：「謂私畜田及奴婢財物。」家人即平民，凡此皆平民之事，非至尊所當為。畜同蓄。㉛好匹夫之卑字：孟康曰：「成帝好微行，更作私字以相呼。」按帝與張放微行，自稱富平侯家人，故云好匹夫之卑字。㉜僄輕：李賢曰：「僄，輕也。」輕浮無行之人。㉝烏集雜會：顏師古曰：「言聚散不恆，如烏鳥之集。」㉞亂服：服飾淆亂，無尊卑之別。㉟媟嫚：相戲狎。媟音泄，通作褻；嫚亦作慢。㊱黽勉遁樂：顏師古曰：「黽勉，言不息也；遁，流遁也，言流遁為樂。」言帝數離深宮，遊樂無度。㊲使民如承大祭：《論語·顏淵》：

「仲弓問仁。子曰：『出門如見大賓，使民如承大祭。』」言仁君使民，常存長慎之心，不敢窮竭民力。㊳役百乾谿，費擬驪山：《繁露・王道篇》：「楚靈王內罷其眾，乾谿有物，女水盡則見，女水滿則不見，靈王舉發其國而役，三年不罷，楚國大怨。」內罷之罷讀曰疲，言疲使其國人；女水即汝水。此言昌陵勞役，百倍於乾谿，靡費之廣，比擬於驪陵。驪陵事見卷七秦始皇三十七年。㊴仍臻：頻至。㊵亢食：顏師古曰：「亢亦散也。」言流移道路，隨遇而食。㊶餧：飢餓曰餧，亦作餒。㊷殷鑒不遠，在夏后之世：此《詩・大雅・蕩》之詩，言湯王伐桀，近在前代，湯之子孫，宜以覆亡為鑒戒。㊸鏡考己行：顏師古曰：「鏡謂監照之，考，校也。」監與鑒同。言宜以前代為鑒戒，以考校己之行為。㊹不合：合者，言帝之失行與前代所以失天下之事相符合。㊺反道：顏師古曰：「反猶還也。」反其失行，使切合於常道。㊻去就：顏師古曰：「言去離無德而就有德。」㊼展意：顏師古曰：「展，申也。」盡意之所欲言。㊽答禮：胡三省曰：「答禮者，答之而又加禮也。」㊾擿：顏師古曰：「擿，謂發動之。」按即催促之意。㊿敕過交道廐者勿追：晉灼曰：「交道廐去長安六十里，近延陵。」帝敕侍御史若永未過交道廐則收繫之，若已過交道廐，則任其之部勿追。(51)自悔：悔遣侍御史收永。(52)引滿舉白：注酒滿觴曰引滿。服虔曰：「舉滿桮，有餘白瀝者罰之也。」孟康曰：「舉白，見驗飲酒盡不也。」不與否同。顏師古曰：「謂引取滿觴而飲，飲訖舉觴告白盡不也。一說白者，罰爵之名也，飲有不盡者則以爵罰之。魏文侯與大夫飲酒，令曰：『不釂者浮以大白。』於是公乘不仁舉白浮君是也。」飲酒盡爵曰釂。觴、爵俱酒器之稱，段玉裁曰：「韓詩說爵、觚、觶、角、散，五者總名曰爵，其實曰觴。」(53)咲：古笑字。(54)噱：顏師古曰：「噱，笑聲也。」音決（ㄐㄩㄝˊ）。(55)醉踞妲己：坐其上曰踞，醉踞妲己，即醉後坐於妲己身上。妲己，有蘇氏之女，為紂所嬖。(56)乃用婦人之言：今文《尚書・泰誓》之辭。(57)踞肆於朝：顏師古曰：「肆，放也；陳也。」謂踞妲己恣肆於朝廷之上。(58)所謂眾惡歸之，不如是之甚者也：《論語・子張》：「子貢曰：『紂之不善，不如是之甚也。是以君子惡居下流，天下之惡皆歸之。』」故伯引此以為言。(59)沈湎于酒，微子所以告去也：顏師古曰：「微子，殷卿士，封於微，爵稱子也。殷紂錯亂天命，微子作誥告箕子、比干而去。」(60)式號式謼，大雅所以流連也：顏師古曰：「大雅蕩之詩曰：『式號式謼，俾晝作夜。』言醉酒號呼，以晝為夜也。流連，言作詩之人，嗟嘆而流連也。」流連，言往復以致戒而不忍遽去。(61)讜言：顏師古曰：「讜言，善言也。」(62)懌：悅服。(63)長信庭林表：顏師古曰：「長信宮庭之林表也。林表，官名。」沈欽韓曰：「十四等號無林表，此蓋給事長信庭之宦者，名林表。」《漢書・外戚傳》，漢元帝制女官爵位凡十四等：昭儀位視丞相，爵比諸侯王；倢伃視上卿，比列侯；娙娥視中二千石，比關內侯；傛華視真二千石，比大上造；美人視二千石，比少上造；八子視千石，比中更；充依視千石，比左更；七子視八百石，比右庶長；良人視八百石，比左庶長；長使視六百石，比五大夫；少使視四百石，比公乘；五官視三百石；順常視二百石；無涓、共和、娛靈、保林、良使、夜者皆視百石。無林表之名，沈說是。長信宮，太后所居。(64)閒：顏師古曰，「閒謂比日也。」猶今言近日以來。(65)班侍中本大將軍所舉：大將軍謂王鳳。《漢書》敘傳，大將軍王鳳薦伯宜勸學，召拜中常侍，出為定襄太守，微為侍中光祿大夫。(六六)宜寵異之：太后以伯能諫；欲令帝寵異之。(六七)比：顏師古曰：「比，類也。」謂與伯同類之臣。(六八)富平侯：張放。(六九)風：讀曰諷，以微言示意。(七〇)拒閉使者：《漢書・張放傳》，侍御史修等奉使至放家逐名捕賊，放奴從者閉門，設兵弩，射吏，距使者不肯內。(七一)賊傷無辜：放知李游君欲獻女，使人強求不得，令奴康等往其家賊傷三人；又以私怨使大奴駿等四十餘人羣黨盛兵弩，白晝入樂府，攻射官寺，縛束長吏子弟，斫破器物。俱見《漢書・張放傳》。(七二)不得已：顏師古曰：「已，止也。」言不得寢息其事。(七三)比年：頻年。(七四)邛成太后：即宣帝王皇后，后父奉先封邛成侯，故稱邛成太后以別於元帝王皇后。《漢書・恩澤侯表》，邛成侯國於濟陰。《漢書・地理志》，濟陰無邛成縣，而山陽有郜成侯國，王莽改曰告成。按表無郜成侯，宋祁曰：「郜當作邛。」王先謙曰：「說文『郜』下云：『周文王子所封國。』『邛』下云：『邛地在濟陰縣。』案此六字，文不成義，段玉裁正為『邛成，濟陰縣。』注云：『玉篇邛字下曰：山陽邛成縣。』此邛成之確證，前漢時容有改屬，故表、志不符。邛成之誤郜成者，以莽曰告成之故也。」按此，郜成當作邛成，蓋先屬濟陰，後改屬山陽。故城在今山東省城武縣東南。(七五)趨辦：趨讀曰促，倉促辦理之意。(七六)過：罪責。(七七)高陵：侯國，屬琅邪郡，其地今闕，當在今山東省境。(七八)考異：《通鑑》系翟方進左遷在十一月己丑，為相在十一月壬子。按十一月辛亥朔，壬子初二日，無己丑日，方進左遷二十餘日後始為相。若為相在十一月初二，則左遷當在十月，與考異「至十一月而貶」之說不合；若己丑為干支之誤，則為相亦不宜在初二日。(七九)方進以經術進：《漢書・翟方進傳》，方進以射策甲科為郎，畢明經遷議郎。（八〇）褒成君霸：霸事見卷二十八元帝永光元年。（八一）希指苟合：希望天子旨意以苟容取合於朝廷（八二）爭：讀曰諍。（八三）安：不得罪於天子而安於其位。（八四）輒削草藁：服虔曰：「言已繕書，更削壞其草也。」「草即草本。時無紙，多書寫於竹簡或木板之上，故曰削。（八五）以奸忠直：顏師古曰：「奸，求也；奸忠直之名也。」王念孫曰：「案如師古說，則『忠直』須加『之名』二字，而其義始明矣，漢紀孝成紀作『以訐為忠直』是也。『訐』字正承『章主之過』而言，且用論語『訐以為直』之文。今本『訐』誤為『奸』，又脫『為』字耳。」按此，此句當作「以訐為忠直」，謂以發人陰私為忠直。「訐以為直」一語見《論語・陽貨篇》。（八六）沐日：胡三省曰：「漢制中朝官五日得一下里舍休沐。」取休息洗沐之義，亦稱沐日，猶今曰休假日。（八七）溫室：殿名。晉灼曰：「長樂宮中有溫室殿。」《三輔黃圖》：「溫室殿，武帝建，冬處之溫暖。」（八八）嘿：同默。（八九）上行幸雍，祠五時：胡三省曰：「建始二年，罷雍五時，今以久無繼嗣，幷甘泉泰畤皆復之。」（九〇）奏湯妄言昌陵且復發徙：《漢書・陳湯傳》：「成帝既罷昌陵，丞相御史請廢昌陵邑中室。奏未下，人以問湯：『第宅不徹，得毋復發徙？』湯曰：『縣官且順聽羣臣言，猶且復發徙之也。』」昌陵邑中室，謂徙人於昌陵中新起之室居；縣官謂漢天子；復發徙，言復將發民徙昌陵邑。（九一）又言黑龍冬出，微行數出之應：〈陳湯傳〉：「東萊郡黑龍冬出，人以問湯，湯曰：『是所謂玄門開，微行數出，出入不時，故龍以非時出也。』」沈欽韓曰：「范望太元沈首注：『上為中宮，下為玄龍。』已蟄而出，是則玄門開也。」（九二）湯有功：湯有斬郅支單于之功，（九三）平當：姓平名當。(九四)不應封爵之科：高祖之約，非劉氏不王，非有功不侯。當言長雖有善言，然無功，不應高祖封爵之約。(九五)坐：坐罪。(九六)閎：王閎。(九七)逢信：姓逢名信。(九八)官簿：宋祁曰：「官簿一作薄。」王念孫曰：「案說文無簿字，作薄是也。漢郃陽令曹全碑：『諸國禮遺且二百萬，悉以薄官。』其字正作薄。」顏師古曰：「薄謂伐閱也。薄音主薄之薄。」伐與閥同，是官薄猶言官閥，官位門第之謂，《後漢書・鄭玄傳》：「仲尼之門，考以四科；回、賜之徒，不稱官閥。」《唐書・張說傳》：「儒以道相高，不以官閥為先後。」皆此義。(九九)上使五二千石雜問丞相、御史：晉灼曰：「大臣獄重，故以秩二千石五人詰責之。」(一〇〇)苟得：非義而取，謂之苟得。(一〇一)從宜：顏師古曰：「各因其材而任之。」(一〇二)非常：謂變故。(一〇三)稱：顏師古曰：「稱，副也。」勝任之意。(一〇四)集：胡三省曰：「集，成也。」

三年（西元前一四年）

㈠春，正月，己卯（三十日），晦，日有食之。

㈡初，帝用匡衡議，罷甘泉泰畤(一)。其日，大風壞甘泉竹宮(二)，折拔畤中樹木十圍以上百餘。帝異之，以問劉向。對曰：「家人尚不欲絕種祠(三)，況於國之神寶舊畤？且甘泉、汾陰及雍五畤，始立皆有神祇感應，然後營之，非苟而已也㈣。武、宣之世，奉此三神，禮敬敕備㈤，神光尤著。祖宗所立神祇舊位，誠未易動。前始納貢禹之議，後人相因，多所動搖㈥。易大傳曰：『誣神者殃及三世。』恐其咎不獨止禹等。」上意恨㈦之，又以久無繼嗣，冬，十月，庚辰（初五日），上白太后，令詔有司復甘泉泰畤、汾陰后土如故，及雍五畤、陳寶祠、長安及郡國祠著明者皆復之。

是時，上以無繼嗣，頗好鬼神方術之屬，上書言祭祀方術得待詔者甚眾，祠祭費用頗多。谷永說上曰：「臣聞明於天地之性，不可惑以神怪，知萬物之情，不可罔以非類㈧。諸背仁義之正道，不遵五經之灋言，而盛稱奇怪鬼神，廣崇祭祀之方，求報無福之祠，及言世有僊人，服食不終之藥㈨，遙興輕舉(一〇)，黃冶變化(一一)之術者，皆姦人惑眾，挾左道(一二)，懷詐偽，以欺罔世主(一三)。聽其言洋洋(一四)滿耳，若將可遇；求之盪盪(一五)如係風捕景，終不可得。是以明王距而不聽，聖人絕而不語(一六)。昔秦始皇使徐福發男女入海求神采藥，因逃不還，天下怨恨(一七)；漢興，新垣平、齊人少翁、公孫卿、欒大等皆以術窮詐得，誅夷伏辜(一八)。唯陛下距絕此類，毋令姦人有以窺朝者。」上善其言。

(三)十一月，尉氏(一九)男子樊并等十三人謀反，殺陳留太守(二〇)，劫略吏民，自稱將軍。徒李譚、稱忠、鍾祖、訾順共殺并以聞，皆封為侯(二一)。【考異】本紀云五人而功臣表止有四人，蓋紀誤。

(四)十二月，山陽鐵官(二二)徒蘇令等二百二十八人攻殺長吏，盜庫兵，自稱將軍。經郡國十九(二三)，殺東郡太守及汝南都尉。汝南太守嚴訢捕斬令等，遷訢為大司農(二四)。

(五)故南昌尉(二五)九江梅福上書曰：「昔高祖納善若不及，從諫如轉圜(二六)，聽言不求其能(二七)，舉功不考其素(二八)。陳平起於亡命而為謀主，韓信拔於行陳而建上將(二九)。故天下之士，雲合(三〇)歸漢，爭進奇異。知(三一)者竭其策，愚者盡其慮，勇士極其節，怯夫勉其死。合天下之知，并天下之威，是以舉秦如鴻毛，取楚若拾遺(三二)，此高祖所以無敵於天下也。孝武皇帝好忠諫，說至言，出爵不待廉茂，慶賜不須顯功(三三)，是以天下布衣各厲志竭精以赴闕庭自衒鬻(三四)者，不可勝數，漢家得賢，於此為盛。使孝武皇帝聽用其計(三五)，升平(三六)可致。於是積尸暴骨，快心胡越，故淮南王安緣閒(三七)而起，所以計慮不成而謀議泄者，以眾賢聚於本朝，故其大臣埶陵不敢和從也(三八)。方今布衣乃窺國家之隙，見閒而起者，蜀郡是也(三九)；及山陽亡徒蘇令之羣，蹈藉名都大郡，求黨與，索隨和(四〇)，而無逃匿之意。此皆輕量大臣，無所畏忌，國家之權輕，故匹夫欲與上爭衡也。士者，國之重器。得士則重，失士則輕。詩云：『濟濟多士，文王以寧(四一)。』廟堂之議，非草茅所言也(四二)。臣誠恐身塗野草，尸并卒伍，故數上書求見，輒報罷(四三)。臣聞齊桓之時，有以九九見者，桓公不逆，欲以致大也(四四)。今臣所言，非特九九也，陛下距臣者三矣，此天下士所以不至也。昔秦武王好力，任鄙叩關自鬻(四五)；繆公行霸，由余歸德(四六)。今欲致天下之士，民有上書求見者，輒使詣尚書問其所言，言可采取者，秩以升斗之祿，賜以一束之帛，若此，則天下之士發憤懣，吐忠言，嘉謀日聞於上，天下條貫(四七)，國家表裏，爛然(四八)可睹矣。夫以四海之廣，士民之數，能言之類至眾多也；然其儁桀，指世陳政，言成文章，質之先世而不繆，施之當世合時務，若此者亦無幾人。故爵祿束帛者，天下之砥石(49)，高祖所以厲世摩鈍也。孔子曰：『工欲善其事，必先利其器(50)。』至秦則不然。張誹謗之罔(51)，以為漢敺除(52)，倒持泰阿，授楚其柄(53)。故誠能勿失其柄，天下雖有不順，莫敢觸其鋒，此孝武皇帝所以辟(54)地建功，為漢世宗也。今陛下既不納天下之言，又加戮焉！夫鳶鵲遭害，則仁鳥增逝(55)；愚者蒙戮，則智士深退。間者，愚民上書多觸不急之灋(56)，或下廷尉而死者眾。自陽朔以來，天下以言為諱(57)，朝廷尤甚。羣臣皆承順上指，莫有執正，何以明其然也？取民所上書，陛下之所善，試下之廷尉，廷尉必曰：『非所宜言，大不敬。』以此卜之一矣(58)！故京兆尹王章資質忠直，敢面引廷爭，孝元皇帝擢之以厲具臣(59)而矯曲朝(60)。及至陛下，戮及妻子(61)。且惡惡止其身(62)，王章非有反畔之辜，而殃及室家(63)。折直節之士，結諫臣之舌(64)，羣臣皆知其非，然不敢爭，天下以言為戒，最國家之大患也。願陛下循高祖之軌，杜(65)亡秦之路，除不急之灋，下無諱之詔，博覽兼聽，謀及疏賤(六六)，令深者不隱，遠者不塞，所謂辟四門，明四目也(六七)。往者不可及，來者猶可追。方今君命犯而主威奪(六八)，外戚之權，日以益隆。陛下不見其形，願察其景(六九)。建始以來，日食地震，以率言之(七〇)，三倍春秋；水災亡與比數(七一)；陰盛陽微，金鐵為飛，此何景也(七二)？漢興以來，社稷三危，呂、霍、上官，皆母后之家也。親親之道，全之為右(七三)，當與之賢師良傅，教以忠直之道；今乃尊寵其位，授以魁柄(七四)，使之驕逆，至於夷滅(七五)，此失親親之大者也。自霍光之賢，不能為子孫慮，故權臣易世(七六)則危。書曰：『毋若火，始庸庸(七七)。』勢陵於君，權隆於主，然後防之，亦無及已(七八)！」上不納。

【今註】(一)帝由匡衡議罷甘泉泰畤：事見上卷建始元年。(二)甘泉竹宮：竹宮，宮名。《漢書・禮樂志》：「武帝定郊祀之禮，祠太乙於甘泉，以正月上辛用事甘泉圜丘，夜常有神光如流星，正集於祠壇，武帝自竹宮而望拜。」韋昭曰：「以竹為宮，天子居中。」漢舊儀曰：「竹宮去壇三里。」(三)種祠：顏師古曰：「種祠，繼嗣所傳祠也。」按此，種祠即後裔祭祀先祖之祖廟。(四)非苟而已：言非苟且立之。(五)敕備：整飭完備。(六)前始納貢禹之議，後人相因，多所動搖：元帝時，貢禹建言漢家宗廟祭祀多，不應古禮，上是其言，韋玄成、匡衡等復因其議，故終元、成之世，諸祠或罷或復，故向以為言，見《漢書．郊祀志》、〈韋玄成傳〉。後人，謂韋玄成、匡衡等。㊆恨：顏師古曰：「恨，悔也。」《荀子．成相篇》：「不知戒，後必有恨。」義同。㊇罔以非類：胡三省曰：「罔，欺也；欺人以所無曰罔。」罔與誷同；非類，謂鬼神之屬。㊈不終之藥：即不死之藥。㊉遙興輕：如淳曰：「遙，遠也；興，舉也。」顏師古曰：「興，起也，謂起而遠去也。」按即羽化伯去之意。⑪黃治變化：晉灼曰：「黃者，鑄黃金也。道家言治丹砂令變化可鑄作黃金也。」⑫左道：邪僻之道。⑬世主：命世之主。⑭洋洋：顏師古曰：「洋洋，美盛之貌也。」⑮盪盪：顏師古曰：「盪盪，空曠之貌也。」⑯聖人絕而不語：顏師古曰：「謂孔子不語怪神。」⑰昔秦始皇使徐福發男女入海求神采藥，因逃不還，天下怨恨：事見〈秦始皇紀〉。⑱漢興，新垣平、齊人少翁、公孫卿、欒大等皆以術窮詐得，誅夷伏辜：新垣平事見〈文帝紀〉，少翁、公孫卿、欒大等事見〈武帝紀〉。顏師古曰：「詐得，謂主上得其作偽之情。」⑲尉氏：縣名，屬陳留郡，故城即今河南省尉氏縣。⑳殺陳留太守：殺陳留太守嚴普，見《漢書．天文志》。㉑李譚、稱忠、鍾祖、訾順共殺並以聞，皆封為列侯：《漢書．功臣表》，李譚延鄉侯，稱忠新山侯，鍾祖童鄉侯，訾順樓虛侯。稱忠，姓稱名忠；訾順，姓訾名順。㉒山陽鐵官：《漢書．地理志》，山陽郡有鐵官，掌該郡鼓鑄。㉓經郡國十九：周壽昌曰：「今等以十二月反，未久即撲滅，何能經歷郡國十九？疑有誤。天文志、五行志俱云經歷郡國四十餘，則尤誤也。」王先謙曰：「荀紀、通鑑皆作郡國十九。梅福傳云：『蘇令之羣，蹈藉名郡大郡，求黨與，索隨和，而無逃匿之意。』時朝政不綱，官吏弛慢，盜賊無忌，故至於此，十九或非誤也。志云四十餘，信誤矣！」㉔汝南太守嚴訢捕斬令等，遷為大司農：周壽昌曰：「汝南都尉治汝陰，太守治平輿，不同治所，故平賊有功無罪。」訢與欣同，今謂蘇令。㉕南昌尉九江梅福上書：南昌縣屬豫章郡，故城即今江西省南昌縣。縣令長：下有丞有尉，《後漢書・百官志》，尉大縣二人，小縣一人，主盜賊。按《漢書・梅福傳》，福為郡文學，補南昌尉，後去官歸壽春云云，福上書在其後，不在任中。㉖昔高祖納善若不及，從諫如轉圜：顏師古曰：「不及，恐失之也；轉圜，言其順也。」圜與圓同。㉗聽言不求其能：凡言有可聽者則聽之，而不計其才能之優劣。㉘舉功不考其素：素，平素，謂其出身及其素行。顏師古曰：「直取其功，不論其舊行及所從來也。」㉙陳平起於亡命而為謀主，韓信拔於行陳而建上將：平、信事並見〈高帝紀〉。建，建立；言建立以為上將。㉚雲合：言如雲之聚合，自四面而至。㉛知：讀曰智。㉜舉秦如鴻毛，取楚如拾遺：舉毛拾遺，喻至輕易。㉝出爵不待廉茂，慶賜不須顯功：須亦待之意。顏師古曰：「謂諫爭合意，即得爵賜，不由薦舉及軍功也。」廉茂，謂孝廉、茂才；茂才即秀才，避世祖諱改。㉞衒鬻：顏師古曰：「衒，行賣也；鬻亦賣也。」言顯露才能以求進用。㉟其計：眾賢之計。㊱升平：張晏曰：「民有三年之儲曰升平。」㊲緣閒：猶曰乘閒。㊳以眾賢聚於本朝，故其大臣埶陵不敢和從也：本朝謂漢朝，大臣謂淮南大臣國相、內史之屬。王念孫曰：「案此言漢多賢臣，故淮南大臣不敢與王俱叛，故曰『其大臣不敢和從也』。『埶陵』二字與上下文皆不相屬，蓋涉後文『埶陵於君』

而衍。」㊴見閒而起者，蜀郡是也：孟康曰：「成帝鴻嘉中，廣漢男子鄭躬等反是也。」㊵求黨與，索隨和：李奇曰：「求索與己和及隨己者。」㊶濟濟多士，文王以寧：此《詩・大雅・文王》之詩。濟濟，眾盛貌，言文王多用賢士，故邦國得以安寧。㊷非草茅所言也：《漢書・梅福傳》作「非草茅所當言也。」《儀禮》：「在野則曰草茅之臣。」㊸數上書求見，輒報罷：《漢書・梅福傳》：「為郡文學，補南昌尉，後去官歸壽春，數因縣道上言變事，求假軺傳詣行在所條對急政，輒報罷。」蓋即指此。㊹齊桓之時，有以九九見者，桓公不逆，欲以致大也：九九，算法名。《韓詩外傳》：「齊桓公設庭燎，待人士不至，有以九九見者，曰：『九九薄能耳，君猶禮之，況賢於九九者乎？』」逆，不順，拒而不見之意，不逆猶曰不拒。㊺昔秦武王好力，任鄙叩關自鬻：秦武王，孝公之孫，惠文王之子；任鄙，當時勇士。事見卷三周赧王七年。叩關，叩擊關門求入之意。《周禮・地官・司關》：「凡四方之賓客敂關，則為之告。」疏曰：「叩猶至也。」叩與同敂。㊻繆公行霸，由余歸德：秦繆公開霸業，由余聞其德而歸之。繆與穆同。㊼條貫：井然有序。㊽爛然：顏師古曰：「爛然，分明之貌也。」㊾砥石：磨刀石。㊿工欲善其事，必先利其器：顏師古曰：「論語載孔子之言也。工以喻國政，利器喻賢材。」(51)罔：法網。罔與網同。(52)為漢敺除：《史記・秦楚之際月表序》：「鄉秦之禁，適足以資賢者為驅除難耳。」索隱曰：「言為驅除患難耳！」後世言「驅除」本此。敺與驅同。(53)倒持太阿，授楚其柄：顏師古曰：「太阿，劍名，歐冶所鑄也。言秦無道，令陳涉、項羽乘閒而發，譬倒持太阿，以把授人也。」(54)辟：讀曰闢。(55)鳶鵲遭害則仁鳥增逝：顏師古曰：「鳶，鴟也；仁鳥，鸞鳳也。」如淳曰：「增，高高上飛意也。」王念孫曰：「如說是也。『增逝』與『深退』對文，是增為高也。增或作曾，淮南覽冥篇：『鳳皇曾逝萬仞之上。』高注：『曾猶高也。』」(五六)多觸不急之灋：顏師古曰：「以其所言為不急而罪之也。」(五七)天下以言為諱：天下，謂天下之人。上言者多觸法網而死，故天下之人皆諱言。(五八)以此卜之一矣：王念孫曰：「『一矣』二字文不成義，『一矣』本作『可見矣』，言以此卜之，可見羣臣之承順上指也。『可見矣』三字與上文『何以明其然也』正相呼應，今作『一矣』者，脫去『見』字，又脫去『可』字下半耳！漢紀孝成紀正作『以此卜之可見矣』。」(五九)具臣：顏師古曰：「具臣，具位之臣，無益者也。」(六〇)矯曲朝：正曲使直曰矯。曲者，不正之意，具臣充朝，故曰曲朝。(六一)及至陛下，戮及妻子：帝誅王章，並徙其妻子於合浦。事見上卷陽朔元年。(六二)惡惡止其身：《公羊傳》：「惡惡止其身，善善及子孫。」(六三)室家：孔潁達曰：「左傳曰：『男有室，女有家。』謂男處妻之室，女安夫之家，夫婦共為家室，故謂夫婦家室之道為室家。」(六四)結諫臣之舌：結舌，謂不敢出言。(六五)杜：堵塞。(六六)疏賤：疏屬賤夫。(六七)所謂辟四門，明四目也：顏師古曰：「虞書舜典曰：『闢四門，明四目。』言開四門以致眾賢，則明視於四方也。」辟與闢同。(六八)君命犯而主威奪：顏師古曰：「君命犯者，謂大臣犯君之命。」主威奪，言主上威權，為臣下所侵奪。(六九)景：蘇林曰：「景，象也。」按指災異而言。(七〇)率言之：大率言之。率，約略之意。(七一)亡與比數：顏師古曰：「言其極多，不可比較而數也。」亡與無同。校今通作較。(七二)陰盛陽微，金鐵為飛，此何景也：張晏曰：「河平二年，沛郡鐵官鑄錢，鐵如星飛上去，權臣用事之異也。」蘇林曰：「言之不從，是謂不乂，則金不從革。景，象也。何象，言將危亡也。」陰謂臣下，陽謂君主，權臣用事，主威微弱，故曰陰盛陽微。㉓全之為右：顏師古曰：「務全安之，此為上。」㉔魁柄：顏師古曰：「以斗為喻也，斗身為魁。」猶曰權柄。㉕夷滅：即族滅，言平除其族使無遺類。㉖易世：隔代。㉗毋若火，始庸庸：顏師古曰：「周書洛誥之辭也。庸庸，微小貌也。言火始微小，不早撲滅，則至熾盛。大臣貴擅，亦當早圖黜其權也。」㉘已：語終辭。

卷三十二　漢紀二十四

司馬光編集
傅樂成註

起著雍涒灘，盡昭陽赤奮若，凡六年。（戊申至癸丑，西元前一三年至西元前八年）

孝成皇帝中

永始四年（西元前一三年）

㈠春、正月，上行幸甘泉，郊泰畤。大赦天下。三月，行幸河東，祠后土。

㈡夏，大旱。

㈢四月、癸未（十一日），長樂臨華殿㊀、未央宮東司馬門皆災㊁。六月、甲午（二十三日），霸陵園門闕災。

㈣秋、七月、辛未晦（三十日），日有食之。冬、十一月、庚申（二十一日），衞將軍王商病免。

㈤梁王立㊂驕恣無度，至一日十一犯灋；相禹㊃奏立對外家㊄怨望，有惡言。有司案驗，因發其與姑園子姦事，奏立禽獸行㊅，請誅。太中大夫谷永上書曰：「臣聞禮，天子外屏㈦，不欲見外也。是以帝王之意，不窺人閨門之私，聽聞中冓㈧之言。春秋為親者諱㈨，今梁王年少，頗有狂病，始以惡言按驗，既無事實，而發閨門之私；非本章所指，王辭又不服，猥強劾立，傅致㈩難明之事，獨以偏辭，成臯斷獄；無益於治道，汙衊宗室。以內亂之惡，披布宣揚於天下，非所以為公族隱諱，增朝廷之榮華，昭聖德之風化也。臣愚以為王少，而父同產長(十一)，年齒不倫。梁國之富，足以厚聘美女，招致妖麗，父同產亦有恥辱之心(十二)。案事者乃驗問惡言(十三)，何故猥自發舒？以三者揆之，殆非人情，疑有所迫切，過錯失言，文吏躡尋(十四)，不得轉移。萌牙之時，加恩勿治，上也(十五)。既已案驗舉憲(十六)，宜及王辭不服，詔廷尉選上(十七)德通理之吏，更審考清問(十八)；著不然之效，定失誤之灋(十九)，而反命於下吏(二十)。以廣公族附疏(二一)之德，為宗室刷汙亂之恥，甚得治親之誼。」天子由是寢而不治。

㈥是歲，司隸校尉蜀郡何武為京兆尹。武為吏，守灋盡公，進善退惡；所居無赫赫名，去後常見思。

【今註】㈠長樂臨華殿：沈欽韓曰：「黃圖：『長樂宮有臨華殿，在前殿後，武帝建。』」㈡未央宮東司馬門：司馬門，謂宮廷外門。《三輔黃圖》：「凡言司馬者，宮垣之內，兵衞所在，司馬主其事，故謂宮之外門為司馬門。」此謂未央宮東面之司馬門。災謂天火。㈢梁王立：梁孝王武八世孫。㈣相禹：梁相名禹者，史佚其姓。㈤外家：指外戚王氏。㈥禽獸行：謂亂倫行為。㈦外屏：顏師古曰：「屏，謂當門之牆，以屏蔽者也。外屏，於門外為之。」㈧中冓：謂寢室之類。韓詩：「中冓，中夜。」應劭曰：「中冓，材冓在堂之中也。」顏師古曰：「冓，謂舍之交積材木也。應說近之。」陳奐曰：「中冓當為宮中之室。」冓，音購（ㄍㄡˋ）。㈨春秋為親者諱：例如：《春秋公羊傳》閔公元年：「齊仲孫來。齊仲孫者何？公子慶父也。公子慶父則曷為謂之齊仲孫？外之也。曷為外之？春秋為親者諱。」按慶父春秋時魯莊公弟，公卒，子般當立，慶父弒之而立閔公；繼又使人弒閔公。《公羊傳》以春秋所謂齊仲孫即指慶父，蓋因其為公室，而隱諱其過惡。㈩傅致：傅，讀曰附。謂附會羅致。⑪而父同產長：姑母為父之同胞，故年長。⑫父同產亦有恥辱之心：顏師古曰：「言其姑亦當自恥，必不與姦。」⑬案事者乃驗問惡言，何故猥自發舒：謂案事者本係驗問怨望外家之言，梁王何以自行發露亂倫之事？⑭躡尋：胡三省曰：「躡尋者，謂躡其失言之後而尋其內亂之跡也。」⑮萌牙之時，加恩勿治，上也：牙，同芽。謂於事之初起，朝廷加以掩蓋，不予追究，乃計之上者。㈥舉憲：謂條舉其所犯之法。㈦上：同尚。㈧清問：孔安國曰：「清問，詳問也。」㈨著不然之效，定失誤之澧：胡三省曰：「著，明也；效，驗也。明其事之不然，具有驗證也。失誤，謂誤入人罪為失。」㈩而反命於下吏：顏師古曰：「使者返還，以清白之狀付有司也。」㈢附疏：胡三省曰：「附疏者，使疏屬親附也。」

元延元年（西元前一二年）

㈠春、正月、己亥朔（一日），日有食之。

㈡壬戌（二十四日），王商復為大司馬衞將軍㈠。

㈢三月，上行幸雍，祠五畤。

㈣夏、四月、丁酉（一日），無雲而靁㈡；有流星從日下東南行，四面燿燿㈢如雨，自晡及昏而止。

㈤赦天下。

㈥秋、七月，有星孛于東井。上以災變，博謀羣臣，北地太守谷永對曰：「王者躬行道德，承順天地，則五徵㈣時序，百姓壽考，符瑞幷降；失道妄行，逆天暴物，則咎徵著郵㈤，妖孽㈥幷見，饑饉薦臻[七]；終不改寤，惡洽變備，不復譴告，更命有德。此天地之常經，百王之所同也。加以功德有厚薄，期質有脩短，時世有中[八]季，天道有盛衰；陛下承八世[九]之功業，當陽數之標季[一〇]，涉三七之節紀[一一]，遭無妄之卦運[一二]，直百六之災阸[一三]；三難異科，雜[一四]焉同會。建始元年以來，二十載閒，羣災大異，交錯鋒起，多於春秋所書；內則為深宮後庭，將有驕臣悍妾[一五]，醉酒狂悖卒起之敗；北宮苑囿[一六]街巷之中，臣妾之家，幽閒之處，徵舒崔杼之亂[一七]；外則為諸夏下土，將有樊并、蘇令、陳勝、項梁奮臂之禍[一八]。安危之分界，宗廟之至憂，臣永所以破膽寒心豫言之。累年下有其萌，然后變見於上，可不致慎！禍起細微，姦生所易[一九]，願陛下正君臣之義，無復與羣小媟黷[二〇]宴飲；勤三綱之嚴[二一]，修後宮之政；抑遠驕妬之寵，崇近婉順之行；朝覲灋駕而後出，陳兵清道而後行，無復輕身獨出，飲食臣妾之家。三者[二二]既除，內亂之路塞矣。諸夏舉兵[二三]，萌在民饑饉而吏不恤，興於百姓困而賦歛重，發於下怨離而上不知。傳曰：『飢而不損，茲謂泰，厥咎亡[二四]。』比年郡國傷於水災，禾麥不收，宜損常稅之時㉕；而有司奏請加賦，甚繆經義，逆於民心，市怨趨㉖禍之道也。臣願陛下勿許加賦之奏，益減奢泰之費；流恩廣施，振贍困乏，敕勸耕桑，以慰綏㉗元元之心；諸夏之亂，庶幾可息㉘。」

中壘校尉㉙劉向上書曰：「臣聞帝舜戒伯禹，毋若丹朱傲㉚；周公戒成王，毋若殷王紂㉛，聖帝明王，常以敗亂自戒，不諱廢興；故臣敢極陳其愚，唯陛下留神察焉。謹案春秋二百四十二年㉜，日食三十六㉝。今連三年比食；自建始以來，二十歲閒而八食㉞，率二歲六月而一發，古今罕有。異有小大希稠，占有舒疾緩急；觀秦漢之易世，覽惠昭之無後，察昌邑之不終，視孝宣之紹起，皆有變異㉟，著於漢紀；天之去就，豈不昭昭然哉！臣幸得託末屬，誠見陛下寬明之德，冀銷大異，而興高宗成王之聲㊱，以崇劉氏㊲；故懇懇數奸死亡之誅㊳。天文難以相曉，臣雖圖上，猶須口說，然後可知。願賜清燕之閒，指圖陳狀。」上輒入之㊴，然終不能用也。

【考異】向傳云：「星孛東井，岷山崩，向懷不能已，上此奏。」按岷山崩在三年，此奏云：「自建㊵始以來，二十歲閒而食八，率二歲六月而一發」。則上此奏當在今年也。胡旦亦載之三年。

㈦紅陽侯立舉陳咸方正，對策，拜為光祿大夫給事中。丞相方進復奏咸前為九卿，坐為貪邪免㊶，不當蒙方正舉，備內朝㊷臣；并劾紅陽侯立選舉故不以實㊸。有詔免咸，勿劾立。

㈧十二月、乙未（二日），王商為大將軍。辛亥（十八日），商薨。其弟紅陽侯立，次當輔政。先是立使客因南郡太守李尚占墾草田數百頃㊹，上書以入縣官，貴取其直一億萬以上㊺。丞相司直孫寶發之，上由是廢立，而用其弟光祿勳曲陽侯根。庚申（二十七日），以根為大司馬驃騎將軍。【考異】荀紀云十一月，成紀云十二月。按是歲十一月甲子朔無乙未、辛亥、庚申。荀㊻悅誤。

㈨特進安昌侯張禹請平陵肥牛亭地㊼，曲陽侯根爭，以為此地當平陵寢廟，衣冠所出游道㊽，宜更賜禹它地㊾。上不從，卒以賜禹。根由是害禹寵，數毀惡㊿之，天子愈益敬厚。禹每病，輒以起居(51)聞，車駕自臨問之，上親拜禹牀下，禹頓首謝恩。禹小子未有官，禹數視其小子，上即禹牀下拜為黃門郎(52)給事中。禹雖家居，以特進為天子師，國家每有大政，必與(53)定議。

時吏民多上書言災異之應，譏切王氏專政所致。上意頗然之，未有以明見(54)；乃車駕至禹弟(55)，辟左右，親問禹以天變，因用吏民所言王氏事示禹。禹自見年老，子孫弱，又與曲陽侯不平，恐為所怨；則謂上曰：「春秋日食地震，或為諸侯相殺，夷狄侵中國；災變之意，深遠難見，故聖人罕言命，不語怪神(56)；性與天道，自子貢之屬，不得聞(57)；何況淺見鄙儒之所言！陛下宜修政事，以善應之，與下同其福喜(58)，此經義意也。新學小生，亂道誤人，宜無信用，以經術斷之。」上雅信愛禹，由此不疑王氏(59)。後曲陽侯根及諸王子弟聞知禹言，皆喜說，遂親就禹。

故槐里令朱雲(60)，上書求見，公卿在前；雲曰：「今朝廷大臣，上不能匡主，下無以益民，皆尸位素餐(61)，孔子所謂『鄙夫不可與事君，苟患失之，亡所不至(62)』者也。臣願賜尚方斬馬劍(63)，斷佞臣一人頭，以厲其餘。」上問：「誰也？」對曰：「安昌侯張禹。」上大怒曰：「小臣居下訕上(64)，廷辱師傅，罪死不赦。」御史將雲下，雲攀殿檻，檻折。雲呼曰：「臣得下從龍逄、比干(65)遊於地下足矣！未知聖朝何如耳〔六六〕！」御史遂將〔六七〕雲去。於是左將軍辛慶忌免冠解印綬，叩頭殿下曰：「此臣素著〔六八〕狂直於世，使其言是，不可誅；其言非，固當容之。臣敢以死爭。」慶忌叩頭流血，上意解，然後得已〔六九〕。及後當治檻，上曰：「勿易，因而輯〔七〇〕之，以旌〔七一〕直臣。」

㈩匈奴搜諧單于將入朝，未入塞，病死。弟且莫車立為車牙若鞮單于，以囊知牙斯為左賢王。

⑾北地都尉張放到官數月，復徵入侍中，太后與上書曰：「前所道〔七二〕尚未效，富平侯反復來，其能默虖〔七三〕？」上謝曰：「請今奉詔。」上於是出放為天水屬國都尉〔七四〕。引少府許商、光祿勳師丹為光祿大夫，班伯為水衡都尉，幷侍中，皆秩中二千石；每朝東宮，常從；及大政，俱使諭指於公卿〔七五〕。上亦稍厭游宴，復修經書之業〔七六〕。太后甚悅。

⑿是歲，左將軍辛慶忌卒。慶忌為國虎臣〔七七〕，遭世承平，匈奴西域親附，敬其威信。

【今註】㊀王商復為大司馬衞將軍：商於永始四年即西元前十三年因病免職，今復職。㊁無雲而雷：劉向曰：「雷當託於雲，猶君之託於臣，陰陽之合也。人君不恤天下，萬民有怨畔之心，故無雲而雷。」㊂燿燿：燿，同曜，俗作耀。燿燿，火明貌。㊃五徵：徵，驗證。胡三省曰：「即洪範之八庶徵，曰雨，曰暘，曰寒，曰燠，曰風也。」㊄咎徵著郵：胡三省曰：「洪範之常雨、常暘、常寒、常燠、常風，為咎徵著明也，天見咎徵，以明著人君之過也。」顏師古曰：「郵，與尤同；尤，過也。」㊅妖孽：謂凶惡之萌兆。孽，亦作孼。《史記．龜策列傳》：「妖孼數見」。注引《說文》：「衣服、歌謠、草木之怪謂之妖；禽獸蟲蝗之怪謂之孼。」洪範五行傳說：「凡草木之類謂之妖；妖猶妖胎，言尚微也。蟲豸之類謂之孽，孽則芽孽矣。」㊆薦臻：同薦臻。薦，重；臻，至。謂重疊而至。㊇中：讀曰仲。㊈八世：指高帝、惠帝、文帝、景帝、武帝、昭帝、宣帝、元帝。㊉當陽數之標季：孟康曰：「陽九之末季也。」陽九，陰陽家所謂災厄之運會。《漢書．歷律志》：「易九戹曰：『初入元百六陽九，次三百七十四陰九，次四百八十陽九，次七百二十陰七，次七百二十陽七，次六百陰五，次六百陽五，次四百八十陰三，次四百八十陽三；凡四千六百一十七歲而一元終，經歲四千五百六十，災歲五十七。』」按四千六百七十歲為一元，有災歲五十七，陽為旱災，陰為水災。初入元一百六歲中，旱災之歲有九，故謂之百六陽九。⑪涉三七之節紀：三七，謂二百一十年之災厄，亦陰陽家之說。自漢興至此時，已將二百年，蓋已涉近其節紀。⑫遭無妄之卦運：應劭曰：「天必先雲而後雷，雷而後雨，而今無雲而雷。無妄者，無所望也。萬物無所望於天，災異之最大者也。」顏師古曰：「取易之無妄卦為義。」項安世曰：「古妄與望通。秦漢言無妄，皆無望也。」㊂直百六之災阸：直，或作值；當。百六，說見上。㊃雜：顏師古曰：「雜，謂相參也。」㊄驕臣悍妾：胡三省曰：「驕臣，指淳于長等。悍妾，指趙昭儀姊弟。」㊅苑囿：苑，園。孔穎達曰：「有蕃曰園，有牆曰囿；園囿大同，蕃牆異耳。囿者，域養禽獸之處；園者，種菜殖果之處。」毛晃曰：「苑，亦以養禽獸。」㊆徵舒崔杼之亂：胡三省曰：「陳靈公淫於夏姬，數如其家；夏姬之子徵舒病之，自廄射而殺之。齊莊公通於崔杼之妻姜氏，數如崔氏，杼伏甲殺之。事並見左傳。此指帝微行將有徵舒崔杼之禍也。」按徵舒事見《左傳》宣公十年（西元前五九九年）；崔杼事見襄公二十五年（西元前五四八年）。㊇樊並蘇令陳勝項梁奮臂之禍：樊並、蘇令事見卷三十一永始三年㈢及㈣。陳勝、項梁事見卷七秦二世元年㈢。㊈姦生所易：胡三省曰：「易、輕也，忽也。言姦生於所輕忽也。」㊉媟黷：媟，音泄（ㄒㄧㄝˋ），通作褻；狎戲。黷，污穢。謂與羣小狎戲而為污穢之行。⑪勤三綱之嚴：顏師古曰：「三綱，君臣、父子、夫婦也」。胡三省曰：「余按君為臣綱，父為子綱，夫為婦綱，所謂嚴也。」⑫三者：胡三省曰：「三者，謂微行、崇飲、好色也。」⑬諸夏舉兵：胡三省曰：「永書曰：『諸夏舉兵，以火角為期』，蓋言已有其萌而將至於興發也。」按永原書載《漢書‧谷永傳》。火角為期，張晏曰：「以熒惑（按即火星）芒角為期。」⑭傳曰：「飢而不損，茲謂泰，厥咎亡」：顏師古曰：「洪範傳之辭。」胡三省曰：「余按《漢書》五行志，蓋京房易傳之辭也。」⑮宜損常稅之時：胡三省曰：「謂此時宜減稅也。」⑯趨：同促。⑰綏：安撫。

㉘諸夏之亂，庶幾可息：王夫之曰：「（谷）永，王氏之私人也；其心，王氏之心也；若其言，則固成帝膏肓之藥石，可以起漢於死而生之也。夫王氏之固結而不解，帝忌之而不能黜，豈非以躬耽淫侈，畏昌邑之罰；而內護趙李，外庇張放、淳于長之私心，有所恧縮而倒授以權哉！寵嬌妒之妾，飲食倖臣之家，加賦重歛以縱游，而失百姓之心，是持宗社以遺人之道也。使帝感永之言，悔過自艾，正己齊家，而憂社稷；賢臣進，庶務理，民情悅，以戴漢而不忘；權姦之謀，自日以寢，而豈必誅戮放廢，使傷母氏之心乎！故曰：『君子不以人廢言。』永之諫不行，雖忘軀憂國之臣，與姦賊爭死生，而無救於禍敗；則讀永書者，勿問其心可也。」㉙中壘校尉：官名，為武帝時所置八校尉之首，掌理北軍（京城衛軍）壘門以內事務，並兼掌西域事。㉚毋若丹朱傲：顏師古曰：「事見（尚書）虞書益稷篇。丹朱，堯子也。」仲馮曰：「此禹戒舜之語，非舜戒禹之辭。」㉛毋若殷王紂：胡三省曰：「尚書無逸篇，周公戒成王曰：『毋若殷王紂之迷亂，酗於酒德哉。』」㉜春秋二百四十二年：顏師古曰：「謂從隱公元年至哀公十四年獲麟也。隱公十一年，桓公十八年，莊公三十二年，閔公三年，僖公三十三年，文公十八年，宣公十八年，成公十八年，襄公三十一年，昭公三十二年，定公十五年，哀公十四年，凡二百四十二年也。」王先謙曰：「官本（漢書）閔公三年作二年，是。」按春秋始自魯隱公元年（周平王四十九年，西元前七二二年），終於魯哀公十四年（周敬王三十九年，西元前四八一年），凡二百四十二年。㉝日食三十六：顏師古曰：「謂隱三年二月己巳；桓三年七月壬辰朔，十七年十月；莊十八年三月，二十五年六月辛未朔，二十六年十二月癸亥朔，三十年

九月庚午朔；僖五年九月戊申朔，十二年三月庚午，十五年五月；文元年二月己亥朔，十五年六月辛丑朔；宣八年七月甲子，十年四月丙辰，十七年六月癸卯；成十六年六月丙寅朔，十七年十二月丁巳朔；襄十四年二月乙未朔，十五年秋八月丁巳，二十年冬十月丙辰朔，二十一年九月庚戌朔，冬十月庚辰朔，二十三年二月癸酉朔，二十四年秋七月甲子朔，八月癸巳朔，二十七年冬十二月乙亥朔；昭七年夏四月甲辰朔，十五年六月丁巳朔，十七年六月甲戌朔，二十一年秋七月壬午朔，二十二年十二月癸酉朔，二十四年夏五月乙未朔，三十一年十二月辛亥朔；定五年正月辛亥朔，十二年十一月丙寅朔，十五年八月庚辰朔也。」㉔二十歲閒而八食：胡三省曰：「建始三年十二月戊申朔；河平元年四月癸亥晦，三年八月乙卯晦，四年三月癸丑朔；陽朔元年二月丁未晦；永始二年二月乙酉晦，三年正月己卯晦，四年七月辛未晦；凡八食。而是年春正月己亥，又不預此數。」按建始三年（西元前三〇年）至永始四年（西元前十三年）僅十八年，所謂二十歲，蓋約言之。㉕皆有變異：胡三省曰：「按向書曰：『秦始皇之末至二世時，日月薄食，山林淪亡，辰星出於四孟，太白經天而行，無雲而雷，枉矢夜光，熒惑襲月，孽火燒宮，野禽戲庭，都門內崩，長人見臨洮，石隕於東郡，星孛大角，大角以亡。及項籍之敗，亦孛大角。漢之入秦，五星聚於東井，得天下之象也。孝惠時，有雨血日食於衝滅光星見之異。孝昭時，有太山臥石自立，上林僵柳復起，大星如月西行，眾星隨之；此為特異，孝宣興起之表。天狗夾漢而西，久陰不雨者二十餘日，昌邑不終之異也。』」按向書見《漢書·劉向傳》。㉖而興高宗成王之聲：胡三省曰：「向書曰：『高宗成王，亦有雊雉拔木之變，能思其故，故高宗有百年之福，成王有復風之報』；向之所以望帝者如此。」按高宗，指殷高宗；成王，指周成王。㊲以崇劉氏：胡三省曰：「崇，增高也。謂增高劉氏之業，愈巍巍也。」㊳懇懇數奸死亡之誅：顏師古曰：「懇懇，欲誠之意也。奸，犯也。」奸，讀曰干。㊴上輒入之：謂向書既上，成帝輒即召向入見。㊵考異曰云云：胡三省曰：「余按劉向傳，若以星孛東井為據，則上奏當在今年；若以岷山崩為據，則上奏當在三年；若以三十歲間日八食為據，則上奏當在去年。然向言日食之變，率二歲六月而一發：以班書考之，自建始三年十二月，至河平元年四月，則一年五月而食；至四年三月癸丑朔，則纔一年而食；又至陽朔元年二月丁未晦，則又朞年而食。永始元年九月丁巳晦，志書食，而紀不書；至二年二月乙酉晦，則凡九朞，而志所書永始元年九月丁巳晦不計也。又至永始三年正月己卯晦，則未及一朞而食又至；四年七月辛未晦，則一年六月而食。向所謂率二歲六月而一發，亦通三十歲，而約言之耳。自建始三年至今年，以紀考之，則九食；以志考之，則十食：此其差，又未有所折衷也。」㊶坐為貪邪免：咸免事見卷三十一永始二年㈩。㊷內朝：孟康曰：「內朝，中朝也。大司馬，前、後、左、右將軍，侍中，常侍，散騎諸史，給事中為中朝官。丞相以下至六百石，為外朝官也。」㊸選舉故不以實：胡三省曰：「漢制，列侯選舉不實，削封戶。」㊹占墾草田數百頃：胡三省曰：「據（漢書）孫寶傳，占墾草田，頗有民所假少府陂澤，略皆開發。」顏師古曰：「隱度而取之也。草田，荒田也。舊為陂澤，本屬少府，其後以假百姓，百姓皆已田之，而立總謂為草田，占云新自墾。」占，亦作佔。㊺上書以入縣官，貴取其直一億萬以上：顏師古曰：「立上書云，新墾得此田，請以入官也。」直，價值。貴，謂較時價增高。一億萬，當謂錢一萬萬。按億之數有大小二解，小數謂十萬，大數謂萬萬。立以田數百頃入官，取利必不止十萬，故當以大數計之。㊻考異云云：胡三省曰：「今按考異，又有揚雄待詔一條，注云：『雄傳云：車騎將軍奇其文雅，薦雄待詔。按雄自序云：上方郊祠甘泉泰畤，召雄待詔承明之庭，奏甘泉賦；其十二月，奏羽獵賦；事在今年。時王音卒已久，蓋王根也。胡旦遂誤以為曲陽侯云。』」又曰：「余按曲陽侯即王根也，王音則封安陽侯。」按《通鑑》原文，並無揚雄待詔條，蓋於胡三省前，即已佚失。㊼平陵肥牛亭：顏師古曰：「肥牛，亭名。禹欲得置亭之處為冢塋。」按平陵即昭帝陵，在今陝西省咸陽縣東北十三里，距茂陵（武帝陵）十里。㊽衣冠所出游道：漢制，帝死，每月自其陵寢出其衣冠，游於其廟，名曰「游衣冠」。自高帝死後，即有此制。肥牛亭地，正當昭帝衣冠出游之道。㊾宜更賜禹它地：謂根請帝另以其他土地賜禹。㊿惡：顏師古曰：「惡，謂言其過惡。」胡三省曰：「依顏注，惡，當讀如字（按當讀作ㄜ）。後凡毀惡之惡，皆同音。」(51)起居：顏師古曰：「謂其飲食寢臥之增損。」(52)黃門郎：宋祁曰：「郎字上疑有侍字。」(53)與：顏師古曰：「與，讀曰豫。」胡三省曰：「余謂與讀如字，言天子與禹，定其可否也。」(54)未有以明見：胡三省曰：「未能灼見人言之當否也。」(55)弟：胡三省曰：「弟，與第同；舍也，宅也」。(56)聖人罕言命，不語怪神：顏師古曰：「罕，稀也。論語（子罕）云：『子罕言利，與命與仁。』（述而）又曰：『子不語，怪、力、亂、神。』」(57)性與天道，自子貢之屬不得聞：顏師古曰：「論語（公冶長）稱，子貢曰：『夫子之言性與天道，不可得而聞也。』謂孔子未嘗言性命及天道。」(七八)福喜：胡三省曰：「漢書張禹傳，喜作善。」王先謙曰：「官本（漢書）作福善。」宋祁曰：「福善，越本（漢書）作福喜。」(七九)由此不疑王氏：胡三省曰：「元帝師蕭望之，成帝師張禹，皆敬重之矣。元帝不能聽望之言，疎許史而去恭顯；成帝則聽禹言，而不疑王氏。望之以此殺身，禹以此苟富貴，漢祚中衰，實由此也。又成帝之時，吏民猶譏切王氏，平帝之末，吏民以王莽不受新野田，上書者至四十八萬七千五百七十二人；何元成之時，吏民猶忠於漢；平帝之時，吏民則附王氏也？政自之出久矣，人心能無從之乎？有國者尚監茲哉！」(八〇)故槐里令朱雲：胡三省曰：「元帝時，雲為槐里令，坐論石顯廢錮，故稱故。」槐里縣在今陝西興平縣東南十里(八一)尸位素餐：顏師古曰：「尸，主也。素，空也。尸位者，不舉其事但主其位而已。素餐者，德不稱官，空當食祿。」(八二)鄙夫不可與事君，苟患失之，亡所不至：顏師古曰：「論語（陽貨）所載孔子之言也。苟患失其寵祿，則言行僻邪，無所不至也。」胡三省曰：「謹案，孔子曰：『鄙夫可與事君也與哉？其未得之也，患得之；既得之，患失之；苟患失之，無所不至矣。』亡，與無同。」清高宗曰：「張禹鄙夫患失，雲言足以盡之。然元成時，權貴妨政，倒持太阿，為有目所共覩。乃錚錚如劉向輩，不過因緣災異，冀收納牖之助。是以明者推往知來之說，元帝既以拒京房；而禹且得引天變深遠，不語神怪，斥正人為亂道矣。是則執六藝以文奸言，亦漢時腐儒高談經術者，有以釀成之耳。」(八三)尚方斬馬劍：顏師古曰：「尚方，少府之屬官也。作供御器物，故有斬馬劍；劍利，可以斬馬。」沈欽韓曰：「唐六典武庫令職注：『陌刀，長刀；蓋古之斬馬劍。』」(六四)居下訕上：顏師古曰：「訕，謗也。」胡三省曰：「蓋引用論語『惡居下流而訕上』之言。」按《論語．陽貨》：「子貢曰：『君子亦有惡乎？』子曰：『有惡：惡稱人之惡者，惡居下流而訕上者，惡勇而無禮者，惡果敢而窒者。』」(六五)龍逄比干：顏師古曰：「關龍逄，桀臣；王子比干，紂臣；皆以諫而死，故云然。」(六六)未知聖朝何如耳：顏師古曰：「言殺直臣，其聲惡。」胡三省曰：「余謂雲蓋言亦將如夏殷之亡也。」(六七)將：挾攜。(六八)素著：顏師古曰：「著，表也；言此名久已彰表。」(六九)然後得已：胡三省曰：「言殺雲之事得止也」。(七〇)輯：顏師古曰：「輯與集同，謂補合之也」。(七一)旌：表揚。(七二)前所道：張晏曰：「謂太后言班侍中大將軍所舉，宜寵異之。」其事詳見卷三十一永始二年㈦。(七三)其能默虖：如淳曰：「富平侯張放又來，太后安能默然不以為言。」(七四)天水屬國都尉：胡三省曰：「（漢書）地理志，天水屬國都尉治勇士縣。」按《漢書．地理志》，天水郡勇士縣下有「屬國都尉治滿福」條。王先謙曰：「別為一城治，隸於勇士縣。霍去病傳，分處匈奴降者於邊五郡故塞外，而皆在河南，因其故俗為屬國。」勇士縣故城在今甘肅省榆中縣東北。(七五)使諭指於公卿：胡三省曰：「使傳上指，以諭公卿也。」(七六)復修經書之業：胡三省曰：「上為太子時。好經書；及即位，幸酒樂晏樂。今出放等，復修經書業。」(七七)虎臣：胡三省曰：「爪牙扞禦之臣曰虎臣。」按虎字亦含勇武之意。

二年（西元前一一年）

㈠春、正月，上行幸甘泉，郊泰畤。三月，行幸河東，祠后土。既祭，行遊龍門㈠，登歷觀㈡，陟西岳㈢而歸。

㈡夏、四月，立廣陵孝王子守為王㈣。【考異】荀紀守作憲。今從漢書。

㈢初，烏孫小昆彌安日為降民所殺㈤，諸翎侯大亂。詔徵故金城太守段會宗㈥為左曹中郎將光祿大夫，使安輯烏孫，立安日弟末振將㈦為小昆彌，【考異】烏孫傳以末振將為安日弟；段會宗傳以為兄；兄字誤耳。定其國而還。時大昆彌雌栗靡勇健，末振將恐為所幷，使貴人烏日領詐降，刺殺雌栗靡㈧。漢欲以兵討之而未能，遣中郎將段會宗立公主孫伊秩靡㈨為大昆彌。久之，大昆彌翎侯難栖殺末振將，安日子安犂靡代為小昆彌。漢恨不自誅末振將，復遣段會宗發戊己校尉諸國兵，即誅末振將太子番㈩丘。會宗恐大兵入烏孫，驚番丘，亡逃不可得；即留所發兵墊婁地，選精兵三十弩(一一)，徑至昆彌所在。召番丘，責以末振將之罪，即手劍擊殺(一二)番丘。官屬以下，驚恐馳歸。小昆彌安犂靡(一三)勒兵數千騎圍會宗，會宗為言來誅之意(一四)：「今圍守殺我，如取漢牛一毛耳(一五)。宛王、郅支，頭縣藁街(一六)，烏孫所知也。」昆彌以下服曰：「末振將負漢，誅其子可也；獨不可告我，令飲食之㉗邪？」會宗曰：「豫告昆彌，逃匿之為大罪㉘；即飲食以付我，傷骨肉恩㉙；故不先告。」昆彌以下，號泣罷去。會宗還奏事，天子賜會宗爵關內侯，黃金百斤。會宗以難栖殺末振將，奏以為堅守都尉㉚。責大祿大監以雌栗靡見殺狀，奪金印紫綬，更與銅墨云㉛。末振將弟卑爰疐㉜，本共謀殺大昆彌，將眾八萬，北附康居，謀欲借兵兼幷兩昆彌。漢復遣會宗與都護孫建幷力以備之。

自烏孫分立兩昆彌㉝，漢用憂勞，且無寧歲㉞。時康居復遣子侍漢㉟，貢獻㊱。都護郭舜㊲上言：「本匈奴盛時，非以兼有烏孫康居故也；及其稱臣妾，非以失二國也㊳。漢雖皆受其質子，然三國㊴內相輸遺，交通如故；亦相候司㊵，見便則發，合不能相親信，離不能相臣役。以今言之，結配烏孫㊶，竟未有益，反為中國生事，然烏孫既結在前，今與匈奴俱稱臣，義不可距。而康居驕黠，訖不肯拜使者㊷；都護吏至其國，坐之烏孫諸使下，王及貴人先飲食已，乃飲啗都護吏㊸，故為無所省，以夸旁國㊹。以此度之，何故遣子入侍，其欲賈市，為好辭之詐也㉟。匈奴，百蠻大國㊱，今事漢甚備，聞康居不拜，且使單于有悔自卑之意㊲，宜歸其侍子，絕不復使㊳，以章㊴漢家不通無禮之國。」漢為其新通，重㊵致遠人，終羈縻不絕。

【今註】㊀龍門：顏師古曰：「龍門山在今蒲州龍門縣北。」按龍門縣故城在今山西河津縣西二里。㊁歷觀：晉灼曰：「歷觀在河東蒲反縣。」顏師古曰：「歷山上有觀。」按蒲反縣，漢置，後漢曰蒲阪，故城在今山西永濟縣北三十里㊂西岳：謂西岳華山，又名太華山，在今陝西省華陰縣，高約二千二百公尺。㊃立廣陵孝王子守為王：胡三省曰：「廣陵孝王霸，厲王胥之子也。元帝初元二年（西元前四七年）傳子意；孫護人薨，無後，今立守以紹封。」㊄安日為降民所殺：徐松曰：「安日之立，蓋已十二三年。《漢書．段會宗傳》：「小昆彌為國民所殺，諸翎侯大亂。」㊅詔徵故金城太守段會宗：胡三省曰：「陽朔中，會宗復為西域都護，終更而還。以擅發戊己校尉兵迎康居降者不遂，劾乏軍興，以贖論；拜金城太守，以病免。故曰故金城太守。」㊆末振將：服虔曰：「末振將，人姓名」。顏師古曰：「其名也。昆彌之弟，不可別舉姓也」。㊇刺殺雌栗靡：徐松曰：「案段會宗傳，在立末振將之明年，是永始三年事。」㊈公主孫伊秩靡：胡三省曰：「公主，謂楚主解憂也。公主之孫，於雌栗靡為季父。」徐松曰：「伊秩靡或大樂子。」㊉番：音盤（ㄆㄢˊ）。⑪三十弩：李奇曰：「三十人，人持一弩。」㉒手劍擊殺：謂親自執劍殺之。胡三省曰：「手執劍曰手劍。（禮）記檀弓曰：『子手弓，子射諸。』」㉓安犂靡：《漢書・段會宗傳》作「烏犂靡」。㉔為言來誅之意：胡三省曰：「為言奉天子之命，來誅番丘之意。」㉕取漢牛一毛耳：胡三省曰：「司馬遷答任安書曰：『假令僕伏法受誅，若九牛亡一毛，與螻蟻何異！』自喻其身甚微也。」㉖宛王郅支，頭縣槀街：宛王事見卷二十一武帝太初三年㈥，郅支事見卷二十九元帝建昭三年㈢。㉗令飲食之：謂予番丘以飲食慰問，然後使之就死。㉘豫告昆彌，逃匿之為大罪：豫，同預。胡三省曰：「謂預以誅番丘之事告昆彌，昆彌以叔姪之情，必使番丘逃匿；漢欲誅之，而昆彌匿之，則於漢為大有罪也。」按安犂靡為安日子，於末振將（安日弟）為叔姪，於番丘（末振將子）則為堂兄弟。㉙即飲食以付我，傷骨肉恩：胡三省曰：「若飲食之而使之就死，於骨肉為傷恩也。」蓋謂昆彌與番丘有骨肉之親，既知其將受誅，則必須令其逃匿；縱使飲食慰問之後而付我，猶為傷恩。㉚堅守都尉：胡三省曰：「烏孫有大將都尉各一人，以難栖能為雌栗靡復讐，堅守臣節，異於諸翎侯，故以堅守二字寵之。」何焯曰：「因而旌之，則恩威皆歸於漢。」徐松曰：「以賞功特置此官。」㉛奪金印紫綬，更與銅墨：銅墨，謂銅印墨綬。胡三省曰：「宣帝甘露三年，賜金印紫綬。」徐松曰：「劉昭輿服志注引東觀書云：『公侯，金印紫綬；中二千石至四百石，皆銅墨綬。』」㉜卑爰疐：徐松曰：「（漢書）匈奴傳：『哀（帝）建平二年，烏孫庶子卑援疐翕侯人眾，入匈奴西界，寇盜牛畜，頗殺其民。單于聞之，遣左大當戶烏夷泠將五千騎擊烏孫，殺數百人，略千餘人，敺牛畜去。卑援疐恐，遣子趨逯為質匈奴』。即其人也。爰援通。」胡三省曰：「卑爰疐自此強，此後都護孫建襲殺之。」疐，音致（ㄓˋ）。㉓烏孫分立兩昆彌：見卷二十七宣帝甘露元年㈨。㉔漢用憂勞，且無寧歲：顏師古曰：「或鎮撫，或威制之，故多事也。」㉕康居復遣子侍漢：胡三省曰：「元帝時，康居遣子入侍，陳湯上言其非王子；今復遣子入侍。」㉖貢獻：胡三省曰：「既遣子入侍而又奉貢也。」㉗都護郭舜：胡三省曰：「此時郭舜為都護。平帝元始間，孫建始為都護。」㉘本匈奴盛時，非以其兼有烏孫康居故也；及其稱臣妾，非以失二國也：謂匈奴之強弱，與二國之叛服無關。㉙三國：指匈奴、烏孫、康居。㉚司：讀曰伺。㉛結配烏孫：胡三省曰：「謂自武帝以來，以宗室女下嫁烏孫也。」㉜訖不肯拜使者：顏師古曰：「訖，竟也。」謂康居始終不肯拜漢使者。㉝乃飲啗都護吏：啗，音淡（ㄉㄢˋ），同啖，予人以食。徐松曰：「都護吏謂若丞以下，康居自以不屬都護，慢易其事。」㉞故為無所省，以夸旁國：顏師古曰：「言故不省視漢使也。」胡三省曰：「余謂夸者，自矜耀其能傲漢也。旁國，鄰國。」夸，通誇。㉟其欲賈市，為好辭之詐也：賈市，謂貿易。胡三省曰：「謂特欲行賈市易，其為好辭者，詐也。」按此句亦可作：「其欲賈市，為好，辭之詐也。」㊱匈奴百蠻大國：顏師古曰：「於百蠻中最大國也。」百蠻，當時異族之統稱。徐松曰：「蠻者，夷狄通稱，故匈奴亦謂之蠻。（漢書）匈奴傳：『故有威於百蠻。』又曰：『於是而安，何以復長百蠻？』」㊲且使單于有悔自卑之意：顏師古曰：「言單于見康居不事漢以為高，自以事漢為太卑而欲改志也。」㊳絕不復使：顏師古曰：「不通使於其國也。」㊴章：顯著。㊵重：顏師古曰：「以此聲名為重也。」

三年（西元前一〇年）

㈠春、正月、丙寅（十日），蜀郡岷山㊀崩，壅江三日，江水竭㊁。劉向大惡㊂之，曰：「昔周岐山崩㊃，三川竭，而幽王亡。岐山者，周所興也㊄。漢家本起於蜀漢㊅，今所起之地，山崩川竭；星孛，又及攝提大角，從參至辰㊆；殆必亡矣。」

㈡二月、丙午（二十日），封淳于長為定陵侯㊇。

㈢三月，上行幸雍㊈，祠五畤㊉。

㈣上將大誇胡人以多禽獸，秋，命右扶風發民入南山，西自褒斜⑪，東至弘農⑫。南敺漢中，張羅罔罝罘⑬，捕熊羆禽獸。載以檻車，輸之長楊射熊館⑭，以罔為周阹⑮，縱禽獸其中，令胡人手搏之，自取其獲。上親臨觀焉。【考異】成紀元延二年，冬，行幸長楊宮，從胡客大校獵，宿萯陽宮，賜從官。胡且用之。按揚雄傳，祀甘泉河東之歲十二月，羽獵，雄上校獵賦。明年，從至射熊館，還，上長楊賦。然則從胡客校獵，當在今年。紀因去年冬有羽獵事，致此誤耳。

【今註】㊀岷山：胡三省曰：「（漢書）地理志，岷山在蜀郡湔氐道西徼外。禹貢所謂『岷山導江』，即此山也。水經注曰：『岷山即瀆山，水曰瀆水，亦曰汶阜山，在氐道徼外，江水所導也。大江泉源，發羊膊嶺下，緣崖散漫，大小百數，殆未濫觴。東南下百餘里，至白馬嶺，西歷天彭闕，亦謂之天谷。天彭山兩山相對，其高若闕，謂之天彭門。江水自此以上至微弱，所謂其源濫觴者也。漢元延中，岷山崩，壅江水三日不流，即其處。』」按湔氐道故城在今四川省松潘縣西北。岷，音民（ㄇㄧㄣˊ）。㊁壅江三日，江水竭：江，指長江。王先謙曰：「上流不下，故竭也。（漢書）五行志作『江水逆流，三日乃通。』」㊂惡：音務（ㄨˋ）。胡三省曰：「惡其徵異也」。㊃岐山崩，三川竭：胡三省曰：「周幽王二年（西元前七七五年），三川竭，岐山崩。余按幽王時有是異，後卒為犬戎所殺。」顏師古曰：「三川，涇、渭、洛也。」岐山，在今陝西省岐山縣。㊄岐山者，周所興也：周祖太王（即古父亶父）以狄人侵迫，自豳（今陝西邠縣）遷居於岐山之下，至其孫文王，周乃大興，至武王，遂東滅殷。㊅漢家本起於蜀漢：胡三省曰：「高帝始王漢中，起兵還定三秦，誅項羽，遂有天下。」高帝王漢中事見卷九漢元年㊂。㊆又及攝提大角，從參至辰：攝提、大角、參、辰，皆星座名。㊇定陵侯：《漢書．恩澤侯表》：「定陵侯國於汝南。」按《漢書．地理志》，定陵縣屬汝南郡，故城在今河南省郾城縣西北六十里。定陵侯或國於此。㊈雍：縣名，屬右扶風，故城在今陝西省鳳翔縣南。㊉五時：時，音止（ㄓˇ）；祭天地五帝之所。五時，謂秦之密時、上時、下時、畦時及漢之北時。《史記．封禪書》：「秦宣公作密時於渭南，祭青帝；靈公作吳陽上時祭黃帝，作下時祭炎帝；獻公作畦時櫟陽，祭白帝。及秦幷天下，諸祠唯雍四時，上帝為尊。漢高祖立黑帝祠，命曰北畤。」㈡褒斜：顏師古曰：「褒斜，南山二谷名。」胡三省曰：「余按自秦川，逕南山，南谷曰褒，北谷曰斜，徑五百里。」按南山一名終南山，即今秦嶺山脈，東起今甘肅省天水縣，經陝西省南部，至河南省陝縣，長八百里。褒斜乃秦嶺山谷，南口曰褒，在今陝西省褒城縣北；北口曰斜，在今陝西省郿縣西南。㈢弘農：郡名，治弘農，故城在今河南省靈寶縣南四十里。地當南山（秦嶺）終止之地。㈢羅罔罝罘：羅，鳥網。罔，同網。罝，音苴（ㄐㄩ），兔網。罘，音浮（ㄈㄡˊ），亦兔網。胡三省曰：「罘，翻車大網也。」㈣長楊射熊館：顏師古曰：「長楊宮中，有射熊館。」㈤阹：音區（ㄑㄩ），圈遮禽獸之圍陣。

四年（西元前九年）

㈠春、正月，上行幸甘泉，郊泰畤。

㈡中山王興㈠，定陶王欣㈡皆來朝，中山王獨從傅，定陶王盡從傅相中尉㈢。上怪之，以問定陶王，對曰：「令㈣，諸侯王朝，得從其國二千石；傅相中尉，皆國二千石，故盡從之。」上令誦詩，通習能說㈤。佗日，問中山王：「獨從傅，在何灋令？」不能對。令誦尚書，又廢㈥。及賜食於前，後飽，起下，韤係解㈦。帝由此以為不能，而賢定陶王，數稱其材。是時諸侯王，唯二人於帝為至親。定陶王祖母傅太后㈧，隨王來朝，私賂遺趙皇后、昭儀及票騎將軍王根。后、昭儀、根見上無子，亦欲豫自結，為長久計，皆更稱㈨定陶王，勸帝以為嗣。帝亦自美其材，為加元服而遣之，時年十七矣。

㈢三月，上行幸河東，祠后土。

㈣隕石于關東㈩二。

㈤王根薦谷永，徵入㈡為大司農。永前後所上四十餘事，略相反覆，專攻上身與後宮而已。黨於王氏，上亦知之，不甚親信也。為大司農歲餘，病滿三月，上不賜告，即時免㈢。數月卒。

【今註】㈠中山王興：成帝少弟。㈡定陶王欣：成帝弟定陶共王康之子。㈢盡從傅相中尉：傅，王太傅；相，王國相；中尉，王國掌軍之官。顏師古曰：「三官皆從王入朝。」㈣令：周昌壽曰：「漢律令也。此制在令甲。」㈤能說：謂能解說其義。㈥廢：顏師古曰：「中忘之也。」㈦後飽，起下，韈係解：韈係，韈帶。顏師古曰：「食而獨在後飽，及起，又韈係解也。」胡三省曰：「余謂賜食於君前，禮主於敬，食而獨後，又致飽而止，皆非敬也。及起而降階，韈係解而不知，是皆不能執禮。夫禮，所以固人肌膚之會，筋骸之束也。韈，足衣也。係，所以結韈。」㈧傅太后：胡三省曰：「傅太后，元帝傅昭儀，定陶共王母也。隨共王就國，是為定陶太后。」㈨更稱：胡三省曰：「迭互稱其美材也。」㈩關東：胡三省曰：「據漢書（五行志），關東當作都關。」都關，縣名，屬山陽郡，故城在今山東濮縣東南。㈡徵入：胡三省曰：「自北地太守徵入。」㈢上不賜告，即時免：賜告，謂予以假期。漢公卿病滿三月，當免，天子常優賜其告。成帝以谷永黨於王氏，故不給假，即時免職。

綏和元年（西元前八年）

㈠春、正月，大赦天下。

㈡上召丞相翟方進、御史大夫孔光、右將軍廉褒、後將軍朱博入禁中㈠，議中山、定陶王，誰宜為嗣者。方進、根、褒、博皆以為定陶王帝弟之子，禮曰：「昆弟之子，猶子也㈡，為其後者，為之子也。」定陶王宜為嗣。光獨以為禮立嗣以親㈢，以尚書盤庚殷之及王為比㈣，兄終弟及㈤。中山王先帝之子，帝親弟，宜為嗣。上以中山王不材；又禮，兄弟不得相入廟㈥；不從光議。

二月、癸丑（九日），詔立定陶王欣為皇太子。封中山王舅諫大夫馮參為宜鄉侯，益中山國三萬戶，以慰其意㈦。使執金吾任宏守大鴻臚㈧，持節徵定陶王。定陶王謝曰：「臣材質不足以假充太子之宮㈨，臣願且得留國邸㈩，旦夕奉問起居⑪；俟有聖嗣，歸國守藩。」書奏，天子報聞⑫。戊午（十四日），孔光以議不合意，左遷廷尉。何武為御史大夫⑬。

㈢初，詔求殷後，分散為十餘姓⑭，推求其嫡不能得。匡衡、梅福皆以為宜封孔子世為湯後⑮。上從之，封孔吉為殷紹嘉侯⑯。三月，與周承休侯皆進爵為公，地各百里。

㈣上行幸雍，祠五時。

㈤初何武之為廷尉⑰也，建言末俗之敝，政事煩多，宰相之材，不能及古；而丞相獨兼三公之事，所以久廢⑱而不治也。宜建三公官。上從之。夏、四月，賜曲陽侯根大司馬印綬，置官屬，罷票騎將軍官⑲；以御史大夫何武為大司空，封汜鄉侯⑳；皆增奉如丞相㉒，以備三公焉。

㈥秋、八月、庚戌（九日），中山孝王興薨。

㈦匈奴車牙單子死，弟囊知牙斯立為烏珠留若鞮單于。烏珠留單于立，以弟樂為左賢王，輿為右賢王㉓。漢遣中郎將夏侯藩、副校尉韓容使匈奴。

或說王根曰：「匈奴有斗㉓入漢地，直張掖郡，生奇材、箭竿、鷲羽㉔，如得之，於邊甚饒，國家有廣地之實，將軍顯功垂於無窮。」根為上言其利㉕。上直㉖欲從單于求之，為有不得，傷命損威㉗。根即但以上指曉藩，令從藩所說而求之㉘。藩至匈奴，以語次㉙說單于曰：「竊見匈奴斗入漢地，直張掖郡。漢三都尉㉚居塞上，士卒數百人，寒苦，候望久勞。單于宜上書獻此地，直斷割之㉛。省兩都尉，士卒數百人，以復㉜天子厚恩，其報必大㉝。」單于曰：「此天子詔語邪㉞？將從使者所求也？」藩曰：「詔指也，然藩亦為單于畫善計耳。」單于曰：「此溫偶駼㉟王所居地也，未曉其形狀所生㊱，請遣使問之。」

藩、容歸漢後，復使匈奴，至則求地。單于曰：「父兄傳五世(三七)，
漢不求此地，至知(三八)獨求，何也？已問溫偶駼王，匈奴西邊諸侯(三九)，
作穹廬及車，皆仰此山材木。且先父(四〇)地，不敢失也。」藩還，遷
太原太守。單于遣使上書以藩求地狀聞。詔報單于：「藩擅稱詔，
從單于求地，灋當死；更大赦二(四一)，今徙藩為濟南太守，不令當匈
奴。」

(七)冬、十月、甲寅（十四日），王根病免。

(八)上以太子既奉大宗(四二)後，不得顧私親，十一月，立楚孝王(四三)孫
景為定陶王。太子議欲謝，少傅閻崇以為為人後之禮，不得顧私
親，不當謝。太傅趙玄以為當謝，太子從之。詔問所以謝狀，尚
書劾奏玄，左遷少府。以光祿勳師丹為太傅。

初太子之幼也，王祖母傅太后(四四)，躬自養視。及為太子，詔傅太
后、丁姬(四五)自居定陶國邸，不得相見。頃之，王太后欲令傅太后、
丁姬十日一至太子家。帝曰：「太子承正統，當共養陛下(四六)，不得
復顧私親。」王太后曰：「太子小而傅太后抱養之，今至太子家，

以乳母恩耳[48]，不足有所妨。」於是令傅太后得至太子家。丁姬以不養太子，獨不得。

㈨衛尉侍中淳于長有寵於上，大見信用，貴傾公卿，外交諸侯牧守[49]，賂遺賞賜累鉅萬，淫[50]於聲色。許后姊孊[51]為龍額思侯[52]夫人，寡居，長與孊私通，因取為小妻[53]。許后時居長定宮[54]，因孊賂遺長，欲求復為婕妤。長受許后金錢、乘輿服御物，前後千餘萬，詐許為白上，立為左皇后。孊每入長定宮，輒與孊書，戲侮許后，嫚易[55]無不言。交通書記，賂遺連年。

時曲陽侯根輔政，久病數乞骸骨；長以外親[56]居九卿位，次第當代根。侍中騎都尉光祿大夫王莽，心害長寵，私聞其事。莽侍曲陽侯病，因言長見將軍久病，意喜，自以當代輔政，至對衣冠[57]，議語署置[58]。具言其辠過。根怒曰：「即如是，何不白也？」莽曰：「未知將軍意，故未敢言。」根曰：「趣白東宮[59]。」莽求見太后，具言長驕佚，欲代曲陽侯；私與長定貴人姊通，受取其衣物。太后亦怒曰：「兒[60]至如此，往白之帝！」莽白上，上以太后故免長官，勿治罪，遣就國㊅。初紅陽侯立不得輔政，疑為長毀譖，常怨毒㊅長，上知之。及長當就國，立嗣子融從長請車騎㊅，長以珍寶因融重遺立。立因上封事，為長求留，曰：「陛下既託文㊅以皇太后故，誠不可更有它計㊅。」於是天子疑焉㊅。下有司按驗，吏捕融，立令融自殺以滅口㊅。上愈疑其有大姦，遂逮長繫洛陽詔獄㊅，窮治㊅。長具服戲侮長定宮，謀立左皇后。辠至大逆，死獄中。妻子當坐者徙合浦，母若歸故郡㊆。上使廷尉孔光，持節賜廢后藥自殺。丞相方進復劾奏紅陽侯立，狡猾㊆不道，請下獄。上曰：「紅陽侯朕之舅，不忍致灋，遣就國。」於是方進復奏立黨友後將軍朱博、鉅鹿太守孫閎，皆免官；與故光祿大夫陳咸，皆歸故郡㊆。咸自知廢錮，以憂死㊆。

方進智能有餘，兼通文灋吏事，以儒雅緣飾㊆，號為通明㊆相，天子器重之。又善求人主微指㊆，奏事無不當意。方淳于長用事，方進獨與長交，稱薦之㊆。及長坐大逆誅，上以方進大臣，為之隱諱。方進內慚，上疏乞骸骨。上報曰：「定陵侯長已伏其辜，君雖交通，傳不云乎？『朝過夕改，君子與之㊆㊇。』君何疑焉？其專心壹意，毋怠醫藥以自持。」方進起視事，復條奏長所厚善京兆尹孫寶、右扶風蕭育；刺史二千石以上，免二十餘人。函谷都尉建平侯杜業㊆㊈，素與方進不平；方進奏業受紅陽侯書，聽請不敬㊇〇，免就國。上以王莽首發大姦，稱其忠直，王根因薦莽自代。丙寅㊇㊀，以莽為大司馬，時年三十八。莽既拔出同列，繼四父而輔政㊇㊁，欲令名譽過前人，遂克己不倦，聘諸賢良，以為掾史，賞賜邑錢㊇㊂，悉以享士，愈為儉約。母病，公卿列侯遣夫人問疾，莽妻迎之，衣不曳地，布蔽膝㊇㊃，見之者以為僮使，問知其夫人㊇㊄。其飾名如此。

㈩丞相方進、大司空武奏言：「春秋之義，用貴治賤，不以卑臨尊㊇㊅。刺史位下大夫㊇㊆，而臨二千石，輕重不相準；臣請罷刺史，更置州牧，以應古制㊇㊇。」十二月，罷刺史更置州牧，秩二千石。

㈩㈠犍為郡於水濱得古磬十六枚，議者以為善祥。劉向因是說上：

「宜興辟雍(八九)，設庠序(九〇)，陳禮樂；隆雅頌之聲，盛揖讓之容，以風化天下；如此而不治者，未之有也。或曰(九一)：『不能具禮。』禮以養人為本，如有過差(九二)，是過而養人也。刑罰之過，或至死傷；今之刑，非皐陶之灋也，而有司請定灋，削則削，筆則筆(九三)，救時務也。至於禮樂，則曰：『不敢』，是敢於殺人，不敢於養人也。為其俎豆管絃(九四)之間小不備，因是絕而不為，是去小不備而就大不備，惑莫甚焉(九五)。夫教化之比於刑灋，刑灋輕，是舍(九六)所重而急所輕也。教化所恃以為治也，刑灋所以助治也；今廢所恃而獨立其所助，非所以致太平也。自京師有誖逆不順之子孫，至於陷大辟受刑戮者不絕，由不習五常(九七)之道也。夫承千歲之衰周，繼暴秦之餘敝，民漸漬惡俗，貪饕險詖(九八)，不閑義理；不示以大化，而獨敺(九九)以刑罰，終已不改。」帝以向言下公卿議，丞相大司空奏請立辟廱，按行長安城南營表，未作而罷(一〇〇)。

時，又有言：「孔子布衣，養徒三千人，今天子太學弟子少。」於是增弟子員三千人，歲餘復如故(一〇一)。

劉向自見得信於上，故常顯訟宗室，譏刺王氏及在位大臣，其言多痛切，發於至誠。上數欲用向為九卿，輒不為王氏居位者及丞相御史所持㊂，故終不遷。居列大夫官，前後三十餘年而卒。後十三歲而王氏代漢㊃。

【今註】㊀上召丞相翟方進、御史大夫孔光、右將軍廉褒、後將軍朱博入禁中：胡三省曰：「票騎將軍王根，先勸帝立定陶王為嗣。漢書孔光傳先書根勸立定陶王事，下即書召方進、光、褒、博入禁中。通鑑因之，亦不書根。今但以下文觀之，根亦召入禁中也。」㊁昆弟之子，猶子也：胡三省曰：「昆弟之子，視猶子也。以弟之子為兄後，則為兄之子矣。公羊春秋：『成十五年，仲嬰齊卒。此公孫嬰齊也，曷為謂之仲嬰齊？為兄後也。為兄後則曷為謂之仲嬰齊？為人後者，為之子也。為其子則其稱何？孫以王父字為氏也。』」㊂立嗣以親：胡三省曰：「謂兄弟同父之親子，其親親於兄弟之子。」㊃以尚書盤庚之及王為比：沈欽韓曰：「般庚為陽甲之弟，受於兄，故云及王。」㊄兄終弟及：胡三省曰：「兄終弟及，殷法也。殷自外丙、仲壬，至於盤庚，率多兄弟代立；而尚書無文，光所引蓋今文尚書也。」㊅兄弟不得相入廟：胡三省曰：「父為昭，子為穆，則兄弟不得相入廟也。」按古宗廟之制，始祖廟居中，以下皆以父子為序；父為昭，子為穆；昭居左，穆居右。參見《禮記》王制。㊆以慰其意：顏師古曰：「以不得繼統為帝之後，恐其怨恨。」㊇使執金吾任宏守大鴻臚：

胡三省曰：「大鴻臚，掌諸侯，故任宏守大鴻臚之官以徵定陶王。守者，權守也」。按守，謂暫時充任。㊈假充太子之宮：顏師古曰：「謙不言為太子，故云假充，若元非正。」宋祁曰：「非正，新本（漢書）作非如正」。胡三省曰：「余謂王謝意，蓋以將有皇嗣，今為太子，特假充耳。」㊉得留國邸：國邸，謂長安之定陶國邸。周壽昌曰：「漢制，諸侯王於京師置邸，為入朝休沐之所。謙言願留邸舍，不敢入居太子宮。」㊀旦夕奉問起居：胡三省曰：「謂昏定晨省。記曰：『文王之為世子也，朝於王季，日三。雞初鳴而衣服，至於寢門外，問內豎之御者曰：今日安否何如？內豎曰安。文王乃喜。及日中，又至，亦如之。及莫，再至，亦如之。其有不安節，內豎以告文王，文王色憂，行不如正履。』此旦夕問起居之禮也。」㊁報聞：胡三省曰：「報已覽其書，而不從其請也。」㊂何武為御史大夫：胡三省曰：「光左遷廷尉，而何武自廷尉為御史大夫。」㊃分散為十餘姓：胡三省曰：「殷，子姓也。其後為宋、為華、為戴、為桓、為向、為樂等姓。」㊄匡衡梅福皆以為宜封孔子世為湯後：世，後世。胡三省曰：「匡衡議以為『王者存二王後，所以尊其先王，而通三統也。其犯誅絕之罪者，絕而更封他親為始封君，上承其王者之始祖。春秋之義，諸侯不能守其社稷者，絕；今宋國已不守其統而失國矣，則宜更立殷後為始封君，而上承湯統，非當繼宋之絕侯也。宜明得殷後而已。今之故宋，推求其嫡，久遠不可得；雖得其嫡，嫡之先已絕，不得當立。禮孔子曰：丘，殷人也。先師所傳，宜以孔子世為湯後。』此元帝時議也。是時，梅福復言之。」按匡議見《漢書・梅福傳》。㊅殷紹嘉侯：據《漢書・恩澤侯表》，殷紹嘉侯國於沛。沛，郡名，治相縣，今安徽省宿縣西北。㉗何武之為廷尉也：據《漢書・百官公卿表》，元延三年（西元前一〇年）何武自沛郡太守為廷尉，本年三月戊午，為御史大夫。㉘廢：謂事務廢弛。㉙罷票騎將軍官：胡三省曰：「武帝初置大司馬，以冠將軍之號。宣帝地節三年（西元前六七年）置大司馬，不冠將軍，亦無印綬官屬。今賜大司馬金印紫綬，置官屬，而大司馬為專官，故根不復領票騎將軍。」㉚氾鄉侯：胡三省曰：「武封氾鄉侯，在琅邪不其縣，後改食南陽博望鄉。」顏師古曰：「氾，音凡（ㄈㄢˊ）。其，音基（ㄐㄧ）。」按不其縣故城在今山東省即墨縣西南。博望鄉當屬博望縣，縣故城在今河南省南陽縣東北六十里。㉛皆增奉如丞相：奉，讀曰俸。如淳曰：「律，大司馬、大將軍與丞相奉月錢六萬，御史大夫奉月四萬也。」㉜弟樂為左賢王，輿為石賢王：胡三省曰：「樂，呼韓邪單于大閼氏之子。輿，第五閼氏之子。」㉝斗：俗作陡，險峻。謂匈奴有險峻之地，伸入漢界。㉞鷲羽：顏師古曰：「鷲，大鵰也。黃頭赤目，其羽可為箭竿。」胡三省曰：「余按鷲羽可為箭翎也。」㉟言其利：胡三省曰：「言得此地為中國利也。」㊱直：直接。顏師古曰：「直，猶正也。」胡三省曰：「余謂直，徑直也。」胡說較是。㊲傷命損威：顏師古曰：「詔命不行為傷命。」胡三省曰：「余謂命之不行於夷狄，為損中國之威。」㊳今從藩所說而求之：顏師古曰：「自以藩意說單于而求之。」㊴語次：交談之際。胡三省曰：「交語之次也。」㊵漢三都尉：胡三省曰：「張掖兩都尉，一治日勒澤索谷，一治居延；又有農都尉，治番和；是為三都尉。」按日勒縣在今甘肅省山丹縣東南，居延縣在今甘肅省酒泉縣附近邊外蒙古額濟納旗，番和縣在今甘肅省永昌縣西。㊶直斷割之：胡三省曰：「謂從直割地，以其斗入者割斷之。」㉜復：報答。㉝其報必大：顏師古曰：「漢得此必厚報賞單于。」㉞邪：胡三省曰：「邪，音耶（ㄧㄝˊ），疑未定之辭。」㉟駼：音塗（ㄊㄨˊ）。㊱形狀所生：胡三省曰：「謂地形之夷險，可割與不可割之狀也。」顏師古曰：「所生謂山之所生草木鳥獸為用者。」㊲父兄傳五世：呼韓邪（西元前五八至前三一年）傳其長子復株絫（前三一至前二十年），復株絫傳其弟搜諧（前二〇至前一二年），搜諧傳其弟車牙（前一二至前八年），車牙傳烏珠留，是為五世。㊳知：胡三省曰：「單于名囊知牙斯，王莽專政，諷其慕中國不二名，始名知。史從簡便，因以單名書於此。」㊴匈奴西邊諸侯：顏師古曰：「謂諸小王為諸侯者，效中國之言耳。」周壽昌曰：「即所謂裨小王之類，西邊匈奴邊國小浦類皆是也。」㊵先父：指呼韓邪。㊶更大赦二：更，經過。胡三省曰：「余按是年後，至明年哀帝即位，大赦；又明年改元，赦。詔曰：『更大赦二』，以此知夏侯藩再使匈奴，必在建平初。」㊷既奉大宗：胡三省曰：「按禮（大傳），父祖以上，正嫡相傳為大宗；別子為祖，繼別為宗，繼禰者為小宗。定陶王以帝弟之子入奉大宗後，義不得復顧定陶王親也。」按大宗乃今所謂長支或長房，小宗乃餘支即二三四房等。㊸楚孝王：名囂，宣帝子。㊹王祖母傅太后躬自養視：此為在定陶國時之事。㊺丁姬：事定陶共王，為太子生母。㊻陛下：胡三省曰：「漢亦稱太后為陛下。後世多稱殿下，惟臨朝乃稱陛下。」㊼私親，指傅太后、丁姬。㊽乳母恩：胡三省曰：「謂抱養太子，恩猶乳母也。」㊾牧守：牧，州牧；守，郡守。㊿淫：過度。(五一)孊：音靡（ㄇㄧˊ）。(五二)龍額思侯：指韓寶，韓增之子。胡三省曰：「余按韓寶已死，故書諡。諡法，外內思索曰思，追悔前過曰思。」(五三)小妻：妾。胡三省曰：「嬚雖皇后之姊，列侯之夫人，以淫放失身於長；而長自有正室，故為小妻。記曰：『聘則為妻，奔則為妾』，婦人女子之持身，不可不慎也。」(五四)許后時居長定宮：胡三省曰：「許后廢徙昭臺宮，歲餘，還徙長定宮。」顏師古曰：「三輔黃圖：『林光宮中，有長定宮。』」(五五)嫚易：嫚，褻污；易，輕薄。(五六)外親：胡三省曰：「長，太后姊子，於帝室為外家之親。」(五七)衣冠：胡三省曰：「當時士大夫及貴游子弟也。」(五八)議語署置：署，部署。置，設置。顏師古曰：「自謂當輔政，故預言某人為某官，某人主某事。」(五九)趣白東宮：趣，讀曰促。東宮，指太后宮。(六〇)兒：胡三省曰：「長，太后姊子，故呼為兒。」(六一)就國：就定陵侯國。(六二)毒：胡三省曰：「毒，苦也，痛也，怨之甚也。」(六三)立嗣子融從長請車騎：顏師古曰：「嗣子，謂適長子，當為嗣者也。」適，同嫡。胡三省曰：「以長當就國，所常從車騎無所用，故請之。」(六四)託文：蘇林曰：「託於詔文也。」(六五)誠不可更有他計：顏師古曰：「言不宜遣長就國。」按立意謂既於詔文中託以太后故，對長從寬處分，則既免長官，其罰已足，不可遣之就國。(六六)於是天子疑焉：胡三省曰：「帝知立素怨長，今為長上封事求留，疑心於是而起。」(六七)立令融自殺以滅口：胡三省曰：「恐融就吏而事泄，故令融自殺以滅口。」按立為帝舅，不便致之於法，故按驗融。以此事與文帝誅薄昭事相較，則知漢之執法，已遠較漢初為寬，蓋受儒家之影響。(六八)遂逮長繫洛陽詔獄：胡三省曰：「凡詔所繫治，皆為詔獄，非必洛陽先有詔獄也。」按此時長已就國，尚在途中。定陵國食邑於汝南，道出洛陽，故繫於洛陽獄。(六九)窮治：考治以窮竟其姦非(七〇)母若歸故郡：

顏師古曰：「若者，其母名。」胡三省曰：「長母若，即王太后姊，故居魏郡元城。」按元城縣故城在今河北省大名縣東。(七一)狡猾：狂亂。(七二)與故光祿大夫陳咸，皆歸故郡：胡三省曰：「朱博，杜陵人；孫閎，亦京師世家；陳域，本沛郡人。據漢書翟方進傳，則博、閎免官，獨咸歸故郡耳。與字、皆字衍。元延元年，咸免光祿大夫，故稱故。」(七三)以憂死：《漢書．翟方進傳》作「以憂發疾而死。」(七四)以儒雅緣飾：顏師古曰：「緣飾，譬之於衣加純緣也。」蓋謂方進實擅文法吏事，特以儒術裝飾外貌。(七五)通明：圓通明敏。(七六)微指：胡三省曰：「微指，謂上意所嚮，未著見於外者。」(七七)方進獨與長交，稱薦之：胡三省曰：「據（漢書）方進傳，長初用事，方進獨與長交。及長寵盛，與之交者，不獨一方進矣。」錢大昭曰：「潛夫論曰：『翟方進稱淳于長，而不能薦一事。』」(七八)傳不云乎？「朝過夕改，君子與之」：與，贊許。胡三省曰：「余謂此蓋論語傳。」(七九)函谷都尉建平侯杜業：胡三省曰：「函谷關置都尉，以譏出入。業，杜延年之孫；不事權貴，與翟方進、淳于長皆不平。」(八〇)方進奏業受紅陽侯書，聽請不敬：胡三省曰：「據（漢書）業傳，業與淳于長不平，長當就國，紅陽侯立與業書屬之，勿復用前事相侵。長出關後，罪復發，下洛陽獄。丞相史搜得紅陽侯書，奏業聽請不敬。」服虔曰：「受立屬請，為不敬。」王先謙曰：「立與業書，而丞相史於長所搜得者，蓋長出關時業以此市恩。」(八一)丙寅：本月無此日。(八二)繼四父而輔政：顏師古曰：「鳳、音、商、根四人，皆為大司馬，而莽之諸父也。」(八三)邑錢：胡三省曰：「邑錢，封邑所入之錢也。」王先謙曰：「邑錢，謂國邑賦入。」(八四)蔽膝：宋濂曰：「古之蔽膝，所以被於裳衣之上，覆前者也。」

胡三省曰：「蔽膝，韠也，亦曰韍。鄭玄曰：『韍，太古蔽膝之象。』」沈欽韓曰：「方言：『蔽膝，江淮之間謂之褘，或謂之袚；魏、宋、南楚之間謂之大巾；自關東西，謂之蔽厀；齊魯之交謂之衻。』釋器：『衣蔽前謂之襜（注：今蔽膝）。』陳祥道禮書：『劉熙曰：韠以蔽前，婦人蔽厀亦如之。』唐志：『婦人蔽膝，皆如其夫。』案隋志：『乘輿及公卿冕服者，韍隨裳色：玄衣纁裳則爵韠；若通天冠、遠遊冠、絳紗袍朝服、絳紗單衣者，並絳紗蔽膝；皇后六服並絳紗蔽膝。』然則禮服仍存韍韠之名，常服則蔽膝也。」〔八五〕問知其夫人：胡三省曰：「此下依漢書（王莽傳）有『皆驚』二字，文意乃足。」〔八六〕春秋之義，用貴治賤，不以卑臨尊：胡三省曰：「春秋首止之會，殊會王世子；世子貴也。宋之盟，楚駕晉，而書先晉；黃池之會，吳主會，而書先晉；不以卑臨尊也。」按首止之會，齊、宋、陳、衛、鄭、許、曹諸國，特會周惠王太子鄭，以謀寧周。又晉為侯而楚、吳為子，故晉貴而吳楚卑。〔八七〕刺史位下大夫：胡三省曰：「刺史六百石，下大夫之秩；其朝位亦班於下大夫。」〔八八〕以應古制：胡三省曰：「古制九州：一為畿內，八州八伯，以統諸侯之國。今請置州牧，以應古州伯之制。」〔八九〕辟雍：設於首都之國立學校。胡三省曰：「（禮）記、王制：『天子之學曰辟雍。』鄭玄曰：『辟，明也；雍，和也；所以明和天下。』」〔九〇〕庠序：地方學校。胡三省曰：「古者黨有庠，遂有序。庠者，養也；序者，教也。」〔九一〕或曰：顏古曰：「或曰者，劉向設為難者之言，而後答釋也。」〔九二〕過差：過失差錯。〔九三〕削則削，筆則筆：服虔曰：「言隨君意也。」顏師古曰：「削者，言有所刪去，以刀削簡牘也。筆者，謂有所增益，以筆就而書也。」〔九四〕俎豆管絃：胡三省曰：「俎，祭器，如机，盛牲體者也。豆似籩，亦所以盛肉；籩用竹而豆用木。管，笙簫之屬也。絃，琴瑟之屬也。」(九五)去小不備而就大不備，惑莫甚焉：胡三省曰：「為其不能具禮而廢禮，是去小不備而就大不備也。」顏師古曰：「大不備者，事之虧失，莫甚於此。」(九六)舍：讀曰捨，廢棄。(九七)五常：顏師古曰：「五常，仁、義、禮、智、信，人性所常行之也。」(九八)貪饕險詖：顏師古曰：「貪甚曰饕，言行險曰詖。」饕音滔（ㄊㄠ），詖音陴（ㄅㄧˋ）。(九九)毆：讀曰驅。(一〇〇)營表未作而罷：顏師古曰：「營，度地也。表，立標也。」按以遭成帝喪而罷。(一〇一)歲餘復如故：胡三省曰：「元帝設弟子員千人。」(一〇二)輒不為王氏居位者及丞相御史所持：顏師古曰：「持，謂扶持佐助也。」葉德輝曰：「漢紀作『輒為王氏所排及在位大臣所抑，故終不遷。』」王先謙曰：「顧炎武曰：『衍一不字，當云輒為王氏居位者及丞相御史所持。持者，挾制之義，而非挾助之解也。』陳景雲云：『顏注蓋仍誤而傅會其說。』」(一〇三)前後三十餘年而卒，後十三歲而王氏代漢：錢大昕曰：「依此推檢，向當卒於綏和元年（西元前八年。）」葉德輝曰：「漢紀云：『前後四十年。』案傳言卒後十三年王氏代漢，則向卒於成帝建平元年（前六年。按建平係哀帝年號。）由建平元年上推，向生於昭帝元鳳四年（前八〇年）。自既冠擢為諫大夫，至此實四十餘年。當以漢紀為是。吳修續疑年錄亦推向生元鳳四年，卒建平元年。蓋莽代漢在孺子嬰初始元年（西元六年）十二月，是年上距向卒，正十三歲之後。錢氏誤推不足據。」

卷三十三　漢紀二十五

司馬光編集
傅樂成註

閼逢攝提格，盡旃蒙單閼，凡二年。（甲寅至乙卯，西元前七年至西元前六年）

孝成皇帝下

綏和二年（西元前七年）

㈠春、正月，上行幸甘泉，郊泰畤。

㈡二月、【考異】荀紀云「赦天下」；今本紀無之，故不取。壬子（十三日），丞相方進薨。時熒惑守心㊀，丞相府議曹㊁平陵李尋，奏記方進，言：「災變迫切，大責日加，安得保斥逐之戮㊂！闔府三百餘人㊃，唯君侯擇其中，與盡節轉凶。」方進憂之，不知所出。會郎賁麗㊄善為星，言大臣宜當之㊅。上乃召見方進，還歸，未及引決㊆。上遂賜冊㊇，責讓以政事不治，災害幷臻，百姓窮困，曰：「欲退君位，尚未忍；使尚書令，賜君上尊酒㊈十石，養牛一，君審處焉。」方進即日自殺。上祕之，遣九卿策贈印綬，賜乘輿祕器㊉，少府供張㊁，柱檻皆衣素〔一二〕；天子親臨弔者數至，禮賜異於它相故事〔一三〕。

臣光曰：「晏嬰有言：『天命不慆，不貳其命〔一四〕。』禍福之至，安可移乎！昔楚昭王、宋景公不忍移災於卿佐〔一五〕，曰：『移腹心之疾，寘諸股肱，何益也？』藉〔一六〕其災可移，仁君猶不忍為，況不可乎！使方進罪不至死，而誅之以當大變，是誣天也；方進有罪當刑，隱其誅而厚其葬，是誣人也；孝成欲誣天人，而卒無所益，可謂不知命矣。」

(三)三月，上行幸河東，祠后土。

(四)丙戌（十八日），帝崩于未央宮〔一七〕。帝素彊無疾病〔一八〕，是時，楚思王衍〔一九〕、梁王立來朝，明旦，當辭去；上宿供張白虎殿，又欲拜左將軍孔光為丞相，已刻侯印書贊〔二〇〕；昏夜平善。鄉晨，傅絝韤〔二一〕欲起，因失衣〔二二〕不能言，晝漏上十刻〔二三〕而崩。民間讙譁，咸歸罪趙昭儀。皇太后詔大司馬莽，雜與御史、丞相、廷尉，治問皇帝起居發病狀，趙昭儀自殺。

班彪贊曰：「臣姑充後宮為婕妤，父子昆弟侍帷幄，數為臣言，成帝善脩容儀，升車正立，不內顧，不疾言，不親指㉔；臨朝淵嘿㉕，尊嚴若神，可謂穆穆天子之容矣㉖。博覽古今，容受直辭，公卿奏議可述㉗，遭世承平，上下和睦。然湛㉘于酒色，趙氏亂內，外家擅朝，言之可為於邑㉙。建始以來，王氏始執國命，哀平短祚㉚，莽遂篡位，蓋其威福所由來者漸矣㉛。」

㈤是日，孔光於大行前拜受丞相博山侯印綬㉜。

㈥富平侯張放聞帝崩，思慕哭泣而死。

荀悅論曰：「放非不愛上，忠不存焉。故愛而不忠，仁之賊也。」

㈦皇太后詔南北郊長安如故㉝。

㈧夏、四月、丙午（八日），太子即皇帝位，謁高廟，尊皇太后曰「太皇太后」，皇后曰「太皇后」，大赦天下。哀帝初立，躬行儉約，省減諸用，政事由己出；朝廷翕然，望至治焉。

㈨己卯，葬孝成皇帝于延陵㉞。【考異】成紀，三月、丙戌，帝崩于未央宮。四月、己卯，葬延陵。臣瓚曰：「自崩及葬，凡五十四日。」漢紀乃云：「三月、丙午，帝崩。四月、己卯，葬延陵。自崩及葬，三十四日。」按是年三月己巳朔，無丙午。四月己亥朔，無己卯。若依成紀，當云五月己卯葬；依荀紀，當云閏三月丙午崩；二者各有差舛，未知孰是。按是年閏七月，不當頓差四月。今且從成紀之文。

㈩太皇太后令傅太后丁姬，十日一至未央宮。有詔問丞相大司空：「定陶共㉟王太后，宜當何居？」丞相孔光素聞傅太后為人剛暴，長於權謀；自帝在襁褓，而養長教道㊱，至於成人，帝之立又有力㊲；光心恐傅太后與㊳政事，不欲與帝旦夕相近，即議以為定陶太后宜改築宮。大司空何武曰：「可居北宮。」上從武言。北宮㊴有紫房複道，通未央宮，傅太后果從複道朝夕至帝所，求欲稱尊號，貴寵其親屬，使上不得由直道行㊵。

高昌侯董宏㊶，希指㊷上書，言：「秦莊襄王母本夏氏，而為華陽夫人所子，及即位後，俱稱太后㊸。宜立定陶共王后為帝太后。」事下有司，大司馬王莽、左將軍關內侯領尚書事師丹劾奏宏知皇太后至尊之號，天下一統，而稱引亡秦，以為比喻；詿誤聖朝，非所宜言，大不道。上新立謙讓，納用莽、丹言，免宏為庶人。傅太后大怒，要上欲必稱尊號。上乃白太皇太后，令下詔尊定陶恭王為恭皇。

㈪五月、丙戌（十九日），立皇后傅氏，傅太后從弟晏之子也。

(十二)詔曰：「春秋母以子貴㊹，宜尊定陶太后曰恭皇太后，丁姬曰恭皇后；各置左右詹事，食邑如長信宮、中宮㊺。」追尊傅父㊻為崇祖侯，丁父㊼為褒德侯。封舅丁明為陽安侯㊽，舅子滿為平周侯㊾，皇后父晏為孔鄉侯㊿，皇太后弟侍中光祿大夫趙欽為新城侯(五一)。太皇太后詔大司馬莽就第，避帝外家，莽上疏乞骸骨。帝遣尚書令詔起莽，又遣丞相孔光、大司空何武、左將軍師丹、衞尉傅喜白太皇太后曰：「皇帝聞太后(五二)詔，甚悲，大司馬即不起，皇帝即不敢聽政。」太后乃復令莽視事。

(十三)成帝之世，鄭聲(五三)尤甚，黃門名倡丙彊、景武之屬，富顯於世；貴戚(五四)至與人主爭女樂。帝自為定陶王時疾之，又性不好音；六月，詔曰：「孔子不云乎？放鄭聲，鄭聲淫(五五)。其罷樂府官(五六)；郊祭樂及古兵法武樂，在經，非鄭衞之樂者，別屬他官(五七)。」凡所罷省過半。然百姓漸漬日久，又不制雅樂有以相變，豪富吏民，湛沔自若(五八)。

(十四)王莽薦中壘校尉劉歆有材行，為侍中，稍遷光祿大夫，貴幸；

更名秀(五九)。上復令秀典領五經，卒父前業(六〇)。秀於是總羣書而奏其七略(六一)，有略(六二)，有六藝(六三)略，有諸子(六四)略，有詩賦(六五)略，有兵書(六六)略，有術數(六七)略，有方技(六八)略。凡書六略三十八種，五百九十六家，萬三千二百六十九卷。

其敍諸子，分為九流：曰儒、曰道、曰陰陽、曰灋、曰名、曰墨、曰從橫、曰雜、曰農。以為九家皆起於王道既微，諸侯力政(六九)，時君世主，好惡殊方；是以九家之術，蠭(七〇)出并作，各引一端，崇其所善，以此馳說，取合諸侯；其言雖殊，譬如水火(七一)，相滅亦相生也。仁之與義，敬之與和，相反而皆相成也。易曰：「天下同歸而殊塗，一致而百慮(七二)。」今異家者推所長，窮知究慮以明其指，雖有蔽短(七三)，合其要歸，亦六經之支與流裔(七四)。使其人遭明王聖主，得其所折中，皆股肱之材已(七五)。仲尼有言：「禮失而求諸野(七六)。」方今去聖久遠，道術缺廢，無所更索(七七)；彼九家者，不猶愈(七八)於野乎？若能脩六藝之術，而觀此九家之言，舍短取長，則可以通萬方之略矣。

(十五)河間惠王良，能脩獻王之行，母太后薨，服喪如禮。詔益封萬戶，以為宗室儀表(七九)。

(十六)初，董仲舒說武帝，以秦用商鞅之法，除井田(八〇)，民得賣買；富者田連阡陌，貧者亡立錐之地，邑有人君之尊，里有公侯之富，小民安得不困？古井田灋雖難卒行，宜少近古，限民名田(八一)，以贍不足，塞幷兼之路；去奴婢，除專殺之威(八二)；薄賦斂，省繇役，以寬民力；然後可善治也。及上即位，師丹復建言：「今累世承平，豪富吏民，訾(八三)數鉅萬，而貧弱愈困；宜略為限。」天子下其議，丞相光、大司空武奏請自諸侯王、列侯、公主名田，各有限；關內侯、吏民名田，皆毋過三十頃，奴婢毋過三十人(八四)。期盡三年，犯者沒入官。時，田宅奴婢賈(八五)為減賤，貴戚近習(八六)，皆不便也。詔書且須(八七)後，遂寢不行。

又詔齊三服官諸官，織綺繡難成，害女紅之物，皆止無作輸(八八)；除任子令(八九)及誹謗詆欺灋；掖庭宮人年三十以下出嫁之；官奴婢五十以上，免為庶人；益吏三百石以下俸。

(七)上置酒未央宮，內者令(九〇)為傅太后張幄坐於太皇太后坐旁(九一)。大司馬莽按行，責內者令曰：「定陶太后藩妾，何以得與至尊并！徹去(九二)，更設坐！」傅太后聞之大怒，不肯會(九三)，重怨恚莽。莽復乞骸骨。秋、七月、丁卯（一日），上賜莽黃金五百斤，安車駟馬，罷就第。【考異】公卿表，十一月丁卯，大司馬莽免，庚午，師丹為大司馬；四月徙。又曰：「十月癸酉，丹為大司空。」又曰：「太子太傅師丹為左將軍，五月遷。」荀紀，七月丁巳大司馬莽免。按丹若以十一月為司馬，四月徙官，不得以十月為司空也。七月丁卯朔，無丁巳；年表月誤，荀紀日誤。公卿大夫多稱之者，上乃加恩寵，置中黃門為莽家給使(九四)，十日一賜餐。又下詔益封曲陽侯根、安陽侯舜、新都侯莽、丞相光、大司空武邑戶，各有差(九五)；以莽為特進給事中，朝朔望，見禮如三公。又還紅陽侯立於京師(九六)。

傅太后從弟右將軍喜，好學問，有志行；王莽既罷退，眾庶歸望於喜。初，上之官爵外親(九七)也，喜獨執謙稱疾；傅太后始與政事，數諫之；由是傅太后不欲令喜輔政。庚午（四日），以左將軍師丹為大司馬，封高鄉亭侯(九八)；賜喜黃金百斤，上右將軍印綬，以光祿大夫養病；以光祿勳淮陽彭宣為右將軍。大司空何武，尚書令唐林皆上書言：「喜行義修潔，忠誠憂國，內輔之臣(九九)也。

今以寢病⑳，一旦遣歸，眾庶失望。皆曰：『傅氏賢子，以論議不合於定陶太后，故退。』百寮㉑莫不為國恨之。忠臣，社稷之衞，魯以季友治亂㉒，楚以子玉輕重㉓，魏以無忌折衝㉔，項以范增存亡；百萬之眾，不如一賢，故秦行千金以閒廉頗㉕，漢散萬金以疏亞父㉖。喜立於朝，陛下之光輝，傅氏之廢興也㉗。」上亦自重之，故尋復進用焉㉘。

㈧建平侯杜業，上書詆曲陽侯根、高陽侯薛宣、安昌侯張禹，而薦朱博。帝少而聞知王氏驕盛，心不能善，以初立故，且優之。後月餘，司隸校尉解光奏：「曲陽侯，先帝山陵未成，公聘取掖庭女樂五官㉙殷嚴、王飛君等，置酒歌舞；及根兄子成都侯況，亦聘取故掖庭貴人以為妻；皆無人臣禮，大不敬不道。」於是天子曰：「先帝遇根、況父子，至厚也，今乃背恩忘義；以根嘗建社稷之策㉚，遣歸國；免況為庶人，歸故郡㉛。根及況父商所薦舉為官者，皆罷。」

㈨九月、庚申（二十五日），地震；自京師到北邊，郡國三十餘處壞城郭，凡壓殺四百餘人。上以災異問待詔李尋，【考異】尋傳云：「使侍中衛尉傅喜問尋。」按公卿表，傅喜為衛尉，二月，遷右將軍；十一月，罷。地震在九月，當是時，喜已不為衛尉矣。對曰：「夫日者，眾陽之長，人君之表也。君不脩道，則日失其度，晻㉓昧亡光。閒者日尤不精㉔，光明侵奪失色，邪氣珥蜺㉕數作；小臣不知內事，竊以日視陛下，志操衰於始初多矣。唯陛下執乾剛之德，彊志守度㉖，毋聽女謁邪臣之態，諸保阿乳母㉗甘言卑辭之託；斷而勿聽，勉彊大義，絕小不忍。良有不得已，可賜以貨財，不可私以官位，誠皇天之禁也。臣聞月者眾陰之長，妃后大臣，諸侯之象也。閒者月數為變，此為母后與政亂朝，陰陽俱傷，兩不相便。外臣不知朝事，竊信天文，即如此，近臣已不足杖矣㉘。唯陛下親求賢士，無彊所惡㉙，以崇社稷，尊彊本朝。臣聞五行以水為本㉚，水為準平；王道公正修明，則百川理，落脈㉛通；偏黨失綱，則涌㉜溢為敗。今汝、潁㉝漂涌，與雨水幷為民害，此詩所謂百川沸騰，咎在皇甫卿士之屬㉞。唯陛下少抑外親大臣。臣聞地道柔靜，陰之常義也。閒者關東地數震，宜務崇陽抑陰，以救其咎；固志建威㉟，閉絕私路，拔進英雋，退不任職，以彊本朝㉖。夫本彊，則精神折衝㉗；本弱，則招殃致凶，為邪謀所陵。聞往者淮南王作謀之時，其所難者，獨有汲黯，以為公孫弘等不足言也㉘。弘，漢之名相，於今無比，而尚見輕，何況亡弘之屬乎！故曰朝廷亡人，則為賊亂所輕；其道自然也。」

(廿)騎都尉平當使領河隄㉙，奏：「九河今皆寘㉚滅，按經義，治水有決河深川㉛，而無隄防壅塞之文；河從魏郡以東多溢決，水迹難以分明，四海之眾㉜不可誣，宜博求能浚川疏河者。」上從之。待詔賈讓奏言：「治河有上中下策。古者立國居民，疆理土地，必遺川澤之分，度水埶所不及㉝；大川無防，小水得入，陂障卑下，以為汙㉞澤；使秋水多得其所休息，左右游波，寬緩而不迫。夫土之有川，猶人之有口也；治土而防其川，猶止兒啼而塞其口，豈不遽㉟止，然其死可立而待也。故曰：『善為川者，決之使道；善為民者，宣之使言㊱。』蓋隄防之作，近起戰國，雍㊲防百川，各以自利。齊與趙、魏以河為竟㊳，趙、魏瀕山㊴，齊地卑下㊵，作隄去河二十五里，河水東抵齊隄，則西泛趙、魏；趙、魏亦為隄，去河二十五里。雖非其正，水尚有所遊盪，時至而去，則填淤肥美，民耕田之，或久無害；稍築宮宅，遂成聚落；大水時至漂沒，則更起隄防以自救，稍去其城郭，排水澤而居之，湛溺自其宜也。

今隄防陿(四一)者去水數百步，遠者數里，於故大隄之內，復有數重，民居其閒，此皆前世所排也。河從河內、黎陽(四二)至魏郡昭陽(四三)，東西互有石隄，激水使還，百餘里閒，河再西三東(四四)；迫阸如此，不得安息。

今行上策，徙冀州之民當水衝者，決黎陽遮害亭(四五)，放河使北入海。河西薄大山(四六)，東薄金隄，埶不能遠泛濫，朞月自定。難者將曰：『若如此，敗壞城郭田廬冢墓以萬數，百姓怨恨。』昔大禹治水，山陵當路者毀之，故鑿龍門，闢伊闕(四七)，析底柱(四八)，破碣石(四九)，墮(五〇)斷天地之性；此乃人功所造(五一)，何足言也。今瀕河十郡(五二)治隄，歲費且萬萬，及其大決，所殘無數。如出數年治河之費，以業所徙之民，遵古聖之瀍，定山川之位(五三)，使神人各處其所而不相奸(五四)；且大漢方制萬里，豈其與水爭咫尺之地哉！此功一立，河定民安，千載無患，故謂之上策。

若乃多穿漕渠於冀州地，使民得以溉田，分殺水怒(五五)；雖非聖人法，然亦救敗術也。可從淇口(五六)以東為石隄，多張水門。恐議者疑河大川，難禁制，滎陽漕渠(五七)足以卜之。冀州渠首盡當仰此水門，諸渠皆往往股(五八)引取之。旱則開東方下水門，溉冀州；水則開西方高門，分河流；民田適治，河隄亦成。此誠富國安民，興利除害，支數百歲，故謂之中策。

若乃繕完故隄，增卑倍薄，勞費無已，數逢其害，此最下策也(五九)。」

(廿)孔光何武奏：「迭毀之次，當以時定(六〇)，請與羣臣雜議。」於是光祿勳彭宣等五十三人，皆以為孝武皇帝雖有功烈，親盡宜毀。太僕王舜、中壘校尉劉歆議曰：「禮，天子七廟(六一)。七者其正法數，可常數者也。宗不在此數中，宗變也(六二)。苟有功德則宗之，不可預為設數。臣愚以為孝武皇帝功烈如彼，孝宣皇帝崇立之如此(六三)，不宜毀。」上覽其議，制曰：「太僕舜、中壘校尉歆議可。」

(廿二)何武後母在蜀郡(六四)，遣吏歸迎；會成帝崩，吏恐道路有盜賊，後母留止(六五)。左右(六六)或譏武事親不篤，帝亦欲改易大臣，冬、十月，策免武，以列侯歸國。

癸酉（九日），以師丹為大司空。丹見上多所匡改成帝之政，乃上書言：「古者諒闇不言，聽於冢宰(六七)，三年無改於父之道(六八)。前大行尸柩在堂，而官爵臣等，以及親屬，赫然皆貴寵；封舅為陽安侯；皇后尊號未定，豫封父為孔鄉侯(六九)；出侍中王邑、射聲校尉王邯(七〇)等。詔書比下，變動政事，卒暴無漸(七一)。臣縱不能明陳大義，復曾不能乖(七二)讓爵位，相隨空受封侯，增益陛下之過。閒者郡國多地動，水出流殺人民，日月不明，五星失行；此皆舉錯失中，號令不定，灋度失理，陰陽溷濁之應也。臣伏惟人情無子，年雖六七十，猶博取(七三)而廣求；孝成皇帝深見天命，燭知至德(七四)，以壯年克己(七五)，立陛下為嗣。先帝暴棄(七六)天下，而陛下繼體，四海安寧，百姓不懼，此先帝聖德當合天人之功也。臣聞天威不違顏咫尺(七七)，願陛下深思先帝所以建立陛下之意，且克己躬行，以觀羣下之從化。天下者，陛下之家也，胏附(七八)何患不富貴？不宜倉卒。若是，其不長久矣。」丹書數十上，多切直之言。

傅太后從弟子遷在左右，尤傾邪；上惡之，免官遣歸故郡(七九)。傅太后怒，上不得已復留遷。丞相光與大司空丹奏言：「詔書前後相反，天下疑惑，無所取信。臣請歸遷故郡，以銷姦黨。」卒不得遣，復為侍中。其逼於傅太后，皆此類也(八〇)。

(廿三)議郎耿育上書冤訟陳湯(八一)曰：「甘延壽、陳湯，為聖漢揚鉤深致遠之威(八二)，雪國家累年之恥，討絕域不羈(八三)之君，係萬里難制之虜，豈有比哉！先帝嘉之，仍(八四)下明詔，宣著其功，改年垂歷(八五)，傳之無窮。應是南郡獻白虎(八六)，邊垂無警備。會先帝寢疾，然猶垂意不忘，數使尚書責問丞相，趣立其功(八七)。獨丞相匡衡，排而不予，封延壽、湯數百戶(八八)，此功臣戰士所以失望也。孝成皇帝承建業之基，乘征伐之威，兵革不動，國家無事；而大臣傾邪，欲專主威，排妒(八九)有功，使湯塊然(九〇)被見拘囚，不能自明，卒以無罪老棄燉煌；正當西域通道（九一），令威名折衝之臣，旋踵及身（九二），復為郅支遺虜所笑，誠可悲也。至今奉使外蠻者，未嘗不陳郅支之誅，以揚漢國之盛（九三）。夫援人之功以懼敵，棄人之身以快讒，豈不痛哉！且安不忘危，盛必慮衰，今國家素無文帝累年節儉富饒之畜（九四），又無武帝薦延梟俊禽敵之臣，獨有一陳湯耳（九五）。假使異世不及陛下，尚望國家追錄其功，封表其墓，以勸後進也。湯幸得身當聖世，功曾未久，反聽邪臣，鞭逐（九六）斥遠；使逃亡分竄（九七），死無處所。遠覽之士，莫不計度，以為湯功累世不可及，而湯過人情所有（九八）；湯尚如此，雖復破絕筋骨，暴露形骸，猶復制於脣舌，為嫉妒之臣所係虜耳（九九）。此臣所以為國家尤戚戚也。」書奏，天子還湯，卒於長安。

【今註】㊀熒惑守心：熒惑，火星。心，亦星座名，又名心宿，為二十八宿之一。守心，謂火星接近心宿，留守不去。時以為此種現象，於天子不利。周壽昌曰：「熒惑所居之宿，國受殃。心為明堂，其大星為天王。占曰：『火犯心，王者惡之。』故成帝欲殺方進，以應星變也。」㊁議曹：胡三省曰：「議曹職在論議，自公府至州郡皆有之。」㊂安得保斥逐之戮：顏師古曰：「言其事重，不但斥逐而已也。」戮，恥辱。㊃闔府三百餘人：顏師古曰：「三百餘人，言丞相之官屬也。」㊄賁麗善為星：賁，音肥（ㄈㄟˊ），姓；麗，其名。善為星，謂通曉天文，擅長占卜。㊅大臣宜當之：謂宜以大臣身當其禍，以彌災變。㊆引決：謂以責任牽引而自殺。㊇冊：即策書。《說文》：「冊，符命也，諸侯進受於王也。象其札一長一短，中有二編之形。」程大昌《演繁露》曰：「策，制長二尺，短者半之；其次一長一短；兩編下唯用篆書。此漢策拜丞相之制也。至策免則以尺一木兩行而隸書，與策拜異矣。」㊈上尊酒：如淳曰：「漢儀注：『有天地大變，天下大過，皇帝使侍中持節，乘四白馬，賜上尊酒十斛，牛一頭，策告殃咎。使者去半道，丞相即上病；使者還未白事，尚書以丞相不起聞。』律：『稻米一斗，得酒一斗，為上尊。稷米一斗，得酒一斗，為中尊。粟米一斗，得酒一斗，為下尊。』」顏師古曰：「稷，即粟也。宜為黍米，不當言稷。且作酒自有澆淳之異為上中下耳。」㊉祕器：棺材。胡三省曰：「東園祕器也。」按東園，署名，屬少府，主作兇器，故謂之祕。⑪供張：一作供帳，陳設一切。⑫柱檻皆衣素：顏師古曰：「柱，屋柱也；檻，軒前闌版也；皆以白素衣之。」⑬天子親臨弔者數至，禮賜異於它相故事：顏師古引漢舊儀云：「丞相有疾，皇帝法駕親自問疾，從西門入。即薨，移居第中，車駕往弔。賜棺、棺斂具、贈錢、葬地。葬日，公卿已下會葬。」何焯曰：「以方進塞變，故祕之而加殊禮。」王夫之曰：「方進之附淳于長也，欲與王氏忤，而長固王后之姊子也。長之不類，尤出諸王之上，資之以與王抗，而方進之欲不死者奚能？熒惑之變，駕言移禍於宰相；王氏之嫉深，雖微熒惑，方進其能免乎！」⑭天命不慆，不貳其命：此為晏子對齊景公禳彗之辭，見《晏子春秋》外篇重而異者第七。原文作「天道不諂，不貳其命。」慆，音滔（ㄊㄠ），疑。⑮昔楚昭王、宋景公不忍移災於卿佐：胡三省曰：「左傳、哀六年，有雲如眾赤鳥，夾日而飛三日。楚子使問周太史，周太史曰：『其當王身乎！若禜之，可移於令尹司馬。』王曰：『移腹心之疾，而寘股肱，何益？』遂弗禜。史記，宋景公時，熒惑守心，景公憂之。司星子韋曰：『可移於相。』公曰：『相，吾之股肱。』曰：『可移於民。』公曰：『君者待民。』曰：『可移於歲。』公曰：『歲饑民困，吾誰為君？』子韋曰：『天高聽卑，君有仁人之言三，熒惑宜有動。』候之，果徙三度。」⑯藉：即使。⑰帝崩于未央宮：臣瓚曰：「帝年二十即位，即位二十五年，壽四十五。」顏師古曰：「即位明年乃改元，得壽四十六。」朱一新曰：「帝三歲，宣帝崩，歷元帝十六年，凡十九歲，而元帝崩。是年即位，踰年改元，在位二十六年，壽正四十五。瓚注不誤，所云二十即位者，據改元之年言之，顏氏誤駮。」⑱素彊無疾病：胡三省曰：「自彊以為無疾病也。」按胡說稍迂，蓋謂帝身體素彊，而無疾病。⑲楚思王衍：楚孝王囂之後。⑳書贊：顏師古曰：「贊，謂延拜之文，贊其名延進而拜之也。書贊者，書贊辭於策也。」㉑鄉晨傅絝韤：鄉，讀曰向。傅，穿。絝，古袴字。㉒失衣：胡三省曰：「攬衣而失手緩縱也。」㉓書漏上十刻：胡三省曰：「司漏之度，有晝漏夜漏，是時三月，晝漏五十八刻。上，謂漏刻浮而上也。」㉔不內顧，不疾言，不親指：顏師古曰：「不內顧者，儼然端嚴，不迴眄也。不疾言者，為輕肆也。不親指者，為惑下也。此三句者，本論語鄉黨篇述孔子之事，班氏引之。今論語云：『車中不內顧，不疾言，不親指。』內顧者，說者以為前視下過衡軛，旁視不過輢較，與此不同。」蘇輿曰：「注，今論語不內顧，不字當衍。論語釋文：『魯讀，車中內顧。無不字者，從魯讀耳。』顏引說者云云，乃後漢包咸說，見何晏集解。」㉕淵嘿：淵，深遠。嘿，同默。㉖穆穆天子之容：顏師古曰：「禮記云：『天子穆穆，諸侯皇皇，大夫濟濟，士蹌蹌。』故此贊引之。」毛晃曰：「穆穆，和靜貌。」何焯曰：「謂有其容，爽其德也。」㉗公卿奏議可述：顏師古曰：「可述，言有文采。」㉘湛：顏師古曰：「湛，讀曰耽。」孔穎達曰：「耽者，過禮之樂。」㉙於邑：憂煩貌。㉚哀平短祚：謂哀平二帝，在位年數短促。㉛蓋其威福所由來者漸矣：胡三省曰：「言王氏之禍，始於成帝。」王先慎曰：「御覽卷八十九引漸作久。」㉜於大行前拜受丞相博山侯印綬：大行前，謂大行皇帝（指成帝）柩前。大行，一去不返之意。據《漢書・恩澤侯表》，博山侯國於南陽郡順陽縣，故城在今河南省淅川縣東。㉝南北郊長安如故：謂恢復於長安祭天地之禮。舊時天子於冬至日祭天於圜丘，其地在京師之南郊，故亦稱南郊大祀；夏至日，祭地於方澤，其地在京師之北郊，故稱北郊大祀。成帝永始三年（西元前十四年），復甘泉泰畤、雍五畤、汾陰后土祠，罷長安南北郊；今又恢復。㉞葬孝成皇帝于延陵：臣瓚曰：「自崩至葬，凡五十四日。延陵，在扶風，去長安六十三里。」按延陵在陝西省咸陽縣西北。㉟共：讀曰恭。㊱道：讀曰導。㊲帝之立又有力：事見卷三十二元延四年㈡。㊳與：讀曰預。㊴北宮：胡三省曰：「長安記：『桂宮在未央宮北，亦曰北宮。』余按漢書平帝紀，成帝趙皇后退居北宮，哀帝傅皇后退居桂宮；則北宮桂宮，自是兩宮。」㊵使上不得由直道而行：顏師古曰：「不得依正直之道也。」胡三省曰：「余謂小宗不得間大宗，藩后不得位匹長樂，私戚不得妄干恩澤，所謂正道也。」㊶高昌侯董宏：胡三省曰：「宏，高昌侯董忠子也。（漢書）功臣表，高昌侯國於千乘。」按千乘郡治千乘縣，故城在今山東高苑縣北二十五里。㊷希指：顏師古曰：「希望天子意指也。」㊸俱稱太后：事見卷六秦孝文王元年㈠。㊹春秋母以子貴：見《春秋公羊傳》隱公元年。㊺食邑如長信宮、中宮：應劭曰：「成帝母王太后居長信宮。」李奇曰：「傅姬如長信，丁姬如中宮也。」顏師古曰：「中宮，皇后之宮。」㊻傅父：傅太后之父。㊼丁父：丁太后之父。㊽陽安侯：據《漢書・地理志》，汝南郡有陽安縣，故城在今河南省確山縣東北；陽安侯當國於此。㊾平周侯：據《漢書・恩澤侯表》，平周侯食邑於南陽郡湖陽縣；故城在今河南省沘源縣南八十里。㊿孔鄉侯：據《漢書・恩澤侯表》，孔鄉侯食邑於沛郡夏丘縣；故城即今安徽泗縣治。(51)新城侯：據《漢書・地理志》，河南郡有新成縣（東漢作新城），故城在今河南省洛陽縣南；新城侯當國於此。(52)太后：胡三省曰：「太皇太后，止稱太后，史省文。」(53)鄭聲：顏師古曰：「鄭國有溱洧之水，男女亟於其間聚會，故俗亂而樂淫。」胡三省曰：「周末有鄭衛之樂，東門溱洧之詩，鄭聲也；桑中濮上之音，衛聲也；皆淫聲也。凡淫聲，通謂之鄭聲。孔子曰：『鄭聲淫』是也。」(54)貴戚：胡三省曰：「蓋王氏五侯、淳于長之屬也。」(55)孔子不云乎？放鄭聲，鄭聲淫：孔子之言，載《論語・衛靈公》第十五。(56)罷樂府官：武帝元狩三年（西元前一二〇年）立樂府，今罷。立樂府事見卷十九元狩三年㈧。(57)郊祭樂及古兵法武樂，在經，非鄭衛之樂者，別屬他官：郊祭樂。亦武帝時置。《漢書・

禮樂志》：「丞相孔光、大司空何武奏：『郊祭樂人員六十二人，給祠南北郊；大樂鼓員六人，嘉至鼓員十人，邯鄲鼓員二人，騎吹鼓員三人，江南鼓員二人，淮南鼓員四人，巴俞鼓員三十六人，歌鼓員二十四人，楚嚴鼓員一人，梁皇鼓員四人，臨淮鼓員三十五人，茲邡鼓員三人，凡鼓十二，員百二十八人，朝賀置酒陳殿下，應古兵法；外郊祭員十三人，諸族樂人兼雲招給祠南郊用六十七人，兼給事雅樂用四人，夜誦員五人，剛別柎員二人，給盛德；主調篪員二人，聽工以律知日冬夏至一人，鐘工、磬工、簫工員各一人；僕射二人，主領諸樂人；皆不可罷。竽工員三人，一人可罷。琴工員五人，三人可罷。柱工員二人，一人可罷。繩弦工員六人，四人可罷。鄭四會員六十二人，一人給事雅樂，六十一人可罷。張瑟員八人，七人可罷。安世樂鼓員二十人，十九人可罷。沛鼓吹員十二人，族歌鼓員二十七人，陳吹鼓員十三人，商樂鼓員十四人，東海鼓員十六人，長樂鼓員十三人，縵樂鼓員十三人，凡鼓八，員百二十八人，朝賀置酒，陳前殿房中，不應經法。治竽員五人，楚鼓員六人，常從倡三十人，常從象人四人，詔隨常從倡十六人，秦倡員二十九人，秦倡象人員三人，詔隨秦倡一人，雅大人員九人，朝賀置酒為樂；楚四會員十七人，巴四會員十二人，銚四會員十二人，齊四會員十九人，蔡謳員三人，齊謳員六人，竽瑟鐘磬員五人，皆鄭聲，可罷。師學百四十二人，其七十二人置大官挏馬酒，其七十人可罷。大凡八百二十九人，其三百八十八人不可罷，可領屬大樂；其四百四十人不應經法，或鄭衞之聲，皆可罷。』奏可。」邡，音方（ㄈㄤ）。招，讀曰翹。剛、別柎，皆鼓名。柱工，主箏瑟之柱者。繩弦，謂糾合琴瑟之弦。縵樂，雜樂。挏馬酒，撞挏馬乳而成之酒。象人，戴假面具之戲人。（五八）湛沔自若：謂沈湎鄭聲，一如舊日。（五九）更名秀：漢書劉歆傳：「初歆以建平元年，改名秀，字穎叔。」是歆此時尚未更名。胡三省曰：「歆改名秀，冀以應圖讖。」應劭曰：「河圖赤伏符曰：『劉秀發兵捕不道，四夷雲集龍鬭野，四七之際火為主；』故改名冀以趣也。」何焯曰：「載其改名於哀帝之時，以見歆樂禍非望，素不能乃心王室。」（六〇）卒父前業：卒，完成。秀父向，於成帝時典領校書，事見卷三十河平三年（四）。（六一）七略：王應麟曰：「古者史官既司典籍，蓋有目錄，以為綱紀。孔子刪書，別為之序，各陳作者所由；韓毛二詩，亦皆相類。漢時別錄七略，各有其部，推尋事迹，則古之制也。」王先謙曰：「隋志，哀帝使歆嗣父之業，乃徙溫室中書於天祿閣上；歆遂總括羣書，撮其旨要，著為七略。」（六二）輯略：顏師古曰：「輯與集同，謂諸書之總要。」吳仁傑曰：「時猶未以集名書，故（漢書藝文）志載賦頌歌詩一百家，皆不曰集。晉荀勗分書為四部，其四曰丁部；宋王儉撰七志，其三曰文翰志；亦未以集名之。梁阮孝緒為七錄，始有文集錄；隋志遂以荀況等賦詩之文，皆謂之集。而又有別集，史官謂別集之名，漢東京所創。案閔馬父論商頌輯之亂，韋昭云：『輯，成也』。竊謂別集之名，雖始於東京，實本於歆之輯略，而輯略又本於商頌之輯云。」（六三）六藝：即六經。（六四）諸子：即以下所敍九流之書。（六五）詩賦：自屈原荀卿下至揚雄等人之文學作品。（六六）兵書：有關權謀、器械、戰略、戰術等類書籍。（六七）術數：有關天文、曆法、五行，占卜等類之書（六八）方技：有關醫學、神仙等類書籍。（六九）政：同征。（七〇）鏠：同鋒。（七一）譬如水火，相滅亦相生也：胡三省曰：「水滅火而生木，木復生火。」（七二）易曰：「天下同歸而殊塗，一致而百慮」：

見《周易・繫辭下》傳。塗，同途。致，極致，謂最後目的。意謂諸子學說思想雖相異，而其最後目的則相同。⑭蔽短：偏見及缺點。⑭亦六經之支與流裔：顏師古曰：「裔，衣末也。其於六經如水之下流衣之末裔。」⑮已：同矣，語終辭。⑯禮失而求諸野：顏師古：「言都邑失禮，則於野外求之，亦將有獲。」⑰索：尋求。⑱愈：勝。⑲儀表：顏師古曰：「儀表者，言為禮儀之表率。」胡三省曰：「余謂有儀可象謂之儀，四外望之以取正，謂之表。」王念孫曰：「（漢書）酷吏傳贊亦云：『其廉者足以為儀表。』案立木以示人謂之儀，又謂之表。說文：『檥，榦也。從木，義聲。經傳通儀。』故爾雅云：『儀，榦也。』呂氏春秋慎小篇注：『表，柱也。故德行足以率人者，亦謂之儀表。』……師古注此則云『言為禮儀之表率』注酷吏傳則云『謂有儀形可表明者』，望文生義而注各不同，皆由不知儀表之同為立木，又不知儀為檥之借字故。」按儀表猶今謂「模範」。⑳秦用商鞅之法，除井田：事見卷二周顯王十九年㈠。㉑名田：顏師古曰：「名田，占田也。名為立限，不使富者過制，則可使貧弱之家足也。」㉒除專殺之威：服虔曰：「不復專殺奴婢也。」㉓訾：同貲。㉔丞相光、大司空武奏請自諸侯王、列侯、公主名田各有限；關內侯、吏民名田，皆毋過三十頃，奴婢毋過三十人：胡三省曰：「據（漢書）哀帝紀：『有司條奏諸侯王列侯，得名田國中；列侯在長安及公主，得名田縣道；關內侯吏民名田，皆毋得過三十頃。諸侯王奴婢二百人，列侯公主百人，關內侯吏民三十人。』與此少異。食貨志亦與紀同。」㉕賈：讀曰價。㉖貴戚近習，皆不便也：貴戚近習，指丁傅董賢之爛。皆不便，謂皆以為不便於己。㉗須：等待。㉘又詔齊三服官諸官，織綺繡難成，害女紅之物，皆止無輸作：如淳曰：「紅亦工也。其所作已成未成，皆止無復作；皆輸所近官府也。」顏師古曰：「如說非也。謂未成者不作，已成者不輸耳。」胡三省曰：「齊三服官及諸織官皆無作難成之物以輸送也。如說固非，顏說亦未若余說之為簡易明白也。」(八九)任子令：應劭曰：「任子令者，漢儀注：『吏二千石以上，視事滿三年，得任同產若子一人為郎。』不以德選，故除之。」任，保。(九〇)內者令：《漢書．百官志》：「內者令屬少府，以宦者為之，掌中布張諸物。」(九一)張幄坐於太皇太后坐旁：幄，大帳。幄坐，謂於大帳中設坐，以示尊貴。「坐」字皆通「座」。(九二)徹：通撤。(九三)不肯會：謂不肯參加未央宮酒會。(九四)置中黃門為莽家給使：蘇林曰：「使黃門在其家中為使令。」沈欽韓曰：「置專使侯家，中黃門為十日一賜餐也。六典：『凡宦人無官品稱內給使。』杜甫詩：『黃門飛鞚不動塵，御廚絡繹送八珍。』蓋本此。蘇說非。」(九五)益封曲陽侯根、安陽侯舜、新都侯莽、丞相光、大司空武邑戶，各有差：胡三省曰：「益封根二千戶，舜五百戶，舜，音子也；莽三百五十戶；光千戶。武更以南陽犨之博望鄉為氾鄉侯國，益封千戶。」(九六)還紅陽侯立於京師：立就國事見卷三十二綏和元年(十)。(九七)外親：外家之親。(九八)封高鄉亭侯：胡三省曰：「按《漢書》丹傳及恩澤侯表，皆云高樂侯，圖於東海。」按東海郡，治郯縣，故城在今山東省郯城縣西南三十里。(九九)內輔之臣：胡三省曰：「言可為內朝輔弼之臣。」(一〇〇)寢病：臥病。寢，今通作寑。(一〇一)寮：同僚，官吏。(一〇二)魯以季友治亂：顏師古曰：「謂季氏亡則魯不昌。」按季友春秋魯桓公子，莊公弟。莊公卒，季友立其子班，為慶父所殺，季友奔。及歸，立公子申，是為僖公，復敗莒師於酈，公以費封之，並使為相。㉓楚以子玉輕重：顏師古曰：「謂楚殺子玉，而晉侯喜可知。」按子玉，楚將，晉公子重耳（即文公）過楚，言不遜，子玉請殺之，楚成王不從。其後與晉文公戰，敗於城濮，為成王所誅。㉔魏以無忌折衝：事見卷六秦莊襄王三年㈡。㉕秦行千金以閒廉頗：事見卷五周赧王五十五年㈠。㉖漢散萬金以疏亞父：亞父，指范增。事見卷十高帝三年㈤。㉗喜立於朝，陛下之光輝，傅氏之廢興也：如淳曰：「傅喜顯，則傅氏興，其廢亦如之。」晉灼曰：「用喜，於陛下有光明，而傅氏之廢復得興也。」顏師古曰：「如說是。」胡三省曰：「余謂晉說亦未可厚非。」㉘故尋復用焉：胡三省曰：「明年復進用喜。」㉙公聘取掖庭女樂五官：取，同娶。周壽昌曰：「公聘取，言公然聘取，無顧忌也。」如淳曰：「五官，官名也。（漢書）外戚傳云：『五官，視三百石。』」㉚以根嘗建社稷之策：顏師古曰：「謂立哀帝為嗣也。」事見卷三十二元延四年㈡。㉛歸故郡：王氏原為魏郡元城人，故城在今河北省大名縣東。㉜根及況父商所薦舉為官者，皆罷：因其為王氏黨羽，故皆罷免。㉝晻：同暗。㉞精：明亮。㉟珥蜺：珥，音耳（ㄦˇ），日旁氣。蜺，同霓，音泥（ㄋㄧˊ）。凡虹霓（rainbow）之內環曰虹，外環曰霓，霓今又稱副虹（secondary rainbow）。㊱守度：胡三省曰：「謂守法度也。」㊲諸保阿乳母：王先謙曰：「保、阿、乳三母也。保母，見禮記內則。說文：『妿，女師也。從女加聲。』杜林說：『加教於女也，讀若阿。』史記倉公傳作『阿母』，蓋轉寫失真，音存字變。（漢書）景十三王傳贊引魯哀公言：『生於深宮之中，長於阿保之手。』阿雖女師，而教兼男女，凡幼小者，隨事教之，蓋其職也。保阿本二母，後遂為統稱，（漢書）

丙吉傳『掖庭宮婢則自陳嘗有阿保之功』是也。」㉘杖：倚任。㉙無彊所惡：顏師古曰：「邪佞之人，誠可賤惡，勿得寵而異之，令其彊盛也。」㉚五行以水為本：胡三省曰：「五行，一曰水；水者，天一所生。」㉛落脈：顏師古曰：「落，經絡也。」按落脈謂水道，水道之縱橫四達，猶絡脈之周佈全體。㉜涌：湧本字，水騰溢。㉝汝潁：均水名。《漢書・地理志》：「潁川郡陽城縣陽乾山，潁水所出，東至沛郡下蔡縣入淮；過郡三，行千五百里。汝水出汝南郡定陵縣高陵山，東南至新蔡入淮；過郡四，行千三百四十里。」王先謙注謂潁水過潁川、河南、淮陽、汝南四郡，三當為四。汝水過南陽、河南、潁川、汝南四郡。按陽城縣故城在今河南省登封縣東南三十五里。下蔡縣在今安徽省鳳台縣。定陵縣在今河南省舞陽縣北十五里。新蔡縣在今河南省新蔡縣。㉞此詩所謂百川沸騰，咎在皇甫卿士之屬：顏師古曰：「皇甫，周卿士之字也。周后寵之，故處於盛位，權黨於朝，詩人刺之。事見（詩經）小雅十月之交篇。」㉟固志建威：胡三省曰：「固本以用英俊，建威以黜姦邪。建，立也。」㊱本朝：蘇輿曰：「本朝，猶朝廷。（漢書）蕭望之傳：『望之雅意在本朝，遠為郡守，內不自得。』淮南子繆稱訓：『晉文得之乎閨內，失之乎境外；齊桓失之乎閨內，而得之本朝。』大戴禮保傅篇：『賢者立於本朝，而天下之豪相率而趨之也。』並此義。」㊲折衝：顏師古曰：「言有欲衝突為害者，則折挫之。」㊳以為公孫弘等不足言：事見卷十九武帝元狩二年㈡。㊴使領河隄：顏師古曰：「為（河隄）使而領其事。」周壽昌曰：「河隄使者，漢因事置，無常員，故不見（漢書）百官表。皆以他官出使河隄，無專官。」㊵窴：同填。㊶決河深川：顏師古曰：「決，分泄也。深，浚治也。」㉜四海之眾：四海，指境域而言，蓋有三解：一謂四夷；一謂中國四面之海；一謂中國海內之地，亦即中國四境之內。此處當作第三解。胡三省曰：「諸儒之說，略有異同；然平當所謂四海之眾，但言四海之內之人耳。」㉝遺川澤之分，度水埶所不及：顏師古曰：「遺，留也。度，計也。言川澤水所流聚之處，皆留而置之，不以為居邑而妄墾殖，必及水所流不及，然後居而田之也。」埶，同勢。㉞汙：顏師古曰：「停水曰汙。」㉟遽：迅速。㊱善為川者，決之使道；善為民者，宜之使言：《國語》召公諫厲王監謗之辭。道，讀曰導，疏通。為，治。㊲雍：讀曰壅。㊳齊與趙魏以河為竟：顏師古曰：「竟，讀曰境。」沈欽韓曰：「說苑臣通篇：『齊鄒忌舉田子為西河而秦梁弱。』《史記》田敬仲世家：『威王曰：吾臣有盼子者，使守高唐，則趙人不敢東漁於河。』《戰國策》趙策：『武靈王曰：今吾國東有河，薄洛之水，與齊中山同之。』魏策：『蘇子說魏王曰：大王之地，北有河，外卷衍、燕、酸棗。』蓋齊竟西北，趙竟東南，魏則三面跨河，南連鴻溝也。」㊴趙魏瀕山：顏師古曰：「瀕山，猶言以山為邊界也。」胡三省曰：「余謂趙魏之地，一邊接山，則地勢高，非邊界也。」按顏所謂以為邊界及胡所謂一邊所接之山，均指今太行山。㊵齊地卑下：胡三省曰：「齊地瀕海，故卑下也。」㊶阸：同狹。㊷黎陽：據《漢書．地理志》，黎陽縣屬魏郡。故城在今河南省濬縣東北。晉灼曰：「黎山在其南，河水經其東，其山上碑云：『縣取山之名，取水之陽以為名。』」㊸昭陽：亭名，亦在今河南省濬縣東北。然其地在漢黎陽縣西。㊹東西互有石隄，激水使還，百餘里間，河再西三東：胡三省曰：「按《漢書》溝洫志具載議奏曰：『河從河內北至黎陽，為石隄，激使抵東郡平剛；又為石隄，使西北抵黎陽觀下；又為石隄，使東北抵東郡津北；又為石隄，使西北抵魏郡昭陽；又為石隄，激使東北。』」㊺遮害亭：胡三省曰：「遮害亭在淇口東十八里；有金隄，隄高一丈；自淇口東地稍高，至遮害亭西，五丈。水經注曰：『舊有宿胥口，河水於此北入。』」沈欽韓曰：「河水注：『河水又逕東燕縣故城，北又東，淇水入焉；又東逕遮害亭。』一統志：『遮害亭在衛輝府濬縣西南五十里。』紀要：『大河經亭南，又東至黎陽東大伾山，北入開州。』」據此，遮害亭在淇口以東，黎陽以西。開州，金置，今河北省濮陽縣。㊻大山：指今太行山脈。㊼鑿龍門，闢伊闕：沈欽韓曰：「紀要：『闕塞山在河南府西南三十里，亦曰龍門山，亦曰伊闕山。山之東曰香山，西曰龍門；大禹疏以通水。兩山對峙，石壁峭立，望之若闕，伊水歷其間。』」按河南府故治在今河南省洛陽縣。㊽析底柱：析，分。底柱，山名，亦作厎柱或砥柱，又名三門山；在今河南省陝縣黃河中流。㊾碣石：山名，言其地者，諸說不一，多謂在今河北省東北部樂亭、昌黎等縣一帶。㊿墮：毀。(51)人功所造：胡三省曰：「謂城郭田廬冢墓也。」(52)瀕河十郡：胡三省曰：「河南、河內、東郡、陳留、魏郡、平原、千乘、信都、清河、勃海十郡。」(53)定山川之位：胡三省曰：「謂依禹迹也。」(54)使神人各處其所而不相奸：胡三省曰：「神南川瀆之神，人謂居人也。」奸，讀曰干。(55)分殺水怒：殺，音曬（ㄕㄞˋ），減少。水怒，水勢。(56)淇口：淇水入黃河之口。胡三省曰：「（漢書）地理志：『淇水出河內共縣北山，東至黎陽入河。』水經注曰：『魏晉之枋頭，古淇口也。』共，音恭。」王先謙曰：「後魏武於水口下大枋成堰，遏淇水入白溝，故號其處為枋頭。」按共縣故城在今河南省輝縣。枋頭在今河南省濬縣西南八十里。㊲榮陽漕渠：如淳曰：「今礫谿口是也。言作水門流水，流不為害也。」顏師古曰：「礫谿，谿名，即水經所云濟水東過礫谿者。」王先謙曰：「水經：『濟水與河合流，東過滎陽縣北，又東至礫谿南，東出過滎澤北。』注云：『濟水分河東南流，漢明帝之世，王景始作浚儀渠云云。濟水又東逕敖山北，又東合滎瀆；又東得宿須水口，水受大河；渠側有扈亭，水自亭東南流，注濟；自西（謂滎瀆以下宿胥口以上）緣帶山隰，秦漢以來，亦有通否。濟水與河渾濤東注，晉桓溫將通之，不果。義熙十三年，又命劉遵考仍此渠而漕之；山崩壅塞，於北十里更鑿故渠通之。濟水又東逕滎陽縣北；又東礫石谿水注之，水出滎陽城西南李澤，即古馮池也。池水逕滎陽縣北斷山東北，注濟，謂之礫口澗，即經礫溪也。』據此浚儀渠始於後漢，滎陽漕渠當即滎瀆及宿須口渠一帶，故下文云『仍此而漕之，』然與滎陽縣東之礫溪口無涉；礫溪口並非漕渠，如注殊謬。」滎陽縣故城在今河南省滎陽縣西南十七里。

㊳股：胡三省曰：「如淳曰：『肢，支別也。』據如說，股當作肢。」㊴此最下策也：胡三省曰：「讓所畫治河三策，自漢至今，未有能行之者。大率古人論事，畫為三策者，其上策多孟浪駭俗麗難行，其中策則平實合宜而可用，其下策則常人所知也。」王夫之曰：「治河之策，賈讓為千古之龜鑑，而平當之數言決矣。常言：『經義有決河深川，而無隄防壅塞之文』，此鯀所以殛，禹所以興，而以堯舜之聖，不能與橫流之水爭勝也。讓言：『古之立國者，必遺川澤之分，度水勢所不及。』殷所以世有河患，而盤庚奮然依山以避災，無他，唯無總於貨寶而已。細人之情，怙田廬之利，貪瀕河

之土，動天下以從其欲，貽沈沒於子孫，而偷享其利，既古今通弊矣；而後世之謀臣，要君勞民以湮塞，逆五行之敍者，有不肖之情二焉。其所謂賢者，竭民力，積一簣，以障滔天而暫遏之；瀕河之民，且歌謠而禱祀焉。遂以功顯於廷，名溢於野，故好事者踵起以嘗試而不絕。其不肖者，則公帑之出納，浩煩而無稽，易為侵牟；民夫之賃傭，乘威以指使，享其災而利其災。河濱之士大夫，與其愚民，及其姦胥，交起以贊之，為危詞痛哭以動上聽。宜乎自漢以來，千五百年奔走天下於河，言滿天下，牘滿故府，疲豫、兗、徐三州之民，供一河之谿壑；而一旦潰敗，胥為魚鼈，而但咎陻塞之不固也。可悲夫！」㊅〇迭毀之次，當以時定：迭毀，謂迭毀親盡之廟。胡三省曰：「自元帝時，貢禹建廟之議，韋玄成、匡衡皆踵其說，以為太祖以下五廟，其親廟四，親盡而迭毀；迄於成帝，終莫能定。今二府復奏。」㊅一禮，天子七廟：胡三省引《禮記》曰：「天子七廟，三昭三穆，與太祖廟而七。」㊅二宗變：顏師古曰：「言非常數，故云變也。」㊅三孝宣皇帝崇立之如此：立世宗廟見卷二十四宣帝本始二年㈡。㊅四何武後母在蜀郡：武，蜀郡郫縣人。郫縣故城在今四川省郫縣北。郫，音疲（ㄆㄧˊ）。㊅五留止：謂停留於蜀，不來京師。㊅六左右：顏師古曰：「左右，謂天子側近之臣」。㊅七古者諒闇不言，聽於冢宰：顏師古曰：「論語云：『子張曰：書云，高宗諒闇，三年不言。孔子曰：何必高宗，古之人皆然。君薨，百官總己，以聽於冢宰三年。』諒，信也。闇，默然也。鄭玄曰：『周之六官，皆總屬於冢宰；冢宰於百官，無所不主。』爾雅曰：『冢，大也。冢宰，大宰也。』」㊅八三年無改於父之道：《論語・里仁》：「（孔）子曰：『三年無改於父之道，可謂孝矣。』」(六九)皇后尊號未定，豫封父為孔鄉侯：齊召南曰：「案（漢書）哀帝紀，帝以四月即位，五月丙戌立皇后傅氏，封后父傅晏為孔鄉侯，則封后父時，后已正位中宮矣。以（漢書）外戚恩澤侯表核之，陽安侯丁明及晏俱以四月壬寅封，在丙戌立后之前四十四日，與此傳（按謂漢書師丹傳）正合。蓋帝紀係史文類敍，不如表為確實也。」(七〇)出侍中王邑、射聲校尉王邯等：胡三省曰：「王邑、王邯，太皇太后親屬也。」(七一)卒暴無漸：謂政事變動，過於急遽，而不漸事更改。卒，讀曰猝(七二)牢：堅持。(七三)取：讀曰娶。(七四)燭知至德：顏師古曰：「燭，照也。至德，指謂哀帝。」(七五)克己：胡三省曰：「己者，有我之私。克，去也。」(七六)暴棄：胡三省曰：「暴者，言無疾而崩。」(七七)天威不違顏咫尺：《左傳》僖九年齊桓公對宰孔之言。顏師古曰：「言常若在前，宜自肅懼也。」(七八)胏附：胏應作肺。《漢書・師丹傳》亦作胏，蓋譌。《漢書・劉向傳》：「臣幸得託肺附。」顏師古注曰：「舊解云：『肺附謂肝肺相附著，猶言心膂也』。一說肺謂斫木之肺札也。自言於帝室，猶肺札附於大木材也。」王念孫曰：「一說近之，然既言附，又言託，則語意重出。余謂肺附皆謂木皮也。說文：『朴，木皮也。柿，削木札朴也。』作肺者，假借字耳。後漢書方術傳：『風吹削肺』是也。小雅角弓箋：『附，木桴也。』正義：『桴，謂木表之麤皮也。』桴、附、朴聲並相近。肺附，語之轉耳。言己為帝室微末之親，如木皮之託於木也。下文云：『臣幸得託末屬』，是其證矣。（漢書）田蚡傳：『蚡以肺附為相，』中山靖王傳：『得蒙肺附』，衞青傳：『青幸得以肺附，待罪行間，』宣元六王傳：『博幸得肺附，』師丹傳：『肺附何患不富貴』：義並同也。若以為肺肝之肺，則義不可通。」(七九)遣歸故郡：傅氏本河內郡溫縣人；溫縣故城在今河南省溫縣西南三十里。(八〇)其逼於傅太后皆此類也：胡三省曰：「哀帝之時，傅氏固為驕橫，然史家所記如此等語，意其出於王氏愛憎之口。」(八一)冤訟陳湯：胡三省曰：「成帝永始二年，陳湯徙邊。冤訟，訟其冤也。」(八二)揚鉤深致遠之威：胡三省曰：「言湯等深入康居，遠誅郅支，雖其竄伏荒外，能揚威而鉤致之也。」(八三)不羈：胡三省曰：「言不可羈屬。」(八四)仍：頻。(八五)改元垂歷：顏師古曰：「謂改元為竟寧也。不以其事，蓋當其年，上書者附著耳。」胡三省曰：「余按（漢書）元紀，詔曰：『匈奴郅支單于，背叛禮義，既伏其辜；呼韓邪單于修朝保塞，邊垂長無兵革之事，其改元為竟寧。』則改年亦以此事，非附著也。」歷，同曆。(八六)白虎：胡三省曰：「白虎，西方之獸，主威武，故以為湯等之應。」(八七)責問丞相，趣立其功：胡三省曰：「趣使丞相御史立議，以序其功也。」趣，讀曰促。(八八)封延壽、湯數百戶：事見卷二十九元帝竟寧元年(十一)。(八九)排妒：排斥嫉妒。(九〇)塊然：顏師古曰：「塊然，獨處之意，如土塊也。」(九一)通道：胡三省曰：「通行之路也。」(九二)旋踵及身：謂旋踵之間，罪及其身；蓋言湯得罪之速。(九三)以揚漢國之盛：《漢書・陳湯傳》王念孫註曰：「案盛字當為威字之誤也。上文云：『揚威昆山之西，』又云：『為聖漢揚鉤深致遠之威』，皆其證。今本威作盛，非其旨矣。漢紀正作『揚漢國之威。』御覽人事部九十三引作『陳郅支之誅夷，以揚漢國之威棱』；文雖小異，而字亦作威。」(九四)畜：顏師古曰：「畜，讀曰蓄，謂府庫也。」(九五)又無武帝薦延梟俊禽敵之臣，獨有一陳湯耳：如淳曰：「薦延，使羣臣薦士而延納之。」顏師古曰：「梟謂斬其首而縣之也；俊謂敵之魁率，郅支是也。春秋左氏傳曰：『得儁曰克。』」劉攽曰：「梟儁禽敵之臣與薦延通為一句，則與上文相配；而下言獨有一陳湯，自不妨。梟善鬬，故云梟儁，猶言梟將也。」按前人亦有於「薦延」處句斷者，然應以劉說為是。縣，讀曰懸。禽，通擒。㊈鞭逐：王先慎曰：「湯未受刑，不得云鞭；鞭疑貶音近而誤。」按鞭逐猶言驅逐，非謂必受鞭笞。㊉分竄：分散逃竄。顏師古曰：「分，謂散離也。舜典曰：『分北三苗。』」㊈而湯過人情所有：顏師古曰：「言湯所犯之罪過，人情共有不能免者，非特詭異深可誅責也。」㊈為嫉妒之臣所係虜耳：胡三省曰：「言湯功如此之偉，猶不免於罪徙；繼今者，雖復捐身為國，終制於吏議，陷於係虜之罪也。」係，通作繫。

孝哀皇帝㊀上

建平元年（西元前六年）

㊀春、正月，隕石于北地㊁十六。

㊁赦天下。

㊂司隸校尉解光㊂奏言：「臣聞許美人及故中宮史曹宮㊃，皆御幸孝成皇帝產子，子隱不見。臣遣吏驗問，皆得其狀。元延元年，宮有身，其十月，宮乳㊄掖庭牛官令舍。中黃門㊅田客，持詔記與

掖庭獄丞籍武，令收置暴室獄(七)，毋問兒男女誰兒也。宮曰：『善臧我兒胞(八)，丞知是何等兒也(九)？』後三日，客持詔記與武問兒死未，武對未死。客曰：『上與昭儀(一〇)大怒，奈何不殺？』武叩頭啼曰：『不殺兒，自知當死；殺之，亦死(一一)。』即因客奏封事曰：『陛下未有繼嗣，子無貴賤，唯留意。』奏入，客復持詔記取兒，付中黃門王舜。舜受詔內兒殿中，為擇乳母，告善養兒且有賞，毋令漏洩。舜擇官婢(一二)張棄為乳母。後三日，客復持詔記并藥以飲宮，宮曰：『果也欲姊弟擅天下(一三)，我兒男也，額上有壯髮(一四)，類孝元皇帝，今兒安在？危殺之矣(一五)！奈何令長信得聞之(一六)！』遂飲藥死。棄(一七)所養兒十一日，宮長李南以詔書取兒去(一八)，不知所置(一九)。

許美人元延二年懷子，十一月乳。昭儀謂帝曰：『常紿(二〇)我言從中宮(二一)來，即從中宮來，許美人兒何從生中？許氏竟當復立邪(二二)？』懟(二三)以手自擣，以頭擊壁戶柱，從牀上自投地，啼泣不肯食曰：『今當安置我，我欲歸耳！』帝曰：『今故告之，反怒為(二四)？殊不可曉也(二五)！』帝亦不食。昭儀曰：『陛下自知是(二六)，不食何為？陛下嘗自言，約不負女㉗；今美人有子，竟負約謂何？』帝曰：『約以趙氏故不立許氏，使天下無出趙氏上者，毋憂也。』後詔使中黃門靳嚴從許美人取兒去，盛以葦篋㉘，置飾室簾南去㉙。帝與昭儀坐，使御者于客子解篋緘㉚，未已，帝使客子及御者皆出；自閉戶，獨與昭儀在；須臾開戶，嘑客子，使緘封篋及詔記，令中黃門吳恭持以與籍武，曰：『告武篋中有死兒，埋屏處㉛，勿令人知。』武穿獄㉜樓垣下為坎，埋其中。其他飲藥傷墮㉝者無數，事皆在四月丙辰（十八日）赦令前。【考異】趙后傳作丙辰。按哀帝紀，四月丙午即位，赦天下。蓋傳誤也。或者即位十日後赦也。臣謹案永光三年，男子忠等發長陵傅夫人冢，事更大赦。孝元皇帝下詔曰：『此朕所不當得赦也。』窮治盡伏辜，天下以為當。趙昭儀傾亂聖朝，親滅繼嗣，家屬當伏天誅；而同產親屬，皆在尊貴之位，迫近帷幄，天下寒心。請事窮竟㉞，丞相以下議正灋㉟。」帝於是免新成侯趙欽、欽兄子成陽侯訢，皆為庶人㊱，將家屬徙遼西郡。

議郎耿育上疏言：「臣聞繼嗣失統，廢適㊲立庶，聖人灋禁，古今至戒。然太伯見歷知適(三九)，逡循固讓，委身吳粵(三九)，權變所設，不計常灋；致位王季，以崇聖嗣(四〇)，卒有天下。子孫承業，七八百載，功冠三王，道德最備；是以尊號追及太王(四一)。故世必有非常之變，然後乃有非常之謀。孝成皇帝，自知繼嗣不以時立，念雖未(四二)有皇子，萬歲之後(四三)，未能持國，權柄之重，制於女主。女主驕盛，則耆(四四)欲無極，少主幼弱，則大臣不使(四五)。世無周公抱負(四六)之輔，恐危社稷，傾亂天下。知陛下有賢聖通明之德，仁孝子愛之恩，懷獨見之明，內斷於身；故廢後宮就館之漸，絕微嗣(四七)禍亂之根，乃欲致位陛下，以安宗廟。愚臣既不能深援安危，定金匱之計(四八)；又不知推演(四九)聖德，述先帝之志，乃反覆校省內，暴露私燕(五〇)，誣汙先帝傾惑之過，成結寵妾妬娼(五一)之誅；甚失賢聖遠見之明，逆負先帝憂國之意。夫論大德不拘俗，立大功不合眾；此乃孝成皇帝至思，所以萬萬(五二)於眾臣；陛下聖德盛茂，所以符合於皇天也。豈當世庸庸斗筲(五三)之臣，所能及哉！且褒廣(五四)將順君父之美，匡救銷滅既往之過，古今通義也。事不當時周爭，防禍於未然，各隨指阿從；以求容媚；晏駕之後，尊號已定(五五)，萬事已訖，乃探追不及(五六)之事，訐揚幽昧之過；此臣所深痛也。願下有司議，即如臣言，宜宣布天下，使咸曉知先帝聖意所起。不然，空使謗議上及山陵，下流後世，遠聞百蠻，近布海內，甚非先帝託後之意也。蓋孝者善述父之志，善成人之事，唯陛下省察。」帝亦以為太子頗得趙太后力(五七)，遂不竟其事。傅太后恩趙太后(五八)，趙太后亦歸心；故太皇太后及王氏皆怨之。

(四)丁酉（四日）光祿大夫傅喜為大司馬，封高武侯(五九)。【考異】公卿表，綏和二年、十一月、庚午，師丹為大司馬。四月徙。建平元年、四月、丁酉，傅喜為大司馬。喜傳云：「明年正月，徙師丹為大司空，而拜喜為太司馬。」荀紀亦在正月。按長歷，此年四月癸亥朔，無丁酉。今從喜傳、漢紀。

(五)秋、九月、甲辰（十五日），隕石于虞(六〇)二。

(六)郎中令泠褒(六一)黃門郎段猶等復奏言：「定陶共皇太后、共皇后，皆不宜復引定陶藩國之名，以冠大號；車馬衣服，宜皆稱皇之意(六二)；置吏二千石以下(六三)，各供厥職。又宜為共皇立廟京師。」上復下其議，羣下多順指言：「母以子貴，宜立尊號，以厚孝道。」唯丞相光、大司馬喜、大司空丹以為不可。丹曰：「聖王制禮，取灋於天地，尊卑者，所以正天地之位(六四)，不可亂也。今定陶共皇太后，共皇后以定陶共為號者，母從子妻從夫之義也(六五)。欲立官置吏，車服與太皇太后并，非所以明尊無二上之義也。定陶共皇號謚已前定，義不得復改。禮，父為士，子為天子，祭以天子，其尸服以士服；子無爵父之義(六六)，尊父母也。為人後者為之子，故為所後服斬衰(六七)三年，而降其父母朞(六八)，明尊本祖(六九)而重正統也。孝成皇帝聖恩深遠，故為共王立後(七〇)，奉承祭祀；今共皇長為一國太祖(七一)，萬世不毀，恩義已備。陛下既繼體先帝，持重大宗，承宗廟天地社稷之祀，義不可復奉定陶共皇祭，入其廟。今欲立廟於京師，使臣下祭之，是無主也。又親盡當毀(七二)，空去一國太祖不墮之祀，而就無主當毀不正之禮(七三)，非所以尊厚共皇也。」丹由是浸(七四)不合上意。

會有上書言古者以龜貝為貨(七五)，今以錢易之，民以故貧，宜可改幣。上以問丹，丹對言可改。章下有司議，皆以為行錢以來久，難卒變易。丹老人，忘其前語㊃，復從公卿議。又丹使吏書奏，吏私寫其草㊆；丁傅子弟聞之，使人上書，告丹上封事，行道人徧持其書。上以問將軍中朝臣，皆對曰：「忠臣不顯諫，大臣奏事，不宜漏泄，宜下廷尉治。」事下廷尉，劾丹大不敬。事未決，給事中博士申咸、炔欽㊇上書，言：「丹經行㊈無比，自近世大臣，能若丹者少。發憤懣，奏封事，不及深思遠慮，使主簿㊉書，漏泄之過不在丹；以此貶黜，恐不厭㊀眾心。」上貶咸、欽秩各二等㊁。遂策免丹曰：「朕惟君位尊任重，懷諼㊂迷國，進退違命，反覆異言，甚為君恥之。以君嘗託傅位㊃，未忍考于理㊄，其上大司空高樂侯印綬罷歸。」

尚書令唐林上疏曰：「竊見免大司空丹策書，泰深痛切；君子作文，為賢者諱㊅。丹經為世儒宗㊆，德為國黃耇㊇，親傅聖躬，位在三公；所坐者微，海內未見其大過，事既以往，免爵太重；京師識者㊈，咸以為宜復丹爵邑，使奉朝請㊉。唯陛下裁覽眾心，有以尉復㊀師傅之臣。」上從林言，下詔賜丹爵關內侯㊁。

上用杜業之言，召用朱博，起家復為光祿大夫，遷京兆尹。冬、十月、壬午（二十三日），以博為大司空。

㈦中山王箕子〔九三〕，幼有眚病〔九四〕，祖母馮太后自養視，數禱祠解〔九五〕。上遣中郎謁者〔九六〕張由將醫治之，由素有狂易病〔九七〕，病發，怒去，西歸長安。尚書簿責〔九八〕由擅去狀，由恐，因誣言中山太后〔九九〕祝詛上及傅太后。傅太后與馮太后并事元帝，追怨之〔一〇〇〕；因是遣御史丁玄案驗，數十日無所得，更使中謁者令史立〔一〇一〕治之。立受傅太后指，冀得封侯，治馮太后女弟習及弟婦君之〔一〇二〕，死者數十人。誣奏云：「祝詛謀弒上，立中山王。」責問馮太后，無服辭。立曰：「熊之上殿，何其勇，今何怯也？」太后還謂左右：「此乃中語〔一〇三〕，吏何用知之？欲陷我效〔一〇四〕也。」乃飲藥自殺。宜鄉侯參、君之、習及夫、子〔一〇五〕，當相坐者，或自殺，或伏瀆〔一〇六〕，凡死者十七人。眾莫不憐之。司隸孫寶奏請覆治馮氏獄，傅太后大怒曰：「帝置司隸主使察我，馮氏反事明白，故欲擿抉〔一〇七〕以揚我惡，我當坐之。」上乃順旨下寶獄。尚書僕射唐林爭之，上以林朋黨比周，左遷燉煌魚澤障㊄候。大司馬傅喜、光祿大夫龔勝固爭，上為言太后，出寶復官。張由以先告，賜爵關內侯；史立遷中太僕。

【今註】㊀孝哀皇帝：名欣，定陶恭王康之子。一說名欣之，字喜。謚法，恭仁短折曰哀。㊁北地：郡名。治馬領，在今甘肅環縣東南。㊂司隸校尉解光：《漢書・外戚傳》作「司隸解光」。錢大昭註曰：「成帝元延四年，省司隸校尉。綏和二年，哀帝復置，但為司隸，故此不言校尉。」㊃故中宮史曹宮：胡三省曰：「史，女史也。中宮，皇后宮也。（漢書）趙皇后傳：『宮屬中宮，為學事史通詩，授皇后。』」沈欽韓曰：「周禮序：『官女史八人。』女史，女奴曉書者。」㊄乳：分娩。㊅中黃門：胡三省引《續漢志》：「中黃門，比百石，掌給事禁中，以宦者為之。」㊆令收置暴室獄：謂令收宮及兒置暴室獄。胡三省曰：「掖庭令，屬少府，有左右丞、暴室丞各一人，皆宦者為之。暴室丞主中婦人疾病者就此室，其皇后貴人有罪，亦就此室。」㊇善臧我兒胞：臧，通藏。胞，音苞（ㄅㄠ），嬰兒胎衣；又名胎盤。㊈丞知是何等兒也：顏師古曰：「意言是天子兒也。」㊉昭儀：指趙昭儀。㊀不殺兒，自知當死；殺之，亦死：胡三省曰：「不殺，則為違詔命，故知當死；殺之，則後人以害皇子之罪加之，故知亦死。」㊂官婢：胡三省曰：「官婢，蓋以罪沒入掖庭。男為官奴。」鄭玄曰：「古者從坐，男女沒入縣官為奴，其少才知以為奚。今之侍史官婢，或謂之奚官女。」㊂姊弟欲擅天下：姊弟，姊妹；指趙皇后、昭儀姊妹。欲擅天下，謂欲獨擅天下之權。㊃頟上有壯髮；顏師古曰：「壯髮當額前，侵下而生，今俗為圭頭是也。」頟，同額。㉕危殺之矣：顏師古曰：「危，險也。猶今人言險不殺耳。」蘇輿曰：「續列女傳作『已殺之乎？』」王先謙曰：「危猶殆也。」按王說較是，猶言「恐已殺之矣」。㉖奈何令長信得聞之：長信，宮名，王太后所居。王先謙曰；「顧炎武云：『謂何道令太后得聞也。』」㉗棄：指宮婢張棄。㉘宮長李南以詔書持兒去：晉灼曰：「漢儀注有女長御，比侍中宮長，豈此邪？」胡三省曰：「余謂宮長者，蓋老於宮中，諸女御固稱之為宮長，猶三署諸郎位久次者為郎署長也。前持詔記，此以詔書，書之與記，有以異乎？曰有。詔記，手記也，後世謂之手記。光武所謂『詔書手記，不可數得。』手記，出於上手；詔書，則下為之，以璽為信。」㉙不知所置：顏師古曰：「終竟不知置何所也。」㉚紿：音殆（ㄉㄞˋ），欺誑。㉛中宮：皇后所居之宮。㉜即從中宮來，許美人兒何從生中？許氏竟當復立邪：晉灼曰：「昭儀前要帝，不得立許美人以為皇后；而今有子中，許氏竟當復立為皇后？此前約之言也。」顏師古曰：「此說非也。言美人在內中，何從得兒而生也，故言何從生中。次此下乃始言約耳。」㉝懟：音對（ㄉㄨㄟˋ），怨怒。㉞今故告之，反怒為：顏師古曰：「故以許美人生子告汝，汝何故反怒？」㉟殊不可曉也：顏師古曰：「言其不可告語也。」胡三省曰：「殊，異甚也。」按猶今謂「不可理喻」。㊱陛下自知是，不食何為：顏師古曰：「何為不食也？」蘇輿曰：「續列女傳知作如，於義為長。」㊲女：讀曰汝。㊳葦篋：胡三省曰：「葦，葭類也，織以為篋也。」㊴置飾室簾南去：謂放置於飾室門簾之南而去。胡三省曰：「飾室，室之以金玉為飾者，昭陽舍是也。」顏師古曰：

「簾，戶簾也。」㉚御者于客子解篋緘：胡三省曰：「御者，侍者也。」顏師古曰：「緘，束篋之繩。」㉛屏處：胡三省曰：「屏處，有遮避處，人所不見者。」㉜獄：指掖庭獄。㉝傷墮：墮胎。㉞請事窮竟：胡三省曰：「謂窮治其獄，而竟其情。」㉟丞相以下議正灋：胡三省曰：「令外朝大議，以正其罪。」㊱免新城侯趙欽、欽兄子成陽侯訢，皆為庶人：錢大昕曰：「（漢書）外戚侯表，成陽節侯趙臨以皇后父侯，薨，子所嗣；新城侯欽以皇太后弟封；建平元年皆坐弟昭儀絕，繼嗣免。表以欽與訢皆為昭儀之兄，傳以訢為欽兄子，必有一誤。」㊲適：讀曰嫡，下同。㊳見歷知適：顏師古曰：「歷，謂王季，即（周）文王之父也。知適，謂知其當適嗣也。」按太伯，古公亶父長子，王季之兄。㊴委身吳粵：胡三省曰：「謂太伯逃之吳粵，以避季歷。」㊵聖嗣：指周文王。㊶尊號追及太王：胡三省曰：「太王，古公亶父也。武王克商有天下，追王太王、王季。」㊷末：晚年。㊸萬歲之後：胡三省曰：「人之生也，以死為諱；故常人以死後為百年之後，天子曰千秋萬歲後。」㊹耆：讀曰嗜。㊺不使：顏師古曰：「不使，不可使從命也。」王念孫曰：「注說稍迂。爾雅：『使，從也。』不使，即不從也。管子小匡篇：『魯請為關內之侯，而桓公不使也。』史記龜策傳：『大將不彊，卒不使令。』春秋繁露五行相勝篇：『將帥不親，士卒不使。』不使，皆謂不從。」㊻抱負：謂周公抱負成王，南面以朝諸侯。㊼微嗣：幼主。㊽愚臣既不能深援安危，定金櫃之計：顏師古曰：「愚臣，謂解光等也。金匱，言長久之法，可藏於金匱石室也。」㊾推演：推廣。㊿私燕：顏師古曰：「私燕，謂成帝閑燕之私也。」胡三省曰：「余謂私燕，衽席之私，所謂專房燕，即此燕也。」(五一)媢：音冒（ㄇㄠˋ），忌妒。(五二)萬萬：萬萬倍。(五三)斗筲：謂器識狹小。筲，音梢（ㄕㄠ），竹器，容一斗二升。(五四)褒廣：褒揚光大。(五五)尊號已定：何焯曰：「謂趙氏已稱太后。」(五六)探追不及之事，訐揚幽昧之過，此臣所深痛也：王先謙曰：「不及，謂已往。」胡三省曰：「耿育之言是也，春秋為尊者諱，義正如此。」王夫之曰：「耿育請擿趙昭儀殺皇子之惡，以隱成帝之惑，議之不正也。……淫妒之嬖妾，操刃以絕祖宗之胤胄，而曲為之覆，天子之子，不死於妖嬖者，其餘幾何哉！春秋成而亂臣賊子懼，故書文姜遜於齊，哀姜遜於邾，以昭大義，而不以逐母為嫌。昭儀之惡，宗廟所不容，況非嫡后君母而可縱之乎？甚哉育言之誖也，曰：『知陛下有賢聖通明之德，廢後宮就館之漸，絕微嗣以致位』，是成帝戕父子之恩，以為未然之迂圖，其孰信之！育若曰：『昭儀不殺皇子，則哀帝不得而立』，以蠱帝心而縱妖嬖；是哀帝本不與篡弒之謀，而育陷之使入也。春秋嚴黨賊之誅，哀帝不能免，而育之罪不可逭矣。解光問罪之爰書不伸，趙氏宮官之大罰不正，宮闈肆毒於社稷而莫之問，故元后黨王莽以弒平帝廢孺子嬰而無所顧忌。胡三省者，乃謂其合春秋為尊者諱之義。邪說張而賈繼春資之以讎其庇李選侍之姦，清議不明，非一時一事之臧否已也。」(五七)帝亦以為太子頗得趙太后力：事見卷三十二成帝元延四年(二)。(五八)傅太后恩趙太后：顏師古曰：「恩，謂以厚恩接遇之。一曰恩，謂銜其立哀帝之恩也。」胡三省曰：「余謂一說是。」(五九)高武侯：據《漢書・恩澤侯表》，高武侯國於南陽杜衍縣，在今河南省南陽縣西南二十三里。(六〇)虞：據《漢書・地理志》，虞縣，屬梁國。故城在今河南省虞城縣西南三里。(六一)郎中令冷褒：泠，音零（ㄌㄧㄥˊ）。劉敞曰：

「案是時無郎中令。」王先慎曰：「漢紀無泠字。案令即泠之誤，衍。荀紀作令，當為泠之缺譌也。」(六二)宜皆稱皇之意：顏師古曰：「皇者至尊之號，其服御宜皆副稱之也。」(六三)置吏二千石以下：顏師古曰：「謂詹事、太僕、少府等眾官也。」(六四)尊卑者，所以正天地之位：胡三省引《易・繫辭》曰：「天尊地卑，君臣定矣；卑高以陳，貴賤位矣。」又引〈履卦・大象〉曰：「上天下澤，履，君子以辯上下，定民志。履者，禮也。」(六四)以定陶共為號者，母從子妻從夫之義也：宋祁曰：「共字下當有皇字。」胡三省曰：「共皇太后之號為母從子，共皇后之號為妻從夫。」(六六)其尸服以士服，子無爵父之義：古人祭祀，以生人服死者生前之服以受祭，名曰尸。後世乃改用畫像。胡三省曰：「引禮記喪服小記之言。古者祭祀，必有尸，服以生時之服，事亡如事存也。」鄭玄曰：「祭以天子，養以子道也。尸服士服，父本無爵，不敢以己爵加之，嫌於卑之。」(六七)斬衰：喪服名。胡三省曰：「斬衰，用麤布，其下斬之不緶。」(六八)降其父母朞：謂為其生父母服喪期限，減至一年。(六九)本祖：謂所入繼而為其後之祖。(七〇)為共王立後：事見卷三十二成帝綏和元年(九)。(七一)令共皇長為一國太祖：胡三省曰：「前稱共王，後稱共皇，隨其時之所稱而稱之也。諸侯之國，以始封之君為國太祖。」(七二)親盡當毀：胡三省曰：「禮，太祖以下親廟四，親盡而迭毀。」匡衡曰：「孝莫大於嚴父，故父之所尊，子不敢不承；父之所異，子不敢同。禮，公子不得為母信，為後則於子祭，於孫止。」李奇曰：「不得信，尊其父也。公子去其所而為大宗後，尚得私祭其母；為孫則止，不得祭公子母也，明繼祖不得顧其私祖母。此皆親盡當毀之義也。」顏師古曰：「信，讀曰申。」(七三)空去一國太祖不墮之祀，而就無主當毀不正之禮：胡三省曰：「共皇立廟於定陶，則為一國太祖之廟，萬世不毀；立廟於京師，則其祭莫適為主，又親盡當毀，而於禮又為不正也。墮，讀曰隳。」(七四)浸：漸漸。(七五)以龜貝為貨：謂以龜甲貝殼為貨幣。(七六)丹老人，忘其前語：胡三省曰：「年老神識衰減，則健忘。」(七七)草：草稿。(七八)炔欽：蘇林曰：「炔，音桂，姓也。」周壽昌曰：「欽，字幼卿，齊人，從許商受尚書。」(七九)經行：謂道德操行。(八〇)主簿：胡三省曰：「漢三公府皆有主簿，錄省眾事。簿，文籍也，以版書之。」(八一)厭：服。(八二)貶咸欽秩各二等：胡三省曰：「博士秩，比六百石，貶二等則比四百石。」(八三)諼：詐欺。(八四)嘗託傅位：謂帝為太子時，丹嘗為其傅。(八五)考於理：胡三省曰：「理，理官也，謂廷尉也。言未召致廷尉而考問之也。」(八六)為賢者諱：胡三省曰：『春秋之義，為賢者諱。』(八七)經為世儒宗：胡三省曰：「言經學為當世儒者所宗也。」(八八)德為國黃耇：謂以德行論，丹實為國之大老，人倫表率。顏師古曰：「黃耇，老人之稱也。黃謂白髮落盡，更生黃者也。耇，老人而色不淨如垢也。」耇，音茍（ㄍㄡˇ）。(八九)識者：顏師古曰：「識者，謂有識之人也。」(九〇)奉朝請：胡三省曰：「成帝尊禮張禹，使奉朝請，後遂以為官名。」沈約曰：「奉朝會請召而已。」(九一)尉復：安慰報復。尉，同慰。(九二)賜丹爵關內侯：胡三省曰：「自蕭望之以讒間免官，賜爵關內侯，其後周堪等皆用此比；雖曰以恩師傅，其實倚閣之，使之優閑耳。」(九三)中山王箕子：中山王興之子。(九四)眚病：孟康曰：「災眚之眚，謂妖病也。」服虔曰：「身盡青也。」蘇青曰：「名為肝厥，發時唇口手足十指甲皆青也。」顏師古曰：「下云禱祠解舍，孟說是也。眚音所領翻，字不作青，服說誤矣。」

眚，音省（ㄕㄥˇ）。(九五)禱祠解：顏師古曰：「解，音懈。」胡三省曰：「余按韻書，解音懈者，釋除也，禱祠以除災也。但顏注上云：『禱祠解舍』，則以解為廨舍之廨，其說拘矣。」賈公彥曰：「求福曰禱，禱禮輕；得求曰祠，祠禮重。』」何焯曰：「解禳而解之也，顏音非。」周壽昌曰：「案前注，師古曰：『下云禱祠解舍』是也。據注，本文解下脫舍字。解舍或祀神解病之舍，如幸舍之類。」(九六)中郎謁者：胡三省曰：「續漢志，灌謁者郎中，比三百石，掌賓贊受事及上章報問。中郎謁者，蓋即灌謁者郎中也。」(九七)狂易病：顏師古曰：「狂易者，狂而變易常性也。」(九八)簿責：顏師古曰：「簿責，以文簿一一責問也。」(九九)中山太后：馮太后，即元帝馮昭儀。(一〇〇)傅太后與馮太后並事元帝，追怨之：傅追馮怨者，蓋為元帝時馮倢伃當熊之事。見卷二十九元帝建昭元年(五)。(一〇一)中謁者令史立：顏師古曰：「官為中謁者令，姓史名立。續漢志，中宮謁者令，主報中章，宦者為之。」(一〇二)弟婦君之：胡三省曰「據：（漢書）馮昭儀傳，君之，寡弟婦也。」(一〇三)中語：顏師古曰：「中語，謂宮中之言語也。」(一〇四)效：驗證。(一〇五)習及夫子：胡三省曰：「按（漢書）馮昭儀傳，習夫及子也。」(一〇六)伏瀀：胡三省曰：「伏瀀，謂受刑而死。」(一〇七)擿抉：音倜（ㄊㄧˋ）決（ㄐㄩㄝˊ）。顏師古曰：「剔抉，謂挑發之也。」(一〇八)魚澤障：顏師古曰：「燉煌效穀縣本魚澤障也。」按效穀縣故城在今甘肅省燉煌縣西。

卷三十四 漢紀二十六

起柔兆執徐，盡著雍敦牂，凡三年。（丙辰至戊午，西元前五年至西元前三年）

司馬光編集
林瑞翰註

孝哀皇帝中

建平二年（西元前五年）

㈠春，正月，有星孛于牽牛㊀。

㈡丁、傅宗族驕奢，皆嫉㊁傅喜之恭儉；又傅太后欲求稱尊號，與成帝母齊尊，喜與孔光、師丹共執以為不可。上重㊂違大臣正議，又內迫傅太后，依違㊃者連歲。傅太后大怒，上不得已，先免師丹以感動喜㊄，喜終不順。朱博與孔鄉侯傅晏連結，共謀成尊號事，數燕見㊅，奏封事㊆，毀短㊇喜及孔光。丁丑（是月戊子朔，無丁丑日。）上遂策免㊈喜，以侯就第。

御史大夫官既罷㊉，議者多以為古今異制，漢自天子之號，下至佐史，皆不同於古㊁，而獨改三公，職事難分明，無益於治亂。於是朱博奏言：「故事：選郡國守相高第為中二千石⑫，選中二千石為御史大夫，任職⑬者為丞相；位次有序，所以尊聖德，重國相也。今中二千石未更⑭御史大夫而為丞相，權輕，非所以重國政也。臣愚以為大司空官可罷，復置御史大夫，遵奉舊制。臣願盡力以御史大夫為百僚率⑮。」上從之。夏，四月，戊午（二日），更拜博為御史大夫。又以丁太后兄陽安侯明為大司馬衞將軍，置官屬，大司馬冠號如故事⑯。

㈢傅太后又自詔丞相、御史大夫曰：「高武侯喜，附下罔⑰上，與故大司空丹同心背畔，放命圮族⑱，不宜奉朝請，其遣就國。」

㈣丞相孔光，自先帝時議繼嗣，有持異之隙⑲，又重忤傅太后指⑳，由是傅氏在位者與朱博為表裏㉑，共毀譖光。乙亥（十九日），策免光為庶人㉒，以御史大夫朱博為丞相，封陽鄉侯㉓，【考異】公卿表，四月，乙未，孔光免，朱博為丞相。又曰，四月，戊午，博為御史月丁己乙亥，遷。五行志，五月，乙亥朔，博為丞相。荀紀，乙亥，孔光免。按長歷，是大夫，朔，無乙未，十九日乙亥，非朔也，表志皆有誤。少府㉔趙玄為御史大夫。臨延登受策㉕，有大聲如鐘鳴，殿中郎吏陛㉖者皆聞焉。上以問黃門侍郎㉗蜀郡揚雄及李尋。尋對曰：

「此洪範所謂鼓妖㉘者也。師灋，以為人君不聽，為眾所惑，空名得進，則有聲無形，不知所從生。其傳曰：『歲、月、日之中，則正卿受之㉙。』今以四月日加辰巳有異㉚，是為中焉。正卿，謂執政大臣也。宜退㉛丞相、御史以應天變。然雖不退，不出期年㉜，其人自蒙㉝其咎㉞。」揚雄亦以為「鼓妖，聽失之象也；朱博為人彊毅多權謀，宜將不宜相，恐有凶惡亟疾之怒㉟。」上不聽。朱博既為丞相，上遂用其議，下詔曰：「定陶共皇之號，不宜復稱定陶。尊共皇太后曰帝太太后，稱永信宮；共皇后曰帝太后，稱中安宮。為共皇立寢廟於京師，比宣帝父悼皇考制度㊱。」於是四太后㊲各置少府、太僕，秩皆中二千石。

傅太后既尊，後尤驕，與太皇太后語，至謂之「嫗㊳」。時丁、傅以一二年間暴興尤盛，為公卿列侯者甚眾；然帝不甚假以權埶，不如王氏在成帝世也。

㈤丞相博、御史大夫玄奏言：「前高昌侯宏首建尊號之議，而為關內侯師丹所劾奏，免為庶人㊴。時天下衰麤㊵，委政於丹，丹不深惟㊶褒廣尊號之義，而妄稱說，抑貶尊號，虧損孝道，不忠莫大焉！陛下仁聖，昭然定尊號，宏以忠孝復封高昌侯，丹惡逆暴著㊷，雖蒙赦令，不宜有爵邑，請免為庶人。」奏可。又奏：「新都侯莽前為大司馬，不廣尊尊之義，抑貶尊號㊸，虧損孝道，當伏顯戮㊹，幸蒙赦令，不宜有爵土，請免為庶人。」上曰：「以莽與太皇太后有屬，勿免，遣就國；及平阿侯仁㊺，臧㊻匿趙昭儀親屬，皆遣就國。」天下多冤王氏者。

諫大夫楊宣上封事，言：「孝成皇帝深惟宗廟之重，稱述陛下至德，以承天序㊼，聖策深遠，恩德至厚。惟念先帝之意，豈不欲以陛下自代，奉承㊽東宮㊾哉？太皇太后春秋七十，數更憂傷㊿，敕令親屬，引領(51)以避丁、傅，行道之人，為之隕涕(52)，況於陛下，登高遠望，獨不慙於延陵乎(53)？」帝深感其言，復封成都侯商中子邑為成都侯(54)。

㈥朱博又奏言：「漢家故事，置部刺史，秩卑而賞厚(55)，咸勸(56)功樂進。前罷刺史，更置州牧(57)，秩真二千石，位次九卿，九卿缺，以高第補，其中材則苟自守而已，恐功效陵夷（五八），姦軌（五九）不禁。臣請罷州牧，置刺史如故。」上從之。

（七）六月，庚申（五日），帝太后丁氏崩，詔歸葬定陶共皇之園（六〇），發陳留、濟陰近郡國（六一）五萬人，穿復土（六二）。

（八）初，成帝時，齊人甘忠可詐造天官歷、包元太平經十二卷，言漢家逢天地之大終，當更受命於天，以教渤海夏賀良等，中壘校尉劉向奏忠可假鬼神，罔上惑眾（六三），下獄治服（六四），未斷，病死，賀良等復私以相教。上即位，司隸校尉（六六）解光、騎都尉李尋白賀良等皆待詔（六七）黃門（六八），數召見，陳說漢歷中衰，當更受命，成帝不應天命，故絕嗣；今陛下久疾，變異屢數，天所以譴告人也，宜急改元易號，乃得延年益壽，皇子生，災異息矣。得道不得行（六九），咎殃且無不有，洪水將出，災火且起，滌盪民人。上久寢疾（七〇），冀其有益，遂從賀良等議，詔大赦天下，以建平二年為太初元年（七一），號曰「陳聖劉（七二）太平皇帝」，漏刻以百二十為度（七三）。

（九）秋，七月，以渭城西北原上永陵亭部為秋陵，勿徙郡國民。

(十)上既改號，月餘，寖疾自若(七四)，夏賀良等復欲妄變政事，大臣爭以為不可許。賀良等奏言：「大臣皆不知天命，宜退丞相、御史，以解光、李尋輔政。」上以其言無驗，八月，詔曰：「待詔賀良等建言改元易號，增益漏刻，可以永安國家。朕通道不篤，過聽(七五)其言，冀為百姓獲福，卒無嘉應。夫過而不改，是謂過矣(七六)。六月甲子詔書，非赦令，皆蠲除之(七七)。賀良等反道惑眾，姦態當窮竟。」皆下獄，伏誅；尋及解光減死一等，徙敦煌郡(七八)。

(十一)上以寖疾，盡復前世所嘗興諸神祠凡七百餘所(七九)，一歲三萬七千祠云(八〇)。

(十二)傅太后怨傅喜不已，使孔鄉侯風丞相朱博，令奏免喜侯。博與御史大夫趙玄議之，玄言：「事已前決(八一)，得無(八二)不宜？」博曰：「已許孔鄉侯矣。匹夫相要(八三)，尚相得死(八四)，何況至尊(八五)？博唯有死耳(八六)！」玄即許可。博惡獨斥奏喜，以故大司空汜鄉侯何武前亦坐過免就國(八七)，事與喜相似，即并奏：「喜、武前在位，皆無益於治，雖已退免，爵土之封，非所當也，皆請免為庶人。」上知傅太后素嘗怨喜，疑博、玄承指，即召玄詣尚書問狀㊇，玄辭服。有詔左將軍彭宣與中朝者㊈雜問，宣等奏劾博、玄、晏皆不道不敬，請召詣廷尉詔獄㊉。上減玄死罪三等，削晏戶四分之一㊉一，假謁者節，召丞相詣廷尉，博自殺，國除。

㊉三九月，以光祿勳平當為御史大夫；冬，十月，甲寅（一日），遷為丞相，以冬月故且賜爵關內侯㊉二。以京兆尹平陵王嘉㊉三為御史大夫。

㊉四上欲令丁、傅處爪牙官，是歲，策免左將軍淮陽彭宣，以關內侯歸家，而以光祿勳丁望代為左將軍。

㊉五烏孫卑爰疐㊉四侵盜匈奴西界，單于遣兵擊之，殺數百人，略千餘人，敺㊉五牛畜去。卑爰疐恐，遣子趨逯㊉六為質匈奴，單于受，以狀聞。漢遣使者責讓單于，告令還歸卑爰疐質子㊉七，單于受詔，遣歸。

【今註】㊀牽牛：牛宿別名，為二十八宿之一，有星六，均屬摩羯座。㊁嫉：忌。㊂重：難。㊃依違：意不能決。㊄先免丹以感動喜：師丹免，見上卷建平元年。㊅燕見：於燕暇之時，以私恩召見。⑦封事：《正字通》云：「漢制，臣下奏事，皁囊封板，以防宣泄，謂之封事。」⑧毀短：毀，譖毀；短，言人之短處。⑨策免：以策書罷免大臣官爵。《釋名》曰：「策書教令於上，所以驅策諸下也。」成蓉鏡曰：「漢制度云帝之下書有四，一曰策書，策書者，編簡也。其制長二尺，短者半之，篆書，起年月日稱皇帝以命諸侯；三公以罪免，亦賜策，而以隸書，用尺一寸兩行，惟此為異也。」按策亦作冊。⑩御史大夫官既罷：成帝綏和元年四月，罷御史大夫，置大司空，事見卷三十二綏和元年。⑪漢自天子之號，下至佐史，皆不同於古：胡三省曰：「漢官至斗食佐史而止。言漢承秦號為皇帝，下至百官，稱號皆不與古同。」⑫中二千石：按《漢書．百官表》，太常、光祿勳、衞尉、太僕、廷尉、大行令、宗正、大司農、少府、執金吾皆秩中二千石。⑬任職：能勝任其職務。⑭更：經歷。⑮為百僚率：率，以身作則。朱博時為大司空，位列三公，今自願降職為御史大夫，位在丞相下，故曰為百僚率。⑯大司馬冠號如故事：故事，謂復綏和元年以前舊制。按三公，大司馬為專官，故不領將軍之號，今復舊制，則大司馬但為冠號，無職掌，故領衞將軍之職。⑰罔：誣蔽。⑱放命圮族：應劭曰：「放棄教令，毀其族類。」⑲議繼嗣有持異之隙：言於議立繼嗣之時持異議，因與傅太后有隙。綏和元年，成帝與大臣議立嗣，眾皆主立定陶王，獨光倡議立中山王，故曰持異。⑳又重忤傅太后指：重，讀為重複之重。忤傅太后指，謂不使居北宮及阻其稱尊號之事。㉑表裏：猶曰內外。言傅氏譖之於內，朱博毀之於外。㉒策免光為庶人：顏師古曰：「漢舊儀云：『丞相有他過，使者奉策書，即時步出府，乘棧車歸田里。』」㉓陽鄉侯：陽鄉，《漢書．恩澤侯表》作楊鄉，此據《漢書・朱博傳》。按表，楊鄉侯，食色於廬江郡湖陵邑。吳卓信曰：「自來地志未詳，疑今太湖縣。」太湖縣，屬安徽省。㉔少府：《漢書・公卿表》作中少府。㉕臨延登受策：顏師古曰：「延入而登殿也。漢舊儀云，丞相、御史大夫初拜，皇帝延登親詔也。」王念孫曰：「案『臨延登受策』，本作『臨拜，延登受策。』今本脫去拜字，則文義不完。通鑑無拜字，則所見漢書本已然。世說新語言語篇注引此正作『臨拜，延登受策。』朱博傳亦云，博、玄並拜於前殿，延登受策，有音如鐘聲。」㉖陛：顏師古曰：「陛者，謂執兵列於陛側。」㉗黃門侍郎：胡三省曰：「續漢志，給事黃門侍郎六百石，掌侍從左右，給事中，關通中外及諸王朝見於殿上，引王就坐，揚雄解嘲所謂官不過侍郎，擢纔給事黃門者也。」㉘鼓妖：《洪範五行傳》曰：「聽之不聰，是謂不謀時，則有鼓妖。君嚴猛而閉下，臣戰栗而塞耳，則妄聞之。氣發於音聲，故有鼓妖。」㉙歲月之中，則正卿受之：沈欽韓曰：「洪範傳：『凡六沴之作，歲之朝，月之朝，日之朝，則后王受之；歲之中，月之中，日之中，則正卿受之；歲之夕，月之夕，日之夕，則庶民受之。』注：『自正月盡四月為歲之朝，自五月盡八月為歲之中，自九月盡十二月為歲之夕；上旬為月之朝，中旬為月之中，下旬為月之夕；平旦至食時為日之朝，禺中至日跌為日之中，晡時至黃昏為日之夕。』案此為四月乙亥朔，實歲月日之朝。李尋所對，猶未敢正言哀帝之咎耳！」㉚今以四月日加辰巳有異，是為中焉：胡三省曰：「以一歲三分之，則四月已為歲之中；以一日三分之，則辰巳已為日之中。」㉛退：罷免。㉜期年：周年。㉝蒙：受。㉞咎：災殃。㉟恐有凶惡亟疾之怒：言恐取怒於上天，而罹凶惡急疾之殃。

亟，同急。㊱為共皇立寢廟於京師，比宣帝父悼皇考制度：胡三省曰：「宣帝既立八年，有司言禮父為士，子為天子，祭以天子；悼園宜稱皇考，立廟，因園為寢，以時薦享焉。然悼園在廣明成鄉，長安東郭之外也，定陶共王葬定陶，而立廟京師，則非因園為寢矣！」㊲四太后：傅太后、丁太后、趙太后與太皇太后。㊳嫗：老婦通稱。傅太后妄自尊大，故稱太皇太后為嫗。㊴前高昌侯宏首建尊號之議，而為關內侯師丹所劾奏，免為庶人：宏建議立丁姬為帝太后，為師丹所劾，免為庶人，事見上卷綏和二年。㊵衰麤：衰謂斬衰，麤謂麤服。斬衰，重喪之服。凡喪服上曰衰，下曰裳，衰通縗，服重喪則衣旁及下際皆不縫緝，如斬割然，故曰斬衰。麤通粗，衰服以粗生麻布為之，故曰麤服。㊶惟：思念。㊷暴著：顯著。㊸新都侯莽，前為大司馬，不廣尊尊之義，抑貶尊號：事亦見上卷綏和二年。㊹顯戮：蔡沈曰：「謂之顯戮，則必肆諸市朝，以示眾庶。」㊺平阿侯仁：仁，王譚之子。㊻臧：古藏字。㊼天序：帝統次序。古人謂帝王正統相傳，為天所命，故曰天序。㊽奉承：猶言侍奉。㊾東宮：指太皇太后之宮。㊿數更憂傷：數，屢；更，歷。元后先罹元帝之喪，又遭成帝之喪，故曰數更憂傷。(五一)引領：顏師古曰：「引領，自引首領而退也。」(五二)隕涕：墜淚。(五三)登高望遠，獨不慙於延陵乎：延陵，成帝陵寢。言哀帝斥逐王氏，而貴寵丁、傅，有負成帝付託，若登高遙望成帝陵寢，寧不愧慙於中心乎！(五四)復封成都侯商中子邑為成都侯：綏和二年，商子況以罪奪侯，今復封邑以奉商後。中，讀曰仲。(五五)秩卑而賞厚：漢刺史，秩僅六百石，故曰秩卑，刺史居部九歲，得舉為守、相，秩二千石，其有異材，功效卓著者，輒登擢，故曰賞厚。(五六)勸功：自勸勉以立功。(五七)前罷刺史，更置州牧：事見卷三十二成帝綏和元年。(五八)陵夷：謂廢替於無形。(五九)姦軌：亂在內曰姦，在外曰軌。(六〇)定陶共皇之園：園，陵寢。定陶共王之園在定陶，定陶即今山東省定陶縣。(六一)近郡國：胡三省曰：「謂郡國之近定陶者。」(六二)穿復上：穿謂穿冢壙；復土，言既下棺，復聚上填壙以為墳。(六三)劉向奏忠可假鬼神，罔上惑眾：忠可詐稱天帝使真人赤精子下教我，故劉向劾奏之，見《漢書・李尋傳》。(六四)服：服其挾詐欺罔之罪。(六五)斷：判決。(六六)司隸校尉：周壽昌曰：「百官表，司隸校尉，哀帝綏和二年復置，但為司隸，此稱司隸校尉，不合。」(六七)待詔：應劭曰：「諸以材技徵召，未有正官，故曰待詔。」(六八)黃門：禁門黃闥，故曰黃門。(六九)得道不得行：知其道而不能行。(七〇)上久寢疾：《漢書・哀帝紀》云：「即位痿痺，末年寖劇。」(七一)以建平二年為太初元年：宋祁曰：「予案王莽傳，以讖文解釋，當作太初元將元年，後人不曉四字為號，輒削去元將二字，非是。後得唐本，元將字果存。」齊召南云：「宋說是也，太初是武帝年號，此時何至重紀？蓋惑於術士之說，刱立四字年號以示更新，其後雖不施行，然後世四字年號，遂起於此。」按《通鑑》亦無元將二字，則溫公時所見《漢書》已然。(七二)陳聖劉：韋昭曰：「敷陳聖劉之德也。」(七三)漏刻以百二十為度：顏師古曰：「舊漏晝夜共百刻，今增其二十。」此本齊人甘忠可所造，今賀良等重言，遂施行之。事見〈李尋傳〉。(七四)自若：猶曰如故。(七五)過聽：誤聽。(七六)過而不改，是謂過矣：此孔子之言，見《論語・衛靈公篇》。言人貴在改過，過而能改，善莫大焉。(七七)非赦令，皆蠲除之：臣瓚曰：「改元易號，大赦天下，以求延祚而不蒙福，哀帝悔之，故更下制書，諸非赦罪事，皆除之。

謂改制易號，令皆復故也。」沈欽韓曰：「赦令不可追改，故不在蠲除之限。」(七八)尋及解光減死一等，徙燉煌郡：胡三省曰：「此漢法所謂減死徙邊也。減死者，罪至死而特為末減也。」(七九)盡復前世所嘗興諸神祠，凡七百餘所：胡三省曰：「成帝建始初，匡衡、張譚奏罷諸神祠不應禮者，今盡復之。」(八〇)一歲三萬七千祠云：祠，祭祀。胡三省曰：「神祠既多，而有歲五祠者，有歲四祠者，故其數若是之多。」(八一)事已前決：胡三省曰：「謂前已決遣就國，罪無重科也。」重科，猶言重罰。(八二)得無：反問之辭，猶曰無乃。(八三)要：求。(八四)尚相得死：王念孫曰：「尚相得死，文不成義，當依漢紀孝哀紀作尚得相死。」(八四)至尊：謂傅太后。(八五)唯有死耳：言唯有以死為之。(八七)何武前亦坐過，免就國：事見上卷綏和二年。(八八)召玄詣尚書問狀：胡三省曰：「丞相、御史同奏而獨召問玄者，以博強毅多權詐，難遽得其情，而玄易以窮詰。」(八九)中朝者：王先謙曰：「中朝者，謂中朝臣。」(九〇)詔獄：奉詔繫治罪犯之所。(九一)減玄死罪三等，削晏戶四分之一：《漢書．平帝紀》作減死二等，荀紀同。胡三省曰：「減死罪三等為隸臣妾；晏封五千戶，削其千二百五十。」(九二)以冬月故，且賜爵關內侯：如淳曰：「漢儀注，御史大夫為丞相，更春乃封，故先賜爵關內侯。」李奇曰：「以冬月非封侯時，故且先賜爵關內侯。」(九三)王喜：胡三省曰：「按表、傳，喜當作嘉。」(九四)卑爰疐：小昆靡末振將之弟。疐，音折（ㄓㄜˊ），又音捷（ㄐㄧㄝˊ）。(九五)毆：同驅。(九六)趨逯：逯，音錄（ㄌㄨˋ）。(九七)漢遣使者責讓單于，告令還歸卑爰疐質子：胡三省曰：「責以匈奴、烏孫並為漢臣，單于不當擅受卑爰疐質子。」

三年（西元前四年）

㈠春，正月，立廣德夷王弟廣漢為廣平王㈠。

㈡帝太太后所居桂宮㈡正殿火。【考異】五行志云：「桂宮鴻寧殿災。」荀紀云：「桂宮正殿火。」今從哀紀。

㈢上使使者召丞相平當，欲封之，當病篤，不應㈢。室家㈣或謂當：「不可彊起㈤受侯印為子孫㈥邪？」當曰：「吾居大位，已負素餐責矣；起受侯印，還臥而死，死有餘罪。今不起者，所以為子孫也。」遂上書乞骸骨㈦，上不許。三月，己酉（二十八日），當薨。

㈣有星孛于河鼓㈧。

㈤夏，四月，丁酉（十七日），王嘉為丞相，河南太守王崇為御史大夫。崇，京兆尹駿之子也。嘉以時政苛急，郡國守相數有變動，乃上疏曰：「臣聞聖王之功，在於得人。孔子曰：『材難㈨，不其然與？』故繼世立諸侯，象賢也㈩。雖不能盡賢，天子為擇臣，立命卿㈡以輔之。居是國也，累世尊重，然後士民之眾附焉，是以教化行而治功立。今之郡守，重於古諸侯〔一二〕，往者致〔一三〕選賢材，賢材難得，拔擢可用者，或起於囚徒。昔魏尚坐事繫，文帝感馮唐之言，遣使持節赦其罪，拜為雲中太守，匈奴忌之〔一四〕。武帝擢韓安國於徒中〔一五〕，拜為梁內史，骨肉以安〔一六〕。張敞為京兆尹，有罪當免，黠吏知而犯敞〔一七〕，敞收殺之，其家自冤〔一八〕，使者覆獄，劾敞賊殺人，上逮捕，不下〔一九〕，會免，亡命十數日，宣帝徵敞，拜為冀州刺史，卒獲其用。前世非私此三人，貪其材器有益於公家也。孝文時，吏居官者，或長子孫，倉氏、庫氏，則倉庫吏之後也；其二千石、長吏，亦安官樂職，然後上下相望，莫有苟且之意。其後稍稍變易，公卿以下，傳相促急〔二〇〕，又數改更政事，司隸、部刺史〔二一〕舉劾苛細，發揚陰私，吏或居官數月而退，送故迎新，交錯道路，中材苟容〔二二〕求全，下材懷危內顧〔二三〕，壹切〔二四〕營私〔二五〕者多，二千石益輕賤，吏民慢易〔二六〕之，或持其微過，增加成罪，言於司隸、刺史，或上書告之，眾庶知其易危〔二七〕，小失意則有離畔之心〔二八〕。前山陽亡徒蘇令等縱橫〔二九〕，吏士臨難，莫肯伏節死義，以守相威權素奪㉚也。孝成皇帝悔之，下詔書，二千石不為故縱㉛，遣使者賜金，尉㉜厚其意，誠以為國家有急，取辦於二千石，二千石尊重難危，乃能使下㉝。孝宣皇帝愛其善治民之吏，有章劾事，留中，會赦，壹解㉞。故事，尚書希㉟下章為煩擾百姓。證驗繫治，或死獄中，章文必有敢告之字，乃下㊱。唯陛下留神於擇賢，記善忘過㊲，容忍臣子，勿責以備㊳；二千石、部刺史、三輔縣令有材任職者，人情不能不有過差，宜可闊略㊴，令盡力者有所勸㊵，此方今急務，國家之利也。前蘇令發，欲遣大夫使逐問狀㊶，時見大夫㊷無可使者㊸，召盩厔㊹令尹逢，拜為諫大夫，遣之。今諸大夫有材能者甚少，宜豫畜養可成就者，則士赴難，不愛其死；臨事倉卒㊺乃求，非所以明朝廷㊻也。」嘉因薦儒者公孫光、滿昌㊼及能吏蕭咸、薛修，皆故二千石有名稱者，天子納而用之㊽。

㈥六月，立魯頃王子部鄉侯閔為王㊾。

㈦上以寢疾未定㊿，冬，十一月，壬子（五日），令太皇太后下詔復甘泉泰畤、汾陰后土祠，罷南北郊(51)。上亦不能親至甘泉、河東(五二)，遣有司行事而禮祠焉。

(八)無鹽危山土自起覆草如馳道狀(五三)，又瓠山石轉立(五四)。東平王雲及后謁(五五)自之石所祭，治石象瓠山立石(五六)，束倍草，并祠之(五七)。河內息夫躬(五八)、長安孫寵相與謀共告之，曰：「此取封侯之計也。」乃與中郎右師譚(五九)共因中常侍宋弘上變事，告焉。是時，上被疾，多所惡，事下有司，逮王后謁下獄驗治；服祠祭詛祝上，為雲求為天子，以為石立，宣帝起之表也(六〇)。有司請誅王，有詔廢徙房陵。雲自殺，謁及舅伍宏(六一)及成帝舅安成共侯(六二)夫人放皆棄市。事連御史大夫王崇，左遷(六三)大司農。擢寵為南陽太守，譚潁川都尉，弘、躬皆光祿大夫左曹給事中。

【今註】(一)立廣德夷王弟廣漢為廣平王：廣德夷王雲客，中山懷王從父弟，成帝鴻嘉二年封，一年，薨，無後。今立廣漢為廣平王，以奉中山靖王後。(二)桂宮：周壽昌曰：「桂宮，武帝太初四年秋起，周市四十里，在未央宮北，見黃圖。關輔記：『桂宮通未央宮北，中有光明殿，土山複道，從宮中西上城西至建章宮。』西京雜記：『武帝為七寶牀、雜寶案、寶屏風、列寶帳，設於桂宮，時人謂之四寶宮。』」(三)不應：不應詔命。(四)室家：《左傳》桓公十八年：「女有家，男有室，室家謂夫婦也。」此室家指平當之妻室。㊄彊起：勉力起受爵。㊅受侯印，為子孫：言受侯印而後死，得以封爵遺子孫。㊆乞骸骨：乞身引退。㊇河鼓：星座名。《曆學會通》云：「河鼓，天軍之鼓，中央大星曰大將軍，左、右小將軍。」按河鼓之星，均屬天鷹星座，位於牛宿西北，居銀漢之南。㊈材難，不其然與：此《論語》載孔子之言。材難，謂賢材難得。胡三省曰：「材難二語，古語也，孔子引之，謂其言之是也。」㊉繼世立諸侯，象賢也：胡三省曰：「禮記郊特牲之文。」顏師古曰：「象其先父祖之賢耳，非必其人皆有德也。」⑪命卿：諸侯列卿之受命於天子者。胡三省曰：「禮王制，大國三卿，皆命於天子，次國三卿，二卿命於天子，一卿命於其君；小國二卿，皆命於其君。春秋之時，如晉之六卿，其中軍帥為正卿，亦其君先命之而後聞於天子耳！齊之高國，魯之三桓，皆世卿也。漢之王國傅、相、中尉，命於天子，猶古之命卿也。」⑫今之郡守，重於古諸侯：胡三省曰：「周初班爵五等，公、侯地方百里，伯七十里，子、男五十里，其後齊、晉、秦、楚以兼併而地始廣大耳。漢郡守方制千里，連城以十數，是重於古諸侯也。」⑬致：胡三省曰：「致，極也。」⑭昔魏尚坐事繫至匈奴忌之：事見卷十四文帝十四年。⑮武帝擢韓安國於徒中：胡三省曰：「按韓安國傳，安國坐法抵罪，會梁內史缺，漢使使者拜安國為梁內史；起徒中為二千石。此景帝時事也，武帝當作景帝。」⑯骨肉以安：顏師古曰：「言梁孝王得免罪也。」按此指安國諫孝王出公孫詭、羊勝，而脫孝王於罪，事見卷十六景帝中元二年。孝王於景帝為母弟，故曰骨肉以安。⑰黠吏知而犯敞：黠吏謂京兆掾絮舜，事見卷二十七宣帝甘露元年。⑱自冤：自言其冤。⑲上逮捕，不下：顏師古曰：「言使者上奏請逮捕敞，而天子不下其事也。」⑳促急：為政嚴酷不寬和。㉑司隸、部刺史：司隸部三輔、三河、弘農，部刺史分部諸郡國。㉒苟容：苟謂處事苟且，容謂優容僚屬。㉓懷危內顧：顏師古曰：「常恐獲罪，每為私計也。」㉔壹切：猶曰一例，《史記索隱》曰：「言切者，譬若利刀之割，一運斤無不斷者。」㉕營私：營謀私利。㉖慢易：簡慢輕易而無敬畏之心。㉗易危：易於傾危。㉘小失意則有離畔之心：失意，謂不得意。此言二千石威權不重，稍不得意，則吏民有離叛之心。㉙前山陽亡徒蘇令等縱橫：成帝永始三年十二月，山陽鐵官徒蘇令等，殺東郡太守及汝南都尉，詳見卷三十一永始三年。㉚威權素奪：言平素不假以威權。㉛不為故縱：孟康曰：「不以故縱為罪，所以優之也。」㉜尉：古慰字。㉝使下：控御僚屬。㉞孝宣皇帝愛其治民之吏，有章劾事，留中，會赦，壹解：顏師古曰：「不即下治其事，恐為擾動，故每留中，或經赦令，一切皆解散也。」留中，言留章劾於省中而不即下其事。㉟希：少。㊱章文必有敢告之字，乃下：顏師古曰：「所以丁寧告者之辭，絕其相誣也。」胡三省曰：「此乃防其誣告耳！」㊲記善忘過：錄其善行而原其過失。㊳勿責以備：責，求；備，完善。《淮南子・汜論篇》：「夫堯、舜、湯、武，世主之隆也；齊桓、晉文，五霸之英也。然堯有不慈之名，舜有卑父之謗，湯、武有放弑之事，五伯有暴亂之謀，是故君子不責備於一人。」此言雖聖賢不能無過，人主之於臣下，尤宜存寬宥之心，不宜但求其完善無過。㊴宜可闊略：顏師古曰：「當寬恕其小罪。」㊵勸：勉勵。㊶使逐問狀：胡三省曰：「使之逐盜而問其狀也。」㊷見大夫：在職大夫。㊸無可使者：言其材能庸駑，皆不堪任使。㊹盩厔：讀音如舟（ㄓㄡ）室（ㄕˋ）。㊺倉卒：忽惶急遽貌。卒讀曰猝。㊻明朝廷：明朝廷之得人。㊼滿昌：姓滿名昌。胡三省引《風俗通》云：「荊蠻有瞞氏，音舛變為滿。」㊽天子納而用之：胡三省曰：「按嘉此疏，誠中當時之病。然為相者在於朝夕納誨，隨事矯正，天下不能窺其際而自臻於治平，不在著見於奏疏，以騰口說也。自宣帝之後，為相者始加詳於奏疏，而考其治迹愈不逮前，相業固不在乎此也。」㊾立魯頃王子部鄉侯閔為王：魯頃王子文王晙薨，無後，以閔紹封。部鄉，按《漢書》紀、表、傳俱作郚鄉。蘇林曰：「郚音魚（ㄩˊ）。」顏師古曰：「又音吾（ㄨˊ）。」按《漢書・地理志》，東海郡有郚鄉侯國，故址在今山東省泗水縣東南。㊿未定：胡三省曰：「定猶安也。」未安即未癒。(51)令太皇太后下詔復甘泉泰畤、汾陰后土祠，罷南北郊：成帝崩，詔罷甘泉、汾陰祠，復長安南北郊，見卷三十三綏和二年。太皇太后即元后。(52)河東：汾陰，屬河東郡。(53)無鹽危山土自起覆草如馳道狀：無鹽故城在今山東省東平縣東。胡三省曰：「危山，山名。言土自起覆草成路，如人力開掘，作馳道狀也。」(54)瓠山石轉立：晉灼曰：「漢書作報山，山脅石一枚，轉側起立，高九尺六寸，旁行一丈，廣四尺也。」顏師古曰：「報山，山名也。古作瓠字，為其形似瓠耳！」(55)東平王雲及后謁：雲，元帝子東平王宇之子；謁，后名。(56)治石象瓠山立石：於宮中作山如瓠山立石狀。(57)束倍草並祠之：顏師古曰：「倍草，黃倍草也。」沈欽韓曰：「夏官大馭注：『菩芻為神主。』說文繫傳：『案字書黃菩草。』則說文亦作菩也，此倍乃借字。束菩草幷祠之，即菩芻神主也。」(58)息夫躬：複姓息夫，名躬。(59)右師譚：複姓右師，名譚。胡三省曰：「右師，以官為氏。」(六〇)石立，宣帝起之表也：表，徵象。元鳳三年正月，泰山有大石自立，世或以為宣帝即位之徵。事見卷二十三昭帝元鳳三年。(六一)伍宏：宏乃安成共侯夫人放所薦，以醫技得幸，故並及禍。(六二)安成共侯：安成侯王崇，謚共，成帝之舅。共，同恭。(六三)左遷：顏師古曰：「漢時依上古法，朝廷之列，以右為尊，故謂降秩為左遷。」

四年（西元前三年）

㈠春，正月，大旱。

㈡關東民無故驚走，持稾㈠或掫㈡一枚，轉相付與，曰：「行西王母籌㈢。」道中相過逢，多至千數，或被髮徒跣，或夜折關，或踰牆入，或乘車騎犇馳，以置驛傳行，經郡國二十六至京師，不可禁止。民又聚會里巷阡陌，設博具㈣，歌舞祠西王母，至秋乃止。

㈢上欲封傅太后從父弟侍中光祿大夫商，尚書僕射平陵鄭崇諫曰：「孝成皇帝封親舅五侯㈤，天為赤黃，晝昏，日中有黑氣。孔鄉侯，皇后父；高武侯以三公封，尚有因緣㈥。今無故復欲封商，壞亂制度，逆天、人之心，非傅氏之福也。臣願以身命當國咎！」

崇因持詔書案起⑦，傅太后大怒，曰：「何有為天子乃反為一臣所顓⑧制邪？」二月，癸卯（二十八日），上遂下詔封商為汝昌侯⑨。

【考異】哀紀及恩澤侯表皆云，商以今年二月封，而孫寶傳云，制詔丞相、大司空。按建平二年，已罷大司空官，疑傳誤。

㈣駙馬都尉侍中雲陽董賢得幸於上，出則參乘，入御⑩左右，賞賜累鉅萬，貴震朝廷，常與上臥起；嘗晝寢，偏藉⑪上袖，上欲起，賢未覺⑬，不欲動賢，乃斷袖而起。又詔賢妻得通引籍⑫殿中，止賢廬⑭。又召賢女弟以為昭儀，位次皇后，昭儀及賢與妻旦夕上下，幷侍左右。以賢父恭為少府，賜爵關內侯。詔將作大匠為賢起大第北闕下，重殿洞門⑮，土木之功，窮極技巧。賜武庫禁兵、上方⑯珍寶。其選物上弟⑰，盡在董氏，而乘輿所服，乃其副也。及至東園祕器、珠襦、玉匣⑱，豫以賜賢，無不備具。又令將作為賢起冢塋⑲義陵⑳旁，內為便房㉑，剛柏題湊㉒，外為徼道㉓，周垣㉔數里，門闕罘罳㉕甚盛。

鄭崇以賢貴寵過度諫上，由是重得罪，數以職事見責，發疾頸癰㉖，欲乞骸骨，不敢。尚書令趙昌佞諂㉗，素害㉘崇，知見疏，因奏「崇與宗族通，疑有姦，請治。」上責崇曰：「君門如市人㉙，何以欲禁切主上？」崇對曰：「臣門如市，臣心如水㉚，願得考覆㉛。」上怒，下崇獄。司隸㉜孫寶上書曰：「按尚書令昌奏僕射崇獄，覆治，榜掠㉝將死，卒無一辭，道路稱冤。疑昌與崇內有纖介㉞，浸潤㉟相陷，自禁門樞機近臣，蒙受冤譖，虧損國家，為謗不小。臣請治昌以解眾心。」書奏，上下詔曰：「司隸寶附下罔上，以春月作詆欺㊱，遂其心，蓋國之賊也。免寶為庶人。」崇竟死獄中。

㈤三月，諸吏散騎光祿勳賈延㊲為御史大夫。

㈥上欲侯董賢而未有緣，侍中傅嘉勸上定㊳息夫躬、孫寵告東平本章，去宋弘㊴，更言因董賢以聞，欲以其功侯之，皆先賜爵關內侯。頃之，上欲封賢等而心憚王嘉，乃先使孔鄉侯晏持詔書示丞相、御史。於是嘉與御史大夫賈延上封事，言：「竊見董賢等三人，始賜爵，眾庶匈匈㊵，咸曰：『賢貴，其餘并蒙恩㊶。』至今流言未解。陛下仁恩，於賢等不已，宜暴㊷賢等本奏語言，延問公、卿、大夫、博士、議郎，考合古今，明正其義，然後乃加爵土。不然，恐大失眾心，海內引領而議㊸。暴評其事，必有言當封者，在陛下所從，天下雖不說，咎有所分，不獨在陛下。前定陵侯淳于長初封，其事亦議㊹，大司農谷永以長當封，眾人歸咎於永，先帝不獨蒙其譏。臣嘉、臣延材駑不稱㊺，死有餘責，知順指不迕㊻，可得容身須臾，所以不敢者，思報厚恩也。」上不得已，且為之止。

㈦夏，六月，尊帝太太后㊼為皇太太后。

㈧秋，八月，辛卯（十九日），上下詔切責公卿曰：「昔楚有子玉、得臣，晉文公為之側席而坐㊽，近事，汲黯折淮南之謀㊾。今東平王雲等，至有圖弒天子逆亂之謀者，是公卿股肱，莫能悉心務聰明㊿以銷厭㊀未萌㊁故也。賴宗廟之靈，侍中駙馬都尉賢等發覺以聞，咸伏厥辜㊂。書不云乎：『用德章厥善㊃。』其封賢為高安侯㊄，南陽太守寵為方陽侯㊅，左曹光祿大夫躬為宜陵侯㊆，賜右師譚爵關內侯。」又封傅太后同母弟鄭惲子業為陽信侯㊇。息夫躬既親近，數進見言事，議論無所避，上疏歷詆公卿、大臣，眾畏其口，見之反目㊈。

㈨上使中黃門[六〇]發武庫兵，前後十輩，送董賢及上乳母王阿舍。執金吾毋將隆[六一]奏言：「武庫兵器，天下公用。國家武備，繕治造作，皆度大司農錢[六二]。大司農錢，自乘輿不以給[六三]共養；共養勞[六四]賜，一出少府，蓋不以本臧[六五]給末用[六六]，不以民力共浮費[六七]，別公私，示正路也。古者諸侯、方伯[六八]，得顓征伐，乃賜斧鉞[六九]：漢家邊吏，職任距寇，亦賜武庫兵，皆任事然後蒙之[七〇]。春秋之誼，家不臧甲[七一]，所以抑臣威，損私力也。今賢等便僻[七二]弄臣，私恩微妾，而以天下公用給其私門，契[七三]國威器，共其家備，民力分於弄臣，武兵設於微妾，建立非宜，以廣驕僭，非所以示四方也。孔子曰：『奚取於三家之堂[七四]。』臣請收還武庫。」上不說。頃之，傅太后使謁者賤買執金吾官婢八人，隆奏言買賤[七五]，請更平直[七六]。上於是制詔丞相、御史：「隆位九卿，既無以匡朝廷之不逮，而反奏請與永信宮[七七]爭貴賤之賈，傷化失俗。以隆前有安國之言，左遷為沛郡都尉。」初，成帝末，隆為諫大夫，嘗奏封事，言「古者遷諸侯入為公卿，以褒功德，宜徵定陶王，使在國邸，以填[七八]萬方。」故上思其言而宥之。

㈩諫大夫渤海鮑宣上書曰：「竊見孝成皇帝時，外親持權，人人牽引所私，以充塞(七九)朝廷，妨賢人路，濁亂天下，奢泰亡度，窮困百姓，是以日食且十(八〇)，彗星四起(八一)，危亡之徵，陛下所親見也，今奈何反覆(八二)劇(八三)於前乎？今民有七亡(八四)：陰陽不和，水旱為災，一亡也。縣官重責，更(八五)賦租稅，二亡也。貪吏幷公(八六)，受取不已，三亡也。豪彊大姓，蠶食亡厭，四亡也。苛吏繇役，失農桑時，五亡也，部落鼓鳴，男女遮列(八七)，六亡也。盜賊刼略，取民財物，七亡也。七亡尚可，又有七死：酷吏毆(八八)殺，一死也。治獄深刻，二死也。冤陷亡辜，三死也。盜賊橫發，四死也。怨讎相殘，五死也。歲惡(八九)饑餓，六死也。時氣疾疫(九〇)，七死也。民有七亡而無一得，欲望國安，誠難；民有七死而無一生，欲望刑措(九一)，誠難；此非公、卿、守、相貪殘成化之所致邪？羣臣幸得居尊官，食重祿，豈有肯加惻隱(九二)於細民，助陛下流教化者邪？志但在營私家，稱賓客(九三)，為姦利(九四)而已。以苟容曲從(九五)為賢，以拱默(九六)尸祿(九七)為智，謂如臣宣等為愚。陛下擢臣巖穴(九八),誠冀有益毫毛,豈徒使臣美食大官,重高門之地哉(九九)?天下,乃皇天之天下(一〇〇)也。陛下上為皇天子,下為黎庶(一〇一)父母,為天牧養元元(一〇二),視之當如一合尸鳩之詩(一〇三)。今貧民菜食不厭(一〇四),衣又穿空(一〇五),父子夫婦不能相保,誠可為酸鼻。陛下不救,將安所歸命乎?奈何獨養外親與幸臣董賢,多賞賜以大萬數,使奴從賓客,漿酒藿肉(一〇六),蒼頭廬兒(一〇七),皆用(一〇八)致富,非天意也。及汝昌侯傅商,亡功而封,夫官爵非陛下之官爵,乃天下之官爵也。陛下取非其官,官非其人(一〇九),而望天說民服,豈不難哉?方陽侯孫寵、宜陵侯息夫躬,辯足以移眾(一一〇),彊可用獨立,姦人之雄,惑世尤劇者也,宜以時(一一一)罷退;及外親幼童,未通經術者,皆宜令休,就師傅。急徵故大司馬傅喜,使領外親。故大司空何武、師丹、故丞相孔光、故左將軍彭宣,經皆更博士(一一二),位皆歷三公;龔勝為司直,郡國皆慎選舉(一一三),可大委任也。陛下前以小不忍(一一四)退武等,海內失望。陛下尚能容亡功德者甚眾,曾不能忍武等邪?治天下者當用天下之心為心,不得自專快意而已也。」宣語雖刻切(一一五),

上以宣名儒，優容之。

(十一)匈奴單于上書願朝五年㉖。時帝被疾，或言：「匈奴從上游㉗來，厭人㉘，自黃龍、竟寧㉙時，單于朝中國，輒有大故㉚。」上由是難之，以問公卿，亦以為虛費府帑㉛，可且勿許。單于使辭去，未發㉜，黃門郎揚雄上書諫曰：「臣聞六經之治，貴於未亂；兵家之勝，貴於未戰㉝。二者皆微㉞，然而大事之本，不可不察也。今單于上書求朝，國家不許而辭之，臣愚以為漢與匈奴，從此隙矣㉟。匈奴本五帝所不能臣，三王所不能制，其不可使隙，明甚。臣不敢遠稱，請引秦以來明之。以秦始皇之彊，蒙恬之威，然不敢窺㊱西河㊲，乃築長城以界之。會漢初興，以高祖之威靈，三十萬眾，困於平城㊳。時奇譎㊴之士，石畫㊵之臣甚眾，卒其所以脫者，世莫得而言也㊶。又高后時，匈奴悖慢㊷，大臣權書遺之㊸，然後得解。及孝文時，匈奴侵暴北邊，候騎至雍甘泉，京師大駭，發三將軍屯棘門、細柳、霸上以備之，數月乃罷㊹。孝武即位，設馬邑之權，欲誘匈奴㊺，徒費財勞師，一虜不可得見，況單于之面乎？其後深惟社稷之計，規恢〔三六〕萬載之策，乃大興師數十萬，使衞青、霍去病操兵〔三七〕，前後十餘年，於是浮西河，絕大幕〔三八〕，破寘顏〔三九〕，襲王庭〔四〇〕，窮極其地，追犇逐北，封狼居胥山〔四一〕，禪於姑衍〔四二〕，以臨瀚海〔四三〕，虜名王、貴人以百數，自是之後，匈奴震怖，益求和親，然而未肯稱臣也〔四四〕。且夫前世，豈樂傾無量之費，役無罪之人，快心狼望〔四五〕之北哉？以為不壹勞者不久逸，不暫費者不永寧。是以忍百萬之師，以摧餓虎之喙〔四六〕；運府庫之財，填盧山〔四七〕之壑而不悔也。至本始〔四八〕之初，匈奴有桀心〔四九〕，欲掠烏孫，侵公主，乃發五將之師十五萬騎以擊之，時鮮有所獲，徒奮揚威武，明漢兵若雷風〔五〇〕耳，雖空行空反，尚誅兩將軍〔五一〕。故北狄不服，中國未得高枕安寢也。逮至元康、神爵〔五二〕之間，大化神明，鴻恩溥洽，而匈奴內亂，五單于爭立，日逐、呼韓邪攜國歸死〔五三〕，扶伏〔五四〕稱臣〔五五〕，然尚羈縻之，計不顓制〔五六〕。自此之後，欲朝者不距〔五七〕，不欲者不彊，何者？外國天性忿鷙〔五八〕，形容魁健〔五九〕，負力怙氣〔六〇〕，難化以善，易肆以惡〔六一〕，其彊難詘〔六二〕，其和難得。故未服之時，勞師遠攻，傾國殫貨，伏尸流血，破堅拔敵，如彼之難也；既服之後，慰薦(六三)撫循，交接賂遺，威儀俯仰，如此之備也。往時嘗屠大宛之城(六四)，蹈烏桓之壘(六五)，探姑繒之壁(六六)，藉蕩姐之場(六七)，艾朝鮮之旃(六八)，拔兩越之旗(六九)，近不過旬月之役，遠不離(七〇)二時(七一)之勞，固已犂其庭(七二)，掃(七三)其閭，郡縣而置之(七四)，雲徹席卷(七五)，後無餘災。唯北狄為不然，真中國之堅敵(七六)也，三垂比之懸矣(七七)！前世重之茲甚(七八)，未易可輕也。今單于歸義，懷款誠之心，欲離其庭，陳見于前，此乃上世之遺策，神靈之所想望，國家雖費，不得已者也。奈何距以來厭之辭(七九)，疎以無日之期(八〇)，消往昔之恩，開將來之隙？夫疑而隙之，使有恨心，負前言，緣往辭，歸怨於漢(八一)，因以自絕(八二)，終無北面之心(八三)，威之不可，諭之不能，焉得不為大憂乎？夫明者視於無形，聽者聽於無聲，誠先於未然(八四)，即兵革不用，而憂患不生；不然，壹有隙之後，雖智者勞心於內，辯者轂擊(八五)於外，猶不若未然之時也。且往者圖西域，制車師，置城郭，都護三十六國(八六)，豈為康居、烏孫能踰白龍堆(八七)而寇西邊哉？乃以制匈奴也！夫百年勞之，一日失之，費十而愛一（八八），臣竊為國不安也。唯陛下少留意於未亂未戰，以遏邊萌（八九）之禍。」書奏，天子寤（九〇）焉，召還匈奴使者，更報單于書而許之（九一）。賜雄帛五十匹，黃金十斤。

單于未發，會病，復遣使願朝明年，上許之。

(十二)董賢貴幸日盛，丁、傅害其寵，孔鄉侯晏與息夫躬謀欲求居位輔政。會單于以病未朝，躬因是而上奏，以為：「單于當以十一月入塞，後以病為解（九二），疑有他變。烏孫兩昆彌弱，卑爰疐彊盛，東結單于，遣子往侍（九三），恐其合埶以并烏孫，烏孫并，則匈奴盛而西域危矣。可令降胡詐為卑爰疐使者來上書，欲因天子威，告單于歸臣（九四）侍子，因下其章，令匈奴客（九五）聞焉，則是所謂『上兵伐謀（九六），其次伐交（九七）』者也。」書奏，上引見躬，召公卿、將軍大議。左將軍公孫祿以為：「中國常以威信懷伏夷狄，躬欲逆詐（九八），造不信之謀，不許。且匈奴賴先帝之德，保塞稱藩；今單于以疾病不任奉朝賀，遣使自陳，不失臣子之禮，臣祿自保沒身不見匈奴為邊竟（九九）憂也。」躬掎（一〇〇）祿曰：「臣為國家計，冀先謀將然（一〇一），豫圖未形，為萬世慮，而祿欲以其犬馬齒保目所見，臣與異祿議，未可同日語也。」上曰：「善。」乃罷羣臣，獨與躬議。躬因建言：「災異屢見，恐必有非常之變，可遣大將軍行㉒邊兵，敕㉓武備，斬一郡守以立威，震四夷，因以厭應變異。」上然之，以問丞相嘉。對曰：「臣聞動民以行不以言㉔，應天以實不以文。下民微細，猶不可詐，況於上天神明而可欺哉？天之見㉕異，所以敕戒人君，欲令覺悟反正，推誠行善，民心說而天意得矣。辯士見一端，或妄以意傳著㉖星歷，虛造匈奴、西羌之難，謀動干戈，設為權變，非應天之道也。守、相有辠，車馳詣闕，交臂㉗就死，恐懼如此，而談說者欲動安之危㉘，辯口快耳，其實未可從。夫議政者，苦其諂諛、傾險、辯惠㉙、深刻也。昔秦繆公不從百里奚、蹇叔之言，以敗其師㉚，其悔過自責，疾詿誤之臣㉛，思黃髮㉜之言，名垂於後世。願陛下觀覽古戒，反覆參考，無以先入之語㉝為主。」上不聽。

【今註】㊀稾：禾稈。㊁掫：如淳曰：「掫，麻幹也。」㊂行西王母籌：顏師古曰：「西王母，元后壽考之象；行籌，又言執國家籌策，行於天下。」王先謙曰：「天子將出，一人前行清道，呼曰：『傳籌。』今制尚有之，蓋昉自漢世。此謂言王母將至，為之傳行詔籌，即其義也。元后臨朝，成莽纂竊，此其先兆，而師古以為謂元后壽考之象，殆不然矣。」㊃博具：博戲之具。㊄孝成帝封親舅五侯：五侯為成帝舅譚、商、立、根、逢時，五人同日並封，見卷三十成帝建始元年。㊅孔鄉侯，皇后父；高武侯以三公封，尚有因緣：孔鄉侯傅晏，以皇后父封侯，高武侯傅喜為大司馬，故曰以三公封。因緣，猶曰比附，言有漢家舊制，可為比附。㊆持詔書案起：李奇曰：「持當受詔書案起也。」沈欽韓曰：「案者，承受詔書之案。」案起，謂憑案而起。㊇顓：同專。㊈汝昌侯：胡三省曰：「恩澤侯表，汝昌侯，國於東郡須昌之陽穀。」須昌故城在今山東省東平縣西北。王先謙曰：「志無陽穀縣，疑穀陽倒誤。穀陽，沛郡縣，析置汝昌也。」⑩御：隨侍。⑪偏藉：顏師古曰：「藉謂身臥其上也。」偏藉，言側身臥其上。⑫覺：醒寤。⑬引籍：引謂引之使出入天子殿門；籍謂門籍，解詳卷十五景帝二年註⑮。⑭廬：顏師古曰：「廬謂殿中所宿止處。」⑮重殿洞門：顏師古曰：「重殿，謂有前後殿；洞門，謂門門相當也。」《西京雜記》云：「重五殿，洞六門，柱壁皆畫雲氣、華藟、山靈、水怪，或衣以綈錦，或飾以金玉。南門三重，署曰南中門、南上門、南便門，東西各三門，隨方面題署亦如之。樓閣臺榭，轉相連注；山池玩好，窮盡雕麗。」⑯上方：即尚方，官府名稱。漢少府屬官有尚方令、丞，掌作御刀劍及玩好器物。⑰選物上弟：選物，言經挑選之精良器物；弟同第，上弟，猶上等，言選物之中，等第居上者。⑱東園祕器、珠襦、玉匣：匣，

《漢書・董賢傳》作柙。顏師古曰：「東園，署名也。漢舊儀云，東園祕器，作棺梓素木，長二丈，崇廣四尺；珠襦，以珠為襦如鎧狀，連縫之，以黃金為縷；要以下，玉為柙，至足，亦縫以黃金縷。」⑲塋：墓域。⑳義陵：哀帝壽陵。㉑便房：服虔曰：「便房，藏中便坐也。」藏中，謂冢藏之中；便坐，謂休息之所。㉒剛柏題湊：剛柏，孟康曰：「堅剛之柏也。」此言以剛柏為題湊。《釋文》云：「題，頭也；湊，聚也。」服虔曰：「木頭皆向內，故曰題湊。」沈欽韓曰：「檀弓：『天子柏椁，以端長六尺。』鄭云：『以端，題湊也。』正義：『柏材並皆從下累至上始為題湊；湊，嚮也，言木之頭相嚮而作四阿也。』呂覽節喪篇：『題湊之室。』高誘注：『室，槨藏也；題湊，複累。』案此為槨之題湊也；喪大記注云：『天子之殯，居棺以龍輴，欑木題湊象槨，上四柱如屋以覆之，盡塗之；諸侯輴不畫龍，欑不題湊象槨，其他亦如之。』此殯之題湊也，皆天子之制。」㉓徼道：顏師古曰：「徼謂遮繞也。」胡三省曰：「徼道，徼循之道。」㉔周垣：圍牆。㉕罘罳：解詳卷十七文帝前七年註②。㉖癰：音雍（ㄩㄥ），毒瘡名，多發於頸、背等部。㉗讇：古諂字。㉘害：忌。㉙門如市人：言奔競於門下者眾多，如市肆然。㉚臣心如水：水至清平，故崇引以為喻。㉛考覆：按驗。㉜司隸：成帝元延四年，罷司隸校尉，綏和二年，哀帝復置，但為司隸，不云校尉，屬大司空。㉝榜掠：顏師古曰：「榜掠，謂笞擊而考問之。」㉞纖介：顏師古曰：「言有細故宿嫌也。」按介亦作芥，纖、芥俱細微之物，故以為喻。㉟浸潤：譖毀人於不知不覺之中。鄭玄曰：「譖人之言，如水之浸潤，漸以成之也。」浸亦作寖。㊱以春月作詆欺：言乘春月寬赦之時，為詆謗昧心之事。沈欽韓曰：「續禮儀志，立春之日，下寬大書，罪非殊死，且勿按驗。則漢世雖不逢赦，入春令，亦得寬。」㊲諸吏散騎光祿勳賈延：胡三省曰：「延為光祿勳而加諸吏散騎也。」按《漢書・百官表》，諸吏、散騎皆加官。諸吏得舉劾不法，散騎騎馬並乘輿車。《御覽》二二九引《漢官解詁》曰：「士之權貴，不過尚書，其次諸吏。」顏師古曰：「騎而散從，無常職也。」㊳定：顏師古曰：「定謂改定其章也。」㊴去宋弘，更言因董賢以聞：帝欲奪宋弘功以與董賢，以告章中削去宋弘名而代以董賢名。㊵匈匈：喧嘩之聲。按匈與訩同。㊶賢貴，其餘並蒙恩：言董賢以貴寵，無功受封，而息夫躬、孫寵等因賢故，並受爵賞。㊷暴：顯露。㊸引領而議：項背曰領，引領猶曰引頸。引領而議，議論紛紜，歷久不決之意。㊹定陵侯淳于長初封，其事亦議：事見卷三十一成帝永始二年。㊺不稱：不副其職。㊻迕：逆旨。㊼帝太太后：即傅太后。㊽昔楚有子玉、得臣，晉文公為之側席而坐：側席而坐，言不敢正坐。《曲禮》：「有憂者側席而坐。」晉文公與楚戰，勝於城濮，文公猶有憂色，曰：「得臣尚在，憂未歇也。」㊾汲黯折淮南之謀：淮南王安謀反，曰：「漢廷大臣，獨汲黯好直諫，守節死義，難惑以非，至如說丞相弘等，如發蒙振落耳。」猶豫未發。事見卷十九武帝元狩元年。㊿悉心務聰明：顏師古曰：「悉，盡也；務聰明者，廣視聽也。」(51)銷厭：銷，消滅；厭：壓塞。(52)未萌：事始生曰萌，言如草之萌芽；未萌，謂事變未發生之時。(53)厥辜：猶曰其罪。(54)用德章厥善：《尚書・盤庚》之辭。用，同以；章，同彰。言人主以察照之德，加爵祿之賞，以彰明臣下之善行。(55)高安侯：按《漢書・恩澤侯表》，高安侯，封於朱扶。胡三省曰：

「朱扶之地無所考。」王先謙曰：「志無高安縣，朱扶疑有誤文。」(56)方陽侯：按《漢書・恩澤侯表》，方陽侯，封於沛郡龍亢縣。按龍亢故城在今安徽省懷遠縣西北。(57)宜陵侯：按《漢書・恩澤侯表》，宜陵侯，封於南陽郡杜衍縣。杜衍故城在今河南省南陽縣西南。(58)陽信侯：《漢書・恩澤侯表》，王嘉傳俱作陽新侯，此據《漢書・外戚傳》。錢大昭曰：「信、新通用。」按〈恩澤侯表〉，陽信侯，食邑於南陽郡新野縣。新野故城在今河南省新野縣南。(59)仄：古側字。(60)中黃門：屬少府。顏師古曰：「中黃門，奄人，居禁中，在黃門之內給事者也。」按《續漢志》，中黃門，常給事禁中，後漢比百石，宦者，無員，後增比三百石。(61)毋將隆：複姓毋將，名隆。(62)皆度大司農錢：蘇林曰：「用度皆出大司農。」(63)共：讀曰供。(64)勞：慰勞。(65)臧：古藏字。(66)末用：指供養勞賜。(67)浮費：猶曰虛費。(68)方伯：古謂一方諸侯之長為方伯。《禮王制》：「八州八伯，謂之方伯。」(69)乃賜斧鉞：按斧鉞即鈇鉞。《禮王制》：「諸侯賜弓矢然後征，賜鈇鉞然後殺。」孫希旦曰：「天子在軍乃用鈇鉞，諸侯非受賜者，不得用也。」(70)蒙：受。(71)家不臧甲：公羊定十三年傳載孔子之言：「家不臧甲，邑無百雉之城。」家謂大夫之家，邑謂大夫所食邑。(72)便僻：近習嬖幸之人。按僻當作辟，辟為嬖之假借字。《荀子・儒效篇》：「事其便辟。」楊注曰：「辟讀為嬖。」(73)契：晉灼曰：「契，取也。」(74)奚取於三家之堂：《論語・八佾》：「三家者，以雍徹。子曰：『相維辟公，天子穆穆，奚取於三家之堂？』」三家，謂魯仲孫、叔孫、季孫氏。雍，〈周頌〉臣工篇名，天子祭於宗廟，歌之以徹祭，今三家亦作此樂以徹祭，僭越無上，故孔子譏之。胡三省曰：

「隆引孔子之言，以謂武庫兵器不當以供臣妾之家，猶歌雍不當在三家之堂也。」（七五）買賤，《漢書・毋將隆傳》作賈賤。賈讀曰價。（七六）直：同值。（七七）永信宮：傅太后稱永信宮。（七八）填：同鎮。（七九）充塞：顏師古曰：「塞，滿也。」（八〇）日食且十：胡三省曰：「建始三年十二月戊申朔，河平元年四月癸亥晦，三年八月乙卯晦，四年三月癸丑晦，陽朔元年二月丁未晦，永元二年一月乙酉晦，三年正月己卯晦，四年七月辛未晦，元延元年正月己亥朔，凡九食。」（八一）彗星四起：胡三省曰：「建始元年，星孛於營室，元延元年，星孛於營室，元延元年，星孛於東井，後又晨出東方十三日，又夕見西方，是四起也。」（八二）反覆：胡三省曰：「覆當作復。」（八三）劇：胡三省曰：「劇，增也；甚也。」（八四）民有七亡：顏師古曰：「亡，謂失其作業也。」此言令民失其作業者，其因有七。（八五）更：顏師古曰：「更謂為更卒也。」（八六）並公：顏師古曰：「並，依也。」王先謙曰：「並與傍同，所謂因緣為姦也。」（八七）部落鼓鳴，男女遮列：顏師古曰：「言聞桴鼓之聲，以為有盜賊，皆遮列而追捕。」余謂此言聞蠻夷部落桴鼓之聲，則男女爭出逃亡，遮迾道路，與下云盜賊劫略，取民財物，俱為七亡之一。遮列，《漢書・鮑宣傳》作遮迣，按《說文》：「迣，迾也。」遮迾，俱有壅塞阻遏之意。（八八）毆：以杖擊人。（八九）歲惡：五穀歉收。（九〇）時氣疾疫：氣候不調而發生之傳染病。（九一）刑措：措，放置。民生富安而不犯法，則刑法無所用，故曰刑措。（九二）惻隱：朱熹曰：「惻，傷之切也；隱，痛之深也。」言見人蒙被災禍而心有所不忍。（九三）稱賓客：滿足賓客之所求。（九四）為姦利：為欺詐之事以圖營私利。（九五）曲從：屈己以從人。（九六）拱默：胡三省曰：「拱默，拱手而默然不言也。」按此亦苟且度日，不勤職事之謂。（九七）尸祿：空食其祿而不憂其職。（九八）巖穴：山窟。宣自謙稱未仕宦時，本為粗鄙野人，居於巖穴之間。（九九）豈徒使臣美食大官，重高門之地哉：晉灼曰：「高門，殿名也。」胡三省曰：「宣蓋言徒知養賢為朝廷之重，而不計其有益於時與否。」按胡注，臣蓋泛指朝廷大臣，非獨鮑宣自謂。（一〇〇）皇天之天下：古謂天子受命於天以統治萬民，故曰皇天之天下。（一〇一）黎庶：庶民。（一〇二）元元：庶民。高誘曰：「元，善也；民之類善，故稱元。」（一〇三）當如一合尸鳩之詩：《詩．國風．尸鳩》：「尸鳩在桑，其子七兮，淑人君子，其德一兮。」一合，言一視同仁，無有分別，尸一作鳲，尸鳩，鳥名，俗謂布穀。此言鳩養其七子，平均如一；善人君子，施惠布德，亦當如是。（一〇四）菜食不厭：菜食，蔬食無肉；厭，飽足。言民至貪，雖菜食猶不飽足。（一〇五）衣又穿空：空，破孔；衣穿孔，言其破敝。（一〇六）漿酒藿肉：視酒如漿，視肉如藿，喻其奢靡。漿，飲料，此指飲水；藿，豆葉，《漢書．鮑宣傳》作霍。霍、藿古通。（一〇七）蒼頭廬兒：孟康曰：「黎民、黔首，黎、黔皆黑也，下民陰類，故以黑為號。漢名奴為蒼頭，非純黑，以別於良人也。諸給事殿中者，所居為廬，蒼頭侍從，因呼為廬兒。」（一〇八）用：同以。（一〇九）取非其官，官非其人：顏師古曰：「此官不當加於此人，此人不當受此官也。」按此亦材能與官爵不相當之意。（一一〇）辯足以移眾：言其巧辯，足以轉移眾人之意見。（一一一）以時：及時。（一一二）經皆更博士：胡三省曰：「言經學有師法也。」按更亦經歷之義，博士掌五經，言其經學，皆歷經博士之教，故胡言有師法。（一一三）龔勝為司直，郡國皆慎選舉：胡三省曰：「司直掌佐丞相舉不法。勝守正不阿，郡國懼為所舉奏，故皆慎於選舉。」（一一四）小不忍：言稍有不快意之事，即忿忿於心，而不能忍受。

㉕刻切：深刻切合時病而無所隱諱。㉖朝五年：於建平五年入朝。㉗上游：服虔曰：「游猶流，河水從西北來，故曰上游也。」顏師古曰：「上游亦總謂地形耳，不必係於河水也。」按匈奴地居我國西北，西北高而東南低。故謂之上游。㉘厭人：顏師古曰：「厭，勝也。」按厭有迫之義，厭人猶曰迫人。㉙黃龍、竟陵：黃龍，漢宣帝年號；竟陵，漢元帝年號。㉚大故：顏師古曰：「大故，謂國之大喪。」㉛府帑：顏師古曰：「府，物所聚也；帑，藏金帛之所也。」按府帑二字，猶今云物力與財力。㉜未發：言已辭而未行。㉝六經之治，貴於未亂；兵家之勝，貴於未戰：胡三省曰：「書周官曰：『制治於未亂。』兵法曰：『戰不必勝，不苟接刃。』」顏師古曰：「已亂而後治之，戰鬬而後獲勝，則不足貴。」㉞微：精妙而不為人所注意。㉟從此隙矣：嫌隙從此而生。㊱窺：伺閒而圖之。㊲西河：河套以西，即漢河西四郡之地，今寧夏及甘肅走廊一帶。㊳三十萬眾，困於平城：平城之圍，見卷十一高帝七年。㊴奇譎：權詐詭異。㊵石畫：鄧展曰：「石，大也。」朱一新曰：「石通作碩，鄧說是也。」石畫，即奇謀異計。㊶卒其所以脫者，世莫得而言也：顏師古曰：「謂自免之計，其事醜惡，故不傳。」㊷悖慢：悖逆無禮。㊸權書遺之：顏師古曰：「以權道為書，順辭以答之。」此指高后採季布之言，令張釋為書報匈奴事，見卷十一惠帝三年。㊹孝文時至數月乃罷：事見卷十五文帝後六年。㊺孝武即位，設馬邑之權，欲誘匈奴：事見卷十七武帝元光二年。㊻規恢：規，籌畫；恢，擴大。㊼操兵：操持兵器，此指統率軍隊而言。㊽絕大幕：橫度曰絕；大幕即大漠，古幕、漠通。㊾破寘顏：寘顏，山名，在今蒙古烏喇特旗境。衞青破匈奴單于兵，

北至寘顏山趙信城而還。寘音田（ㄊㄧㄢˊ）(40)王庭：匈奴單于所居之處。(41)狼居胥山：按清《一統志》，狼居胥山在今外蒙古喀爾喀部境內。(42)姑衍：山名，其地未詳，按當在今蒙古大漠以北。(43)瀚海：今蒙古境內大沙漠，古稱瀚海。(44)自大興師數十萬至然而未肯稱臣也：諸事並散見〈武帝紀〉。(45)狼望：胡三省曰：「邊人謂舉燧為狼煙。狼望，謂狼煙候望之地。」按舉燧用狼糞燒煙，故稱狼煙。《酉陽雜俎》云：「古邊亭舉烽火時，用狼糞燒煙，以其煙直上，風吹不斜也。」(46)餓虎之喙：喙，獸口。餓虎之喙，言其凶殘，以喻匈奴。(47)盧山：顏師古曰：「盧山，匈奴中山也。」孟康曰：「盧山，單于南庭也。」(48)本始：漢宣帝年號。(49)桀心：暴戾之心。(50)漢兵若雷風：言漢兵剽勁而迅速，如風驅雷擊。(51)乃發五將之師至尚誅兩將軍：事見卷二十四宣帝本始三年。(52)元康、神爵：俱漢宣帝年號。(53)歸死：王念孫曰：「案歸死二字於義不可通，歸死二字當為歸化之誤也。此承上大化神明而言，謂單于攜一國之人來歸王化也。下文曰今單于歸義懷款之心，歸義猶歸化耳！《通鑑》漢紀二十六作歸死，則所見漢書本已誤。漢紀孝哀紀、通典邊防十一並作歸化。」(54)扶伏：讀曰匍匐。(55)自匈奴內亂至扶伏稱臣：諸事並散見〈宣帝紀〉。(56)不顓制：顓與專同，不顓制，言禮待之而不視之為臣妾。(57)距：同拒。(58)忿鷙：忿，躁急；鷙，兇猛。(59)形容魁健：形容，形態容貌；顏師古曰：「魁，大也。」魁健，魁偉壯健。(60)負力怙氣：顏師古曰：「負，恃也。」按怙亦恃之意。(61)易肆以惡：胡三省曰：「肆，習也；言易習於為惡。」(62)詘：同屈。(63)慰薦：曾國藩曰：「尉薦猶尉藉也。尉者，以火尉繒，從上按下也；薦，草之深厚者，可以為席，從下藉上也。」

皆體貼人心，曲意安撫之辭。」慰、熨，古通作尉。(四二)屠大宛之城：事見卷二十一武帝太初三年。(四三)蹈烏垣之壘：事見卷二十三昭帝元鳳三年。(四四)探姑繒之壁：事見卷二十三昭帝始元四年。(四五)藉蕩姐之場：藉，蹈藉，亦踐蹂之意。劉德曰：「蕩姐，羌屬。」姐，音紫（ㄗˇ）。胡三省曰：「據元帝永光三年，隴西羌彡姐反，豈是邪！」(四六)艾朝鮮之旃：事見卷二十一武帝元封三年。艾，通刈。旃，旃旗曲柄。(四七)拔兩越之旗。事見卷二十武帝元鼎六年。(四八)離：顏師古曰：「離，歷也。」(四九)二時：三月為一時，二時猶曰二季。(五〇)犂其庭：顏師古曰：「犂，耕也。」庭謂王庭。(五一)掃：摧毀。(五二)郡縣而置之：以其地置為中國之郡縣。(五三)雲徹席卷：胡三省曰：「如雲之徹、如席之卷。」徹通撤，消散之意；卷通捲。言其平靜無纖毫之後患。(五四)堅敵：猶曰勁敵。(五五)三垂比之懸矣：垂通陲，三陲，謂東陲、西陲、南陲；懸，殊絕。此言東、西、南三陲蠻夷皆弱，比之北狄之強勁，其勢殊絕。(五六)茲甚：顏師古曰：「茲，益也。」胡三省曰：「茲，此也；茲甚，此為甚也。」(五七)奈何距以來厭之辭：言奈何以來厭之妄說而距其人朝。來，謂從上游來，厭為厭人，解俱見上。(五八)疏以無日之期：胡三省曰：「止其來朝，辭以他日而無一定之期，則匈奴與漢疏。」(五九)負前言，緣往辭，歸怨於漢：顏師古曰：「言單于因緣往昔和好之辭以怨漢也。」胡三省曰：「負，恃也；負前言者，恃前者有和好之言也。」余按負謂背負；往辭，謂漢拒匈奴入朝之辭。此言釁隙既開，匈奴乃背負昔日和好之言，因漢止其入朝之辭，而歸怨於漢。歸怨者，言過在漢而不在匈奴。(六〇)自絕：自摒絕於漢朝。(六一)北面之心：為臣之心。(六二)先於未然：預先防範於事變未起之時。(六三)轂擊：顏師古曰：「轂擊，言使車交馳，其轂相擊也。」(八六)往者圖西域，制車師，置城郭，都護三十六國：諸事並見〈武帝〉、〈宣帝紀〉。(八七)白龍堆：簡稱龍堆，即今新疆省之庫穆塔格沙漠，流沙千餘里，形如臥龍，沙阜起狀，綿延不絕。(八八)費十而愛一：胡三省曰「謂向者不憚十分之費以制匈奴，今來朝之費，十分之一耳，乃愛惜之。」(八九)邊萌：胡三省曰：「萌與氓同，謂邊民也。」(九〇)寤：同悟。(九一)許之：許其所請。(九二)解：解釋其所以不能來朝之因。(九三)卑爰疐彊盛，東結單于，遣子往侍：事見本卷建平二年。(九四)臣：指卑爰疐。(九五)匈奴客：謂匈奴使者。(九六)所謂上兵伐謀：顏師古曰：「言知敵有謀者，則以事而應之，阻其所為，不用兵革，所以為貴耳。上兵伐謀，其次伐交，孫武子之言。」(九七)其次伐交：顏師古曰：「知敵有外交連結相援者，則間而誤之，令其解散也。」(九八)逆詐：胡三省曰：「逆詐者，敵之詐謀未見，欲迎測其情也。」逆、迎通。(九九)竟：讀曰境。(一〇〇)掎：顏師古曰：「掎，從後引之也，謂引攝其言也。」(一〇一)先謀將然：言彼方欲有其事，先其未發，以謀策破壞之。(一〇二)豫圖未形：顏師古曰：「圖，謀也；未有形兆而圖之。」(一〇三)行：巡視。(一〇四)敕：整飭。(一〇五)以行不以言：見之於行為而不務空言。(一〇六)見：顯示。(一〇七)傅著：猶曰附會。傅讀曰附。(一〇八)交臂：反縛其臂。(一〇九)動安之危：顏師古曰：「之，往也。言搖動安全之計，往就危殆也。」(一一〇)辯惠：善辯而無實。(一一一)昔秦繆公不從百里奚、蹇叔之言，以敗其師：繆亦作穆。秦穆公欲襲鄭，蹇叔、百里奚諫不聽，遂出師，晉襄公要之，敗秦師於殽。(一一二)詿誤之臣，詿亦誤也。詿誤之臣，謂詿誤國家之臣。(一一三)黃髮：老人髮黃，故曰黃髮。(一一四)先入之語：顏師古曰：「謂躬為此計，先入於帝耳。」

卷三十五　漢紀二十七

起屠維協洽，盡玄黓閹茂，凡四年。（己未至壬戌，西元前二年至西元二年）

司馬光編集
林瑞翰註

孝哀皇帝下

元壽元年（西元前二年）

㈠春，正月，辛丑，朔，【考異】荀紀云：「辛卯朔。」誤。詔將軍㊀、中二千石㊁舉明習兵灋者各一人，因就拜孔鄉侯傅晏為大司馬、衞將軍，陽安侯丁明為大司馬、票騎將軍。

㈡是日，日有食之。上詔公、卿、大夫悉心陳過失；又令舉賢良、方正、能直言者各一人，大赦天下。

丞相嘉㊂奏封事㊃曰：「孝元皇帝奉承大業，溫恭少欲，都內錢四十萬萬㊄。嘗幸上林，後宮馮貴人從臨獸圈，猛獸驚出，貴人前當之㊅，元帝嘉美其義，賜錢五萬㊆。掖庭見親，有加賞賜，屬其人勿眾謝㊇，示平惡偏㊈，重失人心，賞賜節約。是時外戚貲千萬者少耳，故少府、水衡見錢多也（一〇）。雖遭初元、永光凶年饑饉，加以西羌之變（一一），外奉師旅，內振貧民，終無傾危之憂，以府臧（一二）內充實也。孝成皇帝時，諫臣多言燕出（一三）之害，及女寵專愛，耽於酒色，損德傷年，其言甚切，然終不怨怒也。寵臣淳于長、張放、史育，育數貶退，家貲不滿千萬；放斥逐就國（一四），長榜死於獄（一五），不以私愛害公義，故雖多內譏，朝廷安平（一六）。傳業陛下。

陛下在國之時，好詩書，上（一七）儉節，徵來（一八），所過道上，稱誦德美，此天下所以回心（一九）也。初即位，易帷帳，去錦繡，乘輿席緣綈繒（二〇）而已。共皇（二一）寢廟，比當作（二二），憂閔（二三）元元（二四），惟（二五）用度不足，以義割恩（二六），輒且止息，今始作治。而駙馬都尉董賢，亦起官寺上林中；又為賢治大第，開門鄉北闕（二七），引王渠（二八）灌園池，使者護（二九）作，賞賜吏卒，甚於治宗廟。賢母病，長安廚（三〇）給祠具（三一），道中過者皆飲食（三二）。為賢治器，器成，奏御乃行。或物好（三三），特賜其工，自貢獻宗廟、三宮（三四），猶不至此。賢家有賓婚（三五）及見親，諸官幷共（三六），賜及倉頭（三七）奴婢，人十萬錢。使者護視，發取市物，百賈（三八）震動，道路讙譁，羣臣惶惑。詔書罷苑，而以賜賢二千餘頃，均田之制，從此墮壞㊴。奢僭放縱，變亂陰陽，災異眾多，百姓訛言，持籌相驚㊵，天惑其意，不能自止。陛下素仁智慎事，今而有此大譏。孔子曰：『危而不持，顛而不扶，則將安用彼相矣㊶。』臣嘉幸得備位，竊內悲傷，不能通愚忠之信，身死有益於國，不敢自惜。惟陛下慎己之所獨鄉，察眾人之所共疑。往者，鄧通㊷、韓嫣㊸驕貴失度㊹，逸豫㊺無厭㊻，小人不勝情欲，卒陷罪辜，亂國亡軀，不終其祿，所謂『愛之適足以害之』者也。宜深覽前世，以節賢寵，全安其命。」上由是於嘉浸㊼不說㊽。

前涼州刺史杜鄴以方正對策曰：「臣聞陽尊陰卑，天之道也。是以男雖賤，各為其家陽；女雖貴，猶為其國陰。故禮明三從㊾之義，雖有文母㊿之德，必繫於子。昔鄭伯隨姜氏之欲，終有叔段篡國之禍(51)；周襄王內迫惠后之難，而遭居鄭之危(52)。漢興，呂太后權私親屬，幾危社稷(53)。竊見陛下約儉正身，欲與天下更始(54)，然嘉瑞未應，而日食地震。案春秋災異，以指象為言語(55)。日食，明陽為陰所臨(五六)；坤以灋地，為土為母，以安靜為德，震，不陰(五七)之効也。占象甚明，臣敢不直言其事？昔曾子問從令之義，孔子曰：『是何言與(五八)？』善閔子騫守禮，不苟從親，所行無非理者，故無可間也(五九)。今諸外家昆弟，無賢不肖(六〇)，并侍帷幄(六一)，布(六二)在列位，或典兵衞，或將軍屯，寵意并於一家，積貴之埶，世所希見，所希聞也。至乃并置大司馬、將軍之官，皇甫雖盛，三桓雖隆，魯為作三軍，無以甚此(六三)。當拜之日，晻然(六四)日食，不在前後，臨事而發者，明陛下謙遜無專，承指非一，所言輒聽，所欲輒隨(六五)，有罪惡者不坐辜罰，無功能者畢受官爵，流漸積猥(六六)，過(六七)在於是，欲令昭昭(六八)以覺聖朝。昔詩人所刺(六九)，春秋所譏，指象如此，殆不在它。由後視前，忿邑非之(七〇)；逮身所行，不自鏡見(七一)，則以為可，計之過者(七二)。願陛下加致精誠，思承始初(七三)，事稽諸古(七四)，以厭(七五)下心，則黎庶羣生，無不說喜；上帝百神，收還威怒；禎祥(七六)福祿，何嫌(七七)不報？」上文徵孔光詣公車(七八)，問以日食事，拜為光祿大夫，秩中二千石，給事中，位次丞相。

初，王莽既就國(七九)，杜門(八〇)自守。其中子獲(八一)殺奴，莽切責獲，令自殺。在國三歲，吏民上書冤訟(八二)莽者百數。至是，賢良周護、宋崇等對策，復深訟莽功德，上於是徵莽及平阿侯仁(八三)還京師，侍太后(八四)。

(三)董賢因日食之變，以沮傅晏、息夫躬之策，辛亥（十一日），上收晏印綬，罷就第。

(四)丁巳（十七日），皇太太后傅氏崩，合葬(八五)渭陵，稱孝元傅皇后。

(五)丞相、御史奏息夫躬、孫寵等辠過，上乃免躬、寵官，遣就國；又罷侍中、諸曹、黃門郎數十人。鮑宣上書曰：「陛下父事天，母事地，子養黎民。即位以來，父虧明，母震動，子訛言相驚恐。今日食於三始(八六)，誠可畏懼。小民正朔日，尚恐毀敗器物，何況於日虧乎？陛下深內自責，避正殿，舉直言，求過失，罷退外親及旁仄(八七)素餐(八八)之人，徵拜孔光為光祿大夫，發覺孫寵、息夫躬過惡，免官遣就國，眾庶歙然(八九)，莫不說喜。天、人同心，人心說，則天意解矣。乃二月丙戌（十六日），白虹干日(九〇)，連陰不雨，此天下憂結未解，民有怨望未塞者也。侍中駙馬都尉董賢，本無葭莩之親(九一)，但以令色諛言(九二)自進，賞賜無度(九三)，竭盡府臧；幷合三第，尚以為小，復壞暴室(九四)。賢父子坐使天子使者(九五)，將作治第(九六)；行夜(九七)吏卒，皆得賞賜；上冢有會(九八)，輒太官為供(九九)。海內貢獻，當養一君，今反盡之賢家，豈天意與民意邪？天不可久負(一〇〇)，厚(一〇一)之如此，反所以害之也。誠欲哀(一〇二)賢，宜為謝過天地，解讎海內，免(一〇三)遣就國，收乘輿器物，還之縣官(一〇四)，可以父子終其性命；不者，海內之所仇，未有得久安者也。孫寵、息夫躬不宜居國，可皆免，以視天下(一〇五)，復徵何武、師丹、彭宣、傅喜，曠然使民易視，以應天心，建立大政，興太平之端。」上感大異(一〇六)，納宣言，徵何武、彭宣(一〇七)，拜鮑宣為司隸。

㈥上託傅太后遺詔，令太皇太后下丞相、御史，益封董賢二千戶，賜孔鄉侯、汝昌侯、陽新侯國(一〇八)。王嘉封還詔書(一〇九)，因奏封事，諫曰：「臣聞爵祿、土地，天之有也。書云：『天命有德，五服五章哉㉑！』王者，代天爵人，尤宜慎之。裂地而封，不得其宜，則眾庶不服，感動陰陽，其害疾自深㉒。今聖體久不平，此臣嘉所內懼也。高安侯賢，佞幸之臣，陛下傾爵位以貴之，單㉓貨財以富之，損至尊以寵之㉔。主威已黜，府臧已竭，唯恐不足。財皆民力所為，孝文欲起露臺，重百金之費，克己㉕不作，今賢散公賦以施私惠，一家至受千金，往古以來，貴臣未嘗有此。流聞四方，皆同怨之。里諺曰：『千人所指，無病而死。』臣常為之寒心。今太皇太后以永信太后遺詔，詔丞相、御史益賢戶，賜三侯國，臣嘉竊惑山崩地動，日食於三朝㉖，皆陰侵陽之戒也。前賢已再封㉗，晏、商再易邑㉘，業緣私橫求㉙，恩已過厚，求索自恣，不知厭足，甚傷尊尊之義㉚，不可以示天下，為害痛㉛矣。臣驕侵罔㉜，陰陽失節，氣感相動，害及身體。陛下寢疾㉝久不平㉞，繼嗣未立，宜思正萬事，順天、人之心，以求福祐，何乃輕身肆意㉟，不念高祖之勤苦，垂立制度，欲傳之於無窮哉？臣謹封上詔書，不敢露見，非愛死而不自瀆㊱，恐天下聞之，故不敢自劾㊲。」

初，廷尉梁相治東平王雲獄時，冬月未盡二旬，而相心疑雲冤獄，有飾辭㉘，奏欲傳之長安㉙，更下公卿覆治。尚書令鞫譚、僕射宗伯鳳㉚以為可許，天子以為相等皆見上體不平，外內顧望，操持兩心，幸雲踰冬㉛，無討賊疾惡主讎㉜之意，免相等皆為庶人。後數月，大赦，嘉薦「相等皆有材行，聖王有計功除過㉝，臣竊為朝廷惜此三人㉞。」書奏，上不能平㉟。後二十餘日，嘉封還益董賢戶事，上乃發怒，召嘉詣尚書，責問以「相等前坐不忠，罪惡著聞，君時輒已自劾；今又稱譽，云為朝廷惜之，何也？」嘉免冠謝罪。事下將軍、朝者㊱，光祿大夫孔光等劾「嘉迷國罔上，不道，請謁者召嘉詣廷尉詔獄㊲。」議郎龔等以為「嘉言事前後相違，宜奪爵土，免為庶人。」永信少府㊳猛等以為「嘉罪名雖應灋㊴，大臣括髮、關械、裸躬就笞㊵，非所以重國，褒宗廟也。」上不聽。三月，詔假謁者節，召丞相詣廷尉詔獄。使者既到府，掾史涕泣，共和藥進嘉，嘉不肯服。主簿曰：「將相不對理陳冤，相踵以為故事㊶，君侯宜引決㊷。」使者危坐㊸府門上，主簿復前進藥，嘉引藥杯以擊地，謂官屬[44]曰：「丞相幸得備位三公，奉職負國，當伏刑都市，以示萬眾。丞相豈兒女子邪？何謂咀藥而死[45]！」嘉遂裝出[46]見使者，再拜受詔，乘吏小車，去蓋[47]不冠，隨使者詣廷尉。廷尉收嘉丞相、新甫侯[48]印綬，縛嘉載致都船[49]詔獄。上聞嘉生自詣吏，大怒[50]，使將軍以下與五二千石雜治[51]。吏詰問嘉，嘉對曰：「案事者，思得實。竊見相等前治東平王獄，不以雲為不當死，欲關[52]公卿，示重慎，誠不見其外內顧望，阿附為雲驗[53]，復幸得蒙大赦，相等皆良善吏，臣竊為國惜賢，不私[54]此三人。」獄吏曰：「苟如此，則君何以為罪，猶當？有以負國[55]，不空入獄矣。」吏稍侵辱嘉，嘉喟然[56]仰天歎曰：「幸得充備宰相，不能進賢退不肖，以是負國，死有餘責。」吏問賢不肖主名，嘉曰：「賢，故丞相孔光、故大司空何武，不能進；惡，高安侯董賢父子，亂朝而不能退。罪當死，死無所恨。」嘉繫獄二十餘日，不食，歐血而死。已而上覽其對，思嘉言，會御史大夫賈延免，夏，五月，乙卯（十七日），以孔光為御史大夫；秋，七月，丙午（九日），以光為丞相，復故國博山侯，又以汜鄉侯何武為御史大夫。上乃知孔光前免非其罪(五七)，以過(五八)近臣毀短光者，曰：「傅嘉前為侍中，毀譖仁賢，誣愬(五九)大臣，令俊艾(六〇)者久失其位，其免嘉為庶人，歸故郡(六一)。」

(七)八月，何武徙為前將軍。辛卯（二十四日），光祿大夫彭宣為御史大夫。

(八)司隸鮑宣坐摧辱丞相、拒閉使者(六二)，無人臣禮，減死，髡鉗。

(九)大司馬丁明素重王嘉，以其死而憐之，九月，乙卯（十九日），冊免明，使就第。

(十)冬，十一月，壬午（是月丙申朔，無壬午。），以故定陶太傅光祿大夫韋賞為大司馬車騎將軍(六三)。己丑（是月無己丑。），賞卒。

(十一)十二月，庚子（六日），以侍中駙馬都尉董賢為大司馬衛將軍，冊曰：「建爾于公，以為漢輔，往悉爾心，匡正庶事，允執其中。」是時，賢年二十二，雖為三公，常給事中(六四)，領尚書事，百官因賢奏事。以父衞尉恭不宜在卿位，徙為光祿大夫，秩中二千石；弟寬信代賢為駙馬都尉；董氏親屬，皆侍中、諸曹、奉朝請，寵在丁、傅之右矣。初，丞相孔光為御史大夫，賢父恭為御史，事光。及賢為大司馬，與光并為三公，上故令賢私過（六五）光。光雅（六六）恭謹，知上欲尊寵賢，及聞賢當來也，光警戒衣冠，出門待望，見賢車，乃卻入，賢至中門，光入閤，既下車，乃出拜謁，送迎甚謹，不敢以賓客鈞敵之禮。上聞之，喜，立拜光兩兄子為諫大夫，常侍（六七）。賢自是權與人主侔（六八）矣。

是時，成帝外家王氏衰廢，唯平阿侯譚子去疾為侍中，弟閎為中常侍。閎妻父中郎將蕭咸，前將軍望之子也。賢父恭慕之，欲為子寬信求咸女為婦，使閎言之。咸惶恐不敢當，私謂閎曰：「董公為大司馬，冊文言『允執其中』，此乃堯禪舜之文（六九），非三公故事（七〇），長老見者，莫不心懼，此豈家人（七一）子所能堪邪？」閎性有知（七二）略，聞咸言，亦悟，乃還報恭，深達咸自謙薄之意。恭歎曰：「我家何用（七三）負天下，而為人所畏如是。」意不說。後上置酒麒麟殿（七四），賢父子親屬宴飲，侍中、中常侍皆在側，上有酒所(七五)，從容視賢，笑曰：「吾欲灋堯禪舜，何如？」王閎進曰：「天下乃高皇帝天下，非陛下有也。陛下承宗廟，當傳子孫於亡窮。統業至重，天子亡戲言(七六)。」上默然不說，左右皆恐，於是遣閎出歸郎署(七七)。【考異】董賢傳但云「遣閎不得復侍宴」，自「歸郎署」以下皆漢紀所載也。荀紀無漢書外事，不知此語荀悅何從得之？又云：「閎歸郎署二十日，長樂宮深為閎謝；又御史大夫彭宣上封事，言國安危繼嗣事，上覺寤，召閎。」按太皇太后居長信宮，云長樂宮，誤也。(七八)久之，太皇太后為閎謝，復召閎還。閎遂上書諫曰：「臣聞王者立三公，灋三光(七九)，居之者當得賢人。易曰：『鼎折足，覆公餗(八〇)。』喻三公非其人也。昔孝文皇帝幸鄧通，不過中大夫；武帝幸韓嫣，賞賜而已，皆不在大位(八一)。今大司馬衞將軍董賢，無功於漢朝，又無肺腑(八二)之連，復無名迹高行以矯世(八三)，昇擢數年，列備鼎足，典衞禁兵，無功封爵，父子兄弟，橫蒙拔擢，賞賜空竭帑藏，萬民諠譁，偶言(八四)道路，誠不當天心也。昔褒神蚖，變化為人，實生褒姒，亂(八五)周國。恐陛下有過失之譏，賢有小人不知進退之禍，非所以垂灋後世也。」上雖不從閎言，多其年少志彊，亦不罪也。

【今註】㊀將軍：按《漢書・百官表》，前後左右將軍，皆周末官，秦因之，位上卿，金印紫綬，漢不常置，皆掌兵及四夷。㊁中二千石：解見卷三十四建平二年註㊂。㊂丞相嘉：丞相王嘉。哀帝建平三年，代平當為丞相。㊃封事：解見卷三十四建平二年註㊆。㊄都內錢四十萬萬：顏師古曰：「言不費用，故蓄積也。」都內，官署名稱，有令有丞，掌天子帑藏，屬大司農。㊅馮貴人從臨獸圈，猛獸驚出，貴人前當之：事見二十九卷元帝建昭元年。獸圈，畜養禽獸之所。㊆元帝嘉美其義，賜錢五萬：顏師古曰：「此言雖嘉其義，而賞亦不多。」㊇掖庭見親，有加賞賜，屬其人勿眾謝：顏師古曰：「掖庭宮人有親戚來見而帝賜之者，屬其家勿使於眾人中謝也。」胡三省曰：「余謂有見親幸者，加之賞賜，則屬其人勿於眾中謝也。」王先謙曰：「據下文賢家有賓婚及見親，則見親非見親幸之謂，顏注是也，蓋漢世恆言。」屬，讀曰囑。㊈示平惡偏：示以無私，惡其偏黨。㊉故少府水衡見錢多也：按漢制，大司農掌穀貨，供軍國之用；少府掌禁錢，為天子之私費。水衡都尉，其屬有鍾官、辯銅令、丞；如淳曰：「鍾官，主鑄錢官也；辯銅，分別銅之種類也。」見，讀曰現；見錢，謂見在之錢。《漢書・王嘉傳》云：「水衡錢二十五萬萬，少府錢十八萬萬。」故云見錢多也。⑪西羌之變：元帝永光二年，隴西羌反。⑫臧：讀曰藏。⑬燕出：顏師古曰：「燕出，謂微行也。」⑭放斥逐就國：事見卷三十三成帝綏和二年。⑮長榜死於獄：事見卷三十二綏和元年。榜，音彭（ㄆㄥˊ），笞擊曰榜。⑯雖多內讒，朝廷安平：內讒。好內之讒。言成帝雖好內寵，然不以私愛害公義，故能不廢政事。⑰上：同尚。⑱徵來：哀帝自定陶王徵入朝為皇太子。⑲回心：

顏師古曰：「望為治也。」胡三省曰：「回其戴成帝之心而戴哀帝也。」⑳緣綈繒：以綈繒沿其邊以為飾。綈，厚繒；繒，帛之總名。㉑共皇：共，讀曰恭。共皇，指哀帝父定陶恭王。㉒比當作：比，頻。言頻當作廟，以用度不足，輒且止息。《漢書》重比字。比比，猶言頻頻。㉓憂閔：憂念之意。亦作憫。㉔元元：庶民。解詳卷三十四建平四年註㉓。㉕惟：思念。㉖以義割恩：割，棄。言棄親親之恩以就大義。㉗為賢治大第，開門鄉北闕：第，住宅；鄉，讀曰向。哀帝為賢起大第北闕下，重殿洞門，見卷三十四建平四年。㉘王渠：蘇林曰：「王渠，官渠也，猶今御溝也。」晉灼曰：「渠名也，在城東覆盎門外。」㉙護：監視。㉚長安府：顏師古曰：「長安有廚官，主為官食。」㉛祠具：禱祝器皿。㉜道中過者皆飲食：如淳曰：「禱於道中，故行人皆得飲食。」㉝物好：言所治器物善美。㉞三宮：顏師古曰：「三宮，天子、太后、皇后也。」劉敞曰：「是時太皇太后稱長信宮，傅太后稱永信宮，而丁姬稱中安宮，故以三宮為言。」胡三省曰：「按此時丁姬死矣。蓋謂長信、永信及趙太后宮也。」㉟賓婚：蘇輿曰：「賓婚亦漢世恆言。史記留侯世家，項伯見沛公，沛公與飲為壽，結賓婚。新結為婚，禮加賓敬，故云然」㊱諸宦並共：共，讀曰供。顏師古曰：「言百官各以所掌事及財物就供之。」㊲倉頭：倉、蒼古通用，倉頭即蒼頭，漢稱僕隸為蒼頭。解詳卷三十四建平四年註㉗。㊳百賈：賈，商賈之統稱，商賈販物，品種非一，故稱百賈。㊴均田之制，從此墮壞：均田之議，見卷三十三綏和二年。孟康曰：「自公卿以下至於吏民，名曰均田，皆有頃數，於品制中令均等。今賜賢二千餘頃，則壞其制也。」㊵百姓訛言，持籌相驚：此指行西王母籌之事，見卷三十四建平四年。㊶危而不持，顛而不扶，則將安用彼相矣：此《論語》載孔子之言，責冉有季路不能匡諫其君。王嘉引之以自譬。㊷鄧通：幸於文帝，賜以蜀嚴道銅山，得自鑄錢。文帝崩，景帝立，人告通盜出徼外鑄錢，下吏驗問，沒入其家，卒以餓死。㊸韓嫣：幸於武帝，常與共臥起，出入永巷不禁，後以姦聞於太后，賜死。㊹失度：失其常度。㊺逸豫：安樂。㊻無厭：不知滿足。㊼浸：漸。㊽說：讀曰悅。㊾三從：謂婦人未嫁從父，既嫁從夫，夫死從子。㊿文母：謂文王之妃太姒。周壽昌曰：「毛詩亦右文母傳曰：『文母，太姒也。』列女傳云：『太姒號曰文母。』漢書元后傳：『稱為新寶文母。』後漢書鄧騭傳：『伏惟和熹之德，為漢文母。』何敞傳：『伏惟皇太后本文母之操。』皆本周頌，蓋對上假哉皇考言，故稱文母。烈考為武王，所謂繫之於子也。」(51)鄭伯隨姜氏之欲，終有叔段簒國之禍：鄭伯，謂鄭莊公，姜氏，莊公之母武姜。《左傳》：武姜生莊公及共叔段，惡莊公而愛段，為之請京，使居之，祭仲諫曰：「國之害也。」公曰：「姜氏欲之，焉辟害？」段既居京，完聚，繕甲兵，將以襲鄭，莊公攻克之。(52)周襄王內迫惠后之難，而遭居鄭之危：惠后，周惠王之后，襄王之母。《史記》：周惠王二子，長襄王，次叔帶，惠后愛叔帶。襄王既立，召狄人，狄人伐周，王御將士，將禦之，曰：「先后其謂我何？」乃出居鄭。(53)呂太后權私親屬，幾危社稷：權私，謂憑藉權勢以利其所親愛。呂后違高祖之約，封諸呂為王，幾移漢祚，事見《高后紀》。(54)更始：革新為治。(55)以指象為言語：顏師古曰：「謂天不言，但以景象指意告諭人。」按此謂上天以災異儆戒人君，故曰指象。(56)日食，明陽為陰所臨：古以日為陽，象人君；月為陰，象后妃及臣下；陰盛陽微，則日為所揜而食，是為陰所臨，故以日食為外戚擅政之象。(五七)不陰：不遵陰道。地當靜而乃震，故曰不陰。(五八)曾子問從令之義至是何言與：曾子問從父之令，可謂孝乎？孔子非之，事見《孝經》。孔子之意，略謂父過失則諫，使免陷於不義，始可謂孝；若有非而苟從，成父之不義，則不得謂孝。(五九)善閔子騫守禮至故無可閒也：《論語》載孔子曰：「孝哉閔子騫，人不間於其父母、昆弟之言。」此孔子歎美閔子騫孝行之辭，言子騫上事父母，下順兄弟，動靜盡善，故人不得有讒間之語。(六〇)無賢不肖：不問其賢與不肖。(六一)並侍帷幄：帷幄，帳幕，凡帝王坐臥之處則張設帷幄。時丁、傅昆弟，並為哀帝所親近，故曰並侍帷幄。(六二)布：分列。(六三)皇甫雖盛，三桓雖隆，魯為作三軍，無以甚此：胡三省曰：「言周以皇甫為卿士，魯三桓彊盛，作三軍而三分公室，比丁、傅無以甚也。」(六四)晻然：陰晦不明貌。晻，音菴（ㄢ）。(六五)明陛下謙遜至所欲輒隨：言哀帝所為，皆迫於太后，而非出於己意。(六六)流漸積猥：胡三省曰：「猥，遝也。言有罪惡者不誅，無功能者並進，其流漸至積遝也。」(六七)過：弊端。(六八)昭昭：明晰貌，此指天象而言。(六九)刺：譏諷。(七〇)由後視前，忿邑非之：由，從；邑，於邑，憤懣鬱抑貌。此言後人視前人過失之行，則憤懣鬱抑而非議之。(七一)逮身所行，不自鏡見：逮，及；鏡，鑒照。此言及身自為之，雖有過失而不自知。(七二)則以為可，計之過者：言以過行為可，是計策之誤者。(七三)思承始初：言凡有所為，則須追思其初衷，勿為物情所蒙蔽。(七四)事稽諸古：每行一事，必考之於古以為儆戒。(七五)厭：滿足。(七六)禎祥：吉之萌兆，本有而今異曰禎，本無而今有曰祥。何胤曰：「國本有雀，今有赤雀來，是禎也；國本無鳳，今有鳳來，是祥也。」(七七)何嫌：嫌，疑。何嫌即何疑。(七八)公車：官署名稱。章懷太子曰：「公車，門名，公車所在，因以名焉。」《漢官儀》云：「公車掌殿司馬門，天下上事及徵召，皆總領之。」(七九)王莽既就國：莽就國，在哀帝建平二年。(八〇)杜門：杜塞門戶，示不與外交通之意。(八一)中子獲：中，讀曰仲，中子即次子。獲，莽子之名。(八二)冤訟：雪冤曰訟。顏師古曰：「言其合管朝政，不當就國也。」(八三)平阿侯仁：仁，王譚之子。(八四)太后：指元后。(八五)合葬：《史記正義》曰：「漢帝后同陵則為合葬，不合陵也，諸陵皆如此。」(八六)日食於三始：如淳曰：「正月一日為歲之朝，月之朝，日之朝。朝猶始也。」按元壽元年正月辛丑朔，日食，故曰日食於三始。(八七)仄：古側字。(八八)素餐：餐，一作飱。《論衡・量知篇》云：「素者，空也，空虛無德，飱人之祿，故曰素飱。」(八九)歙然：歙，通翕，和合之意。(九〇)白虹干日：胡三省曰：「虹，日旁氣也；白，兵象；干，犯也。」古以日象人君，故以白虹干日為臣下犯上之兆。(九一)葭莩之親：顏師古曰：「葭，蘆也；莩者，其筩中白皮，至薄者也。」故以葭莩喻微薄之親戚關係。(九二)令色諛言：令，美善；諛，諂媚，諛言即巧言。孔安國曰：「令色無質，巧言無實。」(九三)無度：踰越常制。(九四)幷合三第，尚以為小，復壞暴室：顏師古曰：「時以三第總為一第賜賢，猶嫌陜小，復取暴室之地以增益之也。」暴室亦作薄室，顏師古曰：「暴室者，掖庭主織作染練之署，故謂之暴室，取暴曬為名耳。或云薄室者，薄亦暴也，今俗語亦云薄曬。」(九五)坐使天子使者：天子之使者，董賢父子坐而使之，言其驕慢。(九六)將作治宅：將作即將作大匠，掌治宮室，今賢使為之治宅，言其奢僭。(九七)行夜：巡夜。(九八)上冢有會：上冢謂祭墓，俗曰上墳，會謂會聚與祭賓客。(九九)為供：為賢供應墓祭之具。(一〇〇)天不可久負：胡三省曰：「暴殄天物，以私嬖幸，是謂負天。」(一〇一)厚：善遇。(一〇二)哀：憐憫。(一〇三)免：免其官職。(一〇四)縣官：漢代謂天子為縣官，《漢書・東平王宇傳》：「今暑熱，縣官年少。」張晏曰：「不敢指斥成帝，謂之縣官也。」又〈霍光傳〉：「縣官非我家將軍，不得至是。」亦此義。(一〇五)以視天下：視，讀曰示，謂示天下以無私。(一〇六)大異：指天變之事。(一〇七)徵何武彭宣：《漢書・鮑宣傳》云：「徵何武、彭宣，旬月皆復為三公。」(一〇八)太皇太后：即元后。(一〇九)賜孔鄉侯、汝昌侯、陽新侯國：胡三省曰：「三人者，先雖封侯，未有國邑，今賜之國邑也。」孔鄉侯傅晏、汝昌侯傅商、陽新侯鄭業。晏父中叔、商父幼君，俱傅太后從弟；業父惲，傅太后同母弟。按《漢書・恩澤侯表》，商食邑於陽穀，業食邑於南陽郡新野縣。王先議曰：「志無陽穀縣，疑穀陽誤倒，穀陽，沛郡縣，析置汝昌也。」陽新，《漢書・外戚傳》作陽信，此據〈恩澤侯表〉。(一一〇)封還詔書：不公布詔書內容，而卻上之於天子。胡三省曰：「後世給舍封駁本此。」沈欽韓引漢舊儀：「詔書下朱鉤施行，詔書有違法令，施行之不便，曹史白，封還尚書，對不便狀。」(一一一)天命有德，五服五章哉：此〈虞書・皐陶謨〉之辭。五服，謂天子、諸侯、卿、大夫、士之服飾；五章，謂其服飾，按五等爵位而異其章彩。此言爵位，天所以命有德，不得濫授。(一一二)其害疾自深：顏師古曰：「言此氣損害，故令天子身有疾也。」(一一三)單：顏師古曰：「單，盡也。」按單，同殫。(一一四)損至尊以寵之：顏師古曰：「言上意傾惑，為下所窺也。」胡三省曰：「帝為賢治第，擬於宮闕，乘輿器物充其家，此所謂損至尊以寵之也。」按下云主威已黜，則顏注為是，哀帝降貴紆尊以寵賢，故曰損至尊以寵之。㉕克己：克制自己，不為物慾所蔽。㉖三朝：三朝即三始，解見註㊅。㉗賢已再封：賢先封關內侯，繼封高安侯，是為再封。㉘晏、商再易邑：晏謂傅晏，商謂傅商。胡三省曰：「商先嗣爵崇祖侯，後改封汝昌侯；晏先以皇后父封三千戶，又益二千戶，食邑於夏丘。」㉙業緣私橫求：業謂鄭業，緣私橫求，言因其私寵，貪求無度。宋祁曰：「求當作受。」橫受，言不當受而受之。㉚甚傷尊尊之義：胡三省曰：「封三侯者，所以尊傅太后，今求濫恩，不知厭足，則傷尊尊之義矣！」㉛痛：胡三省曰：「痛，甚也。」王先謙曰：「痛，切也。」㉜侵罔：罔，邪曲誣蔽。侵罔，言誣蔽主上。㉝寑疾：臥病。㉞平：痊癒。㉟肆意：放縱自恣。㊱不自瀆：胡三省曰：「謂不以違拒詔旨之瀆自劾也。」㊲恐天下聞之，故不敢自劾：胡三省曰：「言自劾則天下知其事也。」沈欽韓曰：「漢有廢格詔書之罪，本當自劾也。」㊳飾辭：假飾之辭。㊴傳之長安：移獄於長安，令公卿覆按之。㊵尚書令鞫譚、僕射宗伯鳳：顏師古曰：「鞫及宗伯皆姓也，宗伯以官為氏。」鞫音就（ㄐㄧㄡˋ）。㊶幸雲踰冬：胡三省曰：「謂僥幸雲獄踰冬，則雲可以減死也。」㊷主讎：雲謀反，是為主上之讎仇。㊸計功除過：採錄其功，而免其罪。㊹免相等皆為庶人至臣竊為朝廷惜此三人：胡三省曰：「按公卿表，建平元年，大司農梁相為廷尉；二年，貶為東海都尉；三年，左馮翊方賞為廷尉；四年，徙。本紀，東平王雲有罪自殺，在建平四年，大赦天下，在今年正月。若以表為證，則當治東平時，尉乃方賞，非梁相。表言相貶，不言免為庶人。又今年大赦，上距建平三年十二月治東平獄時，已一朞有餘，是大赦亦不在後數月也。通鑑書王嘉薦梁相等三人，全取漢書王嘉傳，然傳與紀、表，歲月相牴牾。繫年之書，可謂難矣！」王先謙曰：「此表、傳寫年月之誤，惟相貶與免，則未知孰誤耳。」㉟不能平：心懷憤怒。㊱將軍朝者：胡三省曰：「朝者，當時見入朝之臣也。」《漢書．王嘉傳》作將軍、中朝者，王先謙曰：「中朝者，謂中朝臣。」按下文意，當作中朝者。㊲詔獄：解見卷三十四建平二年註(89)。㊳永信少府：王先謙曰：「永信少府因傅太后永信宮暫置，故不入表。」㊴應灋：法謂刑法，應法，言罪當下吏，以法治之。㊵括髮、關械、裸躬就笞：顏師古曰：「括，結也；關，貫也。」言束結其髮，貫以紐械，袒露其身，使就笞刑。㊶將相不對理陳冤，相踵以為故事：顏師古曰：「踵猶躡也。」相踵即相因襲。胡三省曰：「自周勃繫獄，賈誼以為言，文帝自此待大臣有節，將相有罪，皆自殺，不受刑。然景帝時周亞夫、武帝時公孫賀、劉屈氂猶下獄死。相踵為故事，言其概也。理，獄也；對理，對獄也；言大臣之體，縱有冤，不對獄而自陳。」㊷引決：自殺。㊸危坐：端坐。㊹官屬：丞相府官屬，謂掾史主簿等。㊺何謂咀藥而死：顏師古曰：「咀，嚼也。」王先謙曰：「謂與為同。」言何為服藥而死。㊻裝出：胡三省曰：「裝出者，朝服而出。」㊼去蓋：沈欽韓曰：「隋書刑法志，陳制，階品死罪將決，乘露車。蓋沿漢法。」㊽新甫侯：按《漢書．恩澤侯表》，新甫侯，食邑於南陽郡新野縣。㊾都船：官署名。按《漢書．百官表》，執金吾屬官有都船令丞。如淳曰：「漢儀注有都船獄令。」㊿上聞嘉生自詣吏，大怒：上意嘉必依故事自裁而嘉詣獄，故大怒。(51)使將軍以下與五二千石雜治：晉灼曰：「大臣獄重，故使秩二千石者五人雜治之。」胡三省曰：「漢治大臣獄，率使五二千石，今又使將軍同治之，怒之甚也。」(五二)關：王先謙曰「關，通白也。」(五三)驗：徵驗其罪狀。(五四)私：偏袒。(五五)苟如此，則君何以為罪，猶當？有以負國：王先謙曰：「前相坐罪時，嘉以為當，且以自劾，今言如此，故吏詰之，謂此即負國矣。」(五六)喟然：歎息貌。(五七)上乃知孔光前免非其罪：光免相事見上卷建平二年。(五八)過：罪責之。(五九)愬：同訴，譖毀曰愬。(六〇)俊艾：艾，讀曰乂。俊乂，賢才之稱。(六一)故郡：傅氏，河內郡溫縣人，故郡指河內郡。(六二)司隸鮑宣坐摧辱丞相、拒閉使者：丞相孔光四時行園陵，官屬行馳道中，宣出逢之，使吏留止丞相掾史，沒入其車馬，哀帝以宣摧辱宰相，下其事於御史。中丞、侍御史至司隸官署，欲捕宣，宣從事閉門不肯內，因坐拒閉使者罪下廷尉。(六三)以故定陶太傅光祿大夫韋賞為大司馬車騎將軍：韋賞，韋賢之孫東海太守韋弘之子。胡三省曰：「成帝省王國太傅，此猶曰太傅者，習於舊稱，未能頓從新稱也。」(六四)常給事中：言常給事禁中而不掌三公職事。(六五)私過：私往訪晤。(六六)雅：平素。(六七)常侍：王先謙曰：「中常侍，加官，得入禁中，亦稱常侍。」(六八)侔：均等。(六九)冊文言允執其中，此乃堯禪舜之文：《論語》堯曰：「咨爾舜，天之厤數在爾躬，允執其中，四海困窮，天祿永終。」包曰：「允，信也；困，極也；永，長也。言為政信執其中，則能窮極四海，天祿所以長終。」(七〇)非三公故事：漢冊三公，未嘗有允執其中之語，故曰非三公故事。(七一)家人：庶人，蕭咸自謂。(七二)知：讀曰智。(七三)用：同以，何用即何以。(七四)麒麟殿：顏師古曰：「麒麟殿在未央宮中。」(七五)酒所：王先謙曰：「酒所猶酒意。」(七六)戲言：非衷誠之語。(七七)出歸郎署：胡三省曰：「三署郎各有署舍，遣出不得侍禁中也。」三署謂五官署、左署、右署。(七八)太皇太后居長信宮，云長樂宮，誤也：胡三省曰：「按漢書注，長信宮以長樂宮中長信殿為稱，亦可言長樂宮也。」(七九)三光：謂日、月、星。(八〇)鼎折足，覆公餗：此《易・鼎卦》九四爻詞。餗，音速（ㄙㄨˋ），鼎中之食。此言三公鼎足，鼎折足則覆食，三公非其人，則覆國家。(八一)昔孝文皇帝幸鄧通，不過中大夫：武帝幸韓嫣，賞賜而已，皆不在大位：文帝幸鄧通，賜以嚴道銅山，然位不過中大夫；武帝幸韓嫣，賞賜擬鄧通，位不過上大夫，皆不居公卿之位。(八二)肺腑：《史記索隱》曰：「肺音柿，腑音附。柿，木札也；附，木皮也；以喻人主疎末之親，如木札出於木，樹皮附於樹也。」按附通桴，皆桴之假借字，肺為柿之假借字。王念孫曰：「附作腑，因肺字而誤，古書藏府字亦無作腑者。」(八三)矯世：與人立異，以匡正世俗之流弊。(八四)偶言：對語。此謂市里小民，道路相逢，則相對以賢事為言。(八五)昔褒神蚖，變化為人，實生褒姒，亂周國：《國語》曰：「夏之衰也，有二龍降于夏庭，言曰：『予，褒之二君也。』夏后請其漦而藏之，歷殷、周，莫敢發也。至厲王之末，發而觀之，漦流於庭，不可除也。王使婦人不帷而譟之，其身化為玄蚖，入于王府，府之童妾，既齔而遭之，既笄而孕，懼而棄之。鬻檿弧者，收以奔褒，是為褒姒。褒人有獄，以入於幽王。王嬖之，生伯服，遂黜申后而立褒姒，廢太子而立伯服，以亂周國。」蚖即蠑蚖，亦作蠑螈，狀類蜥蜴，屬爬蟲類。漦，龍所吐涎沫。

二年（西元前一年）

㈠春，正月，匈奴單于[1]及烏孫大昆彌伊秩靡皆來朝，漢以為榮。是時，西域凡五十國[2]，自譯長[3]至將相侯王，皆佩漢印綬，凡三百七十六人。而康居[4]、大月氏、安息[5]、罽賓[6]、烏弋[7]之屬，皆以絕遠，不在數中，其來貢獻則相與報[8]，不督錄總領也[9]。自黃龍[10]以來，單于每入朝，其賞賜錦繡繒絮，輒加厚於前，以慰接之。單于宴見，羣臣在前，單于恠[11]董賢年少，以問譯[12]，上令譯報曰：「大司馬年少，以大賢居位。」單于乃起拜，賀漢得賢臣。是時，上以太歲[13]厭勝所在，舍[14]單于上林苑蒲陶宮[15]，告之以加敬於單于。單于知之[16]，不悅。

㈡夏四月，壬辰，晦，日有食之。

㈢五月，甲子（初二日），正三公官[17]分職[18]，大司馬衛將軍董賢為大司馬，丞相孔光為大司徒，彭宣為大司空，封長平侯[19]。

㈣六月，戊午（二十六日），帝崩于未央宮。帝睹孝成之世，祿去王室[20]，及即位，屢誅大臣[21]，欲彊主威以則武、宣[22]。然而寵信讒諂[23]，憎疾忠直[24]，漢業由是遂衰。太皇太后聞帝崩，即日駕之未央宮，收取璽綬㉕。太后召大司馬賢，引見東廂，問以喪事調度㉖，賢內憂，不能對，免冠謝。太后曰：「新都侯莽，前以大司馬奉送先帝大行㉗，曉習故事，吾令莽佐君。」賢頓首幸甚。太后遣使者馳召莽，詔尚書諸發兵符節、百官奏事、中黃門、期門兵㉘皆屬莽。莽以太后指，使尚書劾賢帝病不親醫藥，禁止賢不得入宮殿司馬中㉙，賢不知所為，詣闕，免冠，徒跣謝。己未（二十七日），莽使謁者以太后詔，即闕下冊㉚賢曰：「賢年少，未更㉛事理，為大司馬，不合眾心。其收大司馬印綬，罷歸第。」即日，賢與妻皆自殺，家惶恐，夜葬。莽疑其詐死，有司奏請發賢棺㉜，至獄診視㉝，因埋獄中。

　太皇太后詔公卿舉可大司馬者。莽故大司馬㉞，辭位，避丁、傅，眾庶稱以為賢㉞，又太皇太后近親，自大司徒孔光以下，舉朝皆舉莽；獨前將軍何武、左將軍公孫祿二人相與謀，以為往時惠、昭之世，外戚呂、霍、上官持權，幾危社稷，今孝成、孝哀，比世無嗣，方當選立近親幼主，不宜令外戚大臣持權。親疏相錯，為國計便[三五]。於是武舉公孫祿可大司馬，而祿亦舉武。庚申（二十八日），太皇太后自用莽為大司馬，領尚書事。太皇太后與莽議立嗣。安陽侯王舜，莽之從弟，其人脩飭[三六]，太皇太后所信愛也，莽白以舜為車騎將軍。秋，七月，遣舜與大鴻臚左咸使持節[三七]，迎中山王箕子以為嗣。莽又白太皇太后，詔有司以皇太后與女弟儀昭[三八]，專寵錮寢[三九]，殘滅繼嗣[四〇]，貶為孝成皇后，徙居北宮[四一]。又以定陶共王太后[四二]與孔鄉侯晏，同心合謀，背恩忘本，專恣不軌[四三]，徙孝哀皇后[四四]退就桂宮[四五]。傅氏、丁氏，皆免官爵，歸故郡[四六]。傅晏將妻子徙合浦。獨下詔褒揚傅喜曰：「高武侯喜，恣性端愨[四七]，論議忠直，雖與故定陶太后有屬，終不順指從邪，介然[四八]守節，以故斥逐就國[四九]。傳不云乎：『歲寒然後知松柏之後凋也[五〇]。』其還喜長安，位特進，奉朝請。」喜雖外見褒賞，孤立憂懼，後復遣就國，以壽終。莽又貶傅太后號為定陶共王母，丁太后號曰丁姬。莽又奏董賢父子驕恣奢僭，請收沒入財物縣官；諸以賢為官者，皆免；父恭、弟寬信，與家屬徙合浦；母別歸故郡鉅鹿。長安中小民讙譁，鄉其弟哭，幾獲盜之(五二)。縣官斥賣董氏財，凡四十三萬萬。賢所厚吏沛朱詡，自劾去大司馬府，買棺、衣，收賢屍葬之；莽聞之，以它辠擊殺詡。

莽以大司徒孔光名儒，相三主(五三)，太后所敬，天下信之，於是盛尊事光，引光女壻甄邯為侍中奉車都尉。諸素所不說者，莽皆傅致其罪(五三)，為請奏草(五四)，令邯持與光，以太后指風光，光素畏慎，不敢不上之，莽白太后，輒可其奏。於是劾奏何武、公孫祿互相稱舉，皆免官，武就國。又奏董宏子高昌侯武，父為佞邪(五五)，奪爵。又奏南郡太守毋將隆前為冀州牧，治中山馮太后獄，冤陷無辜，關內侯張由誣告骨肉，中太僕史立、泰山太守丁玄陷人入大辟(五六)，河內太守趙昌譖害鄭崇(五七)，幸逢赦令，皆不宜處位在中土，免為庶人，徙合浦。中山之獄，本立、玄自典考之，但與隆連名奏事，莽少時，慕與隆交，隆不甚附，故因事擠(五八)之。紅陽侯立，太后親弟，雖不居位，莽以諸父，內敬憚之，畏立從容言太后，令已不得肆意，復令光奏立罪惡：「前知定陵侯長(五九)犯大逆罪，為言誤朝(六〇)，後白以官婢楊寄私子為皇子，眾言曰：『呂氏，少帝復出(六一)。』紛紛為天下所疑，難以示來世，成襁褓之功；請遣立就國。」太后不聽。莽曰：「今漢家衰，比世無嗣，太后獨代幼主統政，誠可畏懼。力(六三)用公正先天下，尚恐不從；今以私恩逆大臣議，如此，羣下傾邪，亂從此起。宜可且遣就國，安後(六四)復徵召之。」太后不得已，遣立就國。莽之所以脅持上下，皆此類也。於是附順莽者拔擢，忤恨者誅滅。以王舜、王邑為腹心，甄豐、甄邯主擊斷(六五)，平晏領機事，劉秀典文章，孫建為爪牙。豐子尋、秀子棻(六六)、涿郡崔發、南陽陳崇皆以材能幸於莽。莽色厲而言方(六七)，欲有所為，微見風采(六八)，黨與承其指意而顯奏之，莽稽首涕泣，固推讓，上以惑太后，下用示信於眾庶焉。

(五)八月，莽復白太皇太后廢孝成皇后、孝哀皇后為庶人，就其園(六九)。是日，皆自殺【考異】漢春秋，八月甲寅，未知胡旦所據。

(六)大司空彭宣以王莽專權，乃上書言：「三公鼎足承居，一足不任，則覆亂美實(七〇)。臣資性淺薄，年齒老眊(七一)，數伏疾病，昏亂遺忘，願上大司空長平侯印綬，乞骸骨歸鄉里，竢(七二)寘(七三)溝壑。」莽白太后策免宣，使就國。莽恨宣求退，故不賜黃金、安車、駟馬。宣居國數年，薨。

班固贊曰：「薛廣德保縣車之榮，平當逡巡有恥(七四)，彭宣見險而止，異乎苟患失之(七五)者矣。」

(七)戊午（二十七日），右將軍王崇為大司空，光祿勳東海馬宮為右將軍，左曹中郎將(七六)甄豐為光祿勳。

(八)九月，辛酉（朔），中山王即皇帝位，大赦天下。平帝年九歲，太皇太后臨朝，大司馬莽秉政，百官總己(七七)以聽於莽。莽權日盛，孔光憂懼，不知所出，上書乞骸骨，莽白太后，帝幼少，宜置師傅，徙光為帝太傅，位四輔(七八)，給事中，領宿衛供養，行內署門戶，省(七九)服御食物。以馬宮為大司徒，甄豐為右將軍。

(九)冬，十月，壬寅（十二日），葬孝哀皇帝於義陵(八〇)。【考異】哀紀云：「九月，壬寅，葬義陵。」按長曆，是月辛酉朔，無壬寅，壬寅乃十月十二日。又臣瓚注曰：「自崩至葬，凡一百五日。」按帝以六月戊午崩，然則葬在十月，審矣，蓋本紀月誤也。

【今註】(一)匈奴單于：徐松曰：「案匈奴傳，是時為烏珠留若鞮單于。」(二)是時，西域凡五十國：

按《漢書・西域傳》，西域本三十六國，其後稍分至五十餘國。㊂譯長：胡三省曰：「譯長之官，西域諸國皆有之，所以通其國之語言於中國。」㊃康居：國名，與大月氏同俗，有今中亞北部之地。㊄安息：古波斯國名。㊅罽賓：國名。奄有今喀什米爾一帶之地。㊆烏弋：國名，即烏弋山離。按《漢書・西域傳》，烏弋山離國，東界罽賓，西接犂軒、條支，按其國即今俾路支及伊朗南部一帶之地，古代馬其頓王亞歷山大東征至此，建亞歷山大里亞城，烏弋山離即亞歷山大里亞之譯音。㊇則相與報：言漢亦遣使行報聘之禮，不視為漢之屬國。㊈不督錄總領也：督，督責；錄亦總領之義。言其不屬漢，故都護不督責總領之。㊉黃龍：漢宣帝年號。⑪佐：怪俗字。⑫譯：通譯之官。⑬太歲：古時紀歲之稱。按是年太歲在申。⑭舍：止宿。⑮蒲陶宮：蒲陶，今通作葡萄。胡三省曰：「蒲陶本出大宛，武帝伐大宛，采蒲陶種植之離宮，宮由此得名。」⑯知之：知上欲以為厭勝，故不悅。⑰三公：西漢以大司馬、大司徒、大司空為三公。⑱分職：劃分其職掌。謂以大司馬掌兵事，大司徒掌民事，大司空掌水土事。⑲長平侯：按《漢書・恩澤侯表》，長平侯，食邑於濟南。⑳祿去王室：謂政在后家王氏。㉑屢誅大臣：謂誅宰相朱博、王嘉等。㉒以則武、宣：則，效法；武、宣，謂武帝、宣帝。言欲效武帝、宣帝之為政。㉓讒諂：謂趙昌、息夫躬、董賢等。㉔忠直：謂師丹、傅喜、鄭崇等。㉕璽綬：皇帝璽綬。㉖調度：計劃調遣。㉗先帝大行：謂成帝之喪。凡天子初崩曰大行，韋昭曰：「大行者，不反之辭。」㉘中黃門、期門兵：胡三省曰：「中黃門，守禁門黃闥者也。期門兵，守衞殿門者也。」按中黃門，以奄人為之，居禁中，給事黃門之內。期門，武帝置，掌執兵扈從，李賢曰：「武帝將出，必與北地良家子期於殿門，故曰期門。」㉙宮殿司馬中：應劭曰：「司馬中者，宮內門也，司馬主武，兵禁之意也。」㉚冊：同策。㉛更：經歷。㉜發賢棺：發賢冢而取其棺。㉝診視：驗視其真偽。㉞莽故大司馬，辭位避丁、傅，眾庶稱以為賢：事見卷三十三綏和二年。㉟親疏相錯，為國計便：親謂外戚，疏謂異姓大臣；錯，間雜。此言宜令外戚與異姓大臣同輔朝政，互相牽制，為國之計，唯此為便。㊱脩飭：自律曰脩，敕整曰飭。飭，同敕。㊲使持節：為使而持節。魏晉以下，遂為官稱。㊳皇太后與女弟昭儀：皇太后謂孝成趙皇后，昭儀謂趙昭儀。㊴錮寢：錮，杜塞。言杜塞後宮侍寢之路，不使御進於成帝。㊵殘滅繼嗣：事詳上卷建平元年。㊶北宮：周壽昌曰：「北宮，廢后所居，孝惠張后廢處北宮是也，故趙后貶而退居之。宮在長安城中，周回十里。高帝時制度草創，孝武增修之。中有前殿，廣五十步，珠簾玉戶如桂宮，見西京雜記。括地志云：『在長安西北十三里。』」㊷定陶共王太后：即哀帝祖母傅昭儀。㊸不軌：不循法度。㊹孝哀皇后：孝哀皇后傅氏，定陶太后從弟之女。㊺桂宮：詳見上卷建平三年註㊁。㊻歸故郡：傅氏河內郡人，丁氏山陽郡人。㊼愨：誠謹。㊽介然：忠耿貌。㊾以故斥逐就國：傅喜就國，見上卷建平二年。㊿歲寒然後知松柏之後凋也：此《論語》載孔子之語。言必待歲寒，眾木皆死，後然知松柏之不凋傷，以喻君子必處濁世，始能見其節操，若在治世，雖凡人亦能自修整。(51)鄉其弟哭，幾獲盜之：鄉，讀曰向。弟，官本《漢書．董賢傳》作第。顏師古曰：「陽往哭之，實欲盜竊也。」(52)三主：成帝、哀帝及平帝。(53)傳致其罪：顏師古曰：「傳讀曰附。附益而引致之，令入罪。」〔五四〕奏草：奏章之草本。〔五五〕父為佞邪：父謂董武之父董宏。綏和二年，宏建議請立丁姬為帝后，故莽指為佞邪。〔五六〕關內侯張由至陷人入大辟：由等治馮太后獄事，並見卷三十三建平元年。〔五七〕河內太守趙昌譖害鄭崇：事見上卷建平四年。〔五八〕擠：排斥。〔五九〕定陵侯長：淳于長封定陵侯。〔六〇〕為言誤朝：言立受長路遺，妄稱譽長以惑朝廷，事見卷三十二綏和元年。〔六一〕呂氏少帝復出：呂后以養他人子為惠帝子，故引以為喻。〔六二〕難以示來世，成襁褓之功：褓，通緥。李奇曰：「襁，絡也，以繒布為之，絡負小兒。」孟康曰：「褓，小兒被也。」小兒年幼，在襁褓中，故以喻幼孩。此言難以示後世之人，以成輔立幼主之功。〔六三〕力：勉力。〔六四〕安後：胡三省曰：「安，定也；安後，猶言事定後也。」〔六五〕擊斷：擊謂舉劾；斷謂斷獄。〔六六〕棻：音芬（ㄈㄣ）。〔六七〕色厲而言方：顏師古曰：「外示凜厲之色而假為方直之言。」〔六八〕風采：意態言辭。〔六九〕就其園：胡三省曰：「就孝成、孝哀寢廟園也。」〔七〇〕三公鼎足承君，一足不任，則覆亂美實：一足不任，彭宣自謂。美實，謂鼎中之食物。《易・鼎卦》九四爻辭云：「鼎折足，覆公餗。」餗，鼎中食物，故宣引以為言。〔七一〕眊：顏師古曰：「眊與耄同。」鄭玄曰：「耄，惛忘也。」〔七二〕竢：古俟字。〔七三〕寘：同填字。〔七四〕薛廣德保縣車之榮，平當逡巡有恥：縣，讀曰懸。薛廣德致仕，懸元帝所賜安車傳示子孫以為榮，事見卷二十八永光元年。逡巡，退卻貌，平當恥受素餐之譏，不敢受封，故曰逡巡有恥，事見上卷建平三年。〔七五〕苟患失之：《論語・陽貨篇》：「鄙夫可與事君也與哉！其未得之也，患得之，既得之，患失之；苟患失之，無所不至矣！」何晏曰：「患得之者，謂患不能得之。楚俗言。」言初未得事君時，常患不能得事君，既得其位，又不能任直守道，常憂患失其爵位。㉖左曹中郎將：胡三省曰：「以中郎將加左曹官。」㉗揔己：揔，總或字，束聚曰總。朱熹曰：「謂各揔攝己職。」㉘四輔：古官名，禮疏引《尚書・大傳》：「古者天子必有四隣，前曰疑，後曰丞，左曰輔，右曰弼。」是為四輔。㉙省：檢視。㉚義陵：臣瓚曰：「義陵在扶風，去長安四十六里。」

孝平皇帝上

元始元年（西元元年）

㈠春，正月，王莽風益州，令塞外蠻夷自稱越裳氏，重譯，獻白雉一，黑雉二㊀。莽白太后下詔，以白雉薦宗廟。於是羣臣盛陳莽功德，致周成白雉之瑞；周公及身在，而託號於周㊁，莽宜賜號曰安漢公，益戶疇爵邑㊂。太后詔尚書具其事。莽上書言：「臣與孔光、王舜、甄豐、甄邯共定策，今願獨條㊃光等功賞，寢置㊄臣莽，勿隨輩列。」甄邯白太后，下詔曰：「『無偏無黨，王道蕩蕩㊅。』君有安宗廟之功，不可以骨肉故，蔽隱不揚，君其勿辭。」莽復上書固讓數四，稱疾不起㊆，左右白太后，宜勿奪莽意，但條孔光等，莽乃起。二月，丙辰（二十八日），太后下詔：「以太傅博山侯光為太師，車騎將軍安陽侯舜為太保，皆益封萬戶；【考異】平紀作正月事。而王子侯表、公卿表皆云二月丙辰，今從之。左將軍、光祿勳豐為少傅，封廣陽侯㈧；皆授四輔之職。侍中奉車都尉邯，封承陽侯㈨。」四人既受賞，莽尚未起。羣臣復上言，莽雖克讓，朝⑩所宜章⑪，以時加賞，明重元功，無使百僚、元元失望。太后乃下詔，以大司馬新都侯莽為太傅，幹⑫四輔之事，號曰安漢公，益封二萬八千戶。於是莽為⑬惶恐不得已而起，受太傅安漢公號，讓還益封事，云願須⑭百姓家給⑮，然後加賞。羣臣復爭，太后詔曰：「公自期百姓家給，是以聽之，其令公奉賜皆倍故⑯。百姓家給人足，大司徒、大司空以聞⑰。」莽復讓不受，而建言褒賞宗室、羣臣，立故東平王雲太子開明為王⑱；又以故東平思王孫成都為中山王，奉孝王後⑲；封宣帝耳孫信⑳等三十六人皆為列侯；【考異】平紀，元始元年，封孝宣曾孫信等三十六人；莽傳在五年。按王子侯表皆以元年二月丙辰封，莽傳誤也。㉑太僕王惲等二十五人皆賜爵關內侯㉒。又令諸侯王、公、列侯、關內侯無子而有孫若㉓同產子㉔者，皆得以為嗣；宗室屬未盡而以罪絕者，復其屬㊁㊄；天下吏比二千石以上，年老致仕者，參分故祿，以一與之，終其身；下及庶民、鰥、寡，恩澤之政，無所不施。莽既媚說吏民，又欲專斷，知太后老猒政㊁㊅，乃風公卿奏言：「往者吏以功次㊁㊆遷至二千石，州部㊁㊇所舉茂材、異等吏㊁㊈，率多不稱㊂㊀，宜皆見安漢公。又太后春秋高，不宜親省小事。」令太后下詔曰：「自今以來，唯封爵乃以聞，他事安漢公、四輔平決。州牧、二千石及茂材吏，初除奏事者，輒引入，至近署對。安漢公考故官，問新職㊂㊀，以知其稱否。」於是莽人人延問，密緻恩意，厚加贈送；其不合指，顯奏免之，權與人主侔矣。

㈡置義和官㊂㊁，秩二千石。

㈢夏，五月，丁巳，朔，日有食之，大赦天下，公卿以下舉敦厚、能直言者各一人。

㈣王莽恐帝外家衞氏㊂㊂奪其權，白太后：「前哀帝立，背恩義，自貴外家丁、傅，撓亂㊂㊃國家，幾危社稷。今帝以幼年，復奉大宗，為成帝後，宜明一統㊂㊄之義㊂㊅，以戒前事，為後代灋。」一六月，遣甄豐奉璽綬，即拜帝母衛姬為中山孝王后，賜帝舅衛寶、寶弟玄爵關內侯，賜帝女弟三人號曰君㊲，皆留中山，不得至京師。扶風功曹申屠剛以直言對策曰：「臣聞成王幼少，周公攝政，聽言下賢，均權布寵，動順天地，舉措不失。然近則召公不說，遠則四國流言㊲。今聖主始免襁褓㊳，即位以來，至親分離，外戚杜隔，恩不得通，且漢家之制，雖任英賢，猶援姻戚，親疏相錯，杜塞間隙，誠所以安宗廟，重社稷也。亟宜遣使者，徵中山太后，置之別宮，令時朝見；又召馮、衛二族，裁與冗職㊴，使得執戟，親奉宿衛，以抑患禍之端。上安社稷，下全保傅㊵。」莽令太后下詔曰：「剛所言僻經㊶妄說，違背大義！」罷歸田里。

(五)丙午（二十日），封魯頃公㊷之八世孫公子寬為褒魯侯㊸，奉周公祀；封褒成君孔霸曾孫均為褒成侯㊹，奉孔子祀。

(六)詔天下女徒，已論，歸家㊺，出雇山錢㊻，月三百㊼。復貞婦，鄉一人㊽。大司農部丞十三人，人部一州㊾，勸農桑。

(七)秋，九月，赦天下徒。

【今註】㈠王莽風益州，令塞外蠻夷自稱越裳氏，重譯，獻白雉一，黑雉二：風，同諷，以微言授意。越裳，古南蠻國名。《後漢書・南蠻傳》：「交阯之南，有越裳國。」《晉志》曰：「吳孫皓置九德郡，即周時越裳氏地。」按九德郡即今越南之義安，東臨東京灣，位於越南北圻之南端。胡三省曰：「參考諸家之說，越裳之地，不在益州塞外，莽自以輔幼主，欲以致遠人、功德比周公惑眾，故為此耳。」重譯，猶曰累譯。顏師古曰：「越裳，南方遠國也；譯，謂傳言也，道路絕遠，風俗殊隔，故累譯而後乃通。」㈡周公及身在，而托號於周：按《漢書・王莽傳》，時羣臣言聖王之法，臣有大功則生有美號，故引周公之事為徵，言周公在世，托號於周，莽有定國安漢家大功，宜托號於漢曰安漢公。㈢益戶疇爵邑：疇，等。胡三省曰：「此言莽進號為公，宜益其邑戶，使與爵等。」㈣條：列舉。㈤寖置：捨置。㈥無偏無黨，王道蕩蕩：此《尚書・洪範》之言。蕩蕩，廣遠貌，故詔書引之，謂莽有功，宜受爵賞。㈧稱疾不起：托病不視事。㈧廣陽侯：按《漢書・恩澤侯表》，廣陽侯，國於南陽。王先謙曰：「廣陽有廣陽縣，此南陽，蓋別置。」㈨承陽侯：按《漢書・恩澤侯表》，承陽侯，國於汝南。王先謙曰：「承陽，長沙縣，時封剌王子景，不能更封，此蓋別隸汝南之承陽，而後併省者。」顏師古曰：「承，音烝。」⑩朝：朝廷。⑪章：彰顯。⑫幹：任。⑬為：蘇輿曰：「為、偽同。」⑭須：待。⑮家給：顏師古曰：「給，足也。家給，家家給足。」⑯奉賜皆倍故：奉，讀曰俸，謂所食之俸；賜，謂歲時常賜，著於今者；倍故，言視故舊多一倍。⑰家給人足，大司徒、大司空以聞：言令三府待家給人足，以其事奏聞。⑱立故東平王雲太子開明為王：

哀帝建平三年，雲死，國除，今復建東平國，立其子為王。⑲又以故東平思王孫成都為中山王，奉孝王後：東平思王宇，宣帝之子，中山孝王興，元帝之子，平帝以中山王入繼大統，故立成都為中山王以奉孝王後。⑳耳孫信：按荀紀作元孫信。㉑考異：胡三省曰：「按王子侯表，桃鄉侯恢等十五人皆以二月丙辰封，不及三十六人之數，又無信名，蓋恢等，皆宣帝曾孫也。」㉒太僕王惲等二十五人，皆賜爵關內侯：《漢書・平帝紀》云：「惲等以前議定陶傅太后尊號，守經法，不阿指從邪賜爵。」㉓若：同及。㉔同產子：同母兄弟之子。㉕家室屬未盡而以罪絕者，復其屬：胡三省曰：「謂祖免以上親，以罪絕屬籍者，復其屬籍。」祖免，謂五世疏屬親。祖免本喪禮之制，露左臂曰祖，去冠括髮曰免。《禮・大傳》：「五世祖免。」孫希旦曰：「五世在九族之外，不得為同族，但同姓而已，同姓既疏，故報其恩誼，但為之祖免而無服也。」故以祖免為五世疏屬之稱。免，音問（ㄨㄣˋ）。㉖猒政：倦於政事。㉗功次：功謂勞績；次謂資序。㉘州部：即部刺史。㉙異等吏：吏之材能考績列於異等者。㉚不稱：不副其職務。㉛考故官，問新職：胡三省曰：「考故官者，考其前任有勞績與否也；問新職，問其新任當何如施設也。」㉜置羲和官：胡三省曰：「羲和初置，自為一官，莽既篡，改大司農曰羲和。」按《漢書・劉歆傳》，平帝時，莽白太后，以歆為羲和，典儒林史卜之官。㉝帝外家衞氏：帝，中山衞姬所生。㉞撓亂：擾亂。㉟一統：正統相承。㊱賜帝女弟三人號曰君：《漢書・外戚傳》云：「謁臣號修義君，哉皮為承禮君，鬲子為尊德君，食邑各二千戶。」㊲近則召公不悅，遠則四國流言：李賢曰：「尚書曰：『周公為師，相成王，為左右，召公不悅。』言周公既還政成王，宜其自退，今復為相，故不悅也。四國謂管、蔡、商、奄也。成王幼小，周公攝政，四國流言曰：『公將不利於孺子。』」㊳始免襁褓：免，脫離。平帝即位，年方九歲，故曰始免襁褓，喻其幼小。㊴裁與冗職：裁與纔同；冗職，閑散之職。㊵保傅：胡三省曰：「此保傅，謂四輔也。」㊶僻經：僻，邪僻；經，常道，僻經猶曰不經，謂所言邪僻，不合常道。㊷魯頃公：胡三省曰：「魯頃公名讎，秦孝文王元年，為楚所滅。」㊸褒魯侯：按《漢書・恩澤侯表》，褒魯侯，食邑於南陽平。王先謙曰：「地理志，泰山郡桃山，莽曰褒魯，蓋即封寬時改名，是褒魯即桃山也。陽平，平陽倒文。泰山郡有東平陽縣，又南武陽縣。南、平二字，當有一誤，蓋前此桃山係析二縣所分置，後改褒魯，故仍係之舊縣下耳。」㊹褒成侯：按《漢書・恩澤侯表》，褒成侯，食邑於山陽郡瑕丘縣。㊺已論，歸家：謂論罪已定，並放歸田里，不親役作。㊻雇山錢：如淳曰：「常於山伐木，聽使入錢雇功直，故謂之雇山。」直，同值。應劭曰：「舊刑，鬼薪，取薪於山，以給宗廟。今使女徒出錢雇薪，故曰雇山也。」㊼月三百：令每月出錢三百，雇人代役。如淳曰：「女子犯罪，作女徒六月。」㊽鄉一人：謂取其尤貞操者，每鄉一人。㊾大司農部丞十三人，人部一州：胡三省曰：「武帝時，桑弘羊置大司農部丞數十人，分部郡、國，主均輸鹽鐵。今以十三人，部十三州。」

二年（西元二年）

㈠春，黃支國㈠獻犀牛。黃支在南海中，去京師三萬里，王莽欲燿威德，故厚遺其王，令遣使貢獻。

㈡越雋郡上黃龍游江中㈡。太師光、大司徒宮等咸稱莽功德比周公，宜告祠宗廟。大司農孫寶曰：「周公上聖，召公大賢，尚猶有不相說，著於經典㈢，兩不相損㈣。今風雨未時㈤，百姓不足，每有一事，羣臣同聲㈥，得無非其美者㈦？」時大臣皆失色，甄邯即時承制罷議者。會寶遣吏迎母，母道病㈧，留弟家，獨遣妻子。司直陳崇劾奏寶，事下三公即訊㈨，寶對曰：「年七十，誖眊⑩，恩衰共養，營妻子，如章⑪。」寶坐免，終於家。

㈢帝更名衎⑫。

㈣三月，癸酉（二十一日），大司空王崇謝病免，以避王莽。

㈤夏、四月，丁酉（十六日），左將軍甄豐為大司空，右將軍孫建為左將軍，光祿勳甄邯為右將軍。

㈥立代孝王玄孫之子如意為廣宗王，江都易王孫盱台侯宮為廣川王，廣川惠王曾孫倫為廣德王⑬，紹封漢興以來大功臣之後周共⑭

等皆為列侯及關內侯，凡百一十七人。

(七)郡國大旱，蝗(一五)，青州(一六)尤甚，民流亡。王莽白太后，宜衣繒練(一七)，頗損膳，以示天下。莽因上書願出錢百萬，獻田三十頃，付大司農助給貧民。於是公卿皆慕効焉，凡獻田宅者二百三十人，以口賦貧民(一八)。又起五里(一九)於長安城中，宅二百區，以居貧民。莽帥(二〇)羣臣奏太后，言：「幸賴陛下德澤，閒者(二一)風雨時，甘露降，神芝生，蓂莢、朱草、嘉禾(二二)休徵(二三)，同時幷至，願陛下遵帝王之常服，復太官之灋膳(二四)，使臣子各得盡驩心，備共養。」莽又令太后下詔不許。每有水旱，莽輒素食(二五)。左右以白太后，太后遣使者詔莽曰：「聞公菜食，憂民深矣。今秋幸孰(二六)，公以時(二七)食肉，愛身為國。」

(八)六月，隕石于鉅鹿二。

(九)光祿大夫楚國龔勝、太中大夫琅邪邴漢以王莽專政，皆乞骸骨，莽令太后策詔之曰：「朕愍(二八)以官職之事煩大夫，大夫其脩身守道，以終高年。」皆加優禮而遣之。

（十）梅福知王莽必篡漢祚，一朝棄妻子去，不知所之。其後人有見福於會稽者，變姓名為吳市門卒云[三〇]。

（十一）秋，九月，戊申（三十日），晦，日有食之。赦天下徒。

（十二）遣執金吾候[三一]陳茂，諭說江湖賊成重等二百餘人，皆自出，送家在所收事[三二]，重徙雲陽[三三]，賜公田、宅。

（十三）王莽欲悅太后以威德至盛異於前，乃風單于令遣王昭君女須卜居次云入侍太后，所以賞賜之甚厚。

（十四）車師後王國[三四]有新道通玉門關，往來差近[三五]，戊己校尉徐普欲開之[三六]，車師後王姑句[三七]，以當道[三八]供給使者[三九]，不便[四〇]也。普欲分明其界，然後奏之，召姑句，使證之[四一]，不肯[四二]，繫之。其妻股紫陬謂姑句曰：「前[四三]車師前王[四四]為都護司馬所殺。今又繫，必死，不如降匈奴。」即馳突出高昌壁[四五]，入匈奴。又去胡來王[四六]唐兜，與赤水羌[四七]數相寇，不勝，告急都護，都護但欽[四八]，不以時救助，唐兜困急，怨欽，東守玉門關[四九]，玉門關不內，即將妻子、人民千餘人亡降匈奴，單于受[五〇]，置左谷蠡地[五一]，遣使上書言狀，曰：

「臣謹已受。」詔遣中郎將韓隆等使匈奴，責讓單于。單于叩頭謝罪，執二虜(五二)還付使者。詔使中郎將王萌待於西域惡都奴(五三)界上，單于遣使送，因請其罪(五四)。使者以聞，莽不聽(五五)。詔會西域諸國王，陳軍(五六)斬姑句、唐兜以示之(五七)。乃造設四條(五八)：中國人亡入匈奴者，烏孫亡降匈奴者，西域諸國佩中國印綬降匈奴者，烏桓降匈奴者，皆不得受。遣中郎將王駿、王昌、副校尉甄阜、王尋使匈奴，班(五九)四條與單于，雜函封(六〇)，付單于，令奉行，因收故宣帝所為約束，封函還。

時莽奏令中國不得有二名(六一)，因使使者以風單于，宜上書慕化為一名，漢必加厚賞。單于從之，上書言：「幸得備藩臣，竊樂太平聖制，臣故名囊知牙斯，今謹更名曰知。」莽大說，白太后，遣使者答諭，厚賞賜焉。

(十五)莽欲以女配帝為皇后，以固其權，奏言：「皇帝即位三年，長秋宮(六二)未建，掖庭媵(六三)未充，乃者國家之難，本從無嗣，配取(六四)不正，請考論五經，定取后禮，正十二女之義(六五)，以廣繼嗣，博采二王(六六)後及周公、孔子世(六七)、列侯在長安者適(六八)子女。」事下有司，上眾女名，王氏女多在選中者。莽恐其與己女爭，即上言：「身無德，子材下，不宜與眾女并采。」太后以為至誠，乃下詔曰：「王氏女，朕之外家，其勿采。」庶民、諸生、郎、吏以上，守闕上書者，日千餘人；公卿、大夫或詣廷中(六九)，或伏省戶(七〇)下，咸言：「安漢公盛勳堂堂(七一)若此，今當立后，獨奈何廢公女，天下安所歸命？願得公女為天下母。」莽遣長史以下分部曉止(七二)公卿及諸生，而上書者愈甚。太后不得已，聽公卿采莽女。莽復自白：「宜博采眾女。」公卿爭曰：「不宜采諸女以貳正統(七三)。」莽乃曰：「願見女(七四)。」

【今註】(一)黃支國：應劭曰：「黃支在日南之南，」《漢書・地理志》云：「自夫甘都盧國船行二月餘，有黃支國，民俗略與珠崖相類。」(二)越嶲郡上黃龍游江中：按荀悅《漢紀・孝平紀》上字下有言字，此據《漢書・孫寶傳》。王念孫曰：「案上下本有言字，上言二字見於本書者多矣，今本脫言字，則文義不明。」(三)經典：謂《尚書・君奭篇》。(四)兩不相損：謂周公、召公，雖有不相悅，然彼此於名於德，俱無所損。(五)未時：失時。(六)同聲：謂眾口一辭，歸美於王莽。(七)得無非其美者：言羣臣以阿附諂諛為常事，誠非朝廷美事。得無，反問之辭。⑧道病：於途中罹病。⑨即訊：即，即其事；訊，訊問。⑩誖眊：誖，惑亂，眊，同耄，謂年屆老耄，心志惑亂。⑪恩哀共養，營妻子，如章：共，讀曰供；營，迷惑；言供養之恩哀，而迷惑於妻子，具如奏章所言。⑫衍：音汗（ㄏㄢˋ）。⑬立代孝王玄孫之子如意為廣宗王，江都易王孫盱台侯宮為廣川王，廣川惠王曾孫倫為廣德王：代孝王參，文帝子，參傳子登，登傳子義，元鼎三年，徙封清河；義傳子陽，陽傳子年，地節四年，以罪廢，今封如意以奉孝王後。江都易王非，高帝子，非傳子建，元狩二年，謀反自殺，今立宮以奉易王後。廣川惠王越，景帝子，越傳子齊，齊傳子去，征和二年，坐罪廢；地節四年，以齊子文紹封，文傳子海陽，甘露四年，以罪廢，今立倫以奉惠王後。⑭周共：漢書平帝紀云：「絳侯周勃玄孫共。」周勃傳作玄孫之孫恭，功臣表與平帝紀同。共，讀曰恭。⑮郡國大旱，蝗：王先謙曰：「五行志云，秋，蝗，徧天下。此在夏，志蓋終言之。」⑯青州：胡三省曰：「青州部平原、千乘、濟南、齊、北海、東萊等郡，甾川、膠東、高密等王國。」⑰繒練：素帛曰練；繒，帛之總名。顏師古曰：「繒練，謂帛無文者。」文，文彩。⑱以口賦貧民：顏師古曰：「計口而給其田宅。」⑲里：鄉里之里。⑳帥：率領。㉑閒者：近日以來。㉒蕢萊、朱草、嘉禾：蕢萊，草名。蕢萊、朱草、嘉禾、皆瑞應之徵。㉓休徵：吉兆。㉔瀌膳：常膳。㉔素食：蔬食。王引之云：「素讀曰疏，字或作蔬。」㉕孰：古熟字，穀豐收曰熟。㉖以時：按時。㉗愍：傷念。㉘其後人有見福於會稽者，變姓名為吳市門卒云：胡三省曰：「會稽郡，時治吳縣。」㉙執金吾候：按漢書百官表，執金吾屬官有兩丞、候、司馬、千人。㉚皆自出，送家在所收事：劉攽曰：「賊二百餘人，皆異縣人，既自出，故送家在所收也。」收事，謂係籍於本屬縣邑，以從賦役。㉛重徙雲陽：服虔曰：「重，成重也，作賊長帥，故徙之也。」㉜車師後王國：西域國名，其國約有今迪化縣之東，孚遠縣之南一帶地。王治務塗谷，在今阜康縣東烏爾圖河畔。㉝差近：稍近。㉞戊己校尉徐普欲開之：漢書西域傳云：「戊己校尉徐普欲開之，以省道里半，避白龍堆之阸。」言舊道迂遠，且經白龍堆，故徐普欲開新道，以避白龍堆之阸，且省道里之半。㉟姑句：顏師古曰：「句，音鈎。」㊱當道：當道路之要衝。㊲使者：指漢使。㊳不便：以不開闢新道為便。㊶證之：證新道里程較舊道為近之事。㊷不肯：言姑句不肯為證。㊸前：往日。㊹車師前王：徐松曰：「前王謂兜莫。」按車師前國，在後國之東南，王治交河城，在今吐魯番縣西雅兒湖畔。㊺高昌壁：齊召南曰：「高昌壁，始見於此。後書云：『自敦煌西出玉門、陽關，涉鄯善，北通伊吾千餘里；自伊吾北通車師前部高昌壁千二百里；自高昌壁北通後部金滿城五百里。』此西域之門戶也，故戊己校尉更互屯焉。」按文意，時徐普係屯於高昌壁。壁，軍壘，胡三省曰：「拓跋魏時，闞爽始立國於高昌，蓋因漢高昌壁為名。」㊻去胡來王：婼羌王號，顏師古曰：「言去離胡戎，來附漢也。」婼羌，羌之一支，漢時建國於今新疆婼羌縣。㊼赤水羌：胡三省曰：「羌之居赤水者。」婼羌與赤水羌比隣，故數相寇。㊽但欽：姓但，名欽。㊾東守玉門關：徐松曰：「守猶敂也。」敂，敲擊，音寇（ㄎㄡˋ），字亦作叩，又作扣。謂敂關請入漢以訟欽。㊿受：受唐兜之降。(五一)置左谷蠡地：置唐兜於左谷蠡王所居之地。

（五二）二虜：謂姑句及唐兜。（五三）惡都奴：服虔曰：「惡都奴，西域之谷名也。」（五四）因請其罪：胡三省曰：「為二虜請於漢，求釋其背叛之罪也。」（五五）不聽：不聽從單于之請。（五六）陳軍：陳列軍隊。蓋欲以兵威服西域諸國。（五七）斬姑句、唐兜以示之：胡三省曰：「欲以懲後，使不敢叛。」（五八）乃造設四條：宣帝與匈奴約，長城以南，漢有之；長城以北，匈奴有之；有降者，不得受。今莽以舊約未明，故更頒四條之約，以約束匈奴。（五九）班：同頒。（六〇）雜函封：顏師古曰：「與璽書同一函而封之。」（六一）中國不得有二名：胡三省曰，「公羊春秋傳譏二名，故莽效之。」二名，謂一名有二字。《公羊傳》定六年：「季孫斯、仲孫忌帥師圍運。此仲孫何忌也，何謂之仲孫忌？譏二名，二名非禮也。」何休曰：「為其難諱也。」按我國古重避諱，《曲禮》云：「禮不諱嫌名，名不偏諱。」故公羊氏譏之。（六二）長秋宮：皇后宮名。顏師古曰：「秋者收成之時，長者恆久之義，故以為皇后宮名。」（六三）媵：從嫁女。（六四）取：讀曰娶。（六五）正十二女之義：古者天子一娶十二女，見《公羊傳》。又《列女傳》：「天子十二、諸侯九、大夫三、士二。」胡三省曰：「莽之進女也，十一媵，蓋通后為十二女也。」（六六）二王：胡三省曰：「二王，殷、周之後。」（六七）周公、孔子世：胡三省曰：「周，孔之後，世嫡相承者。」（六八）適：讀曰嫡。（六九）廷中：殿廷之中。（七〇）省戶：省中門戶。荀欣曰：「漢制：王所居曰禁中，諸公所居曰省中。」（七一）堂堂：高顯貌。（七二）曉止：開諭之令勿復以宣立莽女為言。（七三）貳：亂疑。（七四）見女：今女出見。

卷三十六　漢紀二十八

起昭陽大淵獻，盡著雍執徐，凡六年。（癸亥至戊辰，西元三年至八年）

司馬光編集
林瑞翰　註

孝平皇帝下

元始三年（西元三年）

㈠春，太后遣長樂少府夏侯藩、宗正劉宏、尚書令平晏納采㊀見女，還，奏言公女漸漬㊁德化，有窈窕㊂之容，宜承天序，奉祭祀。太師光、大司徒宮、大司空豐、左將軍孫建、執金吾尹賞、行太常事太中大夫劉秀及太卜、太史令㊃服皮弁㊄素積㊅，以禮雜卜筮㊆，皆曰：「兆遇金水，王相；卦遇父母，得位㊇。所謂康彊之占，逢吉之符㊈也。」又以太牢策告宗廟，有司奏故事聘皇后黃金二萬斤㊉，為錢二萬萬，莽深辭讓，受六千三百萬而以其四千三百萬分予十一媵㊁家及九族㊂貧者。

㈡夏，安漢公奏車服制度，吏民養生、送終、嫁娶、奴婢、田宅、器械之品，立官稷㊂，及郡國縣邑、鄉聚，皆置學官㊃。㊂大司徒司直陳崇使張敞孫竦草奏㊄，盛稱安漢公功德，以為宜恢公國，令如周公㊅，建立公子，令如伯禽㊆，所賜之品，亦皆如之㊇，諸子之封，皆如六子㊈。太后以示羣公，羣公方議其事，會呂寬事起。

初，莽長子宇非莽隔絕衞氏㊉，恐久後受禍，即私與衞寶通書，教衞后上書謝恩，因陳丁、傅舊惡，冀得至京師。莽白太皇太后，詔有司褒賞中山孝王后，益湯沐邑七千戶。衞后日夜啼泣，思見帝面，而但益戶邑，宇復教令上書求至京師，莽不聽。宇與師吳章及婦兄呂寬議其故㊁，章以莽不可諫而好鬼神，可為變怪以驚懼之，章因推類㊂說令歸政衞氏。宇即使寬夜持血灑莽第，門吏發覺之，莽執宇送獄，飲藥死。宇妻焉㊂懷子，繫獄，須㊃產子已㊄，殺之。甄邯等白太后，下詔曰：「公居周公之位，輔成王之主，而行管蔡之誅，不以親親害尊尊，朕當嘉之。」莽盡滅衞氏支屬，唯衞后㊅在，吳章要㊆斬，磔尸㊇東市門。

初，章為當世名儒㉙，教授尤盛，弟子千餘人，莽以為惡人黨，皆當禁錮，不得仕宦，門人盡更名他師㉚，平陵云敞㉛，時為大司徒掾，自劾吳章弟子，收抱章尸歸，棺歛㉜葬之，京師稱焉。

莽於是因呂寬之獄，遂窮治黨與，連引素所惡者，悉誅之。元帝女弟敬武長公主，素附丁、傅，及莽專政，復非議莽，紅陽侯王立㉝，莽之尊屬，平阿侯王仁㉞，素剛直，莽皆以太皇太后詔遣使迫守，令自殺。莽白太后，主㉟暴病薨，太后欲臨其喪，莽固爭而止。甄豐遣使者乘傳案治衛氏黨與，郡國豪桀及漢忠直臣不附莽，皆誣以罪灋而殺之。何武、鮑宣及王商㊱子樂昌侯安、辛慶忌三子護羌校尉通、函谷都尉遵、水衡都尉茂、南郡太守辛伯皆坐死㊲。凡死者數百人，海內震焉。

北海逢萌㊳謂友人曰：「三綱絕矣㊴！不去，禍將及人。」即解冠掛東都城門㊵，歸，將家屬浮海，客於遼東。

莽召明禮少府宗伯鳳㊶，入說為人後之誼㊷，白令公卿、將軍、侍中、朝臣幷聽㊸，欲以內厲㊹天子，而外塞㊺百姓之議。先是秺

㊻侯金日磾㊼子賞、都成侯金安上子常，皆以無子國絕，莽以曾孫當㊽及安上孫京兆尹欽紹其封，欽謂當宜為其父祖立廟㊾，而使大夫主賞祭㊿也。甄邯時在旁，廷叱欽，因劾奏欽誣祖，不孝，大不敬，下獄，自殺。邯以綱紀國體，無所阿私，忠孝尤著，益封千戶，更封安上曾孫湯為都成侯。湯受封日，不敢還歸家，以明為人後之誼。

㈣是歲，尚書令潁川鍾元為大理(五一)。潁川太守陵陽(五二)嚴詡，本以孝行為官，謂掾史為師友，有過輒閉閤自責，終不大言。郡中亂，王莽遣使徵詡，官屬數百人，為設祖道(五三)，詡據地哭，掾史曰：「明府吉徵，不宜若此。」詡曰：「吾哀潁川士，身豈有憂哉？我以柔弱徵，必選剛猛代，代到，將有僵仆(五四)者，故相弔耳！」詡至，拜為美俗使者(五五)，徙隴西太守。何并為潁川太守，并到郡，捕鍾元弟威及陽翟(五六)輕俠(五七)趙季、李款，皆殺之，郡中震栗(五八)。

【今註】 ㈠納采：古婚娶有五禮，曰納采、問名、納吉、納徵、請期，見《儀禮》。陸德明曰：「采，擇也。」顏師古曰：「謂采擇其可娶者。」㈡漸漬：沾染，涵濡浸潤之意。㈢窈窕：詩傳：

「窈窕，幽閒也。」陳奐曰：「窈言婦德幽靜，窕言婦容閒雅。」參閱卷三十一永始元年註㈡。李宗侗按，瑞典漢學家高本漢以為古語之窈窕即今語之苗條，兩辭同根異寫；幽閒貞靜是漢儒所解釋，而非最古之義。㈣太卜、太史令：按《漢書・百官表》，太卜、太史等令，太常屬官。王先謙曰：「續志，太史令一人，六百石，掌天時星曆。凡歲將終，奏新年厤；凡國祭祀喪娶之事，掌奏良日及時節禁忌；國有瑞應災異，掌記之。」又曰：「續志有太卜令，六百石，後省，并太史。」㈤皮弁：顏師古曰：「皮弁，以鹿皮為冠，形如人手之弁合也。」㈥素積：《儀禮》注：「積猶辟也，以素為裳，辟蹙其要中。」《釋名》曰：「素積，素裳也，辟積其要中使踧，因以名之。」按辟亦作襞，郭嵩燾曰：「襞積，狀衣之摺疊。」王先謙曰：「謂帬要摺疊處也。」㈦卜筮：灼龜甲占兆曰卜，以蓍草占卦曰筮。㈧兆遇金水，王相；卦遇父母，得位：孟康曰：「金水相生也。」張晏曰：「金王則水相也。遇父母，則泰卦。乾下坤上，天下於地，是配享之卦。」按孟說解釋兆遇金水，張說則兼釋卦遇父母，父為乾，母為坤，乾象天，坤象地，故曰乾下坤上，天下於地。服虔云：「卜法橫者為土，立者為木，邪向經者為金，背金者為火，因兆而細曲者為水。」㈨康強之占，逢吉之符：《書・洪範》曰：「汝則從，龜從，筮從，卿士從，庶民從，是謂大同，身其康強，子孫其逢吉。」馬融曰：「逢，大也。」逢吉即大吉。㈩故事聘皇后黃金二萬斤：沈欽韓曰：「漢官儀：『皇帝聘皇后黃金萬斤。』後書梁皇后紀：『依孝惠皇后故事，聘黃金二萬斤。』」案宋書禮志，尚書朱整議，漢高后制聘后黃金二百斤，馬十二匹；夫人金五十斤，馬四匹。宋志所徵是也。王莽、梁冀之世，盈廷讜謏，何所不至乎！」㈡媵：古時嫁女以姪娣從嫁謂之媵，見《儀禮》注。㈢九族：解見卷十一漢高七年註㈢。㈢立官稷：如淳曰：「郊祀志曰：『已有官社，未有官稷，遂立官稷於官社之後。』」臣瓚曰：「漢初除秦社稷，立漢社稷，其後又立官社，配以夏禹而不立官稷，至此始立官稷。」顏師古曰：「淳、瓚二說皆未盡也，初立官稷於官社之後，是為一處，今更創置，建於別所，不相從也。」㈣郡國縣邑、鄉聚，皆置學官：張晏曰：「聚，邑落名也。」韋昭曰：「小於鄉曰聚。」按《前漢書・平帝紀》，郡、國曰學，縣、道、邑、侯國曰校，鄉曰庠，聚曰序。㈤草奏：起草奏章。㈥宜恢公國，令如周公：《漢書・王莽傳》云：「是故成王之與周公也，度百里之限，越九錫之檢，開七百里之宇。」顏師古曰：「恢，大也。」此言安漢公有大勳勞於漢朝，宜恢大其封國，如周公輔周故事。㈦建立公子，令如伯禽：《魯頌・閟宮》之詩曰：「王曰：『叔父，建爾元子，俾侯於魯。』」謂成王命周公以封伯禽為魯公。崇蓋引此，言莽子亦宜受爵土之封，如伯禽故事。㈧所賜之品，亦皆如之：按陳崇章云：「魯公之封於魯，賜以附庸殷民六族，大路大旂，封父之繁弱，夏后之璜，祝宗卜史，備物典策，官司彝器，白牡之牲，郊望之禮。」族即氏，六族即六氏。顏師古曰：「謂條氏、徐氏、蕭氏、索氏、長勺氏、尾勺氏。」路亦作輅，天子乘以祭天之車。封父，古諸侯國名，繁弱，大弓名，父音甫。祝宗卜史，顏師古曰：「太祝、太宗、太卜、太史，凡四官。」官司，謂百官；彝器，盛酒祭器。白牡之牲，〈明堂位〉曰：「夏季六月，以禘禮祀周公於大廟，牲用白牡。」祭天於郊曰郊，望祀山川曰望。按以上俱天子之制。㈨諸子之封，皆如六子：六子，謂周公諸子，伯禽之弟。胡三省曰：「周公六子，封於凡、蔣、邢、茅、胙、祭。」祭，音債。⑳隔絕衞氏：衞氏，平帝母家。莽懼衞氏干政，故隔絕之，令留中山，不得至京師，事見上卷元始元年。㉑故：王先慎曰：「故，事也。」㉒推類：胡三省曰：「推類者，因變怪而推言事類，如洪範五行傳以說莽也。」㉓宇妻焉：焉，宇妻名。㉔須：待。㉕已：訖。㉖衞后：中山孝王后。㉗要：同腰。㉘磔尸：分裂其尸體。㉙章為當世名儒：《漢書・云敞傳》云：「章治尚書經為博士。」㉚更名他師：顏師古曰：「更以他人為師，諱不言是章弟子。」㉛云敞：姓云名敞。《漢書・云敞傳》：「敞字幼儒。」胡三省曰：「姓譜，云出自祝融之後，為䢵國，後去邑為云。」沈欽韓曰：「西京雜記：『平陵曹敞在吳章門下，獨稱吳章弟子，收葬其尸。平陵人為立碑吳章墓側，在龍首山南幙嶺上。』案傳作云敞，彼為曹敞，參錯。」㉜棺斂：備棺以斂其尸。㉝紅陽侯王立：立，王莽叔父。㉞平阿侯王仁：仁，王譚之子。㉟主：謂敬武公主。㊱王商：涿郡王商，成帝時為丞相。㊲何武、鮑宣至南郡太守辛伯皆坐死：胡三省曰：「何武不舉莽為大司馬；鮑宣素有彊項名；王商與王鳳不協，為所擠，忿毒而死，其子安不附王氏；辛慶忌本王鳳所成，莽見其三子皆能，欲親厚之，辛茂自以名臣子孫，兄弟並顯列，不宜附莽，又不甚詘事甄豐、甄邯；伯亦辛氏之族。故幷及禍。」㊳逢萌：萌字子慶，北海都昌人。黃山曰：「逢音龐。」劉攽曰：「案萌北海人，則當是蓬，非逢也。」㊴三綱絕矣：三綱謂君臣、夫婦、父子。胡三省曰：「莽殺其叔父，又自殺其冢嫡，是滅其天性也，殺其君之祖姑，又盡除忠直之臣，是無君也，故曰三綱絕矣。」㊵東都城門：按《後漢書・逢萌傳》，時萌學《春秋經》於長安。沈欽韓引《三輔黃圖》：「長安城東出北頭第一門曰宣平門，民間所謂東都門。」㊶明禮少府宗伯鳳：胡三省曰：「宗伯，姓也；鳳，名也。鳳明於禮，官為少府。」㊷入說為人後之誼：胡三省曰：「說為人後者義不得顧私親。」按平帝自中山王入繼成帝之後，莽欲隔絕平帝外家，故為此說以諷厲中外。㊸白令公卿、將軍、侍中、朝臣並聽：白太后令公卿、將軍、侍中、朝臣並聽宗伯鳳之說。㊹厲：諷厲。厲本為磨刀之石，凡刀錯鈍者則磨之使銳，去舊就新之義。㊺塞：杜絕。㊻秺：音杜（ㄉㄨˋ）。㊼磾：音低（ㄉㄧ）。㊽曾孫當：當，日磾曾孫，按《漢書・金日磾傳》，當乃賞弟建之孫，賞、建俱日磾之子。㊾宜為其父、祖立廟：言宜為其父及其祖父建立廟。㊿而使大夫主賞祭：臣瓚曰：「當是支庶上繼大宗，不得復顧其私親也；而欽令當尊其父祖以續日磾，不復為賞後，而令大夫主掌祭事。」按賞本嗣日磾為秺侯，今當以支庶入繼賞後而自為其父祖立廟，是其私親而不明為人後之誼，故甄邯劾之。(51)大理：按《漢書・百官表》，哀帝元壽二年，復改廷尉為大理。(52)陵陽：今安徽省石埭縣。(53)祖道：餞行。祖本祭名，惠士奇云：「祖道本行神，故送行者餞宴於道亦稱祖道。」(54)僵仆：顏師古曰：「僵，偃也；仆，顛也。」(55)美俗使者：文穎曰：「宜美風化使者。」(56)陽翟：今河南省禹縣。(57)輕俠：任俠。(58)栗：通慄。

四年（西元四年）

㈠春，正月，郊祀高祖以配天，宗祀孝文以配上帝㊀。

㈡改殷紹嘉公曰宋公，周承休公曰鄭公㊁。

㈢詔婦女非身犯灋及男子年八十以上，七歲已下，家非坐不道，詔所名捕，它皆無得繫㊂，其當驗者即驗問㊃，定著令。

㈣二月，丁未（七日），遣大司徒宮、大司空豐等奉乘輿灋駕迎皇后於安漢公第，授皇后璽紱㊄，【考異】王莽傳云：「四月丁未。」平紀云：「二月丁未，立皇后王氏。」下云：「夏，皇后見于高廟。」外戚傳云：「明年春，迎皇后於安漢公第。」然則言四月者誤也。入未央宮，大赦天下。

㈤遣太僕王惲等八人㊅，各置副，假節㊆，分行天下，覽觀風俗。

㈥夏，太保舜等及吏民上書者八千餘人，咸請如陳崇言，加賞於安漢公。章下有司，有司請益封公以召陵㊇、新息㊈二縣及黃郵聚、新野田㊉，采伊尹、周公稱號，加公為宰衡㊁，位上公；三公言事，稱敢言之；賜公太夫人號曰功顯君㊂，封公子男二人安為褒新侯，臨為賞都侯㊂，加后聘三千七百萬，合為一萬萬，以明大禮；太后臨前殿，親封拜，安漢公拜前，二子拜後，如周公故事㊃。莽稽首辭讓，出，奏封事，願獨受母號，還安、臨印韍㊄及號位戶邑。事下，太師光等皆曰：「賞不足以直（一六）功，謙約退讓，公之常節，終不可聽，忠臣之節，亦宜自屈，而伸主上之義，宜遣大司徒、大司空持節承制，詔公亟入視事，詔尚書勿復受公之讓奏。」奏可，莽乃起視事，止減召陵、黃郵、新野之田而已。莽復以所益，納徵（一七）錢千萬，遺太后左右奉共養者。莽雖專權，然所以誑耀媚事太后，下至旁側長御，方故萬端，賂遺以千萬數；白尊太后姊妹，號皆為君（一八），食湯沐邑，以故左右日夜共譽莽。莽又知太后婦人，厭居深宮中，莽欲虞樂以市其權（一九），乃令太后四時車駕巡狩四郊（二〇），存見（二一）寡、孤、貞婦，所至屬縣，輒施恩惠，賜民錢、帛、牛、酒，歲以為常。太后旁弄兒（二二），病在外舍，莽自親候之，其欲得太后意如此。

太保舜奏言：「天下聞公不受千乘之土（二三），辭萬金之幣（二四），莫不鄉化，蜀郡男子路建等輟訟，慚怍而退，雖文王卻虞（二五）、芮（二五）何以加？宜報告天下。」於是孔光愈恐，固稱疾辭位。太后詔太師毋朝，十日一入省中，置几杖，賜餐十七物（二六），然後歸，官屬按職如故㉗。

㈦莽奏起明堂㉘、辟雍㉙、靈臺㉚，為學者築舍萬區，制度甚盛。立樂經，益博士員，經各五人；徵天下通一藝，教授十一人以上及有逸禮、古書、天文、圖讖㉛、律、月令、兵灋、史篇文字㉜，皆通知其意者，皆詣公車。網羅天下異能之士，前後至者千數，皆令記說廷中㉝，將令正乖謬，壹異說云。又徵能治河者以百數，其大略異者，長水校尉平陵關幷，言：「河決率常於平原、東郡左右，其地形下而土疏惡，聞禹治河時，本空此地，以為水猥，盛則放溢，少稍自索㉞，雖時易處，猶不能離此。上古難識，近察秦、漢以來，河決曹、衞之域㉟，其南北不過百八十里，可空此地，勿以為官亭民室而已。」御史臨淮韓牧以為：「可略於禹貢九河㊱處穿之，縱不能為九，但為四五，宜有益。」大司空掾王橫言：「河入勃海，地高於韓牧所欲穿處，往者天常連雨，東北風，海水溢西南，出寖數百里，九河之地㊲，已為海所漸㊳矣。禹之行河水㊴本隨西山下東北去。周譜㊵云：『定王五年，河徙。』則今所行，非秦之所穿也。又秦攻魏，決河灌其都㊶，決處遂大，不可復補。宜卻徙完平處，更開空㊷，使緣西山足㊸，乘高地而東北入海，乃無水災。」司空掾沛國桓譚典其議，為甄豐言：「凡此數者，必有一是，宜詳攷驗，皆可豫見。計定然後舉事，費不過數億萬，亦可以事㊹諸浮食無產業民，空居與行役，同當衣食，衣食縣官而為之作，乃兩便㊺，可以上繼禹功，下除民疾㊻。」時莽但崇空言，無施行者。

㈧羣臣奏言：「昔周公攝政七年，制度乃定。今安漢公輔政四年，營作二旬，大功畢成，宜升宰衡，位在諸侯王上。」詔曰：「可。」仍令議九錫㊼之灋。

㈨莽奏尊孝宣廟為中宗，孝元廟為高宗，又奏毀孝宣皇考廟㊽，勿備；罷南陵㊾、雲陵㊿為縣。奏可。

㈩莽自以北化匈奴，東致海外，南懷黃支(51)，唯西方未有加，乃遣中郎將平憲等，多持金幣，誘塞外羌使獻地，願內屬。憲等奏言：「羌豪良願等種，可萬二千人，願為內臣，獻鮮水海、允谷鹽池(五二)。平地美草，皆與漢民，自居險阻處為藩蔽。問良願降意，或對曰：『太皇太后聖明，安漢公至仁，天下太平，五穀成熟，或禾長丈餘，或一粟三米，或不種自生，或繭不蠶自成。甘露從天下，醴泉(五三)自地出，鳳皇來儀(五四)，神爵(五五)降集。從四歲以來(五六)，羌人無所疾苦，故思樂內屬。』宜以時處業(五七)，置屬國領護。」事下莽，莽復奏：「今已有東海、南海、北海郡，請受良願所獻地為西海郡。分天下為十二州，應古制。」奏可。冬，置西海郡。【考異】王莽傳置西海郡在明年秋，今從平紀。又增灋五十條，犯者徙之西海，徙者以千萬數，民始怨矣。

(十一)梁王立坐與衞氏(五八)交通，廢徙南鄭，自殺。

(十二)分京師置前煇光、後丞烈(五九)二郡，更(六〇)公卿、大夫、八十一元士官名位次及十二州名，分界郡國所屬，罷置改易，天下多事，吏不能紀矣。

【今註】 (一)郊祀高祖以配天，宗祀孝文以配上帝：顏師古曰：「郊祀，祀於郊也；宗，尊也，祀於明堂也。上帝，太微五帝也；一曰昊天上帝也。」王肅曰：「上帝，天也。」杜佑曰：「元氣廣大則稱昊天，人之所尊莫過於帝，託之於天，故稱上帝。」㊁改殷紹嘉公曰宋公，周承休公曰鄭公：成帝綏和元年，封殷紹嘉侯，尋與周承休侯俱進爵為公，以奉殷、周之祀。㊂詔婦女非身犯灋及男子年八十以上，七歲已下，家非坐不道，詔所名捕，它皆無得繫：周壽昌曰：「名捕，謂詔書所指名令捕者。」俞樾曰：「禮曲禮八十、九十曰耄，七年曰悼，悼與耄雖有罪，不加刑焉，此正漢制所本。刑法志，年八十以上，八歲以下，當鞠繫者頌繫之，八歲亦當作七歲；下文又述成帝定令年未滿七歲，賊鬬殺人及犯殊死者，上請得減死，知漢制皆以七歲為斷。」㊃即驗問：周壽昌曰：「即驗問，不稽時也。」㊄紱：繫璽之組，音弗。㊅遣太僕王惲等八人：八人謂王惲，閻遷陳崇，李翕，郝黨，謝殷，陳鳳。㊆各置副，假節：胡三省曰：「副，副使也。惲等持節，其副則假之以節。」㊇召陵：召音邵，故城在今河南省偃城縣東。㊈新息：故城在今河南省息縣東。㊉黃郵聚，新野田：《後漢書．郡國志》，南陽郡新野縣有東鄉，故新都，莽之封邑，又有黃郵聚。⑪采伊尹、周公稱號，加公為宰衡：《漢書．王莽傳》云，伊尹為阿衡，周公為太宰，采伊尹、周公稱號，加公為宰衡。⑫賜公太夫人號曰功顯君：公謂王莽，太夫人謂莽母。漢制，諸侯元配稱夫人，母稱太夫人。⑬封公子男二人安為褒新侯，臨為賞都侯：胡三省曰：「莽封新都侯，析其國名二字，加褒、賞以封其二子。」⑭太后臨前殿，親封拜，安漢公拜前，二子拜後，如周公故事：胡三省曰：「成王之侯伯禽於魯也，周公拜前，魯公拜後。」⑮韍：同紱。⑯直：顏師古曰：「直，當也。」⑰納徵：古婚禮之一，解參平帝元始三年註㊀。《儀禮》注：「徵，成也，使使者納幣以成昏禮。」⑱白尊太后姊妹，號皆為君：《漢書・元后傳》，君俠為廣恩君，君力為廣惠君，君弟為廣施君。㊈莽欲虞樂以市其權：顏師古曰：「虞與娛同。」張晏曰；「以遊觀之樂易其權，若市買然。」㊉郊：顏師古曰：「邑外謂之郊。」㊁存見，存謂存卹，省視救濟之意。㊂弄兒：為主上戲狎之小兒。服虔曰：「官婢侍史生兒，取以作弄兒也。」㊂千乘之土：古代公侯之國，采地方百里，出兵車千乘。㊃萬金之幣：胡三省曰：「謂聘后之幣也。」㊄文王卻虞、芮：顏師古曰：「卻，退也。虞、芮，二國名也，並在河之東。二國之君，相與爭田，久而不平，聞文王之德，乃往斷焉！入周之境，則耕者讓畔，行者讓路，乃相謂曰：『我小人也，不可以履君子之庭。』遂相讓以其所爭為閑田而退。」㊅賜餐十七物：顏師古曰：「食具有十七種物。」㊆按職如故：言各依舊職不遷動。㊇明堂：〈考工記〉鄭注云：「明堂者，明政教之堂。」蔡邕《明堂月令章句》：「明堂者，天子太廟，所以祭祀，夏后氏世室，殷人重屋，周人明堂，饗功、養老、教學、選士在其中。」按《大戴禮》，明堂凡九室，共三十六戶，七十二牖，以茅蓋屋，上圓下方，其外有水，名曰辟雍。㊈辟雍：周五學之一。鄭鍔云：「周五學，中曰辟雍，環之以水，水南為成均，水北為上庠，水東為東序，水西為瞽宗。」按雍亦作廱。詩傳：「水旋邱如辟，曰辟廱。」應劭曰：「辟廱者，象璧，圜雍之以水，像教化流行。」《禮・王制》注：「辟，明也；廱，和也。」韓詩說：「辟廱者，天子之學圓如璧，壅之以水示圓，言辟取辟有德，不言辟水言辟廱者，取其廱和也。」㊉靈臺：古時觀察天象之臺。《詩・大雅・靈臺》鄭箋：「天子有靈臺者，所以觀祲象，察氣之妖祥也。」《三輔黃圖》：「漢靈臺，始曰清臺，本為觀陰陽天文之變，更名靈臺。」㉛圖讖：張衡曰：「圖讖虛妄，非聖人之法，劉向父子領校祕書，亦無讖錄，哀成之後，乃始聞之。」㉜史篇文字：孟康曰：「史籀所作十五篇古文書也。」顏師古曰：「周宣王太史籀所作大篆書也。」㉝皆令記說廷中：胡三省曰：「令各造廷中而記其說也。」㉞本空此地，以為水猥，盛則放溢，少稍自索：顏師古曰：「猥，多也；索，盡也。」蓋以「以為水猥盛則放溢」為一句，故顏釋猥為多。蘇輿曰：「案此處文義，當以猥字絕句，盛則放溢，少稍自索二語對文。猥與隈通，訓猥有曲義。說文隈下云：『水曲也。』隩下云：『水隈厓也。』言禹空此地，不置民居，為水隈厓，水盛任其放溢，水少漸自索盡也。御覽六十一引此文，至水猥，無下數語，雖屬刪節，而以猥字為句，可資印證。」㉟曹衞之域：胡三省曰：「漢之濟陰、定陶，故曹國也；東郡及魏郡、黎陽，古為衞地也。」㊱禹貢九河：《書・禹貢》：「九河既導。」傳云：「九河：徒駭一，太史二，馬頰三，覆釜四，胡蘇五，簡六，絜七，鉤盤八，鬲津九。」按九河故道，或湮或徙，已難考索，要之當在今冀魯之間，渤海沿岸之地。㊲九河之地：閻若璩曰：「逆訛為九。」逆河之地，謂河入海之處。㊳漸：顏師古曰：「漸，浸也。」㊴行河水：使河水通流。㊵周譜：如淳曰：「譜音補，世統譜諜也。」沈欽韓曰：「梁書文學傳，王僧孺被敕撰譜，訪劉杳血脈所因，杳云：『桓譚新論云，太史三代世表，旁行邪上，並效周譜。以此而推，當起周代。』案藝文志曆譜類，有帝王、諸候世譜，古來帝王年譜，即此周譜也。」㊶秦攻魏，決河灌其都：王賁攻魏，引河溝灌大梁，事見卷七秦始皇二十二年。㊷開空：蘇輿曰：「案說文，空，竅也。謂開通空竅，利水流行。」㊸西山足：胡三省曰：「西山謂黎陽以西諸山。」足謂山麓。㊹事：役使，言令民有所事而役使之。周壽昌曰：「自上謂之使，自下謂之事，而語可通訓。」㊺空居與行役，同當衣食，衣食縣官而為之作，乃兩便：顏師古曰：「言無產之人，端居無為及發行力役，俱須衣食耳！今縣官給其衣食而使修治河水，是為公私兩便也。」㊻疾：禍害。㊼九錫：臣瓚曰：「九錫備物，霸者之盛禮，齊桓晉文，猶不能備。」錫亦作賜，錫、賜古通。《公羊傳》疏引《禮緯含文嘉》：「諸侯有德，當益其地，不過百里。後有功，加以九賜：進退有節，行步有度，賜以車馬以代其步；其言成文章，行成法則，賜以衣服以表其德；其長於教誨，而懷至仁，賜以樂則以化其民；其居處修理，房內不泄，賜以朱戶以明其別；其動作有禮，賜以納陛以安其體；其勇猛勁疾，執義堅強，賜以虎賁以備非以秬鬯使之祭祀。」應劭曰：「九錫：一曰車馬，二曰衣服，三曰樂器，四曰朱戶，五曰納陛，六曰虎賁百人，七曰鈇鉞，八曰弓矢，九曰秬鬯。」按應劭所謂九錫與《含文嘉》同，獨樂則曰樂器為異。㊽宣孝星考廟：宣帝元康元年，尊悼園曰皇考。㊾南陵：文帝母薄太后陵。顏師古曰：「在霸陵之南，故稱南陵。」㊿雲陵：昭帝母趙太后陵，陵在雲陽，故稱雲陵。(51)莽自以北化匈奴，東致海外，南懷黃支：按《漢書・王莽傳》，莽自奏曰：「黃支自三萬里貢生犀；東夷王度大海，奉國珍，匈奴單于順制作，去二名。」(52)鮮水海、允谷鹽池：按《漢書・地理志》，金城郡臨羌縣西北至塞外，有僊海鹽池。董佑誠曰：「河水注作西海，即僊海，今曰青海，蒙古曰庫克諾爾：鹽池在其西南，蒙古曰達不遜諾爾。庫克謂青，達不遜謂鹽，諾爾則積水之名也。」王先謙曰：「案僊、西、青並聲轉字變，僊海之為西海，猶先零之為西零矣，趙充國、王莽傳又作鮮水海，鮮、僊亦同變字。」按《一統志》，青海在今青海省西寧縣西五百餘里，周回七百五十餘里；鹽池在今青海西南，周百餘里，產青鹽。(五三) 醴泉：《論衡・是應篇》：「泉從地中出，其味甜若醴，故曰醴泉。」按醴，甜酒，故以喻泉之甘美。(五四) 鳳皇來儀：《書・益稷》：「簫韶九成，鳳皇來儀。」疏：「簫韶之樂，作之九成，以致鳳皇來而有容儀也。」世以鳳皇為神鳥，故以鳳皇來儀為瑞應。(五五) 爵：同雀。(五六) 四歲以來：莽以元始元年輔政，至是凡四歲。(五七) 處業：處之以便地而使安於作業。(五八) 衞氏：平帝外家。(五九) 前煇光、後丞烈：胡三省曰：「前煇光蓋領長安以南諸縣，後丞烈蓋領長安以北諸縣也。」(六〇) 更：更改。

五年（西元五年）

㈠春，正月，祫祭㊀明堂，諸侯王二十八人㊁、列侯百二十人、宗室子九百餘人徵㊂助祭，禮畢，皆益戶，賜爵及金帛、增秩、補吏各有差㊃。

㈡安漢公又奏復長安南北郊，三十餘年間，天地之祠，凡五徙焉㊄。

㈢詔曰：「宗室子自漢元⑥至今，十餘萬人，其令郡國各置宗師以糾⑦之，致教訓焉。」

㈣夏，四月，乙未（朔），博山簡烈侯孔光薨，贈賜葬送甚盛，車萬餘兩。以馬宮為太師。

㈤吏民以莽不受新野田而上書者，前後四十八萬七千五百七十二人，及諸侯王、公、列侯、宗室見者⑧，皆叩頭言宜亟加賞於安漢公。於是莽上書言：「諸臣民所上章下議者，事皆寢勿上，使臣莽得盡力，畢制禮作樂，事成，願賜骸骨歸家，避賢者路⑨。」甄邯等白太后，詔曰：「公每見，輒流涕叩頭，言願不受賞，賞即加，不敢當位。方制作未定，事須公而決，故且聽公；制作畢成，羣公以聞，究⑩于前議。其九錫禮儀，亟奏。」五月，策命安漢公莽以九錫⑪。莽稽首再拜，受綠韍⑫、衮冕⑬、衣裳、瑒琫、瑒珌⑭、句履⑮、鸞路⑯乘馬⑰、龍旂九旒⑱、皮弁素積、戎路⑲乘馬、彤弓矢、盧弓矢⑳，左建朱鉞、右建金戚㉑、甲冑㉒一具、秬鬯㉓二卣㉔、圭瓚㉕二、九命青玉珪㉖二、朱戶納陛㉗、署宗官、祝官、卜官、史官㉘、虎賁三百人㉙。

㈥王惲等八人使行風俗還，言天下風俗齊同，詐為郡國造歌謠頌功德，凡三萬言。閏月，丁酉（四日），詔以羲和劉秀等四人㉚，使治明堂、辟雍㉛，令漢與文王靈臺、周公作洛同符㉜；太僕王惲等八人，使行風俗，宣明德化，萬國齊同，皆封列侯㉝。【考異】恩澤侯表，劉歆等十一侯，皆云丁酉，獨平晏云丁丑。按十二人同功俱封，是年閏五月甲午朔，無丁丑，表誤。時廣平相班穉㉞獨不上嘉瑞及歌謠，琅邪太守公孫閎言災異於公府，甄豐遣屬馳至兩郡㉟，諷吏民㊱；而劾閎空造不祥，穉絕嘉應，嫉害聖政，皆不道。穉、班倢伃弟也。太后曰：「不宣德美，宜與言災害者異罰；且班穉，後宮賢家，我所哀也㊲。」閎獨下獄誅，穉懼，上書陳恩㊳謝罪，願歸相印，入補延陵㊴園郎㊵，太后許焉。

㈦莽又奏為市無二賈㊶，官無獄訟，邑無盜賊，野無饑民，道不拾遺，男女異路之制，犯者象刑㊷。

㈧莽復奏言：「共王母、丁姬㊸前不臣妾㊹，冢㊺高與元帝山齊，懷㊻帝太后、皇太太後璽綬以葬，請發共王母及丁姬冢㊼，取其璽綬，徙共王母歸定陶，葬共王次。」太后以為既已之事，不須復發，莽固爭之，太后詔因故棺改葬之。莽奏：「共王母及丁姬棺皆名梓宮㊽，珠玉之衣㊾，非藩妾服，請更以木棺代，去珠玉衣，葬丁姬媵妾之次。」奏可。公卿在位，皆阿莽指，入錢帛，遣子弟及諸生、四夷凡十餘萬人，操持作具㊿，助將作掘平共王母、丁姬故冢，二旬間皆平。莽又周棘(五一)其處，以為世戒云。又隳壞共皇廟，諸造議者泠褒、段猶(五二)皆徙合浦；【考異】師丹傳云：「復免高昌侯宏為庶人。」按功臣表，建平四年，董宏已死，元壽二年，子武坐父為佞邪免，不得至今，丹傳誤也。徵師丹詣公車，賜爵關內侯，食故邑(五三)。數月，更封丹為義陽侯(五四)，【考異】恩澤侯表：「丹元始三年二月癸巳，更為義陽侯。」胡旦因此幷發傳太后陵，徙泠、褒等事，俱著之三年。按外戚傳云：「元始五年，莽發共王母及丁姬冢改葬之。」馬宮傳：「莽發傳太后陵，追誅前議者，宮慙懼，乃乞骸骨。」公卿表，宮以今年八月壬午免，然則褒等徙合浦及丹封侯，皆在今年，明矣。按長歷，二月丙申朔，無癸巳，日月必有誤者。月餘薨。

初，哀帝時，馬宮為光祿勳，與丞相、御史雜議傅太后諡，曰孝元傅皇后。及莽追誅前議者，宮為莽所厚，獨不及。宮內慙懼，上書言：「臣前議定陶共王母諡，希指雷同，詭(五五)經僻說，以惑誤主上，為臣不忠，幸蒙洒心自新，誠無顏復望闕庭，無心復居官府，無宜復食國邑(五六)，願上太師大司徒扶德侯印綬，避賢者路。」八月壬午（二十日），莽以太后詔賜宮策曰：「四輔之職，為國維綱；三公之任，鼎足承君；不有鮮(五七)明固守，無以居位。君言至誠，不敢文過，朕甚多(五八)之。不奪君之爵邑，其上太師、大司徒印綬使者(五九)，以侯就第。」

(九)莽以皇后有子孫瑞，通子午道，從杜陵直絕南山，徑漢中(六〇)。

(十)泉陵侯劉慶(六一)上書，言：「周成王幼小，周公居攝。今帝富於春秋，宜令安漢公行天子事如周公。」羣臣皆曰：「宜如慶言。」

(十一)時帝春秋益壯，以衞后故怨不悅(六二)。冬，十二月，莽因臘日上椒酒(六三)，置毒酒中。帝有疾，莽作策請命於泰畤，願以身代，藏策金縢(六四)，置于前殿，敕諸公勿敢言。丙午（是月辛酉朔，無丙午日），帝崩于未央宮。大赦天下。莽令天下吏六百石以上，皆服喪三年，奏尊孝成廟曰統宗，孝平廟曰元宗，斂孝平，加元服，葬康陵(六五)。

班固贊曰：「孝平之世，政自莽出，褒善顯功，以自尊盛。觀其文辭，方外百蠻，無思不服㈥，休徵㈦嘉應，頌聲幷作；至于變異見於上，民怨於下㈧，莽亦不能文㈨也。」

㈩以長樂少府平晏為大司徒。

㈪太后與羣臣議立嗣，時元帝世絕，而宣帝曾孫，有見王五人㈦，列侯四十八人㈦，莽惡其長大，曰：「兄弟不得相為後。」乃悉徵宣帝玄孫選立之。是月，前煇光謝囂奏武功㈦長孟通浚井㈦得白石，上圓下方，有丹書著石，文曰：「告安漢公莽為皇帝。」符命之起，自此始矣。莽使羣公以白太后，太后曰：「此誣罔㈦天下，不可施行。」太保舜謂太后曰：「事已如此，無可奈何，沮㈦之力不能止！又莽非敢有它，但欲稱攝以重其權，填服天下耳！」太后心不以為可，然力不能制，乃聽許。舜等即共令太后下詔曰：「孝平皇帝短命而崩，已使有司徵孝宣皇帝玄孫二十三人，差度㈦宜者，以嗣孝平皇帝之後。玄孫年在襁褓，不得至德君子，孰能安之？安漢公莽輔政三世，與周公異世同符。今前煇光囂、武功長通上言丹石之符，朕深思厥意，云為皇帝者，乃攝行皇帝之事也。其令安漢公居攝踐祚(十七)如周公故事，具禮儀奏。」於是羣臣奏言：「太后聖德昭然，深見天意，詔令安漢公居攝。臣請安漢公踐祚，服天子韍冕，背斧依(十八)立於戶牖之間，南面朝羣臣，聽政事；車服出入警蹕，民臣稱臣妾，皆如天子之制；郊祀天地，宗祀明堂，共(十九)祀宗廟，享祭羣神，贊(二十)曰假皇帝，民臣謂之攝皇帝，自稱曰予；平決朝事，常以皇帝之詔稱制，以奉順皇天之心，輔翼漢室，保安孝平皇帝之幼嗣，遂寄託之義(二一)，隆治平之化；其朝見太皇太后、帝皇后(二二)皆復臣節；自施政教於宮、家、國、采(二三)，如諸侯禮儀故事。」太后詔曰：「可」。

【今註】㊀祫祭：應劭曰：「祫祭者，毀廟之主，皆合食於太祖。」祫音洽（ㄒㄧㄚˊ）。㊁諸侯王二十八人：錢大昕曰：「是時諸侯王見存者：城陽王俚、菑川王永、河間王尚、魯王閔、趙王隱、長沙王魯人、廣平王廣漢、膠東王殷、六安王育、真定王楊、泗水王靖、廣陽王嘉、廣陵王守、高密王慎、淮陽王縯、東平王開明、中山王成都、楚王紆、信都王景、廣宗王如意、廣世王宮、廣德王倫，止二十二人。」㊂徵：徵召。㊃益戶、賜爵及金帛、增秩、補吏各有差：胡三省曰：「已封者益戶，未有爵者賜爵，已有爵者賜金帛已有，秩者增秩，未有官者補吏。」㈤三十餘年間，天地之祠，凡五徙焉：胡三省曰：「成帝建始元年，罷甘泉泰畤、汾陰后土祠，作長安北郊，永始三年，復甘泉、汾陰，成帝崩，皇太后詔復長安南北郊，哀帝建平三年，復甘泉、汾陰，今又復南北郊，是五徙也。」㈥漢元：胡三省曰：「漢元，漢初也。」㈦糾：顏師古曰：「糾，謂禁察也。」言禁察其為非，使不陷於刑罪。㈧見者：謂見存者。㈨願賜骸骨歸家，避賢者路：胡三省曰：「言久處大位，妨賢者進用之路：避位，所以避賢者路也。」㈩究：顏師古曰：「究，竟也。」⑪策命安漢公莽以九錫：按《含文嘉》、《韓詩外傳》及應劭九錫之說，俱有樂縣而無命珪。周壽昌曰：「此恐出王莽諸臣所臆造，不必應經典。」⑫韍：蔽膝。⑬袞冕：言袞服而加冕。鄭眾曰：「袞，卷龍衣也。」孫詒讓曰：「卷龍者，謂畫龍於衣，其形卷曲；其字禮記多作卷。」⑭瑒琫瑒珌：孟康曰：「瑒，玉名也，佩刀之飾，上曰琫，下曰珌。」蘇輿曰：「瑒蓋璗之借字。說文：『璗，金之美者，與玉色同。』禮：『佩刀諸侯璗琫而璆珌。』」案詩毛傳亦云：『諸侯璗琫而璆珌。』與說文同。爾雅釋器：『黃金謂之璗，其美者謂之璆。』是諸侯飾刀，上下純用金。漢制，天子、諸侯並飾黃金；續志：『諸侯王黃金錯環挾半。』孟以瑒為玉名，非也。」瑒音蕩，琫音棒，珌音必。⑮句履：韋昭曰：「句，履頭飾，形如刀鼻。」⑯鸞路：顏師古曰：「鸞路，路車之施鸞者。」⑰乘馬：顏師古曰：「四馬曰乘。」按一車駕四馬曰乘，故四馬亦曰乘馬。⑱龍旂九旒：龍旂，旗上繪龍及有鈴飾者。《周禮・春官・司常》：「交龍為旂。」《爾雅・釋天》：「有鈴曰旂。」旒，音流（ㄌㄧㄡˊ），旐旗之末垂。⑲戎路：帝王所乘之兵車。⑳彤弓矢，盧弓矢：顏師古曰：「彤，赤色；盧，黑色。」㉑左建朱鉞，右建金戚：鉞通戉，大斧；戚亦斧屬，見詩傳。㉒胄：兜鍪，俗謂之盔，臨陣時禦兵刃之冠。㉓秬鬯：祭祀之酒。秬，黑黍；鬯，以秬釀鬱金草為酒，所以降神。秬音巨，鬯音暢。㉔卣：音攸，盛酒之罇，較彝為小，較罍為大。㉕圭瓚：詩箋云：「圭瓚，以圭為柄。」疏云：「圭，以玉為之；瓚者，盛鬯酒之器。」㉖九命青玉珪：周代官秩，上公九命。《周禮・春官・大宗伯》：「以九儀之命，正邦國之位：壹命受職，再命受服，三命受位，四命受器，五命賜則，六命賜官，七命賜國，八命作牧，九命作伯。」顏師古曰：「青者，春色，東方生而長育萬物也。」珪用青色，取牧養百姓之意。㉗朱戶納陛：朱戶以居，納陛以登。孟康曰：「納，內也，謂鑿殿基際為陛，使不露也。」顏師古曰：「尊者不欲露而升陛，故納之於霤下。」陳景雲曰：「宋均禮含文嘉注云：『動作有禮，納陛以安其體。』文選魏公九錫文：『納陛以登。』李周翰注：『納陛者，致于殿兩階之間，便其上殿，此蓋漢人相承之說。』宋史呂端傳：『真宗以端軀體洪大，宮庭階圮稍峻，特令梓人為納陛。』是納陛為安靜而設，信矣。」㉘署宗官、祝官、卜官、史官：胡三省曰：「放周公也。成王之命周公，祝、宗、卜、史。杜預曰：『太祝、宗人、太卜、太史，凡四官。』」㉙虎賁：勇士之稱。孔穎達曰：「若虎之賁走逐獸，言其猛也。」賁同奔。㉚劉秀等四人：平晏、劉秀、孔永、孫遷。㉛使治明堂、辟雍：顏師古曰：「為使者而典其事。」㉜令漢與文王靈臺，周公作洛同符：言文王築臺，周公營洛邑，今以秀等治明堂、辟雍，令漢製作，與之符合。㉝皆封為列侯：按《漢書・恩澤侯表》，平晏防鄉侯，劉秀仁休侯，孔永寧鄉侯，孫遷定鄉侯，皆以治明堂、辟雍封；王惲常鄉侯，閻遷望鄉侯，陳崇南鄉侯，李翕邑鄉侯，郝黨亭鄉侯，謝殷章鄉侯，逯普蒙鄉侯，陳鳳盧鄉侯，皆以宣教化封。㉞廣平相班穉：胡三省曰：「班穉時相廣平王。漢武帝征和二年，於廣平置平于國，宣帝五鳳六年，復曰廣平。」㉟甄豐遣屬，馳至兩郡：甄豐時為大司空，兩郡，謂廣平及琅邪。《續漢志》，大司空掾屬二十九人，掾比三百石，屬比二百石。杜佑曰：「正曰掾，副曰屬。」㊱諷吏民：以微言示意曰諷，此言吏民上祥應而諱災異。㊲且班穉，後宮賢德家，我所哀也：顏師古曰：「班倢伃有賢德，故哀閔其家。」㊳陳恩：胡三省曰：「陳恩者，自陳世受國恩。」㊴延陵：成帝陵寢。㊵園郎：胡三省曰：「園郎，掌守園寢門戶。」㊶市無二賈：賈讀曰價，言民俗純質無欺。㊷象刑：古刑法，凡犯法者不加刑，但異其服色以示恥辱。《尚書・大傳》云：「唐虞之象刑，上刑赭衣不純，中刑雜屨，下刑墨幪。」孫星衍曰：「大傳說赭衣不純云云者，鄭注云：『純，緣也，時人尚德義，犯刑者但易之衣服，自為大恥。』荀子正義篇云：『古無肉刑，而有象刑。』御覽刑法部引慎子曰：『有虞氏之誅，以蒙巾當墨，以草屨當劓，以菲履當刖，以艾韠當宮，布衣無領當大辟。』周禮司圜疏引孝經緯云：『五帝畫象，畫象者，上罪蒙墨，赭衣雜屨，中罪赭衣雜屨，下罪雜屨而已。』是象刑之說，自古傳之。」㊸共王母、丁姬：共王母謂哀帝祖母傅昭儀；丁姬，哀帝母。㊹不臣妾：不守臣妾之道。㊺冢：賈公彥曰：「爾雅：山頂冢則山冢之冢，封土為丘壠曰冢則猶冢墓之冢。」㊻懷：顏師古曰：「懷，謂挾之以自隨也。」㊼請發共王母及丁姬冢：顧炎武曰：「丁姬先已葬定陶，此『及丁姬』三字衍。」㊽梓宮：天子之棺，以梓木為之。《風俗通》曰：「宮者，存時所居，緣生事死，因以為名。」㊾珠玉之衣：胡三省曰：「珠玉之衣，珠襦玉匣也。」短襖曰襦。」㊿作具：胡三省曰：「作具，春鍤之類。」(五一)周棘：顏師古曰：「以棘周繞也。」(五二)造議者泠褒、段猶：褒、猶創議上帝太后、皇太太后尊號，見卷三十三哀帝建平元年。(五三)食故邑：哀帝時，丹為大司馬，封高樂侯。故邑，謂高樂侯戶邑。(五四)義陽：按《漢書．師丹傳》，丹封義陽侯，食邑厚邱縣之中鄉，故城在今江蘇省沭陽縣西北。(五五)詭：顏師古曰：「詭，違也。」(五六)無宜復食國邑：宮封扶德侯，食邑於琅邪郡贛榆縣。(五七)鮮：明潔。(五八)多：顏師古曰：「多猶重也。」多之，言尊重其操守。(五九)上太師、大司徒印綬使者：言上太師、大司徒印綬於使者。(六〇)莽以皇后有子孫瑞，通子午道，從杜陵直絕南山，徑漢中：張晏曰：「時年十四，始有婦人之道也。子水午火也，水以天一為牡，火以地二為牝，故火為水妃，今通子午以協之。」顏師古曰：「子，北方也；午，南方也；言通南北道相當，故謂之子午耳！今京城直南山有谷，通梁漢道者，名子午谷。」胡三省引《三秦紀》云：「長安正南山，名秦嶺，谷名子午，一名樊川，一名御宿。」(六一)泉陵侯劉慶：顏師古曰：「王子侯年表，眾陵節侯賢，長沙定王子，本始四年，戴侯真定嗣，二十二年薨，黃龍元年，頃侯慶嗣，此則是也。莽傳及翟義傳並云泉陵。地理志，泉陵屬零陵郡，而表作眾陵，表為誤也。」(六二)以衞后故怨不悅：謂衞后不得至京師，其族皆徙死，以故怨莽而不悅。(六三)莽因臘日上椒酒：李賢曰：「椒酒，置椒酒中也。」《荊楚歲時記》引《四民月令》：「過臘一日謂之小歲，拜賀君親，進椒酒。」(六四)藏策金縢：書金縢云，周公納冊于金縢之匱中。孔穎達曰：「經云：『金縢之匱』，則金縢是匱之名也。」孔安國曰：「為請命之書，藏之於匱，緘之以金，不欲人開之。」此言莽詐依周公為武王請命故事，作策而藏於金縢之匱。(六五)康陵：臣瓚曰：「康陵在長安北六十里。」(六六)方外百蠻，無思不服：顏師古曰：「大雅文王有聲之詩曰：『自東自西，自南自北，無思不服。』言武王於鎬京行辟雍之禮，自四方來觀者，皆感其德化，心無不歸服，故此贊引之。」(六七)休徵：美兆。(六八)民怨於下：王先慎曰：「御覽八十九引民下有人字。」按此本作「民人怨於下」，與「變異見於上」為對文，後傳抄脫人字。(六九)文：文飾。(七〇)有見王五人：胡三省曰：「王之見在者五人：淮陽王縯、中山王成都、楚王紆、信都王景、東平王開明。」(七一)列侯四十八人：胡三省曰：「廣戚侯顯、陽興侯寄、陵陽侯嘉、高樂侯脩、平邑侯閔、平纂侯況、合昌侯輔、伊鄉侯開、就鄉侯不害、膠鄉侯武、宜鄉侯恢、昌城侯豐、樂安侯禹、陶鄉侯恢、釐鄉侯褒、昌鄉侯且、新鄉侯鯉、郚鄉侯光、新城侯武、宜陵侯封、堂鄉侯護、成陵侯由、成陽侯眾、復昌侯休、安陸侯平、梧安侯譽、朝鄉侯充、扶鄉侯普、方城侯宣、當陽侯益、廣城侯疌、春城侯允、呂鄉侯尚、李鄉侯殷、宛鄉侯隆、壽泉侯承、杏山侯遵、嚴鄉侯信、武平侯璜、陵鄉侯曾、武安侯慢、富陽侯萌、西陽侯偃、桃鄉侯立、栗鄉侯元成、金鄉侯不害、平通侯且、西安侯漢、湖鄉侯開、重鄉侯少柏，凡五。而廣戚侯顯，孺子之父；栗鄉侯元成，先已免侯，止四十八人耳。」(七二)武功：胡三省曰：「武功縣，本屬扶風，莽分屬前輝光。」(七三)浚井：治井使深。(七四)誣：誣蠛欺罔。按罔亦作誷。(七五)沮：沮壞。(七六)差度：顏師古曰：「差度，謂擇也。」㈦祚：帝位。㈧斧依：依，讀曰扆，戶牖間之屏風，斧依，畫斧文之屏風，置於戶牖之間。㈨共：讀曰恭。㈩贊：顏師古曰：「贊者，謂祝祭之辭。」⑪遂寄託之義：顏師古曰：「遂，成也。」胡三省曰：「寄託，謂寄以天下，託以孤幼也。」⑫帝皇后：胡三省曰：「帝皇后，謂平帝后也。」⑬宮、家、國、采：胡三省曰：「宮者，謂以安漢公第為宮也；家者，謂其家也；國者，謂其所封新都國也；采，謂以武功縣為采地，名曰漢光邑也。」《漢書・王莽傳》云：「以武功縣為安漢公采地，名曰漢光邑。」顏師古曰：「采，官也，以官受地，故謂之采。」

王莽上

居攝元年㈠（西元六年）

㈠春，正月，王莽祀上帝于南郊，又行迎春大射養老之禮。

㈡三月，己丑（朔），立宣帝玄孫嬰為皇太子，號曰孺子㈡。嬰，廣戚侯顯㈢之子也，年二歲，託以卜相最吉，立之。尊皇后曰皇太后。

㈢以王舜為太傅左輔，甄豐為太阿右拂㈣，甄邯為太保後承。又置四少㈤，秩皆二千石。

㈣四月，安眾侯劉崇㈥，與相張紹謀曰：「安漢公莽，必危劉氏，天下非之，莫敢先舉，此乃宗室之恥也。吾帥宗族為先，海內必和㈦。」紹等從者百餘人，遂進攻宛㈧，不得入而敗。紹從弟竦與崇族父嘉詣闕自歸，莽赦弗罪。竦因為嘉作奏，稱莽德美，罪狀劉崇，願為宗室倡始，父子兄弟，負籠荷鍤㈨，馳之南陽，豬崇宮室，令如古制㈩；及崇社，宜如亳社以賜諸侯⑪，用永監戒。於是莽大說，封嘉為率禮侯，嘉子七人，皆賜爵關內侯，後又封竦為淑德侯。長安為之語曰：「欲求封，過張伯松⑫；力戰鬭，不如巧為奏⑬。」自後謀反皆汙池云。羣臣復白劉崇等謀逆者，以莽權輕也，宜尊重以填海內。

㈤五月，甲辰（十七日），太后詔莽朝見太后，稱假皇帝。

㈥冬，十月，丙辰，朔，日有食之。

㈦十二月，羣臣奏請以安漢公廬為攝省，府為攝殿，第為攝宮⑭，奏可。

㈧是歲，西羌龐恬、傅幡等，怨莽奪其地，反攻西海太守程永。

永犇走，莽誅永，遣護羌校尉竇況擊之。

【今註】㊀居攝元年：胡三省曰：「莽既攝政，遂改元為居攝。」按居攝，取義居攝政之位。胡三省曰：「上無天子，通鑑不得不以王莽繫年；不書假皇帝，而直書王莽者，不與其攝也；及其既篡也，書莽，不與其篡也；呂后、武后書太后，其義亦然。」此為胡氏發明溫公書法之論。㊁孺子：胡三省曰：「亦因周公輔成王，二叔流言曰：『公將不利於孺子。』而為此號。」二叔，謂管叔與蔡叔。㊂廣戚侯顯：按《漢書．王子侯表》，顯，廣戚煬侯勳之子；勳，楚孝王子。又按〈地理志〉，廣戚侯國，屬沛郡，故城在今江蘇省沛縣東。㊃太阿右拂：顏師古曰：「拂，讀曰弼。」㊄四少：胡三省曰：「四少：少師、少傅、少阿、少保也。」㊅安眾侯劉崇：按〈王子侯表〉，安眾康侯丹，長沙定王子，凡五傳至崇，為莽所滅。按〈地理志〉，安眾侯國，屬南陽郡，故城在今河南省鎮平縣東南。㊆和：響應，音賀（ㄏㄜˋ）。㊇宛：南陽郡治，今河南省南陽縣。㊈負籠荷鍤：籠，盛土竹器；鍤，鏟土之鐵鍫。㊉豬崇宮室，令如古制：豬通瀦，水所積聚曰瀦。《禮．檀弓》：「洿其宮而豬焉。」古者諸侯畔逆，既伏其罪，則瀦其宮室以為汙池。⑪宜如亳社以賜諸侯：武王克殷，分亳社賜諸侯。⑫過張伯松：過，過訪，言過訪以求教；伯松，張竦字。⑬力戰鬭，不如巧為奏：言力戰為功，尚不如劉嘉之巧奏。⑭盧為攝省，府為攝殿，第為攝宮：省、殿、宮俱加攝字，取莽居攝之義。胡三省曰：「廬，殿中止宿之舍；府，治事之所；第，所居也。」

二年（西元七年）

㈠春，竇況等擊破西羌。

㈡五月，更造貨，錯刀一，直五千；契刀一，直五百；大錢一，直五十㈠。與五銖錢并行，民多盜鑄者。禁列侯以下不得挾黃金，輸御府㈡受直，然率不與直。

㈢東郡太守翟義，方進之子也，與姊子上蔡㈢陳豐謀曰：「新都侯攝天子位，號令天下，故㈣擇宗室幼稚者以為孺子，依託周公輔成王之義，且以觀望㈤，必代漢家，其漸可見。方今宗室衰弱，外無彊蕃㈥，天下傾首服從，莫能亢扞㈦國難。吾幸得備宰相子，身守大郡，父子受漢厚恩，義當為國討賊，以安社稷。欲舉兵西誅不當攝者，選宗室子孫輔而立之。設令時命不成，死國埋名，猶可以不慙於先帝。今欲發之，汝肯從我乎？」豐年十八，勇壯，許諾。義遂與東郡都尉劉宇、嚴鄉侯劉信、信弟武平侯劉璜㈨結謀，以九月都試日，斬觀㈩令，因勒其車騎、材官士，募郡中勇敢，部署將帥。信子匡時為東平王，乃拜東平兵，立信為天子。義自號大司馬柱天大將軍，移檄郡國，言莽鴆殺孝平皇帝。攝天子位，欲絕漢室，今天子已立，共㊁行天罰。郡國皆震。比至山陽，眾十餘萬。莽聞之，惶懼不能食。太皇太后謂左右曰：「人心不相遠也㊂，我雖婦人，亦知莽必以此自危。」莽乃拜其黨親㊂輕車將軍成武侯孫建為奮武將軍、光祿勳成都侯王邑為虎牙將軍、明義侯王駿為彊弩將軍、春王城門校尉㊃王況為震威將軍、宗伯㊄忠孝侯劉宏為奮衝將軍、中少府㊅建威侯王昌為中堅將軍、中郎將震羌侯竇況為奮威將軍，凡七人，自擇除關西人為校尉、軍吏，將關東甲卒，發奔命以擊義焉。復以太僕武讓為積弩將事，屯函谷關；將作大匠蒙鄉侯逯并為橫壄將軍，屯武關；羲和紅休侯劉秀為揚武將軍，屯宛。

三輔聞翟義起，自茂陵以西至汧㊆二十三縣，盜賊并發。槐里男子趙明㊇、霍鴻等，自稱將軍，攻燒官寺，殺右輔都尉㊈及斄㊉令，相與謀曰：「諸將精兵悉東，京師空，可攻長安。」眾稍多至十餘萬，火見未央宮前殿。莽復拜衛尉王級為虎賁將軍，大鴻臚望鄉侯閻遷為折衝將軍，西擊朋等，以常鄉侯王惲為車騎將軍，屯平樂館，騎都尉王晏為建威將軍，屯城北，城門校尉趙恢為城門將軍，皆勒兵自備；以太保後承承陽㉑侯甄邯為大將軍，受鉞高廟，領天下兵，左杖節，右把鉞，屯城外；王舜、甄豐晝夜循行殿中。莽日抱孺子禱郊廟，會羣臣，稱曰：「昔成王幼，周公攝政，而管、蔡挾祿父㉒以畔，今翟義亦挾劉信而作亂，自古大聖猶懼此，況臣莽之斗筲㉓。」羣臣皆曰：「不遭此變，不章㉔聖德。」冬，十月，甲子（十五日），莽依周書作大誥㉕，曰：「粵其聞日㉖，宗室之儁㉗有四百人，民獻儀九萬夫㉘，子敬以終於此，謀繼嗣圖功㉙。」遣大夫桓譚等班行，諭告天下以當反位孺子之意。

諸將東至陳留菑㉚，與翟義會戰，破之，斬劉璜首。莽大喜，復下詔先封車騎都尉孫賢等五十五人皆為列侯，即軍中拜授，因大赦天下。於是吏士精銳，遂攻圍義於圉城㉛。十二月，大破之，義與劉信棄軍亡，至固始界中，捕得義，尸磔陳都市，卒不得信。

【今註】 ㈠錯刀一，直五千；契刀一，直五百；大錢一，直五十：按《漢書・食貨志》，錯刀，以黃金錯其文曰：「一刀直五千」。契刀，其環如大錢，身形如刀，長二寸，文曰：「契刀五百」。大錢，徑寸二分，重十二銖，文曰：「大錢五十」。索隱曰：「錢本名泉，以貨之流布如泉，布者，言貨流布；刀，以其利於人也。」顏師古曰：「王莽錢刀，今並尚在，形質及文，與志相合。」㈡御府：按《漢書・百官表》，少府屬官有御府令、丞。顏師古曰：「御府，主天子衣服。」㈢上蔡：故城在今河南省上蔡縣西。㈣故：故意。㈤且以觀望：且以觀察天下人心之向背。㈥蕃：通藩，藩屏，取藩屏王室之義，此指漢同姓諸侯。㈦亢扞：抵禦。㈧埋名：言不得揚名於當世。按事不成則名不揚，揣其上下文意自明。㈨嚴鄉侯劉信，信弟武平侯劉璜：信、璜皆東平煬王雲之子。㈩觀：故城在今山東省觀城縣西。⑪共：讀曰恭。⑫人心不相遠：顏師古曰：「言所見者同。」⑬黨親：胡三省曰：「孫建、劉宏、竇況，莽之黨也；王邑、王駿、王況，莽之親也。」⑭春王城門校尉：顏師古曰：「春王，長安城東出北頭第一門也，本名宣平門，莽改名焉。」胡三省曰：「案漢城門校尉，掌十二城門。觀此，則莽改官名，十二城門各置城門校尉。」⑮宗伯：平帝元始四年，莽更宗正為宗伯。⑯中少府：胡三省曰：「莽更少府曰共工。此中少府，蓋長樂少府也，以職在宮中，故曰中少府。」⑰汧：故城在今陝西省隴縣西。⑱趙朋：《漢書・翟義傳》、〈王莽傳〉俱作趙明。⑲右輔都尉：按《漢書・地理志》，右輔都尉，治郿，故城在今陝西省郿縣東北。⑳斄：顏師古曰：「讀與邰同，音胎。」故在今陝西省武功縣西南。㉑承陽：承音蒸。㉒祿父：即武庚，紂王之子。

父，讀曰甫。㉓斗筲：顏師古曰：「斗筲，喻材器小也。」按斗與筲，俱容器之小者，故以為喻。㉔章：同彰。㉕莽依周書作大誥：顏師古曰：「武王崩，周公相成王而三監及淮夷叛，周公作大誥。莽自比周公，故依放其事。」王先謙曰：「莽作大誥，皆用今文尚書說。」三監，謂管叔、蔡叔、霍叔。㉖粵其聞日：顏師古曰：「粵，發語辭。」孟康曰：「翟義反書上聞日也。」㉗宗室之儁：孟康曰：「諸劉見在者。」儁與俊同。㉘民獻儀九萬夫：孟康曰：「民之表儀，謂賢者也。」王引之曰：「正文本作『民儀九萬夫』，今本儀上有獻字者，後人據古文大誥加之也。下文師古注：『我用此宗室之儁及獻儀者共圖謀國事。』則師古所見本已有獻字。然考孟注及下文，皆言民之表儀而不言民獻，則此句內本無獻字明矣。今文之民儀即古文之民獻，王莽本用今文，故曰『民儀九萬夫』，今據古文加入獻字『民獻儀九萬夫』，斯為不詞矣！班固竇車騎將軍北征頌：『民儀響慕，羣英景附。』亦用今文也。」㉙予敬以終於此，謀繼嗣圖功：顏師古曰：「我用此宗室之儁及獻儀者，共圖謀國事，終成其功。」按上注王引之說，「獻儀者」無解，當作「民之表儀」。王先謙曰：「據傳則書『予翼之』，翼當訓敬，今文多一終字。」㉚菑：孟康曰：「菑故戴國，在梁，後屬陳留。」胡三省引《陳留風俗傳》曰：「菑縣，秦之穀縣也，遭漢兵起，邑多菑年，故改曰菑縣。章帝東巡過縣，詔曰：『陳留菑縣，其名不善，其改曰考城。』」㉛圉城，在今河南省淮陽縣東北。

初始元年㊀（西元八年）

㈠春、地震，大赦天下。詔王惲等還京師，西㈡與王級等合擊趙朋、霍鴻。二月，朋等殄滅，諸縣悉平，還師振旅，莽乃置酒白虎殿，勞賜將帥。詔陳崇治校㈢軍功，第其高下，依周制爵五等，以封功臣為侯、伯、子、男，凡三百九十五人，曰：「皆以奮怒，東指西擊，羌寇蠻盜，反虜逆賊，不得旋踵，應時殄滅，天下咸服之功封」云㈣。其當賜爵關內侯者，更名曰附城㈤，又數百人。莽發翟義父方進及先祖冢在汝南者，燒其棺柩㈥，夷滅三族，誅及種嗣，至皆同阬，以棘、五毒㈦并葬之。又取義及趙朋、霍鴻黨眾之屍，聚之通路之旁，濮陽、無鹽、圉、槐里、盩厔，凡五所㈧，建表木㈨於其上，書曰：「反虜逆賊鱷鯢㈩。」義等既敗，莽於是自謂威德日盛，遂謀即真之事矣。

㈡羣臣復奏進攝皇帝子安、臨爵為公，封兄子光⑪為衍功侯。是時，莽還歸新都國⑫，羣臣復白以封莽孫宗⑬為新都侯。

㈢九月，莽母功顯君死，莽自以居攝踐祚，奉漢大宗之後，為功顯君緦縗弁而加麻環絰，如天子弔諸侯服⑭，凡壹弔再會而令新都侯宗為主，服喪三年云。

㈣司威㉕陳崇奏莽兄子衍功侯光私報㉖執金吾竇況，令殺人，況為收繫，致其灋。莽大怒，切責光。光母曰：「汝自視孰與長孫、中孫㉗？」長孫、中孫者，宇及獲之字也，遂母子自殺，及況皆死。初，莽以事母、養嫂、撫兄子為名㉘，及後悖虐，復以示公義焉㉙。令光子嘉嗣爵為侯。

㈤是歲，廣饒㉚侯劉京言齊郡新井，車騎將軍千人扈雲㉛言巴郡石牛，太保屬㉜臧鴻言扶風雍㉝石，莽皆迎受。十一月，甲子（二十一日），莽奏太后曰：「陛下遇漢十二世，三七㉞之阸，承天威命，詔臣莽居攝。廣饒侯劉京上書，言七月中，齊郡臨淄縣昌興亭長辛當，一暮數夢，曰：『吾天公使也。天公使我告亭長，攝皇帝當為真，即不信我，此亭中當有新井。』亭長晨起，視亭中，誠有㉟新井，入地且百尺。十一月，壬子（九日），直建冬至㊱，巴郡石牛，戊午（十五日），雍石文，皆到于未央宮之前殿。臣與太保安陽侯舜等視，天風起，塵冥㊲，風止，得銅符帛圖於石前，文曰：「天告帝符，獻者封侯。」騎都尉崔發等視說(二八)。孔子曰：『畏天命，畏大人，畏聖人之言。』臣莽敢不承用。臣請共(三〇)事神祇、宗廟，奏言太皇太后、孝平皇后，皆稱假皇帝，其號令天下，天下奏言事，毋言攝，以居攝三年為始初元年，【考異】莽傳作初始，荀紀及韋莊美嘉號錄、宋庠紀元通譜皆作始初，今從之。漏刻以百二十為度，用應天命。臣莽夙夜養育隆就(三一)孺子，令與周之成王比德，宣明太皇太后威德於萬方，期於富而教之。孺子加元服，復子明辟，如周公故事(三二)。」奏可。眾庶知其奉符命指意，羣公博議別奏，以示即真之漸矣。

(六)期門郎(三三)張充等六人謀共劫莽立楚王(三四)，發覺，誅死。

(七)梓潼(三五)人哀章(三六)，學問長安，素無行，好為大言，見莽居攝，即作銅匱，為兩檢(三七)，署其一曰：「天帝行璽金匱圖。」其一署曰：「赤帝璽某傳予(三八)皇帝金策書。」某者，高皇帝名也。書言王莽為真天子，皇太后如天命。圖書皆書莽大臣八人，又取令名(三九)王興、王盛，章因自竄姓名(四〇)，凡十一人，皆署官爵為輔佐。章聞齊井、石牛事下，即日昏時，衣黃衣，持匱至高廟，以付僕射(四一)，僕射以聞。戊辰（二十五日），莽至高廟，拜受金匱神禪[42]，御王冠[43]，謁太后，還坐未央宮前殿，下書曰：「予以不德，託于皇初祖考黃帝之後，皇始祖考虞帝之苗裔，而太皇太后之末屬。皇天上帝，隆顯大佑，成命統序，符契圖文，金匱策書，神明詔告，屬[44]予以天下兆民；赤帝漢氏高皇帝之靈，承天命，傳金策之書。予甚祇[45]畏，敢不欽受，以戊辰直定[46]，御王冠，即真天子位，定有天下之號曰新[47]。其改正朔，易服色，變犧牲，殊徽幟[48]，異器制[49]，以十二月朔癸酉為始建國元年正月之朔[50]，以鷄鳴為時[51]，服色配德上黃[52]，犧牲應正用白[53]。使節之旄幡皆純黃，其署曰：「新使五威節以承皇天上帝威命」也。莽將即真，先奉諸符瑞以白太后，太后大驚。是時以孺子未立，璽[54]臧[55]長樂宮，及莽即位，請璽，太后不肯授莽。莽使安陽侯舜諭指[56]，舜素謹敕，太后雅愛信之。舜既見太后，太后知其為莽求璽，怒罵之曰：「而屬[57]父子宗族，蒙漢家力，富貴累世，既無以報，受人孤寄[58]，乘便利時，奪取其國，不復顧恩義。人如此者，狗豬不食其餘[59]，天下豈有而兄弟邪(六〇)?且若(六一)自以金匱符命為新皇帝,變更正朔、服制,亦當自更作璽,傳之萬世,何用此亡國不祥璽為?而欲求之?我漢家老寡婦,旦暮且死,欲與此璽俱葬,終不可得。」太后因涕泣而言,旁側長御(六二)以下皆垂涕,舜亦悲不能自止,良久,乃仰謂太后:「臣等已無可言者(六三),莽必欲得傳國璽,大後寧能終不與邪?」太后聞舜語切,恐莽欲脅之,乃出漢傳國璽,投之地以授舜,曰:「我老已死,知而兄弟今(六四)族滅也。」舜既得傳國璽,奏之,莽大說,乃為太后置酒未央宮漸臺(六五),大縱眾樂。莽又欲改太后漢家舊號,易其璽綬,恐不見聽,而莽疏屬王諫欲諂莽,上書言:「皇天廢去漢而命立新室,太皇太后不宜稱尊號,當隨漢陵,以奉天命。」莽以書白太后,太后曰:「此言是也(六六)。」莽因曰:「此誖德之臣也,罪當誅。」於是冠軍(六七)張永獻符命銅璧(六八)文,言太皇太后當為新室文母太皇太后(六九)。莽乃下詔從之,於是鴆殺王諫而封張永為貢符子(七〇)。

班彪贊曰:「三代以來,王公失世(七一),稀不以女寵。及王莽之興，由孝元后，歷漢四世，為天下母，饗國六十餘載，羣小世權(七二)，更持國柄，五將十侯(七三)，卒成新都(七四)，位號已移於天下，而元后卷卷(七五)猶握一璽，不欲以授莽，婦人之仁，悲夫！」

【今註】㈠初始元年：是年十一月，莽始改居攝三年為初始元年。㈡西：西向。㈢校：考敍。㈣曰：「皆以舊怒至天下咸服之功封」云：周壽昌曰：「言其敍功封爵，策命如此云爾。」㈤附城：項安《世家說》云：「漢人蓋以城字解庸也。古人庸即墉字，後人加土以別之。不成國者謂之附城，猶今言支郡為屬城也。」胡三省曰：「王制：『不能五十里者不達於天子，附於諸侯曰附庸。』鄭注曰：『小城曰附庸。附庸者，以國事附於大國。』」正義曰：『庸，城也；謂小國之城，不能自通，以其國事附於大國，故曰附庸。』項說本此。」㈥棺柩：無尸曰棺，有尸曰柩。㈦五毒：如淳曰：「野葛、狼毒之屬也。」㈧取義及趙朋、霍鴻黨眾之尸，聚之通路之旁，濮陽、無鹽、圉、槐里、盩厔，凡五所：《漢書・王莽傳》莽詔云：「信、義等始發自濮陽，結姦無鹽，殄滅於圉；趙明依阻槐里環隄，霍鴻負倚盩厔芒竹，咸用破碎，亡有餘類。」胡三省曰：「濮陽、無鹽、圉，義黨之尸也；槐里、盩厔，朋、鴻黨之尸也。」朋，《漢書》作明。㈨表木：顏師古曰：「表者，所以標明也。」㈩鱷鯢：鱷，古鯨字。斐淵曰：「鯨鯢長百尺，雄曰鯨，雌曰鯢。」顏師古曰：「鱷鯢，大魚為害者也，以此比敵人之勇桀者。」崔豹曰：「鯨鯢有力，能驅食小魚，故以喻強暴而凌弱者。」

⑪光：莽兄永之子。⑫莽還歸新都國：胡三省曰：「莽既居攝，故還歸新都國。」⑬宗：莽之嫡長孫，莽子字之子。⑭莽自以居攝踐祚，奉漢大宗之後，為功顯君緦縗弁而加麻環經，如天子弔諸侯服：《周禮》云：「王為諸侯緦縗弁而加環經，同姓則麻，異姓則葛。」顏師古曰：「於弁上加環經也。謂之環者，言其輕細如環之形。」胡注：「記曰：『緦麻十五升，去其半，有事其縷，無事其布曰緦。』」賈公彥曰：『凡五股之經，皆兩股絞之。言環經，則與絞經有異矣，謂以麻為體，又以一股麻為糾而橫纏之如環然，故謂之環經。』」⑮司威：胡三省曰：「莽置司威，以司察百官。」⑯私報：胡三省曰：「私報者，私屬之也。霍顯曰：『少夫幸報我以事。』」屬音囑。⑰汝自視孰與長孫、中孫：莽子宇字長孫，獲字中孫，光母謂光：「汝自視長孫、中孫，孰與莽親？」宇、獲俱為莽所殺，故光母云然。中，讀曰仲。⑱初，莽以事母、養嫂、撫兄子為名：事見卷三十一成帝永始元年。⑲復以示公義焉：服虔曰：「不舍光罪為公義。」劉奉世曰：「莽不服母喪，亦以示公義。」⑳廣饒：故城在今山東省廣饒縣東北。㉑車騎將軍千人扈雲：顏師古曰：「千人，官名，屬車騎將軍。扈，其姓；雲，其名。」胡三省曰：「按百官表，千人，在候、司馬之下。」㉒屬：掾屬之屬，參本卷元始五年註㉟。㉓扶風雍：扶風郡雍縣。㉔三七：胡三省曰：「三七二百一十年，漢元至是歲二百一十四年。」㉕誠有：實有。㉖壬子，直建冬至：顏師古曰：「壬子之日冬至，而其日當建。」㉗塵冥：言塵土飛揚，天為之晦冥。㉘視說：顏師古曰：「視其文而說其意也。」㉙孔子曰：「畏天命，畏大人，畏聖人之言。」《論語・季氏篇》載孔子之言：「君子有三畏：畏天命，畏

大人，畏聖人之言。」邢昺曰：「畏天命者，謂作善降之百祥，作不善降之百殃，順吉逆凶，天之命也，故君子畏之；畏大人者，大人即聖人也，與天地合德，故君子畏之；畏聖人之言者，聖人之言深遠不可易知測，故君子畏之也。」㉚共：讀曰恭。㉛隆就：顏師古曰：「隆，長也。成就之使其長大也。」㉜孺子加元服，復子明辟，如周公故事：《書・洛誥》：「周公拜手稽首曰：『朕復子明辟。』」孔安國曰：「周公盡禮致敬，言我復還明君之政於子。子，成王。年二十，成人，故必歸政而退老。」莽引周公故事，言俟孺子加元服，則將還政於孺子。㉝期門郎：王先謙曰：「平帝元始元年，期門更名虎賁，此史駮文。」㉞楚王：胡三省曰：「楚王紆，宣帝之曾孫。」㉟梓潼：故城即今四川省梓潼縣。㊱哀章：姓哀名章。㊲檢：《通訓定聲》云：「藏之而幖題謂之檢，今字作簽。」李賢曰：「檢，如今之幖簽。」㊳予：讀曰與。㊴令名：美名。㊵自竄姓名，顏師古曰：「竄，謂廁著也。」言自以姓名廁著其列。㊶僕射：胡三省曰：「高廟有令，有僕射。」王先謙曰：「案奉常有高廟令，無高廟僕射也。」㊷神禪：顏師古曰：「言有神命，使漢禪位於莽也。」㊸王冠：王者之冠。㊹屬：委付。㊺祇：敬。㊻以戊辰直定：顏師古曰：「以建除之次，其日當定。」錢大昕曰：「魏文帝受禪，以十月二十九日辛未，直成日。成、定，皆取吉祥。」㊼定有天下之號曰新：胡三省曰：「因新都國以定號也。」㊽徽幟：謂旌旗之屬。㊾器制：器為禮器，制謂制度。㊿以十二月朔癸酉為始建國元年正月之朔：以十二月為正月，是改建寅為建丑。(51)以雞鳴為時：胡三省曰：「以丑時為十二時之始也。」(52)服色配德上黃：莽自以土德繼漢火德，土尚黃，故服色尚黃以配德。上同尚。(53)犧牲應正用白：胡三省曰：「丑其色白，故應正用白。」(54)璽：傳國璽。(55)臧：古藏、臧通。(56)指：通旨。(57)而屬：汝輩。(58)孤寄：託之以孤，寄之以國。(59)人如此者，狗豬不食其餘：言其鄙賤，雖豬狗亦惡之。(60)天下豈有而兄弟邪：胡三省曰：「言天下無此等人，謂其全無人心也。一曰，言天下將共誅之，不復有汝兄弟存也。」(61)若：汝，指王莽。(62)長御：常侍。(63)無可言者：言事已至此，不可復諫止。(64)今：王先謙曰：「今猶即也。」(65)漸臺：顏師古曰：「未央殿西南有蒼池，池中有漸臺。漸，浸也，量在池中為水所浸，故曰漸臺。」(66)此言是也：顏師古曰：「恚懟之辭也。」(67)冠軍：故城在今河南省鄧縣西北。(68)銅璧：服虔曰：「銅璧，如璧形，以銅為之也。」(69)新室文母太皇太后：劉奉世曰：「當云新室文母皇太后。」按元后為莽之姑母，劉說是。(70)貢符子：貢符，言其獻銅璧之符；子，爵位。(71)失世：猶言失國。(72)世權：累世擅其權柄。(73)五將十侯：顏師古曰：「五將者，鳳、音、商、根、莽，皆為大司馬；十侯者，平陽頃侯禁、禁子敬侯鳳、安成侯崇、平阿侯譚、成都侯商、紅侯陽立、曲陽侯根、高平侯逢時、安陽侯音、新都侯莽也。一曰，鳳嗣禁為侯，不當重數，而十人者，淳于長即其一也。」(74)卒成新都：言終成王莽之篡漢。莽封新都侯，故曰新都。(75)卷卷：卷通惓。胡三省曰：「卷卷，猶眷戀也。」

卷三十七　漢紀二十九

起屠維大荒落，盡閼逢閹茂，凡六年。（己巳至甲戌，西元九年至十四年）

司馬光編集
許倬雲　註

王莽中

始建國元年（西元九年）

㈠春正月㊀朔，莽帥公侯卿士奉皇太后璽韍㊁，上太皇太后，順符命，去漢號焉。初，莽娶故丞相王訢孫宜春侯咸㊂女為妻，立以為皇后，生四男，宇、獲前誅死，安頗荒忽，乃以臨為皇太子，安為新嘉辟㊃。封宇子六人皆為公㊄。大赦天下。

莽乃策命孺子為定安公㊅，封以萬戶，地方百里；立漢祖宗之廟於其國，與周後幷行其正朔，服色㊆，以孝平皇后為定安太后。讀策畢，莽親執孺子手，流涕歔欷曰：「昔周公攝位，終得復子明辟；今予獨迫皇天威命，不得如意！」哀歎良久。中傅㊇將孺子下殿，北面而稱臣。百僚陪位，莫不感動。

又按金匱封拜輔臣(九)，以太傅、左輔王舜為太師，封安新公；大司徒平晏為太傅，就新公；少阿、羲和劉秀為國師，嘉新公；廣漢梓潼哀章為國將，美新公；是為四輔，位上公。太保、後承甄邯為大司馬，承新公；丕進侯王尋為大司徒，章新公；步兵將軍王邑為大司空，隆新公；是為三公。太阿、右拂(一〇)、大司空甄豐為更始將軍，廣新公；京兆王興為衛將軍，奉新公；輕車將軍孫建為立國將軍，成新公；京兆王盛為前將軍，崇新公；是為四將。凡十一公。王興者，故城門令史(一一)；王盛者，賣餅；莽按符命求得此姓名十餘人，兩人容貌應卜相，徑從布衣登用，以示神焉。是日封拜卿大夫、侍中、尚書官凡數百人。諸劉為郡守者皆徙為諫大夫(一二)。

改明光宮為定安館，定安太后居之；以大鴻臚府為定安公第；皆置門衛使者監領。勅阿乳母(一三)不得與嬰語，常在四壁中(一四)，至於長大，不能名六畜(一五)，後莽以女孫宇子妻之。莽策命羣司各以其職，如典誥之文(一六)。置大司馬司允(一七)、大司徒司直、大司空司若(一八)，位皆孤卿⑲。更名大司農曰羲和，後更為納言，大理曰作士，太常曰秩宗，大鴻臚曰典樂，少府曰共工，水衡都尉曰予虞⑳；與三公司卿㉑分屬三公。置二十七大夫，八十一元士，分主中都官諸職。又更光祿勳等名為六監㉒，皆上卿。改郡太守曰大尹，都尉曰大尉，縣令、長曰宰；長樂宮曰常樂室，長安曰常安。其餘百官、宮室、郡縣盡易其名，不可勝紀。

封王氏齊縗㉓之屬為侯，大功㉔為伯，小功㉕為子，緦麻㉖為男；其女皆為任㉗。男以「睦」，女以「隆」為號焉㉘。又曰：「漢氏諸侯或稱王，至於四夷亦如之，違於古典，繆於一統。其定諸侯王之號皆稱公，及四夷僭號稱王者皆更為侯。」於是漢諸侯王三十二人皆降為公，王子侯者百八十一人皆降為子，其後皆奪爵焉。

【考異】諸侯王表皆云，莽篡位，貶為公，明年廢。王子侯表但云絕，或云免，皆在今年。按明年立國將軍建奏諸劉為諸侯者以戶多少就五等之差，亦不云奪爵也。後漢城陽王祉傳云，劉氏侯者皆降為子，後奪爵。不知奪在幾年。

㈡莽又封黃帝、少昊、顓頊、帝嚳、堯、舜、夏、商、周及皋陶、伊尹之後皆為公、侯，使各奉其祭祀㉙。

㈢莽因漢承平之業，府庫百官之富，百蠻賓服，天下晏然，莽一朝有之，其心意未滿，陿小漢家制度㊂，欲更為疏闊。乃自謂黃帝、虞舜之後，至齊王建孫濟北王安失國，齊人謂之王家，因以為氏；故以黃帝為初祖，虞帝為始祖。追尊陳胡公㊁為陳胡王，田敬仲㊂為田敬王，濟北王安為濟北愍王。立祖廟五，親廟四、天下姚、嬀、陳、田、王五姓皆為宗室㊂，世世復，無所與㊃。封陳崇、田豐為侯㊄，以奉胡王、敬王後。天下牧、守皆以前有翟義、趙明等作亂㊅，領州郡，懷忠孝，封牧為男，守為附城。以漢高廟為文祖廟。漢氏園寢廟在京師者勿罷，祠薦如故。諸劉勿解其復，各終厥身；州牧數存問，勿令有侵冤。

㈣莽以劉之為字卯、金、刀也，詔正月剛卯㊆、金刀㊇之利皆不得行，乃罷錯刀、契刀及五銖錢，更作小錢，徑六分，重一銖，文曰「小錢直一」與前「大錢五十」者為二品，幷行。欲防民盜鑄，乃禁不得挾銅、炭。

㈤夏四月，徐鄉侯劉快㊴結黨數千人起兵於其國。快兄殷，故漢膠東王，時為扶崇公。快舉兵攻即墨㊵，殷閉城門，自繫獄。吏民距快，快敗走，至長廣㊶死。莽赦殷，益其國滿萬戶，地方百里。

㈥莽曰：「古者一夫田百畝，什一而稅，則國給民富而頌聲作。秦壞聖制，廢井田，是以兼幷起，貪鄙生，彊者規㊷田以千數，弱者曾無立錐之居。又置奴婢之市，與牛馬同闌㊸，制於民臣，顓斷其命，繆於『天地之性人為貴㊹』之義。減輕田租㊺，三十而稅一，常有更賦，罷癃㊻咸出，而豪民侵陵，分田劫假㊼。厥名三十稅一，實什稅五也。故富者犬馬餘菽粟，驕而為邪；貧者不厭糟糠，窮而為姦；俱陷于辜，刑用不錯㊽。今更名天下田曰『王田』，奴婢曰『私屬』，皆不得賣買。其男口不盈八而田過一井㊾者，分餘田予九族、鄰里、鄉黨。故無田㊿、今當受田者，如制度。敢有非井田聖制、無灋惑眾者，投諸四夷，以禦魑魅(51)，如皇始祖考虞帝故事！」

㈦秋，遣五威將(52)王奇等十二人班(53)符命四十二篇於天下：德祥五事，符命二十五，福應十二。五威將奉符命，齎印綬，王侯以下及吏官名更者(五四)，外及匈奴、西域，徼外(五五)蠻夷，皆即授新室印綬，因收故漢印綬。大赦天下。五威將乘乾文車(五六)，駕坤六馬(五七)，背負鷩鳥(五八)之毛，服飾甚偉。每一將各置五帥，將持節，帥持幢。其東出者至玄菟、樂浪、高句驪、夫餘(五九)南出者隃(六〇)徼外、歷益州，改句町王(六一)為侯；西出至西域，盡改其王為侯；北出至匈奴庭，授單于印，改漢印文，去璽言章(六二)。

(八)冬，靁、桐華。

(九)以統睦侯陳崇為司命，主司察上公以下。又以說符侯崔發等為中城、四關將軍(六三)，主十二城門(六四)及繞靁(六五)、羊頭(六六)、肴黽(六七)、汧隴(六八)之固，皆以五威冠其號。

(十)又遣諫大夫五十人分鑄錢於郡國。

(十一)是歲，真定、常山大雨雹。

【今註】㊀春正月：胡三省曰：「去年十二月莽改元，以十二月為歲首。通鑑不書，不與其改正朔也。」㊁韍：音弗，璽之組。㊂宜春侯咸：據《漢書》恩澤侯表，昭帝元鳳四年王訢以丞相封宜春侯，傳爵至孫咸。宜春縣故城在今河南省汝南縣西南。㊃辟：音壁。莽稱國君曰辟。㊄封宇子六人皆為公：據《漢書．王莽傳》，千為功隆公，壽為功明公，吉為功成公，宗為功崇公，世為功昭公，利為功著公。㊅定安公：據〈王莽傳〉，莽以平原、安德、漯陰、鬲、重丘五縣為定安公國。平原故城在今山東省平原縣南，安德故城即今陵縣治，漯陰故城在今臨邑縣西，鬲縣故城在今德縣北，重丘故城在今德縣東，鬲音隔。㊆與周後並行其正朔、服色：言定安公與周之後人同在其國內行用周、漢之正朔與服色，不從新莽之制。胡三省曰：「此皆空言耳。」㊇中傅：漢諸侯王國有太傅、中傅：太傅秩二千石；中傅則在宮中傅王，以宦官為之。㊈又按金匱封拜輔臣：謂莽又按照哀章前獻金匱圖、金策書所列輔佐十一人，悉加封拜。⑩右拂：顏師曰：「拂，讀者弼。」⑪城門令史：城門校尉之屬官，掌文書。⑫諫大夫：《漢書》百官表云：「大夫掌論議。有太中大夫、中大夫、諫大夫皆無員，多至數十人。諫大夫秩比八百石。」⑬阿乳母：王念孫以為當作「阿保乳母」，指阿保及乳母。〈漢紀〉孝平紀正作「阿保乳母。」⑭常在四壁中：孟康曰：「令定安公居四壁中，使不得有所見。」⑮六畜：馬、牛、羊、雞、犬、豕。⑯如典誥之文：謂莽策命百官之職掌，皆以《尚書．典誥》之文為準。⑰司允：顏師古曰：「允，信也。」⑱司若：顏師古曰：「若，順也。」⑲孤卿：胡三省曰：「古之三孤位六卿，爵秩同六卿曰孤卿。」⑳羲和、納言、作士、秩宗、典樂、共工、予虞：莽製作仿古，諸官名皆以《尚書》中所見唐虞官名改易。㉑司卿：司允、司直、司若。㉒更光祿勳等名為六監：〈王莽傳〉曰：「更名光祿勳曰司中，太僕曰太御，衛尉曰太衛，執金吾曰舊武，中尉曰軍正；又置大贅官主乘輿服御物，後又典兵；秩位皆上卿，號曰六監。」㉓齊縗：喪服以熟麻布為之而緝邊者。孫為祖父母、夫為妻、嫡子為庶母，皆服齊衰一年；為曾祖父母服五月；為高祖父母服三月。齊音咨、衰同縗，音崔。㉔大功：五服之一，以熟布為之。凡本宗為堂兄弟姊妹等服大功九月。㉕小功：亦五服之一，凡本宗為曾祖父母伯叔祖父母、堂伯叔父母及從堂兄弟等，皆服小功五月。㉖緦麻：五服之最輕者。凡本宗為高祖父母及五服內不及小功者，皆服緦麻三月。㉗其女皆為任：謂侯、伯、子、男之女皆封為任。㉘男以「睦」、女以「隆」為號焉：謂男女封邑各以「睦」「隆」為號。㉙封黃帝……等之後，使各奉其祭祀：據〈王莽傳〉，封姚恂為初睦侯，奉黃帝後；梁護為脩遠伯，奉少昊後；皇孫功隆公千奉帝嚳後；劉歆為初烈伯，奉顓頊後；國師劉歆子疊為伊休侯，奉堯後；媯昌為始睦侯，奉虞帝後；山遵為褒謀侯，奉皋陶後；伊玄為褒衡子，奉伊尹後；周後衛公姬黨更封為章平公；殷後宋公孔弘更封為章昭侯；夏後遼西姒豐封為章功侯。㉚陋小漢家制度：陋同狹，謂以漢家制度為狹小。㉛陳胡公：據《史記・陳世家》，陳胡公滿為帝舜之後。武王克殷，漢求舜後，得滿，封之於陳，以奉舜祀；是為胡公。㉜田敬仲：陳公子，奔齊為田氏，後遂代齊，即戰國田齊之祖。㉝五姓皆為宗室：〈王莽傳〉：「黃帝二十五子，分賜厥姓十有二氏，虞帝之先受姓曰姚，在陶唐曰媯，在周曰陳，在齊曰田，在濟南曰王。」故莽以五姓為宗室。㉞與：讀預。㉟封陳崇、田豐為侯：陳崇封統睦侯，田豐封世睦侯。㊱翟義、趙明等作亂：事見上卷居攝元年。㊲剛卯：辟邪之佩物，以玉金或桃木為之，作于正月卯日，故曰正月剛卯。㊳金刀：

莽所鑄貨幣，有錯刀、契刀之別，見上卷居攝二年。㊴徐鄉侯劉快：膠東恭王子。《漢書・王子侯表》作炔。徐鄉縣故城在今山東省黃縣西南。㊵即墨：膠東國都，故城在今山東省平度縣東南。㊶長廣：縣名，故城在今山東省萊陽縣東。㊷規：分劃。㊸與牛馬同闌：顏師古曰：「謂遮闌之，若牛馬闌圈也。」㊹天地之性人為貴：語出《孝經》。㊺減輕田租：《漢書・食貨志》及〈王莽傳〉此句上皆有「漢氏」二字，文義較明。㊻罷癃：罷讀疲，癃音隆；老病之人。㊼分田劫假：分田，謂貧者分種富人田地而共分其收成。假謂租佃。劫謂富人持勢侵陵，刼奪田租。㊽錯：置。㊾一井：九百畝。㊿故無田：過去無田產者。(51)投諸四裔以禦魑魅：魑音螭，山神；魅音媚，精怪。按《左傳》文公十八年謂舜流四凶族，投諸四夷，以禦魑魅：故下云「如皇始祖考虞帝故事」。(52)五威將：〈王莽傳〉云：「每一將各置左、右、前、後、中帥，凡五帥，衣冠、車服、駕馬各如其方而色數。」(53)班：頒行。(54)官名更者：言官名已更改者。(55)徼外，邊徼之外。(56)乾文車：畫乾卦之文於車。乾象天。(57)坤六馬：坤為牝，即六牝馬。坤象地，六亦地數。(58)鷩鳥：雉屬。俗稱山雞。(59)夫餘：國名，亦作扶餘，穢貊別族所建，在今遼北與吉林二省之間。(60)隃：同踰。(61)句町王：見二十三卷昭帝始元六年。(62)改漢印文，去璽言章：漢制，諸侯王用璽，列侯用章。(63)中城、四關將軍：中城將軍崔發主長安十二城門。四關將軍：前關將軍王級主繞霤，後關將軍王嘉主羊頭，左關將軍王奇主肴黽，右關將軍王禮主汧隴。(64)十二城門：據《三輔黃圖》，長安城東出南頭第一門曰霸城門，一曰青門，莽更曰仁壽門；第二門曰清明門，一曰籍田門，一曰凱門，莽更曰宣德門；東出北頭第一門曰宣平門，一曰東都門，莽更曰春王門；南出東頭第一門曰覆盎門，一曰杜門，莽更曰永清門；第二門曰安門，一曰鼎路門，莽更曰光禮門；第三門曰西安門，一曰便門，莽更曰信平門；西出南頭第一門曰章城門，一曰光華門，莽更曰萬秋門；第二門曰直城門，莽更曰直道門；西出北頭第一門曰雍門，莽更曰章義門；北出東頭第一門曰洛城門，一曰高門，莽更曰進和門，第二門曰廚城門，莽更曰建子門，北門西頭第一門曰縱門，莽更曰朔都門。(六五)繞霤：顏師古曰：「謂之繞霤者，言四面阨塞，其道屈曲，谿谷之水回繞而霤也。其處即今之商州界七盤、十二繞是也。」按唐商州治在今陝西省商縣。繞霤險隘之道，即在今藍田、商縣東南，近湖北省境，故〈王莽傳〉云：「繞霤之固，南當荊楚。」(六六)羊頭：山名，在上黨郡長子縣東。長子故城在今山西省長子縣西。〈王莽傳〉云：「羊頭之阨，北當燕趙。」(六七)肴黽：肴山、黽池，皆在今河南省陝縣之東。〈王莽傳〉云：「肴黽之險，東當鄭衞。」(六八)汧隴：《漢書．地理志》，右扶風汧縣有吳山、汧水。汧縣故城在今陝西省隴縣南。隴謂隴坻。〈王莽傳〉云：「汧隴之阻，西當戎狄。」

二年（西元十年）

㈠春二月，赦天下。

㈡五威將帥七十二人㈠還奏事，漢諸侯王為公者悉上璽綬為民，無違命者。獨故廣陽王嘉㊁以獻符命，魯王閔㊂以獻神書，中山王成都㊃以獻書言莽德，皆封列侯。

班固論曰：「昔周封國八百，同姓五十有餘，所以親親賢賢，關諸盛衰，深根固本，為不可拔者也。故盛則周、召相其治，致刑錯；衰則五伯扶其弱，與共守；天下謂之共主，彊大弗之敢傾。歷載八百餘年，數極德盡，降為庶人，川天年終。秦訕笑三代，竊自號為皇帝，而子弟為匹夫，內無骨肉本根之輔，外無尺土藩翼之衛；陳、吳奮其白梃㊄，劉、項隨而斃之。故曰，周過其歷，秦不及期㊅，國勢然也。」

漢興之初，懲戒亡秦孤立之敗，於是尊王子弟，大啓九國。自鴈門以東盡遼陽㊆，為燕、代；常山以南，太行左轉㊇，度河、濟，漸于海，為齊、趙；穀、泗㊈以往，奄有龜、蒙㊉，為梁、楚；東帶江、湖，薄會稽，為荊、吳⑪；北界淮瀕，略廬、衡⑫，為淮南；波漢之陽⑬，亘九嶷，為長沙。諸侯比境⑭，周帀三垂⑮，外接胡、越。天子自有三河、東郡、潁川、南陽，自江陵以西至巴、蜀，北自雲中至隴西，與京師、內史，凡十五郡（一六）；公主、列侯頗邑其中（一七）。而藩國大者夸（一八）州兼郡，連城數十，宮室、百官同制京師，可謂矯枉過其正矣（一九）。雖然，高祖創業，日不暇給，孝惠享國又淺，高后女主攝位，而海內晏如（二〇），亡狂狡之憂，卒折諸呂之難，成太宗之業者，亦賴之於諸侯也。然諸侯原本以大末，流濫以致溢，小者淫荒越灋，大者睽孤（二一）橫逆以害身喪國，故文帝分齊、趙（二二），景帝削吳、楚（二三），武帝下推恩之令而藩國自析（二四）。自此以來，齊分為七（二五），趙分為六（二六），梁分為五（二七），淮南分為三（二八）。皇子始立者，大國不過十餘城。長沙、燕、代雖有舊名，皆亡南北邊矣（二九）。景遭七國之難，抑損諸侯，減黜其官（三〇）。武有衡山、淮南之謀（三一），作左官（三二）之律，設附益（三三）之灋；諸侯惟得衣食稅租，不與政事。至於哀、平之際，皆繼體苗裔，親屬疏遠（三四），生於帷牆之中，不為士民所尊，埶與富室亡異。而本朝短祚，國統三絕（三五）。是故王莽知漢中外殫微（三六），本末俱弱，無所忌憚，生其姦心，因母后之權，假伊、周之稱，顓作威福廟堂之上，不降階序（三七）而運天下。

詐謀既成，遂據南面之尊，分遣五威之吏，馳傳天下，班行符命：漢諸侯王厥角稽首㊳，奉上璽韍，惟恐在後，或乃稱美頌德以求容媚，豈不哀哉！」

㈢國師公劉秀言：「周有泉府之官，收不售與欲得㊴，即易所謂『理財正辭，禁民為非㊵』者也。」莽乃下詔曰：「周禮有賒貸㊶，樂語有五均㊷，傳記各有筦㊸焉。今開賒貸、張五均、設諸筦者，所以齊眾庶，抑并兼也。」遂於長安及洛陽、邯鄲、臨菑、宛、成都立五均司市，錢府官㊹。司市常以四時仲月㊺定物上中下之賈，各為其市平㊻。民賣五穀、布帛、絲綿之物不售者，均官考檢厥實，川其本賈取之；物貴過平一錢，則以平賈賣與民；賤減平者，聽民自相與市㊼。又民有乏絕欲賒貸者，錢府予㊽之；每月百錢收息三錢。

又以周官稅民，凡田不耕為不殖，出三夫之稅；城郭中宅不樹藝㊾者為不毛，出三夫之布；民浮游無事㊿，出夫布一疋；其不能出布者冗作(51)，縣官衣食之。諸取金、銀、連(52)、錫、鳥、獸、魚、鱉於山林、水澤及畜牧者，嬪婦(五三)桑蠶、織紝(五四)，紡績、補縫，工匠、醫、巫、卜、祝及他方技、商販、賈人，皆各自占所為於其所之(五五)，縣官除其本，計其利十分之，而以其一為貢；敢不自占、自占不以實者，盡沒入所采取而作縣官一歲。羲和魯匡復奏請榷酒酤，莽從之。又禁民不得挾弩、鎧，犯者徙西海。

㈣初，莽既班四條(五六)於匈奴，後護烏桓使者(五七)告烏桓民，毋得復與匈奴皮布稅。匈奴遣使者責稅(五八)，收烏桓酋豪，縛，倒懸之。酋豪兄弟怒，共殺匈奴使。單于聞之，發左賢王兵入烏桓，攻擊之，頗殺人民，毆婦女弱小且千人去，置左地，告烏桓曰：「持馬畜皮布來贖之！」烏桓持財畜往贖，匈奴受，留不遣(五九)，及五威將王駿等六人(六〇)至匈奴，重遺單于金帛，諭曉以受命代漢狀，因易單于故印。故印文曰「匈奴單于璽」，莽更曰「新匈奴單于章」。將率(六一)既至，授單于印紱，詔令上故印綬。單于再拜受詔。譯(六二)前，欲解取故印紱，單于舉掖授之。左姑夕侯蘇從旁謂單于曰：「未見新印文，宜且勿與。」單于止，不肯與。請使者坐穹廬，單于欲前為壽㊂。五威將曰：「故印紱當以時上。」單于曰：「諾。」復舉掖授譯，蘇復曰：「未見印文，且勿與。」單于曰：「印文何由變更！」遂解故印紱奉上將帥；受著新紱，不解視印。飲食至夜，乃罷。右帥陳饒謂諸將帥曰：「曏者姑夕侯疑印文，幾令單于不與人。如令視印，見其變改，必求故印，此非辭說所能距也。既得而復失之，辱命莫大焉！不如椎破故印以絕禍根。」將帥猶與，莫有應者。饒，燕士，果悍㊃，即引斧椎壞之。明日，單于果遣右骨都侯當白將帥曰：「漢單于印言『璽』不言『章』，又無『漢』字；諸王已下乃有『漢』言『章』。今去『璽』加『新』，與臣下無別。願得故印。」將帥示以故印，謂曰：「新室順天制作，故印隨將帥所自為破壞。單于宜承天命，奉新室之制。」當還白，單于知已無可奈何，又多得賂遺，即遣弟右賢王輿奉馬牛隨將帥入謝，因上書求故印。將帥還左犂汗王咸所居地，見烏桓民多，以問咸；咸具言狀㊄。將帥曰：「前封四條，不得受烏桓降者。亟還之！」咸曰：「請密與單于相聞，得語，歸之㊅。」

單于使咸報曰：「當從塞內還之邪，從塞外還之邪？」將帥不敢顓決，以聞。詔報：「從塞外還之。」莽悉封五威將為子，帥為男；獨陳饒以破璽之功，封威德子(六七)。

單于始用夏侯藩求地，有拒漢語，後以求稅烏桓不得，因寇掠其人民，釁由是生，重以印文改易，故怨恨；乃遣右大且渠蒲呼盧訾等十餘人將兵眾萬騎，以護送烏桓為名，勒兵朔方塞下，朔方太守以聞。莽以廣新公甄豐為右伯(六九)，當出西域。車師後王須置離聞之，憚於供給煩費，謀亡入匈奴；都護但欽召置離，斬之。置離兄輔國侯(七〇)狐蘭支將置離眾二千餘人，亡降匈奴；單于受之，遣兵與狐蘭支共入寇，擊車師，殺後城(七一)長，傷都護司馬，及狐蘭兵復還入匈奴(七二)。時戊己校尉(七三)刁護病，史(七四)陳良、終帶、司馬丞(七五)韓玄、右曲侯(七六)任商相與謀曰：「西域諸國頗背叛，匈奴大侵，要死(七七)，可殺校尉，帥人眾降匈奴。」遂殺護及其子男、昆弟，盡脅略戊己校尉吏士男女二千餘人入匈奴。單于號良、帶曰烏賁都尉。

【考異】匈奴傳云「烏桓都將軍」，西域傳云「烏賁都尉」，今從之。

㈤冬十一月，立國將軍孫建奏：「九月辛巳（是月癸巳朔，無辛巳日），陳良、終帶自稱廢漢大將軍，亡入匈奴。又今月癸酉（十二日），不知何一男子遮臣建車前，自稱『漢氏劉子輿，成帝下妻(78)子也。劉氏當復，趣空宮(79)！』收繫男子，即常安姓武字仲。皆逆天違命，大逆無道。漢氏宗廟不當在常安城中，及諸劉當與漢俱廢。陛下至仁，久未定，前故安眾侯劉崇等更聚眾謀反(80)，今狂狡之虜復依託亡漢，至犯夷滅連未止者，此聖恩不蚤絕其萌芽故也。臣請漢氏諸廟在京師者皆罷，諸劉為吏者皆待除於家(81)。」莽曰：「可。嘉新公、國師以符命為予四輔，明德侯劉龔、率禮侯劉嘉(82)等【考異】燕王旦傳，廣陽王嘉封扶美侯，莽傳云率禮侯劉嘉，未知其改封或別一人也。今從莽傳。凡三十二人，皆知天命，或獻天符，或貢昌言(83)，或捕告反虜，厥功茂焉。諸劉與三十二人同宗共祖者，勿罷，賜姓曰王。」唯國師公以女配莽子，故不賜姓(84)。

㈥定安公太后(85)，自劉氏之廢，常稱疾不朝會。時年未二十，莽敬憚傷哀，欲嫁之，乃更號曰「黃皇室主(86)」，欲絕之於漢；令孫建世子盛飾，將醫往問疾。后大怒，鞭笞其傍侍御，因發病，不肯起。莽遂不復強也。

㈦十二月，雷。

㈧莽恃府庫之富，欲立威匈奴，乃更名匈奴單于曰「降奴服于」，下詔遣立國將軍孫建等率十二將分道並出五威將軍苗訢，虎賁將軍王況出五原，厭難將軍陳欽、震狄將軍王巡出雲中，振武將軍王嘉、平狄將軍王萌出代郡，相威將軍李棽、鎮遠將軍李翁出西河，誅貉將軍楊俊、討濊將軍嚴尤出漁陽，奮武將軍王駿、定胡將軍王晏出張掖，及偏裨以下百八十人，募天下囚徒、丁男、甲卒三十萬人，轉輸衣裘、兵器、糧食，自負海、江、淮至北邊，使者馳傳督趣(八七)，以軍興瀍從事。先至者屯邊郡，須畢具乃同時出；窮追匈奴，內之丁令(八八)。分其國土人民以為十五，立呼韓邪子孫十五人皆為單于。

㈨莽以錢幣訖不行，復下書曰：「寶貨皆重則小用不給，皆輕則僦載煩費(八九)，輕重大小各有差品，則用便而民樂。」於是更作金、銀、龜、貝、錢、布之品，名曰寶貨。錢貨六品(九〇)，金貨一品(九一)，銀貨二品(九二)，龜貨四品(九三)，貝貨五品(九四)，布貨十品(九五)，凡寶貨五物、六名、二十八品(九六)。鑄作錢、布，皆用銅，殽以連、錫。百姓潰亂(九七)，其貨不行。莽知民愁，乃但行小錢直一與大錢五十，二品并行，龜、貝、布屬且寢(九八)。盜鑄錢者不可禁，乃重其法，一家鑄錢，五家坐之，沒入為奴婢。吏民出入持錢，以副符傳(九九)，不持者廚傳(一〇〇)勿舍，關津苛留。公卿皆持以入宮殿門，欲以重而行之。是時百姓便安漢五銖錢(一〇一)，以莽錢大小兩行，難知，又數變改，不信，皆私以五銖錢市買，訛言大錢當罷，莫肯挾。莽患之，復下書：「諸挾五銖錢，言大錢當罷者，比(一〇二)非井田制，投四裔！」及坐賣買田宅、奴婢、鑄錢，自諸侯、卿大夫至于庶民，抵罪者不可勝數。於是農商失業，食貨俱廢，民人至涕泣於市道。

㈩莽之謀篡也，吏民爭為符命，皆得封侯。其不為者相戲曰：「獨無天帝除書乎？」司命陳崇白莽曰：「此開姦臣作福之路而亂天命，宜絕其原。」莽亦厭之，遂使尚書大夫(一〇三)趙并驗治，非五威將帥所班，皆下獄(二四)。

初，甄豐、劉秀、王舜為莽腹心，唱導在位褒揚功德；安漢、宰衡之號及封莽母、兩子、兄子(二五)，皆豐等所共謀，而豐、舜、秀亦受其賜，幷富貴矣，非復欲令莽居攝也。居攝之萌，出於泉陵侯劉慶、前光煇謝囂、長安令田終術(二六)。莽羽翼已成，意欲稱攝，豐等承順其意；莽輒復封舜、秀、豐等子孫以報之。豐等爵位已盛，心意既滿，又實畏漢宗室、天下豪桀，而疏遠欲進者幷作符命(二七)，莽遂據以即真，舜、秀內懼而已。豐素剛彊，莽覺其不說，故託符命文，徙豐為更始將軍，與賣餅兒王盛同列；豐父子默默。時子尋為侍中，京兆大尹、茂德侯，即作符命，新室當分陝，立二伯，以豐為右伯，太傅平晏為左伯，如周、召故事(二八)。莽即從之，拜豐為右伯。當述職西出，未行，尋復作符命，言故漢氏平帝后黃皇室主為尋之妻。莽以詐立，心疑大臣怨謗，欲震威以懼下，因是發怒曰：「黃皇室主天下母，此何謂也！」收捕尋。尋亡，豐自殺。尋隨方士入華山(二九)，歲餘，捕得，辭連國師公秀子隆威侯棻，棻弟右曹、長水校尉、伐虜侯泳、大司空邑弟左關將軍、掌威侯奇及秀門人侍中、騎都尉丁隆等，牽引公卿黨、親。列侯以下，死者數百人。乃流棻于幽州，放尋于危，殛隆于三羽山㊀，皆驛車傳致其屍云。是歲，莽始興神仙事，以方士蘇樂言，起八風臺，臺成萬金㊁，又種五梁禾㊂於殿中，先以寶璽漬種㊃，計粟斛成一金。

【今註】㊀五威將帥七十二人：五威將十二人，每將各置五帥，故將帥共為七十二人。㊁廣陽王嘉：燕剌王旦之玄孫。㊂魯王閔：恭王餘之玄孫。㊃中山王成都：東平思王孫桃鄉頃侯子。㊄白梃：大杖。㊅周過其曆，秦不及期：武王克商，卜世三十，卜年七百；而周傳三十六世，八百六十七年，故謂過其曆。秦欲傳之萬世，至子而亡，故謂不及期。㊆遼陽：遼水之陽。㊇太行左轉：謂自太行山而東。㊈穀、泗：泗水出山東省泗水縣東之陪尾山，四源並發，故名；其下游稱穀水，泗水原入淮水，後以故道為黃河所奪，故改入運河，不復通淮。㊉龜、蒙：二山名。龜山在今山東省泗水縣東北，蒙山在今蒙陰縣南接費縣界。或以龜蒙為蒙山之一峯。㊀荊、吳：《漢書・地理志》云：「高帝六年為荊國，十二年更名吳。」故荊吳為一國。㊁盧、衡：二山名。㊂波漢之陽：謂循漢水之北。波音陂澤之陂。㊃比境：接界。㊄三垂：東、南、北三邊。㊅十五郡：齊召南曰：「此以秦地計之，於三十六郡中得十五郡也：內史一，河東二，河南、河內即三川郡三，東郡四，潁川五，南陽六，南郡七，蜀郡八，巴郡九，漢中十，隴西十一，北地十二，上郡十三，雲中十四，以史記言內地北距山以東盡諸侯地推之則上黨郡十五也。計者高帝所自立之郡，則不止於十五矣。」⑰公主、列侯頗邑其中：言此十五郡中又頗有公主、列侯之食邑。⑱夸：同跨。⑲可謂矯枉過其正矣：言漢初矯秦孤立之失，大封子弟，然藩國佔地太廣，制度又同於中央，以致過於強盛而反失其中。⑳晏如：安然。㉑睽孤：乖戾。㉒文帝分齊、趙：事見十四卷文帝二年，又見十六年。㉓景帝削吳、楚：事見十六卷景帝三年。㉔武帝下推恩之令而藩國自析：事見十八卷武帝元朔二年。㉕齊分為七：齊、城陽、濟北、濟南、菑川、膠西、膠東。㉖趙分為六：趙、河間、廣川、中山、常山、清河。㉗梁分為五：梁、濟川、濟東、山陽、山陰、濟陰。㉘淮南分為三：淮南、衡山、廬江。㉙長沙、燕、代雖有舊名，皆亡南北邊矣：言長沙以南，燕、代以北，各置郡縣，三國雖有舊名，而無沿邊兵馬、器械及饒利之地。㉚減黜其官：《漢書百官表》曰：「景帝中五年，令諸侯王不得復治國，天子為置吏。改丞相曰相。省御史大夫、廷尉、少府、宗正、博士官。大夫、謁者、郎諸官長、丞皆損其員。」㉛武有衡山、淮南之謀：事見十九卷武帝元朔五年及元狩元年。㉜左官：漢時以右為尚，故謂仕於諸侯者為左官。㉝附益：顏師古以背正法而厚於私家為附益，或謂封諸侯過限曰附益。㉞皆繼體苗裔，親屬疏遠：言哀平間之諸侯，皆先世所封諸侯之後裔，與天子親屬關係更加疏遠。㉟本朝短祚，國統三絕：言成、哀、平三帝皆早崩，又無繼嗣。㊱中外殫微：殫，音單，竭盡。微，衰微。言中朝與外藩均衰弱無力。㊲階序：謂阼階與東西廂。㊳厥角稽首：應劭曰：「厥者，頓也。角者，額角也。稽首，首至地也。」㊴收不售與欲得：謂物資過剩而難於售出，官府加以收買；物資缺乏而民間需要，官府賣出供應。㊵理財正辭，禁民為非：出《易》下繫辭。言財貨辭訟，各得其正，則人民不致為非。㊶周禮有賒貸：謂《周禮》載有賒貸之法。《周禮・地官泉府》云：「凡賒者，祭祀無過旬日，喪紀無過三月。凡人之貸者，與其有司辨而授之，以國服為息。」㊷樂語有五均：謂《樂語》載有五均之制。鄧展曰：「樂語，樂元語，河間獻王所傳，道五均事。」臣瓚曰：其文云：「天子取諸侯之土以立五均，則市無二賈，四民常均；強者不得困弱，富者不得要貧，則公家有餘，恩及小民矣。」沈欽韓曰：「樂語，白虎通引之。案周書大聚解：『市有五均，早暮如一，送行逆來，振乏救窮』，樂語又本於周書也。」㊸筦：同管，謂由國家經營。㊹遂於長安及洛陽、邯鄲、臨菑、宛、成都立五均司市、錢府官：長安為首都，洛陽等五地為當時最大之商業都市，故皆設五均官。《漢書・食貨志》云：「長安東市稱京，西市稱畿，洛陽稱中，餘曰都各用東南西北為稱，皆置交易丞五人，錢府丞一人。」㊺四時仲月：仲春、仲夏、仲秋、仲冬。㊻定物上中下之賈，各為其市平：謂按各物上中下之價而算出其每季之平均價格。賈同價。㊼民賣五穀、布帛、絲綿之物……聽民自相與市：設五穀、布帛、絲綿等類日常需用之物，遇滯銷時，由均官照本收買。若其市價超過平均價，則均官照平均價賣與人民；若其市價低於平均價，則聽人民自相買賣。㊽予：讀與。㊾樹藝：謂種植果木蔬菜。㊿浮游無事：謂游手好閒而無職業者。(51)宂作：散作。

言為官府作零散工作。(五二)連：孟康以連為錫之別名，李奇謂鉛錫璞名曰連，應劭謂連似銅，許慎以鏈為銅屬；不知孰是。按廣雅、玉篇並云：鏈，鉛礦也。」(五三)嬪婦：此處蓋泛言婦女，非如《周禮》所謂九嬪世婦。(五四)紝：機縷。織繒帛為紝。(五五)各自占所為於其所之：謂各自估計其所營之生業於其所在之官府。司馬貞曰：「占，自隱度也。」(五六)四條：見三十五卷平帝元始二年。(五七)護烏桓使者：即烏桓校尉。(五八)匈奴遣使者責稅：范曄曰：「烏桓自為冒頓所破，常臣伏匈奴，歲輸牛馬羊皮；過時不具，輒沒其妻子。武帝遣霍去病破匈奴左地，徙烏桓於上谷、漁陽、右北平、遼西、遼東五郡塞外；後置護烏桓校尉，秩千石擁節監領之。」顏師古曰：「故時常稅，是以求之。」(五九)匈奴受，留不遣：謂匈奴受烏桓之財畜，而不遣返俘虜。(六〇)六人：謂一將及五帥。(六一)率：同帥。(六二)譯：通譯之人。(六三)欲前為壽：言奉酒為使者壽。(六四)果悍：果決勇悍。(六五)咸具言狀：咸具言前所以略烏桓人民之狀。(六六)得語，歸之：謂得單于遣歸之語，當即歸之。(六七)陳饒封子：饒本右帥，以有破璽之功，故封子。(六八)單于求地，有拒漢語：見三十三卷成帝綏和元年。(六九)右伯：胡三省曰：「莽以符命分陝，立二伯，豐為右伯，平晏為左伯。」(七〇)輔國侯：胡三省曰：「車師國有輔國侯，猶相也；擊胡侯，猶將也。」(七一)後城：即車師後王城。(七二)及狐蘭兵復還入匈奴：謂匈奴所遣兵與狐蘭支兵又返匈奴。(七三)戊已校尉：據《漢書》百官表，元帝初元元年置，處西域中鎮撫諸國。(七四)史：校尉之史。(七五)司馬丞：司馬之丞。(七六)右曲侯：軍分左右部，部下有曲，曲有侯。(七七)要死：必死之意。(七八)下妻：小妻。(七九)劉氏當復，趣空宮：言劉氏當復辟，命速清宮殿。趣，讀曰促。(八〇)劉崇等更聚眾謀反：劉崇事見上卷居攝元年。胡三省曰：「更反，謂崇敗後，劉信、劉快又起兵。」(八一)待除於家：書罷職家居，以待遷除。(八二)率禮侯劉嘉：劉崇之族父，事見上卷居攝元年。(八三)貢昌言：貢，進獻。昌言，嘉言。(八四)國師公……不賜姓：國師公劉秀之女愔嫁莽子臨，故不賜姓。(八五)定安公太后：莽女為平帝后。(八六)黃皇室主：顏師古曰：「莽自謂土德，故云黃皇室主。」室主，猶言在室未嫁之公主。(八七)馳傳督趣：乘驛督促。(八八)窮追匈奴，內之丁令：言擬追逐匈奴，使入丁零。(八九)寶貨皆重則小用不給，皆輕則僦載煩費：謂貨幣皆重則不足應付小額買賣，皆輕則數多難以運載。(九〇)錢貨六品：據《漢書・食貨志》，小錢徑六分，重一銖，名曰小錢直一；次七分，三銖，曰幺錢一十；次八分，五銖，曰幼錢二十；次九分，七銖，曰中錢三十；次一寸，九銖，曰壯錢四十；因前大錢五十，為六品。直各如其文。(九一)金貨一品：黃金一斤，直錢萬，是為一品。(九二)銀貨二品：朱提銀重八兩，為一流，直一千五百八十；他銀一流，直千：是為二品。按朱提，縣名，故城在今雲南省昭通縣境；其地出善銀。朱音殊，提音匙。(九三)龜貨四品：元龜，岠冉長尺二寸，直二千六百一十；公龜九寸以上，直五百；侯龜七寸以上，直三百；子龜五寸以上，直百：是為四品。元龜，大龜。冉為龜甲之邊緣。岠同距。岠冉長尺二寸，龜甲兩邊相距尺二寸。(九四)貝貨五品：大貝，四寸八分以上，二枚如一朋，直二百一十六；壯貝：三寸六分以上，一朋直五十；幺貝，二寸四分以上，一朋直三十；小貝，寸二分以上，一朋直十；不盈寸二分漏度，不得為朋，率枚直錢三：是為五品。(九五)布貨十品：大布、次布、弟布、壯布、中布，差布、序布，幼布、幺布、小布，凡十品。小布長寸五分，重十五銖，文曰「小布一百」。自小布以上各相長一分，相重一銖，文各為其布名，直各加百；上至大布，長二寸四分，重一兩，直千錢。顧炎武曰：「今貨布見存，上狹下廣而歧其下，中有一孔。」葉德輝曰：「蔡雲癖談云，十布文曰小布一百，曰幺布二百，曰幼布三百，曰序布四百，曰差布五百，曰中布〦百，曰壯布〧百，曰弟布〨百，曰次布〩百，曰大布黃千。中布以下皆用筆算紀。大布之黃，橫省文，橫即衡也。」(九六)五物六名、二十八品：五物，謂金、銀、銅、龜、貝五種製造貨幣之原料；六名，謂金貨、銀貨、錢貨、布貨、龜貨、貝貨六種貨幣之名稱；二十八品，謂上列諸貨共有二十八種幣值。(九七)百姓潰亂：潰，《漢書・食貨志》作憒。憒亂，猶言昏亂。莽之寶貨，過於複雜，故百姓憒亂，不能行用。(九八)且寑：謂且停止使用。(九九)吏民出入持錢，以副符傳：顏師古曰：「舊法，行者持符傳，即不稽留。今更令持錢，與符相副，乃得過也。」(一〇〇)廚傳：廚，行道飲食處；傳，驛舍。(一〇一)百姓便安漢五銖錢：謂百姓以漢五銖錢為方便安穩。(一〇二)比：仿照。(一〇三)尚書大夫：莽分九卿，每一卿置三大夫，尚書大夫屬共工。(一〇四)非五威將帥所班，皆下獄：謂凡非五威將帥前所班於天下之四十二篇，而另為符命之說者皆下獄。(一〇五)安漢、宰衡之號及封莽母、兩子、兄子：諸事並見上卷。(一〇六)居攝之萌，出於……劉慶、謝囂、田終術：劉慶、謝囂請莽居攝事見上卷平帝元始五年。田終術事不見於史。(一〇七)而疏遠欲進者並作符命：指哀章等。(一〇八)新室當分陝，立二伯……如周、召故事：謂新室當如周代之自陝分為東西，周公主陝以東，召公主陝以西。陝，今河南省陝縣。二伯，猶言二長。(一〇九)華山：在今陝西省華陰縣南。(一一〇)流棻于幽州云云：《尚書》謂舜流共工于幽州，放驩兜于崇山，竄三苗于三危，殛繇于羽山；莽倣之。㈢臺成萬金：言一臺築成，費值萬金。㈢五粱禾：五色禾。㈢先以寶璽漬種：謂煑多種寶玉，取汁以漬種。

三年（西元十一年）

㈠遣田禾將軍趙幷發戍卒屯田五原、假北㈠以助軍糧。

㈡莽遣中郎將藺苞、副校尉戴級將兵萬騎，多齎珍寶至雲中塞下，招誘呼韓邪諸子，欲以次拜為十五單于。苞、級使譯出塞，誘呼左犂汙王咸、咸子登、助三人至。至則脅拜咸為孝單于，助為順單于，皆厚加賞賜，傳送助、登長安。莽封苞為宣威公，拜為虎牙將軍，封級為揚威公，拜為虎賁將軍。單于聞之，怒曰：「先單于㈡受漢宣帝恩，不可負也。今天子非宣帝子孫，何以得立？」遣左骨都侯，右伊秩訾王呼盧訾及左賢王樂將兵入雲中益壽塞，大殺吏民。是後單于歷告左右部都尉㈢，諸邊王㈣入塞寇盜，大輩萬餘，中輩數千，少者數百，殺鴈門、朔方太守、都尉，略吏民畜產，不可勝數，緣邊虛耗。

是時諸將在邊，以大眾未集，未敢出擊匈奴。討濊將軍嚴尤諫曰：「臣聞匈奴為害，所從來久矣，未聞上世有必征之者也。後世三家周、秦、漢征之，然皆未有得上策者也。周得中策，漢得下策，秦無策焉。當周宣王時，獫狁內侵，至于涇陽㊄，命將征之，盡境而還。其視戎狄之侵，譬猶蟁蝱㊅，敺之而已，故天下稱明，是為中策。漢武帝選將練兵，約齎輕糧㊆，深入遠戍，雖有克獲之功，胡輒報之。兵連禍結三十餘年，中國罷耗，匈奴亦創艾，而天下稱武，是為下策。秦始皇不忍小恥而輕民力，築長城之固，延袤萬里，轉輸之行，起於負海，彊境既完，中國內竭，以喪社稷，是為無策。今天下遭陽九之厄㊇，比年饑饉，西北邊尤甚。發三十萬眾，具三百日糧，東援㊈海代㊉，南取江、淮，然後乃備。計其道里，一年尚未集合，兵先至者聚居暴露，師老械弊，勢不可用，此一難也。邊既空虛，不能奉軍糧，內調郡國，不相及屬，此二難也。計一人三百日食，用糒十八斛，非牛力不能勝，牛又自當齎食，加二十斛，重矣，胡地沙鹵，多乏水草，以往事挨之，軍出未滿百日，牛必物故且盡，餘糧尚多，人不能負，此三難也。胡地秋冬甚寒，春夏甚風，多齎釜鍑㊁、薪炭，重不可勝，食糒飲水，以歷四時，師有疾疫之憂，是故前世伐胡不過百日，非不欲久，勢力不能，此四難也。輜重自隨，則輕銳者少，不得疾行，虜徐遁逃，勢不能及。幸而逢虜，又累輜重㊂，如遇險阻，銜尾相隨㊂，虜要遮前後，危殆不測，此五難也。大用民力，功不可必立，臣伏憂之！今既發兵，宜縱先至者，令臣尤等深入霆擊㊃，且以創艾胡虜。」莽不聽尤言，轉兵穀如故，天下騷動。咸既受莽孝單于之號，馳出塞歸庭，具以見脅狀白單于，單于更以為於粟置支侯㊄，匈奴賤官也。後助病死，莽以登代助為順單于。

吏士屯邊者所在放縱，而內郡愁於徵發，民棄城郭，始流亡為盜賊，幷州、平州㊅尤甚。莽令七公、六卿㊆號皆兼稱將軍，遣著武將軍逯幷等鎮名都㊇，中郎將、繡衣執灋各五十五人，分鎮緣邊大郡。督大姦猾擅弄兵者，皆乘便為姦於外㊈，撓亂州郡，貨賂為市，侵漁百姓。莽下書切責之曰：「自今以來，敢犯此者，輒捕繫，以名聞！」然猶放縱自若。北邊自宣帝以來，數世不見煙火之警，人民熾盛，牛馬布野；及莽撓亂匈奴，與之構難，邊民死亡係獲⑳，數年之間，北邊虛空，野有暴骨矣。

㈢太師王舜自莽篡位後，病悸㉑寖劇，死。

㈣莽為太子置師、友各四人，秩以大夫。以故大司徒馬宮等為師疑、傅丞、阿輔、保佛，是為四師㉒；故尚書令唐林等為胥附、犇走、先後、禦侮，是為四友㉓。又置師友、侍中、諫議，六經祭酒各一人，凡九祭酒㉔，秩皆上卿。

遣使者奉璽書、印綬、安車、駟馬迎龔勝㉕，即拜為師友祭酒。使者與郡太守、縣長吏、三老、官屬、行義㉖，諸生千人以上入勝里致詔。使者欲令勝起迎，久立門外。勝稱病篤，為牀室中戶西、南牖下，東首，加朝服拖紳㉗。使者付璽書，奉印綬，內安車、駟馬，進謂勝曰：「聖朝未嘗忘君，制作未定，待君為政；思聞所欲施行，以安海內。」勝對曰：「素愚，加以年老被病，命在朝夕，隨使君㉘上道，必死道路，無益萬分。」使者要說，至以印綬就加勝身；勝輒推不受。使者上言：「方盛夏暑熱，勝病少氣，可須㉙秋涼乃發。」有詔許之。使者五日壹與太守俱問起居，為勝兩子及門人高暉等言：「朝廷虛心待君以茅土之封，雖疾病，宜移動至傳舍，示有行意；必為子孫遺大業㉚。」暉等白使者語，勝自知不見聽，即謂暉等：「吾受漢家厚恩，無以報；今年老矣，旦暮入地，誼㉛豈以一身事二姓，下見故主哉！」勝因敕以棺斂喪事：「衣周於身，棺周於衣。勿隨俗動吾冢、種柏、作祠堂㉜。」語畢，遂不復開口飲食。積十四日死。死時，七十九矣。

是時清名之士，又有琅琊紀逡、齊薛方、太原郇越、郇相、沛唐林、唐尊，皆以明經飭行顯名於世。紀逡、兩唐皆仕莽，封侯，貴重，歷公卿位。唐林數上疏諫正，有忠直節。唐尊衣敝、履㉝空，被虛偽名。郇相為莽太子四友，病死，莽太子遣使裞㉞以衣衾，其子攀棺不聽，曰：「死父遺言：『師友之送，勿有所受！』今於皇太子得託友官，故不受也。」京師稱之。莽以安車迎薛方，方因使者辭謝曰：「堯、舜在上，下有巢(三五)、由。今明主方隆唐、虞之德，小臣欲守箕山之節(三六)。」使者以聞，莽說其言，不彊致。

初，隃麋(三七)郭欽為南郡太守，杜陵(三八)蔣詡為兗州刺史，亦以廉直為名。莽居攝，欽、詡皆以病免官，歸鄉里，臥不出戶，卒於家。哀、平之際，沛國陳(三九)咸以律令為尚書。莽輔政，多改漢制，咸心非之；及何武、鮑宣死(四〇)，咸歎曰：「易稱『見幾而作，不俟終日(四一)』，吾可以逝矣！」即乞骸骨去職。及莽篡位，召咸為掌寇大夫(四二)；咸謝病不肯應。時三子參、欽、豐皆在位，咸悉令解官歸鄉里，閉門不出入，猶用漢家祖臘(四三)。人問其故，咸曰：「我先人豈知王氏臘乎？」悉收斂其家律令、書文，壁藏之。又齊栗融、北海禽慶、蘇章、山陽曹竟，皆儒生，去官，不仕於莽。

班固贊曰：「春秋列國卿大夫及至漢興將相名臣，耽寵以失其世者多矣，是故清節之士，於是為貴。然大率多能自治而不能治人。王、貢之材，優於龔、鮑。守死善道，勝實蹈焉(四四)。貞而不諒，薛方近之(四五)。郭欽、蔣詡，好遯不汙，絕紀、唐矣(四六)。」

㈤是歲，潁河郡蝗生。

㈥河決魏郡，泛清河以東數郡。先是莽恐河決為元城冢墓害㊼，及決東去，元城不憂水，故遂不隄塞。

【今註】㈠北假：地名，屬五原郡，當今綏遠省後套一帶，土壤肥沃，足以屯田。㈡先單于：謂呼韓邪單于。㈢左右部都尉：即左右大都尉。㈣諸邊王：諸王庭近漢邊者。㈤涇陽：故城在今甘肅省平涼縣西十里，非今陝西省涇水旁之涇陽。㈥蝨蝱：蝨，古蚊字；蝱音盲。㈦約齎輕糧：言少攜衣裝糧秣。㈧陽九之厄：即旱荒之災，古以四千六百十七歲為一元。初入元百六陽九。按陽為旱災，謂在初入元之一百六歲中，旱災之歲有九。㈨援：援引。㈩代：胡三省謂當作岱，指岱山。⑪鍑：音富，大口釜。⑫幸而逢虜，又累輜重：謂幸逢敵虜，得與之戰，又為輜重所累，未必獲勝。⑬銜尾相隨：銜，馬銜；尾，馬尾。謂前後單行，不得並進。⑭霆擊：疾雷為霆。謂如雷霆之奮擊。⑮於栗置支侯：「栗」，《漢書》作「粟」。⑯幷州、平州：胡三省曰：「此時未有平州；漢末公孫度自號平州牧，魏始分幽州置平州。平字誤也。」錢大昕曰：「路博德傳云，西河平州人；平州，縣名，屬西河郡，在幷州部內，故云幷州平州也。地理志作平周，蓋古字通用。胡注恐未然。」沈欽韓曰：「平州蓋莽分幽州所置，公孫度自立為平州牧，本此。錢氏以為西河之縣，在幷州部內，故云；若僅幷州一縣流亡，豈足概莽之亂。」⑰七公、六卿：四輔及三公為七公；羲和、作士、典樂、秩宗、共工、予虞為六卿。⑱名都：著名都會。⑲皆乘便為姦於外：言諸分鎮者皆乘機作姦於各地。⑳係獲：俘虜。㉑悸：通痵，心疾，按即怔忡之症，患者心中跳動不安，若有驚恐者然。㉒以馬宮等為四師：據《漢書．王莽傳》，馬宮為師疑，宗伯鳳為傅丞，袁聖為阿輔，王嘉為保拂。拂，讀曰弼。㉓唐林等為四友：據〈王莽傳〉，唐林為胥附，李充為奔走，趙襄為先後，廉丹為禦侮。㉔九祭酒：師友、侍中及諫議為三祭酒，六經有六祭酒，共九祭酒。據〈王莽傳〉，左咸講《春秋》，滿昌講《詩》，國由講《易》，唐昌講《書》，陳咸講《禮》，崔發講《樂》：是為六經六祭酒。㉕龔勝：楚人，史未載其所居之縣。㉖行義：謂鄉邑有行義者。㉗東首，加朝服拖紳：顏師古曰：「拖，引也。臥著朝衣，故云加。引大帶於體也。論語稱孔子疾，君視之，東首，加朝服拖紳，故放之也。」㉘使君：對使者之尊稱。㉙須：等待。㉚大業：謂封邑。㉛誼：同義。㉜勿隨俗動吾冢種柏，作祠堂：劉頒曰：「謂一葬之後，更不隨俗動冢土種柏作祠堂。」㉝衣敝履空：謂著敝衣，躡空履。空履，洞穿之履。㉞祱：音稅。贈喪衣服曰祱。㉟巢由：巢父許由，皆上古之高士。㊱箕山之節：堯欲以天下讓許由，許由不受，隱於箕山。㊲隃麋：縣名，故城在今陝西省汧陽縣東三十里。隃音踰。㊳杜陵：縣名，故城在今陝西省咸甯縣東南。㊴沛國陳咸：胡三省曰：「中興之後，沛方為國。此由范史以後來所見書之也。陳咸，後漢陳寵之曾祖也。」又曰：「按三十二卷成帝綏和元年，陳咸以淳于長事廢歸故鄉，以憂死。咸，沛郡相人也。此書沛國陳咸，本之後漢書陳寵傳。光武始改沛郡為沛國，二陳咸雖同居沛，各是一人。」㊵何武、鮑宣死：事見上卷平帝元始三年。㊶見幾而作，不俟終日：見《易》下繫辭。㊷掌寇大夫：當屬作士。㊸漢家祖臘：祖，祭名，漢在午日；臘，每歲最終月祭祀，在戌日。王莽改漢正朔伏臘日。陳咸仍用漢家祖臘日。㊹守死善道，勝實蹈焉：《論語・泰伯篇》，孔子曰：「守死善道」；不受莽官，蓋能實踐斯言。㊺貞而不諒，薛方近之：《論語・衞靈公篇》，孔子曰：「君子貞而不諒。」朱熹曰：「貞，正而固也；諒，則不擇是非而必於信。」薛方詭辭避徵，近乎此義。㊺郭欽、蔣詡，好遯不汙，絕紀、唐矣：言郭蔣二人遯逃不仕，志節不污，殊於紀逡兩唐。㊻莽恐河決為元城冢墓害：莽曾祖賀以下冢墓皆在魏郡元城。

四年（西元一二年）

㈠春二月，赦天下。

㈡厭難將軍陳欽、震狄將軍王巡上言：「捕得虜生口㊀驗問，言虜犯邊者皆孝單于咸子角所為。」莽乃會諸夷，斬咸子登於長安市。

㈢大司馬甄邯死。

㈣莽至明堂下書：「以洛陽為東都，常安為西都。邦畿連體，各有采任㊁。州從禹貢為九㊂，爵從周氏為五㊃。諸侯之員千有八百㊄，附城之數亦如之，以俟有功。諸公一同㊅，有眾萬戶；其餘以是為差㈦。今已受封者，公侯以下凡七百九十六人㈧，附城千五百五十一人㈨；以圖簿未定，未授國邑，且令受奉(一〇)都內(一一)，月錢數千。」諸侯皆困之，至有傭作者。

㈤莽性躁擾(一二)，不能無為，每有所興造，動欲慕古，不度時宜，制度又不定；吏緣為姦，天下謷謷(一三)，陷刑者眾。莽知民愁怨，乃下詔：「諸食王田，皆得賣之，勿拘以灋。犯私買賣庶人者，且一切勿治。」然他政誖亂，刑罰深刻，賦斂重數，猶如故焉。

㈥初，五威將帥出西南夷，改句町王為侯，王邯(一四)怨怒不附。莽諷牂柯大尹周歆詐殺邯。【考異】西南夷傳作周欽，莽傳作歆，今從之。邯弟承起兵殺歆，州郡擊之，不能服。莽又發高句驪兵擊匈奴，高句驪不欲行，郡彊迫，皆亡出塞，因犯灋為寇。遼西大尹田譚追擊之，為所殺。州郡歸咎於高句驪侯騶(一五)，嚴尤奏言：「貉人(一六)犯灋，不從騶起；正有他心，宜令州郡且尉安之(一七)。今猥被以大罪(一八)，恐其遂畔，夫餘之屬必有和者。匈奴未克，夫餘、濊貉(一九)復起，此大憂也。」莽不尉安，濊貉遂反；詔尤擊之。尤誘高句驪侯騶至而斬焉，傳首長安。莽大說，更名高句驪為下句驪。於是貉人愈犯邊，東北⑳與西南夷皆亂。莽志方盛，以為四夷不足吞滅，專念稽古之事，復下書：「以此年二月東巡狩，具禮儀調度。」既而以文母太后體不安，且止待後㉑。

(七)初，莽為安漢公時，欲諂太皇太后，以斬郅支功，奏尊元帝廟為高宗㉒，太后晏駕後，當以禮配食云。及莽改號太后為新室文母，絕之於漢，不令得體元帝㉓，墮壞孝元廟。更為文母太后起，獨置㉔孝元廟故殿以為文母篹㉕食堂，既成，名曰長壽宮；以太后在，故未謂之廟；莽置酒長壽宮，請太后。既至，見孝元廟廢徹㉖塗地，太后驚泣曰：「此漢家宗廟，皆有神靈，與何治而壞之㉗！且使鬼神無知，又何用廟為！如令有知，我乃人之妃妾，豈宜辱帝之堂以陳饋㉘食哉！」私謂左右曰：「此人慢神多矣，能久得祐㉙乎！」飲酒不樂而罷。自莽篡位後，知太后怨恨，求所以媚太后者無不為，然愈不說。莽更漢家黑貂著黃貂㉚，又改漢正朔、伏臘日。太后令其官屬黃貂；至漢家正、臘日㉛，獨與其左右相對飲食。

【今註】㊀虜生口：匈奴被俘虜者。㊁采、任：男食邑於畿內曰采，女食邑於畿內曰任。㊂州從禹貢為九：禹貢分冀、兗、青、徐、揚、豫、荊、雍、梁九州。㊃爵從周氏為五：周爵分公、侯、伯、子、男五等。㊄諸侯之員千有八百：胡三省曰：「八州，州二百一十國，并畿內凡千七百七十三國。言千八百國，舉成數也。」㊅一同：地方百里曰同。㊆其餘以是為差：據〈王莽傳〉，侯伯一國，眾戶五千，土方七十里；子男一則，眾戶二千有五百，土方五十里。㊇公侯以下凡七百九十六人：據〈王莽傳〉，公十四人，侯九十三人，伯二十一人，子百七十一人，男四百九十七人。㊈附城千五百五十一人：〈王莽傳〉，附城千五百一十一人。㊉奉：同俸。⑪都內：積錢之府，屬大司農。⑫躁擾：躁急好動。⑬謷謷：眾口愁怨聲。⑭邯：句町王名。⑮高句驪侯騶：高句麗王名。莽改四夷號為侯。⑯貉人：胡三省曰：「貉與貊同；後漢書，句驪，一名貉耳。」⑰正有他心，宜令州郡且尉安之：言即使高句驪侯騶別有惡意，亦宜先令州郡慰安。⑱猥被以大罪：謂猝然加以重罪。⑲濊貉：《後漢書》：濊與句驪同類，言語法俗大抵相類，各有部界。⑳東北：東指濊貊，北指匈奴。㉑待後：謂俟日後舉辦。㉒奏尊元帝廟為高宗：事見上卷元始四年。㉓不令得體元帝：夫婦本為一體，今莽改號太后為新室文母，是欲斷其與漢之關係，而不令得體元帝。㉔置：保留。㉕篹：音撰，食具。㉖徹：毀壞。㉗與何治而壞之：顏師古曰：「與，讀曰預。言此何罪於汝，無所干預，何為毀壞之！」㉘饋：釋名：「吳人謂祭為饋。」㉙祐：神助。㉚莽更漢家黑貂著黃貂：莽改漢制，色尚黃，故改黑貂為黃貂。㉛正、臘日：正朔與臘日。

五年（西元一三年）

㈠春二月，文母皇大后崩，年八十四；葬渭陵，與元帝合，而溝絕之。新室世世獻祭其廟，元帝配食，坐於牀下。莽為太后服喪三年。

㈡烏孫大、小昆彌㊀遣使貢獻。莽以烏孫國人多親附小昆彌，見匈奴諸邊幷侵，意欲得烏孫心，乃遣使者引小昆彌使坐大昆彌使上。師友祭酒滿昌㊁劾奏使者曰：「夷狄以中國有禮誼，故詘㊂而服從。大昆彌，君也。今序臣使於君使之上，非所以有夷狄也。奉使大不敬！」莽怒，免昌官。

西域諸國以莽積失恩信，焉耆先叛，殺都護但欽；西域遂瓦解。

㈣十一月，彗星出，二十餘日不見。

㈤是歲，以挾銅炭者多，除其灋。

㈥匈奴烏珠留單于死，用事大臣右骨都侯須卜當㊃，即王昭君女伊墨居次云㊄之壻也。云常欲與中國和親，又素與伊栗置支侯㊅咸厚善，見咸前後為莽所拜，故遂立咸為烏累若鞮單于。烏累單于咸立，以弟輿為右谷蠡王㈦。烏珠留單于子蘇屠胡本為左賢王，後更謂之護于㈧，欲傳以國。咸怨烏珠留單于貶己號㈨，乃貶護于為左屠耆王。

【今註】㈠大、小昆彌：《漢書・王莽傳》云：「大昆彌者，中國外孫也。其胡婦子為小昆彌，而烏孫歸附之。」㈡師友祭酒滿昌：龔勝不肯就而滿昌為之。㈢詘：同屈。㈣須卜當：文穎曰：「須卜氏，匈奴貴族也。」張守節曰：「須卜氏掌獄訟。」㈤王昭君女伊墨居次云：據《漢書・匈奴傳》，王昭君生二女：長女云為須卜居次，小女為當于居次。錢大昭曰：「案云是伊墨居次，因為須卜當之妻，故亦稱須卜居次耳。」顏師古曰：「須卜、當于皆其夫家氏族。」李奇曰：「居次者，女之號，若漢言公主也。」沈欽韓曰：「以常惠與烏孫兵獲單于嫂居次驗之，居次是其王侯妻號，猶今王妃稱福晉也，非公主之比。」㈥伊栗置支侯：本卷始建國三年㈡作於栗置支侯。㈦右谷蠡王：《漢書・匈奴傳》作左谷蠡王。㈧後更謂之護于：據《漢書・匈奴傳》，烏珠留單于在時，左賢王數死，以為其號不祥，更易命左賢王曰護于。㈨咸怨烏珠留單于貶己號：事見本卷始建國三年㈡。

天鳳元年（西元一四年）

㈠春正月，赦天下。

㈡莽下詔：「將以是歲四仲月徧行巡狩之禮，太官齎糒、乾肉，內者行張坐臥㈠；所過毋得有所給㈡。俟畢北巡狩之禮，即于土中居洛陽之都㈢。」羣公奏言：「皇帝至孝，新遭文母之喪，顏色未復，飲食損少；今一歲四巡，道路萬里，春秋尊㈣，非糒、乾肉之所能堪。且無巡狩，須闋大服㈤，以安聖體。」莽從之，要期以天鳳七年巡狩；厥明年，即土之中，遣太傅平晏、大司空王邑之洛陽營相宅兆㈥，圖起宗廟、社稷、郊兆云。

㈢三月壬申（三十日）晦，日有食之。大赦天下。以災異策大司馬逯并就侯氏朝位㈦，太傅平晏勿領尚書事。以利苗男訢㈧為大司馬。莽即真，尤備大臣，抑奪下權，朝臣有言其過失者，輒拔擢。孔仁、趙博、費興等以敢擊大臣，故見信任，擇名官而居之。國將哀章頗不清，莽為選置和叔㈨，勅曰：「非但保國將閨門㈩，當保親屬在西州⑪者。」諸公皆輕賤⑫，而章尤甚。

㈣夏四月，隕霜殺草木，海瀕⑬尤甚。六月，黃霧四塞。秋七月，大風拔樹，飛北闕直城門屋瓦。雨雹，殺牛羊。

㈤莽以周官、王制之文，置卒正、連率⑭、大尹，職如太守；又置州牧、部監⑮二十五人。分長安城旁六鄉，置帥各一人。分三輔為六尉郡⑯，河內、河東、弘農、河南、潁川、南陽為六隊郡⑰。更名河南大尹曰保忠信卿。益河南屬縣滿三十，置六郊⑱州長各一人，人主五縣。及他官名悉改。大郡至分為五，合百二十有五郡⑲。九州之內，縣二千二百有三。又倣古六服為惟城、惟寧、惟翰、惟屏、惟垣、惟藩⑳，各以其方為稱，總為萬國焉。其後，歲復變更，一郡至五易名，而還復其故。吏民不能紀，每下詔書，輒繫其故名云㉑。

㈥匈奴右骨都侯須卜當、伊墨居次云勸單于和親，遣人之西虎猛制虜塞㉒下，告塞吏云：「欲見和親侯。」和親侯者，王昭君兄子歙也。中部都尉㉓以聞，莽遣歙、歙弟騎都尉、展德侯颯㉔使匈奴，賀單于初立，賜黃金、衣被、繒帛；紿言侍子登在，因購求陳良、終帶等。單于盡收陳良等二十七人，皆械檻付使者，遣廚唯姑夕王㉕富等四十人送歙、颯。莽作焚如之刑㉖，燒殺陳良等。

⑺緣邊大饑，人相食。諫大夫如普行邊兵㉗還，言：「軍士久屯寒苦，邊郡無以相贍。今單于新和，宜因是罷兵。」校尉韓威進曰：「以新室之威而吞胡虜，無異口中蚤蝨；臣願得勇敢之士五千人，不齎斗糧，飢食虜肉，渴飲其血，可以橫行！」莽壯其言，以威為將軍。然采普言，徵還諸將在邊者，免陳欽等十八人，又罷四關鎮都尉諸屯兵㉘。

單于貪莽賂遺，故外不失漢故事，然內利寇掠；又使還，知子登前死，怨恨，寇虜㉙從左地入不絕。使者問單于，輒曰：「烏桓與匈奴無狀黠民㉚共為寇入塞，譬如中國有盜賊耳。咸初立持國，威信尚淺，盡力禁止，不敢有二心！」莽復發軍屯。

⑻益州蠻夷愁擾㉛，盡反，復殺益州大尹程隆。莽遣平蠻將軍馮茂發巴、蜀、犍為吏士，賦斂取足於民，以擊之。

⑼莽復申下金、銀、龜、貝之貨，頗增減其賈直㉜，而罷大、小錢，改作貨布、貨泉二品并行。又以大錢行久，罷之恐民挾不止，

乃令民且獨行大錢；盡六年㉓，毋得復挾大錢矣。每一易錢，民用破業而大陷刑。

【今註】㊀內者行張坐臥：內者，內者令，掌布張諸衣物，莽時屬共工。張坐臥，謂帷帳茵席。㊁所過毋得有所給：莽令食用皆自攜帶，行路所過，不須供費。㊂俟畢北巡狩之禮，即于土中居洛陽之都：言東西南北依次巡狩畢，即以洛陽為都。土中，言洛陽當國土之中央。㊃春秋尊：言莽年已高。㊄須闋大服：言待三年喪服既盡之後。㊅營相宅兆：營，經營。相，相度。宅，居室。壇域、塋界皆為兆。㊆就侯氏朝位：言免官以侯爵就朝位。㊇利苗男訢：利苗，封邑名。訢為男爵。㊈國將哀章頗不清，莽為選置和叔：言哀章頗不清廉，故莽特置和叔之官為國將之副。沈欽韓曰：「莽置國將主北嶽，和叔亦宅朔方為國將之副。為後有太師羲仲景尚、太傅羲叔士孫喜、國師和仲曹放，知四輔屬官，皆依虞書置之。」㊉閨門：猶家門。⑪親屬在西州：哀章，廣漢梓潼人，其親屬在西州。⑫諸公皆輕賤：言十一公皆為莽所輕賤。⑬海瀕：邊海之地。⑭卒正、連率：王制：「三十國為卒，卒有正；十國為連，連有率。」⑮部監：王念孫謂為郡監之誤。〈漢紀〉正作「郡監二十五人，位上大夫，各主五郡。」⑯六尉郡：《三輔黃圖》云：「渭城、安陵以西，北至栒邑、義渠十縣，屬京尉大夫府，居故長安寺。高陵以北十縣，屬師尉大夫府，居故廷尉府。新豐以東至湖十縣，屬翊尉大夫府，居城東。霸陵、杜陵以東至藍田，西至武功、郁夷十縣，屬光尉大夫府，居城南。茂陵、槐里以西至汧十縣，屬扶尉大夫府，居城西。長陵、池陽以北，至雲陽、祋祤十縣，屬列尉大夫府，居城北。⑰六隊郡：莽仿周官，百里內為六鄉，外為六遂。隊，猶遂。河南當為滎陽。六隊：河東兆隊，河內後隊，弘農右隊，滎陽祈隊，潁川左隊，南陽前隊。⑱六郊：亦本周官。國外為郊。⑲合百二十有五郡：據〈王莽傳〉，常安西都曰六鄉，眾縣曰六尉；義陽東都曰六州（劉奉世曰，州當為郊），眾縣曰六隊；粟米之內曰內郡，其外曰近郡，有障徼者曰邊郡：合百二十有五郡。⑳惟城、惟寧、惟翰、惟屏、惟垣、惟藩：據〈王莽傳〉，公作甸服，是為惟城；諸在侯服，是為惟寧；在采、任諸侯，是為惟翰；在賓服，是為惟屏，在揆文教、奮武衛，是為惟垣；在九州之外，是為惟藩。㉑輒繫其故名云：如〈王莽傳〉，詔曰：「新平故淮陽；陳定，故梁郡；治亭，故東郡；祈隊，故滎陽。」之類。㉒西虎猛制虜塞：《漢書匈奴傳》作西河虎猛制虜塞。制虜塞在西河郡虎猛縣境內。沈欽韓曰：「一統志，虎猛廢縣在鄂爾多斯左翼前旗界內，直榆林北。」㉓中部都尉：胡三省曰：「漢邊郡置五部都尉，分治屬縣。」㉔颯：音立。㉕廚唯姑夕王：宋祁謂「廚」字上當有「右」字。㉖焚如之刑：《易》離卦九四爻辭有焚如、死如、棄如之言，莽即依此而作刑名。㉗行邊兵：巡視邊郡之兵。㉘四關鎮都尉諸屯兵：胡三省曰：「莽置四關，各有鎮都尉，領屯兵。」㉙寇虜：入寇虜掠。㉚無狀黠民：無狀，猶言不肖。黠民，奸狡之民。㉛愁擾：愁苦困擾。㉜賈直：猶價值。㉝盡六年：言大錢行用之期以六年為限，過此不得持有。

卷三十八 漢紀三十

起旃蒙大淵獻，盡玄默敦牂，凡八年。（乙亥至壬午，西元一五年至二二年）

司馬光 編集
林瑞翰 註

王莽下

天鳳二年（西元一五年）

㈠春，二月，大赦天下。

㈡民訛言黃龍墮死黃山宮中㊀，百姓奔走往觀者有萬數。莽惡之㊁，捕繫，問所從起：不能得。

㈢單于咸既和親，求其子登屍㊂。莽欲遣使送致，恐咸怨恨，害使者，乃收前言當誅侍子者故將軍陳欽，以他辠殺之。莽選辯士濟南王咸為大使，夏五月，莽復遣和親侯歙㊃與咸等送右除唯姑夕王，因奉歸前所斬侍子登及諸貴人從者喪，單于遣云當子男大且渠㊄奢等至塞迎之。咸到單于庭，陳莽威德，莽亦多遺單于金珍，因諭說改其號，號匈奴曰「恭奴」，單于曰「善于」，賜印綬，封骨都侯當為後安公，當子男奢為後安侯。單于貪莽金幣，故曲聽之；然寇盜如故。

㈣莽意以為制定則天下自平，故銳思於地理，制禮，作樂，講合六經之說。公卿旦入暮出，論議連年不決，不暇省獄訟冤結，民之急務。縣宰缺者，數年守兼㈥，一切貪殘日甚。中郎將、繡衣執灋在郡國者，并乘權勢，傳相舉奏㈦。又十一公士㈧分佈勸農桑，班時令，按諸章，冠蓋相望，交錯道路，召會吏民，逮捕證左㈨，郡縣賦斂，遞相賕賂㈩，白黑紛然⑪，守闕告訴者多。莽自見前顓權以得漢政，故務自攬眾事，有司受成苟免⑫。諸寶物名、帑藏、錢穀官，皆宦者領之；吏民上封事，宦官、左右開發，尚書不得知⑬，其畏備臣下如此。又好變改制度，政令煩多，當奉行者，輒質問乃以從事，前後相乘，憒眊不渫⑭。莽常御燈火至明，猶不能勝。尚書因是為姦，寢事⑮，上書待報者連年不得去，拘繫郡縣者逢赦而後出，衞卒不交代者至三歲。穀糴常貴，邊兵二十餘萬人，仰衣食縣官；五原、代郡尤被其毒，起為盜賊，數千人為輩，轉入旁郡。莽遣捕盜將軍孔仁將兵與郡縣合擊，歲餘乃定。

㈤邯鄲以北大雨，水出，深者數丈，流殺數千人。

【今註】㈠黃山宮：晉灼曰：「黃山宮在槐里。」《三輔黃圖》：「黃山宮在興平縣西三十里。」唐之興平，即周犬丘邑，秦曰廢丘，漢為槐里、茂陵、平陵三縣地，即今陝西省興平縣。㈡莽惡之：莽自謂黃德，故惡之。㈢單于咸既和親，求其子登屍：莽誅登事見上卷始建國三年。㈣歙：音吸（ㄒㄧˋ）。㈤大且渠：匈奴官名，且音沮（ㄐㄩˇ）。㈥守兼：顏師古曰：「不拜正官，權令人守兼。」守兼，謂兼代其職務。㈦傳相舉奏：周壽昌曰：「傳猶轉也。」舉奏謂舉劾其罪而奏之。㈧十一公士：胡三省曰：「漢公府各有掾屬，莽置十一公，改掾曰士。」㈨證左：左音佐，證左即佐證。㈩賕賂：以財遺人，以求免罪。(十一)白黑紛然：顏師古曰：「白黑，謂清濁也；紛然，亂之意；言清濁不分也。」胡三省曰：「白黑，色之易別者，且紛然不能分，可謂繆亂之甚。」(十二)有司受成苟免：顏師古曰：「莽事事自決，成熟乃以付吏，吏苟免罪責而已。」凡遵行上級已成計劃而不自立主張，謂之受成。(十三)吏民上封事，宦官、左右開發，尚書不得知：胡三省曰：「舊上封事者，先由尚書，乃奏御。莽恐尚書壅蔽，令宦官、左右發其封，自省之。」(十四)前後相乘，憒眊不渫：胡三省曰：「前者省決未了，而後者復來，謂之相乘。」顏師古曰：「憒，心亂也；眊，目闇也。」王念孫曰：「渫者，治也，言事務煩多，故莽潰眊而不能治也。」(十五)尚書因是為姦，寢事：胡三省曰：「上書者尚書不以聞，而竊寢其事。」沈欽韓曰：「說文：『寢，病臥也。』案會意，病臥則事廢，故事不行謂之寢。」

二年（西元一六年）

㈠春二月乙酉（二月壬辰朔，無乙酉），地震，大雨雪，關東尤甚，深者一丈，竹柏或枯㈠。大司空王邑上書，以地震乞骸骨，莽不許，曰：「夫地有動有震，震者有害，動者不害，春秋記地震，易繫坤動，動靜辟翕，萬物生焉㈡。」其好自誣飾，皆此類也。㈡先是莽以制作未定，上自公侯，下至小吏，皆不得俸祿。夏五月，莽下書曰：「予遭陽九之阸，百六之會㈢，國用不足，民人騷動，自公卿以下，一月之祿，十緵㈣布二匹，或帛一匹，予每念之，未嘗不戚焉。今阸會已度，府帑雖未能充，略頗稍給㈤。其以六月朔庚寅始，賦㈥吏祿皆如制度。」四輔、公卿、大夫、士下至輿、僚，凡十五等。僚祿一歲六十六斛，稍以差稱㈦，上至四輔而為萬斛云。莽又曰：「古者歲豐穰則充其禮，有災害則有所損，與百姓同憂喜也。其用上計時通計，天下幸無災害者，太官膳羞備其品矣；即有災害，以什率多少而損膳焉㈧。自十一公、六司、六卿㈨以下，各分州郡、國邑，保其災害㈩，亦以十率多少而損其祿。郎、從官、中都官吏食祿都內之委㈪者，以太官膳羞備損而為節㈫。冀上下同心，勸進農業，安元元焉。」莽之制度煩碎如此，課計不可理，吏終不得祿，各因官職為姦，受取賕賂以自共㈬給焉。

㈢戊辰（五月庚寅朔，無戊辰），長平館西岸崩，壅涇水不流，毀而北行㈭。羣臣上壽，以為河圖所謂「以土填㈮水」，匈奴滅亡之祥也。莽乃遣幷州牧宋弘、游擊都尉任萌等將兵擊匈奴，至邊止屯。

㈣秋，七月辛酉（七月己丑朔，無辛酉），霸城門㈯災。

㈤戊子，晦（是月己丑朔，晦在戊子），日有食之。大赦天下。

㈥平蠻將軍馮茂擊句町㈰，士卒疾疫死者什六七，賦斂民財什取五，益州虛耗而不克，徵還，下獄死。冬，更遣寧始將軍廉丹與庸部牧㈱史熊大發天水、隴西騎士，廣漢、巴、蜀、犍為吏民十萬人，轉輸者合二十萬人擊之。始至，頗斬首數千；其後軍糧前後不相及，士卒飢疫。莽徵丹、熊，丹、熊願益調度，必克乃還，復大賦斂。就都大尹(一九)馮英不肯給，上言：「自西南夷反叛以來，積且十年，郡縣距擊不已，續用馮茂，苟施一切之政，僰道(二〇)以南，山險高深茂，多敺(二一)眾遠居，費以億計，吏士罹毒氣死者什七。今丹、熊懼於自詭(二二)，期會調發諸郡兵穀，復訾民取其什四(二三)，空破梁州(二四)，功終不遂(二五)，宜罷兵屯田，明設購賞。」莽怒，免英官，後頗覺寤，曰：「英亦未可厚非。」復以英為長沙連率。粵嶲(二六)蠻夷任貴亦殺太守枚根(二七)。

(七)翟義黨王孫慶捕得，莽使太醫、尚方與巧屠共刳(二八)剝之，量度五臧(二九)，以竹筳(三〇)導其脈(三一)，知所終始，云可以治病(三二)。

(八)是歲，遣大使五威將王駿、西域都護李崇、戊已校尉郭欽出西域，諸國皆郊迎，送兵穀(三三)。駿欲襲擊之，焉耆詐降而聚兵自備，駿等將莎車、龜茲兵七千餘人，分為數部，命郭欽及佐帥何封別將(三四)居後。駿等入焉耆，焉耆伏兵要遮駿，及姑墨、封犂(三五)危須國兵為反間，還共襲駮，皆殺之。欽後至焉耆，焉耆兵未還，欽襲擊，殺其老弱，從車師還入塞。莽拜欽為填外將軍，封剿㊱胡子，何封為集胡男。李崇收餘士，還保龜茲。及莽敗，崇沒，西域遂絕。

【今註】㊀竹柏或枯：胡三省曰：「竹柏冬青，或至於朽，言常寒之咎。」王念孫曰：「或當為咸字之誤也。漢紀孝平紀北堂書鈔天部四引傳正作咸。」㊁易繫坤動，動靜辟翕，萬物生焉：顏師古曰：「辟音闢，闢，開也。易上繫辭曰：『夫坤，其動也闢，其靜也翕，是以廣生焉。』故莽引之也。」㊂陽九之阸，百六之會：此謂天地間之厄會。《漢書・律曆志》：「易九戹，曰：初入元，百六陽九，次三百七十四陰九，次四百八十陽九，次七百二十陰七，次七百二十陽七，次六百陰五，次六百陽五，次四百八十陰三，次四百八十陽三，凡四千六百一十七歲而一元終，經歲四千六百五十，災歲五十七。」經歲即常歲，陽為旱災，陰為水災。又道家以天戹為陽九，地虧為百六，三千三百年為小陽九、小百六，九千九百年為大陽九、大百六。見《靈寶天地運度經》。㊃縷：孟康曰：「縷，八十縷也。」㊄略頗稍給：周壽昌曰：「略頗稍三字連文。魏其、田、韓傳贊有云：『尚猶頗有存者』，句法相似。」㊅賦：給與。㊆稍以差稱：稱，銓，言漸增其祿為等差以稱其職。稱《漢書・王莽傳》作增。㊇以什率多少而損膳焉：言視災害之輕重分為十等，以為減膳之依據。㊈六司、六卿：劉奉世曰：「此當但云司卿，所謂三公司卿，曰司允、司直、司若者也。後人不曉，又妄加兩六字耳！」胡三省曰：「六司，即前所置六監也。」⑩自十一公、六司、六卿以下，多分州郡、國邑，保其災害：《漢書・王莽傳》云：「東嶽太師立國將軍保東方三州一部二十五郡，南嶽太傅前將軍保南方二州一部二十五郡，西嶽國師寧始將軍保西方一州二部二十五郡，北嶽國將衞將軍保北方二州一部二十五郡，大司馬保納卿、言卿、仕卿、作卿、京尉、扶尉、兆隊、右隊、中部左洎前七部，大司徒保樂卿、典卿、宗卿、秩卿、翼尉、光尉、左隊、前隊、中部、右部有五郡，大司空保予卿、虞卿、共卿、工卿，師尉、列尉、祈隊、後隊、中部洎後十郡，及六司、六卿皆隨所屬之公保其災害。」劉攽曰：「此文誤，但當云大司馬保納言卿、作仕卿，大司徒保典樂卿、秩宗卿，大司空保予虞卿、共工卿，不合分為兩也。」王念孫曰：「『七部』當為『十郡』，合五郡、十郡，共二十五郡也。」隊音隧。六司、六卿解見上註。按莽傳有納言大將軍嚴尤，秩宗大將軍陳茂，劉說是。⑪委：胡三省曰：「委，積也。」⑫以太官膳羞備損而為節：言中都官吏祿之備損，視太官膳羞備損之數而定。⑬共：讀曰供。⑭長平館西岸崩，壅涇水不流，毀而北行：胡三省曰：「長平館即長平觀，在涇水之南原。涇水東南流入渭，為岸所壅，故毀而北行。」⑮填：顏師古曰：「填讀與鎮同。」⑯霸城門：《三輔黃圖》曰：「霸城門，長安城東出南頭第一門，亦曰青門。」⑰句町：音劬（ㄑㄩˊ）挺（ㄊㄧㄥˇ）。⑱庸部牧：孟康曰：「莽改益州為庸部。」胡三省曰：「按莽置州牧、部監，州自是州，部自是部。今史熊為庸部牧，則又若州、部牧為一。」⑲就都大尹：胡三省曰：「莽於蜀郡廣都縣置就都大尹。」廣都，莽曰就都，莽置大尹，則是以廣都為郡。㉐棘道：莽曰棘治，即今四川省宜賓縣。㉑毆：同驅。㉒自詭：顏師古曰：「詭：責也，自以為憂責。」㉓訾民取其什四：王先慎曰：「訾，量也，見齊語高注，列子說符張注。」言量人資財，十取其四。㉔梁州：莽改益州曰梁州。㉕不遂：不成。㉖嶲：音髓（ㄙㄨㄟˇ）。㉗太守枚根：顏師古曰：「枚根者，太守之姓名。」㉘刳：音枯，凡剖物而取其中曰刳，《易・繫辭》：「刳木為舟。」故凡剖人體而取其五臟亦曰刳。㉙五臧：臧通藏，今通作臟。韻會：「臟，府也，通作藏。」五臟謂心、肝、脾、肺、腎。《韓詩外傳》：「精藏於腎，神藏於心，魂藏於肝，魄藏於肺，志藏於脾，所謂五藏。」㉚筳：小竹枝。㉛脈：血管。㉜知所終始，云可以治病：顏師古曰：「以知血脈之原，則盡攻療之道也。」㉝送兵穀：徐松曰：「謂助兵與食。兵如前車、龜茲兵是。」㉞別將：別統一軍。㉟封犂：《漢書》作尉犂，見〈西域傳〉及〈王莽傳〉。㊱剿：音狡（ㄐㄧㄠˇ），剿之正字。徐松曰：「說文：『剿，絕也。』又引夏書：『天用剿絕其命。』蓋作剿者，尚書正字。衞包改剿作勦，從刀，刀又誤從力，遂相承用勦而剿廢矣。王莽傳：『將遣大司空征伐剿絕之矣。』猶存古字。」

四年（西元一七年）

㈠夏，六月，莽更授諸侯王茅土於明堂㊀，親設文石之平，陳菁茅四色之土㈡，告於岱宗、泰社、后土、先祖、先妣以班授㈢之。莽好空言，慕古灋，多封爵人；性實吝嗇，託以地理未定，故且先賦茅土，用慰喜封者。

㈡秋，八月，莽親之南郊，鑄作威斗，以五石銅為之㈣，若北斗，長二尺五寸，欲以厭勝眾兵。既成，令司命負之，莽出在前，入在御旁㈤。

㈢莽置羲和命士，以督五均、六筦㈥。郡有數人，皆用富賈為之，乘傳求利，交錯天下，因與郡縣通姦，多張空簿㈦，府藏不實，百姓愈病。是歲，莽復下詔申明六筦，每一筦為設科條防禁，犯者罪至死。姦民猾吏并侵，眾庶各不安生。又一切調上公以下諸有奴婢者，率一口出錢三千六百，天下愈愁。納言㈧馮常以六筦諫，莽大怒，免常官。灋令煩苛，民搖手觸禁，不得耕桑，繇㈨役煩劇，而枯旱、蝗蟲相因，獄訟不決。吏用苛暴立威，旁緣㈩莽禁，侵刻小民，富者不能自別，貧者無以自存，於是并起為盜賊，依阻山澤，吏不能禽而覆蔽之，浸淫㈡日廣。臨淮瓜田儀㈢依阻會稽長州㊂；琅邪呂母聚黨數千人，殺海曲宰，入海中為盜㊃，其眾浸多至萬數。

荊州㊄饑饉，民眾入野澤，掘鳧茈㊅而食之，更相侵奪。新市㊆人王匡、王鳳為平理諍訟㊇，遂推為渠帥㊈，眾數百人。於是諸亡命者南陽馬武、潁川王常、成丹等，皆往從之；共攻離鄉聚㊉，臧於綠林山⑪中，數月間，至七八千人。又有南郡張霸、江夏羊牧等，與王匡俱起，眾皆萬人。

莽遣使者即赦⑫盜賊，還言：「盜賊解輒復合。問其故，皆曰：『愁濼禁煩苛，不得舉手力作，所得不足以給貢稅；閉門自守，又坐鄰伍鑄錢挾銅，姦吏因以愁民⑬。』民窮，悉起為盜賊。」莽大怒，免之。其或順指言「民驕黠當誅」及言「時運適然，且滅不久」，莽說，輒遷官。

【今註】 ㊀授諸侯王茅土於明堂：天子立明堂以朝諸侯，見《大戴禮．盛德篇》。古時天子大社以五色土為壇，封諸侯時，取方面土，苴以白茅授之，使立社於封國，謂之授茅土。㊁陳菁茅、四色之土：沈欽韓曰：「管子輕重丁篇，江淮之間，一茅三脊，名曰青茅。」《文選注》引《尚書緯》

曰：「天子社東方青，南方赤，西方白，北方黑，上冒以黃土。將封諸侯，各取方土，苴以白茅以為社。」天子社土五色，上為黃，餘四方為四色。㊂班授：班，分。《書・舜典》：「班瑞于羣后。」班授猶曰分授。顏師古曰：「班，布也。」與此同義。㊃以五石銅為之：李奇曰：「以五色藥石及銅為之。」㊄莽出在前，入在御旁：王念孫曰：「此本作『莽出則在前，入則御旁。』御，侍也，言出則在前，入則侍側也。後人不曉御字之義而改『入則御旁』為『入在御旁』，又刪去上句『則』字，其失甚矣。御覽人事部百二十七、器物部十引此並作『出則在前，入則御旁。』」㊅五均、六筦：胡三省曰：「鹽一也，酒二也，鐵三也，名山大澤四也，五均賒貸五也，鐵布銅冶六也。」筦即管，亦作六管。五均官名，掌平抑物價。莽於長安及五都立五均官，更名長安東西市令及洛陽、邯鄲、臨淄、宛、成都市長皆為五均。《漢書・食貨志》王莽詔曰：「夫周禮有賒貸，樂語有五均，傳記各有斡焉。今開賒貸，張五均，設諸斡者，所以齊眾庶抑兼幷也。」顏師古曰：「樂語文云：『天子取諸侯之土以立五均，則市無二賈，四民常均。』」王先謙曰：「案周書大聚解：『市有五均，早暮如一，送行逆來，振乏救窮。』」賒音奢，先貰物而後償直曰賒。㊆簿：顏師古曰：「簿，計簿也。」㊇納言：周壽昌曰：「前有納言掌貨大夫，後又有納言將軍嚴尤、秩宗將軍嚴茂，知前之稱納卿、言卿、秩卿、宗卿，劉氏以為誤者，洵不虛也。」參本卷上年註十。㊈繇：讀曰徭。㊉旁緣：顏師古曰：「旁，依也。」與因緣同。㊁浸浮：胡三省曰：「以水為喻，言漸浸而至於淫溢也。」㊂瓜田儀：服虔曰：「姓瓜田，名儀。」㊃長州：胡三省曰：「今蘇州長州即其地。」按即今江蘇省吳縣。(一四)琅邪呂母聚黨數千人，殺海曲宰，入海中為盜：莽改縣令長曰宰。《漢書・王莽傳》云：「初，呂母子為縣吏，為宰所冤殺。母散家財以酤酒，買兵弩，陰厚貧窮少年，得百餘人，遂攻海曲縣，殺其宰以祭子墓，引兵入海。其眾浸多，後皆萬數。」海曲，屬琅邪郡，故城在今山東省日照縣西。或曰曲為西之誤。全祖望曰：「當作海西，東京初年，劉永封董憲之地，東海亦有此縣，今流俗本譌為海曲。」王先謙曰：「全說是，後漢因，續志又誤倒為西海，即其顯證。劉注：『有勝山，太公呂望所出，今有東呂鄉；又釣於棘津，其浦今存。』元和志言漢海曲呂里，太公望所出。則志之海曲，確為漢志之海西。大抵此字誤久，王莽傳『呂母起兵海曲』，即作曲矣。」(一五)荊州：荊州部南陽、南郡、江夏、零陵、桂陽、武陵、長沙七郡。(一六)鳧茈：《爾雅・釋草》：「芍，鳧茈。」郭璞曰：「苗似龍鬚而細，根如指頭，黑色，可食。」茈亦作茨，一名烏芋，又名葧臍，見《本草綱目》。(一七)新市：按後書郡國志，江夏郡有南新市，此加南，以別於中山之新市。故城在今湖北省京山縣東北。(一八)諍訟：胡三省曰：「靜與爭同，晉王沈釋時論：『闒茸勇敢於饕諍。』」惠棟曰：「諍、爭字通，見唐扶頌。」(一九)渠帥：孔安國曰：「渠，大也。」即大帥。(二〇)離鄉聚：萬承蒼曰：「離鄉，聚名，若南陽之夕陽聚，南郡之藍口聚、丹陽聚。」《廣雅》曰：「聚，居也。」前書音義曰：「小於鄉曰聚。」(二一)綠林山：李賢曰：「綠林山在今荊州當陽縣東北。」當陽縣，今屬湖北省。歐陽忞云：「即當陽長坂也，曹操追劉備而張飛拒之於此。」(二二)即赦：胡三省曰：「即，就也。就其相聚為盜處而赦之也。」(二三)姦吏因以愁民：王念孫曰：「愁讀為揫。揫，斂也；言民坐鄰伍鑄錢挾銅，姦吏遂借此斂取民財，故下句云『民窮，悉起為盜賊』也。爾雅：『揫，斂聚也。』〈鄉飲酒義〉：『秋之為言愁也。』鄭注：『愁讀為揫。揫，斂也。』是揫與愁古字通。」愁音啾（ㄐㄧㄡ）。

五年（西元一八年）

㈠春，正月，北軍南門㊀災。

㈡以大司馬司允費興為荊州牧；見㊁問到部方略，興對曰：「荊、揚之民，率依阻山澤，以漁采㊂為業。間者國張六筦，稅山澤，妨奪民之利，連年久旱，百姓饑窮，故為盜賊。興到部，欲令明曉告盜賊歸田里，假貸犂牛、種食，闊㊃其租賦，冀可以解釋安集。」莽怒，免興官。

㈢天下吏以不得俸祿，幷為姦利，郡尹㊄、縣宰家累千金。莽乃考始建國二年胡虜猾夏以來諸軍吏及緣邊吏大夫以上為姦利增產致富者，收其家所有財產五分之四以助邊急㊅。公府士馳傳天下，考覆貪饕㊆，開㊇吏告其將、奴婢告其主，冀以禁姦，而姦愈甚。

(四)莽孫功崇公㈨宗坐自畫容貌被服天子衣冠、刻三印㈩，發覺，自殺。宗姊妨為衞將軍王興夫人，坐祝詛姑，殺婢以絕口，與興皆自殺。

(五)是歲，揚雄卒。初、成帝之世，雄為郎，給事黃門，與莽及劉秀幷列。哀帝之初，又與董賢同官。莽、賢為三公，權傾人主，所薦莫不拔擢，而雄三世㈡不徙官。及莽簒位，雄以耆老久次，轉為大夫。恬㈢於勢利，好古樂道，欲以文章成名於後世，乃作太玄以綜天、地、人之道㈢；又見諸子各以其智舛馳㈣，大抵詆訾聖人，即為怪迂、析辯、詭辭以撓世事㈤，雖小辯，終破大道而惑眾，使溺於所聞而不自知其非也，故人時有問雄者，常用法應之，號曰法言。用心於內，不求於外，於時人皆忽㈥之，唯劉秀及范逡敬焉，而桓譚以為絕倫㈦，鉅鹿侯芭㈧師事焉。大司空王邑、納言嚴尤聞雄死，謂桓譚曰：「子常稱揚雄書，豈能傳於後世乎？」譚曰：「必傳，顧君與譚不及見也。凡人賤近而貴遠，親見揚子雲㈨祿位容貌不能動人，故輕其書。昔老聃著虛無之言兩篇㈩，薄仁義，非禮學，然後好之者尚以為過於五經，自漢文、景之君及司馬遷皆有是言。今揚子之書，文義至深，而論不詭於聖人⑪，則必度越⑫諸子矣！」

㈥琅邪樊崇起兵於莒⑬，眾百餘人，轉入太山。羣盜以崇勇猛，皆附之，一歲間至萬餘人。崇同郡人逢安、東海人徐宣、謝祿、楊音各起兵，合數萬人，復引從崇⑭；共還攻莒，不能下，轉掠青、徐間。又有東海刁子都⑮，亦起兵鈔擊徐、兗，莽遣使者發郡國兵擊之，不能克。

㈦烏累單于死，弟左賢王輿立，為呼都而尸道皐若鞮單于。輿既立，貪利賞賜，遣大且⑯渠奢與伊墨居次云女弟之子醯櫝⑰王俱奉獻至長安。莽遣和親侯歙與奢等俱至制虜塞下，與云及須卜當會；因以兵追脅云、當，將至長安。云、當小男從塞下得脫，歸匈奴。當至長安，莽拜為須卜單于，欲出大兵以輔立之。兵調度，亦不合，而匈奴愈怒，并入北邊為寇。

【今註】㈠北軍南門：胡三省曰：「北軍壘門之南出者也。」㈡見：引見。㈢漁采：顏師古曰：

「漁謂捕魚也；采謂採取蔬菜之屬。」采，採本字，今通作採。㊃闊：寬緩。㊄郡尹：莽改郡守曰大尹。㊅助邊急：助邊費之急。㊆貪饕：《左傳》文十八年注：「貪財為饕。」㊇開：開告許之路。㊈功崇公：按《漢書・王莽傳》，功崇公國於穀城郡。㊉三印：按莽傳，三印：一曰「維祉冠存己，夏處南山臧薄冰」，文穎曰：「祉，福祚也；冠存己，欲襲代也。」應劭曰：「夏處南山，就陰涼也；臧薄冰，亦以除暑也。」二曰「肅聖寶繼」，應劭曰：「莽自謂承聖舜後，能肅敬得天寶龜以立，宗欲繼其緒。」三曰「德封昌圖」，蘇林曰：「宗自言以德見封，當遂昌熾，受天下圖籍。」㈡三世：成帝、哀帝、平帝。㈢恬：顏師古曰：「恬，安也。」㈢乃作太玄以綜天、地、人之道：《漢書・揚雄傳》：「以為經莫大於易，故作太玄；傳莫大於論語，作法言；史篇莫善於倉頡，作訓纂；箴莫善於虞箴，作州箴；賦莫深於離騷，反而廣之；辭莫麗於相如，作四賦；皆斟酌其本，相與放依而馳騁云。」桓譚曰：「揚雄作玄書，以為玄者，天也，道也。言聖賢制法作事，皆引天道以為本統，而因附屬萬類、王政、人事、法度，故伏羲氏謂之易，老子謂之道，孔子謂之元，揚雄謂之玄。玄經三篇，以紀天、地、人之道，玄三體，有上、中、下，如禹貢之陳三品。三三而九，因以九九八十一，故為八十一卦。以是為數，數從一至四，重累變易，竟八十一而徧，不可增損，以三十五蓍揲之。玄經五千餘言而傳十二。」㈣舛馳：相背而馳。㈤大抵詆訾聖人，即為怪迂、析辯、詭辭以撓世事：顏師古曰：「大抵，大歸也；詆訾，毀也；迂，遠也；析，分也；詭，異也。言諸子之書，大歸皆非毀周、孔之教，為巧辯異辭以撓亂時政也。」訾音（ㄗ），撓音（ㄋㄠˊ）。㈥忽：輕忽。⑰絕倫：無與倫北。⑱芭：音（ㄅㄚ）。⑲揚子雲：揚雄字子雲。⑳老聃著虛無之言兩篇：顏師古曰：「謂道德經也。」㉑論不詭於聖人：顏師古曰：「詭，違也。聖人謂周公、孔子。」㉒度越：踰越。㉓莒：前漢屬城陽國，後漢屬琅邪國，故城即今山東省莒縣。㉔引從崇：引其眾從樊崇。㉕刁子都：胡三省曰：「刁一作力。姓譜：『力，黃帝臣力牧之後，漢有力子都。』」按漢書王莽傳亦作力。㉖且：音沮（ㄐㄩˇ）。㉗醯櫝：音希（ㄒㄧ）讀（ㄉㄨˊ）。

六年（西元一九年）

㈠春，莽見盜賊多，乃令太史推三萬六千歲歷紀，六歲一改元，布天下；下書自言已當如黃帝僊升天，欲以誑燿百姓、銷解盜賊，眾皆笑之。

㈡初獻新樂㊀於明堂太廟。

㈢更始將軍廉丹㊁擊益州，不能克。益州夷棟蠶、若豆㊂等起兵殺郡守，越巂夷人大牟㊃亦叛，殺略吏人。莽召丹還，更遣大司馬護軍郭興、庸部牧李曅擊蠻夷若豆等，太傅羲叔士孫喜㊄清潔㊅江湖之盜賊。而匈奴寇邊甚，莽乃大募天下丁男及死罪囚、吏民奴㊆，名曰豬突、豨勇(八)，以為銳卒。一切稅天下吏民，訾(九)三十取一，縑帛皆輸長安。令公卿以下至郡縣黃綬(一〇)皆保養軍馬(一一)，多少各以秩為差，吏盡復以與民(一二)。又博募有奇技術可以攻匈奴者，將待以不次之位，言便宜者以萬數；或言能度水不用舟楫(一三)，連馬接騎，濟百萬師；或言不持斗糧，服食藥物，三軍不饑；或言能飛，一日千里，可窺匈奴；莽輒試之，取大鳥翮(一四)為兩翼，頭與身皆著毛，通引環紐，飛數百步墮。莽知其不可用，苟欲獲其名，皆拜為理軍，賜以車馬，待發。

初，莽之欲誘迎須卜當也，大司馬嚴尤諫曰：「當在匈奴右部，兵不侵邊，單于動靜，輒語中國，此方面之大助也。于今迎當置長安槀街(一五)，一胡人耳，不如在匈奴有益。」莽不聽。既得當，欲遣尤與廉丹擊匈奴，皆賜姓徵氏，號二徵將軍，令誅單于輿而立當代之。出車城西橫廄(一六)，未發。尤素有智略，非莽攻伐四夷，數諫不從；及當出，廷議尤固言：「匈奴可且以為後，先憂山東盜賊。」莽大怒，策免尤。

㈣大司空議曹史代郡范升㈦奏記王邑曰：「升聞子以人不間於其父母為孝，臣以下不非其君上為忠㈧。今衆人咸稱朝聖，皆曰公明；蓋明者無不見，聖者無不聞㈨。今天下之事，昭昭於日月，震震於靁㈩霆，而朝云不見，公云不聞，則元元㈡焉所呼天，公以為是而不言，則過小矣；知而從令、則過大矣；二者於公，無可以免，宜乎天下歸怨於公矣。朝以遠者不服為至念，升以近者不悅為重憂㈢。今動與時戾，事與道反，馳騖覆車之轍，踵循敗事之餘㈢，後出益可怪，晚發愈可懼耳。方春歲首而動發遠役，藜藿㈣不充，田荒不耕，穀價騰躍，斛至數千，吏民陷於湯火之中，非國家之民也。如此則胡、貊守闕㈤，青、徐之寇在於帷帳㈥矣。升有一言，可以解天下倒縣㈦，免元元之急，不可書傳，願蒙引見，極陳所懷。」邑不聽。

㈤翼平㈧連率田況奏郡縣訾民不實㈨，莽復三十取一；以況忠言憂國，進爵為伯，賜錢二百萬，衆庶皆詈之。青、徐民多棄鄉里流亡，老弱死道路，壯者入賊中。

㈥夙夜⑳連率韓博上言：「有奇士，長丈，大十圍㉑，來至臣府，欲奮擊胡虜，自謂巨毋霸，出於蓬萊東南，五城西北，昭如海瀕㉒，軺車㉓不能載，三馬不能勝。即日以大車四馬，建虎旗，載霸詣闕。霸臥則枕鼓，以鐵箸食，此皇天所以輔新室也！願陛下作大甲、高車、賁育㉔之衣，遣大將一人與虎賁㉕百人迎之於道，京師門戶不容者，開高大之，以示百蠻，鎮安天下。」博意欲以風莽㉖，莽聞，惡之，留霸在所㉗新豐，更其姓曰巨母氏、謂因文母太后而霸王符也㉘。徵博下獄，以非所宜言，棄市。

㈦關東饑旱連年，刁子都等黨眾寖㉙多，至六七萬。

【今註】㊀新樂：胡三省曰：「新樂，莽所作也。」㊁更始將軍廉丹：胡三省曰：「丹蓋自寧始將軍遷更始將軍。」㊂益州夷棟蠶、若豆：胡三省曰：「按後漢書，棟蠶、若豆，益州夷二種也。」㊃越嶲夷人大牟：胡三省曰：「按後漢書，大牟，越嶲姑復縣夷人。」姑復縣故城在今雲南省永勝縣東南。㊄太傅羲叔士孫喜：胡三省曰：「莽以大傅主夏，故置羲叔官。」士孫複姓，名喜。㊅清潔：王先謙曰：「清潔猶言平靖。」㊆吏民奴：周壽昌曰：「凡吏民之奴也。」㊇豬突、豨勇：服虔曰：「豬性觸突人。故以為喻。」顏師古曰：「東方人名豕曰豨。一曰：豨，豕走也。」㊈訾：

與資同。⑩黃綬：《續漢志》云，四百石、三百石、二百石，皆黃綬。又《漢書》百官表，哀帝建平二年，制縣長及列侯國相俱銅印黃綬。⑪保養軍馬：顏師古曰：「保者，言不許其死失。」⑫復以與民：復以應保養之軍馬轉令百姓保養之。⑬楫：短櫂，舟旁撥水之具。⑭翮：羽莖。⑮槀街：顏師古曰：「槀街，街名，蠻夷邸在此街也。」⑯出車城西横廄：王先謙曰：「車疑作軍。」⑰大司空議曹史代郡范升：後書范升傳云：「升字辯卿，代郡人也，王莽大司空王邑辟為議曹史。」按漢公府諸曹有掾、有史、有屬，皆公自辟置。⑱升聞子以人不閒於其父母為孝，臣以下不非其君上為忠：李賢曰：「論語曰：『孝哉閔子騫，人不閒於其父母昆弟之言。』言子騫之孝，化其父母兄弟，言人無非之者；忠臣事君，有過即諫，在下無有非君者，是忠臣也。」錢大昕曰：「漢書杜鄴對策，言孔子善閔子騫守禮，不苟從親，所行無非理者，故無可間也。范升說與鄴略同，蓋漢儒相承古義。」⑲明者無不見，聖者無不聞：《文子．道德篇》云：「聞而知之聖也，見而知之智也。」⑳靁：雷本字。㉑元元：國策〈秦策〉：「制海內，子元元，臣諸侯。」注：「元，善也；民之類善，故稱元。」㉒朝以遠者不服為至念，升以近者不悅為重憂：胡三省曰：「遠者不服，謂四夷也；近者不悅，謂人心不便於莽之法令也。」㉓馳騖覆車之轍，踵循敗事之餘：後書范升傳作「探湯敗事之後」。賈誼曰：「前車覆，後車戒。」《論語》曰：「見不善，如探湯。」㉔藜藿：《文選》曹植〈七啟〉：「余甘藜藿，未暇食此也。」良注：「藜藿，賤菜，布衣之所食。」㉕胡、貊守關：劉攽曰：「案關當作闕，方喻迫近，不當云關。」㉖青、徐之寇在於帷帳：胡三省曰：「謂京輔之民，亦將為變也。」時青、徐二郡為寇，號青徐賊，故升引以為喻。㉗縣：讀曰懸。㉘翼平：《漢書・地理志》北海郡壽光縣，莽曰翼平亭，故城在今山東省壽光縣東。吳卓信曰：「莽傳有翼平連帥田況，則嘗分北海之壽光為郡矣！」㉙訾民不實：訾與資同。顏師古曰：「言舉百姓訾財不以實數。」㉚夙夜：《漢書・地理志》東萊郡不夜縣，莽曰夙夜，故城在今山東省文登縣東北。吳卓信曰：「王莽傳有夙夜連率韓博，則嘗分東萊之不夜為郡矣！」㉛大十圍：圍，古時度圓之單位，其說紛紜。韻會：「一圍五寸。」又云：「一圍三寸；又一抱謂之圍。」《莊子・人間世》「三圍四圍」釋文引崔云：「圍環八尺為一圍。」又「絜之百圍」釋文引李云：「徑尺為圍。」未知孰是。㉜蓬萊東南，五城西北，昭如海瀕：蓬萊，仙山名。顏師古曰：「昭如，海名；瀕，厓也。神仙家言蓬萊有五城十二樓。」㉝軺車：釋名曰：「小車，駕馬輕小之車也。」㉞賁育：孟賁、夏育，皆古勇士。㉟虎賁：勇士之稱。書序疏云：「若虎之賁走逐獸，言其猛也。」賁同奔。㊱博意欲以風莽：風讀曰諷。胡三省曰：「以莽字巨君，諷言毋得篡盜而霸。」周壽昌曰：「班固幽通賦：『巨滔天而泯夏兮』亦以巨稱莽。」㊲在所：顏師古曰：「在所，謂其見到之處。」㊳更其姓曰巨母氏，謂因文母太后而霸王符也：顏師古曰：「莽字巨君，若言文母出此人，使我致霸王。」莽號元后曰新室文母。㊴寖：通浸，漸也，益也。

地皇元年（西元二〇年）

㈠春，正月乙未（正月己亥朔，無乙未），赦天下，改元曰地皇，從三皇六千歲歷號也㊀。

㈡莽下書曰：「方出軍行師，敢有趨讙㊁犯灋者輒論斬，毋須㊂時！」於是春夏斬人都市㊃，百姓震懼，道路以目㊄。

㈢莽見四方盜賊多，復欲厭㊅之，下書又曰：「予之皇初祖考黃帝定天下，將兵為大將軍，內設大將，外置大司馬五人，大將軍至士吏凡七十三萬八千九百人，士千三百五十萬人。予受符命之文，稽前人，將條備焉。」於是置前、後、左、右、中大司馬之位，賜諸州牧至縣宰，皆有大將軍、偏裨、校尉之號焉㊆。乘傳使者經歷郡國，日且十輩，倉無見穀㊇以給。傳車馬不能足，課取道中車馬㊈，取辦於民。

㈣秋，七月，大風毀王路堂㊉，莽下書曰：「乃壬午（七月丙申朔，無壬午）餔時⑪，有烈風⑫靁雨發屋折木之變，予甚恐焉！伏念一旬，迷乃解矣⑬。昔符命立安⑭為新遷⑮王，臨國洛陽，為統義陽王，議者皆曰：『臨國洛陽為統，謂據土中為新室統也，宜為皇太子。』自此後，臨久病，雖瘳不平㈥。臨有兄而稱太子，名不正。惟即位以來，陰陽未和，禾稼鮮耗㈦，蠻夷猾夏㈧，寇賊姦宄㈨，人民征營⑳，無所錯㉑手足。深惟厥咎，在名不正焉㉒。其立安為新遷王，臨為統義陽王㉓。」

㈤莽又下書曰：「寶黃廝赤㉔。其令郎從官皆衣絳㉕。」

㈥望氣為數者多言有土功象；九月，甲申（九月乙未朔，無甲申），莽起九廟㉖於長安城南。黃帝廟方四十丈，高十七丈，餘廟半之，制度甚盛。博徵天下工匠及吏民以義入錢穀助作者，駱驛㉗道路，窮極百工之巧，功費數百餘萬，卒徒死者萬數。

㈦是月，大雨六十餘日。

㈧鉅鹿男子馬適求㉘等謀舉燕、趙兵以誅莽。大司空士王丹發覺，以聞。莽遣三公大夫逮治黨與，連及郡國豪桀數千人，皆誅死。封丹為輔國侯。

㈨莽以私鑄錢死及非沮寶貨投四裔㉙，犯法者多，不可勝行㉚；乃更輕其法，私鑄作泉布者與妻子沒入為官奴婢，吏及比伍㉛知而不舉告，與同罪；非沮寶貨，民罰作一歲，吏免官。

㈩太尉平晏死，以予虞㉜唐尊為太傅。尊曰：「國虛民貧，咎在奢泰。」乃身短衣小褏㉝，乘牝馬㉞、柴車㉟，藉槀㊱，以瓦器㊲飲食，又以歷遺公卿㊳。出，見男女不異路者，尊自下車，以象刑㊴赭幡㊵污染其衣。莽聞而說之，下詔申敕公卿：「思與厥齊㊶。」封尊為平化侯。

(十一)汝南郅惲明天文歷數，以為漢必再受命，上書說莽曰：「上天垂戒，欲悟陛下，令就臣位。取之以天，還之以天㊷，可謂知天命矣！」莽大怒，繫惲詔獄㊸，踰冬，會赦得出。

【今註】㈠從三皇六千歲歷號也：《漢書・王莽傳》云：「改元地皇，從三萬六千歲歷號也。」按上亦云：「令太史推三萬六千歲歷號。」此作「三皇六千歲」，皇字誤。㈡趨讙：顏師古曰：「趨讙，謂趨走而讙譁也。」㈢須：顏師古曰：「須，待也。」㈣春、夏斬人都市：周壽昌曰：「漢制春夏不決囚也。」㈤道路以目：道路，謂行人。韋昭曰：「不敢發言，以目相眄而已。」㈥厭：厭勝。㈦賜諸州牧至縣宰，皆有大將軍、偏、裨、校尉之號焉：《漢書・王莽傳》：「賜諸州牧號為大將軍，郡卒正、連帥、大尹為偏將軍，縣宰為校尉。」㈧見穀：顏師古曰：「見謂見在也。」見在之穀。⑨課取道中車馬：顏師古曰：「於道中行者即執取之以充事也。」⑩王路堂：莽改未央宮前殿曰王路堂。服虔曰：「如言路寢也。路，大也。」⑪餔時：字林云：「餔，日申時食也。」餔、晡通。⑫烈風：顏師古曰：「烈風，烈暴之風。」《論語》曰：「迅雷烈風必變。」亦酷暴之義。⑬伏念一句，迷乃解矣：顏師古曰：「先言烈風雷雨，後言迷乃解矣，蓋取舜烈風雷雨弗迷以為言也。」⑭安：莽有四子：宇、獲、安、臨。安，莽第三子。⑮新遷：《漢書・地理志》汝南郡新蔡縣，莽曰新遷，即今河南省新蔡縣。服虔曰：「遷音仙。」⑯雖瘳不平：疾瘉曰瘳。言疾雖有瘳，不能平復如初。⑰鮮耗：顏師古曰：「鮮，少也；耗，減也。」⑱猾夏：孔安國曰：「猾，亂也；夏，華夏。」⑲寇賊姦宄：孔安國曰：「羣行攻刼曰寇，殺人曰賊，在外曰姦，在內曰宄。」⑳征營：顏師古曰：「征營，惶恐不自安之意。」㉑錯：安置。㉒深惟厥咎，在名不正焉：《論語》孔子曰：「名不正則言不順。」自昔符命立安為新遷王至此，皆莽以自譬解之辭。㉓其立安為新遷王，臨為統義陽王：言昔未從符命，名不正，故天降災禍；今正名以順符命之文。㉔寶黃廝赤：服虔曰：「以黃為寶，自用其行氣也；廝赤，廝役賤者皆衣赤，賤漢行也。」㉕絳：《說文》段注：「絳，大赤者，今俗所謂大紅也。」㉖九廟：祖廟五，親廟四，是謂九廟。《漢書・王莽傳》：「起九廟：一曰黃帝太初祖廟，二曰虞帝始祖昭廟，三曰陳胡王統祖穆廟，四曰齊敬王世祖昭廟，五曰濟北愍王王祖穆廟，六曰濟南伯王尊禰昭廟，七曰元城孺王尊禰穆廟，八曰陽平頃王戚禰昭廟，九曰新都顯王戚禰穆廟。」㉗駱驛：亦作絡繹，連綿不絕貌。㉘馬適求：顏師古曰：「馬適，姓也；求，名也。」

㉙莽以私鑄錢死及非沮寶貨投四裔：事見上卷始建國二年。非，非議；沮，沮壞。㉚不可勝行：法不可勝行。㉛比伍：謂近鄰。《周禮・地官・大司徒》：「五家為比。」顏師古曰，「比謂左右相次者也；五家為伍，若今伍保也。」㉜予虞：莽改水衡都尉曰予虞。㉝褎：古袖字。㉞乘牝馬：胡三省曰：「漢氏之盛，乘牸牝者禁不得會聚，至鄉閭阡陌皆然，朝市之間，從可知矣。尊為上公而乘牝，亦以矯世也。」㉟柴車：顏師古曰：「柴車即棧車。」《周禮・春官・巾車》：「士乘棧車。」注：「不革鞔而漆之。」孫詒讓曰：「不革鞔，則橫直諸材，露見於外，若管子小問篇說傅曲木直木為馬棧，故謂之棧車也。」鞔音瞞（ㄇㄢˊ），革鞔，謂蒙車之革。㊱藉槀：顏師古曰：「藉槀，去蒲蒻也。」言撤去蒲蒻，以槀為藉。蒻，蒲之柔細者，俱可為席。㊲瓦器：瓦製食器。㊳又以歷遺公卿：顏師古曰：「以瓦器盛食遺公卿也。」㊴象刑：註詳卷三十六平帝元始五年。㊵赭幡：顏師古曰：「赭幡，以赭汁漬巾幡。」參象刑注。㊶思與厥齊：顏師古曰：「令與尊同此操行也。論語稱孔子曰：『見賢思齊。』故莽云然。」㊷取之以天，還之以天：以天命取之，以天命還之。㊸詔獄：奉詔繫治罪犯之所。《漢書》百官表，廷尉下有左、右平各一人，秩皆六百名，後書百官志，廷尉左平一人，秩六百石，掌平決詔獄。

二年（西元二一年）

㈠春，正月，莽妻死，謚曰孝睦皇后。

初，莽妻以莽數殺其子㈠，涕泣失明；莽令太子臨居中養焉。莽妻旁侍者原碧，莽幸之，臨亦通焉，恐事泄，謀共殺莽。臨妻愔㈡，國師公㈢女，能為星㈣，語臨宮中且有白衣會㈤，臨喜，以為所謀且成；後貶為統義陽王，出在外第，愈憂恐。會莽妻病困，臨予㈥書曰：「上於子孫至嚴，前長孫、中孫年俱三十而死㈦。今臣臨復適三十，誠恐一旦不保中室㈧，則不知死命所在！」莽候妻疾，見其書，大怒，疑臨有惡意，不令得會喪。既葬，收原碧等考問，且服姦、謀殺狀。莽欲祕之，使殺案事使者司命從事㈨，埋獄中，家不知所在。賜臨藥，臨不肯飲，自刺死。又詔國師公：「臨本不知星，事從愔起。」愔亦自殺。

㈡是月，新遷王安病死。

初，莽為侯就國㈩時，幸侍者增秩、懷能，生子興、匡⑪，皆留新都國，以其不明故也。及安死，莽乃以王車遣使者迎興、匡，封興為功脩公，匡為功建公。

㈢卜者王況謂魏成⑫大尹李焉曰：「漢家當復興，李氏為輔。」因為焉作讖書，合十餘萬言。事發，莽皆殺之。

㈣莽遣太師羲仲⑬景尚、更始將軍護軍⑭王黨將兵擊青、徐賊，國師和仲⑮曹放助郭興擊句町，皆不能克。軍師放縱，百姓重困。

㈤莽又轉天下穀帛詣西河、五原、朔方、漁陽，每一郡以百萬數，欲以擊匈奴。須卜當病死，莽以庶女妻其子後安公奢⑯，所以尊寵之甚厚，終欲為出兵立之者⑰。會莽敗，云、奢亦死。

㈥秋，隕霜殺菽，關東大饑，蝗。

㈦莽既輕私鑄錢之法，犯者愈眾，及伍人相坐，沒入為官奴婢；其男子檻車，女子步，以鐵瑣琅當其頸⑱，傳詣鍾官⑲以十萬數。到者易其夫婦⑳。愁苦死者什六七。

㈧上谷儲夏㉑自請說瓜田儀降之，儀未出而死。莽求其尸葬之，為起冢、祠室，謚曰瓜寧殤男㉒。

㈨閏月丙辰（二十七日），大赦。

㈩郎陽成脩㉓獻符命，言繼立民母㉔，又曰：「黃帝以百二十女㉕致神僊。」莽於是遣中散大夫㉖、謁者各四十五人，分行天下，博采鄉里所高，有淑女者上名。

(十一)莽惡漢高廟神靈㉗，遣虎賁武士入高廟，四面提㉘擊，斧壞戶牖㉙，桃湯、赭鞭鞭灑屋壁㉚，令輕車校尉㉛居其中㉜。

(十二)是歲，南郡秦豐㉝聚眾且萬人，平原女子遲昭平㉞亦聚數千人在河阻中。莽召問羣臣禽賊方略，皆曰：「此天囚行尸，命在漏刻㉟。」故左將軍公孫祿徵來與議，祿曰：「太史令宗宣㊱，典星歷，候氣變，以凶為吉，亂天文，誤朝廷；太傅平化侯尊㊲，飾虛偽以媮名位㊳，賊夫人之子㊴；國師嘉信公秀㊵，顛倒五經，毀師灋，令學士疑惑；明學男張邯、地理侯孫陽，造井田，使民棄土業；羲和魯匡，設六筦以窮工商㊶；說符侯崔發，阿諛取容，令下情不上通；宜誅此數子以慰天下！」又言：「匈奴不可攻，當與和親。臣恐新室憂不在匈奴而在封域之中也㊷。」莽怒，使虎賁扶祿出㊸，然頗采其言，左遷魯匡為五原卒正，以百姓怨誹故也；六筦非匡所獨造，莽厭眾意㊹而出之。初，四方皆以饑寒窮愁起為盜賊，稍羣聚，常思歲熟得歸鄉里，眾雖萬數，不敢略有城邑，日闋而已㊺；諸長吏牧守皆自亂鬭中兵㊻而死，賊非敢欲殺之也，而莽終不諭其故㊼。

是歲，荊州牧㊽發犇命二萬人討綠林賊，賊帥王匡等相率迎擊於雲杜㊾，大破牧軍，殺數千人，盡獲輜重。牧欲北歸，馬武等復遮擊之，鉤牧車屏泥㊿，刺殺其驂乘，然終不敢殺牧。賊遂攻拔竟陵(51)，轉擊雲杜、安陸(52)，多略婦女，還入綠林中，至有五萬餘口，州郡不能制。又大司馬士按章(53)豫州(54)，為賊所獲，賊送付縣。士還，上書具言狀。莽大怒，以為誣罔，因下書責七公(55)曰：「夫吏者，理也，宣德明恩，以牧養民，仁之道也，抑彊督(56)姦，捕誅盜賊，義之節也。今則不然。盜發不輒得，至成羣黨，遮略乘傳宰士。士得脫者又妄自言：『我責數賊，何為如是？賊曰，以貧窮故耳。賊護出我。』今俗人議者率多若此，惟(57)貧困饑寒犯法為非，大者羣盜，小者偷穴(58)，不過二科；今乃結謀連黨，以千百數，是逆亂之大者，豈饑寒之謂邪？七公其嚴敕卿、大夫、卒正、連率、庶尹，謹牧養善民，急捕殄(五九)盜賊。有不同心幷力疾惡黠賊，而妄曰饑寒所為，輒捕繫，請其罪(六〇)！」於是羣下愈恐，莫敢言賊情者，州郡又不得擅發兵，賊由是遂不制(六一)。唯翼平連率田況素果敢，發民年十八以上四萬餘人，授以庫兵(六二)，與刻石為約；樊崇等聞之，不敢入界。況自劾奏，莽讓況：「未賜虎符而擅發兵，此弄兵也，厥罪乏興(六三)。以況自詭(六四)必禽滅賊，故且勿治。」後況自請出界擊賊，所嚮皆破，莽以璽書令況領青、徐二州牧事，況上言：「盜賊始發，其原甚微，部吏、伍人所能禽也(六五)；咎在長吏不為意，縣欺其郡，郡欺朝廷，實百言十，實千言百。朝廷忽略，不輒督責，遂至延蔓連州，乃遣將帥，多使者(六六)，傳相監趣(六七)。郡縣力事上官(六八)，應塞(六九)詰對，共(七〇)酒食，具資用，以救斷斬(七一)，不暇復憂盜賊，治官事。將帥又不能躬率吏士，戰則為賊所破，吏氣浸傷，徒費百姓。前幸蒙赦令，賊欲解散，或反遮擊，恐入山谷，轉相告語；故郡縣降賊皆更驚駭，恐見詐滅，因饑饉(七二)易動(七三)，旬日之間，更十餘萬人(七四)，此盜賊所以多之故也。今洛陽以東，米石二千，竊見詔書欲遣太師、更始將軍，二人爪牙重臣，多從人眾，道上空竭(七五)，少則無以威示遠方。宜急選牧、尹以下，明其賞罰，收合離鄉(七六)，小國(七七)無城郭者，徙其老弱置大城中，積藏穀食，并力固守。賊來攻城，則不能下；所過無食，勢不得羣聚。如此，招之必降，擊之則滅。今空復多出將帥，郡縣苦之，反甚於賊。宜盡徵還乘傳諸使者，以休息郡縣，委任臣況以二州盜賊，必平定之。」莽畏惡況(七八)，陰為發代(七九)，遣使者賜況璽書。使者至，見況，因令代監其兵，遣況西詣長安，拜為師尉大夫。況去，齊地遂敗。

【今註】㊀莽妻以莽數殺其子：謂殺長子宇及次子獲。莽殺獲在哀帝建平二年，《通鑑》追書於卷三十五元壽元年，殺宇事見卷三十六平帝元始三年。㊁愔：愔音（一ㄣ）。㊂國師公：謂劉歆，莽以歆為國師嘉新公。㊃能為星：周壽昌：「為，治也；言能治星學也。後書廣陵思王荊傳：『私迎能為星者與謀議。』何敞傳：『敞通經傳，能為天官。』皆此類。」㊄宮中且有白衣會：胡三省曰：「晉書天文志，木與金合為白衣之會，土與金合亦為白衣之會。言宮中者，以所會之舍占而知之。」按《晉書．天文志》，白衣會主國有內亂，故臨聞而喜之。㊅予：讀曰與。㊆前長孫、中孫年俱三十而死：宇字長孫，獲字中孫。中音仲，古通。胡三省曰：「獲先死，安得俱年三十乎？」㈧中室：李奇曰：「中室，臨之母也。」周壽昌曰：「莽時內宮俱稱室，如元后稱新室文母，平帝后稱黃皇室主，故臨亦稱其母為中室。」㈨司命從事：胡三省曰：「司命從事，司命之屬官也。」㈩莽為侯就國：莽就國在哀帝建平二年。元壽元年，召還京師。⑪幸侍者增秩、懷能，生子興、匡，皆留新都國，以其不明故也：《漢書・王莽傳》：「懷能生男興，增秩生男匡。」顏師古曰：「言侍者或與外人私通，所生子不可分明也。」周壽昌曰：「莽為侯就國時，偽為謹飭，其私幸侍者所生子女未敢顯言於人，其不明之故在此。若侍者與人私通，莽雖不足道，然謂其自知所生子女不明而故留之，莽之狠惡，未必容此也。」⑫魏成：《漢書・地理志》，魏郡，莽曰魏成。⑬太師羲仲：胡三省曰：「莽以太師主春，其屬置羲仲官。」⑭更始將軍護軍：胡三省曰：「諸將軍皆置護軍。」⑮國師和仲：胡三省曰：「莽以國師主秋，故置和仲。」⑯莽以庶女妻其子後安公奢：莽幸侍者開明，生女捷，見莽傳，後以妻奢，見〈匈奴傳〉。李奇曰：「奢本為侯，莽以女妻之，故進爵為公。」⑰終欲為出兵立之者：言莽欲出兵立奢為單于之計，終未中輟。⑱以鐵瑣琅當其頸：顏師古曰：「琅當，長鎖也。」按亦作鋃鐺。六書故：「鋃鐺之為物，連牽而重，故俗以困重不舉為鋃鐺。」王先謙曰：「以鐵鎖琅當其頸，猶言以鐵鎖鎖其頸耳！」⑲鍾官：顏師古曰：「鍾官，主鑄錢之官也。」⑳易其夫婦：顏師古曰：「改相配匹，不依其舊。」㉑儲夏：胡三省曰：「儲夏，人姓名，戰國時齊有儲子。」㉒瓜寧殤男：胡三省曰：「此殤非未成人之殤，楚辭所謂國殤者。」洪興祖云：「國殤，謂死於國事者。」愚按殤者，取未及對而死之義，猶人之未成年而殤也。㉓郎陽成脩：胡三省曰：「姓陽成名脩而官為郎也。」㉔民母：謂皇后。㉕百二十女：胡三省曰：「漢儒言天子三夫人，九嬪，二十七世婦，八十一御妻，則亦百二十女。」㉖中散大夫：胡三省曰：「百官志，中散大夫，秩六百石，時屬司中。」㉗莽惡漢高廟神靈：顏師古曰：「謂夢見譴責。」周壽昌曰：「莽建國元年，長安狂女子碧呼道中曰：『高皇帝大怒，趣歸我國，不者，九月必殺女。』莽感此事也。顏謂夢見譴責，無據，莽果夢譴責，肯告人耶？」按莽建國元年至是凡歷十三年，未有事隔如是之久始感其靈異，意所感必另有本，史特略之耳！㉘提：擲。薄后以冒絮提文帝，亦此義。㉙斧壞戶牖：斧壞，以斧斫壞之；門一扇曰戶，旁窗曰牖。㉚桃湯、赭鞭鞭灑屋壁：顏師古曰：「桃湯灑之，赭鞭鞭之也。赭，赤也。」沈欽韓曰：「王肅喪服要記孔子語魯哀公曰：『寧設三桃湯乎？』公曰：『桃湯起於衞女嫁楚，道聞夫死，因進到夫家，治三桃湯以沐死者。』」按莽為此，欲以厭勝。㉛輕車校尉：胡三省曰：「漢以虎賁校尉主輕車，此輕車校尉，莽所置也。」㉜其中：高廟之中。㉝秦豐：豐號楚黎王，見後書〈光武紀〉。㉞遲昭平：遲姓，昭平名。㉟此天囚行尸，命在漏刻：胡三省曰：「言其得罪於天，死在須臾，其猖狂為盜，特尸行耳！」漏刻猶言頃刻，未久之意，後書光武紀：「尋、邑自以功在漏刻，意氣甚逸。」亦此義。㊱宗宣：胡三省曰：「宗姓，晉伯宗之後。」㊲太傅平化侯尊：謂唐尊。㊳婾名位：婾，苟且，言苟且於名位。《漢書》路溫舒傳：「婾為一切。」義同。㊴賊夫人之子：顏師古曰：「論語稱子路使子羔為費宰，孔子曰：『賊夫人之子。』

言羔未知政道而使宰邑，所以為賊害也，故祿引此而言。」邢昺曰：「夫人之子，指子羔也。孔子之意，以為子羔學未熟習而使為政，必累其身，所以為賊害也。」按此亦非愛之，正所以害之之意。㊵國師嘉信公秀：胡三省曰：「信當作新。」錢大昭曰：「是劉歆也，初封嘉新，後改。」㊶設六筦以窮工商：言與民爭利。㊷臣恐新室之憂不在匈奴而在封域之中也：此與范升「朝以遠者不服為至念，升以近者不悅為重憂」同一見解，范升事見本卷天鳳六年。㊸莽怒，使虎賁扶祿出：胡三省論曰：「陳之言則直矣，然以漢舊臣而與莽朝之議，出處語默，於義得乎？事君若龔勝者可也。」與讀曰預。此胡氏歎愍公孫祿之辭，言祿緘默於舊君而敢言於莽朝，不得為義，若以忠於王莽之心以事故主，庶幾可與龔勝相比。㊹厭眾意：顏師古曰：「厭，滿也。」滿足眾人之意。㊺日闋而已：顏師古曰：「闋，盡也。」胡三省曰：「言羣盜攻剽所得，日給口體而已。」㊻中兵：顏師古曰：「中，傷也。」言為兵刃所傷。㊼不諭其故：諭，了解。言不解其何以淪為盜賊之故。㊽荊州牧：史佚其名。㊾雲杜：縣名，屬江夏郡，故城在今湖北省沔陽縣西北。㊿屏泥：車前屏障泥土之飾。《漢書》黃霸傳：「居官賜車蓋，特高一丈，別駕主簿車緹油屏泥於軾前，以章有德。」是屏泥以緹為飾。緹，黃赤色。(51)竟陵：縣名，屬江夏郡，故城在今湖北省天門縣西北。(52)安陸：縣名，屬江夏郡，即今湖北省安陸縣。(53)按章：顏師古曰：「有上章相告者，就而按治之。」(54)豫州：部潁川、汝南、沛郡、梁國，凡三郡一國。(55)七公：胡三省曰：「七公謂四輔三公。」(56)督：顏師古曰：「督謂察視也。」(57)惟：思念。(58)偷穴：顏師古曰：「穴謂穿牆為盜也。」(59)殄：滅絕。(60)請其罪：請治其罪。(六一)不制：不可制馭。(六二)庫兵：庫藏之兵器。(六三)厥罪乏興：顏師古曰：「言擅發之罪，與乏軍興同科也。」(六四)自詭：顏師古曰：「詭，責也；自以為憂責。」(六五)部吏、伍人所能禽也：《漢書・王莽傳》作「非部吏、伍人所能禽也。」胡三省曰：「部吏，部盜賊之吏，郡賊曹、縣遊徼、鄉亭長之類是也。」顏師古曰：「伍人，同伍之人，若今伍保者也。」(六六)多使者：《漢書・王莽傳》作「多發使者。」(六七)趣：讀曰促。(六八)力事上官：顏師古曰：「力，勒也。」(六九)應塞：應對塞責。(七〇)共：讀曰供。(七一)以救斷斬：交懼斷斬死之刑。(七二)饑饉：《論語》注：「穀不熟曰饑，菜不熟曰饉。」按即大荒年。(七三)易動：言百姓不安居。(七四)更十餘萬人：更與再同。言本欲解散，今更聚結至十餘萬人。(七五)道上空竭：胡三省曰：「言牢稟不給也。」牢，稟食，胡三省曰：「古者宅廩為牢。」故曰牢稟。稟、廩通，賜穀曰廩。《墨子》七患：「饑則盡無祿，稟食而已矣。」稟食即給食。(七六)離鄉：流亡之人。(七七)小國：胡三省曰：「小國，諸列侯國也。」(七八)畏惡沉：畏惡沉之才能。(七九)發代：發使代監其兵。

三年（西元二二年）

㈠春正月，九廟成，納神主(一)，莽謁見，大駕乘六馬，以五采毛為龍文衣，著角，長三尺(二)，又選華蓋(三)九重，高八丈一尺，載以四輪車，輓者皆呼登仙，莽出令在前。百官竊言：「此似輀車㊃，非僊㊄物也。」

㈡二月，樊崇等殺景尚㊅。

㈢關東人相食。

㈣夏四月，遣太師王匡、更始將軍廉丹東討眾賊。初，樊崇等眾既寖盛，乃相與為約：「殺人者死，傷人者償創。」其中最尊號三老，次從事，次卒史㊆，及聞太師更始將討之，恐其眾與莽兵亂，乃皆朱其眉以相識別，由是曰赤眉。匡、丹合將銳士十餘萬人，所過縱放㊇，東方為之語曰：「寧逢赤眉，不逢太師；太師尚可，更始殺我！」卒如田況之言。

㈤莽又多遣大夫、謁者分教民煮草木為酪㊈，酪不可食，重為煩費。

㈥綠林賊遇疾疫死者且半，乃各分散引去。王常、成丹西入南郡，號「下江兵」；王鳳、王匡、馬武及其支黨朱鮪、張卬【考異】司馬彪續漢書卬作印，袁宏後漢紀作斤，皆誤，宜從范史。等北入南陽，號「新市兵」；皆自稱將軍。莽遣司命大將軍孔仁部豫州，納言大將軍嚴尤、秩宗大將軍〔一〇〕陳茂擊荊州，各從吏士百餘人，乘傳到部募士。尤謂茂曰：「遣將不與兵符，必先請而後動，是猶紲韓盧而責之獲也〔一一〕。」

㈦蝗從東方來，飛蔽天。

㈧流民入關者數十萬人，乃置養贍官稟食〔一二〕之。使者監領，與小吏共盜其稟〔一三〕，餓死者什七八。

先是莽使中黃門王業領長安市買，賤取於民，民甚患之。業以省費為功，賜爵附城〔一四〕。莽聞城中饑饉，以問業。業曰：「皆流民也。」乃市所賣粱飯、肉羹，持入示莽曰：「居民食咸如此。」莽信之。

㈨秋七月，新市賊王匡等進攻隨〔一五〕；平林人陳牧、廖湛復聚眾千餘人，號「平林〔一六〕兵」以應之。

㈩莽詔書讓廉丹曰：「倉廩盡矣，府庫空矣，可以怒矣，可以戰矣！將軍受國重任，不捐身於中野，無以報恩塞責！」丹惶恐，夜召其掾馮衍，以書示之。衍因說丹曰：「張良以五世相韓，椎秦始皇博浪之中(一七)。將軍之先，為漢信臣(一八)，新室之興，英俊不附。今海內潰亂，人懷漢德，甚於周人思召公(一九)也，人所歌舞(二〇)，天必從之(二一)，今方(二二)為將軍計，莫若屯據(二三)大郡，鎮撫吏士，砥厲其節，納雄桀之士，詢忠智之謀，興社稷之利，除萬人之害，則福祿流於無窮，功烈(二四)著於不滅，何與(二五)軍覆於中原，身膏於草野，功敗名喪，恥及先祖哉！」丹不聽。衍，左將軍奉世曾孫也。

冬，無鹽(二六)索盧恢(二七)等舉兵，反城(二八)附賊，廉丹、王匡攻拔之，斬首萬餘級。莽遣中郎將奉璽書勞丹、匡，進爵為公，封吏士有功者十餘人。

赤眉別校董憲等眾數萬人在梁郡(二九)，王匡欲進擊之；廉丹以為新拔城，罷(三〇)勞，當且休士養威。匡不聽，引兵獨進，丹隨之。合戰成昌(三一)，兵敗，匡走；丹使吏持其印韍(三二)節付匡曰：「小兒可走，吾不可！」遂止戰死。校尉汝雲(三三)、王隆等二十餘人別鬭，聞之，皆曰：「廉公已死，吾誰為生！」馳奔賊，皆戰死。

國將哀章自請願平山東，莽遣章馳東與太師匡幷力。又遣大將軍陽浚守敖倉，司徒王尋將十餘萬屯洛陽，鎮南宮；大司馬董忠養士習射中軍北壘㉞；大司空王邑兼三公之職。

(十一)初，長沙定王發生舂陵㉟節侯買，買生戴侯熊渠，熊渠生考侯仁。仁以南方卑濕，徙封南陽之白水鄉，與宗族往家焉。仁卒，子敞嗣；值莽篡位，國除。節侯少子外為鬱林㊱太守，外生鉅鹿㊲都尉回，回生南頓㊳令欽。欽娶湖陽㊴樊重女，生三男：縯㊵，仲，秀，兄弟見孤，養於叔父良。縯性剛毅，慷慨有大節，自莽篡漢，常憤憤，懷復社稷之慮㊶，不事家人居業，傾身破產，交結天下雄俊。秀隆準㊷日角㊸，性勤稼穡㊹，縯常非笑之，比於高祖兄仲㊺。秀姊元為新野鄧晨妻，秀嘗與晨俱過㊻穰人蔡少公，少公頗學圖讖，言劉秀當為天子。或曰：「是國師公劉秀乎？」秀戲曰：「何用㊼知非僕邪？」坐者皆大笑。晨心獨喜。

宛人李守，好星歷、讖記，為莽宗卿師㊽，嘗謂其子通曰：「劉氏當興，李氏為輔。」及新市、平林兵起，南陽騷動，通從弟軼謂通曰：「今四方擾亂，漢當復興。南陽宗室，獨劉伯升㊾兄弟汎愛容眾，可與謀大事。」通笑曰：「吾意也！」會秀賣穀於宛，通遣軼往迎秀，與相見，因具言讖文事，與相約結，定計議。通欲以立秋材官都試騎士日（五〇）劫前隊大夫甄阜及屬正梁丘賜（五一），因以號令大眾，使軼與秀歸舂陵舉兵以相應。於是縯召諸豪桀計議曰：「王莽暴虐，百姓分崩；今枯旱連年，兵革并起，此亦天亡之時，復高祖之業，定萬世之秋（五二）也！」眾皆然之。於是分遣親客於諸縣起兵，縯自發舂陵子弟。諸家子弟恐懼，皆亡匿曰：「伯升殺我！」及見秀絳衣大冠（五三），皆驚曰：「謹厚者（五四）亦復為之！」乃稍自安。凡得子弟七八千人，部署賓客，自稱「柱天都部（五五）」。秀時年二十八。李通未發，事覺，亡走；父守及家屬坐死者六十四人。

縯使族人嘉招說新市、平林兵，與其帥王鳳、陳牧西擊長聚，進屠（五六）唐子鄉（五七），又殺湖陽尉。軍中分財物不均，眾恚恨，欲反攻諸劉；劉秀斂宗人所得物，悉以與之，眾乃悅。進拔棘陽（五八），李軼、鄧晨皆將賓客來會。

(十二)嚴尤、陳茂破下江兵。成丹、王常、張卬等收散卒入蔞谿(五九)，略鍾、龍(六〇)間，眾復振，引軍與荊州牧戰于上唐(六一)，大破之。

(十三)十一月，有星孛于張(六二)。

(十四)劉縯欲進攻宛，至小長安聚(六三)，與甄阜、梁丘賜戰；時天密霧，漢軍大敗。秀單馬走，遇女弟伯姬，與共騎而犇；前行，復見姊元，趣令上馬，元以手揮曰：「行矣，不能相救，無為兩沒也！」會追兵至，元及三女皆死，縯弟仲及宗從死者數十人(六四)。縯復收會兵眾，還保棘陽。阜、賜乘勝留輜重於藍鄉(六五)，引精兵十萬南度潢淳(六六)，臨泚水(六七)，阻兩川間為營，絕後橋，示無還心。新市、平林見漢兵數敗，阜、賜軍大至，各欲解去，縯甚患之。會下江兵五千餘人至宜秋(六八)，縯即與秀及李通造其壁曰：「願見下江一賢將，議大事。」眾推王常。縯見常，說以合從之利，常大悟曰：「王莽殘虐，百姓思漢。今劉氏復興，即真主也；誠思出身為用，輔成大功。」縯曰：「如事成，豈敢獨饗之哉！」遂與常深相結而去。常還，具為餘將成丹、張卬言之(六九)，丹、卬負其眾，曰：「大丈夫既起，當各自為主，何故受人制乎！」常乃徐曉說(七〇)其將帥曰：「王莽苛酷，積失百姓之心，民之謳吟思漢，非一日也，故使吾屬因此得起。夫民所怨者，天所去也；民所思者，天所與也。舉大事，必當下順民心，上合天意，功乃可成；若負彊恃勇，觸情恣欲，雖得天下，必復失之。以秦、項之勢，尚至夷覆(七一)，況今布衣相聚草澤，以此行之，滅亡之道也。今南陽諸劉舉兵，觀其來議者，皆有深計大慮王公之才，與之并合，必成大功，此天所以祐吾屬也！」下江諸將雖屈彊(七二)少識，然素敬常，乃皆謝曰：「無王將軍，吾屬幾陷於不義！」即引兵與漢軍、新市、平林合。於是諸部齊心同力，銳氣益壯。縯大饗軍士，設盟約，休卒三日，分為六部；十二月晦，潛師夜起，襲取藍鄉，益獲其輜重。

【今註】㈠神主：即木主，立於宗廟以棲神，供祭祀。《穀梁傳》文二年：「作僖公主。」注：「為僖公廟作主也。主蓋神所憑依，其狀正方，穿中央達四方，天子長尺二寸，諸侯長一尺。」㈡以五采毛為龍文衣，著角，長三尺：以上述諸飾物被於馬上。㈢華蓋：天子之蓋。古今注：「華蓋，黃帝所作也。黃帝與蚩尤戰於涿鹿之野，常有五色雲氣，金枝玉葉，止于帝上，有花葩之象，故因而作華蓋也。」㈣輀車：輀音而。顏師古曰：「輀車，載喪車也。」㈤僊：同仙。㈥樊崇等殺景尚：莽遣景尚擊青、徐賊，見上年。㈦其中最尊號三老，次從事，次卒史：崇初起時，保守尤崍山，自號尤萊三老，見《水經注》。胡三省曰：「三老、從事、卒史，皆郡縣吏也。崇等起於民伍，所識止此耳！其後黨眾日盛，氣勢日張，則攻長安，立劉盆子，非其初不為大號也。」㈧縱放：縱兵為擄掠。㈨煮草木為酪：酪，漿。言煮草木之實使成酪漿。如淳曰：「作杏酪之屬也。」㈩司命大將軍、納言大將軍、秩宗大將軍：胡三省曰：「莽賜司卿及六卿號皆大將軍。」⑪是猶紲韓盧而責之獲也：國策〈秦策〉：「以秦卒之勇，車騎之多，以當諸侯，譬若馳韓盧而逐蹇兔也。」顏師古曰：「紲，繫也；韓盧，古盧國之名犬也。黑色曰盧。」盧亦作獹，犬之色黑而善走者。⑫稟食：參見上年註㊄。⑬盜其稟：盜所給流民之穀食。⑭附城：莽改附庸曰附城。⑮隨：縣名，屬南陽郡，今湖北省隨縣。⑯平林：古地名，漢為鄉，晉置縣，唐廢，即今湖北省隨縣東北之平林關。⑰張良以五世相韓，椎秦始皇博浪之中：良椎始皇事見卷七秦始皇二十九年。良祖父開地相韓昭侯、宣惠王、襄哀王，父平相釐王，悼惠王，凡五世為韓相。⑱將軍之先，為漢信臣：李賢曰：「廉褒，襄武人，宣帝時為後將軍，即丹之先。」惠棟曰：「案廉范傳，帝問范云：『卿與右將軍褒、大司馬丹有親屬乎？』范對曰：『褒，臣之曾祖；丹，臣之祖也。』」案此，褒乃丹之父也。」⑲周人思召公：召伯之教明於南國，周人思之，為賦甘棠。召音邵。⑳人所歌舞：李賢曰：「詩小雅曰：『雖無德與女，式歌且舞。』言漢氏之德，人歌舞之也。」㉑天必從之：《書．泰誓》：「民之所欲，天必從之。」㉒今方：《後漢書》馮衍傳作「方今」，當從之。㉓屯據：袁宏紀作「先據」，此從後書馮衍傳。㉔功烈：積功曰烈。㉕何與：何如。㉖無鹽：縣名，屬東平郡，故城在今山東省東平縣東。㉗索盧恢：顏師古曰：「索盧，姓也；恢，名也。」㉘反城：顏師古曰：「反城，據城以反也。」㉙梁郡：胡三省曰：「梁國時除為郡。」㉚罷：讀曰疲。㉛成昌：地名。胡三省曰：「當在無鹽縣界。」㉜韍：璽綬。音弗。㉝汝雲：胡三省曰：「汝，姓也；左傳：『晉大夫女齊。』陸德明曰：『女音汝。』」㉞中軍北壘：當作北軍中壘。㉟舂陵：世祖更名章陵，屬南陽郡。李賢曰：「舂陵，鄉名，本屬零陵泠道縣，元帝時徙南陽，仍號舂陵。」故城在今湖北省棗陽縣東。㊱鬱林：王先謙曰：「鬱林今潯州府貴縣。」貴縣，今屬廣西省。㊲鉅鹿：郡名，故治即今河北省平鄉縣。㊳南頓：縣名，屬汝南郡，故城在今河南省項城縣北。㊴湖陽：縣名，屬南陽郡，故城在今河南省唐河縣南。㊵縯：音演（ㄧㄢˇ）。㊶慮：顏師古曰：「慮，謂謀策思慮。」㊷隆準：謂高鼻。《史記》高紀：「高祖為人，隆準而龍顏。」應劭曰：「隆，高也；準，頰權準也。」李斐曰：「準，鼻也。」㊸日角：相術家以額上之骨隆起如日者為日角。劉峻曰：「龍犀日角，帝王之表。」朱建白相書云：「額有龍犀入髮，左角日，右角月，王天下也。」㊹稼穡：孔安國曰：「種曰稼，斂曰穡。」故為農事之總稱。㊺比於高祖兄仲：仲即郃陽侯喜，能為產業，故縯以喻秀。㊻過：過訪。㊼何用：用與以同，《詩・小雅・小旻》：「是用不集。」何用即何以。㊽宗卿師：李賢曰：「平帝五年，王莽攝政，郡國置宗師以主宗室，蓋時尊之，故曰宗卿師也。」胡三省曰：「莽置宗師，主漢宗室耳！比宗卿師，莽篡時所置也。」㊾劉伯升：縯字伯升。㊿立秋材官都試騎士日：李賢曰：「漢法以立秋日都試騎士，謂課殿最也，翟義誅王莽以九月都試日勒車騎材官騎士是也。」(51)前隊大夫甄阜及屬正梁丘賜：前隊大夫即南陽太守。莽改南陽曰前隊，置大夫，職掌為太守，隊置屬正一人，職如都尉。隊音遂。(52)定萬世之秋：胡三省曰：「言定天下，傳之萬世，此其時也。」(53)絳衣大冠：董巴《輿服志》曰：「大冠者，謂武冠，武官冠之。」《東觀記》曰：「絳衣大冠，將軍服也。」(54)謹厚者：惠棟曰：「東觀記曰：『上為人仁智明達，多權略，樂施愛人，在家慎重畏事。』故云謹厚者也。」(55)柱天都部：李賢曰：「柱天者，若天之柱也；都部者，都統其眾也。」(56)屠：李賢曰：「例曰：『多所誅殺曰屠。』」例謂范例。《荀子‧議兵篇》注：「屠謂毀其城，殺其民，若屠者然也。」(57)唐子鄉：李賢曰：「唐子鄉有唐子山，在今唐州湖陽縣西南。」王先謙曰：「唐子山在今南陽府唐縣南百里，山麓有唐子亭，即唐子鄉也。」清唐縣，即今河南省唐河縣。(58)棘陽：縣名，屬南陽郡。李賢曰：「在棘水之陽，古謝國也。」故城在今河南省新野縣東北。(59)蔞谿：地名，沈欽韓曰：「紀要，蔞谿在隨州北，今堙。」隨州，今湖北省隨縣。蔞音縷（ㄌㄩˇ）。(60)鍾、龍：盛弘之荊州記云：「永陽縣北有石龍山，在今安州應山縣東北；又隨州隨縣東北有三鍾山。」永陽，隋曰應山，即今湖北省應山縣；隨縣，今湖北省隨縣治。(61)上唐：後書〈郡國志〉，南陽郡章陵縣有上唐鄉。李賢曰：「故城在今隨州棗陽縣東北。」唐棗陽，即今湖北省棗陽縣。(62)張：李賢曰：「張，南方宿也。」蔡邕《月令章句》：「自柳三度至張十二度，謂之鶉火之次，周之分野；自張十二度至軫六度，謂之鶉尾之次，楚之分野。」陳卓曰：「自柳九度至張十六度為鶉火，於辰在午，周分，屬三河；自張十七度至軫十一度為鶉尾，於辰在巳，楚分，屬荊州。」(六三)小長安聚：後書〈郡國志〉南陽郡育陽邑有小長安聚，甄阜破漢軍處。李賢曰：「故城在今鄧州南陽縣南。」唐南陽縣，即今河南省南陽縣。(六四)元及三女皆死，縯弟仲及宗從死者數十人：後書齊武王縯傳云：「姊元、弟仲皆遇害，宗從死者數十人。」王補曰：「宗下疑奪『室』字，然奪文既久，故通鑑變易其文。」按王說，宗為宗室之脫文。(六五)藍鄉：後書〈郡國志〉南陽郡棘陽縣有藍鄉，伯升襲甄阜處。棘陽故城在今河南省新野縣東北。(六六)潢淳：水名。黃水南經棘陽縣之潢淳聚，謂之潢淳水，見《水經注》。(六七)泚水：惠棟曰：「續志作比水，水經注作沘水，云水出沘陽縣東北大胡山，南與澧水合，謂之派水，光武斬阜、賜於斯水也。」沈欽韓曰：「南陽郡比陽縣，應劭注：『沘水所出，縣從水得名。』則泚當為沘。《呂覽・處方篇》：『齊章子與荊人夾泚水而軍。』沘亦誤作泚，即斯水也。」一統志：『泚水一名泌水，出泌陽縣銅山，西南逕唐縣曰唐河，又逕新野，入清水。』《水道提綱》：『泌河有二源，南源出泌陽東銅山，西流數十里；北源出縣東北大胡山，西流合銅山水為泌水也。』」杜佑曰：「漢舞陽故城，在唐州泌陽縣北，有泌水，在縣南，光武破阜、賜處。」按此，泚水當作沘水，亦曰泌水。唐泌陽縣即今河南省唐河縣，光武破莽軍於是縣之南泌水上。(六八)宜秋：聚名。〈郡國志〉南陽郡平氏縣有宜秋聚，故城在今河南省唐河縣東南。(六九)常還，具為餘將成丹、張卬言之：胡三省曰：「常與縯會，餘二將在軍。」(七〇)曉說：惠棟曰：「前書薛宣傳：『宣移書責櫟陽令謝游曰：故使掾平鐫令。』晉灼注：『王常光武鐫說其將帥。此謂以微言鐫鑿之也。』此傳言鐫說，謂以正言鐫鑿，使之合幷也。今本鐫說作曉說。晉說所據，乃東觀記，當從之。」㈦夷覆：夷戮傾覆。

㈧屈彊：梗戾貌。

資治通鑑今註十五冊出版進度表

冊　次	紀　年	出版時間
1	周紀　秦紀　漢紀	100年11月
2	漢紀	100年11月
3	漢紀	101年1月
4	漢紀　魏紀	101年2月
5	晉紀	101年3月
6	晉紀	101年4月
7	宋紀　齊紀	101年5月
8	齊紀　梁紀	101年6月
9	梁紀　陳紀	101年7月
10	隋紀　唐紀	101年8月
11	唐紀	101年9月
12	唐紀	101年10月
13	唐紀	101年11月
14	後梁紀　後唐紀	101年12月
15	後唐紀　後晉紀 後漢紀　後周紀	101年12月

資治通鑑今註 第二冊
漢　紀

主編◆國立編譯館中華叢書編審委員會
校註者◆李宗侗 夏德儀等
發行人◆施嘉明
總編輯◆方鵬程
執行編輯◆葉幗英 徐平 王窈姿
校對◆林延澤 吳素慧
美術設計◆吳郁婷

出版發行：臺灣商務印書館股份有限公司
臺北市重慶南路一段三十七號
電話：（02）2371-3712
讀者服務專線：0800056196
郵撥：0000165-1
網路書店：www.cptw.com.tw
E-mail：ecptw@cptw.com.tw

局版北市業字第 993 號
初版一刷：1975 年 12 月
二版一刷：2011 年 11 月
定價：新台幣 1200 元

ISBN 978-957-05-2653-0（精裝）

資治通鑑今註．第二冊．漢紀／李宗侗．夏德儀
等校註；國立編譯館中華叢書編審委員會主編．
--二版．-- 臺北市：臺灣商務，2011．11
面；　公分．

ISBN 978-957-05-2653-0(精裝)

1. 資治通鑑　2.注釋

610.23　　　　100018986

讀者回函卡

感謝您對本館的支持，為加強對您的服務，請填妥此卡，免付郵資寄回，可隨時收到本館最新出版訊息，及享受各種優惠。

■ 姓名：＿＿＿＿＿＿＿＿ 性別：□ 男 □ 女

■ 出生日期：＿＿＿＿年＿＿＿＿月＿＿＿＿日

■ 職業：□學生 □公務(含軍警) □家管 □服務 □金融 □製造
□資訊 □大眾傳播 □自由業 □農漁牧 □退休 □其他

■ 學歷：□高中以下（含高中）□大專 □研究所（含以上）

■ 地址：

＿＿＿＿＿＿＿＿＿＿＿＿＿＿＿＿

＿＿＿＿＿＿＿＿＿＿＿＿＿＿＿＿

■ 電話：(H) ＿＿＿＿＿＿＿＿ (O) ＿＿＿＿＿＿＿＿

■ E-mail：＿＿＿＿＿＿＿＿＿＿＿＿＿＿＿＿

■ 購買書名：＿＿＿＿＿＿＿＿＿＿＿＿＿＿＿＿

■ 您從何處得知本書？

□網路 □DM廣告 □報紙廣告 □報紙專欄 □傳單
□書店 □親友介紹 □電視廣播 □雜誌廣告 □其他

■ 您喜歡閱讀哪一類別的書籍？

□哲學・宗教 □藝術・心靈 □人文・科普 □商業・投資
□社會・文化 □親子・學習 □生活・休閒 □醫學・養生
□文學・小說 □歷史・傳記

■ 您對本書的意見？（A/滿意 B/尚可 C/須改進）

內容＿＿＿＿＿＿編輯＿＿＿＿＿校對＿＿＿＿＿翻譯＿＿＿＿＿

封面設計＿＿＿＿＿價格＿＿＿＿＿其他＿＿＿＿＿＿＿＿

■ 您的建議：＿＿＿＿＿＿＿＿＿＿＿＿＿＿＿＿

＿＿＿＿＿＿＿＿＿＿＿＿＿＿＿＿＿＿＿＿

※ 歡迎您隨時至本館網路書店發表書評及留下任何意見

臺灣商務印書館 The Commercial Press, Ltd.

台北市100重慶南路一段三十七號　電話：(02)23115538

讀者服務專線：0800056196　傳真：(02)23710274

郵撥：0000165-1號　E-mail：ecptw@cptw.com.tw

網路書店網址：www.cptw.com.tw 部落格：http://blog.yam.com/ecptw

100台北市重慶南路一段37號

臺灣商務印書館 收

對摺寄回，謝謝！

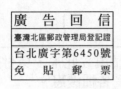